图书在版编目（C I P）数据

周代礼乐与河洛文化／杨海中著．— 郑州：
河南人民出版社，2018. 2
（河洛文化研究丛书）
ISBN 978 - 7 - 215 - 11333 - 6

Ⅰ．①周… Ⅱ．①杨… Ⅲ．①礼乐—文化研究
—中国—周代 ②文化史—研究—河南 Ⅳ．①K892. 9
②K296. 1

中国版本图书馆 CIP 数据核字（2018）第 027167 号

河南人民出版社出版发行

（地址：郑州市经五路 66 号　邮政编码：450002　电话：65788063）
新华书店经销　　　北京虎彩文化传播有限公司印刷
开本 710 毫米×1000 毫米　　1/16　　印张 39
字数 490 千字
2018 年 2 月第 1 版　　　2018 年 2 月第 1 次印刷

定价：271.00 元

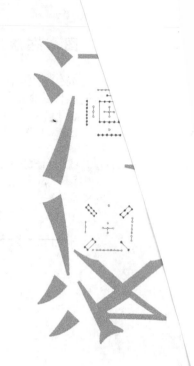

河洛文化研究丛书

周代礼乐与河洛文化

杨海中　著

河南人民出版社

目　　录

绪　论

周虽旧邦　其命维新

　　论及中国古代的辉煌,大多人会不约而同地指认秦汉与唐宋,尤其是唐宋,并兴致勃勃地谈起疆域之辽阔,经济之发达,文化之繁荣,等等。

　　秦皇汉武、唐宗宋祖是中国历史上的伟大人物,唐宋时期的辉煌为世界发展史上写下了不朽的篇章,至今令中国人感到骄傲和自豪。

　　历史的进步是一个漫长的历程,就我国而言,每个时代,每个地域,都有自己的辉煌,都有时代的骄子,都有创新与发展。"江山代有才人出,各领风骚数百年"①便是这个意思。

　　历史的进步是一条长河,有其源,有其流;长河有时呈现的是涓涓细水,有时则是波涛滚滚、汪洋恣肆。恩格斯说:"国家是文明社会的概括。"②我国自黄帝远古至夏代,社会发展在渐变中产生了突变,第一个国家形态夏王朝的出现,使中华文明发生了质的飞跃。殷承夏制,周承殷礼。夏商周三代在中华民族发展史上占有极其重要的地位,三代的辉煌成就至巨至伟,尤其是周代,疆域广大辽阔,"溥天之下,莫非王土,率土之滨,莫非王臣";③典章周备,礼乐焕焕,出现了中国历史上第一个社会全盛时期——"成康之治","成康之际,天下安宁,刑错四十余年不用",④以至使孔子对周公、周之礼乐佩服得五体投地,无限感慨:"郁

---

①　赵翼《论诗》,《瓯北集》卷二十八。

②　恩格斯《家庭私有制和国家的起源》,《马克思恩格斯选集》第四卷,人民出版社,1995 年 6 月。

③　诗经·小雅·北山》,《十三经注疏》,中华书局,1980 年 9 月。

④　《史记·周世家》,《史记》,中华书局,1982 年 11 月。

郁乎文哉,吾从周。"①

一、周文化的再认识

考察周代社会与其后历代尤其盛世之联系,不难发现,秦汉唐宋以至于今,虽然不同时期各自呈现蔚蔚不可企及的辉煌,但其源渊多在周,尤其各种思想文化精神之基因不仅主流没有变异与旁逸,而且由于时代精英辈出而膏润优渥,不断得到反复阐扬与膨大,有些虽然面貌及其存在方式有异,但本质上却是一致的,不过是重新刻摹时发生一些需要变化的变化而已。

周文化虽然应指从周人先祖后稷至秦并六国之间的全部文化,但实际上国人所说周文化均指武王克殷之后由周公制礼作乐、后经春秋战国诸子百家的阐发创新形成之思想文化和典章制度。周文化最显著的特点是鲜明地体现了中华民族独特的精神气质、心态观念、理想诉求,以及所形成的各种典章规范、礼乐制度、人伦原则、道德规范和社会结构。周之后的历史表明,由于周文化成为了中国文化的主流、儒学的源头,因而顺理成章地成为了整个封建社会占统治地位的思想,影响了中国数千年。

周文化的生命力何以弥久而不衰？周文化何以对中华文明发展影响至今？周文化的哪些重要思想构成了河洛文化的核心理念、至今仍在影响着人们的社会生活及观念？本书试从周文化的元典性、人本性、创新性等方面加以梳理与探究。②

作为观念形态的周文化,以其深邃的原创性而哺育了其后的历代文化,影响到人们生活的方方面面,以至于百姓日用而不知。

"旧邦新命"——传承革新观

《诗经》歌颂周文王因受天命从而王天下之业绩,其中曰:"文王在上,於昭

---

① 《论语·八佾》,《十三经注疏》,中华书局,1980 年 9 月。
② "文化元典"特指蕴含民族文化基本精神的典籍,这一学术概念为著名学者冯天瑜先生所首创。元典文化则指由此而产生各种文化形态的元典观念。冯天瑜《中华元典精神》,上海人民出版社,2014 年 12 月。

于天。周虽旧邦，其命维新。"①

"周虽旧邦，其命维新"，意为周这个历史悠久的小邦国之所以能够统一天下，是因为上天赋予它了革新的使命，从而使它果敢地完成了克商之举。

不言而喻，"周虽旧邦，其命维新"饱含着深刻的哲理与革新精神。

该诗真实地反映了周人的自豪与自信，以坚定的口吻强调并肯定了"维新"。"维新"就是变革，指武王克殷及其后欣欣向荣的新面貌，由于社会发生了变革，才使得"旧邦"气象一新。周人的了不起之处就在于不仅认识到革故鼎新是事物发展的规律，而且敢于"维新"，善于"维新"。

冯友兰先生以哲学家深邃的洞察力敏锐地感到，"周虽旧邦，其命维新"意蕴远大，不仅将其浓缩为"旧邦新命"，并从"为天地立心，为生民立命，为往圣继绝学，为万世开太平"之宏旨出发，明确表示："中国历史发展的新阶段足以当之。阐旧邦以辅新命，余平生志事盖在斯矣。"②此语写于1987年8月，冯先生时年92岁。在耄耋之年的哲学家看来，"旧邦新命"内涵无涯，其革新进取的精神具有永久、不朽的普世价值。

"敬天保民"——民本民贵观

国家治理的指导思想与模式历来都有着动态演化与形态多样性的特征，它通过制度安排、组织形态以及相应的治理机制使这台国家机器运转，并通过随时的调整而维系着国家的秩序，推动着社会的发展。然而，不论古代与现代，也不论社会性质如何，一个不能回避的问题就是管理者与被管理者之间的关系问题，即统治与被统治之间的关系问题。

作为早期的国家形态，殷商时期仍保留着许多部落或方国联盟结合的方式，与之相适应的思想，就是人们广泛地相信"巫"与"帝"，形成了以"帝"为尊的信仰，一般的人只能由巫祝通过卜筮与"帝"沟通。

武王克商，周公将这一思想进行了改造或者说逐渐地加以颠覆——以"天"高于帝的观念取代了"帝"至高无上的地位，同时对"天"赋予以一定人的意志，

---

① 《诗经·大雅·文王之什》，《十三经注疏》，中华书局，1980年9月。
② 《康有为"公车上书"书后》，《冯友兰学术精华录》，北京师范学院出版社，1988年6月。

提出了"敬天保民"、"敬德保民"的统驭观念。周公用"敬德"赋予"天命"以新的内容,这是周代的一大发明,也是中国古代政权建设的第一次理论创新。从此,不仅"天"在中国哲学中具有了核心地位,民在治国思想中具有了主体地位,德在意识形态中具有指导作用,并且由此发展为系统的"德治"观念和"民本"思想,影响中国二千余年。

周人认为"德"无所不包,它既指天德、政德,也指民德。作为统治者,治国不可仅仅依恃暴力,这是因为,天命无常予,暴力不足恃。有德则兴国,无德必失国。其后的孔子、孟子又据此作了进一步的阐发,提出了著名的"民贵"观,并就政德、民德而提出了"仁政"、"爱人"的价值观。

由此可知,以民为本的政治理念,以民为中心的民本、人(民)权以至民主、博爱的思想,其源头已清楚地显现在这里,它无疑早于西方,早于古罗马。

"明德慎罚"——德法治理观

周人不仅最早提出了"德治",也提出了"法治",其纲领性的意见就是《尚书》中的"明德慎罚"。①

这是周人对前贤治世经验的总结,《尚书》指出,从成汤到纣王之父帝乙,"罔不明德慎罚"。②

周人所说的"德"是什么?

周代的根本制度是宗法制度。宗法制度的特点是政治统治权利与血缘道德制约双重作用兼备。在此制度下,人有贵贱尊卑,所有的人依"尊尊亲亲"为准则生活与交往。

周代的礼乐制度是将政治的、社会的、伦理的各种关系固定下来的各种制度与表现形式,是行为文化、观念文化与政治文化融合为一的集中反映。礼乐制度的基础和依据是宗法关系。

周人所说的"罚"又是什么呢?

周人的"罚"就是"刑"。据《尚书》载,周代刑有五种,即墨、劓、剕、宫、大

---

① 《尚书·康诰》,《十三经注疏》,中华书局,1980年9月。
② 《尚书·多方》,《十三经注疏》,中华书局,1980年9月。

辟,其中的大辟为死刑。"慎罚"的目的是这了社会稳定、秩序稳定。要做到明德慎罚,关键在执法必须慎时度势,做到"刑罚世轻世重,惟齐非齐,有伦有要"。①

周人"明德慎罚"的基本内涵仍是尚德,这是慎罚的基础。因为只有指导思想上确立了"敬德"和"人本",在量刑时才会慎重,才会公平而适中,才不致乱罚与滥杀。

周人"刑罚世轻世重"受到其后历朝历代的重视,求其源,则在于其法理思想的先进性。尤其慎用极刑的人本主张,与近代西方国家主张废除死刑的理念相较,要早出 3000 年。

"修齐治平"——经世致用观

中西方对人生价值的认识有很多不同,其一就是,西方提倡个人主义,中国传统文化提倡的则是众生整体主义。在西方个人主义者看来,个人是先于社会而存在,因此,他们强调的是平等,强调是个性自由。就今天的视野而论,西方价值观中有许多值得我们重视和借鉴的因素,但西方个人主义与中国传统文化中的家国至上相冲突,因而遭到了中国传统文化的抵制与改造,其中,"修齐治平"的积极人生价值观发挥了极大的作用。

"修身、齐家、治国、平天下"之论最早见于《礼记·大学》,②是中国知识分子历来崇尚的信条和最高理想。但透过其丰富的思想内涵人们不难发现,周人最初提出的这一理念却是以"自我完善"——"正心"为其思想基础的。正是在这一伟大历史理性的哺育下,千百年来,中国人无论在内困窘境中,也无论在外侮的高压下,都能正确处理国家与个人、天下与家庭的矛盾,不仅要求自己具有"穷则独善其身,达则兼济天下"的胸怀,③而且要做到"先天下之忧而忧,后天下之乐而乐";也正是以这一伟大历史理性为精神支撑,地不分南北,人不分贵贱,

---

① 《尚书·吕刑》,《十三经注疏》,中华书局,1980 年 9 月。
② 《礼记·大学》:"古之欲明明德于天下者,先治其国;欲治其国者,先齐其家;欲齐其家者,先修其身;欲修其身者,先正其心;欲正其心者,先诚其意;欲诚其意者,先致其知,致知在格物。物格而后知至,知至而后意诚,意诚而后心正,心正而后身修,身修而后家齐,家齐而后国治,国治而后天下平。"《十三经注疏》,中华书局,1980 年 9 月。
③ 《孟子·尽心上》,《十三经注疏》,中华书局,1980 年 9 月。

在国家危亡之际,无不以大丈夫气概高唱"天下兴亡,匹夫有责"①以励志,而像林则徐那样,"苟利国家生死以,岂因祸福避趋之",②义无反顾地始终不渝坚持"大道之行也,天下为公"的理想追求。

"协和万邦"——治国经邦观

一些西方人士对地域辽阔且多民族和谐而存之中国既仰慕又感神秘,尤其对3000年前就提出"和协万邦"的理念既佩服又感不解。

"协和万邦"语出《尚书》:"古帝尧曰放勋,钦、明、文、思、安安,允恭克让,光被四表,格于上下。克明俊德,以亲九族。九族既睦,平章百姓。百姓昭明,协和万邦,黎民于变时雍。"③

这段称颂帝尧的记载很简洁,但有三点要义不容忽视。其一是简要概括了尧的优秀品质:处事慎敬,谦恭礼贤。由于其个人修养好(克明俊德),从而家族很兴旺(以亲九族),其部族官员都忠于职守(平章百姓),因而他为帝后天下民众团结融洽,国家实力很是强大。这其实就是"修齐治平"人伦政治理想的源头。其二,提出了"协和"的概念并说明它是治理天下最基本的理念和要求,实为"和谐"思想之源头。其三,提出了在协和之下万邦一统的理念,实为中国多民族大一统理念之源头。

世间任何事物都是在运动中发展的,由平衡到不平衡再到平衡。所谓"和谐",实质上就是追求平衡。由于周人认识到人与人、人与社会、人与自然需要平衡,因而极力倡导人与人、与社会、与自然界的和谐发展,"中和"概念的提出,"尚中"观念的确立就是这一思想的集中体现。"喜怒哀乐之未发谓之中,发而皆中节谓之和;中也者,天下之大本也,和也者,天下之达道也。致中和,天地位焉,万物育焉。"④中国传统哲学的核心理念是"道",即事物发展的规律,将"中"

---

① 清人顾炎武《日知录》卷十三《正始》有"亡国与亡天下奚辩"一段论述,梁启超将其概括为"顾亭林所谓天下兴亡,匹夫有责也"。见《饮冰室合集·文集之三十三,痛定罪言·三》。
② 林则徐《赴戍登程口占示家人》:"力微任重久神疲,再竭衰庸定不支。苟利国家生死以,岂因祸福避趋之?谪居正是君恩厚,养拙刚于戍卒宜。戏与山妻谈故事,试吟断送老头皮。"《林则徐在伊犁》,新疆人民出版社,2002年10月。
③ 《尚书·尧典》,《十三经注疏》,中华书局,1980年9月。
④ 《礼记·中庸》,《十三经注疏》,中华书局,1980年9月。

视为"天下之大本",将"和"视为"天下之达道",可见周人对"和谐"认识极为深刻。同时周人还明确提出,"和"虽然为天下之达道,但它也是有条件的,这个条件就是"节",即按照原则。"礼之用,和为贵。先王之道,斯为美;小大由之。有所不行,知和而和,不以礼节之,亦不可行也。"①"不以礼节之"——失去原则的"和"是不可取的,由此又可见周人是何等的睿智。

周人高唱"普天之下,莫非王土",对"率土之滨,皆为王臣"感到自豪,并提出了实现天下"万邦"大一统的"协和"主张。中华民族的非凡气概从此形成,各民族携手共进的统一局面的价值观从此奠定。这里,"万邦"既指域内各部族,也包括域外各友邦。

3000 年来,"协和万邦"理念对中华民族的融合与成长,国家的兴旺与统一起到了至关重要的凝聚作用。同时,由此产生的"和平友好,以邻为善,以邻为伴"思想也成了我们处理国与国之间关系的准则。2007 年 2 月 7 日,胡锦涛总书记在南非比勒陀利亚大学发表重要演讲时就引用了"协和万邦"一词,他说:"中华民族历来爱好和平,主张强不凌弱、富不侮贫,主张协和万邦。早在 600 年前,中国明代著名航海家郑和率领庞大船队 4 次到达非洲东海岸。他们给非洲人民带来的是和平的愿望和真诚的友谊,而不是刀剑枪炮和掠夺奴役。"②

周文化博大精奥,孔子慨叹"郁郁乎文哉! 吾从周"实出内心由衷。周文化既有对远古唐尧虞舜夏禹商汤文化的传承,更多的则是文王武王及周公时代的创新,从而形成了一整套日臻成熟的政治文化理念。

尊重祖宗,慎终追远,面对未来,勇于创新——这就是周人和周文化智慧的奥秘。

今天,中国正迈向现代化的民族繁荣之路,"协和万邦"这盏智慧明灯虽然古老,但其光芒仍然四射,照耀着未来的征程。

二、周文化在求新求变中成熟

任何时代都存在着文化现代化的问题。所谓"现代化",就是跟随时代发

---

① 《论语·学而》,《十三经注疏》,中华书局,1980 年 9 月。
② 胡锦涛《加强中非团结合作推动建设和谐世界》,《人民日报》,2007 年 2 月 8 日。

展、与时俱进,反映时代精神。

只有与时俱进,才能不断获得活力,才能不断成长和壮大,也才不至灭亡。

周承殷制,但其可贵之处在于能够突破旧制,标新立异,独树一帜,且起点很高,视野极阔,相当"现代化"。

周人和周文化何以能与时俱进,不断创新?

寻找它的底蕴,发现它的动力,一代又一代的学人都在思索,并从中得到了启迪。

"变则通,通则久"的思想方法。

众所周知,哲学的根本问题是思维与存在、精神和物质的关系的问题,是世界观与方法论的统一问题。了不起的是,3000 年前周人就总结了人类社会生活的经验,诞生了中国哲学的奠基之作《周易》,系统而全面地讨论了如何处理人与社会、人与自然、人与人关系的诸类问题,并提出了一个准则,那就是"变通":"一阖一辟谓之变,往来不穷谓之通。"①

这里,周人不仅认为"变"、"通"是圣人化天下之根本大道,而且这种变通是"往来不穷"的,没有止境的,不能停顿的。周人坚信"穷则变,变则通,通则久",②正是这不穷的"变",才使世界日新月异,弃旧图新,生生不息,成为永恒的存在。

周人认识到,世间的一切事物,不论有形的或无形的,其发展、前进到了极限时,就会发生变化,以新的方式和路径前进,这是不以人的意志为转移的。《易》就是解说"易"的学问,不明白"易",便无法游刃有余地面对社会。因此,聪明的人应懂得权变,权变就是智慧;能张则张,该弛则弛,宜伸即伸,不宜则屈。由《易》所传达的我国古代这一朴素唯物主义思想,实为构成中华民族哲学的基础,令今人不仅感佩不已,同时也从中得到启迪。

"自强不息"的精神状态。

人有主观能动性,这是人与其它动物的根本区别。人可以认识世界,也可以改造世界,改造自己的生存环境和生存条件,这就需要人充分发挥自己的主观能

---

① 《周易·系辞上传》,《十三经注疏》,中华书局,1980 年 9 月。
② 《周易·系辞下传》,《十三经注疏》,中华书局,1980 年 9 月。

动性。

　　3000 年前的周人不仅意识到了人的能动性,而且非常重视发挥人的主观能动性,"天行健,君子以自强不息"①就是周人为自己立下的信条和座右铭,是周人积极的人生态度之最简练的概括。

　　"天人合一"是周人的人生观。天的运行是雄健的,大道无限,要达到"天人合一"的境界,人就必须有自强不息的品性、宏远的追求、理想与现实统一的历史理性。

　　"自强不息"是一种崇高的人生信仰,相信自我,相信现实,也相信未来,因而也相信主、客观是可以统一的,物、人是可以合一的。

　　"君子"是古人对有知识、有智慧、有作为之士的泛称。古人认为,君子应知天时、顺天道、任人事,以"天"的健行精神时时激励自己,以"人"自强不息的奋斗贡献于社会。

　　由此可知,自强不息是哲学的大智慧,是民族的大智慧,是凝聚社会、提升自我的大智慧。正是有了这一文化的自信与自觉,华夏文化才得以代代传承,不断创新,不断获得新的活力而保持着勃勃的生机。

　　自强不息不是凭空获得的,"地势坤,君子以厚德载物。"②

　　在周人看来,凡君子,必有高尚的道德,如同大地一样具有宽广绵厚的胸怀,如同大地一样以深厚之德载育万物。孟子对此非常认同,他认为,正是基于有此"厚德",君子才能够不为外界环境所动,"富贵不能淫,贫贱不能移,威武不能屈,此之谓大丈夫。"③

　　"自强不息"、"厚德载物"是中国传统文化的精神命脉,千百年来,激励着无数"大丈夫",为民族、为国家而奋勇前行,并把这种"鞠躬尽瘁、死而后已"的精神传扬到了四面八方。1914 年 11 月 5 日,梁启超先生以《君子》为题在清华大学作演讲时,希望清华学子"自强不息",发愤图强:"君子自励犹天之运行不息,不得有一曝十寒之弊。……且学者立志,尤须坚忍强毅,虽遇颠沛流离,不屈不挠;若或见利而进,知难而退,非大有为者之事,何足取焉? 人之生于世,犹舟之

---

　　① 《周易·乾》,《十三经注疏》,中华书局,1980 年 9 月。
　　② 《周易·坤》,《十三经注疏》,中华书局,1980 年 9 月。
　　③ 《孟子·滕文公下》,《十三经注疏》,中华书局,1980 年 9 月。

航于海,顺风逆风,因时而异。如必风顺而后扬帆,登岸无日矣。"谈到了"厚德载物"时说:"坤象言君子接物,度量宽厚犹大地之博,无所不载。"①

由于"自强不息,厚德载物"其语有源,蕴涵精深,时过不久,清华大学校长梅贻琦便将其定为校训并铸入校徽,高悬于大礼堂上方,成为了师生们的座右铭。1925 年夏天,清华大学校长曹云祥在国学院开学典礼的致辞中提出:中国文化极其博大,后学之任务应是"本中国文化精神","寻出中国之魂。"②无疑,这也是他对校训新的诠释。

正由于"自强不息"、"厚德载物"集中体现了"中国之魂",故其超越了历史的时空,至今还闪耀着传统文化理性之光芒。2006 年 4 月初,国务院总理温家宝访问了新西兰,4 月 6 日,他在会见当地华侨华人代表时勉励华人华侨为新西兰的发展作出了更大的贡献。他说:"天行健,君子以自强不息;地势坤,君子以厚德载物。我们中华民族自古就有自强不息、团结包容、吃苦耐劳、勤奋努力的高尚品质,不仅能够在自己的国家创业,还能够在世界各地努力奋斗,创造丰硕的成果。"③

"自强不息"——中国魂,闻之使人感奋,惕砺前行。

发达的"青铜文明"

在我国的历史中,虽然夏朝目前尚缺乏文字印证,但它上承五帝传说时代,下接商、周,是历史的一个重要拐点,因而深入研究夏文化成了历史与考古学界最为关切的事。

偃师二里头文化遗址的发现,登封王城岗文化遗址的发现,初步打开了夏文化沉睡的大门。学界认为,两个遗址文化代表了夏文化,其中的城及青铜器尤其引人瞩目。

文字、青铜器、城的出现是人类进入文明社会的三项标志。

二里头已有了专门从事青铜作业的铸铜作坊,生产礼器、兵器、工具、乐器和装饰用品等多种类型青铜器,较大型的贵族墓葬中出土的礼器和兵器代表了青

---

① 《孟子·尽心上》,《十三经注疏》,中华书局,1980 年 9 月。
② 《清华周刊》第 20 期,1914 年 11 月 10 日。
③ 《人民日报》,2006 年 4 月 7 日。

铜器时代初期青铜器的基本模式和工艺水平,反映了当时社会生产力已相当先进。从公元前 21 世纪至公元前 5 世纪中叶,包括古代文献上记载的夏、商、西周和春秋几个历史时代是中国的青铜时代。时间长达 1600 年左右。①

二里头青铜文明的兴起,不仅是中华文明,也是整个东亚文明进入新石器时代以来最重要的文化和社会变革的产物。

商代是青铜文化发达的时代,安阳殷墟出土的司母戊大鼎,不仅是王权的象征,而且其重达 832.84 公斤,铜、锡、铅比例匹配合理科学,造型设计大气且优美,制作工艺精湛且娴熟,充分表明当时各类生产技术十分先进。

在国外,无论是欧洲各地或是日本,历史上也发现有精美的青铜器,但那里的青铜文明主要是青铜兵器与工具,没有什么礼器和乐器。"器以藏礼",②青铜器在三代时期是天子及贵族用于祭祀、朝聘、赠封、宴飨、丧葬等礼仪活动中的礼器,故又称作彝器,因而商周两代青铜器上多有铭文,记录当时王室或贵族的政治事件或家族事迹,这在世界青铜文明史上形成了一道十分亮丽的风景线。如武王灭商时的利簋,32 字,记载武王伐商的具体时间;成王时期的何尊铭文,122字,记载了成王营建东都洛邑的经过。西周大盂鼎通高 100 多厘米,口径近 80厘米,重逾 150 公斤,内壁有铭文 291 字,记述了周康王对贵族盂的训诰和赏赐。周代是我国青铜文化最辉煌的时代,它不仅表明当时牛产力的发达,也表明中国的史学文明、礼乐文明有着自己的特色,更表明中国的青铜文化在世界上不仅是第一位,也是独一无二的。

任何民族的文明都是以经济为基础的。黄河中下游地区尤其河洛地区是中国农业发展的摇篮,7000—6000 年前,这里即有了发达的麦粟生产,和长江中下游地区的稻粟生产一样,成为了华夏大地的粮食生产区、人口密集区。

河洛地区青铜文明的发达,表明了当时生产力的发达,既是农业经济发达的产物,更是综合文明的集中体现和重要标志。正是由于有此两大文明深厚沃土之哺育,夏商之后的周文化,才得以青出于蓝而胜于蓝,蓬勃成长与发展。

---

① 李伯谦《中国青铜文化结构体系研究》,科学出版社 1998 年,第 275 页。
② 《左传·成公二年》《十三经注疏》,中华书局,1980 年 9 月。

三、中国核心文化之基石

河洛文化作为地域文化,2004 年至 2009 年,在河南召开过 5 次国际研讨会,2010 年走出中原,在改革开放的前沿城市广州召开了第九届学术研讨会,2011 年 4 月又跨过海峡,在台北召开了第十届河洛文化学术研讨会,2012 年 10 月、2014 年 6 月分别在江西省赣州和福建省厦门召开了第 11、12 届河洛文化研讨会,2015 年 10 月再次移师台湾,在北新市召开了第 13 届学术研讨会。

河洛文化的研究何以能引起如此反响呢? 河洛文化的突出特点是什么呢?

河洛文化,顾名思义,就是产生在河洛地区的文化。这里的"河"即黄河,"洛"即洛河。洛河源出陕西东南,流经豫西数县,于巩义市北向注入黄河。作为地域概念,河洛地区有广义与狭义之分。狭义的河洛地区系指以嵩山、洛阳为中心、黄河与洛河交汇形成的夹角地带。广义的河洛地区则指今河南省及其西部、北部近邻的周边地带。因此,广义的"河洛文化"即中原文化。

河洛文化渊源深远。北京大学汤一介教授说:黄河出现龙图,洛水出现龟书,于是,黄帝效法"河图"作"八卦",夏禹效法"洛书"作"九畴"。"河洛文化"就是指"黄河"、"洛水"一带的文化。①

目前,虽然给"河洛文化"下一个严格且准确的定义还比较困难,但大体可以这样描述:在河洛地区,导源于远古,产生于夏,成熟于周商,发达于汉魏唐宋,传承于其后历代的文化,它既包括以农耕经济为中心的物质文明,也包括由此产生的政治、经济、习俗、心理等在内的政治文明和精神文明。

河洛文化内涵宏博。河南大学教授朱绍侯指出:河洛文化博大精深,任何人都难于用一句话把它说清楚。简言之,河洛文化应是产生于河洛地区的,包括原始社会的彩陶文化(仰韶文化)和河南黑陶文化以及神秘而代表河洛人智慧的《河图》《洛书》;还应包括夏商周三代的史官文化,及集夏商周文化大成的周公制礼作乐制度;还应包括综合儒、道、法、兵、农、阴阳五行各家学说而形成的汉代经学、魏晋文学、宋明理学以及与儒道思想互相融合的佛家文化等等,以上各种

---

① 汤一介《河洛文化小议》,《光明日报》2001 年 11 月 9 日。

文化的总和就是河洛文化。①

　　关于河洛文化的特点,不少专家对其进行了概括,如根源性、原创性、辐射性、开放性、包融性、厚重性等。其实,作为地域文化,齐鲁文化、荆楚文化、湖湘文化、岭南文化、闽南文化、巴蜀文化、陇右文化等,何尝没有上述特点呢!

　　所谓特点,应是独具的。在中华传统文化中,河洛文化最突出的特点是什么呢? 历史悠久、博大精深、影响深远是河洛文化的一般特征,内容的元典性、内涵的核心性及传承的连续性是河洛文化的典型特点。

　　内容的元典性。

　　所谓元典性,其内涵有二。

　　一是具有根源性。研究表明,河洛文化在整个中华文明体系中具有肇始与母体的地位。世界思想史学界认为,公元前 8—4 世纪前后,东西方共同出现了一个奇特点现象,即诞生了一批贤哲,如古希腊的苏格拉底、柏拉图、亚里士多德,中国的周公、老子、孔子,古印度的释迦牟尼,犹太教的先知等,他们出于对人类文明的总结所提出主张和原则塑造了一个民族的文化传统,影响着其后一代又一代人的思想与生活,促成了今天的西方,印度、中国、伊斯兰等不同的文化形态,如柏拉图提出的"理想国",孔子提出的"大同",释迦牟尼提出的"天国"等。河洛文化不论其反映的史前文明,也不论其对有文字记载以来文明的论述与概括,都充分体现了时代精神,而且具有跨时代的超越性,至今仍被人们称道或借鉴,以至成为了中华民族的文化自信与自觉。

　　二是具有鲜明的原创性。河洛文化中的诸多文化元素,不论政治的、经济的、文化的、军事的、道德的、法律的、逻辑的,也不论各种官方的或民间的制度建构等,均对构建整个中华文明体系发挥了筚路蓝缕的开创作用。同时由于它地处"天下之中",长期为中国政治、经济、文化的中心,因而其辐射能力极大,辐射范围极广,影响能力极强,从而使很多地域文化都烙下了河洛文化的印记,具有河洛文化的某些特征,也使有些文化成了其亚文化,如客家文化。

　　内涵的核心性。

　　所谓核心性,一是具有基础性。在中华文化形成的过程中,河洛文化长期处

---

　　① 　杨海中《河洛文化与闽台文化·导言》,《河洛文化与闽台文化》河南人民出版社,2009 年 5 月。

于主体与主干的地位,虽经民族融合,百代发展,其基本理念一直是贯通的。比如农本理念,天人理念,民本理念,厚德理念,宗法理念等,虽然唐宋明清历代面貌有异,外延不断拓展,但其万变不离其宗,其内涵仍是三代时所形成的初始理念。又如道教,虽然派别不一,但都是以奉老子《道德经》为本的。二是终极性。在中华文化中,不论哲学本体、人的价值观,也不论人的宇宙观,都涉及人、自然、社会三者的关系,它要解决或解释的是人在发展中如何处理与自然、与社会的内外矛盾等一系列带有根本性的问题。上述观念在河洛地区形成后,不仅毫无时限地指导、引领着中华民族政治、经济、教育、文化、军事等问题解决与发展。其天人观、义利观、德法观、和合观、家国观、荣辱观、尊卑观、大同观等,虽历经时代变迁,沧海桑田,或升或沉,但至今还保持着它的完整性,体现着终极的关怀。其中,有的成了民族的意识形态,被全社会所认同;有的成了评判是非善恶的准则,被视为行为的规范;有的成了人们的追求与愿景,薪火相传为之奋斗。

研究表明,河洛文化中的上述理念,千百年来不仅一直是人们尊奉的精神准则,而且也在身体力行,并不断地对其加以丰富与发展。近代以来虽然受到了外来文化的冲击,但在山呼海啸中,它仍经受住了时间的考验,傲然屹立于世界文化之林。

传承的连续性。

中华文明的起源是多元的。1923年,瑞典地质学家在发现仰韶文化之后又在甘肃省临洮县发现了马家窑文化,出土的大量花纹绚丽的彩陶表明,公元前3700年前这里的农业、手工业就相当发达。20世纪30年代中期,考古学家在长江下游太湖流域发现了良渚文化,城墙的发现表明,公元前3300—公元前2300年间,这里不仅农业发达,而且有可能出现了城市,曾闪现出了"文明的曙光"。此外,精美无比、重达6.5公斤的大型玉琮也使人感到深深地震惊。20世纪30—80年代,考古工作者在四川广汉县发现了三星堆文化,年代为公元前4500—公元前1000年。大量青铜器的出土以及文字符号、祭葬坑及城址的发现,震惊了海内外,并充分说明,3000多年前这里的文明就相当发达。20个世纪80年代初,考古工作者在辽河上游流域发现了红山文化,研究表明,公元前4000—公元前3000年间,这里的农业、畜牧业相当发达。出土的大型碧玉C型玉猪龙重达1公斤,雕制十分精美。

令人不解的是,这些灿烂的文化是从哪里来的,又是怎样向下传承的? 由于上下文化的中断,目前尚是一个谜团。

河洛文化不是这样。

河洛地区不仅有远古三皇五帝的传说,还有与黄帝、伏羲、帝喾、大禹、仓颉等传说有关的历史遗迹,如黄帝故里、黄帝宫、太昊陵、具茨山岩刻、启母石、仓颉故里等。

更为重要的是,考古学家在这里发现了贾湖文化、裴李岗文化、仰韶文化、王城岗文化、二里头文化和二里岗文化!

中国八、九千年前,六、七千年前,四、五千前的历史在这里得到了凿凿印证。

夏都阳城,殷都于亳。中国最早的两个王朝皆建立在河洛地区。

甲骨文的发现,破解了疑古之谜,使得一些秦汉文献关于远古的传说成为了信史!

河洛文化与全国所有的地域文化、乃至世界古代三大文明地区的文化相比,其相衔如环的连续性是无与伦比的!

历史表明,河洛文化孕育了华夏文明,河洛文化是中华民族文化的核心文化,是中国传统文化的主体。河洛文化以其强大的生命力、辐射力、同化力以及它的根源性、元典性、厚重性、融合性,充分反映了中华民族文化的宏博与精深。不言而喻,河洛文化代表了中华文化。

而这一切,无不深深地根植于商周文化土壤之中。

第一章　商代文化之主要建树

商族本是东方夷人的一个部落,强大之后,其势力不仅迅速向黄河中游及环渤海湾地区扩展,很快从夏朝的属国变成了夏朝的强大对手,并于公元前 17 世纪时取代了它,这充分表明商是一个先进的、勇于和善于进取的部族。

商朝建立之后,其势力范围以当时的政治中心南亳(郑州)、西亳(偃师)、殷(安阳)为中心,大致东到渤海、黄海之滨,西到陕西中部,南至湖北、湖南、江西、四川一带,北到河北北部及内蒙古中部地区,东北已延伸到辽宁西部,统治区域远远超过夏代。

商代是中华民族进入义明社会后的早期阶段,历经 17 世 31 王,延续 600 余年,生产发达,文化灿烂,为后世的发展作出了许多奠基性的贡献。尤其是甲骨文、金文、陶文、玉器契刻文字的出现,为中华民族留下了最早、最原始的宝贵文献,世界为之震惊。

商代的生产力已经相当发达,人们已完全脱离了原始部落的生活方式,绝大多数以农为生而居有定所。商代的文化相当发达,孔子说:"殷因于夏礼,所损益,可知也。周因于殷礼,所损益,可知也。"①商文化不仅对周文化起到了承上启下的作用,其王权文化、甲骨文化、商业文化、礼器文化等对后世影响十分深远。

---

① 《论语·为政》,《十三经注疏》,中华书局,1980 年 9 月。

第一节　商代王权

王权思想、王权政治在中国根深蒂固,追根求源,可至于上古,但从国家政权性质意义上而论,其产生于夏,完备于商,成熟于周。

从社会性质而论,夏商时代应当说属于奴隶制社会。对这一问题,学术界有不同认识,有认同者,有持异义者,见仁见智,各言其是,无可厚非。不过,持异义者中有少数人的意见似难令人苟同。其理由是:社会发展五个阶段论来自马克思,马克思不了解中国,中国学者接受其说是教条主义,故错了。此论虽由来已久,然过于简单和武断,因而严肃的学者常为之一笑。另外,社会发展阶段、历史时期划分,不像一个人的年纪,可以用非常精确的时间来表示,它是一个宏观清晰、微观模糊的概念,其社会现象常常相互交错,虽你中有我,我中有你,但侧重已明显不同。总之,不论夏商的农耕奴隶与古希腊罗马自由民奴隶有何区别,称夏商时期为奴隶社会大体是符合实际的。

一、商代之巫

文化的形态是多种多样的。商代的王权是由巫史之权次第嬗变而来的。

商和夏一样,有一个掌管文化的阶层,通常由四种人组成,即巫、史、卜、贞,他们最重要的工作是共同掌握占卜事务。

巫产生于原始社会,是部落文化的代表者,即族群中有较丰富的知识,不仅口才好,而且是能歌能舞,善于表演的人。巫同时还兼有原始宗教牧师的角色,负责与上天及神交通,上天及神的意志由其来传达。

需要强调的是,巫的形成经历了一个漫长的过程。

1. 泛巫与专巫

就目前所见文献及考古资料而言,可以推断,五帝之初的巫文化为初级阶段,"巫"只是人们心中的信仰,尚无统一的社会标准或仪规,人们只要心中有所求,可随时随地说出口来,请"神"——天、地——予以佑示,甚至可以通过"天梯"——昆仑山,自由地往来于天地之间。这是人人可以为巫的泛巫时代。

但随着社会的进步,"五帝们"感到这样太随便,有损"神"的威严,更不利于树立"五帝们"的权威。

据《尚书》载:到了黄帝的孙子颛顼时代,颛顼"乃命重黎,绝地天通,罔有降格"①。重、黎是颛顼的两个孙子,本领非常高强。遵照爷爷的指示,重两手托天,奋力上举,天遂升高;黎双臂按地,狠劲下压,地遂下沉。天地之间的距离就这样无限地拉开了,从此,人就不能随便登天了。

这一传说,实际上记述了世界史上最早的一次宗教性改革,目的是为了加强王权。

但是,很多人,包括后世的一些王者,对宗教的这一改革想不通。《国语》就有一则这样的记载:楚"昭王问于观射父曰:《周书》所谓重黎寔使天地不通者,何也? 若无然,民将能登天呼?"看来楚昭王对王权建设的意义很不理解,从其所问可知,他可能对"登天"相当向往,很迷恋。"对曰:此非之谓也!"观射父毫不含糊,开门见山第一句话就否定了昭王的观点。之后简要地给他讲了"人神"关系的演变史及颛顼改革的原委及意义。"古者民神不杂。……在男曰觋,在女曰巫。……民是以能有忠信,神是以能有明德,民神异业,敬而不渎,故神降之嘉生,民以物享,祸灾不至,求用不匮。"意为上古社会相当美好,尤其人神不杂,天下太平。但是,后来这一情况发生了变化,时间在黄帝的儿子少昊(皞)之时。"及少皞之衰也,九黎乱德,民神杂糅,不可方物。夫人作享,家为巫史,无有要质。民匮于祀,而不知其福。烝享无度,民神同位。民渎齐盟,无有严威。神狎民则,不蠲其为。嘉生不降,无物以享。祸灾荐臻,莫尽其气。"意为虽然社会发展了,但由于民神相杂,天下就大乱了,原来是"民以物享,祸灾不至,求用不匮",自从出现"九黎乱德,民神杂糅"现象之后,"祸灾荐臻"——各种祸灾接二连三,灾难、事故频繁不断,社会处于崩溃边缘。其实这不过是故意制造的一个借口。但智慧过人的颛顼看到了机会,于是便毅然抓住机遇,深化改革。"颛顼受之,乃命南正重司天以属神,命火正黎司地以属民,使复旧常,无相侵渎,是谓绝地天通。"②

自此,杜绝了人人可以登天之梦,而把"通天"的权利变成了少数专业巫师

---

① 《尚书·吕刑》,《十三经注疏》,中华书局,1980年9月。
② 见《国语·楚语》。《国语》,上海古籍出版社,2008年12月。

的特权与专利。颛顼命重司天、命黎司地的改革意义重大。

（1）民神分业，中国的神职从此专业化，出现了专巫，重、黎成了巫的祖始爷，一个专司传达天意，一个遵照天意掌管民事。

（2）由于专巫是最高统治者所任命，巫及巫的活动带上了政治色彩，具有正统性，开启中国巫政合一之先河。

（3）专职巫的出现，也是脑力劳动与体力劳动的第一次分工，有利于专门神职人员对天人关系的深层次思考，尤其巫职可世袭，从而有利于带有宗教色彩的巫向着纯粹理性方向发展。

2. 巫之地位

商代巫术十分发达，涉及到人们生活及社会各个方面，几乎是无事不卜，无事不筮，无神不祀。这就促使巫事有了一定的分工，据《周礼》《说文解字》等记载，当时有祭祀之巫，有测天之巫，有主卜筮之巫，有明医药之巫等，不一而足。

由于巫既有文化，又与神通，因而不仅平民遇事要请其占卜，天子的军国大事也必须有其参与才行。《尚书》记述了商之旧臣箕子向武王讲治理天下方略之事。箕子以商代为例，讲述了商王是如何重视巫卜的事："七、稽疑。择建立卜筮人，乃命卜筮……汝则有大疑，谋及乃心，谋及卿士，谋及庶人，谋及卜筮。"①其意为：作为王，如果遇到疑惑不解之事，那就去找巫占卜；遇到重大决策，不仅要问计于谋臣卿士和庶民，也要听取巫卜的意见，如果大家的意见大致一致，那就大吉大利。

由于卜巫在上古社会中占有重要地位，引起了司马迁的高度重视，在为历代人物作传的同时，他专门为巫作传："三王不同龟，四夷各异卜，然各以决吉凶。略窥其要，作《龟策列传》。""太史公曰：自古圣王将建国受命，兴动事业，何尝不宝卜筮以助善！"并说："唐虞以上，不可记已。自三代之兴，各据祯祥。涂山之兆从而夏启世，飞燕之卜顺故殷兴，百谷之筮吉故周王。"最后的结论是："王者决定诸疑，参以卜筮，断以蓍龟，不易之道也。"②

卜人对于王朝政治有重要影响，商王对卜人的意见相当重视，亲自进行占

---

① 《尚书·洪范》，《十三经注疏》，中华书局，1980 年 9 月。
② 《史记·龟策列传》。《史记》，中华书局 1982 年 11 月。

卜,例如"《合》20423:壬午卜,王,贞由曰方于甲午其正,七……;《合》20534:丙寅卜,由王告取儿。由占曰:若,往;《合》20153:戊子卜,由,……亦有闻……由占曰:闻。"卜人可以占卜商王的意见,例如"《合》20256:丙辰卜,师,贞王曰……我有我……矢延……欠……。"甲骨文中还有将商王与卜人的意见并列于命辞中、同时占卜的记载:如"《合》21071:□亥卜,师,贞王曰有身,嘉。扶曰:嘉。"卜人有时反对商王的意见,提出截然相反的看法:如"《合》20070:癸卯卜,王曰帀,其;贞余勿乎延奠。由曰:吉,其乎奠。"从上述师组卜辞的复杂现象可知,商王与卜人间的关系已相当微妙。于是,商王常常亲自占卜。宾组卜辞对此有所记载,如"《合》1611 反:王卜其若兹,永;《合》7075:庚戌卜,亘,贞王乎取我夹……殷鄙不若……";"帝若。[不]若。反:王占曰:吉,帝若。""帝"是古代崇奉的最高自然神,作为国家宗教领袖的商王有权利用占卜判断帝的意志。卜辞对此也有记载,如"《合》22913:已示卜,王,贞乙拜于祖乙。王吉兹卜。"为了阻止卜人意见与商王不一致的情况发生,商王有时便亲自选择卜人,如同《尚书·洪范》中说的"择建立卜筮人"。行组卜辞对此也有记载,如"《合》41429:乙亥,王卜,中延。《合》25929:甲辰,王卜,大延。辛巳,王卜,大延。《合》25930:丙午,王卜,大延。《合》23669:辛丑,王卜,疑延。《合》23672:乙卯,王[卜],疑延。《合》33061:甲戌,王卜,逐延。"中、大、疑、逐都是行组早期的卜人。"延",指接续进行的占卜活动。[①]

商王朝时,担任上帝与下帝(商王)之间联系与沟通任务的主要是巫。巫咸是筮占卜的创始者(甲骨文中称咸戊),但由于其掌握着神、人沟通的话语权,因而地位很高。史载,商代从太甲至太戊,历经七世,国势渐衰。至太戊帝时,咸巫与伊陟协手整饰政事,使商朝一度中兴。咸巫成了太戊之国师。到祖乙时,巫咸的儿子巫贤在太戊帝孙子祖乙登位后,官至宰相,并有贤臣之誉。[②]

巫、卜等位高权重,势力很大。他们干预国家政治,事无大小,都必须听听他们的意见。若他们不赞成,即使统治者同意或认可,事情也不一定能办成。这是

---

① 连邵名《商代占卜丛考》第六部分《商王与卜人》,见刘大钧主编《象数与易学研究》第二辑,齐鲁书社,1997 年 6 月。

② 《尚书·君奭》云:"在太戊,时则有若伊陟、臣扈,格于上帝;巫咸乂王家。在祖乙,时则有若巫贤。……故一人有事于四方,若卜筮罔不是孚。"

因为卜问的是"天",而他们的话就代表着至高无上、可以支配人世间的一切的天的意志。司马迁曾对巫们的权势有过生动的描述。

> 帝雍己崩,弟太戊立,是为帝太戊。帝太戊立,伊陟为相。亳有祥桑穀共生于朝,一暮大拱。帝太戊惧,问伊陟。伊陟曰:"臣闻妖不胜德,帝之政其有阙与? 帝其修德"。太戊从之,而祥桑枯死而去。伊陟赞言于巫咸。巫咸治王家有成,作《咸艾》,作《太戊》。帝太戊赞伊陟于庙,言弗臣,伊陟让,作《原命》。殷复兴,诸侯归之,故称中宗。①

从上文中可知,商王太戊遇到可疑之事,就向身为一国之相的伊陟求教,而伊陟还要向巫咸汇报。巫咸除管理朝政外,还担任着史的职责,于是就写下了《咸艾》《太戊》两篇文章,一方面是称颂商王太戊有德,从谏如流,更重要是为了记录巫咸治理朝政的政绩——"巫咸治王家有成"。由于商王太戊能恰到好处地处理其与相、巫的关系,王朝曾一度复兴,受到了诸侯们的拥戴。

从上文也可知,巫既有文化,也有能力,可以任用,因而有的巫就成了政治世家。如前所述,巫咸的儿子在商王祖乙时即任相职,并助商复兴,故司马迁在《殷本记》中说:"帝祖乙立,殷复兴,巫贤任职。"巫贤助祖乙复兴的功劳之一是把都城从相(在今河南内黄县境内)迁于耿(今山西省河津市境内),后耿被黄河泛滥冲毁,巫贤又建议迁都于邢(今河北省邢台市境内)。

巫地位的上升,对商王朝的政事产生了重大影响,因而也引起了商王的警觉。

二、王权天授

1. 王权产生于夏

中国的王权始于禹,成于禹从部落首领登上国家之王的宝座,其重要标志就是废除禅让制而实行家长制,将帝位传与其子启,开中国政权世袭制之先河。

禹何以能如此? 大的原因不外是:一、人心所向。舜的举荐,得到了四岳的

---

① 《史记·殷本纪》,中华书局,1982 年 11 月。

认同,他们公认唯其有能力作部落首领。① 二、"天命"所归。大禹治水,功高盖世,无人能匹,世人以为是天助神佑。《尚书·召诰》对此的记载是:"有夏服(受)天命。"无独有偶,比《尚书》要早的"遂公盨铭"在记大禹治水时也说:这是上天授予的使命:"天命禹敷土,随山浚川"②。铭文所记内容与与《尚书》所记不仅一致,且"随山浚川"与《尚书·序》"禹别九州,随山浚川,任土作贡"中的一句完全相同,令世人惊异不止。这一事实充分表明,铭文可能是关于"天命"最早的文字记录。

遂公盨铭

大禹为巩固王的地位,相传曾铸九鼎,以显示王的权威。但新制度的建立需要一个被社会认可的过程。夏启及其子孙在相当长的时间内王位并不稳定,并

---

① 《尚书·舜典》有四方部落赞同禹具高位的记述:"舜曰:'咨,四岳! 有能奋庸熙帝之载,使宅百揆亮采,惠畴?'佥曰:'伯禹作司空。'帝曰:'俞,咨! 禹,汝平水土,惟时懋哉!'禹拜稽首,让于稷、契暨皋陶。帝曰:'俞,汝往哉!'"《十三经注疏》,中华书局,1980 年 9 月。

② 2002 年 5 月,北京保利艺术博物馆从香港市场购得一青铜器,经专家鉴定为西周时期文物,距今2900 多年。铜器底部有十行 99 字的铭文,因铭文中有"遂公曰"而被命名为"遂公盨"。比孔子编修《尚书》还早 200 年的"遂公盨铭"记了大禹治水的事迹,铭文不仅一些词句与《尚书》相同,而且多次提到"天"与"德"。铭文如下:"天命禹敷土,随山浚川,乃差地设征,降民监德,乃自作配乡民,成父母。生我王作臣,厥沬唯德,民好明德,寡顾在天下。用厥邵好,益干懿德,康亡不懋。孝友,诃明经齐,好祀无。心好德,婚媾亦唯协。天厘用考,神复用祓禄,永御于宁。遂公曰:民唯克用兹德,亡海。"李学勤先生指出:盨铭"天命禹敷土,随山浚川,迺差地设征",可以对照《尚书》中的《禹贡》:"禹敷土,随山刊木,奠高山大川。"还有《尚书序》:"禹别九州,随山浚川,任土作贡。"大家知道,《禹贡》这篇文字,近世学者多以为很晚,《书序》更是被人怀疑。现在证明,其文句与铭文符同,特别是"随山浚川"全同于《书序》,实在是令人惊异。(李学勤《遂公盨与大禹治水传说》,《中国社会科学院院报》2008 年 3 月 24 日)

曾一度失国,直到"少康中兴"才算基本稳定了下来,"天命"的思想及"德"的观念才得以广为传扬和认可。

王权地位的认可,意味着王权思想的产生。

从以上分析可知,支撑夏代王权思想的核心是"天命",但在夏朝前期,"天命"思想尚处在萌芽状态,还仅仅是一个概念,尚未成为一种普遍的观念,更没有成为大众的信仰,随着夏王朝的巩固,天命思想得到了很大的发展与丰富。

2. 王权强化于商

史载"殷承夏制"。所谓"夏制"既包括统治方式,也包括统治思想。但"承"只是一方面,且并不是简单地照搬与袭摹,它必须与社会的实际相切合,相适应。这就需要再创新,与时俱进。

殷商 600 年历 31 王,其王权是在实践中不断发展与强化的,其不同时期有不财的特点:

(1)王权分享

商汤代桀之初,由于当初的"反夏联盟"——各方国、部落及宗族拥有强大的势力,其中包括武装力量,因而对商王权具有较大的制约作用。这个时期约经历了了 10 个王朝,即从成汤一仲丁。西周的统治者在总结殷商经验时说曾明确指出过这个问题,《尚书·君奭》:"我闻在昔成汤既受命,时则有若伊尹,格于皇天。在太甲,时则有若保衡。在太戊,时则有若伊陟、臣扈,格于上帝;巫咸又王家。率惟兹有陈,保又有殷,故殷礼险配天,多历年所二。"成汤时大臣伊尹的影响力就很大,"格于皇天";太甲、太戊时情况没有多大变化,伊陟、臣扈其势仍"格于上帝";至巫咸时几乎可称"王家"。从中可知,在宗族、部落势力及神权势力与王权几乎平起平坐的情况下,王权是无法加强的;如若发展下去,还可能导致恶果。

(2)王权危机

王权分治不利于殷商奴隶主的统治,于是从仲丁起就有意识地进行了加强,这就引起了一些王族子弟的反对,因而发生了多次王权争夺的动乱,一些部落便乘机打劫,对商王朝发动战争。为维护王朝与王权,历时 9 个商王,其间发生了多次迁都事件。

社会的动荡使殷商统治者头脑更加清醒:必须加强王权。

（3）王权加强

在殷商统治者中，盘庚、武丁是两位杰出的执政者。

盘庚是汤的十世孙，祖乙之曾孙。盘庚迁殷后采取了一系列措施加强王权。首先是他控制了神权，这表现在他牢牢掌握了发布占辞的权力，"肆予冲人，非废厥谋，吊由灵各；非敢违卜，用宏兹贲"（《尚书·盘庚下》）。其次是他得到至上权，对族人臣僚可生杀予夺，他曾警告说："乃有不吉不迪，颠越不恭，暂遇奸究，我乃劓殄灭之，无遗育。"（《尚书·盘庚中》）很清楚，盘庚已控制了族权。

武丁即商高宗，盘庚之曾孙，同其曾祖父一样，也是很有作为的。他运用智慧克服了神权、族权的各种制约，将出身类似奴隶的平民的傅说任为宰相。① 不必经过神力及族人的同意而直接任命三公之上之大臣，这就使武丁王权具有了一定的超越性，也是其王权地位巩固与强化的突出象征。之后，武丁与傅说联手在政治、军事等方面进行多方面的革新，从而出现了"武丁中兴"的盛世局面。②

武丁不仅扩大了王权，而且能够正确地利用王权促进社会的发展与进步。武丁在位 59 年，长期的社会安定促进了文化的发展，甲骨文发展达到了成熟段，青铜器的制造与使用也进入了一个全盛期，重量达 800 多公斤的司母戊大方鼎即铸造于此时。武丁还建立和完善了成型的统治机构和一支稳定的军队，他与王后妇好多次南征北战，在征服周边小邦之后，又对西北的鬼方、羌方和土方用兵并加以征服。武丁高瞻远瞩，大胆用兵南方，征服了荆楚地区的夷方、巴方、虎方等，使殷商的疆域西达甘肃，东到海滨，北及大漠，南逾江汉，成了名副其实的

---

① 武丁任用傅说后，两人坦诚相处，关系甚好。《尚书·说命》三篇生动地记述了两人的诚挚对话。"王命之曰：'朝夕纳诲，以辅台德！若金，用汝作砺；若济巨川，用汝作舟楫；若岁大旱，用汝作霖雨。'……说复于王曰：'惟木从绳则正，后从谏则圣。后克圣，臣不命，其承。畴敢不祗若王之休命！'"（《说命上》）说进于王曰："'惟治乱在庶官。官不及私昵，惟其能；爵罔及恶德，惟其贤。虑善以动，动惟厥时。有其善，丧厥善；矜其能，丧其功。惟事事，乃其有备，有备无患。无启宠纳侮，无耻过作非。惟厥攸居，政事惟醇。黩于祭祀，时谓弗钦。礼烦则乱，事神则难。'王曰：'旨哉！说。乃言惟服。乃不良于言，予罔闻于行。'说拜稽首，曰：'非知之艰，行之惟艰。王忱不艰，允协于先王成德；惟说不言，有厥咎。'"（《说命中》）

② 武丁即位之前曾"旧劳于外，爰暨小人"（《尚书·无逸》），与下层人士接触较多，傅说可能是其中之一。但傅说类似奴隶，地位低下，与传统的"古我先王，亦惟图任旧人共政"（《尚书·盘庚上》）的用人原则相违背，于是，他就用智慧的方法实现其政治目的。《史记·殷本纪》对此有生动的记载："帝武丁即位，思复兴殷，而未得其佐。三年不言，政事决定于冢宰，以观国风。武丁夜梦得圣人，名曰说。以梦所见视群臣百吏，皆非也。于是乃使百工营求之野，得说于傅险中。是时说为胥靡，筑于傅险。见于武丁，武丁曰是也。得而与之语，果圣人，举以为相，殷国大治。"

"大邑商"。武丁之时已行分封,将王及贵族们的儿子、功臣以及臣服的部落首领以"侯"或"伯"的爵位加以分封,如西部周人的祖先就是在武丁时被征服后接受了封号的。

(4)王权膨胀

武丁以后诸王,在强化王权方面不断有所作用,以致王可以为所欲为,肆无忌惮。王权的恶性膨胀使王的地位凌驾于一切之上,从而成为了众矢之的。

在王权天授的时代,王权可以替代天命,但不可否认天命,否认神权。老子说:"将欲夺之,必固予之。"① 帝武乙、帝辛由于自己的狂妄,因而受到了"天"与人的惩罚。

关于武乙《史记·殷本纪》载:

> 帝武乙无道,为偶人,谓之天神。与之博,令人为行。天神不胜,乃僇辱之。为革囊盛血,仰而射之,命曰"射天"。武乙猎於河渭之间,暴雷,武乙震死。

武乙受到"天"的惩罚,被雷击而死。司马迁接着写道:"子帝太丁立。帝太丁崩,子帝乙立。帝乙立,殷益衰。"由于失去民心,失去贵族势力,王权也就失去了基础。

帝辛(纣)之时,不仅王权肆用滥施,而且其相当狂妄,自以为是,"慢于鬼神"。《史记·殷本纪》载:

> 知足以拒谏,言足以饰非;矜人臣以能,高天下以声,以为皆出己之下。

失道寡助。周武王恰当地把握了帝辛众叛亲离的时机,并响亮地以"恭行天命"为号召,联合天下诸侯对帝辛进行了讨伐。兵至牧野,他进行了战前动员:

---

① 《道德经》36章。

王曰：古人有言曰："牝鸡无晨；牝鸡之晨，惟家之索。"今商王受惟妇言是用，昏弃厥肆祀弗答，昏弃厥遗王父母弟不迪。乃惟四方之多罪逋逃，是崇是长，是信是使，是以为大夫卿士。俾暴虐于百姓，以奸宄于商邑。今予发惟恭行天之罚！[①]

周武王在讨伐演说中不仅历数纣王之罪行，尤其突出了他"残民"及"违天命"两条，这实际抓住了当时维系王权的两个最重要问题，也是纣王应受到讨伐的根本原因，因而演说富有极大的鼓动性与号召力。

殷墟车马坑

殷墟出土的鼎

---

① 《尚书·牧誓》，《十三经注疏》，中华书局，1980 年 9 月。

3. 王权思想——殷商之遗产

在商代,神权和族权一直处于与王权的不断斗争中,但由于王权力量的逐渐加强,最终战胜了神权和族权。

王权是殷商留给后人的重要遗产。

殷商从成汤起重视王权的发展是正确的,但到武乙、帝辛时期,却失去理智,走上一条畸形发展之路,完全脱离了奴隶王朝存在的政治与社会基础,尤其是它忽视了众多诸侯、方国所具有的相对独立的力量,忽视了宗族的势力,王权发展超越了当时社会发展所允许的范围,失去了动力,失去了支持,没有了支撑。殷商末期王权的膨胀,也使奴隶主贵族误认为王室强大无比,以致随心所欲地肆用滥施,这就不可避免地使王权发展走进了死胡同,最终导致了对拥有无上王权者的众叛亲离和王朝的覆灭。

总的来说,商代的王权是一种过渡阶段的权力,介于军事联盟首领的权力和后世专制君主的权力之间,是受到一定制约的某种范围内的专制,虽然由弱到强不断变化,但最终以失去宗族及方国的支持而失国。如何既使王权保持着"天授"光环的神圣性,同时又受到"天命"的制约,得到"人"的支持,这是殷商王权的终结为后人留下的一个发人深思的问题。

第二节　甲骨文化

殷墟掩埋着太多的神奇,甲骨中隐藏着太多的秘密。

甲骨文的发现撩开了蒙在殷商王朝上的面纱,人们透过甲骨,看到了一片天地,看到了一个社会,看到了一个民族的早期文明。

一、疑古之破解

1. 一片甲骨惊天下

我国历史悠久,各种文献汗牛充栋,但由于各种原因,文献之错、讹、伪现象也不可胜数,屡见不鲜。在这种情况下,慎审的学者面对浩瀚之卷帙,不禁疑窦丛生,而且经过爬梳考辩,屡有所得,成果至巨。久而久之,疑古思想陡起,疑古之风蔚成大观,对学术研究起到了很大推动作用;同时,作为一种思想方法和学风,从汉代起,薪火相传,代有人出,唐代的韩愈、柳宗元,宋代的欧阳修,当代的顾颉刚是其中的佼佼者。

20 世纪 20 年代,顾颉刚先生提出了震撼史学界的"层累地造成中国古史"一说,并形成了以顾颉刚为旗帜的"古史辨派"。疑古思潮的兴起,对中国史学的近代化都起到了很大的推动作用,疑古辨伪存真的精神,打破了"六经"皆史的古史系统。但毋庸讳言,由于时代所限,思想偏颇,"古史辨派"也存在许多不足之处,否认殷商的存在,否认夏朝的存在,否认黄帝炎帝的存在等是其最突出的表现。

殷墟出土的甲骨

然而,甲骨文的发现打破了这一局面。

在世界各种分类文化中,甲骨文化是最神奇、也是最奥秘的文化。说其神奇,是因为它虽然已有3300多年的古老历史,但被人们发现和认识却在近代,仅有百年的历史。甲骨文也很奥秘,殷墟甲骨至今出土超过了15万片(流失到国外的約有55000片左右),其中相当多的已经著录成卷,到目前为止,单自字约5000 个,但可认识的尚不到三分之一,约有 1500 多个,还有 3500 多字只知其义而不知其读音。

甲骨文化的发现使人们于突然之间发现了一个社会,找到了一个失落的王朝,故郭沫若说"一片甲骨惊天下",①实为世人的心声。

殷墟出土的甲骨

2. "层累说"及其影响

1923 年,顾颉刚在《读书杂志》第 9 期发表《与钱玄同先生论古史书》,对中国的传说古史加以怀疑,并提出"层累地造成中国古史"的疑古说。

"层累地造成的中国古史"的基本含义是什么呢? 按照顾颉刚先生自己的解释,其内容主要有以下三个层面:一,"时代愈后,传说的古史期愈长"。比如,周代人心目中最古的人王是禹,到孔子时始有尧舜,到战国时有黄帝神农,到秦时三皇出来了,汉以后才有所谓"盘古"的传说。于是,他提出了一个假设:"古

---

① 郭沫若研究甲骨文始于流亡日本的 1928 年。当年 6 月,他在东京一家书店看到了罗振玉所著《殷墟书契考释》,便产生了"以寄寓此邦之便,颇欲征集诸家所藏以为一书"之念。在众多甲骨拓片之中,经过多方努力,条分缕析,合二、合三以至合四为一而成整简,使原来不可读或读不通的卜辞连缀成句,找到了其本来面目,从而完成了《卜辞通纂》的撰写。该书 1933 年 5 月在日本出版后引起学界震动,被誉为甲骨学草创时期的一部成就至巨的专著。之后他还撰写《卜辞中的古代社会》、《甲骨文字研究》、《殷契粹编》等甲骨学巨著。但郭沫若未到过殷墟。1959 年 6 月 30 日,郭沫若冒雨考察了殷墟,了却了 30 多年之宿愿。他抑制不住内心之激动,写下了二首《访安阳殷墟》,盛赞:洹水安阳名不虚,三千年前是帝都;中原文化殷创始,观此胜于读古书。一片甲骨惊世界,蕞尔一邑震寰宇。(见 1960 年第 1 期《考古学报》)

史是层累地造成的,发生的次序和排列的系统恰是一个反背。"二,"时代愈后,传说中的中心人物愈放愈大"。比如,舜在孔子时代只是一个"无为而治"的圣君,到了《尧典》就成了"家齐而后国治"的圣人,到了孟子时代就成了一个孝子的模范了;三,在勘探古史时,我们即使"不能知道某一件事的真确的状况,但可以知道某一件事在传说中的最早的状况"。比如,"我们即不能知道东周时的东周史,也至少能知道战国时的东周史;我们即不能知道夏商时的夏商史,也至少能知道东周时的夏商史"。① 由此可知,"层累地造成中国古史"的核心思想是:认为传说的古史并非自古皆然,而是由无到有,由简单到复杂,逐渐演化而成,这既是伪造传说古史的过程,也是传说古史由简单到复杂的演化过程。

在疑古思想的影响下,自 20 世纪 20 年代至 40 年代,中国史学界掀起了一场批判传说古史、考证古代历史文献的热潮,并通过全面的考证古史、辩证古书,推翻了统治中国史坛 2000 余年的以三皇五帝为中心的古史传说系统,揭破了神话传说历史的秘密,推动与转变了中国的古史观念,从而发扬了实事求是、重视批判史料的治史学风。

胡适为顾颉刚之师,他在讲授《中国哲学史》第一章"中国哲学结胎的时代"时,引用《诗经》作时代的说明,不提唐虞夏商,认为这些传说史料是不可靠的。胡适曾在给顾颉刚所撰《古今伪书考跋》的评语中写道:"我主张宁可疑而过,不可信而过";还说:"宁疑古而失,不可信古而失之。"②

当时疑古派思想影响极大,郭沫若在当时就评价说:"顾颉刚的'层累地造成的中国古史',的确是个卓见……他所提出的夏禹问题,在前曾哄传一时,我当时耳食之余,不免还加以讥笑,到现在自己研究一番过来,觉得他的见识委实有先见之明。"③国学大师钱穆后来回忆说:"《古史辨》不胫走天下,疑禹为虫,信与不信,交相转述,三君者(按:指胡适、钱玄同、顾颉刚)或仰之如日星之悬中天,或畏之如洪水猛兽之泛滥纵横于四野,要之,凡识字之人几于无不知三君名。"④

---

① 《古史辨》第 1 册上编,上海古籍出版社 1982 年。
② 《古史辨》第 1 册上编,上海古籍出版社,1982 年。
③ 《古史辨》第 7 册,上海古籍出版社,1982 年。
④ 见顾潮《顾颉刚年谱》,中国社会科学出版社,1993 年,第 159 页。

　　"层累说"的价值就在于它是从历史认识的角度提出了问题,是中国的史学工作者从自己的研究实践中独立提出的一个理论命题。但是,另一方面,从总体上看,顾氏对古史传说缺乏全面地分析、全面地评价,否定的多,批判的多,表现了疑古的偏失。如"层累说"突出地强调"时代"的概念,强调"时代愈后,传说的古史期愈长","时代愈后,传说中的中心人物愈放愈大",因而愈不可信。

　　顾颉刚认为东周以前无史。他在《自述整理中国历史意见书》中说:"辨伪事的固是直接整理历史,辨伪书的也是间接整理。因为伪书上的事实自是全伪,只要把书的伪迹考定,便使根据了伪书而成立的历史也全部失去立足之点。照我们现在的观察东周以上只好说无史。现在很灿烂的古史,所谓很有荣誉的四千年的历史,自三皇以至夏商,整整齐齐的统系和年岁,精密的考来,都是伪书的结晶。"①

　　顾颉刚不相信历史上有禹这个人,他通过考证认为"禹或是九鼎上铸的一种动物"②。

　　顾颉刚也不相信有老子这个人,他在《论伪史及〈辨伪丛刊〉书》中说:"我觉得《史记·老子列传》同各书里引的老子的话,都没有真实的。老子这个人,只当依了黄震的话,说他是周代愤世的隐者。他和孔子的关系完全是后来人伪造的,正与六朝时假造《老子化胡经》一样,《史记》上的《老子列传》,只能看作《列仙传》里的东西。老子的事实,现在一点都不能知道了。"③顾颉刚对《史记·老子列传》以及老子其人持完全否定的态度。

　　受这种学术思潮影响,20 世纪中国史学界辨伪有余,真伪难分,在相当长的时间里对于有些确实存在的古籍,如《文子》《列子》《公孙龙子》《尉缭子》等,不敢肯定;同时,由于对古史传说缺乏深入研究,对于上古史的年代迟迟不敢断限。④

　　在这种思想的影响下,夏代的历史成了疑问,因为无人能举证证明之。在国内排斥《史记·夏本纪》的历史学家的影响下,西方的一些中国史学家至今仍坚

---

①　《古史辨》第 1 册上编,上海古籍出版社,1982 年。
②　《古史辨》第 1 册上编(第 63 页),上海古籍出版社,1982 年。
③　《古史辨》第 1 册上编,上海古籍出版社,1982 年。
④　赵吉惠毛曦《顾颉刚"层累地造成中国古史"观的现代意义》,《史学理论研究》1999 年第 2 期。

持这一立场,不承认中国有五千年的文明史。这一现象直至 20 世纪末年仍无太多的变化,如 1999 年出版、由美国芝加哥大学夏含夷(Edward L. Shaughnessy)先生与鲁惟一先生主编的《剑桥中国上古史》,就是以殷商为始,不写夏朝一章。上海大学教授谢维扬分析这一现象时指出:"《剑桥》目前坚持的证真方举证立场实际上反映了其拒绝对中国早期文献的全面和总体的表现与特征作完整的思考。其实,依最平实的逻辑推断,依证真举证立场排斥《夏本纪》很可能会是武断的。这个事实有很深刻的含义,那就是对中国早其文献文本的生成的基本理由应有恰如其分的认识,这一点还是需要我们大力研究的。"①

著名历史学家钱穆先生对古史辨派一向持批评态度,1939 年他在撰写《国史大纲》时,第一编为"上古三代之部",第一章为"中原华夏文化之发祥中国史之开始虞夏时代"。在第一章中,第一个问题就是"近代对上古史之探索"。文中,他批评顾颉刚的古史观为"极端之怀疑论",应加以"修正"。他分析说:"从一方面看,古史若经后人层累地造成;惟据另一方面看,则古史实经后人层累地遗失而淘汰。层累造成之伪古史固应破坏,层累遗失之真古史,尤待探索,此其一。各民族最先历史无不从追记而来,故其中断难脱离'传说'与带有'神话'之部分。若严格排斥传说,则古史即无从说起,此其二。且神话有起于传说之后者,不能因神话而抹杀传说,此其三。假造亦与传说不同,如后起史书整段的记载与描写,或可出于假造,其散见各书之零文短语,则多系往古传说,非出后世一人或一派之伪造。此其四。欲排斥某项传说,应提出与此传说相反之确据。否则此传说即不能断其为伪或必无有。亦有骤视若两传说确切相反,不能并立,而经一番新的编排与新的解释,而得其新鲜之意义与地位者。此其五。"②从中可以看出,钱穆既不否定传说史料之人文价值,又不把这些传说史料神秘化、抽象化,为合理利用传说史料研究古史,提供了正确的方法论指导。

3."二重证据法"

(1)罗振玉对甲骨学研究的贡献

在甲骨文的研究、辩识方面居首功者当是罗振玉。

---

① 谢维扬朱渊清主编《新出土文献与古代文明研究》(P285),上海大学出版社,2004 年。
② 钱穆《国史大纲》第一章《中原华夏文化之发祥中国史之开始虞夏时代》第一节《近代对上古史之探索》,商务印书馆,1996 年 6 月。

1901 年,罗振玉在刘鹗那里第一次看到甲骨刻辞墨本,就感叹万分说:"此刻辞中文字与传世古文或异,固汉以来小学家若张、杜、扬、许所不得见者也。"此处所说张、杜、扬、许,即汉代文字学家张敞、杜林、杨雄、许慎。

1915 年 3 月,罗振玉亲临安阳小屯村进行考察,这是中国甲骨文研究学者第一个踏上殷商故都。实地考察使他激动不已,他结合《史记·殷本纪》所说殷商曾在"洹水南殷墟上"建都及《史记正义》所言"相州安阳本盘庚所都,即北冢殷墟",断定甲骨均系殷商之物,深感非常重要,虽然之前孙诒让据《铁云藏龟》在《契文举例》中已释读 100 多字,但面对诸多甲骨文,他痛感"苦其不可读",决心以甲骨为突破口探究上古之史的他,于是,"发愤为之考释"。闭门谢客,细捡自己所藏之三万余片甲骨,尤其对其中完整可用者 3000 余片详加分析比照,"发愤键户四十余日,遂成《殷墟书契考释》六万余言,"从中释读出人、地名外的甲骨文字 485 个,至 1927 年出版的增订本中已增加到 571 字,①从而使甲骨文字考释在孙氏之后出现了一个飞跃。

《殷墟书契考释》的面世,不仅标志着甲骨学研究已由"古董时期进入了文字考释时期",而且有力地把中国历史向前推进了 1000 余年。郭沫若在其《中国古代社会研究·自序》中对此高度评价:"罗振玉的功劳即在为我们提供出了无数的真实史料。他的殷代甲骨的搜集、保藏、流传、考释,实是中国近三十年来文化史上所应该大书特书的一项事件。"②《殷墟书契考释》一书"使甲骨文字之学蔚然成一巨观"③。

(2)王国维依甲骨文等"地下之新材料",提出"二重证据法"

研究甲骨文成就至巨至伟并登上巅峰的是王国维。

王国维是在罗振玉指引下走上了研究甲骨文之路的。

1909 年,罗振玉作《殷商贞卜文字考》,文章开宗明义,简要记述了甲骨文发现之经过及其价值:"光绪己亥,予闻河南之汤阴发见古龟甲兽骨,其上皆有刻辞……又翌年传至江南,予一见诧为奇宝。……又从估人之来自中州者,博观龟甲兽骨数千枚,选其尤殊者七百。并询知发见之地,乃在安阳县西五里之小屯,

---

① 罗振玉《殷墟书契考释·序》,《殷墟书契考释三种》(上下册),中华书局,2006 年 1 月。
② 郭沫若《中国古代社会研究》,商务印书馆,2011 年 12 月。
③ 郭沫若《卜辞中的古代社会》,见《中国古代社会研究》,商务印书馆,2011 年 12 月。

而非汤阴。其地为武乙之墟，又于刻辞中得殷帝王名谥十余，乃恍然悟此卜辞者，实为殷室王朝之遗物。其文字虽简略，然可正史家之违失，考小学之源流，求古代之卜法。"①罗不仅从甲骨文中考证了殷商都城，商王名谥；并对比金文进行释读，同时还研究了甲骨占卜之法。

辛亥革命后，王国维随罗振玉流亡日本。罗振玉收藏甲骨数万片，王国维得以时时揣摩。1914年，罗振玉作《殷虚书契考释》，王国维为之手写付印。罗振玉所言甲骨文"其文字虽简略，然可正史家之违失，考小学之源流，求古代之卜法"对王国维影响至深，他预感到甲骨文是打通古史研究的一条重要途径。

王国维对上古史的看法与顾颉刚全然不同，他在《古史新证》第一章总论中说："研究中国古史为最纠纷之问题。上古之事，传说与史实混而不分。史实之中固不免有所缘饰，与传说无异，而传说之中亦往往有史实为之素地，二者不易区别。此世界各国之所同也。"对疑古派，他说："其于怀疑之态度及批评之精神，不无可取"，但"疑古之过，乃并尧舜禹之人物而亦疑之"则不足取，"惜于古史材料，未尝为充分之处理也。"他非常重视考古之新发现，高兴地指出："吾辈生于今日，幸于纸上之材料外，更得地下之新材料。由此种材料，我辈固得据以补正纸上之材料，亦得证明古书之某部分全为实录，即百家不雅驯之言亦不无表示一面之事实。此二重证据法，惟在今日始得为之。"因此，他认为对"传说"必须进行认真地分析和鉴别："虽古书之未得证明者，不能加以否定，而其已得证明者，不能不加以肯定，可断言也。"他针对顾先生所谓"禹或是九鼎上铸的一种动物"的说法，在《古史新证》第二章专门对禹进行了论证，明确指出："春秋之世，东西二大国（秦、齐）无不信禹为古之帝王，且先汤而有天下也。"②这里，王国维不仅提出了对上古史应持的正确态度，尤其"二重证据法"的提出，成为了新世纪中国史学深刻变革的一个里程碑。

"二重证据法"理论的提出不是偶然的，它不仅是当时利用殷墟甲骨、西域简牍、敦煌文书等新出地下资料进行多方向多层次大量研究成果的总结，更是王国维自己利用甲骨卜辞证明了《史记·殷本纪》关于商代帝王世系的记载是基

---

① 王国维《殷商贞卜文字考》，见《殷墟书契考释三种》，中华书局，2006年1月。

② 《王国维考古学文辑》，凤凰出版社，2008年11月。

本可信的、传统文献《五帝德》《帝系姓》、《山海经》也具有可信事实的研究方法的科学概括。

4. 破解疑古之谜

在甲骨文研究中,王国维先生功劳至伟,其《殷卜辞中所见先公先王考》将甲骨文研究推向顶峰。

《史记》之《夏本纪》《殷本纪》《周本纪》等中记述上古帝王谱系,历来是研究古史的重要依据。但有关上古史的文献,即使孔孟之时,学者也感慨所存"不足";秦火之后,春秋、战国各国史书及诸子论著所存更少,司马迁虽获睹"史记金匮石室",又四处奔走搜求史料,对商代帝王世系有着完整的记录,但仍深感资料之匮乏,故对商汤之前的许多先公先王的记载十分简略,所以商代先公及其事迹仍处于传说与史实之间,其可靠性无法进一步证明。疑古派自宋代始,一直以无法验证为口实,对殷商以上之史不予肯定。面对20世纪之初强劲的疑古之风,王国维通过对新出土之甲骨卜辞的研究,认为可证《史记·殷本纪》所记商王谱系之可信。

丁卜贞弗有
酉殷杞其疾
　　族骨疾扯窆贞
　　炬凡有不子

殷墟甲骨拓片及释文

1915 年罗振玉撰写了《殷墟书契考释》。此时的王国维正在研究《山海经》《竹书纪年》等古籍。他根据《世本》《楚辞·天问》《吕氏春秋》《史记·殷本纪》《三代世表》及《汉书·古今人表》的记载，认为《殷墟书契考释》中所记王亥为殷之先公。之后，他运用甲骨文、金文及音韵、训诂等方面的知识，于 1917 年 2 月撰写《殷卜辞中所见先公先王考》，4 月，再补撰成了《殷卜辞中所见先公先王续考》。

殷墟甲骨

王国维考证了"亥"。

王亥之名在卜辞中屡屡出现，是殷人的高祖，而《山海经》中亦有王亥其人，此外，《世本》、《帝系篇》、《楚辞·天问》等古籍中也都有记载。在《殷本纪》和《三代世表》中，"亥"均作"振"，这是因为"振"与"垓"、"核"形近而讹；《吕氏春秋》作王冰，篆字冰与亥字也是形似而讹。王国维认为，王亥"乃祭礼之最隆重者，必为商之先王先公无疑"。

王国维考证了"王恒"。

王国维根据《楚辞·天问》，认为王亥、王恒是兄弟，其父季也见于卜辞，即《殷本纪》上的冥。

王国维考证了"夒"。

卜辞有"夒"字，《说文解字》《毛公鼎》《博古图》《薛氏款识》，也有与之相近

刻记有王亥之事的甲骨

的字体。王国维认为，夒、羞、柔三字，古音同部，故互相通借，称高祖夒。他结合《戬寿堂所藏殷墟文字》称高祖亥、高祖乙的情形，推定夒必为殷先祖之最显赫者，以声类求之，即帝喾。《逸书·书序》，《史记》司马贞《索隐》，《封禅书》。《管子》等，皆有与"喾"相似的字体，实应为一个人，即帝喾。

王国维考证了"相土"。

殷墟卜辞有"土"字，王国维认定与"土"相近的甲骨字形就是"土"字。《史记·殷本纪》有相土的记载，而《诗·商颂》、《春秋左氏传》、《世本·帝系》篇均作"土"；《周礼》作"相土"、荀子记作"乘杜"、《吕览》作"乘雅"。王国维经过考察，认为卜辞中"土亦当为相土而非杜矣"。

王国维考证了"季"。

卜辞中人名有季，王国维以《楚辞·天问》说明卜辞之季亦当是王亥之父冥矣。

王国维考证了"上甲"。

《国语·鲁语》中有上甲微事，而卜辞中不见上甲微。王国维通过分析卜辞中凡数十见之"田"或(宙)，认为即应是上甲的字体。商之先人王亥始以辰名，上甲以降皆以日名，由此可知，商人数先公当自上甲始。《国语·鲁语》《竹书纪年》称商人报上甲微，报者盖非常祭。而卜辞于上甲，有合祭、有专祭，皆应是常祭。

王国维考证了"报乙、报丙、报丁"。

上甲至汤，《史记·殷本纪》《三代世表》《汉书·古今人表》有报丁、报丙、报乙、主壬、主葵五世，而卜辞中有近似于"乙 丙 丁"的字体，罗振玉疑即报乙、报丙、报丁,但没有确证。王国维在利用甲骨卜辞论证商王谱系时,最早进行了甲骨缀合。王国维发现罗振玉藏的一片甲骨和哈同藏的一片破碎的断纹有些类似,这一片甲骨上的上甲、报乙、示癸似与另一块甲骨上的报丙、报丁等名号有联系,拼合的结果两片甲骨完全吻合,而且文字也连读,原来这是一片折断之骨,连接起来则是完整的一片。这一发现不仅给甲骨文的研究开拓了一个新境界,而且从这片甲骨文中读出了殷王朝的帝系。这样,他就从卜辞中考证出罗振玉怀疑的正确性。虽然卜辞中报乙、报丙、报丁、示壬、示癸五世的排列顺序与《史记》不一致,但王国维认为卜辞的记载更可信。后来,郭沫若经过深入研究,又缀合上折自同一甲骨的第三片,从而补上了大乙、大庚、小甲、祖乙。这样从上甲至小甲的商王谱系完整了;而且还纠正了《殷本纪》报丁、报乙、报丙世系的错误,应该改写为报乙、报丙、报丁。[①]

王国维考证了"主壬、主癸"。

卜辞中数次出现示壬、示癸,罗振玉疑即《史记》之主壬、主癸。王国维发现殷祭先公时上甲以降均谓之"示",则主壬、主癸宜称示壬、示癸。卜辞自甲十有三示,而《史记》诸书自上甲至主癸,历六世仅得六王,王国维因此怀疑其间有失其名者。

王国维考证了"大乙"。

据《世本》、《荀子》、《史记》所记,"汤"名"天乙"。卜辞有"大乙",尢"大乙",王国维认为是因为"天"、"大"二字古形近而讹之故。

王国维考证了"唐"。

卜辞屡见"唐"这一人名。有一卜辞,唐、大丁、大甲三人相连,且三词同在一骨上。王国维根据此种情形认为,此系同一时所卜,唐与大丁、大甲连文而又

---

① 《史记·殷本纪》记载的殷商帝系是:"微卒(死了),子报丁立(当了国君)。报丁卒,子报乙立。报乙卒,子报丙立。报丙卒,子主壬立。主壬卒,子主癸立。主癸卒,子天乙立,是为成汤"。而上述缀合一起的甲骨文的记载是:"……上甲十,报乙三、报丙三、报丁三、示壬三、示癸三、口大丁十、大甲十"。这一段卜辞后的数字十、三,都是祭祀先王时所用牲口的数字。译成今天的意思是,祭祖先上甲用牲口十只,祭报乙用牲口三只,祭报丙三只,祭报丁三只,祭示壬三只,祭示癸三只,祭大丁十只。古代祭祀祖先是一个庄严的典礼,先后辈分的排列不能有半点差错。甲骨卜辞是殷祭祀祖先时的现场记录,祖先辈分的排列次序是上甲、报乙、报丙、报丁、示壬、示癸、大丁。而《史记·殷本纪》中的排列次序是上甲(名微,所以上甲即为微)、报丁、报乙、报丙、主壬、主癸,显然是《史记》错了。但是《殷本纪》上殷先王的名字和甲骨文是一致的。参见《浅论王国维〈殷商卜辞所见先公先王考〉》,任伊临《清末大学者王国维》,〈文史知识〉1982 年第 6 期。

居其首,疑"唐"即汤也。他引了《说文解字·口部》《太平御览》《博古图》等证明其推断是有据的。

王国维考证了"羊甲"。

卜辞有羊甲,无阳甲。王国维认为,羊甲在南庚之次,则羊甲即阳甲也。

王国维考证了祖某、父某、兄某。

殷商一代共有29帝,卜辞中仅有21,尚缺8帝。王国维认为,当时所见卜辞全出自殷墟,刻自盘庚至帝乙间,故无帝乙和帝辛。另外,以卜辞所记与《世本》《史记》相较,当有两种情况,一是卜辞中所未见之诸帝,或名亡而实存,二是卜辞所有而史所无者,与夫父某、兄某等之史无其人以当之,皆诸帝兄弟之未立而疽者,或诸帝之异名也。他解释其中原由为:其一,殷商之继统法非嫡长制,而是以弟及为主,以子继为辅,无弟然后传子;其二,卜辞于诸先王本名之外,或称帝某、或称祖某、或称兄某,商人于大父以上皆称曰祖,其名在当时可以不加区分而可自明者,所以在通常情况下不举其名号,但云祖某足即可,称父某、兄某与之类同,但祖某皆应是先王之名,非臣子可以袭用的,父某也是诸父之通称。明此渊源,卜辞所记帝王名号之缺与《世本》《史记》所记帝王名号众也就并不矛盾了。

王国维的考释犹如平静之潭落入巨石,激起的浪花和涟漪让世人又惊又喜,也使一些盲目疑古者瞠目结舌。文章不仅证实了《殷本纪》的可信性,同时也表明了《山海经》、《竹书纪年》、《楚辞》等材料的相关记载也具有证史价值;更使人们认识到了甲骨卜辞在历史学领域的巨大价值。

《殷卜辞中所见先公先王考》及《续考》的发表,奠定了王国维在史学界的崇高地位。郭沫若在《古代研究的自我批判》一文中说:"卜辞的研究要感谢王国维。是他,首先由卜辞中把殷代的先公先王剔发了出来,使《史记·殷本纪》和《帝王世系》等书所传的殷王世统得到了物证,并且改变了他们的讹传。……我们要说殷墟的发现,是新史学的开端;王国维的业绩是新史学的开山,那是丝毫也不算过分的。"①

---

① 郭沫若《十批判书》,人民出版社,2012年3月。

二、甲骨文化

1. 甲骨学

甲骨文内容极其丰富,就目前所及,甲骨文内容除了大量的占卜刻辞外,还有一些记事刻辞,涉及到社会生活的各个方面,记载了当时天文、历法、气象、地理、方国、世系、家族、人物、职官、征伐、刑狱、农业、畜牧、田猎、交通、宗教、祭祀、疾病、生育、灾祸等,是研究中国古代特别是商代社会历史、文化、语言文字的极其珍贵的第一手资料。甲骨文研究在考古学领域已构成独立的学科——甲骨学。

例如,殷王患病,当时多认为是祖先作祟或有某种预示,于是,专职的巫便用祭祀的方法禳疾祛病与获得祖先的指示,有一块龟版上便刻有殷王耳鸣及除病的方法记录。

刻记殷王患耳鸣的甲骨

又如,三代之时,"国之大事在祀与戎"(《左传·成公十三年》),有一块刻有62个字的卜辞,就是记录了商王将要征伐"盂国",出征前特敬告于上下神祇,祈求平安无祸与胜利。

刻记商王征伐前祈求神祇的甲骨

此外,如前所述,一些甲骨上刻记了一些有关历法、气象、田猎及具体祭祀的事象。

刻记殷人十日为旬的甲骨刻记田猎的龟甲

刻记祀于"武乙"的龟甲

刻记祭祀"祖乙"的龟甲

经过整理的甲骨文"孙、周、吴、郑、王、卫、沈、朱、秦"等字

　　总之,甲骨学内容极其丰富,是研究殷商政治、社会、经济、文化以及殷商之前上古社会面貌的最有价值的文献。

　　2. 甲骨文发现之启示

　　殷墟甲骨文的发现不仅将我国已有的历史记载向上推移了1000多年,而且启迪了人的智慧,改变了人思维方式,促进了中国学术研究发生了革命性的变化。

　　首先,它以铁的事实证实了中国早期国家——殷商王国的存在。在殷墟甲骨文发现以前,人们只能从有限的文献记载中知道历史上有个商王朝,但这些文献无一是商代留下的。除司马迁《史记·殷本纪》外,即使连公认为保留了较多商人语言的《尚书·盘庚》等篇,其中亦多杂有西周时的词语,显然是经西周时期的加工与改造过。殷墟甲骨文的发现,将大量的商人亲手书写、刻记的文字展现在了世人面前,使商史与传说时代分离而进入历史时代。王国维《殷卜辞中所见先公先王考》及《续考》,以无可辩驳的事实证明《殷本纪》是可信的。这一发现不仅是中国上古史研究的一件大事,而且由于殷商文明在世界文明史上具有重要地位,因而也是世界历史研究中一件大事。

　　其次,《殷本纪》的史料价值的可靠,使《史记》之类历史文献有关中国古史记载的可信性增强,其意义已远远超出商史。于是人们不禁合乎逻辑地推问,既然如此,《夏本纪》所记夏王朝与夏王世系难道是向壁虚构?使历史学家开始摆脱了疑古的困惑,对中国古典文献的可靠性恢复了信心。

再次,甲骨文的研究成果引起了人们对殷墟的重视,从而促进了学术界对殷墟发掘;"二重证据法"得到了学术界的公认,地下出土新材料受到空前重视。在国家的支持下,中国社科院1951年在安阳建立了考古工作队,1956年改建为工作站,尤其是1998年洹北商城的发现,由此掀开了殷商学术研究的新纪元。在此前,以郑州商城为代表的早商文化,以殷墟商城为代表的晚商文化,已多有研究,但中商文化则缺乏实证,在洹河北部发现了47万平方米的商代中期古城,从而使殷商研究形成了三个完备的时空梯次。从某种意义上说,正是甲骨文的发现揭开了中国现代考古学的序幕,大大促进了中华文明探源工作的深入与有效。①

此外,殷墟甲骨文的发现,向世人提供了汉字的早期形态,由于其构成离小篆甚远,多有象形、会意文字,这就动摇了《说文》以小篆为本解释字原的理论,促进了文字学的深层研究。同时就书法艺术而言,由于甲骨文是比较成熟的文字,其点横撇捺、疏密结构,用今天的眼光去看,确实初具用笔、结体、章法等书法要旨,孕育着书法艺术的美,很值得欣赏与品味。郭沫若在1937年出版的《殷契粹编》的序言中,就对甲骨文书法非常赞赏:"卜辞契于龟骨,其契之精而字之美,每令吾辈数千载后人神往。文字作风且因人因世而异,大抵武丁之世,字多雄浑,帝乙之世,文咸秀丽。而行之疏密,字之结构,回环照应,井井有条……足知现存契文,实一代法书,而书之契之者,乃殷世之钟王颜柳也。"②

第三节 商业文化

有商一代600年间,国家政治统一,社会稳定,几个"盛世"的出现,大大促进了社会的进步和文化的发展。由于社会的稳定,地域的辽阔,因而生产力也得到了较快的发展,农业、畜牧业、手工业都比夏代创造出了更多的物质财富,从而促进了商业文化出现与发展。

---

① 朱凤瀚《近百年来的殷墟甲骨文研究》,《历史研究》,1997年第1期。
② 郭沫若《殷契粹编》,科学出版社,1965年1月。

作为我国奴隶社会发展的鼎盛阶段,商代的商业文明已有很大的发展与进步,不仅出现货物贸易,商品流通,也应运出现了为之服务的商人集团和货币。但学术界对此有不同的认识,一些学者对此持否定的态度,认为商代只有以物易物,没有专业的商人,没有商品,没有货币,因而商代没有真正的商业,更没有商业文化。①

事实并不是这样。我国商业史、商业文化的源头均在商代。

商业活动的产生是由对生活生产资料的需求引起的,其发展是一渐进的过程。当生活生产资料有了多余之后,人与人之间就出现了以物易物式的交换。当人们的社会生活范围不断扩大、视野不断扩大之后,需求也就不断扩大;不同地域的农产品、林产品、畜产品和手工业产品也随之流通,其间除了权力上的征调、赏赐、进献、纳贡等外,尚有很多属民间交易。

一、商业萌芽于殷

产品交换是商业的源头,商人出现是商业动力的源头,市的出现则是贸易规模化的源头。这一切的萌芽在我国商代均已出现。

1. 远古的商人

恩格斯在《家庭、私有制和国家的起源》一书中提出了发生在东大陆原始社会后期的三次社会大分工,即畜牧业和农业的分工、手工业和农业的分离、不从事生产而专门从事商品交换的商人产生。

恩格斯对三次社会大分工的论述,是与他把人类社会划分为蒙昧时代、野蛮时代、文明时代的论述相结合的。三次社会大分工发生于野蛮时代的中后期,经过这三次大分工,人类进入文明时代。恩格斯尤其重视第三次社会大分工,这时,原始社会瓦解、奴隶制社会形成,这是一次"有决定意义的重要分工:它创造

---

① 　如陈旭教授在《商代使用货币说辨析》一文中说,商代是我国奴隶制的发展时期,经济、文化的发展水平虽然比以前的历史有所提高,存在产品交换与流通,但并没有任何根据证明它是通过商业贸易形式实现的;虽然城乡分立,城市手工作坊很发达,但纯粹的商品经济并没有形成一种生产活动,没有专门从事商业活动的人,更没有货币出现。他在文章末尾断言:无论从文献记载和卜辞所反映的实际情况看来,商代的产品交换和流通,应当是通过赏赐、讲献和纳贡的形式实现的,把殷商时期存在的产品交换和流通,作为商代已有商业的根据,也是不可取的,以交换的存在作为商代已有货币的理由,也同样是不可取的。(《郑州大学学报(哲社版)》,1995年第3期)

了一个不从事生产而只从事产品交换的阶级——商人"①。

研究表明,产品交换很早就发生了,至少不晚于第一次社会大分工的出现。但是只有在两次社会大分工之后,交换才得到了长足的进展。交换的不断发展和扩大,使商品生产得以产生并有所发展,产品的多余及市的出现,反过来又促进了交换的进一步扩大与发展。

商业是由物物交换演进而来的,最初的交换发生在氏族部落之间。我国的许多典籍都有这方面的记述。

2. 远古的市

据《易·系辞》记载,远在三皇五帝时代就有了"市":"包牺氏没,神农氏作……日中为市,致天下之民,聚天下之货,交易而退,各得其所。"②"市"的出现,说明交换已经成为社会经常、普遍的行为了。当然,此时的交换,主要还是生产者之间物与物的直接交换,没有一般等价物充当交换的媒介,也不是以牟利为目的,还不能算是商业,但商业萌芽已经出现。

《淮南子·览冥训》说:"昔者黄帝治天下……田者不侵畔,渔者不争隈;道不拾遗,市不豫贾;城郭不关,邑无盗贼;鄙旅之人,相让以财……""市不预贾",意为黄帝之时已出现了交易或交换,而且市场上没有哄抬价位等欺诈行为。

尧治天下时,交换仍是以物易物。《淮南子·齐俗训》记载:"故尧之治天下也,舜为司徒,契为司马,禹为司空,后稷为大田师,奚仲为工。其导万民也,水处者渔,山处者木,谷处者牧,陆处者农。地宜其事,事宜其械,械宜其用,用宜其人。泽皋织网,陵坂耕田,得以所有易所无,以所工易所拙。"③这表明尧帝时不仅官各有司,社会也因生产环境和条件不同而有所分工,产品通过交换,互通有无。这样看来,尧帝可能是中国最早的商业行为的组织者。

《史记·五帝本纪》记载舜的经历:"舜,冀州之人也。舜耕历山,渔雷泽,陶河滨,作什器于寿丘,就时于负夏,"意为舜作过农夫、渔夫、手工业者和小贩等。《史记索引》释"就时于负夏"时说:"就时犹逐时",在贱的地方买,到贵的地方卖——将手工制品从寿丘贩运到负夏去卖,目的是乘时牟利。

---

① 《马克思恩格斯选集》第4卷,人民出版社,1995年1月第2版,第166页。
② 《周易》,《十三经注疏》,中华书局,1980年9月。
③ 顾迁译注《淮南子》,中华书局,2009年3月。

关于舜经商一事，《尚书大传·虞传》曰："舜贩于顿丘,就时负夏"。先秦杂家之著《尸子》也有"贩于顿丘"的记载："顿丘买贵,于是贩于顿丘;传虚卖贱,于是债于传虚。"①据专家考证,顿丘,古地名,在今河南清丰县西南;传虚,古地名,曾为解虞县,1958 年并入运城,即今之运城市的解州镇。舜所贩的是物品较多,其中包括是盐。盐产于传虚,顿丘缺少,所以就"贵",舜有准确的商业信息,于是就利用两地的差价而"贩",通过交换从中牟利。

由此可知,舜当之无愧是华夏的商祖。

至夏代,商业贸易现象有了进一步的发展,其典型的例证当是商人王亥。

在夏代,由于奴隶制国家的建立,城市的兴建,一些控制部落事务的奴隶主掌握了包括奴隶在内的大量财富,开始使用专门从事贩运交换活动的奴隶来从事商业交换,从而使"商品"交换出现了专业化趋势。商族人的祖先王亥就曾率领着牛驾的车队,载帛到远方的部落去进行贸易。

据《山海经·大荒东经》记载,王亥贩牛途中被有易谋杀:"王亥托于有易、河伯仆牛,有易潜出。"有易杀王亥,取仆牛。②《竹书纪年》卷上也有记载:"十二年,殷侯子亥宾于有易,有易杀而放之。十六年,殷侯微以河伯之师伐有易,杀其君绵臣。"③因贸易引起较大的劫夺和杀戮,这在中国商业史上还是第一次。

总之,在殷商之前,从总的方面来说从事经营的人群仍比较少,经营的规模也不大,而且多数也不脱离生产,尚未成为社会上的独立阶层,但早期商品经济的各种萌芽在我国中部黄河流域已经出现,并对其后首先是对商代产生了重大

---

① "舜贩于顿丘"见《尚书大传补注》,中华书局,1991 年。论及舜贩于顿丘,国内不少论著常引用下面一段话:"虞舜灰于常羊,什器于寿丘,就时负夏,未尝暂息。顿丘买贵,于是贩于顿丘;傅虚卖贱,于是债于傅虚,以均救之。"并说出自《尸子》。《尸子》久佚,今所见乃清人辑本,虽然版本有异,但均无此段文字。从《四库全书》电子版搜索,发现这段话在明人孙珏所编《古微书》卷三中有引用,标明引自《尸子》,但没有明示引自《尸子》何篇。在明人董斯张所编《广博物志》卷十也引有这段话,情况与孙珏书相同。有鉴于此,姑仍依前人之说,此段文字出自《尸子》。

② 方韬译注《山海经》,中华书局,2009 年 4 月。关于王亥的传说很多。传说商的远祖名契,契佐禹治水,因功始封于商(今河南商丘)。商部落畜牧业比较发达,常以畜牧跟其他部落交换。契的六世孙王亥发明服牛(仆牛)技术,并驾牛车到易地从事贩运贸易。在一次贸易中,有易氏见财起意,杀死王亥,夺走牛车和其他财物。后来王亥之子上甲微借河伯之师兵灭掉有易氏,为父报仇。此事在《易》卦辞和系辞、《世本》、《竹书纪年》、《楚辞》、《吕览》和《山海经》中都有记载。王国维先生在殷墟卜辞中发现称王亥为商之高祖,祭祀礼仪尤为隆重,有一次用牛竟达三百头。王亥生活在夏代,其部落以专门从事交换而闻名,由此可知,夏代已出现商人是可信的。

③ 方诗铭校注《古本竹书纪年辑证》(修订本),上海古籍出版社 2005 年 10 月。

影响。

二、殷之货币

中国的货币产生于何时？是夏代、商代还是其后？

众所周知，货币是在商品交换的长期发展过程中分离出来的特殊商品，是商品交换发展的自然结果，因此，它不是在哪一天突然出现或成熟的，而是一个不断发展和完善的过程。不论任何社会，只要生产力发展，产品有了剩余，就必然出现交流与交换。货币是在产品交流或交换过程中适应人们寻找相应的等价交换物的过程中应运而生的，因而也是由不固定到固定、不稳定到稳定、不定型到定型、小范围到大范围而逐渐形成的。

就我国的货币形态而言，也是随着生产力和商品经济的发展不断地变化，由最初的实物货币渐次发展为金属货币。

考察我国早期的货币，要从我国早期社会的实际出发，不能简单地用西方近代对货币的定义、功能所作的判断出发。

史载，我国在远古时期已懂得了数量关系，并发明了度、量、衡、亩和数。《礼记·五帝德》载，黄帝发明了五量："黄帝者，少昊之子，曰轩辕……治五气，设五量。"由于黄帝规定出了五量，这就使交换具有了公平性与合理性的基本条件和保障。孔子对此评价很高，认为它起到了"抚万民、度四方"的作用。[①]

关于中国货币的起源时间，学者众说纷纭，分歧之因，除对典籍文献的认识不同外，受马克思关于货币是价值尺度、流通手段、贮藏手段和支付手段这四种职能之说的影响是其最重要的原因。遗憾的是，学者在引用马克思之学理时，往往忘记了货币的形成是一个过程，而用当今货币的使用环境去套用古代社会，用当今由银行统一发行、管理货币去套用货币产生、使用初期时的社会景况。

其实，货币产生之初，最主要的职能是充当一定价值尺度和相应的支付手段，不可能充当流通手段，更不可能具备贮藏手段之职能。

1. 夏商之贝

在我国古代典籍中，有不少关于夏商时已有货币的记述，如：

---

① 《尚书·酒诰》，《十三经注疏》，中华书局，1980 年月。

汤七年旱,禹五年水,民之无𫗦卖子者,汤以庄山之金铸币,而赎民之无
卖子者;禹以历山之金铸币,而赎民之无𫗦卖子者。

——《管子·山权数》①

殷商成汤二十一年,大旱,铸金币。

——《竹书纪年》上②

农工商交易之路通,而龟贝金钱刀布之币兴焉。所从来久远,自高辛氏
之前尚矣,靡得而记云。……虞夏之币,金为三品,或黄,或白,或赤;或钱,
或布,或刀,或龟贝。及至秦,中一国之币为等,黄金以溢名,为上币;铜钱识
曰半两,重如其文,为下币。而珠玉、龟贝、银锡之属为器饰宝藏,不为币。

——《史记·平准书》

夏后以玄贝,周人以紫石,后世或金钱刀布。……古者,市朝而无刀币,
各以其所有易所无,抱布贸丝而已。后世即有龟贝金钱交施之也。

——桓宽《盐铁论·错币》③

虽然这些记述难免有些夸张或想象,使一些学者难以相信,但面对当代考古
发掘之夏商文物,我们应作新的思考。

按照考古学分期,二里头类型早中期文化的绝对年代相当于夏代历史时期。
20 世纪 60 年代和 70 年代,河南偃师二里头遗址挖掘工作取得了重大成果,考
古工作者发现了我国迄今为止可以确认的最早的王朝都城遗址,发现了最早的
宫殿建筑,造型瑰丽、工艺精致的青铜礼器群。专家推断,它极可能就是三四千
年前的夏代都城——斟鄩。60 年代中期,二里头遗址出土了一定数量的海贝,
而且还发现了仿海贝制作的骨贝和石贝④。1975 年,在属于二里头文化三期遗
存的一座墓葬中,出土了十余枚海贝。⑤ 1984 年,在二里头遗址发掘的墓 9 出土

---

① 黎翔凤《管子校注》,中华书局,2004 年 6 月。
② 方诗铭校注《古本竹书纪年辑证》(修订本),上海古籍出版社,2005 年 10 月。
③ 白兆麟《盐铁论注译》,安徽大学出版社,2012 年 6 月。
④ 方酉生《河南偃师二里头遗址发掘简报》,《考古》1965 年第 5 期。
⑤ 中国社会科学院考古研究所《偃师二里头:1959 年——1978 年考古发掘报告》中国大百科全书
出版社 1999 年 6 月。

海贝 70 枚,墓 11 出土海贝 58 枚,皆置于墓底中部。这两座墓葬年代约当夏代晚期或商代早期。①

《盐铁论》说:"夏后以玄贝。""玄贝"即黑色贝。过去人们对这一说法的真实性表示怀疑,但二里头出土的海贝确实有黑色的,这就证实了汉代人的说法是可靠的。夏代尚黑,由于天然玄贝珍贵,于是,不是玄色的贝,就将其染黑,这是夏代社会时尚及心态的真实反映。

夏代海贝的面世,表明包括《史记》在内的古代典籍所记是真实的,可信的!

2. 贝之流通与支付职能

这些黑色的海贝上面有人工穿孔的痕迹,这使人们想起三代时人们对"贝"的计量,不仅论个,还论"朋",五个为挂,两挂为一朋。殷墟后冈圆形祭祀坑曾发现 1 具人骨架的右盆骨上有贝 3 串,第 1 串 20 枚、第 2 串 10 枚、第 3 串 5 枚,总数都是 5 的倍数。《诗经》中也有这样的例子,如"既见君子,赐我百朋"②。联想到甲骨文、金文中的朋字,正像两挂贝之形状,其本义很可能即指贝两挂。贝上之孔,无疑是用来穿丝或麻的。那么,这是否意味着它有某种用途?

甲骨文、金文中的朋字

海贝产自遥远的海滨,色泽莹白美丽,流入中原后受到夏人的喜爱。由于以之为宝,它是否曾充当过我国最早的货币呢?

历经数百年后,商代的生产更为发达,海贝的行使范围已扩大到黄河南北广阔的地域。这一时期的墓葬中时常有海贝出土,其中包括零星地、少量地出现在

---

① 《1984 年秋河南偃师二里头遗址发现的几座墓葬》,《考古》1986 年第 4 期。
② 《诗经·小雅·菁菁者莪》:"菁菁者莪,在彼中陵。既见君子,锡我百朋。"王国维《说珏朋》云:"古制贝玉皆五枚为一系,二系一朋。"

一些普通平民的墓葬中。殷墟发掘几十年来,墓葬中出土的各种贝数以万计,其中除天然贝外,还有仿制的石贝、骨贝、蚌贝、铜贝等。一次出土最多的是 1976 年 5 月 23 日发现的妇好墓,约 7000 枚。研究表明,用贝殉葬在殷墟是一个比较普遍的现象,如 1953 年大司空村发掘的 165 座墓葬中有 83 座发现了贝,1969—1977 年在殷墟西区发掘的 800 座墓葬中,有 336 座殉葬有贝。不仅奴隶主用贝殉葬,平民也用贝殡葬,甚至个别奴隶的乱葬坑内也有贝,因祭祀而被杀殉葬的奴隶墓坑内也有贝,如 1960 年清理后冈南坡祭祀坑中有 54 具人架,其中 7 具有殡葬贝,少则 1 枚,多者达 300 枚。[①]

此外,郑州白家庄的一个早商墓里,出土海贝 460 多个,山东益都苏埠屯的一个大型商墓中,也曾发现海贝 3790 枚。

贝不仅在黄河流域商代墓葬中出土,其他地域也不断发现,如三星堆遗址两个坑中出土数量最多的东西就是海贝,一号坑出土有 260 多枚,二号坑出土则多达 4600 枚。

大量殉葬贝的出土,意味着海贝使用逐渐普遍。妇好墓用将近 7000 枚贝类陪葬,说明商代后期王室或贵族掌握的贝壳数量惊人,如果海贝纯粹只是普通装饰品,为何一次埋葬上千枚饰物? 而且,由武丁可以用大量海贝为妇好殉葬,一般平民多以零星贝壳陪葬现象来看,海贝不仅是贵族追求的,也是平民追求的。将贝与青铜器、玉器等一起作陪葬,至少说明殷商之时,海贝属性已介于装饰品和有价物之间,这一特质使它具有了变成商品货币的可能。

“朋”作为贝的单位,屡见于甲骨卜辞和铜器铭文。商王赐贝于下属时,通常都是赐贝若干朋。如殷墟文化第一期时,商王武丁赏赐贝时只用一朋,但到殷墟文化第四期时,商王的赏赐常常达到二十朋或百朋。“朋”的价值因时间变迁有所变化,表明其间价值有一定的升降关系,或者个人财富增加。据此可推知,这一现象应不是单纯的恩惠多寡之别,很可能是商代某种程度的货币贬值的反映。商王的赐赏犹如当代之奖金,1988 年年终奖可能只有一千元,2008 年则可能是一万元了。殷墟出土的铸有“锡贝”铭文的青铜器很多,著名的有“戍嗣子鼎”、“妇渔鼎”等。所记都是商王向臣下赏赐海贝,然后下属用贝请匠人铸造铜

---

① 戴志强《安阳殷墟出土贝化初探》,《文物》1981 年第 3 期。

器,并刻铭文以记其荣。

59□□□□□□B10

商代晚期铜器"戍嗣子鼎"及铭文

贝在殷商时期是人们崇尚的宝物是毫无疑义的,但同时又具有货币的职能也是毫无疑义的。《周易》第四十一卦为《损》,其中曰:"六五或益之十朋之龟,弗克违;元吉。"这里,龟既可解释乌龟,也可释为"圭",即玉璧。不为价值十朋贝之弘璧所动心,能窒欲,不为利回,故而大吉。这里,贝明显有着价值尺度的功用,具有支付作用。

3. 仿贝之出现

更引发人深思的是殷商之时社会上出现了人工仿制的贝,既有骨制,也有石制,最有意义的是大量的铜贝。河南陕县七里铺、郑州上街等夏代文化遗址内也发现有仿贝,青海乐都柳湾的马厂类型文化墓葬,除出土了海贝外,也有石贝、骨贝、洮贝,该墓属于新石器时代遗物。[①]人工仿贝的发现,意味当时海贝的使用渐趋频繁,甚至需要而又不足的时候,必须仿制以供运用。1953 年,安阳殷墟遗址大司空村商晚期墓葬中,曾出土过 3 枚小孔式小型无文铜贝;1971 年 11 月,山西保德县城西南黄河岸边的林遮峪村商墓中一次出土了 109 枚磨背式大型无文铜贝,与此同坑所出的还有 113 枚海贝。[②]

---

① 青海省文物管理处考古队、中国社会科学院考古研究所《青海柳湾——乐都柳湾原始社会墓地》,文物出版社,1984 年 5 月。

② 薛文军《"保德铜贝"出土记》,《五台山》2007 年第 2 期。

保德商墓中的铜贝

　　保德铜贝的出现,是迄今所发现时代最早的铜铸币。其体型硕大,重约 8 克,铸造精美,并经过细打磨,属磨背式直齿沟大型无文铜贝,堪称人类金属货币之鼻祖。石贝、骨贝尤其铜贝的出现,已透露出人类在使用货币上的某种自觉,意蕴深长。

　　贝是不是商代的货币,关涉到对中国货币的起源、贝在我国古代的用途和商代经济发展水平的认识,是商代经济史研究中的一个重要课题。中国钱币学会货币史委员会曾在 2001 年 7 月 20—23 日在四川峨眉召开了一次中国货币起源问题的座谈会。会议《纪要》说,与会的多数学者对贝在商代的货币职能持否定态度。有人根据甲骨文字得出结论:"从文字角度看,说商代的贝用作货币恐怕还比较困难";有的根据考古发掘说:"从出土的墓葬等来看,也很难说它是货币。"对于商代的遗址及墓葬以及古文字中大量用贝的事实,一些学者认为,这种现象应从"人类文化学的角度看待","贝由于像女性生殖器,在先民的精神中就有了非常重要的意义,以后演化为繁殖的意义",认为商代人用贝不是用作货币而是"生殖文化崇拜",因而贝"不是货币而是祭祀品"。也有的学者认为,贝在商代没有成为货币,是商代还没有出现使用货币的前提条件,即没有出现商品交换。针对上述意见,中国社会科学院历史研究所杨升南研究员认为,上述意见比较片面,他说,商代由于商品的交换与流通,商代使用货币的条件已经具备,贝是商代的货币。①

4. 周代货币承之殷商

牧野一战,武王克商,"小邦周"取代了"大邑商"。如何巩固革命成果,武王与周公以清醒的头脑决定:"周承殷制"!何以如此?盖因"大邑商"无论经济和文化均比"小邦周"先进和发达。周作为商的一个方国,对殷的政治经济早有了解,承袭殷制既顺理成章,也轻而易举。由于西周距殷商较近,因而看一看西周时贝作为货币的使用状况,有助于认识贝在殷商时的充当货币的作用。

例一:卫盉铭文

1975年2月在陕西岐山县董家村一周代青铜器藏窑中出土青铜器37件,其中一件为卫盉,该器盖内有铭文132个字,全文如下:

> 唯三年三月,既生霸壬寅,王禹旂于豊,矩白庶人取瑾璋于裘卫。才(裁)八十朋,厥贮,其舍田十田。矩或取赤虎(琥)两、两鞈(韦合)一,才(裁)廿朋。其舍田三田。裘卫乃雉(矢)告于伯邑父,荣伯,定伯,亮伯,单伯,乃令(命)参(三)有司,司徒,微邑,司马单舆,司工(空)邑人,服遹受田。燹、(走甫)、卫小子瑶逆者(诸)其卿(飨),卫用作朕文考惠孟宝盘,卫其万年永宝用。

铭文的大意为,一个叫矩伯的庶人,第一次用10田土地支付从裘卫那里获得值80朋贝的玉璋,第二次又用3田土地从裘卫那里获得价值20朋的玉质礼器和皮裘礼服。裘卫把这件事情报告了有关大臣,得到了大臣们的认可,并进行了授出仪式,从而确认了转移土地归属的合法手续。②

从铭文可知,无论是土地、玉璋,还是虎皮、鹿皮披肩等奢侈品,都能够以价值多少朋贝来计算,因为矩伯没有100朋贝,只好用13田地偿还,这表明,13田大约与100朋贝相当。这项交易表明,贝具有货币职能,已经作为商品交换的媒介,成为了衡量和计算土地这一商品的价值尺度。

---

① 杨升南《贝是商代的货币》,《中国史研究》2003年第1期。
② 庞怀清镇烽忠如志儒《陕西省岐山县董家村西周铜器窖穴发掘简报》,《文物》1976年第5期。

卫盉

例二：何尊铭文

1965 年陕西省宝鸡县贾村塬发现了一件西周时期青铜尊，尊体以雷纹为底，高浮雕处则为卷角饕餮纹，圈足处也饰有饕餮纹，工艺精美、造型雄奇。此尊最初被称作"饕餮纹青铜尊"，10 年后调北京展览时，被我国青铜器专家马承源发现底部有 122 字铭文，知其作者叫"何"，故从此被称为"何尊"。铭文如下：

> 唯王初壅，宅于成周。复稟(逢)武王礼福，自(躬亲)天。在四月丙戌，王诰宗小子于京室，曰："昔在尔考公氏，克逨文王，肆文王受兹大命。唯武王既克大邑商，则廷告于天，曰：余其宅兹中国，自兹乂民。呜呼！尔有虽小子无识，视于公氏，有勋于天，彻命。敬享哉！"唯王恭德裕天，训我不敏。王咸诰。何赐贝卅朋，用作庚公宝尊彝。唯王五祀。

铭文大意为：成王五年四月，周王开始在成周营建都城，对武王进行礼福之祭。周王于丙戌日在京宫大室中对宗族小子何进行训诰，讲到何的先父公氏追随文王，文王受上天大命统治天下。武王灭商后则告祭于天，以此地作为天下的中心，统治民众。周王赏赐何贝 30 朋。何因此作尊，以作纪念。①

这是一篇史料价值极高的官方文告。它证实了周武王灭商后就准备迁都于洛以便一统天下确有其事，以实物证实了《史记》关于周初营建洛邑始于周成王

---

① 唐兰《何尊铭文解释》，《文物》1976 年 1 期；马承源《何尊铭文初释》，《文物》1976 年 1 期。

何尊铭文

五年的史实,解决了迁成周史无记载的悬案。尤其值得人们重视的是,铭文"宅兹中国"文句中将"中"、"国"两字组合,是"中国"一词最早出现的文字记载,意义重大。

　　例三:遽伯睘簋铭文

　　在西周早期青铜器上,还有一些有关使用货币或将贝当作货币赏赐的记载,如1981年在长安沣水东岸斗门镇的镐京遗址出土的一圆鼎上,有铭文"赐贝百朋,伯姜对扬天子休,用乍宝樽彝。"又如《遽伯睘簋》铭:"遽伯睘(还)作宝尊彝,用贝十朋又四朋",这里"十朋又四朋"就是指铜尊的价值。《阳亥彝》铭:"阳亥曰遣叔休于小臣贝三朋,臣三家。"西周初年,贝币的购买力已相当高,成王时的《矢令簋》铭载:"作册矢令尊宜于王姜,姜赏令贝十朋,臣十家,鬲百人。"①这里,"臣"是有家室的管家奴隶,"鬲"是普通的单身奴隶。铭文所载赏赐物的排列顺序,一般都是价值高的排在前头,价值低的列在后面。郭沫若先生说:"'贝十朋'占第一位,'臣十家',占第二位,'鬲百人',占第三位。价值愈贱

_____

① 《遽伯睘簋》铭、《阳亥彝》铭、《矢令簋》铭等参见王国维《清代金文著录表》,北京图书馆出版社2003年9月。

的,数量也就愈多。"①

综上所述可知,殷商时期,由于生产力的不断发展,社会财富不断增加,贝在人们心目中除了是无上之宝外,在社会生活中已充当了物品及商品的等价物,因而上至商王,下至平民无不与之有密切之关系。

郭沫若先生将货币分为"真实的货币"和作为"等价物之货币"两种。在他看来,贝在殷代作为财富有至少有两种用途,一是殷彝中的赐贝,"殷彝中的锡朋,在我看来,是在赏赐颈环,不是在赏赐货币"。他分析说:"殷、周民族的疆域离海尚远,可知贝的使用是起源于滨海民族。起初不是用为货币,而是用为装饰品。"二是作为等价物的贝,"贝的装饰品输入殷、周在初应该是由于实物交易或者掳掠。交易或掳掠所得的贝朋,在初亦用以为装饰,继后始作为等价物之货币而使用。"②

正如马克思在《资本论》中指出的那样,货币是交换的结晶。由于交换的扩大与加深,发展了在商品性质中睡眠着的使用值价与价值的对立。为了方便交易,把这种对立外部地表现出来的需要,要求有一个独立的商品价值形态,从而促使某种商品变成其他商品的等价物——货币。换句话说,那就是货币是在交换过程中,从一般商品中分离出来,成为一种与其他商品相对立的特殊商品。贝作为等价物在殷商时已起到了货币的流通与支付作用,至于其如何流通、如何支付,在什么情况下比较规范,是准货币,在什么情况下是等价物,在什么情况下是财富还有待于深入探讨,但贝有货币之职能,是商品流通的结晶,这是毫无疑问的。故此,在谈到中国货币的起源时,货币史、钱币专家大多认为,中国的货币,夏时已有萌芽,殷商初步完备,贝是中国货币之祖。③

---

① 蔡运章《西周货币购买力浅论——兼谈西周物价的若干问题》,《中国钱币》1989 年第 1 期。

② 郭沫若《卜辞中的古代社会》,见《中国古代社会研究》,中国华侨出版社 2008 年 2 月。

③ 中国货币、钱币史研究方面的著述较多,如萧清的《中国古代货币史》(人民出版社出版 1984 年 12 月)、彭信威《中国货币史》(上海人民山版社 2007 年 12 月)、蔡运章《甲骨金文与古史新探》(科学出版社 2012 年 2 月)、李炳钦撰稿、武汉电视台和中国钱币博物馆联合录制的文献片《中国钱币史话》(2005 年)等。

第二章　周代文化之主要建树

　　近年来,我国文化思想史界对德国当代存在主义哲学家卡尔·西奥多·雅斯贝尔斯(1883—1969)关于"轴心时代"的命题十分关注,一些学者还联系我国"轴心时代"出版了一系列的著作。①

　　所谓"轴心时代",是雅斯贝尔斯在 1949 年出版的《历史的起源与目标》一书中提出的。

　　雅斯贝尔斯深入地考察了世界思想发展史,并总结说,公元前 800 至公元前 200 年之间,尤其是公元前 600 至前 300 年间,人类文明进入了一个"轴心时代"。这一阶段是人类文明精神的重大突破期,其最大特点是东西方文明都出现了伟大的精神导师,如古希腊的苏格拉底、柏拉图、亚里士多德,以色列犹太教的先知们,古印度释迦牟尼,中国孔子、老子等。这些思想导师所提出的思想原则塑造了不同的文化传统,也一直影响着人类的生活。他指出,值得人们思考的是,虽然中国、印度、中东和希腊远隔万里,甚至没有交往,但它们在轴心时代的文化却有很多相通的地方,最突出的是,古希腊、以色列、中国和印度的古代文化都发生了"终极关怀的觉醒"。也就是说,这几个地方的人们开始用理智的方法、道德的方式来面对各种不同的现实世界,同时也产生了宗教。这种对原始文化的超越和突破所产生的不同类型之文化决定了今天西方、印度、中国、伊斯兰不同的文化形态。而那些没有实现超越突破的古文明,如巴比伦文化、埃及文

---

　　① 如冯天瑜教授 1994 年出版《中华元典精神》,1995 年河南大学出版社推出了"元典文化丛书"第一辑,介绍了《周易》《诗经》《周礼》《老子》《论语》《孙子兵法》《孟子》《庄子》《荀子》《韩非子》与中国文化之关系,之后又出版了 20 多种,介绍了《左传》等典籍与中国文化之关系。

化,虽规模宏大,但都难以摆脱灭绝的命运,成为了文化的化石。

　　湖北大学冯天瑜先生在接受记者采访时指出:如果要追溯中国思想史,中国人理念里一些最初源或最基本的东西,一定要追溯到春秋战国时代所形成的那一批经典,我把这些经典叫做"元典"。元典是我创造的一个概念,现在已经被广泛地使用了。这借用了德国思想家雅斯贝尔斯提出的一个概念,就是"轴心时代":人类文明发展到一定程度的时候,都进入了轴心时代。在这个时代所产生出来的概念、范畴、思想体系,成为了这些文明民族以后思想、文化发展的一个轴心。人类文明民族大概在一个相近的时段进入了轴心时代,即公元前5、6世纪前后的几百年当中,相当于中国的春秋战国、印度的佛陀时代,苏格拉底、柏拉图、亚里士多德的西欧群哲时代。各个文明民族在这样的轴心时代,纷纷创制出了文化经典。《欧洲哲学史》有一句名言:一部欧洲哲学史,不过是柏拉图的注脚。我们中国的哲学史,某种意义上也可以说是先秦诸子的注脚。所以,元典的研究以及元典精神的研究至关重要,我认为这是研究中国文化史的一个基点问题。[①]

　　冯天瑜先生在《中华元典精神》一书中指出:"轴心时代"是印度、中国、希腊、希伯来等人类诸文明创制本民族文化元典的重要历史时期。在元典时代,人们尤其是先哲们思考的深度已经"不满足了对现实的直观反映,而开始对世界的本质和运动规律作深层次探索,并思考作为实践和思考主体的人类在茫茫时空中的地位,进而反思自处之道,首次系统地而不是零碎地、深刻地而不是肤浅地,辩证地而不是刻板地表达出对于宇宙、社会和人生的观察与思考,用典籍形式将该民族的'基本精神'或曰'元精神'加以定型。这种典籍便可以称之为'文化元典'。"[②]文化史表明,几千年来人类精神发展所凭依的,主要就是这一时期产生之元典文本,如印度的《吠陀》,希伯来的《旧约全书》、《新约全书》,波斯的《古圣书》,希腊的《理想国》,中国的《易》《尚书》《论语》《孟子》及诸子文本等。

　　春秋战国时代是世界轴心时代在中国的辉煌期,是中国历史上少有的精神文化大发展大繁荣的时代,是"诸子并存、百家争鸣"多元文化齐头并进发展的

---

①　《时代周刊》(广州)第248期(2013年8月29日)。
②　冯天瑜《中华元典精神》,上海人民出版社,1994年1月,第5页。

繁荣时期。针对社会动荡的发展变化,各个阶层和集团的精英们竞相提出不同的治世主张和哲学观念,从不同角度对"天"与人""善与恶""德与刑"等根本问题进行了探索并作出了初步的回答或精到的结论,如孔孟的"仁"和"礼"、"王道"和"霸道",老庄的"有"和"无"、"出世"和"入世",申韩的"法、术、势",名家的"名"和"实"、墨家的"兼爱"和"非攻",等等。这些经典文本不仅成为秦汉之后中国学界研究、阐释的重点,尤其是儒和道,完全成为了秦汉之后中国知识阶层的立足点。"儒的醇厚、墨的谨严、道的超逸、法的冷峻、名的致密、阴阳的流转"都融汇到中华文明的血脉里,沉淀在中华子民的文化基因中。这些典籍"初步建立起了中国人的价值取向、公理体系和思维模式","创构和维系中华传统"[1]中国历史上多次的文化"复兴"、"复古"无不是回溯到元典文本中找寻理论资源精神动力,例如康有为的《新学伪经考》《孔子改制考》。表明这些中华文明的元典及其包涵的精神内核始终"作为文明前进的思想推动力"[2]。

面对如此辉煌惊世的文化成就、思想巨子,人们不禁要问,春秋战国时期何以有如此丰富的典籍出现呢? 诸子这些瑰丽的灵感、不尽的想象、杰出的思想、犀利的批判精神、道德的方法和理智的方式,一句话,所有这些终极关怀的觉醒是从哪里来的呢?

答案其实很简单:孔子之话曾一语中的:

> 殷因于夏礼,所损益,可知也;周因于殷礼,所损益,可知也;其或继周者,虽百世可知也。(《论语·为政》。)

孔子告诉人们的"可知"答案很简明,他着重强调了两条:一是"周因于殷礼",二是对殷礼有所"损益"。

何为"因"? "因"就是继承,就是依照,也就是说,周代通过对殷商之礼的借鉴从而形成了周礼。

何为"损益"? "损"就是汰除或扬弃;"益"就是增加、补充和完善。也就是

---

① 冯天瑜《中华元典精神》,上海人民出版社,1994 年 1 月。
② 冯天瑜杨华任放《中国文化史》(彩色增订本)高等教育出版社,2007 年 12 月,第 121 页,第121—122 页,第 124 页。

说,对前代典章制度、礼仪规范等有继承,有沿袭,也有变通与改革。

这就清楚地表明,周礼对殷代的文化,既不是全盘照抄照搬,更不是全盘否定与推翻,而是依照新的形势、从现实出发,对那些无用的、过时的东西加以剔除,同时根据需要又创造性地增加了一些富有生命力的新内容。

周朝建立之后,在殷商文明的基础上,由于生产力与生产关系的相对适应,社会日益稳定,疆土不断扩大,新兴力量不断壮大,社会政治、经济关系与社会需求出现了许多新的因素,以周公为代表的政治家敏锐地察觉到,殷商文化已不适应新政权的需要,亟待加以补充、更新、发展和创造,以新的文代替旧文化,从而实现社会新的发展。

以周公为代表的西周统治者周围聚集了一群杰出的政治家和创新者,他们不仅有强烈的进取精神,敢于革命,辅佐周武王以小邦周战胜了大邑商,而且富有蓬勃的创造精神,站在历史前进的潮头,挥斥八极,重视文化建设,在政治、经济、教育、军事诸领域有无数的发明创造,在人类发展史上为华夏民族的未来开创出了极为广阔的天地,书写出了辉煌、壮丽的篇章。

周朝初兴的这一时期,是一个光辉的时代,因周公充当了极其重要的角色,我们可以当之无愧地称其为"周公时代"。

周公时代的文化是中国"轴心时代"文化的直接源头,不仅引发、影响了诸子,影响了其后历代王朝,而且以其强大的生命力影响了中国几千年,许多具有元典的规范至今还在以不同的形式发挥着作用,以至百姓日用而不知。

周公时代的文化极其丰富浩繁,将其梳理类分,其荦荦要者当有六:封藩建卫的政权文化、宗法为本的政治文化、求新求变的"新命"文化、敬天保民的德政文化、明德慎罚的法理文化和自强不息的天命文化。

第一节　封藩建卫的政权文化

关于周代的社会性质,史学界认识不一,言奴隶社会者有之,如郭沫若先生等,称其为封建社会者有之,如范文澜先生、翦伯赞先生等。但不论多么分歧,原因何在,周代大规模地分封诸侯,从此使"分封"制永载史册并影响了后世则是毫无疑义的。

一、分封屏藩制的确立

"小邦周"战胜"大邑商"之后,国家的疆域空前辽阔,如何有效地掌控国家,如何"维稳"以保政权的巩固,以周公为代表的统治集团是经过了一番颇费周折的讨论和选择的,最后确定实施"封藩建卫"的政权体制。

这样,周朝的政权实际上是"中央王权 + 分封藩权"的复合式。

周王朝何以有如此的选择呢? 原因主要有两方面。

1. 对殷商政权形式之借鉴

分封制始于商代,是在夏王朝原始内外服制的基础上加以改造政权形式。从这一点上也可看出"周承殷制"涉及到的领域很宽、很广、很多。所谓分封,就是"封邦建国",是中央王朝通过"授民授疆土"的形式,在各地建立从属于中央、有一定独立性地方政权。实行分封的重要条件是中央王朝掌握有数量巨大的已失去依附的人口和土地可供封赏,从而建立起分封诸侯国;同时也要看到另一方面:分封的重要原因是王朝尚缺乏足够的实力对较远或边远的区域进行实际控制和统治。

众所周知,在夏末,商也是一个较小邦国,"汤处亳,七十里"(《淮南子·泰族训》),商王朝是通过多次战争征服了周围各国而最终灭夏而建国的。"汤始征,自葛载;十一征而无敌于天下"(《孟子·滕文公下》),"汤乃兴师率诸侯,伊尹从汤,汤自把钺以伐昆吾,遂伐桀"(《史记·殷本纪》)。这样,一下子就成了天下的共主:"汤武一日而有夏商之民,尽有夏商之地,尽有夏商之财"(《吕氏春秋·分职》)。

虽然如此,但商的势力短期内并未在臣服的各部落形成。殷商王朝面临的第一个问题就是如何在如此辽阔且交通不便的地域内对各部族采取有效的管理或统治。

在商王朝建立的过程中,即使对于被征服部族的土地,商人也没有全部直接占领,而是采取更换当地部族的权柄人物,扶植代理人的方式,例如对"党于桀恶"的韦(《诗经·商颂·长发》)汤及其后的武丁都是让代理人在此主事,《史记·殷本纪》《集解》引贾逵:"祝融之后封于豕韦,殷武丁灭之,以刘累之后代之。"《逸周书》载"汤放桀而归于亳,三千诸侯大会",《战国策·秦策》谓"及汤

之时,诸侯三千",说明商初除了在夏人中心统治区实行直接占领外,对其他地域多是由原部族自行管理

正是这样,成汤以过人的胆略,决定在夏王朝原始内外服制的基础上,实行分封制,把得到王朝信任的商人宗族首领及其武装分置在原来夏人的居住地,建成具有相对独立性的军政实体,形成能够控制的防卫力量,以有效地统辖被征服地区。《尚书·酒诰》中就有商朝"越在外服,侯、甸、男、卫邦伯"的记载。这些外服的各类"邦伯",就是商王朝分封在周围的诸侯。

殷商疆土的拓展在武丁时期业绩尤其突出。武丁是一位有谋略的君王,在经济实力相当强大之后,他首先向东方和南方扩展,并很快取得效果。武丁"四十三年,王师灭大彭","五十年,征豕韦,克之。"(《竹书纪年》)商人早在灭夏以前就曾对南方征伐,《竹书纪年》:"成汤二十一年,商帅征有洛,克之。遂征荆,荆降",武丁时又予征伐,"挞彼殷武,奋伐荆楚,罙入其阻,裒荆之旅,有截其所"(《诗经·商颂·殷武》)。征伐的结果是商的势力在东方和南方两个重要地域得以巩固。之后,武丁又将征战指向西方。征伐西方的战争与征东、征南相比较为激烈,时间也较长。《易·既济》载:"高宗伐鬼方,三年克之",《竹书纪年》载:武丁"三十二年,伐鬼方","三十四年,王师克鬼方"。(《竹书纪年》)这次征伐后,殷商在西方的势力范围已扩大到今山西南部和中部。

据记载,商王朝较集中的的分封有三次,除商汤建国时期的分封外,还有两次分别在仲丁至河亶甲时期和武丁时期。[1]

顾颉刚先生认为,武丁之世已有许多封国,这在甲骨文中有所记载。武丁所封将军称侯,以所在地名之叫"侯×",如封在雀地就叫"侯雀";所封的儿子叫"子×",如封在郑的叫"子郑",封在宋的叫"子宋";当时分封的也有夫人、嫔妃,如"妇庞"、"妇邢";对承认商为共主的邻国,武丁依其原有国名封之以爵位,如周国被封为"周侯",此外还有"虎侯"等。[2] 另外,甲骨卜辞还记有被商征伐而被封的方国,如"犬方"被封为"犬侯","井方"被封为"井伯"等。李学勤先生1959 年就在《殷代地理简论》一书中指出,殷代外服诸侯的分封范围,在武丁时

---

① 徐义华《中国社会科学院古代文明研究中心通讯》第 17 期,2009 年。

② 《顾颉刚古史论文集》,第二册,中华书局,1988 年 11 月,第 329—330 页。

期已达汉水流域。

实行分封制的统治或管理方式,在当时交通不便等的条件下,是商王朝对新扩大的各部族征服区实行最有效统治的较好方式。周王朝看到了这一点,果断地加以借鉴并有所创新。

2. 对殷商经验之继承与创新

在既往研究周代分封制时,由于文献的匮乏,多认为周代的分封是周人克商后在继承商人已有制度和疆域基础上建立起来的,是周公三年东征,消灭了许多地方势力之后开始的。依据多为《孟子》等典籍。如《孟子》"周公相武王,诛纣伐奄,三年讨其君,驱飞廉于海隅而戮之,灭国者五十,驱虎豹犀象而远之,天下大悦。"(《孟子·滕文公下》)《逸周书》和《后汉书》等也多祖述前说。"武王遂征四方,凡敦国九十有九国,馘历亿有十万七千七百七十有九,俘人三亿万有二百三十,凡服国六百五十有二。"(《逸周书·世俘解》)认为周将商人迁至洛邑,造成了广大地区内的权力真空,出现了大量的没有上层统治机构的人力和土地资源,为规模化的分封提供了物质基础,周人得以"制五等之封,凡千百七十三国。"(《后汉书·郡国志一》刘昭补注引《帝王世纪》)最终建立了完善的分封制度,并形成差别明显的"畿服之制"。

1994 年春季,上海博物馆从香港文物市场购得战国楚竹简 1200 余枚,秋冬时香港学者又购得 497 枚捐赠"上博"。2002 年 12 月出版的《上海博物馆藏战国楚竹书(二)》中有《容成氏》篇,该篇由北京大学李零教授整理并注释。李先生指出:《容成氏》所记均为上古帝王传说,但其中关于"文武图商"所载,向人们提供了前所未有的新资料。

> 于是乎九邦叛之,丰、镐、舟、石、于、鹿、耆、崇、密须氏。文王闻之,曰:"虽君无道,臣敢勿事乎?虽父无道,子敢勿事乎?孰天子而可反?"
> 纣闻之,乃出文王于夏台之下而问焉,曰:"九邦者其可来乎?"文王曰:"可。"文王于是乎素端裳以行九邦,七邦来服,丰、镐不服。文王乃起师以响丰、镐,三鼓而进之,三鼓而退之,曰:"吾所知多脧,一人为无道,百姓其

何罪?"丰、镐之民闻之,乃降文王。①

从《容成子》所记可知,九邦反叛,文王自告奋勇前往平叛,商纣王将其从从羑里(简文作"夏台")释放,因获取了九邦,周的势力得以空前壮大。

李先生在简文注释中指出,文王平九邦,于史无考,虽然《礼记·文王世子》提到过"九国",但连孔颖达作疏时也不知九国为何,只能猜测。现在《容成氏》明确记载了九邦,使我们知道了这就是"文王受命七年"当中征服的国家。

李先生强调指出,简文的发现,对今人理解武王克商太重要了。过去,古人讲周人灭商,总是以文王、武王并举,一个行仁恩,一个奋武威,好像双璧,他们确实是密不可分的一对人物,但仅仅光靠周人自己,光靠牧誓八国,周人灭商是断不可能的。可以说,没有文王平九邦,就没有武工克殷商。简文的补充,使人们对武王克商有了顺理成章的解释。

上述九邦,丰、镐是实力较强的国家。得此二国之地,周人的势力才由周原一带推进到咸阳、西安,在那里建立新的都邑。密须在今甘肃灵台一带(有白草坡出土的青铜器),位于周原正北,则是陕甘地区黄土高原上的戎狄强国。这些是周以北和周以东的重要国家。其他国家,舟在今河南新郑一带,鹿、崇在今河南嵩具一带,于在今河南沁阳一带,耆即《书·西伯戡黎》的"黎",在今山西长治一带,大体范围属于商王朝占领的夏人故地,也就是考古学家说的夏文化分布区。它们当中,只有石还不能肯定(暂以东周以来的石邑当之。石邑在今河北石家庄以西的鹿泉一带,在殷墟以北)。

据《论语·泰伯》载,孔子有一名言,称周"三分天下有其二,犹服事殷",同样说法也见于《逸周书·太子晋》。这两句话,旧注以为指文王受命,行其德,武王即位之前,于九州之中取其六州(荆、梁、雍、豫、徐、扬),只有三州(冀、兖、青)仍在纣的掌握之中,但周仍臣事于殷(《论语》郑玄注)。前人已经指出,文王时,周已兼有冀土,而豫州尚多属纣,未必能以州数为分割,"三分天下有其二"只是约略言之,并非专指他说的六个州(王夫之《四书稗疏》)。现在我们知道,它的真实含义恐怕是,武王即位前,周人已尽取关中,复夺夏地,占有天下的三分之

---

① 马承源主编《上海博物馆藏战国楚竹书(二)·容成子》,上海古籍出版社,2002年12月。

二。武王以天下的三分之二,去攻打天下的三分之一,这是兵家所谓的"多算胜少算",胜负之分显而易见。①

　　周王朝在文王时期就有了分封之事,较早被封的有虞、东虢、西虢、散等。至于对九邦的分封,目前虽尚无明确的记载,但也没有其他方式处理的记载,因而可以想见,顺理成章的做法也只能是分封。当然,这种分封除了笼络关系之外,也并无更多实质性的内容。不可否认的是,这种分封的做法,在团结小国,壮大周之势力方面,无疑起到了一定的作用。

二、分封屏藩制的实行

　　周代的分封虽然不是一次完成的,但主要完成于成王时期。从目前所见文献可知,分封大致可分为三个阶段:早期的初始分封在文王时期,大规模的分封在周公时代,即武王、成王时期,后期的完善在康王时期。至于一些零星分封康王之后亦有发生,如西周末年宣王时尚有分封,则数量不多,完全是尾声。②

　　1. 分封之原则

　　周王室实行分封之目的是为了"以蕃屏周",③各诸侯国的首要使命是"为周室辅",④以全面巩固周王朝的统治。

　　哪些人最为可靠、分封后能担负起如此重任呢? 据《史记·周本纪》载,武王克殷后:

　　　　乃罢兵西归……武王追思先圣王,乃褒封神农之后于焦,黄帝之后于祝,帝尧之后于蓟,帝舜之后于陈,大禹之后于杞。于是封功臣谋士,而师尚父为首封。封尚父于营丘,曰齐。封弟周公旦于曲阜,曰鲁。封召公奭于

---

① 李零《三代考古的历史断想》,《中国学术》2003 年第 2 期。
② 由于楚国对周王朝时臣时叛,周宣王十八年(前 810),由召伯虎(召穆公)为主将,南下"讨伐荆楚,横扫南土"。大军势如破竹,"日辟国百里",楚人承受不了重创,表示顺服。为防止楚人背信弃义,确保王室安固,宣王在周楚交界地域分封了一些诸侯国,如申、吕、曾、应、息、道、随、唐、厉、贰、轸、郧,以其为护卫王室的屏障。由于他们都是姬姓,史称其为"汉阳诸姬"。二十二年(前 806),宣王封其弟姬友于郑(今陕西华县东),这是西周最后一个封国。姬友,史称郑桓公。
③ 《左传·昭公二十六年》:"昔武王克殷,成王靖四方,康王息民,并建母弟,以蕃屏周。"《左传·僖公二十四年》:"昔周公吊二叔之不咸,故封建亲戚,以蕃屏周。"
④ 《诗经·闷宫》:"王曰叔父,建尔元子,俾侯于鲁。大启尔宇,为周室辅。"

燕。封弟叔鲜于管,弟叔度于蔡。余各以次受封。

由此可知,最高统治者也即武王和周公认为三类人最可信任:王族、功臣及先代贵族。这是武王灭商以后定下的分封原则。武王逝世前,分封才刚刚开始,真正大规模的分封,乃周公东征平叛武庚及消灭东方十七国之后。这次的分封,更多考虑的是为了加强对新征服区域的控制,凡周王朝势力所及之处,均派诸侯前去加以控制。据《史记·鲁周公世家》载:

管、蔡、武庚等果率淮夷而反。周公乃奉成王命,兴师东伐,作《大诰》。遂诛管叔,杀武庚,放蔡叔。收殷余民,以封康叔于卫,封微子于宋,以奉封殷祀。宁淮夷东土,二年而毕定。诸侯咸服宗周。

周王族、功臣和先代贵族为这次分封的主体,但也未排斥对归顺后的蛮、狄等部落的分封。《国语·周语》中就有这方面的记载。

桓公……问于史伯曰:"王室多故,余惧及焉,其何所可以逃死?"史伯对曰:"王室将卑,戎、狄必昌,不可偪也。当成周者,南有荆蛮、申、吕、应、邓、陈、蔡、随、唐;北有卫、燕、狄、鲜虞、潞、洛、泉、徐、蒲;西有虞、虢、晋、隗、霍、杨、魏、芮;东有齐、鲁、曹、宋、滕、薛、邹、莒;是非王之支子母弟甥舅也,则皆蛮、荆、戎、狄之人也。①

从中可知,当时成周的南、北方边鄙之地归附的蛮、荆、戎、狄多有被封为诸侯国的,这也从一个侧面表明,周王朝的统治者具有开明的政治目光与宽广的胸怀。

周王室在分封姬姓子弟为诸侯时,除土地、人口之外,还有一些旌旗、宝玉、典册等象征名誉和地位的东西。这些赏赐因人而宜,多寡不一。《左传》对此也有一些记述:

① 《国语》卷十六《周语·史伯论兴衰》。《国语》,上海古籍出版社,2008 年 12 月。

　　昔武王克商,成王定之,选建明德,以蕃屏周。故周公相王室,以尹天下,于周为睦。分鲁公以大路,大旂,夏后氏之璜,封父之繁弱,殷民六族,条氏、徐氏、萧氏、索氏、长勺氏、尾勺氏。使帅其宗氏,辑其分族,将其类丑,以法则周公,用即命于周。是使之职事于鲁,以昭周公之明德。分之土田陪敦,祝、宗、卜、史,备物、典策,官司、彝器。因商奄之民,命以《伯禽》,而封于少暤之虚。分康叔以大路、少帛、綪茷、旃旌、大吕,殷民七族,陶氏、施氏、繁氏、锜氏、樊氏、饥氏、终葵氏;封畛土略,自武父以南,及圃田之北竟,取于有阎之土,以共王职。取于相土之东都,以会王之东蒐。聃季授土,陶叔授民,命以《康诰》,而封于殷虚。皆启以商政,疆以周索。分唐叔以大路,密须之鼓,阙巩,沽洗,怀姓九宗,职官五正。命以《唐诰》,而封于夏虚,启以夏政,疆以戎索。三者皆叔也,而有令德,故昭之以分物。不然,文、武、成康之伯犹多,而不获是分也,唯不尚年也。管蔡启商,惎间王室。王于是乎杀管叔而蔡蔡叔,以车七乘,徒七十人。其子蔡仲,改行帅德,周公举之,以为己卿士,见诸王而命之以蔡。(《左传·定公四年》)

　　从上述记载中还可以清楚地看到,由于伯禽、康叔、唐叔是武王之弟,分封时特别隆重,赏赐了很多名贵之物。赐给鲁公的有金车、龙旗、璜玉,同时还颁发了正式的分封文告《伯禽》;赐给康叔的有金车、白旗、红旗、大吕钟等,同时颁布《康诰》;赐给唐叔的有金车、鼓、甲、钟,并颁布了《唐诰》。

　　史料表明,西周王朝的国土面积约为320万平方公里,人口约为500—600万。由此可知,西周王朝是一个地旷人稀的王朝,土地不仅辽阔,而且很多地域尚处于一片荒蛮。如果以当时的王朝所在地为中心,横向而言,即黄河中下游一带人口较为繁盛;纵向而言,北燕南荆则相对较少。因而当时的所谓分封授土,也只是大体划定一个范围,并无明确的疆域勘定,各国之间的疆域也并无界线和标识。有鉴于此,从一定意义上说,人口就有着十分重要和特殊的意义。上述记载,伯禽、康叔、唐叔不仅得到了土地、礼器、宝物和法典,还得到了许多的人口:伯禽是殷民六族,康叔是殷民七族,唐叔是怀性九宗。姬姓诸侯多分封于关中及黄河中下游流域一带的主要原因,就是这里人口较多。

周王朝实行分封制,实质上是统治阶级内部广义上的权力与财富的一次再分配,这里所说之"财富",主要指土地与人口。当然,这种分封也绝对不是无偿的,而是双方确定的一种契约式关系。首先,被分封者必须承认周王朝的共主地位,周王与各诸侯国并不是平等地位,而是天子与臣下的关系,诸侯要按时朝觐天子;其次,被分封的诸侯有明确的义务,其主要职责是为周天子守疆屏卫;其三,诸侯不仅要服从中央王朝统一领导,还必须定期纳贡,提供赋税和劳役。需要说明的是,被分封的诸侯国在承认周天子至高无上地位的同时,在自己封疆的势力范围内也有很大的自主权,如可以自设官员,对卿大夫再行分封,并征收赋税,加派徭役;同时还可以建立军队,自主用兵等。

2. 分封之诸侯国

据各种史籍记载,武王、周公、成王时期分封的诸侯相当多,由于统计口径不一,数量也不尽相同。据《荀子》记载,时分封 71 国,姬姓有 53 国:

> 武王崩,成王幼,周公屏成王而及武王,以属天下,恶天下之倍周也。履天子之籍,听天下之断,偃然如固有之,而天下不称贪焉。杀管叔,虚殷国,而天下不称戾焉。兼制天下,立七十一国,姬姓独居五十三人,而天下不称偏焉。[1]

又,据《左传·昭公二十八年》载:

> 昔武王克商,光有天下,其兄弟之国者,十有五人,姬姓之国者,四十人。皆举亲也。夫举无他,唯善所在,亲疏一也。

从中可知,在所封之中,有 15 个都是周公的兄弟,王室姬姓者多达 40 个,其他大多也是与周族有亲缘关系者,这些分封到各地区去的诸侯控制着当地的政治、经济、文化;掌握着军队,共同捍卫着周王室,维护周王朝的统治。

诸侯分封之名号,多以属地地名而冠称,如管、蔡、霍、鲁均当时之地名,分封

---

① 《荀子·儒效》。张觉《荀子译注》,上海古籍出版社,1995 年 12 月

之后则以国称。《左传·僖公二十四年》载:

> 昔周公吊二叔之不咸,故封建亲戚,以蕃屏周。管、蔡、郕、霍、鲁、卫、
> 毛、聃、郜、雍、曹、滕、毕、原、酆、郇,文之昭也;邘、晋、应、韩,武之穆也;凡、
> 蒋、邢、茅、胙、祭,周公之胤也。

清代顾栋高是研究春秋史的学者,所著《春秋大事年表》中有"列国爵姓及存灭表"篇,专门统计当时诸侯。据顾统计,周王朝先后共分封王族、宗亲等诸侯 204 国,其中,姬姓 53 国,与荀子《儒效》篇所记相合。①

为了较直观地了解西周王朝的裂土分封宗姓及地域,现将其主要首任诸侯作一简略介绍。

鲁国:姬姓,侯爵。原封主为周公(姬)旦,因周公辅朝,由其长子伯禽代任,在奄国故土上建立了鲁,都曲阜,地方七百里。

燕国:姬姓,伯爵。原封主为召公奭,因召公辅朝,由其子为燕伯,都蓟。

坒国:姬姓,伯爵。封主为毕公高,系武王之弟,周克殷后封于毕(今陕西咸阳北)。

邢国:姬姓。侯爵。成王封周公旦第四子于邢,与齐燕一起屏藩周室。

管国:姬姓,侯爵。封主为武王之弟姬叔鲜,以监武庚封于管(今河南郑州管城),后因与蔡叔度一起助武庚叛乱被诛,管由此而废。

蔡国:姬姓,侯爵。封主为武王之弟姬叔度,以监武庚封于蔡(今河南上蔡县)。

曹国:姬姓,伯爵。封主为武王弟之姬叔振铎,周克商后封于曹,都陶丘(今山东定陶县)。

郕国:姬姓,伯爵。封主为武王之弟姬叔武,周克商后封于郕(今河南范县一带)。

霍国:姬姓,伯爵。封主为武王之弟姬叔处,周克商后封于霍(今山西霍州一带)。

---

① 顾栋高《春秋大事年表》(全三册)卷五,中华书局,1993 年 6 月。

卫国。姬姓,侯爵。封主为武王之同母少弟康叔,官大司寇,封于卫(今豫北一带),后定都于淇水之畔的殷都朝歌(今河南淇县)。

滕国:姬姓,侯爵。封主为武王之弟姬叔绣,周克商后封于滕(今山东滕州)。

吴国:姬姓,子爵。封主为周太王长子泰伯之后周章,周克商后封于吴(今江苏无锡一带)。

虞国:姬姓,公爵。封主为周太王之子仲雍之后虞仲,周克商封于虞(今山西平陆一带)。

虢国:姬姓,公爵。封主为文王之两个弟弟,周克商后,虢仲(一说虢叔)封东虢(今河南荥阳汜水镇),虢叔(一说虢仲)封西虢(今陕西宝鸡东)。

蓟国:姬姓,侯爵。封主为帝尧之裔,周克商后封于蓟(今北京市)。

毛国:姬姓,伯爵。封主为武王之弟叔郑,受封于毛(今陕西歧县、扶风一带)。

聃国:姬姓,伯爵。封主为武王之弟季载,封地在今河南开封一带。

郜国:姬姓,伯爵。封主为武王之弟(文王第十子,一说第十五子),周克商后封于郜(今山东成武县东南)。

雍国:姬姓,伯爵。封主为武王之弟(文王第十三子),周克商后封于雍(今河南焦作西南)。

原国:姬姓,伯爵。封主为武王之弟(文王第十六子),周克商后封于原(今河南济源西北)。

鄷国:姬姓,伯爵。封主为武王之弟,周克商后封于鄷(今陕西山阳县)。

郇国:姬姓,伯爵。封主为武王之弟(文王第十七子),周克商后封于郇(今山西临猗县西南)。

邘国:姬姓。封主为武王次子姬诞,周克商后被封于邘(今河南沁阳市西万镇邘邰村)。

晋国:姬姓,侯爵。封主为武王少子唐叔虞,初封于唐,后改为晋(今山西翼城县)。

杨国:姬姓,侯爵。武王封其子叔虞于唐,出公子齐生伯侨,封杨国(今山西洪洞县范村)为杨侯。

应国:姬姓。封主可能是武王第四子,故址在今河南平顶山市蚩阳镇。

韩国:姬姓。封主为武王之子,成王时所封,封地在今陕西韩城一带。

凡国:姬姓。封主为周公之子,建都于今河南辉县市西南的凡城。

蒋国:姬姓。封主为周公第三子伯龄,故地在今河南固始县东北及淮滨县一带。

邢国:姬姓。侯爵。封主为周公第四子姬苴,都于邢(今河北邢台市)。

茅国:姬姓。封主为周公之子茅叔,封于茅(今山东金乡县西南)。

胙国:姬姓。封主为周公之子,封于胙(今河南延津县北胙城)。

祭国:姬姓。封主不明,有记为周公第五子,封于祭(今河南中牟县)。

息国:姬姓,侯爵。封主为文王第 37 子羽达,武王在位第 13 年(前 1122)封于息(今河南息县)。

齐国:姜姓,侯爵。封主为太公姜尚,为齐侯,位列五侯九伯之上,都营丘(今山东临淄)。

许国:姜姓,男爵。封主为尧四岳伯夷之后裔文叔,周克商后封于许(今河南许昌市)。

纪国:姜姓,侯爵。封主为太公之次子,周克商后封于纪(今山东寿光市一带)。

申国:姜姓,伯爵。封主为姜佐,周克商后封于宛(今河南南阳)。

谢国:任姓。封主为黄帝后裔,周克商后由陕西洛水一带迁今河南南阳一带,都于谢。

楚国:芈姓,子爵。封主为高阳氏后裔熊绎,成王时封于楚荆,都于丹阳(今河南淅川县)。

秦国:嬴姓,伯爵。封主为颛顼后裔秦襄公,因护平王东迁有功,赐之岐以西之地,秦始建国。后秦伐戎而至岐(今陕西岐山、扶风一带),前 762 年,至"汧渭之会",此后日渐强大。

莒国:嬴姓,子爵。封主为少昊之后裔兹舆,周克商后封于莒(今山东莒县)。

宋国:子姓,公爵。封主为殷帝乙之子微子启。周克商后曾封武庚于殷,以奉殷之宗祀,后因叛被诛,另封帝辛(纣)之庶兄微子于宋(今河南商丘西南)。

邾国:曹姓,子爵。封主为颛顼后裔曹侠,周克商后封于邾(今山东邹城市)。

薛国:任姓,侯爵。封主为黄帝后裔奚仲,周克商后封于薛(今山东滕州)。

杞国:姒姓,侯爵。封主为禹之后裔东楼公,周克商后封于雍丘(今河南杞县)。

陈国:妫姓,侯爵。封主为舜之后裔满,周克商后封于宛丘(今河南淮阳县)。

焦国:伊耆姓,侯爵。封主为神农氏后裔,周克商后封于焦(今河南陕县)。

高丽国:子姓。封主为商纣王之后裔箕子,周克商后不肯臣周,向武王献《洪范九畴》后逸于辽东,武王即其地以封国。

从上述所列诸国不难看出,在周王朝分封的诸侯中,姬姓最多。《左传·昭公二十八年》所说"姬姓之国者四十人",顾栋高说五十三国,其实数量可能远不止于此。如"汉阳诸姬"中的吕、曾、道、随、唐、厉、贰、轸、郧中的姬姓尚未算入,他如隗(夔)、魏、芮、滑等也未计入。隋在"汉阳诸姬"中实力最强,为汉阳诸姬盟国之首,地域也相当辽阔(大抵以今湖北隋州、枣阳走廊为中心,北起河南新野,东邻湖北应山,南达京山,西近襄阳),在屏周卫蕃中屡屡与楚国对抗,成为楚国北进中原的最大障碍,地位与作用相当重要。但《世本》所记却说:"隋国,姬姓,不知始封者为谁。"①连如此重要之诸侯国之史料尚如此缺乏,比其等而下之诸侯,史无所记就不足为怪了。

三、分封之意义

由于周王朝成功地实行了分土封制,至西周末年,大一统的西周王朝已呈现出了繁荣景象,"溥天之下,莫非王土,率土之滨,莫非王臣"(《诗经·北山》)就是其生动的写照。

周代分封诸侯的一个极为突出特点是将授土、授人与宗法相结合,即"尊尊+亲亲",从而实现了巩固奴隶制国家政权之目的。从这个意义上说,分封制既是周代创新的政治制度,也是创新的一种国家制度。由于分封的主要诸侯都与

---

① 转引自童书业《春秋左传研究》,上海人民出版社,1980年10月。

周天子有血缘或姻亲关系,因而在具体实施时,最高统治者又以亲疏为据,亲者爵高域广、人众兵强,疏者则次之,不仅爵位较低,而且地域较小,人少兵寡。

1. 战略要地之分封

与周天子关系最为密切的诸侯所封之地均属战略要地。

其一是卫。卫国所封地域为殷商的核心地带,殷之首都朝歌便在这里,武庚的势力也在这里,尤其是它与周之东都成周为邻,关乎王朝安危,地理位置十分重要。由于康叔为周公的同母之弟(排行第九),有能力且血缘近,因而周公对他十分信任,将控辖维稳之重任托付于他。周公对卫国的关注也大大超过对其他诸侯的关注,反复嘱咐康叔要吸取殷亡之训,除上下戒酒之外,尤其要在施政方面多用心思;他要康叔从实际出发,"启以商政,疆以周索",并在正式下达的文件《康诰》中明确提出了"明德慎罚"的原则。周公要其"必求殷之贤人君子者,问其先殷所以兴,所以亡,而务爱民"。由于康叔的努力,不仅较好地化解了殷民之怨,且"能和集其民,民大悦"。(《史记·卫康叔世家》)正是由于这样,这一土地面积最大的封国,在春秋时期成了"屏周"最坚固的堡垒。

其二是鲁。鲁地曾是周初武庚之乱时最大的的帮凶奄国的势力范围,周公之长子伯禽受封时不仅得到了居住在当地的大量"商奄之民",还得到了"殷民六族",同时还得到子金车美玉、典册彝器,是受封诸侯中得到赏赐最多者。鲁国特别受到周王朝的器重并得到大力支持,这在《诗经·鲁颂·閟宫》一诗中也有较多的反映:

"王曰叔父,建尔元子,俾侯于鲁"——虔诚的尊称周公为叔父,封其长子伯禽为鲁侯。

"大启尔宇,为周室辅"——明确鲁国的使命重大而神圣:"为周室辅"!

"公车千乘,朱英绿縢,二矛重弓;公徒三万,贝胄朱綅,烝徒增增"——战车千辆,装备精良;士兵3万,实力超强。

"泰山岩岩","至于海邦"——疆域辽阔,势力极大。

"淮夷来同","及彼南夷,莫不率从"——淮夷蛮貊,都来朝贡,无人不服从,无人不听话。

这首诗直接歌颂的是鲁僖公,由此可知,鲁国发展较快,到僖公时实力相当强大,已成为了周王朝东方的擎天之柱。

其三是齐。齐地是东夷蒲姑之地,蒲姑为殷商诸侯,武王去世后曾与武庚一起叛周。另外,这里与南夷、东夷相接,对周王朝形成了威胁。由于该地域土地肥沃、渔盐丰富但又多事,情况较为复杂,因而必须派一位极有能力、极有权威之大员方可镇守。周公首先想到的就是太公姜尚。

太公是位大政治家,其对齐地风物民情十分了解,同时重视经济发展,故而在不长时间内就把齐国治理得井井有条:

> 太公至国,修政,因其俗,简其礼,通商工之业,便鱼盐之利,而人民多归齐。齐为大国。(《史记·齐太公世家》)

由"因其俗,简其礼"可知太公为政不扰民,尊重和发展齐文化;由"通商工,便鱼盐"可知太公尤其重经济,重民生,通过充分利用当地资源和经商优势增强国家实力;由"民多归"可知人心所向,社会稳定。正是由于齐国很快成为了有实力的大国,在以蕃屏周中发挥了作用,从而更加得到了周王朝的信任,在扩大其疆域范围的同时赋予其了更重的职责和更大的权力,《史记》载曰:

> 及周成王少时,管蔡作乱,淮夷畔周,乃使召康公太公曰:"东至海,西至河,南至穆陵,北至无棣,五侯九伯,实得征之。"齐由此得以征伐。(《史记·齐太公世家》)

这些优厚条件和征伐权力的获得,为其后齐国称霸奠下了坚实的基础。齐桓公三十年(前656),齐伐楚,楚成王派使臣质问原因,管仲就曾振振有词地拿出了当年的"圣旨":

> 昔召康公命我先君大公曰:"五侯九伯,女实征之,以夹辅周室!"赐我先君履:东至于海,西至于河,南至于穆陵,北至于无棣。(《左传·僖公四年》)

史载,周公平叛三监之乱后,东夷、淮夷并未臣服于周,而是经常不断地联合出兵骚扰鲁地,挑战周王朝。正是由于齐、鲁在东方的合力守护,才使周王朝平安无虞。

其四为宋。宋国位于今豫东商丘一带,自契孙相土迁于此后商部族得到了很快的发展,这里不仅是商人的发祥地,而且也是商灭夏之后最可靠的后方属地。周克商后把部分殷民封于宋,但如何管理才不使生乱,周公也颇费考虑,最后选择了"以殷治殷"的方略,于是,封微子爵位为公,使其管理该地。

周之所以封微子于宋,主要基于以下考虑:首先,他是纣王之庶兄并反对纣之暴政,多次讽谏不听后出逃于外,在社会上有贤名,在殷民中有威望;其次,周克商时,微子持欢迎态度:"微子乃持其祭器造于军门,肉袒面缚,左牵羊,右把茅,膝行而前以告";再次,后来武庚率殷民叛乱时微子未参与其中,很清白。事实证明,周公的决策是正确的。

此外,今山西省晋南地区地处西周东都成周之北,地理位置十分重要,加之周初叛乱时唐人也参与其中,周公"践奄"之后又回师北上加以平息,并将部分唐人南迁于桂。有鉴于此,周公对这一带的安全也十分重视,特封成王之弟叔虞于此。从《左传·定公四年》可知,唐叔不仅得到宝器仪仗,还被赐"怀姓九宗,职官五正,命以唐诰而居夏墟。启以夏政,疆以戎索"。"怀姓九宗"为夏代遗民的九个宗族,后为商民中的一支大宗,这些贵族是反殷拥周的重要力量。"职官五正"为主管国家大政方针的五个方面的长官,即通常所说的司空、司寇、司马、司士、司徒,[①]由于关系重大,周公也亲自于任命。至于"启以夏政,疆以戎索"的基本治理方针,也是很有针对性的,周公要唐叔从实际出发,在"夏墟"的土地上要多用夏人宜于接受方式施政,同时要考虑到戎狄部族的特点,因势利导。也就是说,要用夏戎之政治理夏戎之民,团结夏戎庶众,以孤立殷商顽民。这一做法不仅在当时具有重大的现实意义,对整个周王朝其后的发展也有重大的指导意义。

2. 分封之意义

周代分封制度的确立意义深远,既益在当时,又泽被后世。

---

① 《礼记·曲礼下》:"天子之五官,曰司徒、司马、司空、司士、司寇,典司五众。"郑玄注:"此也殷时制也。"

所谓"益在当时"主要指壮大了周朝的国力,使周由一个地处西陲、政治文化不发达的弱小部族诸侯变成了地域辽阔、实力强大、征伐出于天子的一统大国;所谓"泽被后世"主要是大一统使周文化传播四海,为华夏民族的强大奠下了牢固的基础。

第一,开创了新的政治制度和国家制度,有效地卫护了王室和巩固了国家政权

如前所述,周初分封诸侯的首要动因就是"屏周卫藩",在巩"小邦周"战胜"大邑商"之后的新生政权问题上,周王室上层统治者深刻地总结了夏商的经验与教训,认为只有建立起绝对忠于王朝的地方政权,才能使那些被统一的国家尤其是边远的邦国和狄夷部族成为国家的一部分。周克商之前,殷商时统治区域也相当大,但远在北方、江南和西南的一些方国、部族,名义上依附于商,其实有的从未朝贡过,有的甚至时有背叛之心。虽然商王朝对臣服的一些方国、部族也封有侯、伯等爵号,但由于缺乏有效的控管制度,商的"共主"地位并没有真正建立起来。

周克商后的"三监之乱"使周王朝对这一问题的严重性有了切肤之痛的认识。孟子说,经周公之手灭亡了五十国,《逸周书·世俘解》称自武王以后,周共灭九十九国,降服六百五十二国。就中国历史演进而言,结束小邦林立,建立适度规模的诸侯国,有利于生产发展和社会管理,有利于先进文化的发展和民族的繁荣。周公扩大分封制的意义就在于,不仅从此结束了小邦遍地林立的局面,而且通过血缘关系,把政权与族权相结合,找到了一条真正能够巩固国家中央政权中心地位的可行之路,这是应当肯定的。同时,分封制从一定意义上说也是一种行政区域的建制和划分,允许被分封的诸侯国对卿、大夫二次分封,自行设立各类管理官员,使其各司其责,交纳贡税,为国家守护疆域。这一体制的实施,从某种意义上说是一种如何建立区域政权和基层政权的思路,因而可以说,这实际上是秦汉实行郡县制的思想源头。

第二,保证了政局的稳定,促进了社会、经济的发展

由于分封制是一次奴隶主之间利益的再分配,大大缓和了新贵族、臣属及旧贵族之间的矛盾,从而使不同阶层之间的利益关系得到平衡和稳定。将部分殷商遗民迁到成周和南方,从而大大减少了社会上的不安定因素。夷狄蛮荒臣服

部族的分封,使其在政治上得到了安抚,从而减少了民族之间的磨擦,使得边境相对安静,边远地区得到了一定的开发。正是由于社会、政治的稳定,西周王朝很快实现了初期的繁荣,出现了我国历史上第一次的王朝大治——"成康之治"。对此,司马迁十分赞赏:"成康之际,天下安宁,刑错四十年不用。"(《史记·周本纪》)

分封制的前提虽然是土地王有即国有,但授土之后,不仅使井田制这一土地制度得以巩固,由于大量的私田由庶民或奴隶耕种,所得大多归自己所有,因而大大刺激了耕者的积极性,加之青铜生产工具的使用及生产技术的提高,农业生产力得到了较大的提高。《诗经》中就有许多有关粮食丰收与庶民喜悦的描写。

"我仓既盈,我庾维亿,以为酒食,以亨以祀,以妥以侑,以介景福。(《诗经·楚茨》)——意为:粮食堆满仓,酿成美酒祭献祖先;请他们享用,赐给我们宏福无边。

"荼蓼朽止,黍稷茂止。获之挃挃,积之栗栗。其崇如墉,其比如栉。以开百室,百室盈止。"(《诗经·良耜》)——意为:田里的杂草都腐烂了,庄稼长得很茂盛,收获的黍稷堆得像墙一样高,像梳篦一样密;仓库上百处,也都装满了。

"于皇来牟,将受厥明;明昭上帝,迄用康年。"(《诗经·臣工》)——意为:麦子长得真旺盛呀,在阳光下就要成熟了;在上天的庇佑下,我们迎来了丰收。

"丰年多黍多稌,亦有高廪,万亿及秭。为酒为醴,烝畀祖妣,以洽百礼,降福孔皆。"(《诗经·丰年》)——意为:丰年粮多,高高粮仓,千斤亿斤,好好储藏;酿成美酒,敬献祖上,都是他们把福降。

"倬彼甫田,岁取千千……曾孙之稼,如茨如梁;曾孙之庾,如坻如京;乃求千斯仓,乃求万斯箱。黍稷稻粱,农夫之庆。报以介福,万寿无疆。"(《诗经·甫田》)——田园一望无边,每年收获万千。我(曾孙)的收成真正好,千间仓囷装满了。有麦有谷又有稻,心里乐陶陶。祝王万寿无疆,这是上天的回报。

由于农业、手工业和商业的进步,西周的城市也得到了空前发展,不仅数量增多,而且人口激增,如后期的齐国首都临淄,来往人流摩肩接踵,挥汗如雨,非常繁华。

临淄之中七万户……甚富而实,其民无不吹竽鼓瑟,弹琴击筑,斗鸡走狗,六博蹋踘者。临淄之涂,车毂击,人肩摩,连衽成帷,举袂成幕,挥汗成雨,家殷人足,志高气扬。①

由于临淄城市繁荣,商业发达,过往人众熙熙攘攘,以至齐景公主动提出要为晏子再建一处住宅作官邸,理由是原宅临近市场,过于喧闹:

> 景公欲更晏子之宅,曰:"子之宅近市,湫隘嚣尘,不可以居。请更诸爽垲者。"辞曰:"君之先臣容焉,臣不足以嗣之? 于臣侈矣! 且小人近市,朝夕得所求,小人之利也,敢烦里旅?"(《左传·昭公三年》)

齐国临淄的繁荣实际上是西周社会城市经济的一个缩影,他如赵国、韩国、燕国、楚国的都邑也很发达。《韩非子·外储说左上》所载楚人鬻珠、郑人买椟还珠的故事,郑人买履的故事;《列子·说符》中的齐人攫金的故事,《战国策·燕策二》中的伯乐相马的故事,《战国策·齐策一》中邹忌买卜的故事,等等,都从一个侧面说明当时市井的繁荣。

由于社会稳定,农业、手工业、商业、文化教育事业都得到了较快的发展,至春秋末年,全国人口已达2000万。

第三,从政治上巩固了宗法制度

宗法制是周代的根本制度,是以血缘关系为纽带的族制系统,其核心内容是嫡长继承制、封邦建国制和宗庙祭祀制。

分封制是最严格的宗法制:周天子是天下的共主,更是全姬姓宗族的首领,他掌握着全国最高的政权和族权。其后的每世天子,都是其嫡长子继承,不论其贤与不肖。天子的其他诸子可封为诸侯,诸侯之爵也是由嫡长子继承;其他诸子为大夫,大夫位也由嫡长子继承,其余诸子则只能为士,士以下不再分封。

作为我国早期的国家,西周并不是纯粹的地域性结构国家,而是具有浓重的家长制家族组织的某些特征。在宗法制度下,天子(王)、公、大夫、士四个阶层为上下统属的政治关系,自上而下有明确规定应承担的各种义务和责任。宗法

---

① 临淄繁荣之盛况,《史记·苏秦列传》,《战国策·齐策一》所记相同。

制度的这一规定,改变了夏商时代国王为诸侯之长的状况,使周天子成为了名副其实的诸侯之君。

在表面上看,周初大分封只是周王朝实现其政治统治的手段之一,但它却对周人部落内部的家族结构产生了重大的影响。嫡长制的实行,在诸侯这个等级上,同姓家族变成了充分国家化的结构,天子、诸侯固然仍然可以说是其治下同姓家族的总族长,但是,国家在本质上毕竟是地域的结构,作为天下共主的周天子或一国之君的诸侯国国君,毕竟不是单纯意义的族长,君主与同姓的诸父、昆弟以及其他家族成员之间,除去一般意义的血缘关系以外,还存在着血缘关系所不能取代的政治关系,而且后者是更为重要的关系。由于这种关系的存在,国君所掌握的权力就不再是原来意义上的"家长权力",这在客观上要求原有的家族制度作出某种改变以适应这种关系。《仪礼·丧服传》说:"诸侯之子称公子,公子不得祢先君;公子之子称公孙,公孙不得祖诸侯,此自卑别于尊者也。若公子之子孙有封为国君者,则世世祖是人也,不祖公子,此自尊别于卑者也。"这里所说的"自卑别于尊"和"自尊别于卑",正是周代宗法制度的基本精神,它所强调的是君主与同姓家族的其他成员之间的政治尊卑,这种尊卑差等虽然与家族内部血统关系不无联系,但是在本质上却是由以地域结构为基础的政治关系所决定的。在这一意义上,君主已经不是一般意义上的家族长,与专制君主同姓的任何家族成员都不能以单纯的血缘宗法关系理解其与君主之间的关系,正如《谷梁传·隐公七年》指出的那样,是所谓"诸侯之尊,弟兄不得以属通。"国家作为地域性组织,君统是国家政权的承传系统,由它决定的君臣关系是政治关系;家族是血亲组织,宗统是家族组织的承传系统,由它决定的宗法关系是血缘关系。周代界定君统与宗统关系的原则,正如《礼记·丧服四制》所说,是"门内之治恩揜义,门外之治义断恩",即宗统不能上达于天子、诸侯,君统也不能下达于卿大夫、士。① 概言之,周代的宗法制是家族结构长期发展演变的结果,分封制的实行,则进一步使其在政治上得以巩固和强化。

第四,促进了民族的融合与和谐

在西周对前代帝王后裔续祀之国分封中,既有黄帝、炎帝以及尧、舜、禹的后

_____

① 陈恩林 孙晓春《关于周代宗法制度的两个问题》,《社会科学战线》2002 年第 6 期。

裔,也有周克商后殷纣王族系人员,其中最为突出的是对武庚及微子的分封。

周灭殷后采取了很多安抚殷商臣民的政策和措施,"以殷治殷,分而治之"是其基本方针。首先是武王封纣王之子武庚为殷侯,留在殷地管理商朝遗民,同时释放囚犯,恢复箕子之职,修整了比干之墓,散发殷室财物、粮食赈济饥民等。由于措施很得人心,商地社会很快得到了稳定。武庚及三监之乱被平定后,周公不改既定方针,在将一些顽抗不服的殷商遗民迁往成周,另一些迁到陈、许、蔡、郑等诸侯国以分而治之的同时,又把纣王之庶兄微子封为公爵,驻于殷地,以守商祀。周公此举,对形成以周人为主干的一系列宗族亲疏兼备宗法体系起到很大的促进作用。

在被分封姬姓王族及功臣谋士、前代圣王之后、臣服于周的邦国诸侯中,第三部分数量相当巨大,"周武王时,侯伯尚千余人。"(《史记·陈杞世家》)他们中的多数服从了周的统治,或者慑于周人克商的威力表示臣服于周。与这些诸侯一样,当时东方的小国邾国的国君曹侠,也是在这样的情况下始成为周朝邾国国君的。所以,《文献通考》称周武灭殷,兴灭国,继绝世,绍封晏安之后曹侠于邾,为附庸国。这种说法应当是对的。①

分封王族、功臣、古帝王后裔为诸侯,后人觉得都在情理之中,唯有封殷商旧邦国大臣使人大开眼界,深感周公眼光之远大,心胸之宽广,胆略之超群。

孔子对周公十分敬仰,在总结周代分封制时曾予高度评价,指出:"谨权量,审法度,修废官,四方之政行焉;兴灭国,继绝世,举逸民,天下之民归心焉。"(《论语·尧曰》)这里的"国"指诸侯,"世"指"卿大夫","民"则指黎庶。

但对孔子之评价,人们有两种不同的认识——否定与肯定。

否定者主要从政治角度切入,认为是历史的倒退,是维护统治阶级的利益。

持肯定态度者认为,"兴灭国、继绝世、举逸民"充分体现了古代中国人道主义精神,这一思想,是将古代家族伦理观念运用到国家和民族之上的体现;作为儒家伦理学说的重要内容,已成为中国传统文化的有机组成部分,作为民族伦理的指导思想,千百年来,也一直影响着国与国之间的邦交关系。

同时,持肯定意见者还认为,孔子所说的"逸民",并非没落阶级官僚贵族和

① 杨朝明《邾鲁关系邾国文化邹鲁文化》,《齐鲁师范学院学报》2012年第4期。

依附他们的知识分子,而是指掌权者对立面的精英。《论语·微子》:

> 逸民伯夷、叔齐、虞仲、夷逸、朱张、柳下惠、少连。子曰:"不降其志,不辱其身,伯夷、叔齐与?"谓柳下惠、少连,"降志辱身矣,言中伦,行中虑,其斯而已矣。"谓虞仲、夷逸,"隐居放言,身中清,废中权。"我则异于是,无可无不可。

魏晋时何晏集汉郑玄等人对《论语》的诂训作《论语集解》曰:"逸民者,节行超逸也。"唐代理学家颜师古再次作注时又指出:"逸民,谓有德而隐处者。"

在中国思想史上,孔子是主张"道德规范整体论"的第一人,他所主张的道德,是以"仁"为核心,集忠、孝、悌、恕、礼、智、信、勇、恭、宽、敏、惠于一体的完整的伦理思想结构;"仁"既是最高的道德准则,也是最高的道德标准和道德境界。在孔子眼中,微子不仅是"逸人",而且也是一个真正的"仁"人。《论语·微子》中有一段其对微子评价:

> 微子去之,箕子为之奴,比干谏而死。孔子曰:"殷有三仁焉。"

意为:在纣王肆行暴政之时,微子劝谏而不听,遂离开纣王;箕子作为殷纣王之叔父也对纣王进行了规劝,见纣王顽固不听,便只好披发装疯,后被降为奴隶;比干也是纣王之叔父,屡屡强谏,纣王怒而剖其心。孔子认为:他们是殷朝的三个仁人啊!

由此可知,孔子所说的逸民,实际上是品德高迈的人,这也是何晏认为是"节行超逸"、颜师古认为指"有德而隐处者"之原因。

早在春秋时期,我国就创造了举世闻名的"贤人政治",主张用人要做到"善"与"公"。孔子对晋国大夫、中军尉祁奚举贤十分赞赏:"善哉! 祁黄羊之论也,外举不避仇,内举不避亲。祁黄羊可谓至公矣!"①毫无疑问,贤人有在位者,

---

① 此记见《吕氏春秋·去私》。《左传·襄公三年》也有载:"祁奚请老,晋侯问嗣焉。……君子谓祁奚于是举善矣。称其仇,不为谄,立其子,不为比,举其偏,不为党。《商书》曰:'无偏无党,王道荡荡',其祁奚之谓矣!"

也有不在位者,不在位者从某种意义上说就是逸民。

平心而论,孔子只是一个思想家,并不是政治家,他只有政治理想,没有政治野心,他只有做人的良知,没有谋取权位的阴谋。孔子的这一总结,包含着深刻的人类和平与社会和谐的内涵。即使他明知这种主张不合时宜,但由于他不是一个苟且之人,而是一个"知其不可而为之者",①因而至多说其不免迂阔,但更多的是体现了华夏民族的博大胸襟,闪耀着人道主义的光辉,也从一个独特的侧面,总结了西周分封制意义,以及国家建构应有的人类文明的基本精神。这可能是孔子对周代、周公崇拜中最与人不同之处。

正是有了这种精神,在我国有文字记载的几千年中,尤其是汉唐时期,汉民族政权不论开边之役,也不论是戍边之战,从没有在胜利之后残暴地灭绝过一个民族,而是不计前嫌,握手言和,并且注意吸收对方先进的文化和生产方式,共同发展。这一博大精神也影响了其他民族,如入主中原的北魏政权,不仅禁止用鲜卑语言,穿鲜卑服装,而且还改姓换籍,从而促进了民族的融合。清廷入关不久,受到前贤的影响,放弃了前期的武力屠杀政策,在继承宋、明旧制的基础上,大量使用汉人官员,包括南明王朝的官员,从而使社会安定,生产发展,城市繁荣,民间和谐,以至出现了封建王朝后期的"康乾盛世"。

第五,在辽阔的地域奠定了中华民族文化发展的基础

为建立巩固的西周王朝,周公在实行分封"屏周卫藩"方针的同时,又下了很大气力,在总结夏商经验的基础上,开始了王朝治理体系的建设,其中最突出的是文化建设和制度建设,也即后人所说的"制礼作乐"。礼乐制度与大一统的国家体制、辽阔地域相结合,为中华民族文化的发展奠定了坚实的基础。

辽阔的地域、统一的政权产生了大一统的国家理念。周王朝分封制在文化形态上的反映最为集中的体现就是产生了大一统的国家理念。西周初年"成康之治"的繁荣给后人留下美好的印象,认为这就是最理想的发展模式,并将其概

---

① 《论语·宪问》:"子路宿于石门。晨门曰:'奚自?'子路曰:'自孔氏。'曰:'是知其不可而为之者与?'"

括为"大一统"①所谓"大一统",不言而喻,主要指以周朝天子为核心将国家有序地组织起来,从而形成上上下下真正的政治统一,也就是孔子称赞的"天下有道,则礼乐征伐自天子出,天下无道,则礼乐征伐自诸侯出。"(《论语·季氏》)。二千多年来,这一理念深深地植根于中华民族的血脉之中,虽历风雨沧桑,始终是维护国家统一、民族团结的精神支柱。

中国何以能够"大一统",这不仅仅是一个政治理念问题,更为重要和作为其基础的是,各民族在辽阔大地上经过共同生活和民族融合,形成了血脉共源,均成为了炎黄子孙。司马迁对我国民族融合的历史认识十分清楚,故其在《史记》中毫不含糊地对中原之外"蛮夷"之地一些当时认为非汉民族之历史作了明确的记述,指出,这些族群之先祖与中原汉人本为一家。如:

《吴太伯世家》:"吴太伯,太伯弟仲雍,皆周太王之子,而王季历之兄也。季历贤,而有圣子昌,太王欲立季历以及昌,于是太伯、仲雍二人乃奔荆蛮。"

《越王勾践世家》:"越王勾践,其先禹之苗裔,而夏后帝少康之庶子也,封于会稽,以奉守禹之祀。"

《楚世家》:"楚之先祖出自帝颛顼高阳。高阳者,黄帝之孙,昌意之子也。"

《匈奴列传》:"匈奴,其先祖夏后之苗裔也,曰淳维。唐虞以上有山戎,猃狁、荤粥,居于北蛮。"

《东越列传》:"闽越王无诸及越王海王摇者,其先皆越王勾践之后也,姓邹氏。"

司马迁的史学观念深深地影响了后代的史家,典型的例子为《魏书》的编撰者魏收。魏收在撰写北魏史时,就将鲜卑族拓拔氏与黄帝联系在了一起,认为鲜

---

① 孔子作《春秋》,在记述所有周王即位时均有"王正月"字样。《春秋》三传之《公羊传》在"隐公元年"下释其义:"何言乎王正月,大一统也。"西汉时董仲舒认为:"《春秋》大一统者,天地之常经,古今之通谊也。"唐代颜师古训为:"一统者,万物之统皆归于一也……此言诸侯皆系统天子,不得自专也。"《汉书·王吉传》中称:"春秋所以大一统者,六合同风,九州共贯也。"

卑族也是炎黄血统：

> 昔黄帝有子二十五人，或内列诸华，或外分荒服。昌意少子，受封北土，国有大鲜卑山，因以为号。其后世为君长，统幽都之北，广漠之野。畜牧迁徙，射猎为业，淳朴为俗，简易为化，不为文字，刻木纪契而已。世事远近，人相传授，如史官之纪录焉。黄帝以土德王，北俗谓土为托，谓后为跋，故以为氏。①

司马迁的"大一统"思想源于孔夫子，并对其进行了创造性的发挥，进而丰富了这一思想的人文内涵，使其既包含政治，又包含疆域和民族，并随着历史的发展，成为了中华民族文化的重要组成部分。

辽阔的地域使周代礼乐文化得以广泛传播。纵观礼乐文化的主流，不仅内涵博大，而且具有全民的普适性，不仅先进的文化能够千秋万代得到普及和传承，即使一些今天视为非先进的文化如代受诟病的等级法权，也得到了很大的普及。如今天大讲民主，各阶层的人虽没有了尊卑，不是仍有高低上下之分且大多被人认同吗？又如大讲按劳分配，分配上的差距不仍严重的存在且大多被人认同吗？由此可知周文化影响之深远。因此可以说，周文化之主流之所以能得以传承和发扬光大，与周初分封后形成的大一统格局的国家治理体系是分不开的。由于广阔的地域在周代就已形成，这就使得具有元典性的礼乐文化很快地就占领了华夏大地。

辽阔的地域使中华民族文化得以融合与发展。分封后由于中原华夏民族与各民族在统一的国度内自由交往，这就使得西周主流文化在不断扩散的同时，由于其具有广泛的普遍性与兼容的开放性，就大量地接纳了各地、各部族文化中新鲜的、有益的成分，如在与周边文化的激荡中，吸收了楚文化的浪漫与精细、草原文化的粗犷与豪迈，从而使中原华夏文化更加丰富与精彩。毋庸置疑，西周文化由于其具有哲理性和强势性，如超越部族的天命观，富有人文关怀的道德观以及由此而衍生的理性思维，在其传播中又很快地同化了一些蛮夷部族的后进文化，

---

① 《魏书·帝纪第一·序纪》，《魏书》，中华书局，2000年1月。

促进了当地社会的进步和生产力的发展。

辽阔地域成就了中华民族的凝聚力与价值体系。我国是一个多民族的国家,与世界其他一些多民族的国家相比,我国各民族除各有自己的文化特色之外,一个突出的特点是,数十个民族有着同一的普遍认同的价值观,由此形成了强大的向心力与凝聚力。何至于此? 深究其由,西周时期辽阔的国土地与礼乐文化的共同熏陶是其重要原因。如中国人至今还信奉的"礼义廉耻"、"忠孝诚信"、"修齐治平",以及天人关系、德治观念、忧患意识、小康社会、大一统思想等,无不出现或形成于周代。这些思想体系形成之后,具有强大坚韧的内部凝聚力及其硕大无比的包容力,得到了各族人民尤其是精英们的高度认同,并以可贵的民族自信与文化自觉,促其不断发展与丰富,终使其两千多年来一直异常强劲地成为各民族的共同文化意识,

辽阔地域上的被封者,不论其为王族成员或功臣,都成为了周文化最直接的传播者。文化发展史表明,文化的传播既需要有效的途径,也需要有效的媒体。纵观周文化向周边及四海的传播,被分封的王族贵胄、子弟无疑是最直接、最积极和最忠实的传播者、传承者。

为使分封的诸侯认真执行周王朝的治国方略和教化思想,周公在平定三监之乱后,作《大诰》陈治国之道、作《无逸》陈为君应先知稼穑之艰难而示天下。此外,对重要的封国,周公都有明确的书面指示,如对鲁公作《伯禽》,要其恪守周索以教民;对卫康叔作《康诰》,要其明德慎罚,作《酒诰》,告诫勿使主民之吏湎于酒,作《梓材》,以喻为政之理;对微子作《微子之命》,要其施美政勿负重托;二次封蔡时对蔡叔度之子胡作《蔡仲之命》,要其知晓"皇天无亲,唯德是辅"的道理等等。[①] 实践表明,受封的这些诸侯都是比较忠实地从不同方面按照周王朝的规定和文化精神行事的,其中比较典型的是鲁国和齐国两个大国。

　　鲁公伯禽之初受封之鲁,三年而后报政周公。周公曰:"何迟也?"伯禽曰:"变其俗,革其礼,丧三年然后除之,故迟。"太公亦封于齐,五月而报政周公。周公曰:"何疾也?"曰:"吾简其君臣礼,从其俗为也。"及后闻伯禽报

---

① 此史实《史记》中《周本纪》《鲁周公世家》《卫康叔世家》及《尚书》均有所记。

政迟,乃叹曰:"呜呼,鲁后世其北面事齐矣! 夫政不简不易,民不有近;平易近民,民必归之。"(《史记·鲁周公世家》)

鲁国主政者为周公之子伯禽,由于其对周公思想、周公文化最为熟悉,执行最为彻底和原原本本,用三年的时间下气力认真推行,因而鲁国之后成了保存周礼最完整的国家。何以用了那么长的时间呢? 重要原因之一是:这里不仅有殷商遗民,还有曾参与武庚之乱的奄民。伯禽"变其俗,革其礼",完全以周礼取而代之,因而必须下大气力,有大的动作。但他的这些做法未必全是恰当的,也未必就完全符合周公当初所言"子之鲁,慎无以国骄从"的意图。(《史记·鲁周公世家》)正是由于其缺乏创造力,过于保守,重文轻武,因而周公并不十分满意,并预言未来齐必胜于鲁。齐国当政者为太公,他在执行周公之典时思想包袱较轻,并认为"武"也是西周文化的重要组成部分,于是就因势利导,文武兼治,从而使齐国实力很快就超过了鲁国。太公是怎么"因势利导"的呢? 这里的"势",就是齐国重视经济发展和重视军事实力的发展,太公看到了这一点,就趁此势以"导"——将自己"以兵强国"的思想加以导入,注意培养军事人才,以致成就了后来善于治军的司马穰苴、善于用兵作战的孙武和孙膑,并产生了举世闻名的《司马穰苴兵法》、《孙子兵法》和《孙膑兵法》,使齐国成了七雄之一。

值得一提的是,在传播周文化、以礼乐文化为纲治理国家的过程中,作为西周王朝最高执政者之一的周公,在其治理思想体系形成的过程中,十分强调因地制宜,而不搞一刀切,从而不仅使新王朝的治理思想得以贯彻,以周化异,而且强调要根据不同国别的国情、民情、民风灵活执行,或"启以商政,疆以周索",或"启以夏政,疆以戎索",无不可(《左传·定公四年》),这是非常难能可贵的;这也从一个侧面反映了周公治国思想中重视宏观,强调德治,顺从民欲,礼贤下士,谨慎从政的一贯主张。周公不愧是一位具有非凡远见的伟大政治家。

第二节　国家治理的宗法文化

从文化和意识形态的角度审视与探讨,作为周代形成的较为系统的思想观念,对后世影响最大的就是宗法思想与礼治思想,而宗法与礼治思想的产生,主要基于当时国家政权的建立与稳固,社会秩序的规范与稳定。

我国的宗法文化形成于周代,其后历经汉唐宋明至清二千余年,在制度层面上虽历代均有所变化,或繁或简,或强或弱,但在维持国家一统、政治教化、伦理秩序等方面,一直在发挥着重要的作用。

一、宗法文化与宗法制度

1. 宗法文化

何谓宗法文化?

认识宗法文化,首先须对"宗"字有一个准确的了解。"宗",《说文解字》将其归入"六书"之"会意",从"宀示"。"宀"表示房屋,"示"表示神祇,意为在室内对祖先进行祭祀。其本义为祖庙,故许慎释其意为"尊祖庙也"。其后的引伸义有"祖先"、"族"等义,如《尔雅·释亲》:"父之党为宗族"。这表明,宗族是指由父系血缘关系联贯而成的族群。

作为文化形态,宗法文化的内涵既包括物质形态,又包括精神形态。就物质形态而言,主要指宗庙文化、祠堂文化、谱牒文化等;就精神形态而言,主要指制度文化与思想、观念、信仰及传承。宗法文化的行为形态,主要指祭祀文化等。

宗法文化的核心是宗法制度。

宗法是在西周宗统体制基础上形成的社会关系规范体系,宗法制度作为传统文化,在与儒家思想结合后成为中国传统文化的核心。宗法文化以血缘关系为基础,以宗法制度为规范,以宗法统治与政治统治紧密配合为突出特点。① 然而,宗法文化虽然是一种具有制度性特征的文化,但是,制度文化不同于制度。宗法制度既不是纯物质的、也不是纯精神的,它是一定的物质活动和一定的精神活动相结合的有机系统,是赋予一定价值、意义和秩序的制度体系以及人们对制度的认同态度和对制度规则遵循的意识和习惯,是制度精神和制度规范的综合反映,以制度精神为支撑,以制度规则为框架,反映于观念和体现为行为习惯。宗法制度文化是西周至明清形成的确立政治体系、分配权利义务以及处理人际

---

① 钱宗范《中国宗法制度论》,《广西民族学院学报(哲社版)1996 年第 4 期。

关系等规则和人们对宗法制度价值的认同、对宗法制度规则的遵从态度和习惯。①

2. 宗法制度的产生

在我国原始社会后期,父系氏族社会最终替代了母系氏族社会,从此,家庭成为了氏族部落组成的细胞。

19 世纪中叶,虽然一些历史学家和人类学家都探讨过母系社会与父系社会的成因,但在很长一段时间内并没有出现被大多数人认可的一致结论,如母系社会在全世界是否是普遍存在?父系社会替代母系社会的根本原因何在?1884年,恩格斯发表了《家庭、私有制和国家的起源》一文,以历史唯物主义对家庭、私有制和国家的起源进行了简洁明了的分析,使蒙在社会发展史上的许多迷雾得以吹散。

为使我们对周代宗法文化有较全面的认识,让我们在这里重温一下恩格斯《家庭、私有制和国家的起源》中的一些最基本的论述。

恩格斯指出,在生产力水平低下的原始社会早期,决定人类社会制度的主要因素是血缘因素,联结原始社会人与人之间关系的,主要是血缘纽带,而不是经济纽带。但随着生产力的发展和社会分工的复杂化,社会财富大大增加,阶级对立的基础等新的社会成分日益发展起来,这时的社会制度更多地受劳动的发展阶段和所有制的支配,阶级对立和阶级斗争由此得到发展,并且"构成了直到今日的全部成文史的内容"。

在论及家庭的起源和历史演变时,恩格斯采用摩尔根的历史分期方法,将人类历史划分为蒙昧时代、野蛮时代和文明时代,前两个时代又各分为低级、中级和高级三个阶段。恩格斯指出,家庭作为经济细胞和社会生活的组织形式之一,不是从来就有的,它的产生、存在和发展受一定的社会经济关系的制约。人类社会的家庭形式随着习俗和生产的发展依次经历了血缘家庭、普那路亚家庭、对偶制家庭、专偶制家庭四种形式。

在论及私有制和阶级的起源时,恩格斯从三次社会大分工的发生和发展中解析了私有制和阶级产生的原因及其过程。他强调,劳动分工是私有制产生的

---

① 陈元中《宗法制度文化及其价值》,《唐山师范学院学报》2011 年第 1 期。

社会前提,剩余产品的增加是私有制产生的物质前提,其中,劳动个体化的趋势是决定性因素,交换的发展促进了私有制的普遍化。

在论及国家的历史起源时,恩格斯指出,国家是一个历史范畴,是生产力发展导致的第三次社会大分工产生的。他强调:第一次社会大分工是农业和畜牧业的分离,伴随而来的是第一次社会大分裂,形成了剥削者和被剥削者、主人和奴隶两个阶级。第二次社会大分工是手工业和农业的分离。随着新的分工,社会又有了新的阶级划分,除了自由民和奴隶的差别以外,又出现了富人和穷人的差别,而且使得一夫一妻制的家庭成为社会的经济单位。第三次社会大分工是商业和农牧业的分离,从而出现了商人阶级。第三次社会大分工彻底瓦解了氏族制度赖以存在的前提,国家在氏族制度的废墟上兴起。恩格斯指出,国家的产生有不同的过程和途径。主要有三种形式:一种是雅典式的形式,国家直接从氏族社会内部发展起来的阶级对立中产生形成,这是国家产生的典型形式;第二种是罗马形式的国家起源,罗马国家是平民和贵族斗争的结果;第三种是德意志人的国家产生途径,即国家是直接从征服广大外部领土中产生的。

在论及国家组织的特征时,恩格斯指出,国家是在氏族制度瓦解的基础上产生的,但它不是对氏族组织的简单继承,而是与氏族组织有着根本区别的特殊的社会组织。一是国家按地区划分它的国民,按居住地来组织国民,氏族组织则以血缘关系来划分和管理居民;二是国家设立专门的公共权力,迫使被统治阶级服从,这种公共权力以强制力,即以武装的人及其物质的附属物,如监狱和各种强制设施为后盾,这是氏族社会所没有的;三是为了维持这种公共权力,需要公民缴纳费用——捐税,甚至发行公债。①

恩格斯的分析使我们认识到,周代宗法制度的产生,是社会生产力发展的结果,是家庭血缘关系与社会经济关系相结合的产物,是当时国家治理需要的产物尽其用。

具体到周代宗法状况,普遍的现象是:父系家族内部包容了若干个个体家庭,这些个体家庭都具有同姓一家的家族观念。拥有父权和夫权的家长,同时拥有掌握家族包括土地在内的所有财富和支配家族所有成员的绝对权利。家族的

---

① 《恩格斯〈家庭、私有制和国家的起源〉(节选)学习导读》,《求是》2011年第15期。

血缘纽带,既以其界定了家族成员的辈份关系,同时又以其维护家长的统治权。

3. 宗法制度的内涵

什么是制度?"制"即节制,"度"即尺度。所谓制度,指在一定条件下,政治、经济、文化等领域所形成的某种体系,以约束和指导相应的行为。某种制度的长期执行往往会形成习惯,某种习惯长期的保持也会促其成为制度。

如前所述,宗法制的源头可向上追溯至氏族社会,是由父系氏族公社的家长制逐步演变而来的,形成于殷商王朝晚期,到西周时更加发展和完备。

宗法制度是以血缘关系为纽带的族制系统,主要表现为嫡长继承制和昭穆制。

(1)嫡长继承制

远古尧舜时代一直是被儒家盛赞的时代,之所以如此,不是其生产力发达,人民生活水平高,社会安定有序,而是部落或邦国的领导人均由贤人担任,不以姓氏相继,而以禅让的方式产生。如黄帝姬姓,禅位于嬴姓少昊,少昊又禅位于姬姓颛顼,颛顼传位于帝喾,帝喾传位于帝挚,帝挚禅位于尧,尧禅位于舜,舜禅位于禹。中国的德政由此而始。

自禹传位给儿子启建立起第一个奴隶制王朝起,中国历史开始了"家天下"的局面,原始的禅让制被世袭制所取代。其后,由于生产力并不发达,社会财富也极其稀缺,因而王位继承一直是长子支系兄终弟及制,王权在长子支系中传递继承。殷商前期,也仍是如此。之后,至庚丁①及其后五王,则是父子相继。需要指出的是,此时已开始出现了嫡庶之别,最明显的例子就是,帝乙之长子为微子启,但由于其为庶子,故小于他的弟弟帝辛继承了王位,即纣王。

嫡传制则是以血缘关系为纽带的族制系统,社会结构以宗族为基础,宗族则由若干个同血缘的家族集合而成,成为国家的基石。

就周代而言,国家最高的统治者是周天子,既为天下共主,又是全姬姓宗族的首领,掌握全国最高的政权和族权。周天子逝世之后,由其嫡长子继承父位,为下一代天子。上一任天子的其他儿子被封为诸侯,或在王畿,或驻封地。在诸

---

① 庚丁,商代第26位王,为祖甲之子,廪辛之弟。廪辛死后即位,在位时间较短,去世后由其子武乙继位。《史记·殷本纪》:"帝廪辛崩,帝庚丁立。

侯那里也是这样,诸侯死后由其嫡长子继位,其他诸子则封为大夫;由此类推,大夫死后也由嫡长子继承,其余诸子则为士,士以下则为平民,不再分封。

由于血缘关系至关重要,西周时期,在政治上,根据亲属关系的长幼、嫡庶、远近来决定贵族间不同的地位以及不同的权利和义务,从而以世袭制的方式实现了国家的政治机器与王族的家族组织合而为一。

由于宗法制按血缘宗族关系分配政治权力,周天子以嫡长子世代继承最高执政权力,其宗族就成为了天下的大宗。其余诸子被分封为诸侯,对天子而言其就成为小宗。诸侯在本国内亦称为大宗,其诸子分封为卿大夫,他们对诸侯而言则亦为小宗。从卿大夫到士,也形成同样的大宗与小宗的关系。于是,整个国家机器以及大小家族都是在"大宗率小宗,小宗服从大宗"的原则下构建了起来。

嫡长继承制依靠自然形成的血缘关系以规范和处理贵族的等级和地位,具有先天的强大制约性,从而有效地防止了贵族之间对权利、土地及财产的追逐与争夺。在多妻制的情况下,嫡长继承在一定程度屏蔽了一些人对权力、财产的图谋,有效地规避了贵族内部兄弟之间为继承权位而引发的矛盾及祸乱,从而维护了皇权的地位和社会的稳定。

由嫡长继承制引发出来的宗法思想的核心是"亲亲""尊尊",强调尊卑贵贱长幼有序。从此,在我国漫长的封建社会里,皇权的"传嫡不传庶,传长不传贤"观念被确立和实行,不仅影响着分封制的实行,影响着家族、家庭权力与财产的继承,同时影响了整个封建社会运行的总秩序。

一贯颂扬禅让的儒家何以能接受以血缘为核心的嫡长继承制呢?这是因为,嫡长制的行施,有利于社会的稳定,其反映的尊卑观念、高下有序的宗法道德符合儒家的道德要求,也符合家族本位的伦理要求。此外,如前所述,殷商王朝前期,王位继承实行的是兄弟相继为主,但自仲丁以后,出现了弟子争相为王的混乱局面。后期有所改变,尤其自廪辛以后,连续四世传子不传弟,王室从此安定。周公敏锐地察觉到传子具有自然的屏蔽功能,于是果断地将这一经验规定为国家的治理体系,创造性地将嫡长继承确立为政权传承制度。鉴于嫡长制是由周公提出并实施的,其儒家之祖的权威性不容置疑,其所作所为一向是儒家的理想诉求,因而受到儒家的拥护。另一方面,儒家热衷于国家治理,其政治立场一贯采取的是现实主义(或称"理性实用主义")态度,嫡长制的实行有助于社会的发展与进步,利弊相较,正面作用巨大,故而受到儒家重视和尊崇。

然而,现实又是极其复杂的。

西周同夏商一样,实行的是一夫多妻制,正妻即"嫡",其子称作嫡子;其他妻子为"庶",其子称作庶子。如果嫡妻没有生育呢? 总不能作茧自缚吧! 于是,宗法制又规定,从所立庶妻中级别最高者之子中选取。至于所选是否为庶子年龄最大者,则不再考虑。《公羊传》隐公元年在谈到鲁隐公为何要让位于弟弟桓公时有如下记述"隐长又贤,何以不宜立? 立嫡以长不以贤,立子以贵不以长。桓何以贵? 母贵也。"①由此可知,在嫡长继承制中,"立嫡以长不以贤,立子以贵不以长"是互为补充、互为里表的一个整体,是嫡长继承制最准确、最经典的表述。

需要说明的是,宗法制与分封制相结合,亲缘关系与政治关系相结合,有效地起到了维系社会秩序与政治秩序的作用,这是周朝有别于后世的一个重要特征。随着经济发展、社会的复杂化和思想观念日新月异,至东周中期,严格意义上的宗法制度已经不能维持,以至"礼崩乐坏",最终遭到瓦解。但作为宗法文化形态的宗法观念、宗法意识以及宗法行为却从未中断,无时不在影响着社会。

(2)昭穆之制

宗法制确定了奴隶贵族内部的各种等级区别,严格规定了自上而下尊卑地位。在这一制度下,人们处在不同的社会等级,而且上下等级互相统属。

按照西周宗法制度,自始祖之后,父称昭,子为穆。在宗庙中的神主或墓冢的排次中,始祖居中,左右依次排二世、三世、四世、五世、六世、七世。这样,具体位次的排列就是:左边为二世、四世、六世、八世,称为昭;右边为三世、五世、七世,称为穆。《左传·僖公五年》:"太伯、虞仲、太王之昭也。太伯不从,是以不嗣。虢仲、虢叔,王季之穆也,为文王卿士,勋在王室。"因为太王、王季、文王、武王、成王依次为父子关系,故如此排列。同理,《左传·僖公二十四年》:"周公……封建亲戚,以蕃屏周。管蔡郕霍鲁卫毛聃郜雍曹滕毕原酆郇,文之昭也,邗晋应韩,武之穆也。"

关于昭穆之序,文献多有记载,如《礼记·中庸》载:"宗庙之礼,所以序昭穆

---

① 《春秋·公羊传》,《十三经注疏》,中华书局,1980 年 9 月。

也。"西周时还设有专门司其职的官员:"小宗伯"和"冢人"。《周礼·春官·小宗伯》:"小宗伯之职,掌建国之神位,右社稷,左宗庙……辨庙祧之昭穆。"《周礼·春官·冢人》:"掌公墓之地,辨其兆域而为之图。先王之葬居中,以昭穆为左右。"

昭穆之制原自原始社会,由于缺乏文献记载及考古发现,商代始见其事,至周代而趋完备。尽管如此,这足以说明在我国古老的文明中,对血缘、对辈次十分重视,从其社会学的角度而言,这既有利于优生优育,又有利于尊宗敬祖和区别尊卑上下之关系。

4. 宗法制度之影响

由于宗法之制源于殷商又高于殷商,经过周公的创新大放异采,使周王朝从中央机构到地方诸侯上下一统,国家空前强大,社会稳定,生产力得到了较快发展和提高,因而深入人心,受到了各诸侯国和卿、大夫的好评,并以其为衡量是非之准绳、评判道德之圭臬、为人处事之北斗。

《左传》记载了晋国大夫师服对宗法制度的称赞:

> 吾闻国家之立也,本大而末小,是以能固。故天子建国,诸侯立家,卿置侧室,大夫有贰宗,士有隶子弟,庶人工商,各有分亲,皆有等衰,是以民服事其上,而无下觊觎。"①

其意为:国家的建立,就像大树一样,一定要根本强大而枝梢小,这样才能稳固。所以天子建立国,诸侯建立家,卿设置侧室,大夫拥有贰宗,士人有隶属的子弟,普通人、工匠、商人,各自有亲疏,都按大小不同的等级依次递减。这样老百姓才能服从、侍奉上级,而处于低下等级的人也不会僭越,更不会窥伺上面的地位。由此可知宗法制度在春秋时期相当深入人心——天子、王室可以号令天下,像强壮的大树;诸侯、卿、大夫、士人、庶人只能是枝叶。等级制度已成为社会各阶层认可的不二法门。

由于宗法制度主张的"名分"适合于当时社会的需要,故普遍被社会精英和

---

① 《左传·桓公二年》。《十三经注疏》,中华书局 1980 年 9 月。

思想界所接受。著名的改革家商鞅就很赞同。他在《商君书》中曾举过一个生动的例子：

> 一兔走，百人逐之，非以兔为可分以为百，由名之未定也。夫卖兔者满市，而盗不敢取，由名分已定也。故名分未定，尧、舜、禹、汤且皆如鹜焉而逐之；名分已定，贪盗不取。①

无独有偶。晚于《商君书》的《吕氏春秋》也有类似的记载。在谈到政治家必须懂得"势"的重要性，凡事要凭势、用势时，作者指出，先王的宗法制度就是"因势"而生的，只有因势确定名分，人们才能各安其守，各司其职。

> 故先王之法，立天子不使诸侯疑焉，立诸侯不使大夫疑焉。立适（嫡）子不使庶孽疑焉。疑生争，争生乱。是故诸侯失位则天下乱，大夫无等则朝廷乱，妻妾不分则家室乱，适（嫡）孽无别则宗族乱。慎子曰："今一兔走，百人逐之，非一兔足为百人分也，由未定。由未定，尧且屈力，而况众人乎？积兔满市，行者不顾，非不欲兔也，分已定矣。分已定，人虽鄙，不争。"故治天下及国，在乎定分而已矣。②

其意为：先王的法度是，立天子不让诸侯僭越，立诸侯不让大夫僭越，立嫡子不让庶子僭越。僭越就会产生争夺，争夺就会产生混乱。因此，诸侯丧失了爵位，那么天下就会混乱，大夫没有等级，那么朝廷就会混乱；妻妾不加区分，那么家庭就会混乱，嫡子庶子没有区别，那么宗族就会混乱。慎子说："有一只兔子在跑，就会有上百人追赶它，并不是一只兔子足以被上百人平分，是由于兔子的归属没有确定，人人想得到它。归属没有确定，就是尧那样高尚的人也会竭力追赶，更何况一般人呢？兔子摆满集市，走路的人连看都不看一眼，并不是不想要兔子，是由于归属的名分已经确定了。归属的名分已经确定，人即使鄙陋，也不

---

① 《商君书·定分第二十六》。石磊注译《商君书》，中华书局，2009 年 10 月。
② 《吕氏春秋》卷十七《审分览·慎势》。

去争夺。"所以治理天下及国家,只在于确定名分罢了。

由此可知,明尊卑,别贵贱、定名分,时人认为是天经地义的,极其正确和必要的。

虽然嫡长继承制的合法性毋庸置疑,但其在情理上却无时不潜伏着危机,尤其在嫡长子明显不足以胜任且受到其先王排斥之时。春秋后期发生的"王子朝之乱"前后达 18 年之久就是典型的例子。

周景王二十五年(前 520)四月,景王因病而死。由于嫡长子姬寿早夭,依礼应传位于被立为太子的姬猛(敬)。但姬猛(敬)生性懦弱,不受宠爱,故景王欲废太子而传位于庶长子姬朝,并于临终时将此事托付给顾命大夫宾孟。[①]与宾孟对立的大夫单旗、刘狄认为不妥,就先下手为强,杀死宾孟,拥立姬敬为王,是为悼王。

六月,王子朝率灵王、景王之族人起兵夺位,悼王兵败后退出王城并向晋国求救,一些大夫在王城立王子朝为王。晋顷公派晋国大夫籍谈等率军队迎护悼王,赶走了王子朝,并将其送归王城。当年十月,悼王驾崩,在晋国支持下,又立其同母之弟匄是为敬王。晋国撤兵后,王子朝又攻打王城,敬王不堪一击,逃到王城东北方向的狄泉,王子朝遂又占据了王城。这样,就形成了东西两王对立的局面。敬王四年,晋国决定派赵鞅(赵简子)率兵再次渡河支持敬王,讨伐王子朝,并在黄父(今河南沁阳西北)召集各国诸侯的大夫结盟,商讨对策。会上,赵鞅为统一各国的认识,专门问齐国大夫游吉:"讨伐王子朝合于礼乎?"

> 夏,会于黄父,谋王室也。赵简子令诸侯之大夫输王粟、具戍人……简子曰"敢问何谓礼?"对曰:"(游)吉也闻诸先大夫子产曰:夫礼,天之经也,地之义也,民之行也。"……简子曰:"甚哉! 礼之大也!"对曰:"礼,上下之纪,天地之经纬也,民之所以生也,是以先王尚之。故人之能自曲直以赴礼者,谓之成人。大,不亦宜乎!"简子曰:"鞅也,请终身守此言也。"(《左传·昭公二十五年》)

---

① 《左传·昭公二十二年》:"王子朝、宾起有宠于景王,与宾孟说之,欲立之。"

在游吉心目中,联合出兵勤王完全符合周公当年"建蕃屏周"之旨,是维护嫡长继承制的正义之举,是维护礼制合法之举,是符合"先王"之制的。因而赵鞅听后非常高兴:"大家都听到了吧,讲得多好呀! 礼是多么的伟大啊!"

"十一月辛酉,晋师克巩",在诸国强兵压境的威慑下,王子朝寡不敌众,"召伯盈逐王子朝,王子朝及召氏族、毛伯得、尹氏国、南宫嚚奉周之典籍以奔楚。""癸酉,王入于成周"(《左传·昭公二十六年》),在晋国大夫知跞、赵鞅等拥护之下,敬王得以复位。

与周王朝内乱相反,诸侯国楚国却是另一番嫡庶的谦让景象。

> 九月,楚平王卒。令尹子常欲立子西,曰:"太子壬弱,其母非适(嫡)也,王子建实聘之。子西长而好善。立长则顺,建善则治。王顺国治,可不务乎?"子西怒曰:"是乱国而恶君王也。国有外援,不可渎也;王有适(嫡)嗣,不可乱也。败亲、速雠、乱嗣,不祥。我受其名,赂吾以天下,吾滋不从也。楚国何为? 必杀令尹!"令尹惧,乃立昭王。(《左传·昭公二十六年》)

具体情况是:楚平王之庶子芈申,字子西,为太子建之弟。平王二年,太子建被杀,楚又立建之弟壬珍为太子。公元前516年九月,楚平王卒,当时掌握军政大权的令尹子常认为子西为兄,子珍为弟,欲立子西为楚王。子西认为子常的话完全是胡言乱语,违反宗法制度,若照其办理,楚国必乱。由于子西扬言要杀子常,子常畏惧,这才按宗法之制立年幼的王子珍为王,是为昭王。楚昭王即位后,子西全力辅佐。昭王十一年(前505),在抵御吴国入侵之战中帮助弟弟收复郢都,因功高被任为令尹。楚昭王二十七年(前489),吴伐陈(今河南淮阳)。楚欲派兵救陈,占卜不吉,昭王决心死战,并指定子西为继承人,子西坚辞不受。昭王死后,他拥立昭王之子熊章为楚君,是为楚惠王。

由于当年九月楚平王去世,新即位的楚昭王可能不敢贸然接待王子朝,故文献上没有王子朝与楚国当局交往的记载。王子朝到达楚国地面之后,一方面派人与楚王联系,一方面寻找安全地带,以便停留下来等待时机。为了争取各诸侯的支持,他以书面的形式向有关诸侯发了"照会",为自己的行为辩解,以寻求支持。

王子朝使告于诸侯曰:"昔武王克殷,成王靖四方,康王息民,并建母弟,以蕃屏周。亦曰:'吾无专享文、武之功,且为后人之迷败倾覆而溺入于难,则振救之。'至于夷王,王愆于厥身,诸侯莫不并走其望,以祈王身。至于厉王,王心戾虐,万民弗忍,居王于彘。诸侯释位,以间王政。宣王有志,而后效官。至于幽王,天不吊周,王昏不若,用愆厥位。携王奸命,诸侯替之,而建王嗣,用迁郏鄏。则是兄弟之能用力于王室也。至于惠王,天不靖周,生颀祸心,施于叔带,惠、襄辟难,越去王都。则有晋、郑,咸黜不端,以绥定王家。则是兄弟之能率先王之命也。在定王六年,秦人降妖,曰:'周其有頿王,亦克能修其职。诸侯服享,二世共职。王室其有间王位,诸侯不图,而受其乱灾。'至于灵王,生而有頿。王甚神圣,无恶于诸侯。灵王、景王,克终其世。今王室乱,单旗、刘狄剥乱天下,壹行不若。谓:'先王何常之有? 唯余心所命,其谁敢请之?'帅群不吊之人,以行乱于王室。侵欲无厌,规求无度,贯渎鬼神,慢弃刑法,倍奸齐盟,傲很威仪,矫诬先王。晋为不道,是摄是赞,思肆其罔极。兹不榖震荡播越,窜在荆蛮,未有攸底。若我一二兄弟甥舅奖顺天法,无助狡猾,以从先王之命,毋速天罚,赦图不榖,则所愿也。敢尽布其腹心及先王之经,实深图之。昔先王之命曰:'王后无适,则择立长。年钧以德,德钧以卜。'王不立爱,公卿无私,古之制也。穆后及大子寿早夭即世,单、刘赞私立少,以间先王,亦唯伯仲叔季图之!"

闵马父闻子朝之辞,曰:"文辞以行礼也。子朝干景之命,远晋之大,以专其志,无礼甚矣,文辞何为?"(《左传·昭公二十六年》)

在这篇文告中,王子朝历数了先王之史,其目的有二。一是指斥敬王及晋国不遵王道,今王室之乱,都是由他们违反先王宗法之制造成的。"单旗、刘狄剥乱天下,壹行不若。……以行乱于王室。侵欲无厌,规求无度,贯渎鬼神,慢弃刑法,倍奸齐盟,傲很威仪,矫诬先王。晋为不道,是摄是赞,思肆其罔极"。二是为自己辩护,称其所作所为并非篡逆,而是完全符合先王之道。"昔先王之命曰:'王后无适(嫡),则择立长。年钧以德,德钧以卜'。"还说此举受到国人称赞:"王不产爱,公卿无私!"他希望大家不要被蒙蔽,要擦亮眼睛,认真思考,明辨是非,不仅"诸侯实深图之",而且"亦唯伯仲叔季图之!"他哀求道:各级领导和叔叔大爷们都想想吧,我王子朝是没有错的呀!

　　纵观周敬王与王子朝之争,各持其说,"立嫡以长不以贤,立子以贵不以长"在这里似乎已成了一本糊涂账,完全没有了是非标准!《左传》的作者在记述此事之后以周大夫闵马父评论王子朝的话作结语:要透过漂亮、华丽的词藻看本质啊!这可能代表了战国时社会流行的观点吧!

　　春秋时期,社会处于一个大变革的阶段,政治、经济、军事的发展引起的社会矛盾与阶级矛盾错综复杂,西周时创设的许多制度已经走过三百年之路,即使当初最有价值的思想、理念和制度,也均面临着新的改革,或废或革或易都应是正常的。孔子作为一位思想家,在竭力维护周公礼乐观念及宗法之制的同时,也看到了这一点,其作《春秋》之旨有二,一方面是如实记录历史。司马迁作过统计,在春秋242年中,"弑君三十六,亡国五十二,诸侯奔走,不得保其社稷者,不可胜数。"(《史记·太史公自序》)对此,孔子均作秉笔直书。另一方面也是为了总结历史教训。孟子对孔子之初衷很了解,他说:"世衰道微,邪说暴行有作,臣弑其君者有之,子弑其父者有之。孔子惧,作《春秋》。《春秋》,天子之事也。是故孔子曰:'知我者其惟《春秋》乎!罪我者其惟《春秋》乎!'……孔子成《春秋》而乱臣贼子惧。"(《孟子·滕文公下》)"乱臣贼子惧"一语虽有些夸张,但毫无疑问,从一个侧面说明孔子所记属实,宗法制度已遭到了很大破坏。

　　总之,在西周建立的以维系贵族之间利益关系的宗法制度中,无论分封制、嫡长继承制、昭穆制及其礼乐制度,对巩固周王朝的统治发挥了巨大的作用。但随着社会的发展,尤其是生产力的进步,使得宗法制度与社会思潮,与经济基础出现了不相融的抵牾局面,其历史的、阶级的局限性日见明显。至春秋末,周天子的地位受到了严重挑战,没有了统一的政令,诸侯,卿大夫僭用礼乐的现象也相当普遍,各国兼并混战愈演愈烈,"礼乐征伐自天子出"的局面一去不再复返;至战国初年,周天子已形同虚设,"礼崩乐坏",最终走向了解体。

二、家与国的价值取向

　　全部西周史表明,宗法文化既是一种具有制度性特征的文化,又是现实生活中能够支配社会集团和个人的行为文化,表现出其强烈的政治导向性和道德价值。当以血统为核心的家长制家族组织与以君王为核心的国家组织相结合时，政权的砝码立即加重并使这架天平毫无疑义地向君王倾斜，从而使社会集团和个人的行为自觉或不自觉地对政权表示认同和遵从。

尊尊与亲亲，宗统与君统问题，从一定意义上说，就是宗法文化与当时社会关系的重要连接点，是宗法文化在宗法制度、宗法观念上的综合反映，是国与家在价值取向上的典型表现。同时也表明，宗法文化已成为了无形的规则，在制约和规导着社会的运转。

1. 尊尊与亲亲

人类对平等的认识是一个渐进的过程。在生产力极度落后的原始时代，温饱不能，生死无定，根本也就不会产生平等的意识。踏入文明门槛之后，随着剩余产品的出现，人们开始在生活资料方面萌发了平等意识，又经过了一个漫长的时期，一些奴隶主的精英们又在权力方面产生了朦胧的平等意识。

但相比之下，在奴隶主阶层，对平等的诉求远没有对"秩序"的诉求更为明确和坚决，他们已经认识到，只有建立一定的秩序，才能终结原始社会的无政府状态。

西周初年，周公等总结了夏商两代兴亡的教训，认为必须以新的天命观建立新的社会秩序，以维护新王朝的运转和社会的稳定发展，从而提出了以血缘为核心的价值观念和宗法制度，并将其简洁地概括为"尊尊"、"亲亲"。中国古代的等级社会从此正式开始，虽然历代不乏有平等、均平的观念或呼声，但在 2000 多年中，占支配地位的始终是等级秩序的思想。

最早记录"尊尊、亲亲"的是《礼记》：

> 亲亲，以三为五，以五为九。……亲亲，尊尊，长长，男女之有别，人道之大者也。①

文中的"三、五、九"指的是宗族的代数，即三代、五代、九代。孔疏对此段话的涵义进行了简要的诠译："亲亲谓父母也，尊尊谓祖及曾祖、高祖也，长长谓兄

---

① 《礼记·丧服小记》，《十三经注疏》，中华书局，1980 年 9 月。

及旁亲也。不言卑幼,举尊长则卑幼可知也。……‘人之大道者也’,此言亲亲、尊尊、长长、男女之别,人间道理最大者也。”

上面的记述是在《礼记·丧服小记》中,之后的《礼记·大传》又对“尊尊、亲亲”之义及功能作了进一步的阐解:“……上治祖祢,尊尊也;下治子孙,亲亲也。……人道亲亲也。亲亲故尊祖,尊祖故敬宗。”

孔子及其后的儒家从总体上都肯定了尊尊、亲亲在构建伦理秩序方面起到了的规范作用,尤其对构建“以人为本”的和谐社会起到了十分重要的作用。

值得注意的是,孔颖达之疏没有指出周代“尊尊、亲亲”产生的背景,这可能是有鉴于先前一些典籍对此曾有较多的论述与说明吧。请看《商君书》:

> 天地设而民生之。当此之时也,民知其母而不知其父,其道亲亲而爱私。亲亲则别,爱私则险。民众,而以别、险为务,则民乱。……故圣人承之,作为土地、货财、男女之分。分定而无制,不可,故立禁;禁立而莫之司,不可,故立官;官设而莫之一,不可,故立君。既立君,则上贤废而贵贵立矣。然则上世亲亲而爱私,中世上贤而说仁,下世贵贵而尊官。上贤者以道相出也,而立君者使贤无用也。亲亲者以私为道也,而中正者使私无行也。此三者非事相反也,民道弊而所重易也,世事变而行道异也。故曰:王道有绳。①

这段话的大意是:开天辟地之后诞生了人类。当时人们只知其母而不知其父,但却知道爱母所生之亲人,也很自私。爱亲人,就会区别亲疏,爱私利,就会心存邪念。这么多的人,各自都区别亲疏,又存私心为自己,社会秩序就出现了混乱。……所以,圣人看到了这些,于是就顺应形势,制定了关于处理土地、财货、男女之关系等的名分。名分确定了而没有制度不行,因而就设立了法令;法令有了而没有人来执行也不可以,因而又设立了管理机构和官员;机构和官吏有了还要有统一的指挥,这样就产生了国君。国君不崇尚贤德,而是树立了尊重权贵的思想。由此可知,远古时期的人爱自己的亲人而喜欢私利,中古时期的人崇尚贤人而喜欢仁爱,到了近世,人们的思想又成了崇尚权贵而尊重官吏。崇尚贤

---

① 《商君书·开塞第七》。石磊注译《商君书》,中华书局,2009 年 10 月。

德时期的人推举贤人为一国之长,而到崇尚君主时,贤人就没用了。亲近亲人,是以自私自利为原则,而奉行公正之道的话,私利就行不通了。三个不同的时代,不是要做的事不同,而是人们遵奉的规则有弊端,原因是社会形势变化了,为人处世的标准不一样了。因此说:治理天下是要讲原则的。

这真是"智者见智,仁者见仁"。儒家与法家都认为社会要正常运行,必须建立起一定的秩序。不同的是,儒家的出发点是"德",它主张的是用宗法思想、宗法制度陶冶人,约束人,使人们在明白尊卑贵贱、远近亲疏的道理后自觉寻找自己的位置,调节人际关系。法家则以为人是自私的,必须用制度加以制约,尽量消除由血缘形成的人际关系。

"尊尊、亲亲"的实质到底是什么,它能否治国、治民,两种主张,各执一端。但其后均有应者。如汉代的刘向、司马迁就各有贬有褒。

> 昔太公望、周公旦受封而相见,太公问周公曰:"何以治鲁?"周公曰:"尊尊亲亲",太公曰:"鲁从此弱矣。"周公问太公曰:"何以治齐?"太公曰:"举贤而尚功。"周公曰:"后世必有劫杀之君。"①

刘向所记太公治齐与周公治鲁,与《左传》和《史记》明显不同,刘向崇法抑儒倾向十分鲜明。司马迁对《商君书》是持批评态度的,他在《史记·商君列传》说:

> 商君,其天资刻薄人也。……余尝读商君《开塞》《耕战》书,与其人行事相类。卒受恶名于秦,有以也夫!

司马迁认为,"舜……举八元,使布五教于四方:父义、母慈、兄友、弟恭、子孝"(《史记·五帝本纪》),而法家动辄言刑,缺乏"民本"、"仁爱"之义,和先贤主张背道而驰,因而不可取。司马迁的思想可能受其父司马谈的影响。司马谈在《论六家要旨》中说"法家不别亲疏,不殊贵贱,一断于法,则亲亲尊尊之恩绝

---

① 《淮南子·齐俗训》,张双棣《淮南子校释》(上、下),北京大学出版社,1997 年 8 月。

矣。可以行一时之计,而不可长用也。故曰:'严而少恩'。"(《史记·太史公自序》)这一思想也影响了史学家班固,《汉书·艺文志》曾一针见血地指出了法家之失:"及刻者为之,则无教化,去仁爱,专任刑法而欲以致治,至于残害至亲,伤恩薄厚。"班固作为一位史学家,清楚地感到,要治理好国家,须德、刑齐施,"尊尊亲亲"尚有着极大的影响力和生命力,祖先之法不可弃。

历史长河奔腾不息。司马迁逝世了,汉之后朝代不断更迭,强悍的北方少数民族多次入主中原,各种文化相互激荡,但"尊尊亲亲"之观念却根深蒂固。《北史·崔猷列传》就有这样的记载:北魏孝明帝即位时,欲依《周礼》称王不称帝,正中大夫崔猷认为不可。十二年后明帝被逼而死,谁来继统,崔猷仍主张依周礼"尊尊亲亲"原则行事:

> 明帝即位,征拜御正中大夫。时依《周礼》称天王,又不建年号。猷以为世有浇淳,故帝王因以沿革。今天子称王,不足以威天下。请遵秦汉,称皇帝,建年号。朝议从之。除司会中大夫,御正如故。明帝崩,遗诏立武帝。晋公护谓猷曰:"今奉遵遗旨。君以为何如?"对曰:"殷道尊尊,周道亲亲,今朝廷既遵《周礼》,无容辄违此义。"虽不行,时称其守正。[1]

从司马迁逝世的汉章帝建初八年(前86)至拓跋氏北魏孝明帝武泰三年(527),历史跨过了六百多年,周公也逝世了1600多年,然而,《周礼》的规定及"尊尊亲亲"的观念大臣却仍念念不忘,并将其作为指导国家政权更迭、天子践祚的准绳。由此可见周礼影响之深远。

由于宗法制度的核心是血缘关系,在此基础上的家族与政治的结合,便使西周上承夏商传统,依旧保持着"家国同一"的形态。"亲亲"用以维护家族内部的秩序,"尊尊"则通过强调尊卑,既维护了家族内部的秩序,更维护了君王的最高权威和最高统治地位。至亲莫如父母,至尊莫如君王。子必须对父母行孝,臣必须对君王尽忠。孝与忠既是观念、品德,又是制度和法规。也就是说,"亲亲"就是孝,"尊尊"就是忠。"孝忠"仅个两字,就将人们的血缘关系与政治关系牢牢

---

① 《北史》卷三十二《崔猷列传》,《北史》,中华书局,1974年10月。

地捆绑在了一起两千余年。"亲亲、尊尊",巍巍哉!

2. 宗统与君统

在西周宗法制度中,一家之长的继承与一国之君的继承是完全不同的。

(1)西周时的"家"

在中国古代,文人志士都把"修身齐家治国平天下"作为人生的志向。"修齐"之语源于《礼记·大学》,原文是:"古之欲明明德于天下者,先治其国;欲治其国者,先齐其家;欲齐其家者,先修其身;欲修其身者,先正其心;欲正其心者,先诚其意;欲诚其意者,先致其知,致知在格物。物格而后知至,知至而后意诚,意诚而后心正,心正而后身修,身修而后家齐,家齐而后国治,国治而后天下平。"自南宋起,四书五经被列为庠序教育必读之书,故"修齐治平"流布甚广,深入人心。

然而,今人真正从字面上准确弄懂这段话并不容易,仅就"修身齐家治国平天下"而言,其中所言四事,不少人常常只能说对一半,即对"修身"、"治国"理解较好,对"齐家"、"平天下"的理解相差甚远。请看网上随处可见的解释:

　　"古之欲明明德于天下者;先治其国;欲治其国者,先齐其家;欲齐其家者,先修其身;欲修其身者,先正其心……心正而后身修,身修而后家齐,家齐而后国治,国治而后天下平。"大意是说:古代那些要使美德彰明于天下的人,要先治理好他的国家;要治理好国家的人,要先整顿好自己的家;要整顿好家的人,要先进行自我修养;要进行自我修养的人,要先端正他的思想……思想端正了,然后自我修养完善;自我修养完善了,然后家庭整顿有序;家庭整顿好了,然后国家安定繁荣;国家安定繁荣了,然后天下平定。

很明白,这里把"家"错误地解释为"家庭"了。

何以如此呢?其实原因很简单,一是望文生义,以今代古,将"家"理解为"家庭";二是对西周时"家国一体"缺乏了解。

要准确理解《礼记·大学》中的"家"字,还必须回到西周的分封制度上去。

西周实行分封制后,天子拥有天下,为天下共主;诸侯有国,即所封之地,一般方百里;诸侯又向下分封,卿、大夫所分封的一片小范围之地谓之家。让我们看一下《左传·襄公二十九年》的记载：

> 范献子来聘,拜城杞也。公享之,展庄叔执币,射者三耦,公臣不足,取于家宦。家臣展瑕、展玉父为一耦,公臣公巫召伯、仲颜庄叔为一耦,鼓父、党叔为耦。
>
> ……
>
> 吴公子(季)札……适晋,说赵文子、韩宣子、魏献子,曰:"晋国其萃于三族乎!"说叔向,将行,谓叔向曰:"吾子勉之,君侈而多良,大夫皆富,政将在家,吾子好直,必思自免于难。"

上文是说:晋国政治家范献子访问鲁国,感谢帮助在杞国筑城。鲁襄公设宴招待他,举行仪式时,公臣中懂礼仪的人员不够三对,于是就在家臣中挑选。家臣展暇、展王父作为一对,公臣巫召伯、仲颜庄叔作为一对,鄼鼓父、党叔作为一对。……吴国公子季札出访晋国,很喜欢赵文子、韩宣子和魏献子,对他们三人说:"晋国将来的大权要集中在你们三家了啊!"又对叔向说:"你们的国君太奢侈,国内有本事的臣子很多,大夫都很富有,政权将要落在大夫手里。您为人太直,要及早考虑对策,以免于祸患。"

春秋时期,卿、大夫家的总管一般称"宰",其下又有各种官职,但总体上都被称为家臣。孔子的学生子路就曾任鲁国季氏的家臣首领。[①] 很明显,上文中的"公臣"指诸侯之属的有关人员,"家臣"则指诸侯之卿、大夫之属中的人员,此处的"家"即指卿、大夫。不言而喻,"政将在家",就是政权将要落入卿、大夫手中了。这样的例子很多。如《左传·昭公二十五年》:"叔孙氏之司马鬷言于其众曰:'若之何?'莫对。又曰:'我家臣也,不敢知国。'"

在西周及其后的中国封建社会中,由于儒家文化渊源深厚,影响巨大,加之小农经济一直占主导的基础地位,使得"家庭—家族—国家"这种"家国同构"的社会政治模式得以长期存在,因而与这种生产方式相联系的"修身、齐家、治国、平天下"的个人理想也代代相因,它从一个侧面深刻反映了"家"与"国"之间这

---

① 《左传·定公十二年》:"仲由为季氏宰,将堕三都。"

种同质联系。

明白了春秋时"家"的涵义有助于理解"宗统"与"君统"。

（2）宗统与君统

西周宗法制度的一个突出特点是宗统与君统的结合,从某种意义上说,西周社会创造了一个崭新的国家制度。这一创新,在典籍中有所反映。

孔子对周公、周礼非常崇拜:"周监于二代,郁郁乎文哉,吾从周。"（《论语·八佾》）"吾学周礼,今用之,吾从周。"（《礼记·中庸》）孔子之所以如此,原因有二:一是周礼全面继承了夏商的文化精华,二是周礼有许多创新。"子张问:'十世可知也?'子曰:'殷因于夏礼,所损益,可知也;周因于殷礼,所损益,可知也。其或继周者,虽百世,可知也!'"（《论语·为政》）这里的"所损益",就是扬弃与发展、废止与改革,就是不断创新。

孔子不仅指出了周礼的创新之处,还实事求是地向他的弟子说明了他这一判断的根据。"子曰:夏礼吾能言之,杞不足征也;殷礼吾能言之,宋不足征也。文献不足故也。足,则吾能征之矣。"（《论语·八佾》）这段话的意思为,孔子对夏礼、殷礼、周礼进行了详细的比较研究,看到了它们之间的不同与差别,虽然由于夏商文献不足不能具体、翔尽地一一加以说明,但凿凿事实加深了他的印象,使他看到了周礼的完善与细密、理念与实践、功用与效果、博大与前瞻,尤其是它的创新精神,因而他不仅斩钉截铁地加以肯定,还断言,不是传之"十世",而是要影响"百世"!

那么,西周在宗法制度上的创新在哪里呢?

创新就在于以血缘为基础,使宗统与君统恰当地结合了起来。

我们在前面分析昭穆制度时已经指出:通过分封,周天子不仅为天下共主,而且是宗族中的大宗,在这个意义上说,"天子＝大宗"。

《诗经·大雅·公刘》:"食之饮之,君之宗之。"毛亨在为该诗作注时认为:"为之君,为之大宗也。"很清楚,毛传明确认为君与宗是结合在一起的,认为身为君主也为天下之大宗。孔颖达在正义中对毛传加以肯定:"传以君之宗之,其意一也。"在对《诗·大雅·板》之"价人维藩,大师维垣,大邦维屏,大宗维翰"注释中,毛传也很明确:"王者天下之大宗。"孔颖达正义认为,毛传之意乃指"王当用善人为官,维以为之为藩障;又用大师之大臣,维以为垣墙;又用大邦诸侯,维以为屏蔽;王又身为大宗,维当施政,为之桢干"。可以看出,毛传是视君统与宗统为等同关系的,明确指出周天子也就是天下的大宗。①

毛亨西周宗统、君统之说,后世也有不同见解与争论,郑玄即不赞同,还有一些经学家也颇有微词,甚者则予以诋毁。但赞成者亦大有人在,如清嘉庆进士胡承琪作《毛诗后笺》和其后陈奂所作《诗毛氏传疏》均守此说并有发展。陈奂认为:"大毛公生周季,去古近,用故训传,与三百篇韵其谐也,由韵以知音,因音以求义。"是书以释义为主,认为毛传可信。事实上,亦有非诗家者同意毛氏之说。清道光进士陈立,攻经学,尤精公羊学,其在《白虎通疏证·论为人后》中云:"天子建国,则诸侯于国为大宗,对天子言则为小宗,未闻天子之统可绝,而国统不可绝也。诸侯立家,则卿于家为大宗,对诸侯则为小宗,未闻诸侯之宗可绝,而卿之家统不可绝也。卿置侧室,大夫二宗,士之隶子弟等,皆可推而著见也。"历2000年之后,陈立之议与毛氏之说殊途同归,均认为君统与宗统是一致的。②

事物都有其两面性,就宗统与君统而言,在因血缘关系所形成的宗法系统中,二者可以说是十分一致和统一的,但在国家政权治理系统中,二者之间则有很多是矛盾的,甚至是对立的。

所谓"宗统",是指以血缘关系为纽带,以祖先崇拜为信仰的实质内涵而形成的系统,主要指以宗主为代表的宗族谱系的传承;所谓"君统",则指以君主至高无上的权力为中心,以政治为联结方式所形成的统系,主要指天子与国君王位的世系传承。首先,在宗统关系中,君是共主,即共同的宗法关系之主,也是承宗庙之重的宗庙主。其次,君又不单纯是一姓一族之主,而主要是公共政治秩序中君主,与士大夫家族的宗主明显不同。也就是说,普通的家族宗主一身一任,君主则一身二任焉。明于此,二者之区别不言而彰。

脚踩两只船、身兼二任的君主,其主要职责是国家治理和社会服务,因此,他必须站在公众的、国家的立场上维持公共政治秩序。

为了既突出君位之尊,又能调解、缓和及预防"尊"与"亲"的矛盾,西周的宗法制度制定了很多对宗族内各种成员加以制约和限制的条条,以不使王族、公族

①　郑子良《再论"宗统"与"君统"——以郑玄笺注为中心的考察》,《四川大学学报(哲社版)》2011年第2期。
②　梁颖《关于西周春秋时代宗统与君统关系的探讨》,《史学集刊》1989年第1期。

因亲犯禁,更不可侵犯君王的至尊。如"族人不得以其戚戚君,位也。庶子不祭,明其宗也。庶子不得为长子三年,不继祖也。"①周人总结了这些经验并将其上升为理论,以提高人们的认识:

> 门内之治恩拚(掩)义,门外之治义断恩。资于事父以事君,而敬同。贵贵尊尊,义之大者也。②

这一比喻很形象:把家族比作门槛,当君作为宗主时,犹在门内,亲亲施恩可弃义;当其为天子与国君时,则已在门外,尊尊施义可断恩。门内、门外既有别,礼法亦当有别;公共政治所要求的义必须高于亲恩,自当不言而喻。

要真正做到"门内之治恩掩义、门外之治义断恩"是有条件的,这就是一切从大局出发,不论家(族)长,也不论君王都要明事理,握权为公。果如是,当国之利益高于家族利益时,家(族)长能较为自觉地服从君,即宗统要让位宗统。

事情还有另外一面,当君不能以公为准则处事之时怎么办呢? 西周规定将君置于宗法之中,从某种意义上说,也就是将统治权依托于最强大的家族,由于君被置身于宗法之中,发挥家族的智慧,宗统就可以适当限制君。这样,通过宗法礼义既限制与匡正了君主,从而在巩固君主地位中巩固了家族的地位,从而使矛盾转化为和谐。

要之,在君统与宗统既统一又矛盾面前,西周的政治家以高度的聪慧和理智毫不回避而敢于面对,从而能正确地认识和恰当地予以处理,为后世树立了楷模。

但现实的政治斗争毕竟是复杂的、残酷的,不以人的意志为转移的。当着形势发展直接危及到某一集团或权贵利害之时,当着某些政治集团利令智昏、孤注一掷时,他们会不顾忌一切地弑父、弑君、杀兄灭弟,任何伤天害理之事都会发生,什么祖宗成法、国家利益早被他们抛到九霄云外了。在这样情况下再谈宗统与君统,就完全没有意义了。

---

① 《礼记·大传》,《十三经注疏》,中华书局,1980 年 9 月。
② 《礼记·丧服四制》,《十三经注疏》,中华书局,1980 年 9 月。

3. 大宗与小宗

在家与国的价值取向中,由于"家国同构",就西周贵族尤其王族而言,家庭、家族和国家在一般情况下不仅在组织结构方面有着共同性,即均以血统作为宗法关系的统领,实行严格的家长制,而且在政治关系、利益关系上也有着密切的共同性。从某种意义上说,家族就是家庭的放大或延伸,国家又是家庭、家族的放大或延伸。在家庭、家族内,家长地位至上,在国家内,君王地位至高至尊,同时,这一宗主地位还通过血缘关系及嫡长制一代一代地传承延续。正是因为这种理念根深蒂固,在我国传统文化中绳绳相继,代代沿习,故而老百姓总是喜欢称地方行政长官为"父母官",而"父母官"也乐于视其百姓为"子民"。一个有趣的现象是,至今国内还时时称孙中山、宋庆龄先生为"国父"、"国母",一方面说明民众对他们的爱戴,另一方面也表明宗法文化的影响是多么的绵长。

为保证血缘关系世代传承,同时还要维护"尊尊"之制,西周在宗法制度设计中规定了大宗与小宗。

(1)大宗

周礼对血缘亲属集团成员资格的传承模式作了很详细的规定,关于"大宗"与"小宗"的关系及区别,其主要内容集中反映在《礼记·大传》等之中:

> 上治祖祢,尊尊也;下治子孙,亲亲也;旁治昆弟,合族以食,序以昭缪,别之以礼义,人道竭矣。……
>
> 圣人南面而听天下,所且先者,民不与焉。一曰:治亲,……亲亲也,尊尊也,长长也,男女有别,此其不可得与民变革者也。……
>
> 服术有六:一曰亲亲,二曰尊尊,三曰名,四曰出入,五曰长幼,六曰从服。……君有合族之道,族人不得以其戚戚君,位也。……
>
> 别子为祖,继别为宗,继祢者为小宗。有百世不迁之宗,有五世则迁之宗。百世不迁者,别子之后也;宗其继别子者,百世不迁者也。宗其继高祖者,五世则迁者也。尊祖故敬宗。敬宗,尊祖之义也。有小宗而无大宗者,有大宗而无小宗者,有无宗亦莫之宗者,公子是也。公子有宗道:公子之公,为其士大夫之庶者,宗其士大夫之适者,公子之宗道也。绝族无移服,亲者属也。……

自仁率亲,等而上之,至于祖;自义率祖,顺而下之,至于祢。是故,人道亲亲也。亲亲故尊祖,尊祖故敬宗。(《礼记·大传》)

从《礼记·大传》可知,所谓"大宗""小宗"的概念是非常清楚的。"别子为祖,继别为宗",指的就是大宗,"继祢者为小宗"。

"别子为祖,继别为宗",其意为,实行分封制后,长子继承其父的职位,其中既包括君位,也包括侯位。未能承袭继位的次子(包括公子、庶子和支子),除在其父国担任职务者外,将受封另地为食采之土,该地可世代相袭。这些接受采邑者不论为诸侯或卿、大夫,在父系亲属集团的世系上,就是该地的始祖。由于其有别于继承君位的长子,故被称为"别子"。别子的第二代,其位也由长子继承,就成为"继别"者,这些继别者繁衍之后代就奉其为"宗"。这些"宗"世代相传,永不中断,即《大传》之谓"百世不迁之宗"。汉代经学家郑玄为《礼记》作注时指出:

(大宗),诸侯之庶子,别为后世为始祖也。谓之别子者,公子不得祢先君也。别子之世长子为其族人为宗,所谓百世不迁之宗。①

晋代经学家杜预所撰《宗谱》一文时,在郑注基础上对"大宗"又有所解释:

别子者,君之嫡妻之子,长子母弟也。君命为祖,其子则为大宗。常有一子,审昭穆之序辨亲疏之别,是故百代不迁。若无子,则支子为后。……若始封君相传,则自祖始封君,其支子孙皆宗大宗。②

与杜预同时代的经学家贺循在所著《宗义》一文中说:

古者诸侯之别子及起于是邦为大夫者,皆有百代祀之,谓之太祖。太祖

---

① 《礼记·丧服小记疏》,《十三经注疏》,中华书局,1980年9月。
② 杜佑《通典》(全五册)卷七十三,中华书局,2003年5月。

之代则为大宗,宗之本统故也。其支子旁亲,非太祖之统,谓之小宗。小宗之道,五代则迁。①

　　西周以别子认定和继承为宗旨的大宗制度的规定,目的在于巩固宗族等级制度和在此基础上建立的政治制度。如《礼记·大传》"君有合族之道,族人不得以其戚戚,君位也"的规定,实际上是在"宗统"与"君统"问题上明确划定的一条严格的政治界限,这一界线是不可逾越的:政治地位高于血缘地位。周人对此一清二楚,郑玄在为此句作注是就已挑明:"君恩可以下施,而族人皆臣也,不得以父兄子弟之礼自戚于君位,谓齿列也,所以尊君别嫌也。"

　　虽然政治高于血统,但维护"尊尊"即君统的目的之一还是为了从根本上保护血统的传承,这也就维护了"亲亲"即宗统。因此,大宗制度的确立,从根本讲保护了宗族世系的主干,大宗的存在,就是宗族直系的存在,就是宗统的存在。对此,《礼记·大传》最后一段说得很清楚:

　　　　自仁率亲,等而上之,至于祖;自义率祖,顺而下之,至于祢。是故,人道亲亲也。亲亲故尊祖,尊祖故敬宗。敬宗故收族,收族故宗庙严,宗庙严故重社稷,重社稷故爱百姓,爱百姓故刑罚中,刑罚中故庶民安,庶民安故财用足,财用足故百志成,百志成故礼俗刑,礼俗刑然后乐。《诗》云:"不显不承,无斁于人斯",此之谓也。

　　文中的"收族"即"合族",指团结族人。《礼仪·丧服传》:"大宗者,收族者也。"郑玄注:"收族者,谓别亲疏,序昭穆。""百姓"实指百官。"礼俗刑"之"刑"为"型"的假借,即"典范"。全句意谓:从恩情上讲,从父亲开始逐代上推以至于远祖,那是愈往上推愈轻;从道义上讲,从远祖开始逐代下推以至于父庙,那是越远越重。由此看来,爱其父母乃是人的天性。爱其父母就必然会尊敬祖先,尊敬祖先就必然会尊敬宗子,尊敬宗子就必然会团结族人,团结族人就必然会宗庙尊严,宗庙尊严就必然会重视社稷,重视社稷就必然会爱护百官,爱护百官就必然

---

① 杜佑《通典》(全五册)卷七十三,中华书局,2003 年 5 月。

会刑罚公正,刑罚公正就必然会百姓安宁,百姓安宁就必然会财用充足,财用充足就必然会万事如意,万事如意就必然会礼俗美好,礼俗美好就会导致普天同乐。《诗经》上说:"文王的功德,伟大而令人叹美,人们永远怀念他。"说的就是这个意思。

由此可知,"大宗"的地位和作用在我国宗法制度、宗法观念、宗族传承、世系嗣续中作用至巨,不仅是尊祖、敬宗、收族伦理思想的源头,也是宗法制度衰落之后,宗法思想得以在百姓中传承的一个重要的无形力量。

(2)小宗

小宗是相对于大宗而言,意指其所包容的世代范围较大宗为"小"。《礼记·大传》指出:"别子为祖,继别为宗,继祢者为小宗。有百世不迁之宗,有五世则迁之宗。百世不迁者,别子之后也;宗其继别子者,百世不迁者也。宗其继高祖者,五世则迁也。"从中可知,西周时大宗和小宗的建立都是依照嫡长子的顺序设定的。嫡长子一系的单线继承为大宗,其外的支子(庶子)的继承则全部为小宗。

除血脉世系传承有别之外,大宗、小宗的不同还表现在哪里呢?

首先,嫡长子只有一人,支子(庶子)由于多妻制的原因则是个变数。这样,大宗虽"大",但族众数量较少;小宗虽"小",但族众数量则大大高于大宗。

其次,大宗是后世乃至永远都不能改变氏族称号的,所有源于始祖的子孙都可以算在大宗之内;小宗则不然,由于其为继祢者,其世代和范围有明确的限制,因而是变动的,如其氏号在五世时就必须改变,根本谈不上"百氏不迁"。为什么"五世而迁"呢? 郑玄结合血脉相继的实际,在为《礼记·丧服小记》作注时说:"小宗有四,或继高祖,或继曾祖,或继祢。皆至五世则迁。"由此可知,"小宗"之"宗",是因为在世系认定上有明确的世代界限,即五世。如果越出五代,用老百姓通俗的说法为"出了五服",这时,继高祖的那支小宗,便与五服之外的原族人失却了亲近的资格,成了同宗疏亲。"迁"者,疏也。这样,"五世而疏"就成了小宗最基本的特征。

再其次,大而远,小而实是大宗与小宗在现实操作上的明显不同。孔颖达在为《礼记·大传》作注时说:"五世则迁之宗者,谓小宗也。……大宗是远祖之正体,小宗是高祖之正体。"其为《礼记·丧服小记》作注时又对小宗及其特点加以了说明:"继祢者为小宗,称谓别子之庶子,以庶子所生长子继此庶子,与兄弟为小宗。谓之小宗者,以其五世则迁,比大宗为小,故云小宗也。"这里,"远祖之正体",说明大宗所祀之尊为远诅;"高祖之正体"说明小宗所祀之尊为高祖。这表明,大宗、小宗在象征意义上是有差别的,在祭祀上享有着不同的等级差别。这听起来好象很抽象,其实很具体。比如近些年来国内的一些祭(拜)祖大典,省及省以上的官员往往主持祭拜三皇五帝,各村各族之祭祖,往往是本族(支)的开基祖,而各家各户祭拜的则是自己的父、祖、曾祖或高祖,高祖之上,几乎无祭拜者。祭拜者身份级别越高,所祀祖先就距自己越远,因而这种祭拜就越是包含着某种虚拟的成分。清季北京有天坛、地坛,春秋两次大典,均由皇帝主祭。但有谁见过老百姓在自己村头门口祭天、祭地、祭炎黄? 所见的只不过是他们自己家庭的祠堂、家庙而已。

综上所述可知,在大宗、小宗并存的世系区别中,大宗系列在血统的共同性上起到了象征宗族整体的作用,而宗族之间的真实世系联系和生活范围只能由小宗世系系列来体现。现实生活中的所谓"直系"、"旁系"之分就是最好的明证。就直系宗亲世代规模而言,共有四个旁系,即,同父母的第一旁系(兄弟一家),同祖父的第二个旁系(伯、波及堂兄弟一系),同曾祖父的第三旁系(从族祖父及再从兄弟 系),同高祖父的第四旁系(从族曾祖父及在从兄弟一系)。出此范围,有实际约束意义的旁系宗亲关系即告终止。这再一次表明,在一个体现了父系单系世系原则的亲族集团内部,宗亲关系既不是单线的,也不是无限的,其中有上下世代之间的直系关系,还有同一世代之间平行的旁系世系关系(同父)和不世代之间的斜行的旁系世系关系(同祖、同曾祖、同高祖)。没有直系和旁系世系不能构成宗族,同理,不对直系和旁系世系进行必要的限制,同样不能构成真正意义上的宗族。[①]

亲亲与尊尊、宗统与君统、大宗与小宗的合与分,统一与矛盾等,充分显示了我国传统宗法文化资源的丰富性和复杂性。我国古代传统政治从家庭、家族的本位出发,家国同构,尤其西周社会,尚未摆脱夏商国家的旧有形态,还不是纯粹的地域性结构,故而具有家长制的明显特征。但也应看到,西周的宗法制度强调

---

① 钱杭《中国古代世系学研究》,《历史研究》2001 年第 6 期。

的是"自卑别于尊"和"自尊别于卑",君统是国家政权的承传系统,突出了政治性,政权高于血缘。正是由于此,西周及其后的王朝,均将私德推至公德,将宗法教化与政治相结合,克承天命、慎终追远、崇尚伦理、德法相融、以民为本、国家至上,从而创造了许多西方社会不曾有过的人间奇迹,代有盛世,世有英贤。毋庸讳言,在滔滔激奔的长河中,泥石俱下,良莠浑涌。所有这些,都需要后人实事求是地加以认识和评析,在汰除中加以传承、弘扬和发展,

第三节   求新求变的"新命"文化

在周代的文化中,敢于革命,敢于求新的创造精神十分突出,真实地反映了中华民族自强不息的奋斗精神、求实的发展观念和辩证的思想方法,"旧邦新命"一语是这一精神的集中体现。

"旧邦新命"为著名哲学家冯友兰先生对周代革新文化的精要概括。

一、"周虽旧邦,其命维新"

《诗经·大雅》的开篇之什为《文王》。诗的前四句是:

> 文王在上,於昭于天。周虽旧邦,其命维新。

如果用现代语体文对译,大意为:

> 敬爱的文王虽然离开了我们,只不过是他的英灵升到了天庭。
> 他的光辉如日月经天,依然是那样的灿烂显明。
> 我们的歧周虽然是一个小小的邦国,可她的历史绵长而悠久。
> 自从秉承天意克殷统一天下,新景象如旭日东升。
> 永远不能忘记王啊,永远不能忘却革新的使命!

很明显,诗的内容是歌颂文王之德、文王之业。文王受命于天,集美德于一身,不仅王天下而且业绩彪炳。这个历史悠久的小邦国之所以能够统一天下,是

因为它意识到自己负有革新的使命,因而果敢地革故鼎新,开辟出一了个新的天地。

不言而喻,"周虽旧邦,其命维新"饱含着深刻的哲理与革新精神。

首先,它真实地反映了周人对"维新"的自豪与自信。

自信是一个民族兴旺发达的不竭动力和精神支柱。周之始祖为后稷,"后稷之兴,在陶唐、虞、夏之际",(《史记·周本纪》)大约生活在公元前22世纪与公元前21世纪之交。周起于豳,后来太王亶父带领族人迁于岐之周原,始称周。① 但就是这个方约百里、地处偏远的西方不起眼的"小邦周",②在武王领导之下,受到八百诸侯的拥戴,一举推翻了"大邑商"。更使周人感到自豪的是,周人杰出的首领文王非常英明仁睿,他"笃仁,敬老,慈少,礼下贤者,日中不暇食以待贤士,士以此多归之。"(《史记·周本纪》)

由于文王上承天命,下继祖宗,大力发展农业,广招贤人志士,终于四海归焉而克殷。

由于周人对自己、对领袖由衷地自信,因而能完成革故鼎新之重任。

其次,它真实地反映了周人对敢于"维新"的称颂与肯定。

"维新"就是变革,这里的"维新",指的是武王克殷及其后欣欣向荣的新面貌,由于社会发生了变革,从而使得"旧邦"气象一新。周人的了不起之处就在于不仅认识到革故鼎新是事物发展的规律,敢于"变革",而且善于"维新"。

在中国数千年的发展历史长河中,"变革"的思想在周代十分突出。

《周易·系辞下》说:自伏羲作八卦之后,从神农氏、黄帝至尧、舜无不"通其变",这是天地阴阳运行的法则,"穷则变,变则通,通则久"。"革"和"鼎"分别为易卦中的第49、第50卦。《周易·杂卦》曰:"革,去故也,鼎,取新也。"《周易·大传·象传下》在解释"革"时说:"大人虎变,其文炳也。""君子豹变,其文蔚也。小人革面,顺以从君也。"③总之,社会上的一切人和事,无不处在变化之中,无不是以新代旧。

---

① 《诗经·大雅·棉》:"古公亶父,来朝走马。率西水浒,至于岐下。"《诗经·鲁颂·閟宫》:"后稷之孙,实维大王。居岐之阳,实始剪商。"《十三经注疏》,中华书局,1980年9月。
② 《尚书·大诰》:"天休于宁(文)王,兴我小邦周。"《十三经注疏》,中华书局,1980年9月。
③ 《周易》,《十三经注疏》,中华书局1980年9月。

四书之一的《大学》指出:君子要修身齐家治国平天下,就必须树立革新之志,并以一贯之,坚持始终,用尽一切办法。在这方面堪称楷模的是商汤、文王和周公,故曰:"汤之盘铭曰:'苟日新,日日新,又日新。'康诰曰:'作新民。'诗云:'周虽旧邦,其命维新。'是故君子无所不用其极。"①从中可知,后人对周人的"维新"是充分肯定的。

创新是人类文化发展的实质所在,创新是社会发展的动力所在,周人的可贵之处就是对创新的命意有深刻的理解与认识,并将其付诸行动。

再次,它真实地反映了周人对"维新"的历史使命感。

周人何以敢为人先,克殷维新?

周人对维新是事物发展规律的认识,源于对天命认识的转变,源于历史的使命感。

以周公为代表的周人统治集团具有高度的历史理性,从维护周政权的自觉出发,对夏商及既往先王们成功的经验与失败的教训进行了总结,寻求如何优化统治方式。艰苦地探索终于有了突破:将人的因素引入了天命观,提出了"敬德保民"的新观念。

周承殷制,不可避免地必然因袭殷人文化,"天命观"是其中最重要的思想支柱。周人要殷人、也要所有的人相信:武王克商,恭行的就是"天命",周取代商是完全合法的。但由于夏殷的覆亡对周人的触击太深刻了,因而"不可不监于有夏,亦不可不监于有殷"的呼声很高;(《尚书·召诰》)尤其对"大邑商"的灭亡,他们甚至感到有切肤之痛:"殷鉴不远,在夏后之世。"②

那么,最深刻的教训是什么呢?

周人给出的答案是:"皇天无亲,惟德是辅。"(《尚书·蔡仲之命》)也就是说,能否取得天命,既靠上天,又依人德,"天命"无可置疑地要以人的社会行为为转移。

这样,周人就顺理成章地用殷人之"天命"完成了"旧瓶装新酒"的工作,将"天命观"经过改造之后,以崭新的面貌出现在世人面前,它像一把利剑,成了周

---

① 《大学·中庸》,《十三经注疏》,中华书局 1980 年 9 月。

② 《诗经·大雅·荡》,《十三经注疏》,中华书局,1980 年 9 月。

人社会治理最有力的武器；它像清凌的泉水，涤荡了殷人所迷恋的"天命"中的污淖。

周公很善于理论工作，他说，天命是很公平的，也曾眷顾过殷商时德行高尚的中宗、高宗等王。请看他的一次演说：

> 周公曰："呜呼！我闻曰：昔在殷王中宗，严恭寅畏，天命自度，治民祗惧，不敢荒宁。肆中宗之享国七十有五年。其在高宗，时旧劳于外，爰暨小人。作其即位，乃或亮阴，三年不言。其惟不言，言乃雍。不敢荒宁，嘉靖殷邦。至于小大，无时或怨。肆高宗之享国五十年有九年。其在祖甲，不义惟王，旧为小人。作其即位，爰知小人之依，能保惠于庶民，不敢侮鳏寡。肆祖甲之享国三十有三年。自时厥后，立王生则逸，生则逸，不知稼穑之艰难，不闻小人之劳，惟耽乐之从。自时厥后，亦罔或克寿。或十年，或七八年，或五六年，或四三年。"（《尚书·无逸》）

他说，有德的商王曾得到上天之庇佑，如中宗在位 75 年，高宗在位 59 年，其中关键在于他们深深明白"天命自度，治民祗惧，不敢荒宁"；而那些不知稼穑之艰难，亲近小人，耽乐终日的失德之君，也只能是"五六年，或四三年"而已。

值得注意的是，在这里，周公使用了"天命自度"这个词。"天命自度"一语具有很高的理论价值，它一针见血地指出，人的命运，完全寓含于个人的行为之中，被"天"信赖或被"天"淘汰，最终取决于自己是否有"德"；"天"是公正无私的，对"天之元子"，它是察之以德，赋之以命，有"德"便受命于天，悖"德"便失命于天。

理论上的觉悟是行动的先导。周公关于"德"、"命"相符的这一理念，犹如一把双刃剑，既是对殷的否定，对殷人绝对相信"天"的否定；另一方面，也是对周人严厉的训诫：敢于革新并不意味着就能完成革新。它提醒并忠告周人要自诚，特别是周天子，要时时警惕，修德敬德，重视"人"的力量和作用。只有如此，才能不断维新。①

周人"人重于天"观念的产生，不仅促进了殷文化与周文化以"人"为核心得到新的融合，从而使重巫文化逐渐减弱，史官文化登上了历史舞台，"天命惟在民命"成为了公认的历史演进法则。周公的这一理论建树，为战国时代"天人合一"观念的进一步阐发奠定了思想基础。

二、"旧邦新命"的生命力

新观念的诞生根植于对历史教训深刻的反省，也根植于地域内社会变革的现实。"周虽旧邦，其命维新"肯定了"天"的意志——"惟德是辅"，说明周克殷是正当的，合法的，是"天"认可的。一言以蔽之，受命、惟新双重责任由周实现，既合"天"意，又合民情，又合道统。

研究《尚书》及现存有关周代文献可知，周人的文化维新对中华民族传统文化的形成起到了重大的奠基作用，开之后许多风气之先，其中影响最为深远、具有永久价值者为宗法制度、分封制度和礼乐制度。

"维新"之说具有强大的感召力，"维新"的进取精神更具有蓬勃的生命力。作为哲学思想，它为历代学者所认可，所传承，"苟日新，日日新"；作为行为指南，它为历代有识之士所讴歌，视其为励志之铭。

孔子一生追慕周公，崇尚周礼人所尽知，其实孟子也不例外，"滕文公问为国。孟子曰："民事不可缓也。……《诗》云：'周虽旧邦，其命惟新。'文王之谓也。子力行之，亦以新子之国!"(《孟子·滕文公上》)他要滕文公以文王为榜样，发愤图强，"亦以新子之国!"——以"仁德"王天下。

正如意大利哲学家克罗齐所说："一切历史都是当代史。"②研究历史，最重要的就是研究其当代价值。不同时期的人，各从自己的立场看到了"旧邦新命"的价值，从中得到启发，并赋予自己以"新命"。

谨以古代、现代、当代士人之称誉以证之。

---

① 《尚书》中有周公多篇训诫的讲话，《诗经》反映此内容较少。《文王》为《大雅》的首篇，主要是歌颂周王朝的奠基者文王之功德。朱熹《诗集传》根据《吕氏春秋·古乐》篇撰写了此诗的解题，认为该诗除赞颂外，有训诫之意。"周人追述文王之德，明国家所以受命而代殷者，皆由于此，以戒成王"。

② [13]贝奈戴托·克罗齐《历史学的理论和实际》，商务印书馆1982年9月。

1. 汉唐儒家视野中"新"——"内圣外王"。

最早对文王冠以"圣人"之称者当为孟子,其将文王与古圣尧舜同列。他说:

> 规矩,方圆之至也;圣人,人伦之至也。欲为君尽君道,欲为臣尽臣道,二者皆法尧舜而已矣。(《孟子·离娄上》)
>
> 舜生于诸冯,迁于负夏,卒于鸣条,东夷之人也;文王生于周岐,卒于毕郢,西方夷之人也。地相去千余里,世之相后也,千有余岁。得志行乎中国,若合符节。先圣后圣,其揆一也。(《孟子·离娄下》)

汉代人毛亨在整理《诗经》时秉孔孟之说,亦以文王为圣。他认为"周虽旧邦,其命维新"中的所谓"新","乃在文王也"。其意为,如果没有文王,则不可能有克殷之举,也不会有周之勃兴。汉儒郑玄《笺》云:"大王聿来胥宇而国於周,王迹起矣,而未有天命。至文王而受命。言新者,美之也。"在郑玄看来,文王之与其先王相比,最大的不同处是"至文王而受命","受命"即接受了天命;文王意识到"天命"在身之后,思想上发生了很大的飞跃,于是才有了克殷及革新。"言新者,美之也","美"即称颂、赞扬。唐代孔颖达等人对此说也很认同,并进一步作了发挥:

> 文王初为西伯,未受命之时,已有功於民,其德著见於天,故为天所命也……言著见者,为天所加美而知之,故天命之为王,使为君於天下……至文王而受天命,以诸侯国名变而为天子国名,是其改新之也。言新者,美文王能使之新也。①

在孔颖达等人看来,只因文王有德,上天才受其命,周才由"诸侯国变而为天子国",姬昌也才由侯而王。"言新者,美文王能使之新也"。这里,他将"新"的内容、"新"的原因、"新"的契机等皆归于文王。不言而喻,文王是由个人美德

---

① 《毛诗正义》,《诗经·大雅·文王》,《十三经注疏》中华书局1980年9月。

完备而达到治国平天下的第一人。

汉唐文人从儒学的角度推崇文王备至,在"周虽旧邦,其命维新"的"命"和"新"字上大做文章,究其原因,盖为在他们心目中,文王是儒家"内圣外王"之典范。

"内圣外王"一词本出于《庄子·天下》篇。庄子对周代文化有非常深刻的理解,对如何治理天下有很多精到的见解,《天下》篇即是他在这方面的一篇专门论述。庄子认为"天下之治方术者多矣",然而,"圣有所生,王有所成,皆原于一。"这里所说的"一",即他主张的"道"。什么样的人才是圣人呢?他说:"以天为宗,以德为本,以道为门,兆于变化,谓之圣人。"他说,由于治理国家非常复杂,圣人治国就必须善于吸收百家之长,成为一个完备的人。然而,什么样的人才是完备的人呢?他说:

> 古之人其备乎!配神明,醇天地,育万物,和天下,泽及百姓,明于本数,系于末度,六通四辟,小大精粗,其运无乎不在。其明而在数度者,旧法、世传之史尚多有之;其在于《诗》《书》《礼》《乐》者,邹鲁之士、缙绅先生多能明之。《诗》以道志,《书》以道事,《礼》以道行,《乐》以道和,《易》以道阴阳,《春秋》以道名分。其数散于天下而设于中国者,百家之学时或称而道之。

从中可以看出,庄子认为,要治理好国家,就必须学好前人留下的各种典籍,如《诗》《书》《礼》《乐》等。《诗》《书》《礼》《乐》为儒经典,庄子大加推崇,可见庄子关于治国的看法和儒家的主张在这一点上是一致的。

接着庄子指出:东周时期,由于王室衰微,王纲解纽,礼崩乐坏,因而圣人不圣:

> 天下大乱,贤圣不明,道德不一。天下多得一察焉以自好。譬如耳目鼻口,皆有所明,不能相通。犹百家众技也,皆有所长,时有所用。虽然,不该不遍,一曲之士也。判天地之美,析万物之理,察古人之全。寡能备于天地之美,称神明之容。是故内圣外王之道,暗而不明,郁而不发,天下之人各为

其所欲焉以自为方。悲夫！百家往而不反，必不合矣！后世之学者，不幸不见天地之纯，古人之大体。道术将为天下裂。①

在庄子眼中，由于培育"内圣外王"的文化遭到破坏，"暗而不明"，因而"内圣外王"的圣人不复存在，"内圣外王"的社会也不复存在，因此，他十分伤心地哀叹：悲夫！"天地之纯"永远见不到了，至高无上的"道"也不复存在了！

后世儒家鉴于庄子所说"内圣外王"与孔子在《大学》中主张"大学之道，在明明德，在亲民，在止于至善"的治国原则在政治、伦理、文化等方面的一致性，遂将儒家所提倡的通过提高人的道德修养进而达到治国平天下的思想称为"内圣外王"。

但也有不赞成者。明代思想家李贽"不以孔子之是非为是非"，他认为《大学》有很多都是空谈，只有最后论述"利与义"时说"生财有道"一段谈得比较切合实际，符合"内圣外王"。他说：《大学》"此末后五节总把用人理财合说一番。字字精神，句句警策，最为吃紧，最为详明，真正学问，真正经济，内圣外王具备此书，岂若后世儒者高谈性命，清论玄微，把天下百姓痛痒置之不闻，反以说及理财为浊耶？"②

李贽虽然不赞成孔孟的一些主张，但对"内圣外王"尚未否定。

"内圣外王"是儒家的政治及伦理主张，其重德、重民的思想在封建社会中有积极的进步意义，但从本质上说它是一种精英主义，其把对天下的统治，社会治理完全寄托在圣君贤相身上，仍属于专制主义的政治理想，与当今平等、世俗的民主主义、人道主义有很大之别。

2. 新儒家视野中"新"——中华民族的现代复兴

美国哈佛大学燕京学社社长杜维明教授2008年春接受记者访问时说，儒学从来不是固步自封的传统学科，它关注现实，关注民生，并在现代化的语境中发展自身。他说，儒学的发展大致经历了三个时期：第一期是儒家从山东曲阜的地方文化发展成中原文化的主流，一直到汉末；第二期从宋明儒学发展到东亚文明

① 《庄子·天下》，陈鼓应《庄子今注今译》，中华书局，2010年12月。
② 《四评书·大学》，《李贽文集》第五卷，社会科学文献出版社，2001年5月。

的基石,一直到19世纪;第三期是从晚清开始到现在。

杜教授指出,虽然从鸦片战争到新中国成立,每十年都会有很大的变化,社会的折腾更是不得了,整个儒家所标示的价值观和制度性的约束都已完全丧失,但在中国近现代史上,熊十力、梁漱溟、陈寅恪、马一浮、冯友兰、贺麟、张君劢、唐君毅、牟宗三、徐复观以及钱穆、方东美等人对儒学的研究与发展还是作出了贡献的,他们的探索给人们留下许多启发。杜教授十分自信地说,儒学不论在政治学、伦理学、哲学等领域中价值巨大,我们这一代人所做的事,其实就是要将儒家带入世界。①

对杜教授谈话中言及的儒学大师,学界虽然臧否不一,但他们关注社会的人文情怀都相当浓烈;虽然他们的主张互有差异,但在存亡续绝、中华民族的现代复兴上却是一致的,冯友兰先生是他们中最有代表性的学者。

作为一位哲学家,冯友兰一生著述宏富,其中最有代表性的是"三史六书"。《中国哲学史》《中国哲学简史》《中国哲学史新编》简称三史,分别代表了他20世纪30年代、40年代、80年代对中国哲学的理解,也包括他对现代中国哲学的思考。"六书"是指他在抗日战争期间所写的六部哲学著作《新理学》《新事论》《新世训》《新原人》《新原道》《新知言》。三史六书既涵盖了冯先生一生的学术活动,也代表了他一生对中国哲学史和中国哲学的学术贡献。

三史是"史",六书是"论",三史六书凝结了冯先生一生的思想与学术。那么,三史与六书之间,有没有一个"一以贯之"之道、一个始终不变的思想线索呢?陈来教授说:

> 回答是肯定的。三史与六书虽然各为史论,三史之间的跨度也达50年之久,但其间始终贯穿着他一贯的强烈的文化信念,这就是"旧邦新命"的观念,这一观念既是文化信念,也是政治信念。"旧邦新命"就是"中华民族的现代复兴",而这一主题是和中国作为民族国家在整个20世纪中从挫折中奋起的历史,和中国文化作为世界最悠久的文化从失落走向振兴的历史紧紧相联系的。"旧邦新命"是中华民族的民族生命的特性在哲学家观念

中的提炼。从这里可知,冯先生从来不是不食人间烟火的隐士,他始终是把自己和民族生命与民族文化的兴亡联为一体的哲学家。①

陈教授的分析可谓平实公允,既肯定了冯先生一生不懈的远大追求,也回答了一些人对冯先生的不解或指摘。

作为中国当代著名的学者,冯友兰先生以哲学家深邃的洞察力敏锐地感到,"周虽旧邦,其命维新"意蕴远大,尤其对中华民族之复兴,具有积极的促进与启迪意义。1945年抗战胜利后,他在为西南联大纪念碑所撰写的碑文中写道:

> 我国以世界之古国,居东亚之天府,本应绍汉唐之遗烈,作并世之先进。将来建国完成,必于世界历史,居独特之地位。盖并世烈强,虽新而不古;希腊、罗马,有古而无今。惟我国家,亘古亘今,亦新亦旧,斯所谓"周虽旧邦,其命维新"者也。旷代之伟业,8年之抗战已开其规模,立其基础。今日胜利,于我国家有旋乾转坤之功,而联合大学之使命,与抗战相终始。其可纪念者一也。②

40多年之后,1987年8月,他在一篇文章中乂说:

> 《诗经》有一首诗说,周虽旧邦,其命惟新。我把这两句诗概括为"旧邦新命",这几个字,中国历史发展的现阶段足以当之。"旧邦"指源远流长的文化传统,"新命"指现代化和建设社会主义。阐旧邦以辅新命,余平生志事,盖在斯矣。③

冯先生时年92岁。在耄耋之年的哲学家看来,"旧邦新命"内涵无涯,其革新进取的精神具有永久、不朽的普世价值。

---

① 陈来《从"贞元之际"到"旧邦新命"——写在冯友兰先生全集出版之际》,《中华读书报》2002年8月23日。
② 《三松堂自序》,生活·读书·新知三联书店,2009年5月。
③ 《康有为"公车上书"书后》,《冯友兰学术精华录》,北京师范学院出版社,1988年6月。

冯友兰先生对"周虽旧邦,其命维新"一语情有独钟,一生中不知谈到了多少次,用以表达他对民族复兴的关注。就在他将其概括为"旧邦新命"不久,北京师范学院出版社要编辑出版《冯友兰学术精华录》,请他写篇序言。他欣然命笔,其中说:

> 特别是最后一句(按:指《康有为公车上书书后》一文)"阐旧邦以辅新命",尤为概括。我又把这一句作了一副对联的上联,下联是"极高明而道中庸"。上联说的是我的学术活动的方向,下联说的是我所希望达到的精神境界。我还打算把这副对联亲自写出来,悬于壁上,以为我的座右铭。①

1988 年 2 月,他亲自手书此联,并悬于书房东壁。此联不啻是先生自敞心扉——"阐旧邦"者,对中华民族精神之探讨也,即他对中国哲学及哲学史的阐解;"辅新命"者,学术研究之使命也,即他对中华民族复兴新命的责任。短短两语,捧出的是一颗生命不息,奋斗不已的中华赤子拳拳之心。

冯先生晚年写了自传性的《三松堂自序》,第十一章题目为"明志",文中说,1945 年为西南联大纪念碑碑文所写的内容已经成为历史陈迹,但"旧邦新命"之说不但没有成为历史的陈迹,而且还是一个新时代的开端。他说:

> 所谓"旧邦"就是祖国,就是中华民族。所谓"新命",就是建设社会主义。现在我们常说的社会主义祖国,就是"旧邦新命"的意思。

在写下这感想之后,他还把 1982 年在哥伦比亚大学接受名誉文学博士学位时的演说中的一段抄录于后:

> 我生活在不同的文化矛盾冲突的时代。我所要回答的问题是如何理解这种冲突的性质;如何适当地处理这种冲突,解决这种矛盾;又如何在这种

---

① 《三松堂全集》第 13 卷,河南人民出版社,1994 年 1 月。

矛盾冲突中使自己与之相适应。我经常想起儒家经典《诗经》中的两句话："周虽旧邦,其命维新。"就现在来说,中国就是旧邦而有新命,新命就是现代化。我的努力是保持旧邦的同一性和个性,而又同时促进实现新命。

在冯先生看来,"旧邦新命",不仅是自己全部生命精神之所在,也是他研究中国哲学史和从事哲学著述的不竭动力。从冯先生一生的经历可知,不论新中国成立前,也不论新中国成立后乃至"文革"及改开放的年代,他始终将民族生命、民族文化看作是自己的"终极关怀"。他要把中国哲学中有永久价值的东西阐发出来,作为民族文化新发展的营养,为中华民族复兴的新命贡献自己的力量。

1990 年,冯先生鹤年 95 岁。7 月初,他写完了《中国哲学史新编》第七册最后一章,至此,《中国哲学史新编》写作告罄。他难以掩盖喜悦之情,在文末特云:"乱曰:为天地立心,为生民立命,为往圣继绝学,为万世开太平。高山仰止,景行行止。虽不能至,心向往之。"一生以"为天地立心,为生民立命,为往圣继绝学,为万世开太平"[①]为宏旨的他,为中华民族的复兴无憾地走完了自己的一生,4 个月之后,11 月 26 日告别人间,溘然而去。

2001 年 4 月 29 日,清华大学庆祝建校 90 周年之际,在图书馆为冯友兰先生的铜像举行揭幕仪式。清华大学杰出校友、世界著名物理学家、诺贝尔奖获得者杨振宁先生出席盛会并讲话。杨先生深情地说:冯先生是我父亲的同事和朋友。我从 1929 年 7 岁时到清华来,就认识了冯友兰先生和冯先生的子女,包括冯宗璞。冯先生是 20 世纪中国哲学方面的重要人物之一,对于中国的哲学,对于清华大学、北京大学和西南联大的贡献非常之大。他还特别提到冯先生"旧邦新命"之说:我曾经读过他的《三松堂自序》好多次,很受感动……冯先生晚年特别喜欢"旧邦新命",这是冯先生把古文给浓缩起来的 4 个字,有深远的意义。我看了以后很感动。毫无疑问,中华民族是世界上最古老的民族之一,中华文化是世界上最悠久的文化。虽然经过了几百年的落后,到了 19 世纪几乎走到了山穷水尽的地步,可是到了 20 世纪,又经历了无数的痛苦,才达到今天这个局面。而

---

① 　张载语,见《张载集·近思录拾遗》,中华书局,1978 年 8 月。

今天这个局面用一个最简单的描述、一个最扼要的描述,就是冯先生所讲的"旧邦新命"。所以,我对冯先生的《三松堂自序》,每次看都有很深的感受。①

"旧邦新命":有良知的中国知识分子的感悟与使命!

3. 共和国总理视野中"新"——改革决定中国前途和命运

出生于 1942 年的温家宝,1988 年 3 月在全国九届人代会上被任命为国务院副总理,2003 年 3 月在十届人代会上就任国务院总理。3 月 18 日上午,他以总理的身份会见了中外记者。面对数百名记者,出身于农村一个教育世家的共和国总理深情地说:

> 我深知人生的艰辛,也知道国家建设的艰难。但我也树立了一种信念:一个人、一个民族、一个国家,只要不畏艰险,勇于攀登,一定能达到光辉的顶点。

> 在我当总理以后,我心里总默念着林则徐的两句诗:"苟利国家生死以,岂因祸福避趋之"。②

当记者问新一届政府在五年任期当中,准备确定什么样的目标,制定什么样的施政纲领时,他明确表示,最重要的是改革:农村改革、企业改革、金融改革、政府机构改革。

5 年的任期很快过去了。2008 年 3 月,在十一届全国人代会上,他第二次被任命为国务院总理。3 月 14 日上午,履新后第一次会见中外记者时,他一方面倍感时艰,使命崇高,决心在新的五年中,努力努力再努力,一方面又引经据典,在温馨、友好和亲切的气氛中妙语生花,与客人们进行政治对话。

当记者问到台湾问题时,他引用南宋人郑思肖的诗句"一心中国梦,万古下

---

① 钱耕森《"旧邦新命":杨振宁与冯友兰的共识》,《人民日报(海外版)》2002 年 12 月 16 日第六版。
② 见本书第 5 页注④。

泉诗"①以及鲁迅的诗句"度尽劫波兄弟在,相逢一笑泯恩仇",②表达了海峡两岸人民骨肉相连、血浓于水的同胞亲情。

当记者问到如何继续解放思想,搞好改革时,他说,解放思想需要勇气、决心和献身精神。解放思想和改革创新,如果说前者是因的话,后者就是果。5 年前,我曾面对大家立过誓言,"苟利国家生死以,岂因祸福避趋之"。今天我还想加上一句话,就是"天变不足畏,祖宗不足法,人言不足恤"。③ 表明他义无反顾,坚持发展经济的决心。

在温家宝总理看来,有五千年文明史的中华民族,历来就是锐意进取,敢于改革的。中国最古老的诗集《诗经》高唱"周虽旧邦,其命维新",唐代诗人司空图高唱"如将不尽,与古为新",被列宁称为"中国 11 世纪时的改革家"④的王安石高唱"总把新桃换旧符",⑤共和国的缔造者毛泽东高唱"为有牺牲多壮志,敢教日月换新天"。⑥ 一个"新"字,激励着世世代代的炎黄子孙自强不息;一个"新"字,透射着了中国传统文化刚健进取精神的耀眼光芒;一个"新"字,引领着一个伟大民族的不懈追求;一个"新"字,凝聚着亿万人民崇高的理想。

2007 年 9 月 6 日,温家宝总理出席了在大连市举行的首届夏季达沃斯论坛年会开幕式。开幕式结束后,他在现场回答了人们的提问。当时,他再次引用了"周虽旧邦,其命维新"的诗句,意在说明"中国这个老而又新的国家在改革道路上迈出的关键一步",改革决定中国的前途和命运。

---

① 郑思肖,字忆翁,南宋末年著名诗人,南宋灭亡后,他坐卧必向南,并自号所南,以示不忘故国。其诗《德祐二年岁旦》一:"力不胜于胆,逢人空泪垂。一心中国梦,万古下泉诗。日近望犹见,天高问岂知。朝朝向南拜,愿睹汉旌旗。""下泉",《诗经·曹风》篇名,写曹国政治混乱,政令苛刻,人民痛苦不堪,渴望国家昌明。诗见陈福康《井中奇书考》,上海文艺出版社 2001 年 7 月。
② 鲁迅《题三义塔》:"奔霆飞焰歼人子,败井颓垣剩饿鸠。偶值大心离火宅,终遗高塔念瀛洲。精禽梦觉仍衔石,斗士诚坚共抗流。度尽劫波兄弟在,相逢一笑泯恩仇。"张恩和《鲁迅旧诗集解》,天津人民出版社,1981 年 7 月。
③ 《宋史·王安石传》,《宋史》卷三百二十七,中华书局,1977 年 11 月。
④ 列宁《修改工人政党的土地纲领》,《列宁全集》中文第二版第 12 卷。人民出版社 1987 年 10 月。
⑤ 王安石《元日》:"爆竹声中一岁除,春风送暖入屠苏。千门万户瞳瞳日,总把新桃换旧符。"刘万煌《王安石诗词选》,金盾出版社 2008 年 7 月。
⑥ 毛泽东《七律·到韶山》:"一九五九年六月二十五日到韶山,离别这个地方已有三十二周年了。别梦依稀咒逝川,故园三十二年前。红旗卷起农奴戟,黑手高悬霸主鞭。为有牺牲多壮志,敢教日月换新天。喜看稻菽千重浪,遍地英雄下夕烟。"《毛泽东诗词集》,中央文献出版社 1996 年 9 月。

中国的改革是巨大的经济和社会变革,中国现阶段改革的主要特征是:在经济体制上,由传统的计划经济转变为社会主义市场经济,由封闭、半封闭经济转变为开放经济,解放和发展生产力,提高广大人民群众的物质文化生活水平;在政治体制上,扩大民主,完善法制,实现社会公平与正义,促进社会和谐。这两方面的改革是紧密联系、不可分割的。今后,当历史学家回顾这段历史时,他们会说,现阶段的改革是中国这个老而又新的国家在改革的道路上迈出的关键一步。"周虽旧邦,其命维新"。改革将伴随社会主义现代化建设的整个过程。改革决定中国的前途和命运。

同时,温家宝总理还强调,要真正做到不断深化改革很不容易,其中关键是领导者头脑要清醒,既不在成绩面前头脑发热,更不能在困难面前裹足不前,要抓住机遇,迎难而上,他引用了王安石的话,希望更多的人能做到"天变不足畏,祖宗不足法,人言不足恤"。

问:从世经论坛角度看,我认为最成功的领导者,不管他们来自企业还是政府,都日益要求具备全球视野并能够成为一个全球公民。您认为全球性的领导者最应该具备什么样的素质?

答:一要目光远大。领导者要掌握全球经济和科技发展的现状和未来,有正确的对策,谋而善断。

二要善于捕捉机遇。正如歌德在《浮士德》里所讲的那样"对于身边有利的瞬间,要抓住机会,不要失之交臂"。

三要有改革的精神。要做一个勇于创新的领导者,做到"天变不足畏,祖宗不足法,人言不足恤"。

四要敢于负责。不畏艰难险阻,面对困难和挫折坚忍不拔,能够担负起责任。①

---

① 《"旧邦新命",改革决定中国前途和命运——温家宝在夏季达沃斯论坛年会开幕式上答问》,《新华每日电讯》2007年9月7日第4版。

温家宝总理主持国务院工作 10 年,一直认为:改革是历史永恒的主题。但他也深知,改革任务艰巨,改革道路坎坷,没有勇往直前的精神是不行的。他之所以多次引用"周虽旧邦,其命维新"、"天变不足畏,祖宗不足法,人言不足恤"等历史先贤们富有哲理的话语,既是明志,也是要激励全国人民解放思想永无止境,坚持改革开放永不动摇,扩大开放的步伐永不停止。

正是由于这种锲而不舍的坚韧精神,蓬勃奋进的革新精神,薪火相传的接力精神,高瞻远瞩的博大精神,使古老的中华民族得以傲然屹立于世界之东方,并时时以崭新的面貌挺立于世界民族之林。

"周虽旧邦,其命维新"。

一棵常青的树!

一泓生命的水!

第四节　敬天保民的王权文化

周代之所以提出"敬天保民"、"敬德保民"观念,完全是出于维护政权的需要,是中国古代政权建设的第一次理论创新。

一、"敬天保民"

周作为殷王朝的一个边远邦国,仅方百余里,不论政治和经济实力都是很不起眼的,然而,在武王和周公、召公等的运筹下,"小邦周"却战胜了"大邑商"。

周何以能够克殷,引起了周公的思考。

周公思想敏锐且具有超过常人的思辨能力,尤其是牧野之战中的殷人倒戈事件,使他洞察到人心背向是一个带有根本性的大问题。

于是,他借题在理论上予以了精辟的发挥,以新的天命论代替了殷商的天命论。

首先,他针对当时人们最为崇拜的"天"作文章,大胆地提出了"天命可移"的命题。

殷商自汤立国至纣亡,十七代三十一王,历五百五十四年。殷何以被灭,周公在给殷顽民发布的文告《多士》中说得十分简洁。他说:这和你们优秀的先祖成汤讨伐夏灭桀是一样的,夏桀无道,"上帝不保"。(《尚书·多士》)他说:你们可能还记得,当初汤伐夏时,汤曾面对各邦国将士发表了激昂慷慨演讲:"格尔众庶,悉听朕言。非台小子,敢行称乱;有夏多罪,天命殛之。"(《尚书·汤誓》)"有夏多罪,天命殛之",说得多好啊!上天的意志是不可违的,当今的纣,就是昔日的桀,而且有过而无不及,因此,武王出师牧野,横扫朝歌,是"恭行天之罚",(《尚书·牧誓》)替天行道!

为了说明周人的所作所为是正义的,周公强调指出,"天命"由夏转殷,由殷转周,其关键取决于"德"。有"德"则天命在,无"德"则天命失。

周公强调,"天"是很英明的,它只会将管理人世的"天命"赋予给有"德"的人,"天"所挑选的人间代理人就是"天之元子",一旦握权柄的天子"失德",失去民心,也就会立即失去代表"天"的资格,皇天也就不再庇佑他,而是"改厥元子",(《尚书·召诰》)新的有德者应运而生,取而代之。这说明"天"是非常公正的、不偏不倚的,"皇天无亲,惟德是辅"。(《左传·僖公五年》)

因此,作为代表"天"的人间之王,就应该"以德配天"。

其次,周公的高明之处还在于,为使殷人相信"以德配天"的道理,他反复将成汤与武王作比。指出,老百姓的拥护与否,是"天"授受权力的最根本条件。汤之所以取代桀,盘庚、武丁时之所以天下太平,就是因为三王品德高尚,因而远者来,近者悦,"在昔殷先哲王,迪畏天显小民,经德秉哲",(《尚书·酒诰》)"商实百姓王人,罔不秉德明恤,小臣屏侯甸,矧咸奔走。"(《尚书·君奭》)因此,只有德行醇厚的人,才能使天帝高兴,小民敬畏。

由于周公的这一解释十分深刻且结合实际,很快就被包括殷人在内的天下人所接受,而且成了其后各受封诸侯相互争夺、扩大势力的指导思想,成了包括孔子、孟子、荀子、管子等诸子的思想理论基础。如管子就曾用周公之说向齐桓布道:

　　桓公问管子曰:"夫汤以七十里之薄,兼桀之天下,其故何也?"管子对曰:"桀者冬不为杠,夏不束柎,以观冻溺。弛牝虎充市,以观其惊骇。至汤而不然。夷疏而积粟,饥者食之,寒者衣之,不资者振之,天下归汤若流水。

此桀之所以失其天下也。"①

"桀不允许百姓冬天在河上架桥,夏天在河里渡筏,以便观赏人们受冻和受淹的情况;他还把雌虎放在市街上,以便观赏人们惊骇的情态。商汤则不然,他收贮蔬菜和粮食,对饥饿的人给饭吃,对挨冻的人给衣穿,对贫困的人给予救济,天下百姓归附商如流水,这就是夏桀丧失天下的原因。"管仲的解答很浅显,要说明的道理则很深刻:为政以德。

周公将桀、纣之失德与文王武王之敬德反复比较,重心在于说明"德"与"天命"、与民心之间存在着密切的正比例关系:德和天命永远是联系在一起的,失德就必然失去天命和民心。他说:"有殷受天命,……不其延,惟不敬厥德,乃早坠厥命";(《尚书·召诰》)敬德就会有上天庇佑和小民的拥护:"王敬作所,不可不敬德!""惟王其疾敬德,王其德之用,祈天永命。"(《尚书·召诰》)

他说,文王是天下最有德者:"惟乃丕显考文王,克明德慎罚,不敢侮鳏寡,庸庸祗祗,威威,显民,用肇造我区夏,越我一二邦,以修我西土。"(《尚书·康诰》)因此,周的繁荣与得天下也是必然的。

对"民"的认识,周公也有很多新的见解。他认为,天子是否有德,主要体现在对"民"的态度上。夏之所以灭亡,原因不仅是"不克开于民之丽",而且"洪舒于民",这就引起天怒人怨,于是"天惟时求民主,乃大降显休命于成汤,刑殄有夏"。(《尚书·多方》)殷纣之所以蹈夏桀之覆辙,原因也很简单,即其不仅不保民,还残害百姓,因而只有死路一条,"罔顾于天显民祗,惟时上帝不保,降若兹大丧。"(《尚书·多士》)

那么,"民"与"天"是一种什么关系呢?周公的解释也很大胆:"天视自我民视,天听自我民听。"《尚书·泰誓中》)——天意来自民意,天之意志就是人民意志的最高体现。因而一定要保护民之生命、财产,关心民之冷暖疾苦,听取他们的呼声。他语重心长地告诫人们,一定要注意吸收历史的教训,牢记:"人无于水鉴,当于民鉴。"(《尚书·酒诰》,《十三经注疏》,中华书局,1980 年 9 月)。这句话本是商周时的一句成语,早就流行于民间,意为民心向背是衡量为政好坏的

---

① 《管子·轻重甲第八十》,黎翔凤《管子校注》,中华书局,2004 年 6 月。

标准,实为治国的经验之谈。周公对赴任于卫的康叔说,只要你懂得"保民"的道理,对民"引养引恬"——使老百姓有吃有穿,生活安定——前途不仅是无限光明的,"欲至于万年,惟王子子孙孙永保民",(《尚书·梓材》)也是可以做到的。

由于"民"的意愿即"天"的意愿,而天意的主旨是"怀保小民,惠鲜鳏寡",(《尚书·无逸》)因而,有德的统治者必然是保民的,因此,从这个意义上说,"敬德"也就是"敬天"。周公说,周王是敬德的:"惟乃丕显考文王,克明德慎罚,不敢侮鳏寡,庸庸,祗祗,威威,显民,用肇造我区夏,越我一二邦,以修我西土。"(《尚书·康诰》)周王不仅光明磊落,崇尚德教,从来没有看不起或欺侮过无依无靠的人,任用那些必须要用的人,尊敬那些应当受尊敬的人,而且慎用刑罚,只打击那些应当打击的人。周王所做的这些事都是公开的,明明白白地显示在老百姓的面前。周王就是用这种方法开创了我们的邦国,由于他的"敬德",所以受到上天赐予,消灭了不可一世的殷。也正是由于"先王既勤用明德",才赢得了各路诸侯的拥护,"既用明德,后式典集",他们纷纷前来到朝贡。文王不仅爱护周地的小民,施以德政,即使对殷的"顽民"也耐心地予以教诲,以此完成先王传下来的使命:"肆王惟德用,和怿先后迷民,用怿先王受命。"(《尚书·梓材》)

综上可以看出,周公的理论修养是很高的,随着形势的发展,他不失时机地把"天"、"德"、"民"结合在一起,并使这一理论日趋完善。"德"是上天的意志,也是小民期望,只要实行"德政","天"就会理所当然地保护"天子";"天子"也只有推行"德政",才能得到诸侯与人民的拥护。不难看出,在周人眼中,"德"已经成为关系国家兴亡成败的枢纽,必须把"敬德"落实到各个领域中去,只有这样,才合乎"天意"、合乎民愿。在这里,"敬德"无疑也就是"敬天"。同时,"德"和"民"又密切相关,互为里表,所以,只有"敬德",才能落实"保民"。

总之,周公以"敬天保民"和"敬德保民"观念颠覆了殷人的天命论,从而不仅巩固了周的政权,而且更为重要的是,从此,"民为贵"的新观念萌发勃生,渐而形成了长期影响中国社会发展的民本主义。

二、"敬天保民"提出之意义

西周"敬天保民"观念的提出,是中国思想发展史上的一次伟大飞跃。

第一，形成了以人为核心的"天命观"。

中国人的宇宙观，从古至今，不论唯物或唯心，所论及的实质问题都是关于人与自然的关系，也即天人关系。

夏商周三代是中国人天命观的形成期。粗略地说，三代对"天"（包括"神"与"鬼"）的态度有明显的不同，其中最大的差别是由尊天命（神、鬼）向重人事的转变。对此，《礼记》有明确的表述："夏道尊命，事鬼敬神而远之……；殷人尊神，率民以事神，先鬼而后礼……；周人尊礼尚施，事鬼敬神而远之……"①

前面已经谈到，周人观念上的转变不是凭空而来的，是从"大邑商"灭亡的教训中总结出来的：殷代夏、周代殷，这说明"天命"并不专一，而是"天命靡常"；要使"天命"永驻，关键之一在民心，在"天子"是否有德，"皇天无亲，惟德是辅"。（《尚书·蔡仲之命》）周人这一观念的变化与升华，首先带来的是政治变革：王权进一步陟升而神权再一次下降，产生于夏、强化于殷的王权日臻成熟，王权政治超越并取代了神权政治。

如何使王权政治得以永固，周公采取的最重要的举措就是制礼作乐，用礼乐教化百姓，用礼乐约束统治者。周公的"礼治"，既有制度成分，也有德化成分，由此开中国依法治国和以德治国之先河。

这是一场深刻的、了不起的革命。

对这一变革重要性的认识，表述最为深刻的当推近代学者王国维。

1917 年，王国维发表了《殷周制度论》一文。文章开篇的第一句判语就十分惊人："中国政治与文化之变革，莫剧于殷周之际。"他何以称周取代殷之变革为"剧"呢？其分析鞭辟入里："殷、周间之大变革，自其表言之，不过一姓一氏之兴亡与都邑之移转；自其里言之，则旧制度废而新制度兴，旧文化废而新文化兴。又自其表言之，则古圣人之所以取天下及所以守之者，若无以异于后世之帝王；而自其里言之，则其制度文物与其立制之本意，乃出于万世治安之大计，其心术与规模，迥非后世帝王所能梦见也。"②

王国维论断的关键词有三个：即"变革"、"中国政治"、"中国文化"。所谓

---

① 《礼记·表记》，《十三经注疏》，中华书局，1980 年 9 月。

② 王国维《殷周制度论》，《王国维经典文存》，上海大学出版社，2003 年 11 月。

政治之变革,指"旧政治废而新制度兴";所谓文化变革,指"旧文化废而新文化兴"。王国认为,周在制度和文化上的变革,实际上是一个创造。为什么会有这样的创造? 关键是周公对社会发展的深切认识,是出于要周王"欲至于万年惟王",也就是王国维所说"出于万世治安之大计",而不是简单地改朝换代,"其旨则在纳上下于道德,而合天子、诸侯、卿、大夫、士、庶民以成一道德之团体"。高瞻远瞩,这就是周代统治者的特异之处,故王国维无不赞叹地说:"欲知周公之圣,与周之所以王,必于是乎观之矣。"

由此而始,周人的天人关系思想成为了中国哲学思想之源头,并哺育出了以孔孟为代表的儒家哲学。

第二,以民为中心的民本主义初步定型。

善待百姓、重视民心的观念并非始自汤放桀,远在太康淫逸失国时人们对此就已经十分警觉,而且从君本位的角度深刻地指出:"皇祖有训,民可近,不可下;民惟邦本,本固邦宁"。(《尚书·五子之歌》)

现在看来,在我国漫长的封建社会里,"民惟邦本"作为一个政治口号,无论任何朝代,几乎都是叫得响彻云天,但这一口号却是在封建社会才刚刚露出丝毫端倪之刻即已提出,单从这一点来看,是十分了不起的。但由于殷商是一个贵天、崇神、敬鬼的社会,纣虽无德,却自信"天命"在殷,一点也没有从君权角度认识到民心之重要。当西伯攻破殷商下属的诸侯国黎国时,纣之大臣祖伊就已感到威胁了王畿,急忙讽谏纣王说,当前的危险不仅来自西伯,即使国内的百姓也怨声载道,无不在咒诅殷灭亡——"今我民罔弗欲丧",这是"天弃我"啊,你要警惕,改弦更张,不可再"淫戏用自绝"。但纣王却仍沉迷于"天命"中,"我生不有命在天?"——我一生下来就不是天子的命吗,老百姓能奈我何? (《尚书·西伯戡黎》)在这个已经丧心病狂殷王看来,只要自己天子之位被上天认同,就会永世不变。在淫祀鬼神的氛围中,纣王不可能看到人民的力量,不可能认识到天子一旦失职、失德,上天、祖先和人民都会将其弃绝的。

周人的高明之处就在于高扬理性,认识到了天命与人事的关系,即一旦王者失职、失德,就会命悬一线,天命的链条即刻就会中断。天命是神圣的,但其源在于民,在于德,至于如何把握,则在于王的自身。只有从这个意义来说,天与人才是合一的。

　　周公认识到了这一问题的尖锐性,因而便用武王克殷的现实反复向人们说明,神权的政治已经转向了道德的政治,民心的背向已经成了如何认识"天命"问题中的热点与焦点问题。桀纣何以失天下?《孟子》记述了当时人们讨论的结论:"桀纣之失天下也,失其民也"。"失其民者,失其心也。得天下有道,得其民,斯得天下矣;得其民有道,得其心,斯得其民。"(《孟子·离娄上》)孟子政治主张的核心是"仁政",民本思想是这一理念的重要内容,因其最富特色,故而也最为历代来学者所称道。如他的"民为贵,社稷次之,君为轻,是故得乎丘民而为天子",他的"诸侯之宝三:土地、人民、政事",(《孟子·尽心下》)他的"得道者多助,失道者寡助,寡助之至,亲戚畔之;多助之至,天下顺之"等(《孟子·公孙丑下》)几乎无人不知。

　　在诸子中,管仲也是较早而明确地提出了治理国家要"以人为本"的。他说:"夫霸王之所始也,以人为本。本理则国固,本乱则国危。"①又说:"齐国百姓,公(指桓公)之本也。"②并据以提出一系列的治国政治主张及经济举措。荀子引用孔子的话,形象地将国君与庶民的关系比作舟与水:"君者,舟也;庶人者,水也。水则载舟,水则覆舟。"③由于这一比喻生动、深刻,故屡屡为统治者所引用,如唐代的魏征、唐太宗均以此为诫自惕。

　　虽然民本思想是在君主专制制度下的治国思想,仍是臣民文化,但由于它已触及到了民众为政权之基础这一带了实质性的问题,因此可以说它是中国古代政治文化中最具有民主性精华的优良传统之一。民本思想有利于社会稳定,有利于巩固统治阶级的利益,因而自周之后,始终是贯穿古代社会政治理论和政治实践主线,成为了名副其实的正统思想。

　　第三,开"仁政"思想之先河。

　　周公不仅佐武王中兴,完成克殷兴周之务,而且在成王即位之初还摄政当国,丰富的政治、军事斗争实践与经验使他清醒地认识到,作为君主,最重要的政治职责就是"敬天保民"、"敬德保民"。

　　为什么要"敬德"?他认为:"皇天无亲,惟德是辅",天子只有有德,天命国

---

① 黎翔凤《管子校注》卷九《霸言》,中华书局,2004年6月。
② 黎翔凤《管子校注》卷九《霸形》,中华书局,2004年6月。
③ 《荀子·哀公》,王先谦《荀子集解》,中华书局,1988年9月。

祚才能长久。

为什么要"保民"？他认为："民惟邦本,本固邦宁",天子要不愧受命于天,必须先"保民",只有保民,社稷才可久,王权方克固。

怎样"敬天"？他认为:"以天配德",天子有德则天命存,失德则天命丧。

怎样"保民"？他认为,"知稼穑之难,闻小人之劳",(《尚书·无逸》)"明德慎罚,不敢侮鳏寡",(《尚书·康诰》)天子只有爱民、尊民、不轻慢民,才是大德。

关于保民,周公谈得最多,他说,不仅对周民,对普通的殷民要爱护,即是对俘虏,对不拥护但不武力反抗的殷民、殷臣,也不可烂杀。平定武庚之乱后,周公建议将政策观念强的康叔由康(今河南禹州市西北)徙封于卫(今河南淇县一带),都朝歌。康叔上任时,周公反复告诫他要注意保护这个叛乱中心地的"民",不要把这里的民视为铁板一块,一定要从实际出发,区别对待,宽大为怀,明德省刑,耐心教育。据《史记》载,周公虽然知道康叔很有能力,但仍担心他年轻气盛,有时会意气用事,故一再叮咛,要康叔深入调查研究,多听当地年长人的意见——"周公旦惧康叔齿少,乃申告康叔曰":"必求殷之贤人君子长者,问其先殷所以兴、所以亡,而务爱民。"[①]"务爱民"三字尤见周公之嘱托之心切。周公讲得很多很细,希望康叔要像抚育儿童一样保护百姓,使万民康乐安定——"若保赤子,惟民其康义"。(《尚书·康诰》)

周公的言论散见于《尚书》各种文告和训词中,研究表明,在这些谈话或文告中,出现频率最高的一个字就是"民",从中可知,民在周公思想中的地位是多么的重要与厚重,是其对政治、军事、教育等问题处理原则的的核心。也正是由于此,这一思想对后世产生了深远的影响,成了其后以孔孟为代表的儒文化的思想源头。

孔子在此基础上,提出了重民、富民的思想。他说"所重:民、食、丧、祭。宽则得众,信则民任焉。……因民之所利而利之。"(《论语·尧曰》)他不仅把民放在了国家管理中第一的位置上,还希望统治者能尽力为民谋利,多做一些对民"惠而不费"的好事。《论语·子路》中就有这方面的记述:"子适卫,冉有仆。子曰:'庶矣哉!'冉有曰:'既庶矣,又何加焉?'子曰:'富之!'曰:'既富矣,又何加

---

① 《史记·卫康叔世家》,《史记》,中华书局,1982 年 11 月。

焉?'曰:'教之。'""庶、富、教"三位一体,从中略可看出,即使在两千多年前,周代的精英就已从一定意义上懂得如何全面提高人民的素质了。

对周公顶礼膜拜的孔子还对周公德政的思想进行了发展,把"德"视为"仁"的重要内容,并从人治国的角度将其作用推到了极致,明确提出"为政以德"。他说:"为政以德,譬如北辰,居其所而众星拱之。"(《论语·为政》)

孟子之所以被后世誉为民本思想的代表人物,主要是他发表了一席著名的"民为贵,社稷次之,君为轻"(《孟子·尽心下》)谈话,从此"民贵君轻"的主张如石破天惊,在历史的时空中传响。

孟子以史为鉴,将孔子的"仁"、"德政"思想发展为"仁政"的政治学说,认为"德治"为治国的根本原则,是"仁政"的核心,关乎着国家的存亡兴替,他说:"三代之得天下也以仁,其失天下也以不仁,国之所以兴废存亡者亦然。"(《孟子·离娄上》)又说:"以力假仁者霸,霸必有大国。以德行仁者王,王不待大:汤以七十里,文王以百里。以力服人者,非心服也,力不赡也。以德服人者,中心悦而诚服也。"(《孟子·公孙丑上》)孟子还把"亲亲"、"长长"的思想运用于政治,以从维护封建统治者的利益,还将孔子主张的"大学之道,在明明德,在亲民,在止于至善"(《大学·中庸》)推而广之,从而使"仁"贯穿于包括思想、政治、经济、军事、文化诸领域。

总之,始于周公"敬德保民"思想、渐次发展为正统的民本观念,虽然有其局限性,但作为中国传统文化的这种原生态的民主意识,尤其"德政"与"亲民"主张,在同君主专制思想相抗衡中所起到的进步作用是应该充分加以认识和肯定的

三、王权政治之成熟

中国古代帝位继承方式在禹之前是禅让制:尧禅于舜,舜禅于禹,禹东巡时死于会稽,帝位由皋陶之子伯益接手。令人不解的是,三年后伯益突然提出要把帝位让给禹之子启。据说启很贤明,得到了天下诸侯的爱戴,伯益感到自己不如

他,才有此举。但此举却受到了启的同姓兄长有扈氏的质疑和坚决反对,①认为启受帝位违反了先祖之训,等于禹把帝位传给了子,因而不具有合法性。启以有扈氏言行有孛于天,就以违天命为由举兵讨伐——"有扈氏威侮五行,怠弃三政,天用剿绝其命,今予惟恭行天之罚。"(《尚书·甘誓》)也就是说,有扈氏之言、之行有勃于天,因而天讨伐他,让我一举将其消灭。

由此可知,从远古、夏代至商,王位不论禅让或者嫡传,均以"天命"为帜,神权至上。

中国的王权萌芽在夏,殷商时在巫王相兼时有所强化,但王权政治的真正诞生是在周代,它是由神权政治脱胎嬗变而成且伴随着神权政治成长的,周公的"敬天保民"、"敬德保民"思想是王权政治思想源头,也是促进王权政治成熟的催化剂。

研究表明,夏王朝虽然天下一统,但并非是真正意义上的完备国家,这时的"国家"仍是由许多部落或方国构成。殷商也是如此,除了京畿及周边之外,一直到后期,并没有统一的政令与疆域,也没有真正建立起统一的王国,因而商代的王权,不仅在外部受到东夷各部落或方国的有限排斥,其多次迁都就是一个明证,即使在自己的部落内部也受到不同族众的限制,因而其权力的行使也是有限的。殷商与其他并存的部落或方国相比,文化上的发达、农业上的先进和军事实力强大是其主要特点,因而使得周人称其为"大邑商"。

武王克殷之初王权并不是巩固的,不仅周公摄政受到怀疑,武庚、管蔡二叔的叛乱更是直接的挑战。周公的过人之处就是于危机中看到了"民"的重要性超过了"天",看到了"德"的重要性超过了"天"。基于对"人"、对"德"的深刻认识,周公一方面在实际的政治操作中通过分封周室子弟与功臣建立了忠于周室的诸侯国家,牢牢地控制了国家政权,另一方面,在思想上建立起以"德"为核心的伦理观念以和谐大众、和谐社会。

由此可知,西周时的国家架构已远不同于夏商。夏商之时,其王所驭之国家虽然也可称"国家",但实际上只是人类社会早期国家的形态,是由方国与部落

---

① 亦有专家认为有扈氏非启之同宗,而是东夷族部落之一支。见刘戉国《尚书校注》(岳麓书社2004年8月)中对《甘誓》篇之释。

组成的一个十分松散的邦联体,这些方国、部落与中央政权尚不是统辖关系,而是完全独立的政治和行政单位,各方国、部落也完全是由同一族众的人群组成,首领由本族公众推举而出,方国、部落与中央政权无人员交流,即既无族众的迁徙交流,也无官员的任职交流。这种状况与古希腊的城邦社会构成很有点相似。

周克殷之后,尤其平定武庚管蔡之乱后,鉴于夏的教训,鉴于殷的教训,鉴于内部动乱的教训,周人不仅将殷之"顽民"大量迁到成周一带加以监视和改造,还将部分"东夷"西迁,与此同时,更将子弟大臣分封到各地为诸侯(诸侯又如法炮制,将领地再封卿大夫),被分封的人将周文化带到各地,并以之为准则对民人予以管理和教化。在这些举措之下,于是,我国社会就出现了一个前所未有的局面:"溥天之下,莫非王土;率土之滨,莫非王臣。"(《诗经·北山》),此记虽然有夸张的成分,但也从一个侧面说明了周王朝疆域的辽阔与王权政治的强大,表明全国达到了具有实际意义的空前统一。

周公"敬天保民"、"敬德保民"思想的提出以及一系列的制礼作乐,就是在这样一个波澜壮阔的背景下出台的。正是这样,以天为本的天命观被加以改造,以神为本的政治观被加以改造,以人为主体或"以人为本"的王权政治已臻成熟并走上了政坛。

1. 文化的自觉创新

研究表明,周人提出以人为本的王权理念,实质上是一场自觉的文化创新。

首先,这一创新的视野十分开阔。

在"敬天保民"、"敬德保民"的视野内,"天"、"德"、"民"的结合表明,以周人的历史文化观看来,三者应是一体的,一荣俱荣,一损俱损;他们已经认识到,在一个辽阔的国度内,统治者与被统治者(也包括被征服者)之间完全有着很多一致的利益关系,"德"是连结"天"与"民"之间最有力的纽带,一旦失去"德"这根链条,民就不再支持天,天之命也就要结束。反之,天只要有德,天命就会久长,王权就会永固。

其次,这一创新的内涵相当全面。

《尚书》是我国现存的最古老的政治文献,其特点之一就是最集中地反映了周代的治国之道与治国之术;另一特点就是通过总结夏商治国的经验及教训,或正面或反面提出了新的思路与对策。这些思想和对策在提出的时间上,不仅远远早于西方,而且鲜明地表现了东方文化重视人、人与人、人与自然关系的文明特色,就其内容所涉领域而言,哲学、政治、军事、经济、教育、社会等内容几乎无不涵盖。

2. 古代的人文关怀

认真探究周人王权理念的创新,不难看出,其根本的出发点是人文关怀。

比较古代东西方王权思想可以明显地看出,希腊重理性,华夏重人情。周人为政,十分强调人的各种情状,认为处理好各阶层人们之间的关系很重要。

周人王权思想中的"敬德保民"并非凭空想象,而是"稽古"所得,是先贤尧舜禹之传统。禹曾经向皋陶请教为政之道,皋陶认为重要的是继承先贤优良传统——"允迪厥德",重视人的问题。具体而言有三个方面。对君王自身来说,主要是"慎厥身,修思永",即加强自身修养,全面提高个人素质,懂得为政之道。对日常统治的管理工作而言,"在知人,在安民",(《尚书·皋陶谟》)即一是抓好组织工作,对所用大臣要全面了解,做到知人善任;二是关注民生,关心百姓的生活,使他们思想安定,生活有着。对犯有罪行的人,也有慎生量刑,不可草率行事;对社会上的弱势群体,更应加以照顾和保护,做到"明德慎罚,不敢侮鳏寡"。周人认为,如果真正做到了天子、大臣、百姓三部分人和谐相处,天下则一定是安定的,哪里还会有动乱和造反现象呢,哪里还需要刑罚和暴力呢!"知人则哲,能官人。安民则惠,黎民怀之。能哲而惠,何忧乎驩兜? 何迁乎有苗? 何畏乎巧言令色孔壬?"(《尚书·皋陶谟》)

周人认为,如果这样,完全可以建立起一个崭新的人类社会共同体——"天下大同"式的理想社会。

周人基于夏桀教训认为,在天子、大臣、民人三者之中,天子及大臣们德行的好坏事关重大,因此,首先,重要的是天子要爱民,不可暴德;其次是一定要认真选用贤人吉士,万不可任用德行败坏的"憸人"即奸臣。周公曾说:"桀德惟乃弗作往任,是惟暴德,罔后。"这一教训是深刻的,因此"国则罔有立政用憸人,不训于德,是罔显在厥世。继自今立政,其勿以憸人,其惟吉士,用劢相我国家。"(《尚书·立政》)从中可以看出,周人对人的关注,对"德"的重视,在政治品格上已完全形成了难能可贵的文化自觉,预示着一种新的历史观、伦理观走上了政治的舞台。

第五节　明德慎罚的法理文化

我国法理思想萌于德,成于礼。夏商之时,人们已经懂得通过约定俗成,来规范人们的生活与交往,德的观念渐次在人的头脑中得以明确、细化并影响到政治、经济等各个方面。

一、法理的困惑

20 世纪九十年代以来,"现代化"、"全球化"、"与国际接轨"、"加强法制建设"的话语响遍了神州大地,中国的法制建设以前所未有的速度与规模疾驶在快车道上。然而,在对整体性作一检点后,法学界具有敏锐观察力的学人不无遗憾的指出,中国的法学,作为人文科学的知识类型,在本质上并没有蕴含"中国特色",而仍属于西方性质,只不过是中国场域中一个改头换面的西方法学而已。2005 年,邓正来教授就从知识社会学和法律哲学的视角指出,中国法学正面临着西化的挑战。[①]

中国法学建设上何以出现这种隐形的"西化"现象呢?原因是多方面的,既有适应世界巨变的历史必然性,也有思想方法上的片面性、学埋上的惯性以及学风方面的浮躁性,"缺乏理性地对待中华法制文明中的民主性因素;同时也缺乏理性地分析西方法制与中国国情的适应性。因此中华法制虽然走向近代化了,但缺乏自主性与创新性,无疑也是重要的原因。"[②]在一些学者看来,由于中国没有经过资本主义的发展阶段,因而近代没有产生出较为先进的法学理念、法制社会与完备的法律体系,这与西方现代社会相比,在法理积累、成文法建设等方面的工作无疑落后了许多。

不可否认,英美或西方一些老牌的发达国家在法制、法律建设方面有许多好的理念、做法值得学习和借鉴,作为人类积累起来的共同文化财富,中国人应以博大的胸怀心平气静地加以思考与学习,尤其涉及面极宽泛的民事方面的法理

---

① 邓正来《中国法学向何处去》,《政法论坛》2005 年第 1—4 期。
② 张晋藩《论中华法制文明的几个问题》,《中国法学》2009 年第 5 期。

与法律,如对私有财产的保护,对知识产权的保护等,对我们有很大的参考价值。从这个意义上说,他们的昨天很可能就是我们的明天。但一个值得注意的问题是:能否因此就说西方属于高级社会,中国属于低级社会,并进而在价值判断上认为西方社会优于中国社会,英美一些西方国家的法制、法律模式就是我们国家发展的标准呢?

按照常理,依我们经常喊的口号如"反对西化"、"批判吸收"、"区分国情"等来看,国人尤其专家教授的头脑都是十分清醒的,似乎不可能在法制和法律建设上对我们构成法理困惑,然而不容忽视的现实却是,英美及西方的法制、法律等却成了我国法学界无形中的法理困惑。

困惑之一:我国悠久的历史传统中有没有自己的法学传统,这些传统能否构成自觉的法学"理想图景"?

困惑之二:中国法学在知识类型上能否在吸收西方文化优长的同时又不依附西方文化从而保持自己独立的品格而具有中国特色的自主性?

困惑之三:当代中国法学能否在传统的基础上从事知识生产与再生产,构建有中国特色"理想图景"的法律秩序。

承认困惑是为了破解困惑。

然而,谈何容易。

半个多世纪过去了,从搬照苏联模式到向英美及西方模式靠拢,中国的法理、法制建设进程中积压了太多的包袱,要逐步卸掉它是需要时日的。

任何国家和民族,都不可能始终以外来的法文化标准为本国法制发展的导向,中国法制的未来,终究还是要走自己的自主创新的路,建设具有中国特色的社会主义的法制文明,这是历史发展的必然,是中国特色社会主义法制建设的必然,是中华民族伟大复兴的必然。

中华法制文明曾经是中华民族的光荣与骄傲,从中应该获得民族的自信心与自豪感,用以创造更具有活力的崭新的中华法制文明。

在世界法文化的交流中,中华法制文明必须走自己的路。只有立足于我国的国情和民情,尊重本民族的创造与法律传统,注重发掘其中民主性的因素,并将其纳入新建立的法律制度之中,才能超脱中国法律近代转型过程中的西方化藩篱,实现更加宏伟的、深刻的法制现代化的建设目标。

不立不破,边立边破。要建立有中国特色的法理、法制,必须把学习英美、学习西方与学习传统优秀文化结合起来。2011 年,在中共十七届六中全会上,中共中央《关于深化文化体制改革推动社会主义文化大发展大繁荣若干重大问题的决定》指出,"优秀传统文化凝聚着中华民族自强不息的精神追求和历久弥新的精神财富,是发展社会主义先进文化的深厚基础,是建设中华民族共有精神家园的重要支撑。要……加强对优秀传统文化思想价值的挖掘和阐发,维护民族文化基本元素,使优秀传统文化成为新时代鼓舞人民前进的精神力量。"①

《决定》所说的"优秀传统文化",不言而喻,理所当然地包括法治文化。中国历史上不仅产生过很有特点的法律,如唐律、宋刑统、大明律等法典,相当完整,为近代法制建设提供了很好的借鉴,同时,中国历史上还有着丰富的法理、法制、法治思想资源,周代提出"明德慎罚"、"刑兹无赦"、"刑罚世轻世"等观念,蕴含着深厚的民族法治文化基本元素,影响了其后历代王朝的法制与法治。

只要坚持学习、继承与创新,认真挖掘和阐发"明德慎罚"、"刑兹无赦"、"刑罚世轻世重"等具有元典性的法理思想,我们就一定能破解法制建设中的西化倾向,在建设有中国特色的和谐社会中,建设卓而不群的中国法制文明。

二、立法、司法与执法之原则

中国是在世界上法制理念及法治实践出现最早的国家之一,如果从第一个国家形态的夏代算起,法制文明的历史超过了四千年。夏、商、周时期,就有了禹刑、汤刑、九刑、吕刑等,尤其是"明德慎罚"、"刑罚世轻世重"、"刑兹无赦"等法理观念的产生,可以说中国早期的法理思想已相当成熟,这些闪耀着理性光芒的思想由于代代相继,从未中断,所以它使中国传统的法理思想有着完整的系统性、严格的明晰性及内在的联系性。

1. "明德慎罚"——立法之总纲领

在夺取政权、巩固政权中,周公提出了"以德配天"、"敬天保民"的重要思想,并使其成为了立国的基本理论,从此,"德"的观念,"民"的观念便成了制定

---

① 《中共中央关于深化文化体制改革推动社会主义文化大发展大繁荣若干重大问题的决定》,《人民日报》2011 年 10 月 26 日。

一切政策、礼法的出发点和归宿。"明德慎罚"是周代立法的总纲领,因而也是司法与执法的根本指导思想,开将"德"的观念、"民"的观念用于法制(礼法)建设之先河。

首先,"明德慎罚"是"以德配天"思想在法制理念上延伸。

周公是将"明德慎罚"作为治理国家的总方针而提出来的。他从两个方面指出其重要性,一是强调"惟乃丕显考文王,克明德慎罚",(《尚书·康诰》)即这是文王之所以得天下的根本原因。作为文王的忠实追随者,要继承其遗志,就必须毫不动摇的继承并弘扬文王留下这份光辉的思想遗产。其次指出,"明德慎罚"是治理好国家的必须遵守的历史规律,殷商先贤如成汤、帝乙也无不如此:"乃为成汤,克以尔多方简代夏作民主,慎厥丽,乃劝;厥民刑,用劝。以至于帝乙,罔不明德慎罚。"(《尚书·多士》)正是因为如此,其国祚长而安。至纣时弃德从暴,"惟天不畀不明厥德",故而遭到上天的惩罚,才有了以周代殷。由此可知,"明德慎罚"作为法理的根本理念,其核心仍是尚德——"明德"是支撑"慎罚"的基础,"明德"是指导"慎罚"北辰,"明德"是将德治观念延伸到法制和法治领域的具体体现。

其次,明确提出了德刑结合的原则。

就"明德慎罚"内涵而言,虽然"明德"是"慎罚"的基础,但"明德"的目的显然仍是为了"慎罚"。"罚"是任何法制都不能回避的问题。周公的"慎罚",字面上很清楚,既没有要削弱罚,更没有要放弃罚之义。他所要说明的是:只有"慎罚",才能体现"明德",才能实现"明德"的指导性;只有"慎罚"才能实现有效的罚、合情合理的罚,才能维护国家的统治,才能保证社会的稳定。

由于周公以德至上,认为这是造就"新民"的首务,使用刑罚只是一种补充的手段,并非单纯为罚而罚,目的也是为了防止犯罪,鼓劝人人为善。他说:"明德慎罚,亦克用劝。要囚,殄戮多罪,亦克用劝;开释无辜,亦克用劝。"(《尚书·多方》)这样,在周人那里,"明德慎罚"就将"德"与"刑"自然而有机地结合在了一起。

第三,"德法"结合的法治(礼治)思想对后影响深远。

在周代以至其后很长一段时间中,在"德"与"法"的关系上,"德"一直处于主导地位,即是主张严刑苛法的人,也不敢贸然说"法"在"德"之上,也总是以

"明德慎罚"为帜而售其实。需要说明的是,西周时,"德"是一个很宽泛的概念,既包含私德,也包含官德,同时也含有政治、策略等意蕴。因此,在处理"刑"与"德"之关系时,首要的是要求执法者,即统治者敬天忠君,体恤民情,明白德理。孔子不遗余力地张扬周公之德,主张礼治,实施德治,行以仁政。他说:"为政以德,譬如北辰,居其所而众星拱之。"德之重要性不言而喻。在"德"、"刑"、"礼"关系上,他提出"导之以政,齐之以刑,民免而无耻;导之以德,齐之以礼,有耻且格"的原则,(《论语·为政》)认为只有"德"深入人心,民人有了觉悟,才会减少犯罪,少用刑罚。孔子认为,万事以德则名正言顺,否则,"名不正则言不顺,言不顺则事不成,事不成则礼乐不兴,礼乐不兴则刑罚不中,刑罚不中则民无措手足。"(《论语·子路》)

孔子是周公之后在"德""刑"关系问题上强调礼治、德治的第一人,其主张受到很多社会精英的肯定,至汉代"独尊儒术"之后,其政与德、刑与礼的主张在思想文化领域更加占据了主导地位,"毁先王之法,灭礼谊之官,专任刑罚"[1]的法家思想及秦始皇遭到批评。

董仲舒是汉代新儒学的创始人和集大成者,其在发挥儒学精义的同时,兼收法家思想和阴阳五行思想,主张将儒家之经义作为断狱之根据,从而把"以德解法"推向了极致。为了适应西汉统治者的需要,他在阐释"明德慎罚"时将"三纲五常"视为封建道德之最高准则,以阴阳五行比附德与刑,并就修德轻刑问题作出了"德主刑辅"的结论:

> 阴阳之会,一岁再遇。……喜怒之祸,哀乐之义,不独在人,亦在于天;而春夏之阳,秋冬之阴,不独在天,亦在于人。……故曰:天乃有喜怒哀乐之行,人亦有春秋冬夏之气者,合类之谓也。匹夫虽贱,而可以见德刑之用矣。……阴终岁四移,而阳常居实,非亲阳而疏阴,任德而远刑与?天之志,常置阴空处,稍取之以为助。故刑者德之辅,阴者阳之助也,阳者岁之主也。[2]

---

① 《汉书·刑法志》。《汉书》,中华书局,1973 年 5 月。
② 《春秋繁露·天辨在人》(卷十一),《春秋繁露》。中州古籍出版社,2011 年 1 月。

在董仲舒新的天命观中，"天"与"人主"是一致的，"德"与"天道"是一致的，王者必法天，而天道即重德轻刑。为此，他还在执法的策略上提出了"大德小刑"的主张：

> 阳为德，阴为刑。……是故阳常居实位而行于盛，阴常居空位而行于末。天之好仁而近，恶戾之变远，大德而小刑之意也。……此皆天之近阳而远阴，大德而小刑也。是故人主近天之所近，远天之所远；大天之所大，小天之所小。……务德而不务刑。……为政而任刑，谓之逆天，非王道也。①

由于"德主刑辅"从理论上非常简洁地表达了为专制皇权服务的法律内涵，故自汉代之后为历代封建王朝所接受，"任德而远刑"、"德主刑辅"、"大德小刑"、"务德而不务刑"等不仅成为了封建社会正统的法治思想，也实实在在地指导了中国两千多年的法治实践，尤其是唐代、宋代和明代。

（1）"明德"之目的在尚德

由于"明德慎罚"的基本内涵仍是尚德，是以人为本——执法者要有德，要重教化，以德教民，以德罚民，因而"罚"时要"慎"，量刑要适中，处置可从轻，决不乱罚无罪，乱杀无辜，也是不言而喻的。

作为中国古代法系的基本理念，"明德慎罚"所体现的慎罚、轻刑思想是非常清楚的，对后世的影响也是巨大的，它深刻地反映了中华传统文化中的人本主义与人文关怀，与西方后世的人道主义是相通的。就此，法史学界的认识也是比较一致的。

（2）"慎罚"之要义在轻刑

"慎罚之要义在轻刑"，一些学者认为这样的理解有失片面。其主要理由是，西周社会存在酷刑，《尚书·吕刑》就有墨、劓、剕、宫、大辟五刑的记载，也有乱杀无辜之的记载。认为，在文明刚刚冒出嫩芽而尚未脱离上古野蛮气息的西周时代，复仇、报复、报应思想还极为严重，刑法还充斥着浓厚的重刑报应和重刑威慑的原始色彩。据《周礼·秋官司寇第五·掌戮》载："凡杀其亲者，焚之。杀

---

① 《春秋繁露·阳尊阴卑》（卷十一），《春秋繁露》。中州古籍出版社，2011年1月。

王之亲者,辜之。凡杀人者,踣诸市,肆之三日。刑盗于市。凡罪之丽于法者,亦如之"。在这样一个动辄杀人、在闹市展示血腥杀人、展示肉体制作技术的时代,社会上不可能到处洋溢着一种谨慎用刑、刑法谦抑、刑法人道、有利被告、保障犯罪人人权的刑法思想,而且这种思想还超越了社会一般人的思维界域,而上升为国家意志,上升为国家领导人制定大政方针时的指导思想。二是作为奴隶主贵族,不可能从犯罪人角度出发考虑问题,不可以能保护犯罪人基本人权为着眼点制定法律。①

那么,这些学者是怎么理解"明德慎罚"呢?

> 学者廖春明认为:前贤时人将"慎"字或训为"谨",或训为"诚",或读为"顺",其实皆不足取。"慎"字本意应为"心里珍重"。其字应是形声兼会意,"心"为义符,而"真"为声符,也为义符。……"慎"之本义不应是"谨",而应取"心"、"真",也就是"心"、"珍"之会意。"珍"之本义为"宝",为珍重。由此可知,"慎"字本义即为"心里珍重"。……

> 另有学者张丰乾认为:"慎",假借为"顺"。"顺"之中又有"重"的意思,也就是说看重乃是顺遂的前提。《墨子·天志中》有云:"天之意不可不慎也。"实际上,"顺天意"也即是"重天意"的结果,即强调了要重视大意。……所以,"慎"字训为"重"字,应当说是可取的。"慎"训为"重",取"重"之两意:一为重视之意,二为量词轻重之重。②

作者认为:对于统治者而言,重视刑罚肯定不等于谨慎地施行刑罚,更不等于要追求刑罚的宽容、人道、谦抑、保护犯罪人人权。……重罚、滥罚,不一定就违背西周"慎罚"的基本精神;宽容、轻缓,也不一定会违背西周"慎罚"的基本精神。关键是要看这种重罚、滥罚,这种宽容、轻缓,是否有利于统治者利益的最大化,有利于则是"慎罚",不利于则是不"慎罚"。"

其实,论者在这里犯了两个常识性的错误。一是古汉语的误诂。在研究古

---

① 冷必元《西周"慎罚"思想疑思与解惑》,《政治与法律》2011 年 10 期。
② 同上。

史中,利用古汉语的通假、互训、互证等方法解释一些不常见的生辟字、意义艰涩难解的字是完全正常的。但有一个原则,即"凡是不利用假借字也可以讲通的古籍,似以不求助于假借字为佳。"①"明德慎罚"词义明确,毫无歧义,故治《尚书》者向无对此词有疑义者。据统计,《尚书》中"慎"字凡34出,多为"谨慎",而乏"重视"之意。② 将"慎"释为重,实是对其原意的自发篡改,《左传》中恰有引用《尚书》中这一段话的例子,从而可得印证。

　　楚之讨陈夏氏也,庄王欲纳夏姬,申公巫臣曰:"不可。君召诸侯,以讨罪也。今纳夏姬,贪其色也。贪色为淫,淫为大罚。《周书》曰:'明德慎罚。'文王所以造周也。明德,务崇之之谓也;慎罚,务去之之谓也。若兴诸侯,以取大罚,非慎之也。君其图之!"王乃止。(《左传·成公二年》)

"慎罚,务去之之谓也","以取大罚,非慎之也",这就是当时人对"明德慎罚"的理解。由此可知,今之论者之"假借",本即为削足适履,同时又成了画蛇添足。更有甚者,有的论者为了将某句话解释(或者歪曲)为符合自己的理解,更是烂用"假借"之法:

　　"敬明乃罚。人有小罪,非眚,乃惟终。自作不典,式尔! 有厥罪小,乃不可不杀,乃有大罪,非终。乃惟眚灾适尔"中,"敬明乃罚"的敬是慎的借字。明是定的借字。定是决定。乃是汝,指罪犯。罚是刑的借字。……"非眚"的非是否定词。眚是指天象变化,如雨旱不及时,引伸为自然灾害。在自然灾害中要采取自救行为,即现代刑法学上所讲的紧急避险。"乃惟终"的乃是就。惟有独、只等意。终是重的借字。"自作不典,式尔"的自是

---

① 周戒国《尚书校注》,岳麓书社,2004年8月,第172页。
② 如《皋陶谟》之"慎其身,修思永",《五子之歌》之"慎厥德",《仲虺之诰》之"慎其终,惟其始",《太甲上》之"慎乃俭德,惟怀永图",《太甲下》之"始终慎其与,惟明明后"、"慎终于始",《咸有一德》之"其难其慎,惟和惟一",《旅獒》之"明王慎德,四夷咸宾",《微子之命》之"慎乃服命,率由典常",《蔡仲之命》之"克慎厥猷"、"慎其初,惟其终",《立政》之"庶狱庶慎",《周官》之"钦乃有司,慎乃出令",《君陈》之"往慎乃司",《毕命》之"慎固封守,以康四海"、"惟周公克慎厥始"、"罔曰民寡,惟慎厥事",《囧命》之"慎简乃僚",《文侯之命》之"丕显文武,克慎明德"等。

指犯罪人自身。作是为。典即刑法的典册。"式尔"的式是适的借字。尔是代词。"有厥罪小,乃不可不杀,乃有大罪,非终。乃惟眚灾适尔"中厥指犯罪人。"有厥罪小",实是指犯罪人所犯的是小罪。"乃不可不杀"就是不可不处以刑罚。"乃有大罪",即就会犯大罪。"非终",实是非重,也就是基于犯罪率上升,犯重罪的日趋增加,最后非用重刑镇压不可。"乃惟眚灾",实是乃惟省哉,也就是说这是值得深思的啊![1]

"敬明乃罚。人有小罪,非眚,乃惟终。自作不典,式尔! 有厥罪小,乃不可不杀,乃有大罪,非终。乃惟眚灾适尔"这段话依其原意本来应作如下解释:"对(实行)刑罚要谨慎严明啊! 如果一个人犯了小罪,而不是(违害)很大的过失,(但因他)经常犯违法的事,虽然他的罪小,却不能不杀。如果一个人犯了大罪,但不是一贯如此,而只是由过失造成了较大灾祸,只是偶然犯罪,可按法律予以适当处罚,不把他杀掉。"但在论者的多重"假借"下,意义大变,最后被解释为:

> 应当慎重决定对罪犯应处的刑罚。犯罪人犯的虽是小罪,如果不是由于自然灾害所采取的紧急避险,就只能加重处罚。对小罪加以处罚,就可以制止犯大罪,如果对小罪不处以刑罚,就会促使犯罪人犯更大的罪行。这是值得深思的啊! 所以必须适用刑罚处罚。

这样,明明是"敬明乃罚"四个字,在论者笔下变成了"慎定乃刑"四个字了;"眚"的原意本是"小的毛病",论者一面将前一个"眚"解释为"自然灾害",一面将后一个"眚"解释为"省",并毫无根据地又将"灾"释为"哉"。这样运用古字学知识,胆子之大,想象之丰富实合令人匪夷所思。

二是一些论者把法治指导思想等同于法律实践。其实,"明德慎罚"原意并不影响论者指出周代社会存在法不恤民、烂杀无辜现象。道理十分简单:理论并不等于实践,二者脱节之现象屡见不鲜,不仅西周,古今中外,盖莫能外。以今天我国的司法执法实践为例:尽管我们的宪法、刑法以及公安条例明文规定人民是

---

[1]　冷必元《西周"慎罚"思想疑思与解惑》,《政治与法律》2011 年 10 期。

国家的主人,保障人权,禁止对嫌犯或被拘者刑讯逼供,但现实中的刑讯逼供还少吗? 冤假错案没有了吗?

最后,还需要说明的是,周公"明德慎罚"及其轻刑主张的提出并不是偶然的,不仅是周王朝初立,需要宽政轻刑的形势使然,也是其对商代苛政苛刑之弊进行总结和矫正的结果。周公认为,殷商之所以被上天抛弃,最大的原因是纣王务刑不务德,西周王朝要拨乱反正,只有"明德慎罚"才能上承天命,下顺民心,方能祈天永命。

2. "刑罚世轻世重"——司法之原则

早在一百多年前马克思就指出:"刑罚不外是社会对付违犯它的生存条件(不管这是些什么样的条件)的行为的一种自卫手段。"①毫不例外,周代的刑罚也是维护周王朝统治的工具,以有利于周王朝稳定为出发点和归宿的。

如何司法、执法才有利于西周王朝政权巩固、社会发展、社会稳定,才能使刑罚成为"自卫手段"呢?

为此,西周王朝不仅效法殷商之"汤刑",制定了自己的刑罚准则,还设置了具体负责司法事务的官吏:秋官司寇。大司寇的职责是"使帅其属而掌邦禁,以左王刑邦国。"具体来说就是"掌建邦之三典,以佐王刑邦国,诘四方。一曰刑新国用轻典,二曰刑平国用中典,三曰刑乱国用重刑。"②从区别"新国、平国、乱国"三种情况和刑罚使用分"轻、中、重"三等可知,西周王朝"三典"的内容是不同的,是很有针对性的,说明其基本精神也是从民情出发,"明德慎罚",宽严相济。

如前所述,"明德慎罚"的落脚点是"慎罚",但其基础是德,只有那些"德"高的掌权者才能做到"宽严相济"。春秋时最著名的政治家和思想家子产,在担任郑国之相的数十年中,就以重德爱民而闻于各国。在刑罚上,他认为"唯有德者能以宽服民,其次莫如猛。"但他指出,"宽"须有度,如对民情把握不准,也容易出现问题,"夫火烈,民望而畏之,故鲜死焉;水懦弱,民狎而玩之,则多死焉。故宽难"。孔子认为子产刑罚之论非常正确,对其评价很高:"善哉! 政宽则民慢,慢则纠之以猛。猛则民残,残则施之以宽。宽以济猛;猛以济宽,政是以

① 《死刑——科布顿先生的小册子——英格兰银行的措施》,《马克思恩格斯全集》第8卷,人民出版社,1961年,第578—579页。
② 《周礼·秋官司寇》,《十三经注疏》,中华书局,1980年9月。

和。"后来子产因病去世，"仲尼闻之，出涕曰：古之遗爱也！"（《左传·昭公二十年》）孔子认为子产的这种"宽严相济"的思想是"古之遗爱"，是有源头的，也就是说，是继承周公刑罚思想而来的。

孔子之论是言之有据的。灵活执法，宽严结合，作为司法的最基本的指导思想，其源出于穆王时所制《吕刑》这一重要规定："刑罚世轻世重，惟齐非齐，有伦有要。"（《尚书·吕刑》）

没有区别就没有政策。"刑罚世轻世重，惟齐非齐，有伦有要"作为一种司法和执法原则，其意为，刑罚的适用和使用，在不同的时期、不同的阶段，不同的案件中，要恰如其分地掌握其轻重程度，不可毫无差别地搞一刀切。也就是说，必须根据不同时期犯罪情况，从形势的需要出发，从有利于社会稳定与发展出发，制定和行施轻重不同的刑罚。

两千多年前周人就将"刑罚世轻世重，惟齐非齐，有伦有要"作为原则写进《吕刑》，这是很了不起的，从中可以看出周人是非常善于总结经验，懂得"变"，懂得按照客观规律和具体问题具体分析来办案的。就执行刑罚而言，简而言之，就是懂得按照"差异"施刑。

周人在司法活动中是如何区别和处理差异的呢？索之《康诰》《酒诰》《无逸》《立政》《吕刑》等，梳爬其荦荦大者如下：

一是尊重事实，力排个人成见。正如《史记·卫康公世家》所言，周公之所以作《康诰》，其重要原因就是"周公旦惧康叔齿少"，担心这位弟弟在复杂的环境下容易意气行事，"乃申告康叔曰：必求殷之贤人君子长者，问其先殷所以兴，所以亡，而务爱民。"在《康诰》中，周公语重心长地对康叔讲，在刑罚上，一定要做到"义刑义杀"，最大的忌讳是"勿庸以次汝封"。意思就是一定认真分析情况，符合用刑则用刑，该杀的则杀，而不是按你的个人意愿去行施刑罚。周公说"非汝封刑人杀人，无或刑人杀人；非汝封又曰劓刵人，无或劓刵人。"意思是，刑罚不可徇私，不是说你想刑杀就刑杀，你不想刑杀就不刑杀；你说割鼻子就割鼻子，你说不割鼻子就不割鼻子。辜堪生教授在《周公评传》第五章《周公的法律思想》第二节中对此评价很高，认为这种观点已非常接近我们今天"以事实为根据，以法律为准绳"的刑事诉讼原则,难能可贵。①

二是区别故意与过失,偶犯与惯犯。《康诰》中,周公在向康叔强调"敬明乃罚"原则后接着说:"人有小罪,非眚,乃惟终。自作不典,式尔。有厥罪小,乃不可不杀,乃有大罪,非终,乃惟眚灾,适尔。既道极厥辜,时乃不可杀。"意为行施刑罚一定要从实际出发,区别故意(眚)与过失(非眚),偶犯(非终)与惯犯(惟终),同时考虑犯罪动机、危害程度以及认罪态度等情况。对故犯、惯犯且态度恶劣者要重刑;反之,对过失、偶犯且态度好者可酌情轻刑。后世学者对此皆认同,如南宋学者蔡沈在为《尚书》作传时,就在此条下释曰:"此下谨罚也。式,用。适,偶也。人有小罪,非过误,乃其固为乱常之事,用意如此;其罪虽小,乃不可不杀,即《舜典》(引者按:应为《大禹谟》。下同。)'刑故无小也'。人有大罪,非是故犯乃其过误,出于不幸,偶尔如此;既自称道尽输其情,不敢隐匿,罪虽大,时乃不可杀,即《舜典》所谓'宥过无大'也。"②

三是不乱杀无辜,不株连亲族。在《尚书·无逸》中,周公曾告诫成王,为政一定要效法先贤,治国除毋逸之外,刑罚尤慎,务毋"乱罚无罪、杀无辜"。在《梓材》中,周公又告诫康叔说:"予罔厉杀人"。何谓"厉"?《逸周书·谥法》中说:"杀戮无辜曰厉"。何为"无辜"?无辜者,无罪之谓也。基于此,周公接着举例说:"肆往奸宄、杀人、历人,宥;肆亦见厥君事、戕败人,宥。"意为对殷之遗民,一定要实行宽大的怀柔政策。昔日曾为盗匪者、有杀人劣迹者及俘虏、泄国家机密者、残害过他人者等,该赦免者应尽量赦免,以收拢人心,稳定局势。

殷商之时,在刑罚上曾滥施族刑,武王伐纣时特别指出其"罪人以族"是"商罪贯盈,天命诛之"的重要原因。(《尚书·泰誓上》)周立国后如何避免烂杀无辜,不行株连,也是武王与太公、召公、周公经过一番慎重的讨论之后才确定下来的。汉代刘向在《说苑》(卷五)中曾有记述:

> 武王克殷,召太公而问曰:"将奈其士众何?"太公对曰:"臣闻爱其人者,兼爱屋上之乌;憎其人者,恶其余胥。咸刘厥敌,使靡有余,何如?"王

---

① 辜堪生《周公评传》,四川大学出版社,2006年3月。

② 蔡沈《书集传》,凤凰出版社,2010年1月。

曰:"不可。"太公出,劭公入,王曰:"为之奈何?"劭公对曰:"有罪者杀之,无罪者活之,何如?"王曰:"不可。"劭公出,周公入,王曰:"为之奈何?"周公曰:"使各居其宅,田其田,无变旧新,惟仁是亲。百姓有过,在予一人。"王曰:"广大乎,平天下矣。凡所以贵士君子者,以其仁而有德也!"①

周公是反对株连的,主张只惩罚犯罪者一人。《左传·僖公三十三年》载,晋文公时,臼季向其推荐德行高尚的冀缺,文公说,听说他的父亲冀芮可是犯过罪的呀!臼季就引用周公的话回答说:"《康诰》曰:'父不慈,子不祗,兄不友,弟不共,不相及也。……君取节焉可也。"于是晋文公就任命冀缺为下军大夫。《左传·昭公二十年》载,一次齐景公赐群臣饮酒,苑何忌辞谢时也引用过周公的话:"《康诰》曰:'父子兄弟,罪不相及',况在群臣?"由此可知,周王朝的这一司法原则在当时之影响是相当广泛的。

荀子对周公的刑罚思想十分认可。他指出:"以族论罪"是乱世所为,"故一人有罪,而三族皆夷",周公毅然弃之,不搞株连,在主政期间能做到刑罚公正。"杀其父而臣其子,杀其兄而臣其弟","刑罚綦省,而威行如流,政令致明,而化易如神"。因而社会得到了很好的治理,"故成王之于周公也,无所往而不听,知所贵也。"②

四是强调司法责任及尊重法官,减少行政干预。周公总结了商周两朝行施刑罚的经验,认为要正确行施刑罚,最重要的是任用"明德"之法官。"呜呼!其在受德,暋为羞刑暴德之人,同于厥邦,乃惟庶习逸德之人,同于厥政。"意为纣王除自身无德,昏淫无道,而又重用一些烂施刑罚、性情残暴的人为辅弼,最后导致国灭人亡。因而他郑重地对成王曰:"继自今,文子文孙,其勿误于庶狱庶慎,惟正是乂之",并强调"惟有司之牧夫。"(《尚书·立政》)其大意是,今天,作为先圣文王的子子孙孙,千万不可自误,特别是对于实施刑罚方面的事情,务必小心谨慎,只有司法的主管部门才可裁决处置,司刑人员才可具体办理。

《立政》一文仅寥寥六百余言,不要干预的话——"庶狱庶慎"连讲了四次,

---

① 《说苑·贵德》,程翔《说苑译注》,北京大学出版社,2009年1月。
② 《荀子·君子篇》。张觉《荀子译注》,上海古籍出版社,1995年12月。

此外还明确地告诫:"其勿误于庶狱";而且态度十分严厉,要当权者一句干涉的话也不能讲——"时则勿有间之,自一话一言"。由此可见周公对不要干预刑罚一事多么重视,强调"惟有司之牧夫是训用违",又反映了他对让具体负责刑罚之人员自行作出决定是多么尊重。

《吕刑》还要求司法人员在实施刑罚时要依律行事,"非佞折狱,惟良折狱,罔非在中。察辞于差,非从惟从。哀敬折狱,明启刑书。胥占,咸庶中正。其刑其罚,其审克之。"意为,实施刑罚的人员一定要是敬德之人,要禁止任用奸佞之人决狱施罚。规定实施刑罚者在处理案件时要慎重量刑,要按照刑书的规定裁量;如果刑书没有明文规定,可依照法律类推原则裁量,目的是确保案件处理公正。对那些敢于枉法实施刑罚之人员,一经发现,即予处罚。"五过之疵:惟官,惟反,惟内,惟货,惟来(求)。其罪惟,其审克之!"文中的"五过"指的是五种枉法舞弊行为,一是畏惧权势,二是挟私报复,三是搞裙带关系,四是贪赃受贿,五是受人指使或请托。一经查明,一律按犯罪者同样的刑罚处罚。

五是刑罚要适中,不可畸轻畸重,同时不可轻信被刑人员口供。刑罚能否适中,一方面取决于有司之牧者水平之高低,一方面取决于对事实是否掌握得全面且准确。为此,周公要求任司寇之职者必须头脑清楚:"太史,司寇苏公,式敬尔由狱,以长我王国。兹式有慎,以列用中罚。"(《尚书·立政》)意为要求并希望太史、司寇们一定要慎重处理好每件案情,以确保国家长治久安;判决案件要作到公正、允当,合情合法。为防止误判,周公要求司牧人员对被刑人员犯罪事实、情节细节以及口供等,均要慎之又慎。《康诰》中说:"要囚,服念五六日至于旬时,丕蔽要囚。"意为对重要的被刑罚者,要认真仔细地核审证据与供辞,服膺五六日至于十日,至于三月再判都是可以的,总之,一定要慎之又慎。

六是罪疑从轻从赦。西周根据犯罪的不同,在刑罚上规定有五刑和五罚。但在实施中如何确定和区别对待罪呢?《尚书·多方》称:"开释无辜,亦克用劝。"其意为,对确实无罪、无辜的人,应立即释放或赦免,其作用是能引导、鼓励民人自觉遵守法律。《尚书·吕刑》:"五刑之疑有赦,五罚之疑有赦。"孔颖达之疏引《正义》加以解说:"刑疑有赦,赦从罚也;罚疑有赦,赦从免也。"这就是说,不论当刑之罪还是当罚之过,只要有"疑"就可以赦。这一规定是非常明确的,如何确定"赦"与"不赦",关键在一个"疑"字上,即,在无确凿事实的情况下才能赦,而不是罪大罪小的问题。

　　另外,反映周代礼制的《礼记》也有关于刑赦的记载,如《王制》篇:"赦从重"。郑玄为其作注曰:"虽是罪可重,犹赦"。《王制》又一处曰"凡作刑罚,轻无赦"。郑玄注曰:"法虽轻,不赦之,为人易犯。"孔颖达作疏时说:"此非疑狱,故虽轻不赦也。若轻辄赦,则犯者众也。故《书》云:刑故无小,虽轻不赦之,为人易犯也。"《王制》另一处曰:"疑狱,氾与众共之,众疑,赦之。"意为虽罪大可入重刑,但由于并非故意犯罪,是个"疑狱",众人也认为不应视为重罪,也要"赦之"。由此可知,周人对刑之"疑"与"不疑"区分是很清楚的。罪虽小虽轻,但若是确确实实的,也是不能"赦"的。

　　考《吕刑》关于赦的思想之本,可能源于夏代或夏之前。《尚书·大禹谟》曾记述了虞舜时司法官皋陶的一段话:"宥过无大,刑故无小。罪疑惟轻,功疑惟重。与其杀不辜,宁失不经。好生之德洽于民心,兹用不犯于有司。"意为,在判断刑罚时,如果是过失犯罪,再大也可原谅减刑;如果是故意犯罪,再小也要加以处罚。定罪时如有可疑就从轻,赏功时如有可疑则从重。与其杀罪过尚有可疑者,宁可冒一点违背常法的风险。这是因为,如果上天重视生命的美德深入民心,平民就不会触犯法而动用司法部门了。《大禹谟》虽属伪古文《尚书》,但从《左传·襄公二十六年》记述声子同楚国令尹子木说起"楚材晋用"一事时说:"《夏书》曰:'与其杀不辜,宁失不经',惧失善也",说明罪疑惟轻这一思想是很早之前就的,《吕刑》不过规定得更明确罢了。

　　就现代法制而言,"无罪推定"思想源于古罗马法的"有疑,为被告人之利益"的原则;而最早将其作为一种理论提出来的是18世纪意大利的刑法学家贝卡利亚,他在其著作《论犯罪与刑罚》①一书中指出:任何人在其罪行没有得到证明时,根据法律,他应当被看作是无罪的人。相比之下,西周的罪疑从轻从赦比西方早了两千多年。但现代法理的创新却仍相当落后,究其原因,封建主义思想的根深蒂固,民主思想的缺失可能是最重要的因素之一吧。

　　3."兹刑无赦"——执法之原则

　　刑罚与惩罚有着密不可分的关系,从一定意义上说,没有惩罚就没有刑罚,

_____

　　①　贝卡利亚《论犯罪与刑罚》,中国法制出版社,2005年1月。

因此,惩罚性是刑罚最突出的一个特征。在西周时代,刑罚的惩罚性的形式是多样,如五刑、五罚等;惩罚的程度即严酷、轻缓也是视具体情况而定的,如有的处死,有的处肉刑,有的拘押,有的罚款等。

西周时期,刑与礼既有分别又有融合或混杂的特点,给后人留下了深刻印象。东汉和帝时尚书陈宠一向主张轻刑,但在提到《吕刑》时也说:"圣贤之政,以刑罚为首。"其后任廷尉时,又比照《吕刑》,"钩校律令条法,溢于《甫刑》者除之",即汰除了当时条律中之繁苛部分。之所以如此,就是他认为"礼之所去,刑之所取;失礼则入刑,相为表里者也"。律不在多,凡失礼者,都要入刑,从而体现"以刑罚为首"的原则即可,因而"溢于《甫刑》者……悉删除其余令,与礼相应,以易万人视听,以致刑措之美,传之无穷。"①

"明德慎罚"从"德"的意义上说,就是坚持"德"要指导刑罚;从法的意义上说,就是坚持礼刑并用的法理精神。从"礼"的角度而言,它要明尊卑、等贵贱,从"刑"的角度而言,它要对不同的犯罪者——尊贵的"大人"和卑贱"小人",均施以惩罚。为保证刑的正确行施,周公在《康诰》中除了告诫康叔牢记"明德慎罚"外,又教导他要防止片面性,对那些大案、重犯、屡犯不改的"小人",包括诸侯国的庶子、训人和正人、小臣、诸节等,一定不可心慈手软,切记"乃其速由文王作罚,兹刑无赦"的原则,按照祖先制定的刑罚条款,"乃其速由兹义率杀,"予以最严厉的惩罚。

"兹刑无赦"原则的贯彻与实施表明,西周王朝的统治者对刑罚实质的理解是正确的,在具体把握上头脑是清楚的,它在维护统治阶级利益与维护社会秩序上发挥了重要作用。

和"罪疑轻刑"一样,"兹刑无赦"的刑罚理念不仅对我国历代的法制建设影响极深,即是在今天,"重典治乱"的观念仍对人们有一定的启发作用。

众所周知,中华人民共和国最高人民法院刑事审判第二庭是专门办理"大案要案的"。2014年春"两会"期间,3月7日上午,该庭庭长裴显鼎就人民法院惩治国家工作人员职务犯罪有关情况接受最高人民法院网、人民网在线访谈,并与网友进行了交流。

---

① 《后汉书·郭陈列传》(卷四十六)。《后汉书》,中华书局,2000年1月版。

　　当应网友要求谈谈前中共中央政治局委员、中共重庆市委书记薄熙来案件时,裴庭长说:这个案子确实是一起在国内外有重大影响,而且引起社会各界广泛关注的大要案。此案经过山东省济南市中级法院一审,山东省高级法院二审,在 2013 年 10 月 25 号审结。他说,依法严惩腐败是党和国家一项长期而坚定的政策方针,十八大以来已经有 21 个部级干部落马。这充分表明,坚决依法从严惩处严重职务犯罪,保持惩治腐败的高压态势的做法是正确的。最高人民法院周强院长多次在讲话中要求各级人民法院必须把思想认识统一到习近平总书记对党风廉政建设和反腐败斗争的形势判断和任务要求上来,以猛药去疴、重典治乱的决心,以刮骨疗毒、壮士断腕的勇气,坚定不移地把反腐败斗争进行到底。今后,各级人民法院将继续保持惩治腐败的高压态势,严格依法办案,对于贪污贿赂渎职等腐败犯罪分子,无论是老虎还是苍蝇,坚决依法惩治,不允许任何人有超越法律的特权,尤其是对于严重危害国计民生的严重职务犯罪分子,更是要依法从严惩处,绝不姑息纵容。① 刑罚是无情的,任何企图美化它的华丽辞章都掩盖不了其剥夺犯罪者权利的实质。

---

　① 《最高法:薄熙来案审理彻底粉碎了庭审走过场传言》,新华网 2014 - 3 - 712:12:56。

第三章　周代的礼乐文化

　　文化的繁荣是社会文明进步的显著标志,创新是一个民族发展与进步的灵魂。

　　在中华民族五千多年的文明发展长河中,周代之所以被人们屡屡称道,其重要原因就是周代是一个最富于创新的时代,尤其在精神文明与文化发展方面,数不胜数的成就之原创始点都要追逆到这里。有周一代,尤其西周时期,产生了许多无愧于历史、无愧于时代且独具民族气派、民族风格的政治成果和文化成果。周代的文化成就,作为精神的食粮,不仅以其丰富的营养哺育了炎黄子孙,也以其蓬勃的朝气,深邃的理念,思辨的哲理,成为了中华民族与时偕行的不竭动力。

　　周代的礼乐之制作为一种文化,与德法之制一起被称为西周文化中的双璧。

　　说到周代的礼乐文化,人们马上会想起海内外一致称颂中华民族的一个词儿,那就是"礼仪之邦",并认为文明古老的中国之礼仪始于夏商,盛于西周。

　　的确如此。然而,单就周礼而言,礼仪只是问题的一半。所谓周礼,其内容有二:一是当时社会的等级制度,一是与之相适应的一套礼节仪式。周礼经过二千多年的实践销镕,涉及制度方面的内容,有的化作了法律(包括习惯法),有的化了民俗,有的化作了道德,有些化作了意识,原来意义上的"制度",早已灰飞烟灭。涉及仪式的内容,由于过于细琐,加之社会的进步,数不清的繁文缛节在周代后期即被淘汰,但就其宏观的礼节框架、程序,尚保留至今,如生活中节庆、迎宾及婚丧嫁娶等礼仪,仍大致保留,只不过因地域不同、时代不同等而有所变异而已。如西周创立的五礼——吉礼、嘉礼、宾礼、军礼、凶礼,今天仍在不同行业中以不同的形式出现在不同的场合,如祭拜炎黄二帝及宗祖先贤、宴请亲朋、欢迎国宾、军队检阅、哀亲悼亡等。

就政治制度、国家治理方面而言,周代礼制中许多丰富的治国思想既有夏商的积累,更多的则是创新。如《周礼·天官·大宰》概括出的"六典"、"八法"、"八则"、"八柄"、"八统"、"九职"、"九赋"、"九式"、"九贡"、"九两"等十大法则,涉及机构设置、人员编制、职责范围以及财政收入、税赋管理等。此外,在地官、春官、夏官、秋官的叙官中,又对各类官职、具体工作等作了非常详明的规定与阐述,可谓宏纤毕贯,谨严周密,其对汉、唐、宋、元各代政体、国体、机构都有着极大的影响。

周制,"凡国之大事,治其礼仪,以佐宗伯。"①与此同时,还要有"乐"或"舞"相伴。以礼区别尊、卑、贵、贱,建立秩序,这未免使人感到森严,于是,乐应运而生,虽然乐舞也有等级划分(如乐有"房中"、"雅"、"颂"之分,舞有"大武"、"勺"、"象"之别),但无论以何种形式演出,其出现均能使氛围得到调解,促使人们能够相互敬和,群体关系得到和谐。礼、乐相成,各彰其义,各显其功。

总之,礼乐之制之所以如此受到周人的重视,道理其实很简单:完整的礼乐规范既是一个国家、一个民族文明程度的表现,也是一个家庭和个人优良品质、内在美德的展示,它反映了一个民族、一个国家的软实力。

第一节 礼和礼制

在我国历代王朝中,周王朝共历 30 代 37 王,约 800 年,是存世最久之王朝。当然,任何王朝的兴替都有其自己的原因,后人完全没有必要因久而颂之,因短而毁之,均应以平常心对待之。然而与众不同的是,史学家在论及周之灭亡时,往往会谈及"礼崩乐坏"这一话题,由此相推便使感到,周王朝的"兴"与"衰"的确为"礼乐"二字所系,难以回避。

礼是什么?

就一般的概念而言,西周的所谓"礼",是周代政治制度、社会规范、伦理道德的总概括,是周王室制定的从王侯到庶民在社会活动和日常生活中应遵循、受

---

① 《周礼·春官·肆师》,《十三经注疏》,中华书局,1980 年 9 月。

约束的行为准则,它既以"礼"的面貌出现,又以德与法的形态呈现。

西周的礼为中国古代礼制的渊源,但由于时代的变迁,前后并不等同,其主要差异在于,西周时的礼制具有浓厚的宗法色彩,其后则世有所损,时有所益,渐次淡化。随着文明的进步,文化层次的变革,礼逐渐与法分离,与德剥脱,与俗有别,与仪相融之故,因而礼就成了独具面貌的新文化。

礼文化作为一种社会现象和历史现象,既是西周当时社会物质文明与精神文明的结合物,又在其基础上随着社会的发展而演变,它不仅涉及社会政治、经济、教育、军事、邦交等各个方面,而且也渗透在人们生活的全部空间,其中包括饮食起居、婚丧嫁娶、生老病死、相互交往、言谈举止等等;它既是人的行为规范,又属伦理道德之范畴,同时又蕴含着习俗与法律的内容。

一、礼之义

礼文化是西周社会给为后世留下的最可宝贵的文化遗产。

1. 礼起于古

从孔子所言"殷因于夏礼"(论语·为政)、"夏礼,吾能言之"(论语·八佾)可知,夏代已有较为完备的"礼"了。礼是伴随人类文而产生的,是经历了漫长岁月才渐次完备的,依此发展逻辑可知,夏之前也一定有了礼或礼之萌芽,只不过尚未发现文字记载而已。唐代杜佑撰《通典》,其在《礼·序》中就指出:

夫礼必本於太一,……孔子曰:"夫礼,先王以承天之道,以理人之情,失之者死,得之者生。故圣人以礼示之,天下国家可得而正也。"伏羲以俪皮为礼,作瑟以为乐,可为嘉礼;神农播种,始诸饮食,致敬鬼神,〈礻昔〉为田祭,可为吉礼;黄帝与蚩尤战於涿鹿,可为军礼;九牧倡教,可为宾礼;易称古者葬于中野,可为凶礼。又,"修贽类帝"则吉礼也,"釐降嫔虞"则嘉礼也,"群后四朝"则宾礼也,"征於有苗"则军礼也,"遏密八音"则凶礼也。故自伏羲以来,五礼始彰;尧舜之时,五礼咸备,而直云"典朕三礼"者,据事天事地与人为三耳。其实天地唯吉礼也,其馀四礼并人事兼之。夏商二代,散亡多阙。洎周武王既没,成王幼弱,周公摄政,六年致太平,述文武之德,制周官及仪礼,以为后王法。礼序云:"礼也者,体也,履也。统之于心曰体，践而行之曰履。"然则周礼为体，仪礼为履。周衰，诸侯僭忒，自孔子时已不能具。①

从"故自伏羲以来，五礼始彰；尧舜之时，五礼咸备"之论来看，杜佑也是一个唯物主义者，其所推论大体是可信的。它表明，在一千多年前，史家就已清醒地认识到，我国的礼、礼制的发展经过了一个漫长而复杂的历程，真正得到升华，臻于完善是在西周——"周公摄政，六年致太平，述文武之德，制周官及仪礼，以为后王法"之结论也是正确的。近五十年来，我国学术界循杜佑之思路，通过历史文献与甲骨文的比对综合分析，认为在夏代之前，有虞氏时期即已出现初步的宗法传承世系与伴随而生的礼和礼仪，故而杨向奎、邹衡、陈成国等专家关于虞礼存在的结论是可信的。②　当然，今人之论证并非就特别异于古人，只不过由于考古事业的进步，文物不断出土，使一些猜想和分析得到了证明；同时也使今人看到，古人的很多看法并非无根之谈，而是非常深刻的，如关于礼的起源时间，唐代孔颖达为《礼记》作疏时就明确指出："礼事起于燧皇，礼名起于黄帝"（见《礼记·标题疏》）。看来，孔颖达决非只是坐在书斋中咀嚼故纸，而是透过历史之帷幕，看到了许多远古的星光与火花。

礼起源于何事？

作为一种大众观念和行为规范，礼起源于人的生活，影响到生活的各个领域，用以调整人与人，人与自然的关系，这是毫无疑义的。至于是从生活中的哪一个方面发端，则不必过于拘泥某某，那既没有必要，更不符实际。《礼记·礼运》曾谈到礼最初的功用，从一定意义上说已涉及到礼的起源：

　　夫礼之初，起诸饮食。其燔黍捭豚，污尊抔饮，蒉桴而土鼓，犹若可以致其敬于鬼神。及其死也，升屋而号，告曰：皋某复。然后饭腥而苴孰，故天望而地藏也。

① 杜佑《通典》（全五册）卷四十一，中华书局，2003 年 5 月。
② 陈成国《中国礼制史》（先秦卷），湖南教育出版社，2011 年 11 月。

这从一个侧面说明,礼可能最初用于祭祀鬼神,是一种极其简单仪式,慢慢地形成为原始的宗教习俗。

为什么"起诸饮食"? 这是因为,人要生存,第一要义就是"吃",吃的重要性要远远大于住,大于行! 原始先民得以裹腹,首先将功劳归于上天和祖先。于是,为表示感恩,就以最原始、最简易的方法祭祀鬼神——摆上一些烤熟的谷物和家畜(猪),在地上挖一小坑,用手把米酒捧进去,用草缠枝棒做的椎敲起土鼓,众人一边唱起祷歌,一边手舞足蹈,表达对鬼神的感激和崇敬之情。

荀子对礼起于饮食也是认可的,其可贵之处在于,他不仅看了礼在原始阶段的感恩娱神作用,而且用社会发展的眼光进一步探讨了礼在调节人与人之间关系的重要作用。

> 礼起于何也? 曰:人生而有欲,欲而不得,则不能无求;求而无度量分界,则不能不争;争则乱,乱则穷。先王恶其乱也,故制礼义以分之,以养人之欲,给人之求,使欲必不穷于物,物必不屈于欲,两者相持而长。是礼之所起也。

从荀子的分析可知,礼除了表达敬祖娱神之外,主要功能在于调节人与人,人与社会之关系;同时通过提高人的素质,正确看待人欲与物质之间的矛盾,恰当地处理好人际关系。

2. 礼兴于事

荀子认为:人生来就有欲望,有欲望不能够实现,就不可能不去寻求;寻求而没有限度和界限,就不能不争夺。争夺就产生混乱,混乱则导致了社会不安宁。我们的先祖圣王痛恨混乱,于是就制定礼义以区分等级界限,以调节人们的欲望,满足人们的需求,让人们的欲望不会因为物质的不足而得不到,物质也不会因为欲望之无穷而使人得不到,从而使人的欲望与物质的供应相互制约,能够长期保持协调。这就是礼的源起。

这里,荀子不仅看到了物,也看到了人,更看到了人的内心,已深刻地认识到了人与自然、人与需求之间的矛盾及解决这一矛盾的一种干预方法。他进而指出:

礼有三本：天地者，生之本也；先祖者，类之本也；君师者，治之本也。无天地恶生？无先祖恶出？无君师恶治？三者偏亡焉，无安人。故礼，上事天，下事地，尊先祖而隆君师。是礼之三本也。[①]

荀子从礼的功能出发，认为礼的本源有三：天地，是生命的本源；先祖，是族类的本源；师长，是治理国家的本源。没有天地，生命从何而来？没有先祖，家族从何而来？没有君师，国家怎么得到治理？三者失其一，社会就不能安宁。所以，礼上要祭祀天，下要祭祀地，同时也是对祖先和君师的尊崇。

荀子的这番议论十分具有代表性，它表明在春秋时期，人们已把礼从祀鬼神、敬祖先的功用上升为调节人与人、人与自然、人与社会关系准则的高度，认识到礼已具有道德性和法制性的特点。当然，在这方面表现出最高文化自觉的是周公，杜佑《通典》所说："周公摄政，六年致太平，述文武之德，制周官及仪礼，以为后王法"。从中可知，周公是非常重视制礼作乐的：先是摄政，保证政权稳定；之后平定三监之乱，巩固国家政权；紧接着就是"制周官及仪礼"，在制度上、理论上给国家政权以有力的思想支撑。正是因为这些制度对国家的政权建设、民众的思想建设、社会的道德建设起到了巨大的作用，才得以成为"后王法"。此处的"法"，既是效法，也含有法则、规范以至法律之义。

二、礼之用

周公制礼作乐最根本的目的在于建立起维护西周王朝的社会新秩序，因而不论尊天、敬地、祀祖，归根到底在于治人，在于建立起一整套国家运行、社会发展、人际交往的基本规范。由于礼已经上升到国家治理的政治层面，因而它除了具有因俗制宜的功能之外，也就很自然地具有了强大的精神威慑力量。

1. 教化规范

孔子说："殷因于夏礼，所损益可知也；周因于殷礼，所损益可知也"。从其以极其肯定的口气强调"所损益可知也"可知：一是周公曾用过较大气力，研究、

---

① 《荀子·礼论》。张觉《荀子译注》，上海古籍出版社，1995 年 12 月。

整理过夏商及远古所传之带有原始色彩的礼及礼仪。作为一位杰出的、有远见的政治家,周公深刻地认识到,"小邦周"取代"大邑商"是有史以来一场翻天覆地的大变革,其最大的变化是社会关系、社会制度、经济联系。既往的王权观念、人神观念等已不能适应新的国家体制。经过周公的整理除汰、扬弃改造而成的周礼,最大的特点就是通过提倡德治,以适应分封制,有利于宗法制;其表现形式则是系统化和典礼化。二是孔子自己又将周代形成的礼加以规范,有所损益,将"仁"的观念贯彻其中,最后加以厘定成文,从而固化为后世见到的"周礼"。这时的周礼,其重要的作用就是教化,就是对从国家制度到个人行为加以规范。

关于以礼教人,《礼记》中多有阐解:

> 孔子曰:"入其国,其教可知也。其为人也温柔敦厚,《诗》教也;疏通知远,《书》教也;广博易良,《乐》教也;絜静精微,《易》教也;恭俭庄敬,《礼》教也;属辞比事,《春秋》教也。……其为人也温柔敦厚而不愚,则深于《诗》者也;疏通知远而不诬,则深于《书》者也;广博易良而不奢,则深于《乐》者也;絜静精微而不贼,则深于《易》者也。恭俭庄敬而不烦,则深于《礼》者也。属辞比事而不乱,则深于《春秋》者也。(《礼记·经解》)

这段话的意思是说,孔子非常重视对民众的教化,教化的主要方法就是传授《诗》《书》《乐》《易》《礼》《春秋》。他说:观察一个人……如果他恭谦、节俭、庄重又懂得尊重,那肯定是得益于《礼》的教化。……如果一个国家的民众温柔敦厚又不愚昧,这正是深入施行《诗》教的结果;知识通达、见解深远又不欺骗,是深入施行《书》教的结果;胸怀广阔、平易善良又不奢侈,是深入施行《乐》教的结果;纯洁、文静、细心又不互相伤害,是深入施行《易》教的结果;恭谦、节俭、庄重又懂得尊重,并且不烦琐,这是深入施行《礼》教的结果;善于连缀文辞、分析事理,又不犯上作乱,这是深入施行《春秋》的教化的结果。

礼教的内容有哪些呢?《礼记·王制》有很具体的说明:

> 司徒修六礼以节民性,明七教以兴民德,齐八政以防淫。……春秋教以礼乐,冬夏教以诗书。

　　负责户口的司徒用六礼等来教育民众，使其行为合于法度，正确处理人际间的八种关系，在日常生活中不过于奢侈。有关以礼教化之事，《荀子·大略》也有相同的记载：

　　　　不富无以养民性，不教无以理民性。……立大学，设庠序，修六礼，明七教，所以道也。

　　何为六礼、七教、八政呢？《礼记·王制》篇结尾有明确的说明："六礼：冠、昏、丧、祭、乡、相见。七教：父子、兄弟、夫妇、君臣、长幼、朋友、宾客。八政：饮食、衣服、事为、异别、度、量、数、制。"

　　按照周礼规定，大司徒之职掌建邦之土地之图与人民之数，负责对民众的教育，教育的重要内容之一就是礼教，并要求在十二个方面因材施教：

　　　　施十有二教焉：一曰以祀礼教敬，则民不苟。二曰以阳礼教让，则民不争。三曰以阴礼教亲，则民不怨。四曰以乐礼教和，和民不乖。五曰以仪辨等，则民不越。六曰以俗教安，则民不愉。七曰以刑教中，则民不虣（暴）。八曰以誓教恤，则民不怠。九曰以度教节，则民知足。十曰以世事教能，则民不失职。十有一曰以贤制爵，则民慎德。十有二曰以庸制禄，则民兴功。①

　　由于周王朝的极力推行，礼教在各诸侯国都开展得相当顺利，并使之成为了教育的基本内容。对此，典籍多有记载。如：

　　　　先王之于民也，懋正其德而厚其性……以文修之，务使利而避害，怀德而畏威。②

　　①　《周礼·地官·大司徒》。《十三经注疏》，中华书局，1980 年 9 月。
　　②　《国语·周语》。《国语》，上海古籍出版社，2008 年 12 月。

这里的"文",韦昭注曰"文,礼法也。"汉代大儒董仲舒以继承孔子为己任,尤致力于以礼治国,他在称赞西周"成康之治"时,就将天下大治之因归结为礼乐之教。

2. 等级规范

由于周礼的重要及对后世有巨大的影响,司马迁在《史记》中专门写了《礼书》,探讨礼的成因、功用、由来及沿革。

> 余至大行礼官,观三代损益,乃知缘人情而制礼,依人性而作仪,其所由来尚矣。人道经纬万端,规矩无所不贯,诱进以仁义,束缚以刑罚,故德厚者位尊,禄重者宠荣,所以总一海内而整齐万民也。……是以君臣朝廷尊卑贵贱之序,下及黎庶车舆衣服官室饮食嫁娶丧祭之分,事皆有宜适,物有节文。

在司马迁看来,礼由人起,其根本功能就是明确世间万物的等级和秩序,并通过规定或制约加以维系。春秋之时,"君臣朝廷尊卑贵贱之序"等社会等级、秩序相当重要,司马迁对此非常明白,故将其列为八书之首。他深知,周公制礼作乐之初衷就是为了稳定社会秩序、规范士民行为,以此达到维护奴隶主统治阶级利益之目的,其切入点则是维护尊卑贵贱的等级制度。关于这一点,《礼记》本身就说得很明白:

> 夫礼者,所以定亲疏,决嫌疑,别同异,明是非也。……群臣、上下、父子、兄弟,非礼不定。(《礼记·曲礼》)

这方面的文献记载较多,春秋诸子对这一点认识也很清楚,多有论及:

> 礼者,贵贱有等,长幼有差,贫富轻重皆有称者也。(《荀子·富国》)
>
> 故先王亲为之制礼义以分之,使贵贱之等,长幼之差,知贤愚能不能之分,皆使人载其事而各得其宜。(《荀子·礼论》)
>
> 礼者,……君臣父子之交也,贵贱贤不肖之所以别也。(《韩非子·解老》)

上述所说之等级、区别，既包括宗法制度之下的等级，也包括政治制度下等级。由于等级的确定，周礼要求，人与人在交往时，因身份、地位的不同，要各有所归，不得违礼、悖礼和越礼。

为什么礼不得违越呢？这与最高统治者在阐说礼义时，将其神化为"礼即天意"有关。请看《左传·昭公二十五年》郑人游吉与赵鞅的一席对话：

（赵）简子曰"敢问何谓礼？"（游吉）对曰："吉也闻诸先大夫子产曰：夫礼，天之经也，地之义也，民之行也。天地之经，而民实则之，则天之明，因地之性。生其六气，用其五行，气为五味，发为五色，章为五声。淫则昏乱，民失其性，是故为礼以奉之。为六畜、五牲、三牺，以奉五味；为九文、六采、五章，以奉五色；为九歌、八风、七音、六律，以奉五声。为君臣上下，以则地义；为夫妇外内，经以二物；为父子、兄弟、姑姊、甥舅、昏媾、姻亚，以象天明。为政事，庸力行务，以从四时；为刑罚、威狱，使民畏忌，以类其震曜杀戮；为温、慈、惠、和，以效天之生殖，长育。民有好恶喜怒哀乐，生于六气，是故审则宜类，以制六志。哀有哭泣，乐有歌舞，喜有施舍，怒有战斗。喜生于好，怒生于恶，是故审行信令，祸福赏罚，以制生死。生，好物也；死，恶物也；好物乐也，恶物哀也，哀乐不失，乃能协于天地之性，是以长久。"简子曰："甚哉，礼之大也！"

赵鞅为何感叹"甚哉，礼之大也"？在最高统治阶层看来，礼之所以"大"，盖因礼为天地所生成，君臣、夫妇、父子、兄弟等名分不同，等级不同，故礼亦有别，理应恪守，不能违背，悖礼违礼就是违天，违天则大谬，大谬则必遭天罚，受到严厉的制裁。显而易见，礼的等级规范功能是为统阶级政治服务的。

3. 道德规范

我国自古就是崇尚德治而缺乏法治的社会，因而在现实生活中，道德对社会的发展、国家的治理始终有着重要的影响。西周时期，"礼"是反映社会道德关系最基本的规范，这一规范除了提高人的素质之外，还有明显的约束功能，表现出了很强的法的效力，因而礼的失范就是德的失范，一方面会受到社会的批评和谴责,同时还可能受到官方的一定惩罚。因而加强礼制,借助"礼"这种形式,其直接的目的就是发挥其道德的规范作用。

关于礼在道德规范上的作用,《礼记》也有明确的说明:

> 道德仁义,非礼不成;教训正俗,非礼不备;分争辨讼,非礼不决;君臣、上下、父子、兄弟,非礼不定;宦学事师,非礼不亲;班朝治军,莅官行法,非礼威严不行;祷祠祭祀,供给鬼神,非礼不诚不庄。(《礼记·曲礼上》)

从文中所述可知,礼所涉不仅德,还有教、讼、尊、亲、军、祀等,已经是无所不包了。这是因为,"礼"作为道德价值,要通过实践来体现、来实现,因而礼就成了人们日常生活、社会交往的行为准则和规范,要依这一规范对各种行为加以节制和约束。为了使礼对人的行为进行有效的规范,西周时已把需要用道德即礼规范的社会行为划分为十类,并使其在某种意义上与"德"、"礼"等同的"义"加以统领:

> 何谓人义? 父慈、子孝、兄良、弟悌、夫义、妇听、长惠、幼顺、君仁、臣忠。十者谓之人义。①

在这里,礼的伦理价值得到了充分的体现,礼的道德价值得到了进一步的升华;依此规范,人们的行为既合于礼,又合于义,所谓的"礼义之邦"便由此而生。

毋庸讳言,无论"礼",也无论"德"与"义",都是在宗法思想的总体指导下为西周王朝的统治服务的,所维护的仍是尊卑有序的社会秩序,只不过是变换一种提法,使其更加深入人心,从而成为人的行为自觉。对此,《礼记》等有明确的解释:

> 贵贵、尊尊,义之大者也。(《礼记·丧服四则》)
> 义者,所以等贵贱、明尊卑;贵贱有序,民尊上敬长矣。(《大戴礼记·

---

① 《礼记·礼运》。《十三经注疏》,中华书局,1980 年 9 月。

盛德》)

　　　大小不逾等,贵贱如其伦,义之正也。(董仲舒《春秋繁露·精华》)

　　　立义以明尊卑之分。(董仲舒《春秋繁露·盟会要》)

　　"礼,经国家,定社稷,序民人,利后嗣者也。"(《左传·隐公十一年》)将礼的社会价值提高到国家治理、民族生存、国家意志之高度加以认识,虽然其原始的意义消亡了,但它无疑是社会文明进步的一个里程碑式的标志,这也使其受到后世充分肯定的一个十分重要的原因。

三、礼之要

　　周公制礼作乐之主要目的,就是要用周代最高统治者的思想统一诸侯、士人及庶民的思想,用一定的制度与道德规范维护政治、经济及社会运行的秩序。这就是为什么一个社会要得到有效的治理,除了必要的制度之后,更需要思想与精神支撑的重要原因。

　　1. 礼之内容

　　作为一代文化典章制度,周礼的具体内容十分庞杂。记载周礼的典籍主要有《周礼》、《礼记》和《仪礼》,通常谓之三《礼》。《礼记·中庸》称"礼仪三百,威仪三千。"《大戴礼记·本命》则曰"礼经三百,威仪三千。"《礼记·礼器》曰:"经礼三百,曲礼三千"

　　何为"经礼"？何谓"曲礼"？郑玄认为:"经礼谓《周礼》也。《周礼》六篇,其官有三百六十。曲犹事也,事礼谓今《礼》也。礼篇多亡,本类未闻,其中事仪三千。"①此处的《礼》指《仪礼》。郑玄的意见得到后人的重视,汉唐很多经学家均顺其意而训。如臣瓒、孔颖达、叶梦得等。孔颖达的《礼记正义》,不仅明确地指出《周礼》《仪礼》为周公制礼作乐之成果,并演绎郑玄的说法,视《周礼》为本,由"圣人体之";《仪礼》为末,"贤人履之"。因之二《礼》属体履、本末关系。至南宋,朱熹提出了不同看法。朱子与郑玄同样认为二《礼》与周公有关,不过却以新的眼光看待遇二《礼》的性质。认为《周官》有数官兼行一事或一官兼掌

---

　　① 郑玄《礼记正义·礼器》,《十三经注疏》,中华书局,1980 年 9 月。

众职,不应以《周官》所载之官数为礼之篇之目;而《仪礼》冠、昏、丧、祭等为礼之大节,不容以曲礼视之。他在《〈仪礼〉经传通解》中说:

> 礼篇三说,《礼器》为胜。诸儒之说,瓒、叶为长。盖《周礼》乃制治、立法、设官、分职之书,于天下事无不该摄,礼典固在其中,而非专为礼设也。故此志列其经传之目,但曰《周官》但而不曰《周礼》,自不应指其官目以当礼之目。又况其中或以一官而兼掌众礼,或以数官通行一事,亦难计其官数以充礼篇之数。

> 至于《仪礼》,则其中冠、昏、丧、祭、燕、射、朝、聘,自为“经礼”大目,亦不容专以“曲礼”名之也。但《曲礼》之篇未见于今,何书为近? 而三百、三千之数又将何以充之耳? 又尝考之经礼,固今之《仪礼》,其存十七篇。而其逸见于它书者,犹有《投壶》《奔丧》《迁庙》《衅庙》《中霤》等篇。其不可见考,又有古经增多三十篇,而《明堂阴阳》《王史氏记》数十篇及河间献王所辑礼乐古事,多至五百余篇,傥或犹有逸在其间者,大率且以《春官》所领五礼之目约之,则其初固当有三百余篇亡疑矣。

> 所谓“曲礼”,则皆礼之微文小节,如今之《曲礼》《少仪》《内则》《玉藻》《弟子职》篇所记事亲、事长、起居、饮食、容貌、辞气之法,制器、备物、宗庙、宫室、衣、冠、车、旗之等凡行乎“经礼”之中者,其篇之全虽不可知,然条而析之,亦应不下三千有余矣。①

朱子以《仪礼》冠、昏、丧、祭、朝聘等具备完整的仪式之章篇为经礼,行礼时的方言、辞气等细小仪节为曲礼,如《曲礼》《少仪》等篇所载。换言之,朱子以“组合式”的观点看等礼仪,即完整的仪式可析解为各类细节,而各类细节又可重组为新的礼仪分类。他在《曲礼目录》中云:

> 所谓曲礼三千者也,其可随事而见者,已包在经礼三百篇之内矣。此篇(按:指《通解》重新编排的《曲礼》)乃杂碎首尾出入,诸篇不可随事而见

---

① 朱熹《〈仪礼〉经传通解·目录》,《十三经注疏》,中华书局,1980 年 9 月。

者,故合而记之,自为一篇。(同上)

可随《仪礼》经文而见的细小仪节,已附录于相关记载之后,此即"曲礼三千"已包含在"经礼三百篇"内。至于"杂碎首尾出入,诸篇不可随事而见者",则别为一篇,名为"曲礼"。如此一来,经礼、曲礼的节目架构,朗然分明。①

实际上,不论"三百"也好,"三千"也好,都是一个约略数,极言周礼十分完备,上自天子,下止庶民,既有经国大事,也有屑小微末,以人的一生为为核心,以人的各种关系为半径而无所不包。

礼何以如此繁杂呢? 这一话题,孔子与其弟子也曾言及:

> 子曰:"礼者何也? 即事之治也。君子有其事,必有其治。治国而无礼,譬犹瞽之无相与? 伥伥乎其何之? 譬如终夜有求于幽室之中,非烛何见? 若无礼则手足无所错,耳目无所加,进退揖让无所制。是故,以之居处,长幼失其别,闺门三族失其和,朝廷官爵失其序,田猎、戎事失其策,军旅武功失其制,宫室失其度,量鼎失其象,味失其时,乐失其节,车失其式,鬼神失其飨,丧纪失其哀,辨说失其党,官失其体,政事失其施;加于身而错于前,凡众之动,失其宜。如此,则无以祖洽于众也。"②

孔子认为,无规矩不成方圆,凡做事就一定有具体的要求,具有可操作性。礼就是制度,给人以遵循;礼就是准则,给人以规范。他说:国家没有礼,就如瞎子走路没有助手,在暗室里找东西而无火把。就一个人来说,如果没有礼,就会连手脚都不知该放在哪里,耳朵不知道该听什么,眼睛不知道该听什么。也就是说,没有礼,从个人、家庭到国家,一切都会乱套,什么事情都无法做,做不好。孔子的解读很朴素,比喻精当,既十分生动,又言简意赅。

任何一种制度,不论其简繁,都在于教化,整治人心,因而更强调它是一种法则,一种范式,因而也强调其覆盖率,力求全面且严密。在这方面,周礼作为制

---

① 《礼记·仲尼燕居》,《十三经注疏》,中华书局,1980 年 9 月。
② 郑雯馨《〈礼记·器名〉"经礼三百,曲礼三千"注释异说及其影响探究》,台湾《台大中文学报》第 33 期,2010 年 12 月。

度、道德、法律、习俗等之文本,在2000多年前可谓已达了"至善",这是西方任何一种文明都不可比拟的。

然而,这么多的礼项,人们能记得住、做得到吗? 这一话题,孔子与其弟子也曾言及。孔子的学生公西赤,对周礼有深入地研究,以长于祭祀、宾客之礼而著称。即使这样的"专家",孔子认为也难以掌握所有的礼仪,更不要说精通。"孔子曰:'礼仪三百,可勉能也;威仪三千,则难也。'公西赤问曰:'何谓也?'孔子曰:'貌以摈礼,礼以摈辞,是之谓也'。"①

推行礼制最根本的目的在于别等级,明尊卑,调整最高统治者与地方、诸侯及臣民之关系,通过建立稳定的社会秩序以达到加强和维护中央政权统治之目的。实践表明,周公的这一政治谋略是正确的。

2. 礼之类别

由于礼的内容及仪式的繁杂,就连从小就习俎豆之事的孔夫子也感到难以通之,更不要说业无专攻的士人和庶民了。

鉴于在实践的过程中既不马虎苟且,又不可能巨细不漏,于是,人们就采用归纳总结的方法,本着"宜粗不宜细"的权变,面对"三百三千"之礼,以类相统,择其大要而行之。

历史上对周礼分类的记载大致分为两种。

一种是依具体的仪节区分,有"六礼"、"八礼"、"九礼"之说。如:

《礼记·王制》:"六礼:冠、昏、丧、祭、乡、相见。"

《礼记·礼运》:"夫礼,必本乎天,肴于地,列于鬼神,达于丧、祭、射、御、冠、昏、朝、聘。"

《礼记·昏义》:"夫礼,始于冠,本于昏,重于丧、祭,尊于朝、聘,和于乡、射。此礼之大体也。"

《大戴礼记·本命》:"礼义者,恩之主也,冠、昏、朝、聘、丧、祭、宾主、乡饮酒、军旅。此之谓九礼也。"

---

① 高明《大戴礼记·卫将军文子六十》,《大戴礼记今注今译》,天津古籍出版社,1988年8月。

另一种分类方法是依事类的系统而分,即吉、凶、宾、军、嘉。此五礼的归类始见于《周礼》,其《春官·大宗伯》言及大宗伯之职时曰:

> 大宗伯之职,掌建邦之天神、人鬼、地祇之礼,以佐王建保邦国。以吉礼事邦国鬼神祇,……以凶礼哀邦国之忧,……以宾礼亲邦国,……以军礼同邦国,……以嘉礼亲万民。

五礼之说也见于《尚书·尧典》:"舜修五礼。"伪孔传曰:"修吉凶宾军嘉之礼。"郑玄在为《礼记·祭统》"礼有五经,莫重于祭"作注时说:"五经"为五礼,即"谓吉礼、凶礼、宾礼、军礼、嘉礼也。"

考关于周礼的分类,历代各典籍所记及阐释虽各有差异,但基本上未脱《昏义》八礼之说和《大宗伯》五礼之说。

《礼记·昏义》所言八礼,其基本内容就是君臣、父子、兄弟、夫妇、朋友这五种关系。也就是说,在"三百三千"礼中,最重要的莫过于处理此五种关系之礼。故而《礼记·中庸》称其为"达道":

> 天下之达道五,所以行之者三。曰君臣也,父子也,夫妇也,昆弟也,朋友之交也。五者,天下之达道也。智、仁、勇三者,天下之达德也,所以行之者一也

"达"者,显也,重要也。"达道"的提出,表明当时人们已经意识到礼仪繁多的弊端,只有突出重点,才能确保礼制的完整性和实践性。

由于"达道"重要而简明,"达道五"之后演绎成"五伦",其中"父子、兄弟、夫妇"属血缘关系,"君臣、朋友"为政治或社会关系。再后者,从五伦中又提出了"君臣、父子、夫妇"为"三纲",从而构成了一个完备的封建伦理纲常的体系。不论五伦或三纲,均集中体现了"尊尊"(包含忠、信、节等伦理道德)与"亲亲"(包含孝、慈、悌等伦理道德)为核心内容的西周礼制的价值观。

孔子指出周礼繁复,于是出现了"达道"之说。至朱熹,则更赞"达道",不仅认为儒家经典太繁杂,而且还亲自改革,"删繁就简",将"十三经"简编为《四

书》。朱熹晚年尤其热衷于《三礼》研究，明确指出西周礼仪已经太陈旧，也太"零碎繁冗"，因而至宋代，事实上已经没有学者能够精通"三礼"了。他说：

> 古礼学者是专门名家，始终理会此事，故学者有所传授，终身守而行之。凡欲行礼有疑者，则就质问。所以上自宗庙朝廷，下至世俗乡党，典礼各各分明。汉唐时犹有此意，如今直是无人。如前者某人丁继母忧，礼经必有明文，当时满朝更无一人知道合当是如何。大家打哄一场，后来只说莫若从厚。恰似无奈何本不当如此，姑徇人情，从厚为之。岂有堂堂中国，朝廷之上以至天下儒生，无一人识此礼者，然而也是无此人。①

有鉴于此，对于礼，朱熹从实际出发，极力主张"不必过泥古礼"，以适应当时的社会生活。他说：

> 而今礼文觉繁多，使人难行。后圣有作，必是裁减了方始行得。……若是古人如此繁缛，如何教今人行得。……古礼如此零碎繁冗，今岂可行，亦且随时裁损尔。……问所编礼，今可一一遵行否？曰：人不可不知此源流，岂能一一尽行。后世有圣人出，亦须着变。夏商周之礼已自不同。（同上）

"后世有圣人出，亦须着变"。朱子不仅重视礼，亦亲自治礼。"圣人"何在？"舍我其谁也？"朱熹母亲去世时，朱熹大概40岁左右，丁忧在家，他萌生了编撰一套简单易行、适应当时社会的家庭、学校、社区礼仪以及国家和朝廷礼仪的书。之后不久，便编好了第一本《朱子家礼》。该书五卷，由通礼、冠礼、昏礼、丧礼和祭礼五部分组成。然而，初稿还未来得及修改，却被人偷走了。于是，晚年的朱子不改初衷，义不容辞地担起了礼"变"之任，通过补充及更新材料，编辑了一本百科全书式的论著——《仪礼经传通解》。该书既是对《三礼》及其历代注释的综合研究成果，也是朱子礼学思想最主要、最集中的代表性著作；既是汇集古代礼制记载的集大成之作，也是他的绝笔之作。该书内容涵盖了社会生活的各个

---

① 钱穆编著《朱子新学案》（第五册），台北三民出版社，1971年，第131页。

层面,如家庭、地方社会、学校、国家、朝廷等,也涉及最神圣庄严的人类仪式如丧、祭等。

　　钱穆先生《朱子新学案》有《朱子之礼学》长文,详述了朱子对家庙、祭仪、祔礼、丧服、塑像、拜扫、婚礼、冠礼、民臣礼、跪拜、深衣、社坛、释奠、衣服、用尸、君赴臣丧、节祠等等无所不考。故研究朱子的一些学者认为,朱熹晚年对于礼之讨论,实比太极理气为多。(见陈荣捷《朱子之宗教实践》,载《朱学论集》,台北学生书局,1982 年)①

　　由于五礼的分类实用性较强,因而从周代至明清虽代有损益,但其基本框架一仍既往。

　　吉礼主要是对天神、地祇、人鬼的祭祀典礼。《左传·成公十三》:“国之大事,在祀与戎”。在周代,由于人们遵崇“人法于天”的天命观,因而祭祀天、地、人之神要高于战争。吉礼多在庄重的场合举行,如太庙、社坛、祠堂等。

　　凶礼主要是吊唁忧患哀悯之礼,用于悼亡、恤灾、哀乱等。

　　军礼主要是师旅检阅、操演、誓伐等。

　　宾礼主要是接待宾客之礼,多用于外交场合及接待有地位、身份高的贵族。

　　嘉礼主要是接待一般官员、亲朋和师长等,通过一定的仪式表达友好之情,尊重之意,以此达到和合人际关系,从而沟通和联络感情,如一般的燕宴、节庆、拜访等。

　　东西方的学者对周礼都十分重视,认为这是二千多年前中华文明在国家治理问题上对人类文明的重大贡献。关于对其分类,则有不同的切入点。有的将其分为生命历程礼仪和社会政治礼仪;有的将其分为家族礼仪、社会礼仪和国家礼仪。邹昌林先生认为,周礼大致可分为人生礼仪、生产礼仪、交接礼仪、祭礼、凶礼、军礼和其他礼。其中《礼记·昏义》所言八礼,均属人生礼仪,其中冠、昏、丧、祭涉及到每一个人的一生生活,而射、乡、朝聘则是有身份的人所必须熟知的。②

　　3.《礼记》与三礼

　　《周礼》为三礼之首,而且在汉代之前和《仪礼》一样,都被人们认为是周公

---

　　①　以上转引自罗秉祥《儒礼之宗教意涵——以朱子〈家礼〉为中心》,《兰州大学学报(社会科学版)2008 年第 2 期。

　　②　邹昌林《中国礼文化》(上编),社会科学文献出版社,2000 年 5 月,第 154 页。

且所作,是最重要的祖宗法典。《周礼》分天、地、春、夏、秋、冬六官,象征天地四方六合,讲述了各种名物、典章和制度,通篇体现了"以人法天"的核心思想。《仪礼》是周代礼制的汇编,通过十七篇的分类记述,详尽、具体地记录了周代社会生活的各种主要礼节仪式。因此,研究周代礼制,最重要的典籍就是《周礼》和《仪礼》。

《礼记》后于《周礼》和《仪礼》,大多学者认为是秦汉之前儒家各种礼仪著作之文选,由于其中有许多孔子言行的记述,故又认为其文多为孔子弟子及其后学所记。

孔子对周礼极其崇拜,评价极高,其对周礼的阐发被后人录入《礼记》,这是很可以理解的,但令人始料不及的是,本来排在《周礼》和《仪礼》之后的它,唐代之后影响日隆,受到学者之格外重视,以至地位远在《周礼》《仪礼》之上。原因何在呢?

对这一千年之公案,后人有许多解读,最具代表性者有二。

一为疑伪说。一些学者认为,《周礼》虽出自周公,然由于藏于秘府,并未为时人所见,直到西汉成帝时才被刘向父子发现,虽盛赞其为"周公致太平之迹",然由于无著录实据且没有权威的师承关系,尽管有鸿儒郑玄作注,承认其为儒家重要典籍,但终因人仍疑其为伪而未列为经。

二为去籍说。《孟子·万章下》有如下记述:"北宫锜问曰:'周室班、爵、禄也,如之何?'孟子曰:'其详不可得闻也。诸侯恶其害己也,而皆去其籍。然而轲也尝闻其略也。'"接着,孟子简要叙述了从天子、公侯伯子男到卿大夫士以至庶人等的"班爵禄"情况。一些学者认为,《周礼》所载之礼制,一切以周天子的利益为核心,"溥天之下,莫非王土,率土之滨,莫非王臣",因而连孟子都认为王公贵族,诸侯国君非但不满意,而且非常厌恶,下发之后,感到很多规定对自己都不利,于是一致抵制,甚至采取共同行动将其销毁,只有藏在秘室中的得以保存了下来,因而不为人知。

虽然上述说法各有道理,然《礼记》取代《周礼》《仪礼》而为后人所重,首先在于其自身的价值,即其理论形态高于《周礼》和《仪礼》。若以法典作喻,《礼记》犹如总则,阐释的是方针、原则、宗旨和指导思想,是本;《周礼》和《仪礼》中的规则为具体条文,是末。任何法典,随着时间的推移,其条文可改动,可废弃,但其精神却可以长存，而不因时逝人非而湮灭。因而，《礼记》作为为形而上，居高临下，对后世的社会思想、文化传统，伦理观念的影响，要比形而下的《周礼》和《仪礼》要深刻得多，长远得多。当然，这并不是说《周礼》《仪礼》在一切方面的影响都不如《礼记》，如在政治制度及具体治理方面，《礼记》就比不上《周礼》和《仪礼》。其次，孔子作为圣人，其影响力一向高于周公，这也是《礼记》得以彰显的重要原因。

关于此点，朱熹在《朱子家礼序》中也曾谈到：

　　凡礼，有本、有文。自其施于家者言之，则名分之守、爱敬之实，其本也；冠婚丧祭，仪章度数者，其文也。其本者，有家日用之常，礼固不可以一日而不修；其文，尤皆所以纪纲人道之始终，虽其行之有时，施之有所，然非讲之素明，习之素熟，则其临事之际，亦无以合宜而应节，是亦不可以一日而不讲且习焉者也。

　　三代之际，礼经备矣，然其存于今者，官庐器服之制，出入起居之节，皆已不宜于世，世之君子虽或酌以古今之变，更为一时之法，然亦或详或略，无所折中，至或遗其本而务其末，缓于实而争于文。①

由于切入的角度不同，从"本"、"文"及"本"、"末"的关系分析，《礼记》虽然在内容也大量记载和论述了礼制、礼仪，但由于记录孔子及弟子们对礼的内容、作用以及如何习礼、用礼等的问答中，大多言及修身作人的准则、品德、操守等，内容涉及政治、法律、道德、哲学、历史、祭祀、文艺、日常生活、历法、地理等许多方面，集中体现了先秦儒家的政治远见、哲学智慧和伦理情操，因而比单纯的谈礼制条文更生动，更具有教育意义，因而也更受世人欢迎。

在文字记述上，《礼记》善于运用短小生动的故事阐解某一道理；有的比喻生动，意味隽永；有的言简意赅，回味无穷；有的篇章气势磅礴、结构谨严，且在人物刻划上，语言生动形象，还间有细微的心理描写；不少篇什的哲理格言、精辟警句，也给人留下了深刻印象。

----

① 《朱子家礼》，朱杰人　严佐之　刘永翔主编《朱子全书》第7册，上海古籍出版社，2010年9月。

这里还需要特别指出的是，《礼记》不仅仅是一部单纯阐述礼制的书，也是一部关于儒家理想与仁义道德的教科书，其中最有的名篇章如《礼运》《大学》《中庸》等，已成为历代称颂的不朽篇章，一些思想成为了中国文化传统中最优秀的理念，如"大同"、"小康"、"大顺"、"中庸"等。其中最为脍炙人口的是《礼运》中的《大同》篇：

> 大道之行也，天下为公。选贤与能，讲信修睦。故人不独亲其亲，不独子其子。使老有所终，壮有所用，幼有所长。矜寡孤独废疾者，皆有所养。男有分，女有归。货恶其弃于地也，不必藏于己。力恶其不出于身也，不必为己。是故谋闭而不兴，盗窃乱贼而不作。故外户而不闭。是谓大同。

《礼运》的主旨原本是讲礼之源与礼之实，但千百年来，被世人称道的却是它提出的人类社会的梦想——天下为公，世界大同。这一光辉思想，是二千年前中国先哲对人类社会文明的最大贡献。不论从思想形态、政治哲学或从认识论角度而言，它不仅早于西方空想社会主义、科学社会主义两千多年，也早于公元前柏拉图的理想国100多年。

关于和谐社会，《礼运》提出了著名的"大顺"境界：

> 义者，艺之分、仁之节也。协于艺，讲于仁，得之者强。仁者义之本也，顺之体也，得之者尊。故治国不以礼，犹无耜而耕也；为礼不本于义，犹耕而弗种也；为义而不讲之以学，犹种而弗耨也；讲之于学而不合之以仁，犹耨而弗获也；合之以仁而不安之以乐，犹获而弗食也；安之以乐而不达于顺，犹食而弗肥也。
>
> 四体既正，肤革充盈，人之肥也。父子笃，兄弟睦，夫妇和，家之肥也。大臣法，小臣廉，官职相序，君臣相正，国之肥也。天子以德为车，以乐为御，诸侯以礼相与，大夫以法相序，士以信相考，百姓以睦相守，天下之肥也。是谓大顺。

在这里，儒家用"肥"喻家庭与社会的和谐，故孔颖达为之作疏时说："此一节明人及国家、天下等皆悉肥盛,所以养生送死,常事鬼神。"而且在孔子看来,只有家庭、社会、天下都"肥",才能谓之和谐;只有做到礼、乐兼修,德、法并用,仁、义皆昌,情、理俱具,才能达到国泰、民安之境界——"是谓大顺"。

与"大同"思想同样闪耀着光芒的是《礼记·大学》中关于修身之道的论述。

儒家极力倡导修身,如何修身?"大学之道,在明明德,在亲民,在止于至善。"何为作一"新人",如何达到"至善?"那就是古训中的"自强不息","苟日新,日日新,又一新。"联系到每一个,又有不同的要求:"为人君止于仁,为人臣止于敬,为人子止于孝,为人父止于慈,与国人交止于信。"

人的一生有无限的责任,有作为的人就要勇于担当,但担当大任是有条件的,那就是要通过无止境的学习来不断地提高自己。"物有本末,事有终始,知所先后,则近道矣":

> 古之欲明明德于天下者,先治其国,欲治其国者,先齐其家;欲齐其家者,先修其身;欲修其身者,先正其心;欲正其心者,先诚其意;欲诚其意者,先致其知,致知在格物。物格而后知至,知至而后意诚,意诚而后心正,心正而后身修,身修而后家齐,家齐而后国治,国治而后天下平。自天子以至于庶人,壹是皆以修身为本。

由于"修身、齐家、治国、平天下"极其精炼地概括了传统伦理政治的核心内容,因而这一九字古训也就成了历代教育的基本指导思想,成了儒家修己治人积极入世态度的集中概括,同时,"正心诚意"的道德修养也成了值得肯定的个人自我完善的正确之途。朱熹对《大学》十分推崇,认为对青年十分重要,应为必读之书,故所编四书专有《大学》一门。他指出:"圣人教人为学,非使人缀辑言语,造作文词,但为科名爵禄之计","格物致知,诚意、正心、修身,而推之以至于齐家、治国,可以平天下,方是正当学问。"①

"中庸"思想可谓中国传统哲学中的精华,孔子认为这是一个人内在的德性,而且是"至德":"中庸之为德也,其至矣乎! 民鲜久矣。"(《论语·雍也》)朱

---

① 《玉山讲义》,见《朱文公文集》卷七十四,上海商务印书馆,1936年四部丛刊初编缩本,第7册。

熹对周礼研究至臻,深感"中庸"在个人自我修养中的重要,故特将《中庸》从《礼记》中析出,列为四书的重要篇章推向社会。

在积极用世中,儒家非常重视个人思想方法、道德品质以及智慧的修养,但在个人的修养中如何达到最高的至诚、至德,《中庸》给人们指出一个根本的方向与路径,那就是首先明白事物发展的规律:中庸。"中庸"是天下之"达道","致中和"是人类社会的目标:

> 喜怒哀乐之未发,谓之中;发而皆中节,谓之和。中也者,天下之大本也;和也者,天下之达道也。致中和,天地位焉,万物育焉。

所以,《中庸》开篇即曰:"天命之谓性,率性之谓道,修道之谓教",以"天命、人性、至道、修教"开宗明义,接着批出,要致中和,关键就在于能够自觉作到对自我的学习、管理和约束。对自己要"慎独",对他人要"忠恕",在处理任何题时,都要避免"过"与"不及",切记"道不远人,人之为道而远人,不可以为道"之古训,通过个人的努力,"博学之,审问之,慎思之,明辨之,笃行之",从而达到致诚尽情,"自诚明,谓之性;自明诚,谓之教。诚则明矣,明则诚矣。"

由于中庸思想的深刻性、哲理性,故自朱熹"四书"被列为士子必读之书以来,对中国人的伦理思想和心灵思维产生了极大的影响,已成为中华文明中不可缺少的基础元素。《礼记》对中华文化的贡献至巨至伟,原因也在这里。

此外,《礼记》中还有许多关于"乐"的记载,如《乐记》,正是有了这些"乐",人们才得以看到周代礼乐制度的全貌。

第二节 乐和乐制

西周社会在制度构建、创新方面对后世影响最大者有四:政治上的封建制度,经济上的井田制度、组织上的宗法制度、文化上的礼乐制度。

一、乐之义

乐起于巫,兴于礼。周代统治者注重礼乐文化对社会的教化作用,对人品德性情的陶冶作用,将乐官从巫职中独立出来,设立有司进行管理,从而使乐舞得到了进一步发展,进而维护了新的统治政权。

和"殷因于夏礼,周因于殷礼"一样,周代乐制的产生和乐的推行并非偶然,也是对夏商文化的继承与发展。

1. 明尊卑——教化是非

礼乐制度包括礼制和乐制,二者都是通过"明尊卑,别贵贱"的道德教化和制度规定约束百官士庶,以达到维护与巩固统治、稳定社会秩序之目的。对此《礼记·曲礼》讲得十分明白:

> 夫礼者,所以定亲疏、决嫌疑、别异同、明是非也。……道德仁义,非礼不成;教训正俗,非礼不备;分争辨讼,非礼不决;君臣、上下、父子、兄弟,非礼不定;宦学事师,非礼不亲;班朝治军,莅官行法,非礼威严不行;祷祠、祭祀、供给鬼神,非礼不诚不庄。是以君子恭敬撙节退让以明礼。

"乐"是礼乐制度的重要组成部分,礼、乐相辅相成,孔子既重视周礼,也很重视周乐,在他看看来,士子若不懂乐,要想全面准确掌握礼也很困难,他说:

> 礼也者,理也。乐也者,节也。君子无礼不动,无节不作。不能诗,于礼缪;不能乐,于礼素。①

这是因为礼、乐之功能有明显不同:"礼"主别异,主治身,自外作;"乐"则主合同,主治心,由中出。正如《礼记·乐记》所云:

> 乐者为同,礼者为异。同则相亲,异则相敬。乐胜则流,礼胜则离。合情饰貌者,礼乐之事也。礼义立,则贵贱等矣。乐文同,则上下和矣。好恶著,则贤不肖别矣。刑禁暴,爵举贤,则政均矣。仁以爱之,义以正之。如此,则民治行矣。

---

① 《礼记·仲尼燕居》。《十三经注疏》,中华书局,1980 年 9 月。

正是由于礼、乐功能各异而又互为里表,周代统治者通过礼、乐教化百官士庶,从而提升全社会的整体素质,"以礼、乐合天地之化、百物之产,以事鬼神,以谐万民,以致百物。"(《周礼·春官·大宗伯》)"使亲疏、贵贱、长幼、男女之理皆形见于乐"(《礼记·乐记》),故明人郑樵在谈到乐时指出:"礼乐相须为用,礼非乐不行,乐非礼不举。"[①]

由此可知,运用音乐、歌咏、舞蹈加强对国家的治理、道德的规范,社会的移风易俗,是周代文化事业发展的一大特色,也是周代思想政治史上的一大革新与创造。

2. 内修德——陶冶品行

孔子对西周的礼乐制度十分推崇,自己对音乐也很擅长,他通过对礼乐的考察,深感不论在朝廷,也不论在民间,礼、乐对人情感、气质、品德的感化作用都是巨大的,因而对周公将礼乐制度定为国家的根本制度赞颂有加,一生为推行周公的礼乐之制不遗余力。在论及诗、礼、乐对人修身之作用时,孔子说:"礼也者,理也。乐也者,节也。君子无礼不动,无节不作。不能诗,于礼缪;不能乐,于礼素"。这里,孔子以"礼"为核心,简明地指出了诗、乐的不同作用。

之所以如此,正如"文以载道"一样,儒家认为"乐"也可载道,故认为乐之本在德。《礼记·乐记》就说"乐者,德之华也":

> 故曰:"乐者乐也。君子乐得其道,小人乐得其欲。"以道制欲,则乐而不乱;以欲忘道,则惑而不乐。
>
> 是故君子反情以和其志,广乐以成其教。乐行而民乡方,可以观德矣。德者,性之端也;乐者,德之华也;金石丝竹,乐之器也。诗,言其志也;歌,咏其声也;舞,动其容也。三者本于心,然后乐器从之。是故情深而文明,气盛而化神,和顺积中而英华发外,唯乐不可以为伪。

由此可知,西周的"乐",实际上是融诗、歌、舞于一炉,通过"乐","以道制

---

① 郑樵《通志·乐略》,中华书局,1987年,第207页。

欲",传播统治者的思想;"反情以和其志,广乐以成其教",使百官士庶受到教育和感化,从而培育人的高尚、优雅的气质,达到"情见而义立,乐终而德尊"之目的(《礼记·乐记》)。关于"乐"可以"以道制欲",荀子的看法与孔子相同,他说:

> 乐中平则民和而不流,乐肃庄则民齐而不乱。……乐者,圣人之所乐也,而可以善民心,其感人深,其移风易俗,故先王导之以礼乐而民和睦。
>
> ……夫乐者,乐也。……君子乐得其道,小人乐得其欲。以道制欲,则乐而不乱,以欲忘道,则惑而不乐。故乐者,所以道乐也,金石丝竹,所以道德也。[①]

前面曾谈到孔子的诗教。孔子说:"不学诗,无以言"。他又说:"不学礼,无以立"。(《论语·季氏》)孔子认为,一个人的修身至少要经过三个阶段:学诗很重要,是做人的基础,但对于一个人来说,学诗仅仅是修身的第一阶段,而且是初级阶段,或者叫开始。之后还要认真地学礼,这是提高阶段。"兴于诗,立于礼,成于乐。"(《论语·泰伯》)孔子是把"乐"看作是修身的第三阶段,也是最高阶段,一个人没有"乐"的陶冶,不是全面发展。

何以如此呢?

在儒家看来,"人"之所以为"人",人与禽兽的区别,就在于人具有理性,人懂得礼义。《礼记·曲礼》曰:"鹦鹉能言,不离飞鸟,猩猩能言,不离禽兽。今人而无礼,虽能言,不亦禽兽之心乎? 夫唯禽兽无礼,故父子聚麀。是故圣人作,为礼以教人,知自别于禽兽。"因此,礼让应是人的最基本的理性。同时,在儒家看来,人除了理性之外,人还有性情,性情只有受到礼的约束,才能止于至善,才能达到高尚。"诗言志",是说诗是抒发性情的,但性情有恶有善,孔子编纂《诗经》时把握的第一个原则就是性要合乎礼,否则就要删除,故毛诗序将其总结为"发乎情,止乎礼"。[②]

---

① 《荀子·乐论》。张觉《荀子译注》,上海古籍出版社,1995 年 12 月。
② 《诗经》毛诗序:"故变风发乎情,止乎礼义。发乎性,民之性也,止乎礼义,先王之泽也。"《十三经注疏》,中华书局,1980 年 9 月。

　　孔子认为,就各种文艺作品而言,乐舞的形式极富于感染力,最容易动人心扉,陶冶性情,明辨是非。《韶》乐是以尧禅让于舜为主题的大型乐舞,《武》乐是以武王克殷为主题的大型乐舞,气势皆十分宏大,演奏美妙动听,均为西周时期朝廷经常演奏的六乐,但孔子对其评价还是有差别的。孔子在齐闻《韶》,陶醉其中,"三月不知肉味",还十分感慨地说"不图为乐之至于斯也"。(《论语·述而》)"子谓《韶》,尽美矣,又尽善也;谓《武》,尽美矣,未尽善也。"(《论语·八佾》)何以会如此呢,宋代邢昺《论语》疏曰:"此章论《韶》《武》之乐。'子谓《韶》,尽美矣,又尽善矣'者,《韶》,舜乐名。韶,绍也,德能绍尧,故乐名《韶》。言《韶》乐其声及舞极尽其美,揖让授禅,其圣德,又尽善也。'谓《武》,尽美矣,未尽善也'者,《武》,周武王乐,以武得民心,故名曰《武》。言《武》乐音曲及舞容则尽美矣,然以征伐取天下,不若揖让而得,故其德未尽善也。"(《论语·八佾》)由此可知,周代重视乐舞的运用,其重心仍在于教化,"乐者,所以象德也"。(《礼记·乐记》)

二、乐之制

　　在我国社会及国家治理史上,历代统治者无不重视"礼乐刑政"四大"治道",而首开先河者当为西周。周承夏商,制礼作乐,从体制、内容、机构、职官等各方面入手或加以完善,或加以创新,使礼、乐就此定型,以至影响其后百代。《周礼》《仪礼》《礼记》及周代其他典籍中有关"乐"的记载很多,既涉机构、职官,乐之功能,也涉乐工、乐之分类及技艺等。

　　1. 有司分管

　　礼乐制度是周王朝的基本制度,作为制度建设,周代对乐舞设有专门的管理机构,这就是地官司徒和春官宗伯。据《周礼》所载,这两个机构中的专职音乐工作人员编制达1539人,不可谓不庞大。由于机构的设置完备,人员又多,所以分工也相当细致、具体,其职能有乐舞管理、乐舞教育、理论研究、专业培训、乐器演奏、乐器制作等。

　　西周有两个管理乐制的机构,一为司徒,一为宗伯。

　　《周礼·地官》载,西周设地官司徒,最高长官为大司徒,级别为"卿","使帅其属掌邦教,以佐王安扰邦国。"在其下属机构中,设有鼓人、舞师、保氏等,以司乐教等事。

《鼓人》载,鼓人之属有编制 30 人,其职责是:"掌教六鼓四金之音声,以节声乐,以和军旅,以正田役。"

《舞师》载,舞师之属有编制 46 人,其职责是:"掌教兵舞,帅而舞山川祭祀"。

《保氏》载,保氏之属有编制 73 人。其职是"掌谏王恶,而养国子之道"。其中之一就是传授六艺:

> 保氏:掌谏王恶,而养国子之道。乃教六艺:一曰五礼,二曰六乐,三曰五射,四曰五御,五曰六书,六曰九数。

六艺即六种基本知识与技能。① "乐"列为第二,可见其重要。在周代礼乐制度中,"乐"不仅仅指音乐,而且还包含舞和歌。乐舞是对礼的配合,在社会生活、人际交往中按照不同的身份等级进行配合表演,以使各种活动在相应的氛围中进行。

《周礼·春官》载,西周设春官宗伯,最高长官为大宗伯,级别为"卿","使帅其属而掌邦礼,以佐王和邦国";大宗伯之职:"掌建邦之天神、人鬼、地祇之礼,以佐王建保邦国。"大宗伯除负责五礼外,还负责管理各种礼器和主持朝觐等重要的礼仪。在其下属机构中,负责乐务的有:大司乐、乐师、大胥、小胥、大师、小师、鼓瞽、视瞭、典同、磬师、钟师、笙师、镈师、韎师、旄人、籥师、籥章、鞮鞻氏、典庸器、司干等。

在上述机构中,大司乐最重,负总责,"掌成均之法,以治建国之学政,而合国之子弟焉"——负责大学教育,制定教育大纲,对贵族子弟进行乐的教育;"凡有道者、有德者,使教焉"——负责聘请高水平的教师;"以乐德教国子,……以乐语教国子,……以乐舞教国子"——负责思想和专业教学。乐德指"中、和、

---

① 六艺中的五礼即吉、凶、宾、军、嘉;六乐即云门、大咸、大韶、大夏、大濩、大武;五射指五种射技,即白矢、参连、剡注、襄尺、井仪;五御指五种驾车术,即鸣各鸾、逐水曲、过君表、舞交衢、逐禽左;六书即学习文字(古人认为汉字形成有六种,即象形、指事、会意、形声、转注、假借);九数指算术之法,即方田、粟米、差分、少广、商功、均输、方程、赢不足、旁要。

祗、庸、孝、友";乐语指"兴、道、讽、诵、言、语";乐舞则指六舞,即《云门》《大咸》《大韶》《大夏》《大濩》《大武》。各职能部门,责任都十分明确,有些仅从名称上即可明白其职责,如磬师、钟师、笙师、镈师、韎师,就是负责掌管和演奏那些具体乐器的。

关于具体对"国子"进行施教,《礼记·内则》对当时的规定也有记述:贵族子弟六岁入学,从最基础的知识学起,"教之以数与方名",这大概相当于今天的小学阶段。从13岁开始学乐,学舞,"十有三年学乐,诵《诗》,舞《勺》,成童舞《象》,学射御。""成童"指15岁,这大概相当于今天的中学阶段。之后挑选最优秀者入太学继续深造。[①]

尤需值得一提的是,西周乐制机构除负责司乐之外,另有采风收藏之责,因而收集保存了许多有价值乐舞。上古以来,虽代有乐出,但古籍记述甚少甚简,如《尚书》载,乐有六律、五声、八音,但并未道其所以,[②]而《周礼·春官·大师》则记录甚详:

> 掌六律、六同,以合阴阳之声。阳声:黄钟、大蔟、姑洗、蕤宾、夷则、无射。阴声:大吕、应钟、南吕、函钟、小吕、夹钟。皆文以五声:宫、商、角、徵、羽。皆播之八音:金、石、土、革、丝、木、匏、竹。

何为六同呢?

六律又称十二律,即阴六声加阳六声。在具体演奏时,阳律以竹为管,阴律以铜为管。故六同即"六铜"。关于以阴声、阳声辨声和乐之法。《周礼·春官·典同》也有明确的记述:

> 典同:掌六律、六同之和,以辨天地四方阴阳之声,以为乐器。凡声,高声石昆,正声缓,下声肆,陂声散,险声敛,达声赢,微声鞗,回声衍,侈声筰,弇声郁,薄声甄,厚声石。凡为乐器,以十有二律为之数度,以十有二声为之

---

① 据《礼记》载,周代的大学有五所,即(中)辟雍、(北)成均、(南)上庠、(东)东序、(西)瞽宗。

② 《尚书·益稷(皋陶谟)》记帝舜之言有:"予欲闻六律五声八音,在治忽,以出纳五言,汝听。予违,汝弼。"

齐量。凡和乐亦如之。

古代典籍,包括《礼记·乐记》《荀子·乐论》等所记古乐,言及律吕度数者,均不及此记之详明。

西周时言乐必及舞。关于乐舞之名及操演,《周礼·大司乐》也有翔实的记述,如一些乐舞演出时的六变、八变、九变情况:

> ……《云门》之舞,冬日至,于地上之圜丘奏之,若乐六变,则天神皆降,可得而礼矣。
> ……《咸池》之舞,夏日至,于泽中之方丘奏之,若乐八变,则地祇皆出,可得而礼矣。
> ……《九韶》之舞,于宗庙之中奏之,若乐九变,则人鬼可得而礼矣。

此处的"变"即"遍",但每一遍演出也并非简单的重复,在进行的方向上或南或北,多有变化,队形也时有变换,节奏快慢也时疾时缓。

周代对乐器的使用与置放也有明确的规定,如《周礼·春官·小胥》就有钟磬等"乐悬"的记述:

> 正乐县(悬)之位,王宫县,诸侯轩县,卿大夫判县,士特县,辨其声。凡县钟磬,半为堵,全为肆。

这里所言之"宫",意为围绕,即四面均可悬挂;"轩县"为悬之三面;"判"为"半",只能悬挂两面;"特"就是独一无二,只县悬挂一面。

2. 等级有别

乐在周代的表现形式主要是在不同场合如祭祀、宴燕、婚冠、丧葬、朝聘等礼仪活动进行时,有相应的乐歌舞加以奏演。基于礼的等级,其演出人数、使用乐器等规制与主客人员的身份、等级、权位必须相一致,以显示尊卑高下,否则有就是破坏了乐制,就是违法。

周代的乐制相当完备,对乐舞等级及使用均有严格的规定。至于等级的内

容,主要有乐舞的名目、使用何种乐器、乐器和乐工的人数等。其中,"乐县
(悬)"和"舞佾"制度最为森严。《周礼·春官·大司乐》:"正乐县之位,王宫
县,诸侯轩县,卿大夫判县,士特县。"依照这一规定,乐队演出时,天子采用宫
悬,即编钟、编磬等各种乐器使用最多,可分别置于东南西北四面;诸侯采用轩
悬,乐器稍少,可放在东北西三面;卿大夫使用的乐器为天子的二分之一,叫判
悬,只放在东西面;至于士,则用特悬,乐器很少,且只能放在东面。所谓"舞
佾",指舞队人员的编制,《礼记·祭统》有云:"朱干玉戚以舞大武,八佾以舞夏,
此天子之乐也。"这里的"佾"即"行"、"队"。天子使用的乐舞,有八行,每行 8
人,共 64 人。《谷梁传·隐公五年》载:"舞夏,天子八佾,诸公六佾,诸侯四佾。"
从中可知,等级因人而定,不容错乱。春秋末年,由于各地诸侯以及卿大夫势力
膨胀,一些势力强大者已不大把周天子放在眼里,如鲁国的季氏,按规定乐舞队
只能用四佾,但他竟在光天化日之下用八佾,故孔子十分气愤地予以斥责:"八
佾舞于庭,是可忍,孰不可忍也!"(《论语·八佾》)。

　　雅乐是周代王庭及贵族在祭祀天地、先祖或朝贺、宴燕时使用的乐舞。据
《周礼》记载,周代的《雅乐》共有六部,其中五部为继承前代之作,这就是黄帝时
代的《云门》、尧时代的《咸池》、舜时代的《大韶》、禹时代的《大夏》、商时代的
《大濩》;西周初年,由周人创作的歌颂武王伐纣的乐舞名为《大武》。

　　雅乐的演奏有严格的规定,必须在不同的场合使用不同的乐舞,可以说等级
森严,对此,《周礼·春官·大司乐》有明确的规定:

　　　　乃奏黄钟,歌大吕,舞《云门》以祀天神。仍奏大蔟,歌应钟,舞《咸池》,
　　以祭地祇;乃奏姑洗,歌南吕,舞《大韶》,以祀四望;乃奏蕤宾,歌函钟,舞
　　《大夏》,以祭山川;乃奏夷则,歌小吕,舞《大濩》,以享先妣;乃奏无射,歌夹
　　钟,舞《大武》,以享先祖。

　　由于天子是最高统治者,地位至尊,因而天子使用之乐等级最高,乐器最好。
《礼记·经解》:

　　　　天子者,与天地参,故德配天地,兼利万物,与日月并明,明照四海而不

遗微小。其在朝廷则道仁圣礼义之序,燕处则听雅颂之音,行步则有环佩之声,升车则有鸾和之音,居处有礼,进退有度,百官得其宜,万事得其序。

由此可知,雅颂之乐多用于王廷。在具体实施时,《周礼》还有一些更详细的规定。如在大祭祀时,如果有王出席,要奏《王夏》之曲,尸出席时奏《肆夏》,牲出席时奏《昭夏》。在大射时,如王观看,要奏《王夏》,射时要奏《驺虞》。(《周礼·春官·大司乐》)

此外,为了区分等级,雅乐在演奏时,使用的乐器也因对象不同而大异其趣,天子、诸侯在场时,钟、鼓、磬和笙、笛等可一齐使用,谓之"全奏",只有大夫士庶时,只能单奏。

正是由于有专门的机构管理,乐制在西周王庭得到了严格地执行,从而使乐在西周得到了较大的发展。但毋庸讳言,也正是由于乐制过于细碎繁琐,加之耗费大量的人力财力物力,故在成、康、昭、穆之后,乐制渐渐式微,人亡政息的现象已露端倪,[①]加之一些诸侯势力的强大,周天子在列国心目中一落千丈,因而不遵周礼,各行其是的例子很多。如《左传·成公二年》记载:周定王十八年(前589),齐国攻鲁,卫国派孙良夫等率兵相救,但因兵力不支,卫军大败,由于新筑邑大夫仲叔于奚及时支援,孙良夫才免于被俘。之后卫国把城邑赏于仲叔于奚,但仲叔于奚不要,而是请求得到诸侯三面悬挂的乐器和用繁缨装饰的马匹之朝见之礼,卫君答应了他的要求。孔子听说后认为这是不对的,他说:错了呀!还不如多给他些城邑呢。世上惟有国家的器物和名号不能借人,因为那象征着国家权力,只能由国君掌握才行。把名位、礼器借给他人,这就等于失去政权。[②]

《国语·鲁语》也记述了一个乐制在诸侯国遭到破坏的例子:

---

① 关于周代人亡政息现象,孔子及朱熹都有所论及。《礼记·中庸》:"孔子曰:文、武之政,布在方策。其人存,则其政举;其人亡,则其政息。"《朱子语类》卷八十六:"大抵说制度之书,惟《周礼》、《仪礼》可信,《礼记》使不可深信。《周礼》毕竟出于一家,谓是周公亲笔做成,固不可,然大纲却是周公意思。某所疑者,但恐周公立此法,却不曾行得尽。

② 《左传·成公二年》:"新筑人仲叔于奚救孙桓子,桓子是以免。既,卫人赏之以邑,辞。曲县、繁缨以朝,许之。仲尼闻之曰曰:'惜也。不如多与之邑。唯器与名,不可以假人,君之所司也。名以出信,信以守器,器以藏礼,礼以行义,义以生利,利以平民,政之大节也。若以假人,与人政也。政亡,则国家从之,弗可止也已。'"

　　叔孙穆子聘于晋,晋悼公飨之,乐及《鹿鸣》之三,而后拜乐三。晋侯使行人问焉,曰:"子以君命镇抚弊邑,不腆先君之礼,以辱从者,不腆之乐以节之。吾子舍其大而加礼于其细,敢问何礼也?"对曰:"寡君使豹来继先君之好,君以诸侯之故,贶使臣以大礼。夫先乐金奏《肆夏》《樊》《遏》《渠》,天子所以飨元侯也;夫歌《文王》《大明》《绵》,则两君相见之乐也。皆昭令德以合好也,皆非使臣之所敢闻也。臣以为肄业及之,故不敢拜。今伶箫咏歌及《鹿鸣》之三,君之所以贶史臣,臣敢不拜贶?夫《鹿鸣》,君之所以嘉先君之好也,敢不拜嘉?《四牡》,君之所以章使臣之勤也,敢不拜章?《皇皇者华》,君教使臣曰'每怀靡及',诹、谋、度、询,必咨于周。敢不拜教?臣闻之曰:'怀和为每怀,咨才为诹,咨事为谋,咨义为度,咨亲为询,忠信为周。'君贶使臣以大礼,重之以六德,敢不重拜?"①

　　全文意为:鲁国使臣穆叔通晓周礼,他在访晋国时受到晋悼公宴乐款待,但他对乐队用金钟演奏天子接待诸侯之乐《肆夏》、国君相见之乐《文王》以不示谢的方式委婉地表达了不满,而对晋国国君向鲁国国君示好的《鹿鸣》、向使臣示好的《四牡》以及国君教导使臣的《皇皇者华》的演奏,认为合乎规定的礼乐之制,因此以重礼表示再三感谢。

　　《乐记》魏文公喜听郑卫之声及《国语》的上述记载,起码向后人传达了这样的信息,一是春秋后期周天子的权威大减,诸侯卿大夫已不视其为法规,周礼对他们完全失去了约束力;其二是乐舞的神圣性受到了挑战,原来只用于庄重场合下的雅乐也被用于一般的宴请,乐舞回归了其娱乐的本性;其三,相对于古雅乐的郑卫等"新乐",由于内容新颖、形式活泼,更具有娱乐性和欣赏价值,因而受到了人们普遍的欢迎,在一些场所取代了雅乐之地位;其四,原来诗乐舞一体的"音乐"形态出现了变异,诗、乐、舞独立性更加普遍。

　　虽然如此,周代乐舞的正统地位并未被取代,礼器、乐器仍代表着一个人的等级、地位和权势,正因为如此,周人对丧葬礼特别重视,王公贵族们死后的陪葬品除了豪华的生活用品之外,往往还有相应的乐器,以此显示其身份和享受的政

---

① 《国语》卷五《语鲁下》。此事《左传·襄公四年》也有记载,但较简。

治待遇。湖北随州擂鼓墩曾侯乙墓、河南信阳长台关楚墓中大型成套扁钟的出土,就是最充分的证明。

三、乐之用

乐作为制度,在周代社会治理中发挥了巨大作用,同时对人的素质提高也起到了引导、规范与提升的作用。乐作为一种文化,作为思想和意识形态范畴的产品,西周最高统治者能看到其有利于调节人与人、人与社会、人与自然之关系,最终有利于构建和谐社会,则是最值得称道的。

1. 和谐万物

周朝之初,人们之所以重视音乐及乐舞,主要是继承了上古关于音乐、乐舞功能无比、功用无限的认识。《周礼·春官·大司乐》:

> 以六律、六同、五声、八音、六舞大合乐,以致鬼神祇,以和邦国,以谐万民,以安宾客,以说远人,以作动物。乃分乐而序之,以祭、以享、以祀。

在周人看来,只要诚心诚意地为天、地、鬼、神、人、兽演奏乐舞,之后再以不同的乐舞祭、享、祀他们,大地万物便和化为一。这一认识,源远流长,《尚书·舜典》:

> 帝曰:"夔,命汝典乐,教胄子:直而温,宽而栗,刚而无虐,简而无傲。诗言志,歌永言,声依永,律和声。八音克谐,无相夺伦,神人以和!"夔曰:"於! 予击石拊石,百兽率舞。"

从中可知,在远古的先人看来,以乐育人,可以培养人的美好品格。乐律和谐,理不错乱,社会有序,人神即可相安相和;以石作磬,敲击为乐,百兽亦闻而相舞。类似的记载还出现在《尚书·益稷》之中:

> 戛击鸣球、搏拊、琴瑟以咏。祖考来格,虞宾在位,群后德让。下管鼗鼓,合止柷敔,笙镛以间,鸟兽跄跄。《箫韶》九成,凤凰来仪。夔曰:"於!

予击石拊石,百兽率舞。"

这里的"鸟兽跄跄"、"百兽率舞"与前面的"以作动物"之意义相同,均是形容和描述禽兽有灵,闻乐与人和合相处之状。正是基于这种认识,《礼记·乐记》得出了礼乐"覆育万物"的结论:"是故大人举礼乐,则天地将为昭焉。天地欣合,阴阳相得,煦妪覆育万物"的结论,并认为,"草木茂、区萌达,羽翼奋……乐之道归焉耳!"这就是乐道的旨归。由中不难看出,古人关于乐舞对万物具有和谐作用的认识不仅根深蒂固,而且源远流长。

2. 和谐心性

周人认为,"乐者,音之所由生也,其本在人心之感于物也"(《礼记·乐记》)。因此,不同内容、不同旋律、不同情调、不同乐器、不同人员所演奏的乐舞会对受众产生不同的作用,影响着人的喜怒哀乐,影响着人的心性与爱憎敬畏等情感。因而国家应对乐舞加以指导,用健康的乐舞影响百官士庶。

什么是健康、有益的乐呢?那就是官方提倡的"雅乐"。什么是不好或者有害的乐呢?那就是被称为"淫声"的一些俗乐。

《礼记·乐记》中记载了一则魏文侯与子夏的对话,真实而生动地反映了周代后期人们对雅乐与俗乐的看法以及其对人们心性的影响。

魏文侯对子夏说:我听古乐的时候,虽不断提醒自己要全神贯注,但往往还是昏昏欲睡,而听新乐时却精神焕发。不知道这是为什么。

子夏作为孔子高足,从儒家思想出发,居高临下,首先从乐的宗旨谈起。他一针见血地指出:"音"和"乐"是不一样的,"夫乐者,与音相近而不同"。古乐与新乐之别在于,古圣人为乐,目的十分明确,那就是"为父子、君臣以为纪纲",内容纯醇,目的高尚;"然后正六律,和五声,弦歌以诗颂";"此之谓德音","德音之谓"。而今之"新乐"则不然,完全抛弃了古乐神圣的宗旨,为了娱耳、娱目、娱情,男女混杂,充满着刺激的声音和纷乱的动作,这哪里还是"乐",只能被称为"溺音"罢了。

魏文侯不解:"敢问溺音何从出也?"子夏进而举例加分析说:"郑音好滥淫志,宋音燕女溺志,卫音趋数烦志,齐音敖辟乔志。此四者,皆淫于色而害于德,是以祭礼弗用。"在子夏看来,黄河下游地区,除了鲁国之外,郑、宋、卫、齐广大地区的"乐"均为靡靡之音,全部是"新乐",也即俗乐,不能登大雅之堂。

值得深思的是,子夏虽然在这里批评了郑卫之音对人的不好影响,其实也是其特点:郑音使人意志放纵("淫志"),宋音使人意志消沉("溺志"),卫音使人意志烦乱("烦志"),齐音使人意志傲慢("乔志")。孔子曾说要"放郑声,远佞人",因为"郑声淫,佞人殆"(《论语·卫灵公》)。子夏没有孔子那样严厉,他接着从正面加以引导说,正是由于"圣人"看到了过去俗乐之不足,缺乏"肃雍"之气,于是制造了各种乐器,创制了多种舞曲与舞具,圣人就是通过这样的"德音"教导人们明贵贱、别尊卑、倡敬和,从而培养贵族们具有良好的品德与气质。

何以德音就能使人向上呢?《乐记》云:"诗言其志也,歌,咏其声也,舞,动其容也。三者本于心,然后乐器从之。是故情深而文明,气盛而化神,和顺积中而英华发外,唯乐不可以伪。"子夏对孔子的这一"乐教"思想加以发挥,认为凡是具有"仁爱"之心者,诵诗、听乐、观舞等,均能对其心理产生一定的冲击作用,从而引起其情感的变化。他对魏文侯说:富有德音的乐舞对人的心理及情感影响是十分巨大的,它能引起人们的联想和思想的升华:

> 钟声铿,铿以立号,号以立横,横以立武。君子听钟声则思武臣。
> 石声磬,磬以立辨,辨以致死。君子听磬声则思死封疆之臣。
> 丝声哀,哀以立廉,廉以立志。君子听琴瑟之声则思志义之臣。
> 竹声滥,滥以立会,会以聚。众君子听竽笙箫管之声则思畜聚之臣。
> 鼓鼙之声欢,欢以立动,动以进众。君子听鼓鼙之声则思将帅之臣。

子夏的这一番话是很有道理的,它表明在二千多年前,中国的先哲们就已经认识到,文艺作品的美学价值是通过人的心理与情感发生作用的,所产生的精神力量是无比强大的,而且很快就会转化为物质的力量。《礼记·乐记》充分肯定了"乐"的价值与作用:"情见而义立,乐终而德尊。……故曰:生民之道,乐为大焉",对今天仍有很大的启发作用。

前面说到子夏在魏文侯面前批评"新乐",但却没有像其老师孔子那样严厉,为什么呢?因为当时诸侯们普遍蓄有家伎,既演奏雅乐,也演奏俗乐,被称之为伎乐。孔子就曾提到齐国的伎乐:

　　子贡问于孔子曰:"昔者齐君问政于夫子,夫子曰政在节财;鲁君问政于夫子,子曰政在谕臣;叶公问政于夫子,夫子曰政在悦近而来远。三者之问一也,而夫子应之不同,然政在异端乎?"

　　孔子曰:"各因其事也。齐君为国,奢乎台榭,淫于苑囿,五官伎乐,不解于时,一旦而赐人以千乘之家者三,故曰政在节财。鲁君有臣三人,内比周以愚其君,外距诸侯之宾,以蔽其明,故曰政在谕臣。夫荆之地广而都狭,民有离心,莫安其居,故曰政在悦近而来远。此三者所以为政殊矣。①

　　齐国为当时强国,其君为了享乐,兴建台榭苑囿,五官伎乐,不懈于时,声色乐舞,无时无刻,其他诸侯国即使比他不上,也绝不会无动于衷。由此可知,赋奏"新乐"在当时诸侯国肯定是相当普遍的,否则,魏文侯也不会明目张胆地以欣赏的态度加以询问。

　　还需要说明的是,子夏所说的郑卫之"淫声",主要意思是说与雅乐相比,其内容多为民间思想与情调,因而不够高雅,不可进庙堂。实际上也是这样,郑声虽不合孔子主张的中正平和之意,但不可否认,其中也必然会有许多优秀的作品。孔子删诗时就曾保留了不少表现桑间濮上男女恋情的郑卫之什。这说明,孔子对"郑风"与"郑声"是有区别的,"子曰:《诗》三百,一言以蔽之,曰'思无邪'。"(《论语·为政》)诗虽纯正"无邪",但所配曲子在孔子看来却不够庄重,轻飘靡靡且有些放荡。他"恶郑声之乱雅乐也"(《论语·阳货》),此语虽十分简短,却道出了孔子之心曲:孔子讨厌的是郑声的年青歌迷太多,他们缺乏辨识能力,分不清好恶,以致误将郑声当好乐。不仅如此,一些追求奢侈享乐的统治者也热衷此道,如若长此以往,淫于色而必害于德。因而他主张"放郑声"。"放"者,并非排斥也,更不等于禁止也,而是要适当控制,莫使之泛滥之谓也。

　　孔子对乐舞十分为重视,不仅从理论上加以探讨,而且亲自参加了诗乐舞的实践活动。《史记·孔子世家》记载,"孔子学鼓琴师襄子",对亲手编定的《诗》,"三百五篇,孔子皆弦歌之,以求合韶武雅颂之音"。孔子曾与鲁国的音乐

---

① 《孔子家语·辩政第十四》(卷三)。《孔子家语》,中华书局,2014 年 8 月。

专家讨论过音乐演奏组织工作:"子语鲁大师乐曰:其乐可知也,始作,翕如也;从之,纯如也,皎如也,绎如也,以成。"

从孔子对乐的价值及其审美意义的评判可以看出,孔子思想并不僵化,孔子是一个改革家。他看到了社会转型时社会思想的混乱,道德的滑坡,信仰的空虚,文化精神的萎靡,因而提出恢复优良传统,恢复周初礼乐之制与道德规范的主张,在大力倡导"仁"德的同时,打出"克己复礼"的旗帜。综观孔子一生的主张,大多都是为了维护大一统的国家体制,反对各霸一方的诸侯势力,因而其思想和主张得不到时时想脱离中央王朝而企图独立的割据者之支持。想反,秦汉之后,凡是建立大一统的王朝,无一例外地尊奉孔子,将其著述列为必读,将其偶像供奉于国庙,将其思想树为正统。

3. 和谐社会

孔子认为,在对百官士庶的教育中,《诗经》《尚书》《乐记》《周易》《礼记》《春秋》最为重要。《礼记·经解》曰:

> 孔子曰:"入其国,其教可知也。其为人也温柔敦厚,诗教也;疏通知远,书教也;广博易良,乐教也;絜静精微,易教也;恭俭庄敬,礼教也;属辞比事,春秋教也。故《诗》之失愚,《书》之失诬,《乐》之失奢,《易》之失贼,《礼》之失烦,《春秋》之失乱。其为人也温柔敦厚而不愚,则深于《诗》者也;疏通知远而不诬,则深于《书》者也;广博易良而不奢,则深于《乐》者也;絜静精微而不贼,则深于《易》者也;恭俭庄敬而不烦,则深于《礼》者也;属辞比事而不乱,则深于《春秋》者也。"

这里,孔子将《乐》教放在第三位,与前文所引"兴于诗,立于礼,成于乐"不仅是完全一致的,而且强调,乐具有强大的和谐社会之功能,因其可使人胸怀广阔、平易善良而又不奢靡,其重要性已超过了礼。

关于乐在构建和谐社会中的重要作用,周代的重视程度空前绝后,其认识高度远远超过了后世,甚至可以说,其深刻性也超过了今人。在《礼记·乐记》中,"和"字曾出现数十次,乐对社会的和谐功能也反复申述十数次。

首先,高度强调"礼"、"乐"不可分,其功能不可互替,以"礼"治世必须和以

"乐"治世相结合。"礼以道其志,乐以和其声","礼义立则贵贱等矣,乐文同则上下和矣","乐者,天地之和也,礼者,天地之序也","和,故百物皆化,序,故群物皆别"——从不同角度论述了礼、乐对建立等级社会秩序的作用。只要百官士庶认可等级和秩序,自然会和颜而不争,互敬相处:"故乐也者,动于内者也;礼也者,动于外者也。乐极和,礼极顺,内和而外顺,则民瞻其颜色而弗与争也,望其容貌而民不生易僈焉。"

其次,反复阐述了乐是社会生活的反映,通过乐舞可"观风",间接看到社会状况及深层次存在的问题。"钟鼓干戚,所以和安乐也";"治世之音安以乐,其政和,乱世之音怨以怒,其政乖;亡国之音哀以思,其民困。声音之道,与政通矣。"由于乐舞与现实生活密切,官方可通过乐教改变社会风气,促进社会和谐,天下安宁,"乐行而伦清,耳目聪明,血气和平,移风易俗,天下皆宁"。

第三,对乐教充满自信,认为只要自觉将乐教普及到全社会,做到上至宗庙,下至庶民,四海皆有礼乐——"乐达",则天下无不敬和。"大乐必易,大礼必简。乐至则无怨,礼至则不争。揖让而治天下者,礼乐之谓也。暴民不作,诸侯宾服,兵革不试,五刑不用,百姓无患,天子不怒,如此则乐达矣。"

第四,对乐教充满美好的期待。认为乐涉天地纲纪,只要做到"乐达",就会出现"君臣和敬"、"长幼和顺"、"家庭和亲"的太平盛世:

> 乐在宗庙之中,君臣上下同听之,则莫不和敬;在族长乡里之中,长幼同听之,则莫不和顺;在闺门之内,父子兄弟同听之,则莫不和亲。故乐者,审一以定和,比物以饰节,节奏合以成文,所以合和父子君臣、亲附万民也,是先王立乐之方也。故听其雅、颂声,志意得广焉;执其干戚,习其俯仰诎伸,容貌得庄焉,行其缀兆,要其节奏,行列得正焉,进退得齐焉。故乐者,天地之命、中和之纪、人情之所不能免也。

周人在对乐的总体审美判断中,既看到了其娱乐的功能,更重视其修德济世的功能,因而把乐对社会、对家庭、对个人影响的重要性推到了极致,这是前无古人且后无来者的。也正因为如此,乐在周代得到了极大的发展,乐律、乐器既精而美,又豪华张扬、气势磅礴。但毋庸讳言,由于统治者过分强调其政治功能,过分强调其等级制度,过分重视雅乐和宫廷音乐而轻视俗乐,也极大地影响了民间音乐的繁荣发展。

　　一般来说,历史上官方提倡的乐舞虽然浩大华美,但由于种种限制,多趋于僵化,也由于广大的老百姓并不喜欢,因而就缺乏永长的生命力。相反,民间乐舞由于有深厚肥沃的土壤,其中包括不竭的源泉,生动的内容,活泼的形式、浩荡的人才,且与现实生活联系密切,因而具有很大的市场和旺盛的生命力。司马迁笔下,就曾经出现过俗乐生动发展的画面:"赵女郑姬,设形容,揳鸣琴,揄长袂,蹑利屣,出不远千里,不择老少者,奔厚富也。"(《史记·货殖列传》)从中可知,二千多年前,在赵、郑之地,即出现了专门以乐舞为生的男女青年,他(她)以妖冶之容,带着乐器,身着舞服,足踏便鞋,千里奔波,行遍天下。正是由于民间俗乐发展强劲地,无所不及,以致春秋后期像魏文侯这样的贵族们,也不可避免地被卷入了滚滚的潮流之中,成了"粉丝"。

　　总之,雍容华贵的天子宫廷之雅乐,雅俗兼容的诸侯卿大夫之休闲伎乐,生动活泼的民间百姓之俗乐,共同构成了周代乐舞的繁荣局面,将我国的音乐、舞蹈发展到了一个新水平,造就了中国历史上的第一个高峰期。周代统治者注重礼乐文化的教化作用,将礼乐制度化,由此形成的《周礼》《仪礼》《礼记》三部专书,不仅为实录,还从实践与理论的结合上探讨了礼乐关系、善美关系、雅俗关系、诗乐关系、乐舞关系以及内容与形式的关系、音乐教育与管理问题等。《周礼》《仪礼》《礼记》所体现的音乐歌舞思想,既丰富,又具体;既深刻,又明确;既精细,又系统;既全面,又独特;既传统,又开放;充分显示了我们先人的聪明与智慧,博大与超越,因而至今仍熠熠生辉,启迪着我们。

第四章　轴心时代的文化

周代文化光辉灿烂,不论政治层面、思想层面、社会层面,不仅均开中国有文字以来之先河,而且至硕至巨,其后秦汉唐宋以至明清虽代有发展,但就其核心文化而言,皆宗于周。南宋之后,传统文化中"经文化"一家独大,复古之风越吹越劲,谨就此点而言,周文化的创新精神及革命锐气后世几不可望其项背。中国封建社会中期之后,由于其封闭保守,社会弊端越积越重,有识者不断发出改革之声,但令人惊异的是,凡主张不以先王之法为法者,往往以周代为帜,王安石如此,张居正如此,康有为、梁启超也如此。因此可以说,改革精神、创新精神是周代文化之精髓。何以如此呢?

第一节　轴心时代

美国当代历史学家 L·S·斯塔夫里阿诺斯在其名著《全球通史》中说,就世界各国社会发展而言,1500 年是一个重要的分期,1500 年之前,各国基本上都是封闭的,之后开始走向开放与交流。这一看法,虽不免仍多是以欧洲为中心,但其观察问题的角度从全球着眼,且将世界的发展以"开放、交流"为着眼点分为两段立论,则使人颇受启迪,且再一次证明,世界延续数千年的多元文化是各国、各民族人民共同创造的,而不是某一个神创造的。《全球通史》由于资料富赡,立论新颖,涉及全面,受到了学界的重视和高度评价,因而自 1972 年面世后多次再版。

虽然世界古代文化是多元的,但就其类型而言,人们多习惯以东、西方加以区分。西方文化指西欧而言,东方文化大致可分三块:东亚文化以中国为中心,南亚文化以印度为中心,西亚文化则指阿拉伯文化与伊斯兰文化。

人们之所以如此分类,是因为这些地区的元典文化都神奇地诞生在公元前500年上下。

德国存在主义哲学家 K·T·雅斯贝尔斯对世界古代文明进行了深入地研究,尤其是对世界四大古代文明地区研究后发现,公元前7世纪到公元前4世纪,中国、印度、波斯、希腊等不同的几大文明地区,几乎同时进入了理性思维时期,一批思想家的著述及其所阐解的精神文化,极大地影响了后世民族文化的发展与走向。1949年,他出版了《历史的起源与目标》一书,他写道:"在公元前800年到公元前200年间所发生的精神过程,似乎建立了这样一个轴心。在这时候,我们今日生活中的人开始出现。让我们把这个时期称之为'轴心的时代'。"

一、不同凡响的时代

雅斯贝尔斯认为,从公元前800年至公元前200年期间,尤其是公元前600年至公元前300年,位于北纬25—35度间的这片广袤的土地上,在不同的地域,诞生了一批智者和贤者,由于其思想深邃、广博而成为了地域人民的精神导师,如古希腊的苏格拉底、柏拉图,亚里士多德,以色列犹太教的先知们(如摩西),古印度的释迦牟尼,中国的孔子、老子、墨子等。

公元前500年左右,就世界范围的交通而言,不要说航海,就连陆路也没有,希腊、中东、印度与中国远隔万水千山,并无联系与往来,但都产生了对人类终极关怀的觉醒,一批可谓之"先觉"者面对人与自然,人与人、人与社会诸多的问题,以无比的智慧与理论,阐述道德教化,解说各种现象,以极高的水平,对原始文进行了突破与超越,从而形成了影响至今的东西方化的基本类型与宗教。今天的中国、印度、伊斯兰文化和西方文化的核心价值观念,其源头皆在那个时期。由于此时的文化影响久远而巨大,雅斯贝尔斯称其为轴心时代的文化。同时,雅斯贝尔斯还将轴心时代的文化与古老的巴比伦文化、埃及文化进行了比较,其结论是:虽然后者古老辉煌,规模巨大,由于固步自封,没有实现突破与超越,因而成为了历史的化石,轴心时代的文化一直延续至今。他形象地说:历史的车轮滚滚,但每当人类社会面临危机或新的飞跃的时候,我们总是回过头去,看看轴心时代的先哲们是怎么说的,以从中获得启发。

二、不同凡响的"人类意识"

在雅斯贝尔斯看来,轴心时代之所以不同凡响,最重要的有两点。

首先在于它诞生了一批不同凡响的圣哲,如中国的周公、孔子、老子、墨子等,印度的优波尼沙、佛陀等,波斯(伊朗)的琐罗亚士德等,巴勒斯坦的伊利亚、以赛亚、耶利米等,希腊的荷马、修昔底德、巴门尼德、赫拉克利特、苏格拉底、柏拉图、修昔底德、亚里士多德等。这些圣哲以其无比的睿智及超凡的洞察力,对人类社会昨天、今天和明天进行了总结和预言,不仅使人们的思想豁然开朗,也使人们陷入了不解的沉思。

其次,也是最根本的,就是有史以来出现了特有"人类意识"的觉醒,也就是说,人类从此有了真正意义关于人的思想与观念。人类意识的内涵十分丰富,其中最为重要的是宇宙意识、人自身的意识与政治意识。有了意识,人才能够成之为人。在一定意义,人的意识可以说是一种使得人被称之为人的意识。这种意识并不简单地意识到人的生理的存,而且意识到他自身的特性。人正是通过各种样的途径,以自身的个性,来与世界上其他事发生联系,并获得自己的独特的存在价值。……人类意识是人类历史和人类文化的重要影响因素,影响着文化和价值的形成。①

人类意识的出现是具有划时代意义的,因为人类意义常常揭示出各种潜在变化的可能性,并涉及社会生态、历史、文化、经济与政治等不同领域。如轴心时代的周公、孔子、老子及荀子等诸子,其思想无不表现出中华文化鲜明的人文主题;影响中国传统文化至巨的天人观念、宗法观念、人本观念、仁德观念、义利观念、社会伦理观念以及和而不同等价值判断、思维方式均在此时确立。轴心时代的希腊先哲,把对神的关注转向人间,并试图从现实出发,探究宇宙万物的本原,研究人与人之间的关系。当时的智派学者与苏格拉底及柏拉图虽见解有歧,但智者学派重视人的作用,提出"人是万物的尺度",苏格拉底提出"美德即知识"

---

① 成中英等《中国哲学中的人类意识:结构与发展》,《江西社会科学》2004 年第 9 期。

等。亚里士多德对柏拉图的思想既有继承又有突破,在理念与现实的问题上认为,理念属于人的抽象思维,客观上并无理念世界的存在,客观世界不仅是真实的存在,而且是人类认识的来源,人的认识产生于对外界事物的感觉。他们的这些光辉思想无不蕴涵着西方人文主义的萌芽,对当时人们思想的解放起到了极大的呼唤与推动作用。

同是人文观念,东方儒家文化与西方希腊人文精神既有相同之处,也有差异:希腊人文主义更体现出一种"重人"的思想,这种"重人",不同于儒家人文主义所体现的那种日常伦理的实用理性,而是人作为一种宇宙存在物,能对宇宙之物进行一个理性的思考……作为人文主义起点的儒家和希腊人文主义,德性是其共有的特征,然而细究其内在的关系可以发现它们有不同之处,儒家德性在于在日常生活中显现,并且要超越日常生活而达到"天人合一"的境界。……希腊人文主义则是对一个单一的个体进行理性的思考,认为人可以通过知识的教化而与自然区别开来。[①] 他如希腊的赫拉克利特,具有朴素的唯物论思想。他认为宇宙既不是神也不是人所创造的,宇宙本身是它自己的创造者,宇宙的秩序都是由它自身的逻各斯所规定的。万物的本原是火,宇宙是永恒的活火,是一团永不停息燃烧的火。但运动变化是有规律可循的,火按一定的尺度燃烧,按一定的尺度熄灭,这个尺度也是逻各斯。赫拉克利特还具有朴素辩证法思想。他有一句名言:"人不能两次走进同一条河流"。意谓河里的水是不断流动的,你这次走进河,水流走了,你下次再踏进时,流过来的是新水。河水川流不息,所以你不能踏进同一条河流。显然,这句话是有其特定意义的,并不是指这条河与那条河之间的区别,而是主张"万物皆动","万物皆流",说明客观事物是永恒地运动、变化和发展着的。恩格斯曾评价说:"这种原始的、朴素的但实质上正确的世界观是古希腊哲学的世界观,而且是由赫拉克利特第一次明白地表述出来的:一切都存在,同对又不存在,因为一切都在流动,都在不断地变化,不断地产生和消逝。"[②]赫拉克利特还认为,事物都是相互转化的。冷变热,热变冷,湿变干,干变湿。他还明确断言:"我们走下而又没有走下同一条河流。我们存在而又不存

---

① 刘汉芸《"轴心时代"的儒家和希腊人文主义——人文主义的起点》,《天水师范学院学报》2009
年第3期。

② 恩格斯《反杜林论》,人民出版社,1999年,第19页。

在。"又如伊朗宗教改革者琐罗亚斯德主张人要行善,要以自己的"善念、善言、善行"克服邪恶势力,其经典《阿维斯陀》影响至今。琐罗亚斯德的宗教保留了古代对火的崇拜,故早期拜占廷学者称其教为"拜火教"。该教传入我国后,史籍称其神为"火祆神",名其教为"火祆教"或"祆教"。总之,从轴心时代起,在人类意识的影响与指导下,多变的世界被纳入人类个人的行为和集体的行为之中。

三、不同凡响的后世影响

两千五百年前,古希腊、以色列、印度和中国几乎同时出现了伟大的哲人和思想家,而且他们都对人类关切的问题提出了独到的看法。古希腊的苏格拉底、柏拉图非常重视人、人的社会存在和人的权利;中国的老子、孔子对人与人的关系提出了一系的原则,如"道法自然"(《老子》第25章),人要有仁德之心,"夫仁者己欲立而立人,己欲达而达人"(《论语·雍也》),印度释迦牟尼宣扬普渡众生,要人识破迷津;以色列犹太教的先知们代上帝宣化神启的法律与十诫,要人类之间应有兄弟之情,等等,这就使得不同地域形成了不同的文化传统。这些既有相通之处又有很大差异的文化传统经过两三千年的发展,已经成为人类文化的主要精神财富。虽然这些地域的不同文化原来都是独立发展出来的,并没有互相影响,但是,"人类一直靠轴心时代所产生的思考和创造的一切而生存,每一次新的飞跃都回顾这一时期,并被它重新燃起火焰。"①例如,欧洲的文艺复兴就是把目光投向其文化的源头古希腊,并以其为动力,而使欧洲文明重新燃起新的光辉,从而对世界产生重大影响。我国儒学曾受到印度佛教的冲击,但由于宋明理学再次回归孔孟,从而把中国哲学提高到一个新水平,并在南宋之后稳定地居于正统地位。

虽然东西方文化对人都十分重视,重视人的生存与发展,均具有强烈的人文主义倾向,但二者也有很大的不同,如东方文化主张"天人合一",人与人、人与社会要和谐相处,人要加强个人道德修养,重视个人对国家、对集体的责任;西方文化则强调对自然的征服甚至掠夺,强调个人欲念的保护与个性的张扬。也就

---

① 雅斯贝尔斯《历史的起源与目标》,华夏出版社,1989年版,第14页。

是说,东方文化强调人的社会性,西方文化强调人的个体性;东方文化强调社会秩序,西方文化强调人权的平等与自由。总之,二者在价值取向上极不相同。但由于文化具有内在性与超越性,东西方文化的这些差异直到今天仍顽固地存在着,以至在很多时候成为了东西方社会产生分歧的根源,交流与合作的鸿沟。

第二节　轴心时代文化的元典性

历史学家将周代分为春秋与战国两个时期,虽然前期相对稳定,后期较为动荡,但从整体来说,周代是我国社会大发展的重要时期,尤其是思想文化上的百家争鸣,璀璨多姿,为中华民族文化发展开创了空前繁荣的崭新局面。正是由于诸子百家文化竞放,思想深邃,领域广阔,影响至今,我国学者依雅斯贝尔斯世界文化轴心之说,亦将这一时期视为我国文化的轴心时代。

一、周代文化的元典性

周代社会的一个重要特点是:多民族大一统的国家(天下)局面形成;为维护大一统的国家利益,最高统治者全面实行分封制、井田制、宗法制及礼乐之制;与此同时,分封制弊端渐次由隐全显,各诸侯国的思想家们,由于不同的经历,不同的地位,不同的职业,不同的利益和不同地域环境等,因而在国家治理,社会发展,民族融合诸领域思想极其活跃,出现了各式各样的文化诉求,即使对同一问题,也因人而异,因地有别,因时以变,各种主张百花齐放。

由于诸侯国的相对独立,与周天子的关系有近有疏,加之各地的气候、地理条件、各种资源及发展模式不一,因而发展速度各异,实力的强弱差别出现了很大悬殊。物竞天择,弱肉强食,顺势者倡,逆势者亡,相互兼并的结果是,诸侯国由多至少,七雄称霸。七国鼎立二百多年之后,秦扫六合,国家再次统一。清初思想家顾炎武在《日知录》第十三卷《周末风俗》中曾对春秋与战国社会风气之变化人作过简要的比较:

春秋时犹尊礼重信,而七国则绝不言礼与信矣;春秋时犹宗周王,而七国则绝不言王矣;春秋时犹严祭祀、重聘享,而七国则无其事矣;春秋时犹论宗姓氏族,而七国则无一言及之矣;春秋时犹宴会赋诗,而七国则不闻矣;春秋时犹有赴告策书,而七国则无有矣。邦无定交,士无定主,此皆变于一百三十三年之间。史之阙文,而后人可以推者也。待始皇之并天下,而文武之道尽矣。汉,此风未改,故刘向谓其"承千岁之衰周,继暴秦之余弊,贪饕险波,不闲义理"①

上述差异,既为诸子百家学说的发展提供了肥沃的土壤和广阔的空间,同时,诸子百家的发展又扩大了这些差异。百家争鸣,大浪淘沙。有些声音虽然名噪一时,但和者甚寡,如杨朱逸乐安享的极端个人主义;而凡具有人文精神的学说,生命力则较强,儒、法、道、墨、农、杂、纵横、名辩、阴阳学说得以播传天下,原因就在这里。

1. 诸子学说皆政治

首先,"诸子"一词产生于汉,司马迁在《史记·太史公自序》中引用其父司马谈之言:"乃论六家之要指曰:易大传,'天下一致而百虑,同归而殊途。'夫阴阳、儒、墨、名、法、道德,此务为治者也。"其后,《汉书·艺文志》中的刘歆《七略》,将诸子略分为十家:儒、道、阴阳、法、名、墨、纵横、杂、农、小说。其次,诸子学说在当时并非纯学术之争,而皆是政治,这是由他们的基本宗旨决定的。诸子可谓当时的精英人物,他们都看到了诸国纷争,究其实,不论讲学也好、著述也好,游说也好,其主张都是为国君治政驭民提供的政治方略与实施之术,无不涉及政治、文化、社会以至经济与军事。如儒家主张以德化民,道家主张无为而治,法家主张信赏必罚,墨家主张兼爱尚同,兵家主张富国强兵,农家主张以农为本,名家主张去尊偃兵,无不包含着丰富的政治智慧。如果说有区别的话,只不过是所代表的阶级、阶层不同,所切入的领域不同以及所论深度、广度有所不同而已。

2. 儒、道、法的强势与互补

文化发展的历史表明,一种文化或文化流派的发展,一方面决定于文化本身是否符合发展潮流,为大众所欢迎,代有薪火;另一方面,是否受到统治阶级的重视与推助,或者打压与摧残,也是重要条件。周代百家争鸣,表现出最大优势的

---

① 顾炎武《日知录集释》,中华书局,2006 年 12 月。

是儒、道、法三家。三家之所以影响较大的原因主要有以下几个方面。一是三种学说都是从人出发,"天人合一"是其共同根源,三者都是极言治世,故而既受到了士庶的欢迎,也受到了统治者的重视。二是三者表现出了天生的互补性。如儒家鼓励积极用世,重视功利,有所作为,但现实又不是每个人都能如愿以偿,穷通有天壤之别,于是,不得志处于逆境时,道家"消遥"的超然情趣便大有市场。道家的阴柔与儒家的阳刚都是智慧,以退为进,以静制动,以"无为"达到"无不为",作为策略思想,无论对个人,对集团、对国家意义都十分重大。三是治世的实践表明,由于条件与环境的不同,统治者既需要文治武功,又需要休养生息与无为而治,既需要用仁政怀柔天下,也需要严刑峻法治理乱世。因此,随着生产力的发展,人的流动与交往,德、法治国不可偏废愈来愈成为全社会的共识。

3. 儒学为传统文化之主干

在诸子百家中,儒家之所以尊周公、孔子为创始者,最根本之因是他们的主张最符合三代文化相因之人文精神,也正是这个原因,后世尊其为正统,雄踞于诸子之上,地位显著。

儒学另一个显著的特点是最具包融进取精神,能与诸多文化协和相处,平等相处,而且非常注意不断汲取诸家合理成份的,这就使受众越来越多,并感到其有亲和感,加之它在强调礼法、宗法的同时人本精神凸显,主张民木、仁爱、敬和,强调人伦道德,强调处事中庸,重视生活,重视实用,因而为历代统治者所欢迎,士庶所认从,遂成为了传统文化的主流,对中华民族文化与思想的形成产生了无与匹比的影响。正因为如此,千百年来,儒家刚健有为精神激励人们发愤图强,儒家公忠为国精神培育了人们的爱国情怀,儒家"以义制利"观念启示了人们正确对待物质利益,儒家的仁爱观念造就了人们热爱人民的高尚情操,儒家的气节观念造就了人们自尊、自强的高尚人格。

其三,儒家的价值观念是一个完备系统,它涉及到政治、经济、文化、军事等社会各个领域,尤其关于人生、理想、信仰、人伦等,论述深刻而精彩,因而不论道、法、墨、名、兵、农,也无论早期的佛教及后来的其他宗教,无不感受其博大精深,并从中汲取营养;各少数民族的文化,更是从雅到俗,大量汲取,有的原有文化甚至在融合中不知不觉地被替代、被消解。因此,从一定意义上说,儒家文化不仅是多元文化的产物,它本身就是多元文化。

二、多元并存的元典文化

周代文化留给我们最大的财富之一,就是要坚持多元并存。《中庸》说:"万物并育而不相害,道并行而不相悖,小德川流,大德敦化。此天地所以大也。"这充分表明,早在 2500 年前,中国人就懂得了多元并存是自然界和人类社会各种事物发展的规律,当然,也是文化发展的规律。1955 年 4 月,首届亚非国家万隆会议时,形势非常复杂,周恩来总理引用"万物并育而不相害,道并行而不相悖"这一中国古训,指出,新兴的亚非国家要在反对帝国主义殖民统治上"求同存异,协同一致",使许多国家的领导人看到了中国文化和新中国领导人博大包容的品格和襟怀,及时揭穿了帝国主义对新中国的诬蔑和破坏会议的图谋,从而使万隆会议取得了举世瞩目的成就。

在周代诸子百家中,"儒家和法家、道家、墨家、农家、兵家等各个思想流派相互切磋、相互激荡,形成了百家争鸣的文化大观,丰富了当时中国人的精神世界。虽然后来儒家思想在中国思想文化领域长期取得了主导地位,但中国思想文化依然是多向多元发展的。这些思想文化体现着中华民族世世代代在生产生活中形成和传承的世界观、人生观、价值观、审美观等,其中最核心的内容已经成为中华民族最基本的文化基因。这些最基本的文化基因,是中华民族和中国人民在修齐治平、尊时守位、知常达变、开物成务、建功立业过程中逐渐形成的有别于其他民族的独特标识。"①

这些多元文化中的许多思想和观念至今还给人以无限的启迪。这是因为其中"蕴藏着解决当代人类面临的难题的重要启示,比如,关于道法自然、天人合一的思想,关于天下为公、大同世界的思想,关于自强不息、厚德载物的思想,关于以民为本、安民富民乐民的思想,关于为政以德、政者正也的思想,关于苟日新日日新又日新、革故鼎新、与时俱进的思想,关于脚踏实地、实事求是的思想,关于经世致用、知行合一、躬行实践的思想,关于集思广益、博施众利、群策群力的思想,关于仁者爱人、以德立人的思想,关于以诚待人、讲信修睦的思想,关于清

---

① 习近平在纪念孔子诞辰 2565 周年国际学术研讨会暨国际儒学联合会第五届会员大会开幕会上的讲话,《人民日报》2014 年 9 月 25 日第 2 版。

廉从政、勤勉奉公的思想,关于俭约自守、力戒奢华的思想,关于中和、泰和、求同存异、和而不同、和谐相处的思想,关于安不忘危、存不忘亡、治不忘乱、居安思危的思想。"(引文同上)上述讲话中所引用的传统文化经典思想,除儒家之外,就有墨家"兼爱"、"尚贤"、"节用",道家"少私寡欲"、"道法自然"和法家的"废私立公"等观念。由此可见,文化多元的观念具有永恒的生命力。

三、传承与光大

在人类历史上,一个民族、一个国家不论大小或强弱,只要与时俱进,都可能为世界文化的发展作出自己的贡献。历史发展还表明,文化的传承与发展、交流与包融、开放与创新是一个民族、一个国家保持活力的关键。

1. 传承与弘扬

我国轴心时代产生的优秀文化与思想绚丽多彩,是中华民族最宝贵的精神财富,也是维系中华民族5000年文明史的源头活水,有独特的价值体系,应予以认真的传承与光大,它直接影响着中华民族的文化自觉与文化自信。

"但是,由于封建制度的腐朽没落,中国在近代被世界快速发展的浪潮甩在了后面。1840年鸦片战争以后,在西方列强坚船利炮轰击下,中国危机四起、人民苦难深重,陷入半殖民地半封建社会的黑暗深渊。实现中华民族伟大复兴始终是近代以来中国人民最伟大的梦想。无数志士仁人前仆后继、不懈探索,寻找救国救民道路,却在很长时间内都抱憾而终。太平天国运动、戊戌变法、义和团运动、辛亥革命接连而起,但农民起义、君主立宪、资产阶级共和制等种种救国方案都相继失败了。战乱频仍,民生凋敝,丧权辱国,成了旧中国长期无法消除的病疡。"①道路决定命运。在寻求弃弱图强的道路上,一些人片面夸大西方文化的优势,认为中国之所以落后、挨打,根本原因在于文化的保守与落后,要改变旧貌,必须易弦更张,以夷为师,舍西化而别无他途,从而对中国历史、中国文化采取全盘否定、一笔抹杀的错误态度,陷入了历史虚无主义的泥潭。

实践表明,在对待传统文化上,既不能妄自尊大、也不可妄自菲薄,我们要虚

---

① 习近平《在纪念毛泽东同志诞辰120周年座谈会上的讲话》,《人民日报》2013年12月27日第2版。

心学习借鉴人类社会创造的一切文明成果,包括西方的人文精神,但我们不能数典忘祖,不能照抄照搬别国的文化及其发展模式,更不可接受任何外国颐指气使的说教。正确的做法只有一个,那就是遵重历史、剔除糟粕、弘扬精华、不断创新。2014年4月1日,国家主席习近平访问比利时在日鲁布欧洲学院发表演讲时说:

> 在世界几大古代文明中,中华文明是没有中断、延续发展至今的文明,已经有5000多年历史了。我们的祖先在几千年前创造的文字至今仍在使用。2000多年前,中国就出现了诸子百家的盛况,老子、孔子、墨子等思想家上究天文、下穷地理,广泛探讨人与人、人与社会、人与自然关系的真谛,提出了博大精深的思想体系。他们提出的很多理念,如孝悌忠信、礼义廉耻、仁者爱人、与人为善、天人合一、道法自然、自强不息等,至今仍然深深影响着中国人的生活。中国人看待世界、看待社会、看待人生,有自己独特的价值体系。中国人独特而悠久的精神世界,让中国人具有很强的民族自信心,也培育了以爱国主义为核心的民族精神。[①]

习近平主席所介绍的,正是欧洲人所熟知的轴心时代中国的文化。他在讲话中强调,当时的中国先哲提出了很多启人心智的理念,"至今仍然深深影响着中国人的生活。"并形成了"中国人看待世界,看待社会、看待人生,有自己独特的价值体系"。

2014年5月4日,习近平主席在北京大学师生纪念五四运动95周年座谈会上发表讲话时,又相当详细地讲到了中国优秀传统文化。他说:

> 中华文明绵延数千年,有其独特的价值体系。中华优秀传统文化已经成为中华民族的基因,植根在中国人内心,潜移默化影响着中国人的思想方式和行为方式。今天,我们提倡和弘扬社会主义核心价值观,必须从中汲取丰富营养,否则就不会有生命力和影响力。比如,中华文化强调"民惟邦

---

① 习近平《在布鲁日欧洲学院的演讲》,新华网2014年4月2日。

本"、"天人合一"、"和而不同",强调"天行健,君子以自强不息"、"大道之行也,天下为公";强调"天下兴亡,匹夫有责",主张以德治国、以文化人;强调"君子喻于义"、"君子坦荡荡"、"君子义以为质";强调"言必信,行必果"、"人而无信,不知其可也";强调"德不孤,必有邻"、"仁者爱人"、"与人为善"、"己所不欲,勿施于人"、"出入相友,守望相助"、"老吾老以及人之老,幼吾幼以及人之幼"、"扶贫济困"、"不患寡而患不均",等等。像这样的思想和理念,不论过去还是现在,都有其鲜明的民族特色,都有其永不褪色的时代价值。这些思想和理念,既随着时间推移和时代变迁而不断与时俱进,又有其自身的连续性和稳定性。我们生而为中国人,最根本的是我们有中国人的独特精神世界,有百姓日用而不觉的价值观。我们提倡的社会主义核心价值观,就充分体现了对中华优秀传统文化的传承和升华。[①]

讲话不仅再次肯定了优秀传统文化(主要是产生于轴心时代的观念)铸就了中华民族独特的价值体系,成为了中华民族的基因,尤其强调优秀传统文化对今天弘扬社会主义核心价值观的重要作用,并一口气引用了20句最经典的句子。他所引用的一些句子,在过去阶级斗争、极左年代里,有的曾遭到批判,如"仁者爱人"被歪曲为"伪善","不患寡而患不均"为"狭隘的小农意识"、"平均主义"等。

习近平同志指出,学习和传承优秀传统文化,对青少年树立社会主义核心价值观非常重要。在北京大学"五四"讲话中,他曾用扣扣子作喻,"这就像穿衣服扣扣子一样,如果第一粒扣子扣错了,剩余的扣子都会扣错。人生的扣子从一开始就要扣好。"

但是,由于各种原因,不重视传承优秀传统文化的现象仍然严重存在。据报导,2014年秋开学前夕,人们发现,上海新版小学语文教材为了"瘦身",删除了小学课本中8篇古诗词,理由是这样可以为小学生"减负"。[②] 经查,这8篇古诗分别是唐代李绅的《悯农》、李白的《夜宿山寺》、王之涣的《登鹳雀楼》,柳宗元

① 习近平《青年要自觉践行社会主义核心价值观——在北京大学师生座谈会上的讲话》,《人民日报》2014年5月5日。

② 《上海新版小学语文化教材"瘦身":删掉8篇古诗和5篇课文》,《重庆晨报》2014年8月27日。

《江雪》、白居易的《草》，宋代王安石的《梅花》和清代高鼎的《画》，都是极脍炙人口的名句，内容也不深奥。

此举引起社会广泛关注，大多数家长和专家认为，"减负"不应以牺牲优秀传统文化为代价，更不应从易记成诵的古诗"开刀"，这种"一刀切"的作法不妥；赞同者则认为古诗词"无用"，不如省出时间让孩子背英语单词。时过半个月，9月9日，国家主席习近平考察北京师范大学，当他看到该校出版的三种通编教材时，十分感慨地说："我很不希望把古代经典的诗词和散文从课本中去掉，加入一堆什么西方的东西，我觉得'去中国化'是很悲哀的。应该把这些经典嵌在学生的脑子里，成为中华民族的文化基因。"①加强优秀传统文化的学习和教育，让经典文化基因在青少年心中生根，非常重要。在讲话中，他再次语重心长地提到扣扣子这一话题，他说，好的老师要引领、帮助学生把握好人生方向，特别是引导和帮助青少年学生"扣好人生的第一颗扣子"。

2. 光大与创新

中华优秀传统文化记载了中华民族自古以来在建设家园的奋斗中开展的精神活动、进行的理性思维、创造的文化成果，反映了中华民族的精神追求，是中华民族生生不息、发展壮大的重要滋养。只有光大中华优秀传统文化，我们才能在前进的大道上迈出更加坚定的步伐。

对优秀传统文化，我们既需要传承，更需要创新。从某种意义上说，我们当今的文化正是对二千多年前轴心时代的一次飞跃，也是在与西方文化寻求契合中不断发展的。随着经济全球化、科技一体化、信息网络化的发展，世界多元的文化也必将有新的发展，中国文化也必将在中、西多元文化继续整合的影响下，在民族传统、全球意识观照下呈现出新的局面，更加人文、更加亲和、更加理性，因而也必将对世界文化的发展作出新的贡献。同时，"和而不同"、"己所不欲，勿施于人"、"万物并育而不相害，道并行而不相悖"等具有普世价值的观念也必将为西方更多的人所接受，不再只是中华民族独特的价值观，而是有所超越，成为各民族文化发展的丰厚资源和大众文化，从而在世界范围内产生更大的影响。

---

① 　许路阳《习近平北师大谈教育：去中国化很悲哀》，《新京报》2014 年 9 月 10 日。李小娟　刘佳《习近平：不希望课本去掉经典诗词去中国化很悲哀》，《北京晨报》2014 年 9 月 10 日。

　　我们要善于把弘扬优秀传统文化和发展现实文化有机统一起来,把文化创新与实际工作紧密结合起来,坚持在继承中发展,在发展中创新。

　　勇于创新,善于创新,是一个民族对未来具有信心的表现。只要我们坚持从历史走向未来,从延续民族文化血脉中开拓前进,我们就不仅能够做好今天的工作,而且也能够规划出美好的未来,是中国文化对世界的发展作出新的贡献。

第五章　周代文化的元典观念

　　在中华民族发展史上,周代应属于一个非常重大的转折与发展时期。中华民族自夏代跨入文明门槛之后,物质文化与思想文化日趋发达,青铜器与甲骨文的出现,是夏、商文化对中华民族贡献中最具标志性的里程碑。周代在夏商之基础上,由于实行分封制和宗法制以及人的观念的更新,从而促进了社会发生了巨大转折,中国社会渐次进入了封建社会。

　　周代最为人称道的是思想文化上的百家争鸣。在周代思想发展的长河中,各种学说的浪花既碰撞又融合,在经受了历史的激荡、积淀与选择之后,优胜劣汰,从而形成了稳定的民族文化心理、价值观念和思维方式。

　　在中华文化中,由于人与天、人与人、人与社会是思维的基本路径,而周代的许多原创性的思想观念正是从这里切入,因而为后世关于人与天、人与社会、个人与群体等方面开拓了无限的思维空间。

　　最能全面反映周代贤哲文化原创观念的典籍是人们谓之的"五经"——《易》《诗》《书》《礼》《春秋》以及诸子中的《论语》《老子》《墨子》《庄子》《孟子》《孙子》等。在一般情况下,人们称这些典籍为中国的"文化元典"。文化元典所反映的观念可称为"元典观念",在元典观念下,又形成了很多不同的"元典文化形态"。

　　周代学派众多,最有影响的元典性观念有哪些呢? 笔者认为以下六种最具代表性:天人观念、宗法观念、民本观念、崇圣向善观念、通变观念和政治上的一统观念。

第一节　天人观念

天人观念是周代元典观念中具有总领全局的观念,天人观作为周人的宇宙观、世界观,它不仅渗入到政治、经济、文化、军事等各个领域,尤其对人的思想及社会习俗影响至远至深。

夏人崇敬天,在天人关系上认为"天"高于一切;殷商人崇敬鬼,在鬼人关系上认为鬼为人的主宰。周人也崇尚天,但在天人关系上,却认为天佑有德之人,主张"天人合一"或"天人合德"。

一、"天人观念"之初始

在世界各民族当中,具有宗教意识的天人观念出现最早的应该是中国。关于天人观念的发端,远可追溯至传说的五帝时代。黄帝时期,民神不杂,各司其序,民有忠信,神能明德,民以物享,祸灾不至,天下太平。但到少皞时,九黎乱德,民神杂糅,人们对天、地、人之关系的认识出现了不一的现象。"天"、"地"作为神,与人是什么关系,不仅说法不一,做法更是混乱不堪,以至于在社会上民神杂糅,人可以随便经"天梯"来往于天、地之间。由于社会无序,祸灾荐臻。颛顼执掌天下之后,果断采取措施,乃用重、黎,绝地天通。于是社会大治。[①] 后世认为,在天人关系上,颛顼关于"绝地天通"是一次对原始宗教的一次改革,在这之前,人们对原始宗教的认识或者说信仰是处于天地不分、神我一体的朦胧和混杂状态,即民神杂揉、民神同位。颛顼之举,实际上是一次重大的社会改革,以绝地天通中止了民神同位、家为巫史的混乱局面,最终是使多元的原始宗教逐步变成了四神权利的集中与垄断,只有最高统治者"天子"才能享受神化的专利:天人合一。这样,原本"天我合一"、"人神交通"就蜕变为了"天王合一",王权垄断了"天",也即垄断了神。张光直先生在研究"绝天地通"时指出:"通天的巫术,成为统治者的专利,也就是统治者施行统治的工具。'天'是智识的源泉,因此

---

① 关于颛顼命重黎绝地天通的记载,《尚书·吕刑》较简,《国语·楚语(下)》"楚昭王问观射父"一节较详。

通天的人是先知先觉的,拥有统治人间的智慧与权利。《墨子·耕柱》:'巫马子谓子墨子曰:鬼神孰与圣人明智? 子墨子曰:鬼神之明智于圣人,犹聪耳明目之与聋瞽也。'因此,虽人圣而王者,亦不得不受鬼神指导行事。……占有通达祖神意旨手段的便有统治的资格。统治阶级也可以叫做通天阶级,包括有通天本事的巫觋与拥有巫觋亦即拥有通天手段的王帝。事实上,王本身即常是巫。"[①]

由上也可知,"天"在"天人合一"的早期阶段,其主要涵义为神,完全属于宗教神学意义上的概念。

二、"天"之内涵

在先秦元典中,无论《易》《书》《语》《孟》,也无论《荀》《墨》《老》《庄》,谈论"天"的文字比比皆是。

但"天"意蕴到底是什么呢? 汤一介先生说:

在中国历史上,"天"有多种涵义,归纳起来至少有三种涵义:(1)主宰之天(有人格神义);(2)自然之天(有自然界义);(3)义理之天(有超越性义、道德义)。

"主宰之天"(如皇天上帝)和西周的"天命"信仰有密切联系。如《大盂鼎》:"丕显文王,受天有大命。"光辉的文王,被天授与统治天下的命令。《周书?召诰》:"皇天上帝,改厥元子兹大国殷之命。"皇天上帝,更换了他的长子大国殷统治四方的命令。"皇天上帝"或"皇天"、"上帝"都是指的最高神,这说明"天"是主宰意义的"天",含有人格神的意思,对人间具有绝对的权利。在《诗经》中,"天"也是主宰意义的"天",如"不吊昊天,乱靡有定,式月斯生,俾民不宁。"(《小雅·节南山》)不善良不仁慈的天,祸乱没有定规的发生,月甚一月,使老百姓不得安宁。"浩浩昊天,不骏其德,降丧饥馑,斩伐四国。"(《小雅·雨无正》)浩大的天呀,不施它的恩惠,而降下死亡饥馑的灾祸,杀伐四方国家的人民。这里的"天"除有"主宰之天"的意义,而且也有高高在上的"自然之天"的意思。"天"可以降自然灾祸。这种思

---

① 张光直《考古学专题六讲》,文物出版社,1986 年版,第 107 页。

想,早在殷墟卜辞中已有,不过是"帝"或"上帝"降灾祸,例如"帝其降堇",
(《卜辞通纂》363)"上帝降堇"。(胡厚宣《甲骨续存》1.168)卜辞中还有
"帝"(上帝)降风、降雨等等的记载。看来在殷也许还没有以"天"为最高
神的意思。因此,到西周"天"既是"主宰之天",又有高高在上"自然之天"
的意思。同时,我们还可以说当时的"天"还有道德的意义,"天"以其赏善
罚恶而表现着一定的道德意义。如《尚书·召诰》中说:"惟王其疾敬德,王
其德之用,祈天永命。"帝王只有很好的崇尚德政,用道德行事,才能得到天
的保佑。这就是说,在春秋战国前"天"的涵义很含混,有多重意义。

春秋战国以降,"天"的上述三种不同涵义在不同思想家的学说中才渐
渐明确起来。[①]

关于"天"的上述三种涵义,汤先生在其他文章中也多次论及并得到了学界
的认可。也有的学者认为,就"天人合一"这一命题而论,"天"的含义尚有其他。
著名学者李申在一次演讲说,他检索了《四库全书》,从中抄录了 200 多条有关
"天人合一"的论述,就中的"天"而言,有五种含义。其一,天是可以与人发生感
应关系的存在;其二,天是赋予人以吉凶祸福的存在;其三,天是人们敬畏、事奉
的对象;其四,天是主宰人、特别是主宰王朝命运的存在(天命之天);其五,天是
赋予人仁义礼智本性的存在。他接着又说:"今天不少人把'天'理解为自然界,
因而认为'天人合一'就是'人与自然合一'的内容,则一条也没有找到"。[②] 李
先生的演讲虽有不少启人之处,但就后面这句话而言,不少人认为很有点武断与
片面。首先,"把'天'理解为自然界……则一条也没有找到"就不够实事求是;
其次,并没有人因为把"天"理解为自然界,因而就简单地认为"天人合一"就是
"人与自然合一"。

众所周知,"天"的观念早在远古时期就已有之,"天"作为一种意蕴,周代元
典如《周易》《尚书》《论语》等中随处可见,仅《庄子》中就有四篇题目与天有关,
即外篇中的"天地"、"天道"、"天运"和杂篇中的"天下"。

---

① 《论"天人合一"》,见汤一介《儒学十论及外五篇》,北京大学出版社,2009 年 4 月。
② 李申《什么叫"天人合一"》,2004 年 11 月 18 日在"东方国际易学论坛"的演讲。

三、《尚书》之"天人观念"

《周易》虽为六经之首,但由于其成书较晚,已包含有很多春秋后期人的观念,故让我们首先看一下我国最古老的典籍《尚书》有关天的记载。

《尚书》中收有虞书、夏书、商书和周书。从中可知,夏人对天十分崇拜,故周书《召诰》云"有夏服天命"。夏王朝征讨有扈氏时,夏王就义正辞严地说:"有扈氏威侮五行,怠弃三正,天用剿绝其命,今予惟恭行天之罚。"(《尚书·甘誓》)商承夏制,在对天、神、鬼的崇拜方面又甚于夏,故商汤灭夏时亦以"天"之名义讨伐:"有夏多罪,天命殛之"(《尚书·汤誓》),大臣仲虺在总结经验的文告中遣责夏桀说:"夏王有罪,矫诬上天以布命于下",并希望商汤能吸收教训,"殖有礼,覆昏暴;钦崇天道,永保天命。"(《尚书·仲虺之诰》)

从夏书、商书可知,在夏人、殷人心中,"天"主要是可以与人发生感应关系的无上神;因而是人们敬畏、事奉的对象。

周承殷制,尊天为至尊。如小邑周克大邦殷时,也是打着"天"的旗号:"皇天上帝,改厥元子兹大国殷之命","既遏终大邦殷之命"(《尚书·召诰》),武王伐纣是因为商王犯有"惟妇言是用……暴虐于百姓"等罪衍,周王"恭行天之罚"(《尚书·牧誓》);"商王受无道,暴殄天物,害虐烝民","恭天成命,肆予东征,……天休震动,用附我大周邑"(《尚书·武成》);"商王受弗敬上天,降灾下民,沈缅冒色,敢行暴政……商罪贯盈,天命诛之"(《尚书·泰誓上》)。周人的高明之处在于,在历数殷纣之罪的同时,响亮地提出了"以德配天"的崭新命题,并以此强调,天命转移的根本原因是纣王失德,"惟不敬德,乃早坠其命";周得天下的原因为"肆惟王其疾敬德","王其德之用,祈天永命"(《尚书·召诰》)。之后,周之统治者又将"敬德"与"保民"联系在一起,明确提出,只有取信于民,才能取信于天。

周人提出的"敬德保民"之所以得到天下的认同,一方面是顺应了社会的发展,一方面是其渊源有自。皋陶为帝舜谋,就曾反复强调为政以德。他说,治理天下之要:"在知民,在安民","知人则哲,能官人;安民则惠,黎民怀之",并明确具体地提出了"九德"。同时,在强调民之重要时指出,"天聪明自我民聪明,天明威自我民明威"(《尚书·皋陶谟》),言外之意就是,没有民就没有"天"。

　　由于"德"的重要,在天人关系上,周人一方面宣扬尊天敬天,另一方面则标榜自己德高可以代天,"惟天地万物父母,惟人万物之灵,亶聪明作元后,元后作民父母",也就是说,有德的周王就是"天",是天下万民之父母。

　　在这一逻辑之下,天、人之间是什么关系呢? 对此,周之最高统治者也毫不含糊,敢于担当与承诺,不仅表示天从于民:"天矜于民,民之所欲,天必从之"(《尚书·泰誓上》),与民"同心同德",甚至还发誓说一切都取决于民:"天视自我民视,天听自我民听"(《尚书·泰誓中》)。

　　"民"的概念在夏人眼中还相当淡薄和模糊。至商,"民"与"人"的概念逐步清晰,但"民"的地位基本上是奴隶,自由身者极少。周人提出的"天"与民"同心同德","民之所欲,天必从之"意义重大,是"天人合一"观念发展史上的一次重大突破,"民"的地位从此有了新的飞跃。尤其"德"的强调,使得"人"在天人关系中从此处于了主导地位:"人"若无保民之德,就不能获得"天命";人若有保民之德,在道义上就有了获得"天命"的正当性。

　　周人出于对现实社会强烈的关注、悉心体察和感悟,基于对历史经验的总结,对"天"赋于了人间统治权力必须立于"德"之基础之上的这种价值理性品格,既是一大创新,更是一大发明,从此以后的中国传统文化中,"天"就成为了终极性的价值源头,"天""人"关系有了更加有机的新内容。

四、《周易》之"天人观念"

　　在三皇五帝的伏羲时期,先哲们对天人关系之探索便有所突破。1997年11月1日,国家领导人江泽民在哈佛大学演讲时说:"早在公元前二千五百年,中国人就开始了仰观天文、俯察地理的活动,逐渐形成了'天人合一'的宇宙观。"[①]文中所言仰俯之察,即古文献中所记中国人文之祖伏羲之事。《周易·系辞下》曰:"古者包牺氏之王天下也,仰则观象于天文,俯则观鸟兽之文与地之宜,近取诸身,远取诸物。于是始作八卦,以通神明之德,以类万物之情。"《周易》之产生,是我国"天人关系"基本形成的重视标志。

　　由于《易》为六经之首,故《周易》所蕴含的"天人观念"对中国传统文化影

　　①　江泽民《增进友好加强合作》,《人民日报》1997年11月2日。

响深远,尤其对孔子的影响十分直接。最早明确指出《周易》具有"天人合一"思想的是成书于公元前三百年前的郭店竹简。《郭店竹简·语丛一》有一段评论《诗》《书》《礼》《乐》《易》《春秋》六经的文字,其中说到《周易》时说:"《易》,所以会天道、人道者也"。汤一介先生指出,郭店楚简之所以说《易》是一部会通"天道"和"人道"的书,是因为《易经》本来是一部卜筮的书,是人们用来占卜、问吉凶祸福的。向谁问?不言而喻,是向"天"问。"人"与"天"对话,问吉凶祸福,所以说《易经》是一部"会天道、人道"的书。。①

包括《系辞》在内的《易传》,其内容主要是解释《易经》、阐述其理的。《说卦传》曰:"昔圣人之作《易》也,将以顺性命之情,是以立天之道,曰阴与阳;立地之道,曰刚与柔;立人之道,曰仁与义,兼三才而两之。"又说,"和顺于道德而理于义,穷理尽性以至于命"。意谓《周易》用阴和阳来说明"天"道,用刚和柔来说明"地"道,用仁和义来说明"人"道,这样,就把天、地、人三者统一在了一起,同时又内在地将其升华,表现为乾坤。关于人与天地和谐,乾卦《象传》说:"天行健,君子以自强不息";坤卦《象传》说:"地势坤,君子以厚德载物"。人中杰出者为君子,君子效法天地之德行,既要刚健有为,自强不息,又能容民蓄众,厚德载物。

《周易》关于三才关系之论表明,《周易》中蕴涵的"天人合一"思想是自成体系的一个独立的哲学系统,它把天人关系作为一个哲学问题来对待,阐述了"人"与"天"之间的关联是不相离而相即的,认为天、地、人三才已构成客观世界的实在内容,人作为认识的主体所能涉及的一切问题都包含在天地人三才及其相互关系之中。"天人合一"的命题,自《周易》阐解之后便成为了中国传统文化架构的基石。

五、孔孟之"天人观念"

"天人合一"观念是儒家思想的核心内容之一,故言儒必言"天人合一",言"天人合一"也必言及孔孟。为了全面了解儒家"天""人"观,首先请看一下汤一介先生对孔、孟关于天人关系的一段论述:

---

① 汤一介《释"易所以会天道、人道者也"》,《周易研究》2002 年第 6 期,第 4 页

就孔子说,在《论语》中没有直接讨论到"天""人"关系问题。也许有两句话我们可以引申作为"天人关系"的意思。孔子说:"大哉,尧之为君也!巍巍乎唯天为大,唯尧则之!"(《泰伯》)只有"天"是最伟大的,只有尧这样的圣人才能够效法天。又说:"君子有三畏:畏天命,畏大人,畏圣人之言。"(《季氏》)"天命"和"圣人之言"都应敬畏,不应视之为二。这些话大概只能说孔子表达了"天"与"人"(指"圣人")存在着一种内在的关系,但很难说是直接阐明"天人关系"的问题。子贡说:"……夫子之言性与天道,不可得而闻也。"(张载《横渠易说·系辞上》中说:"易乃性与天道。")这里或可给我们一个提示,即"性与天道"是孔子的学生们非常关注的一个问题。"性与天道"也就是"天人关系"问题,是《易》所讨论的问题。《中庸》中有些话比《论语》较明确阐明"天人关系"的说法。如"唯天下至诚,为能尽其性;能尽其性,则能尽人之性;能尽人之性,则能尽物之性;能尽物之性,则可以赞天地之化育;可赞天地之化育,则可以与天地参矣。"(朱熹注谓:"天下至诚,谓圣人之德之实,天下莫之能加也。尽其性者,德无不实,故无人欲之私,而天命在我者,察之由之,巨细精粗,无毫发之不尽也。人物之性,亦我之性,但以所赋形气不同而有异耳。能尽之者,谓知之无不明,而处之无不当也。赞,犹助也。与天地参,谓与天地并立为三也。此自诚而明者之事也。")这是说,圣人之德,真实无妄,故可以对人物之性无所不明,因此与天地并列为三,这里或有"天人一体"之思想,但也并未很明确直接地表达出"天人合一"之观念。孟子或有进一步,谓:"尽其心者,知其性;知其性,则可知开矣。"这比较明确地说明了"天人关系",但分析起来主要是从"人"的这方面推知"天"与"人"有着"合一"的关系。[1]

由汤先生的分析可知,孔、孟虽也有"天""人"之论,但其所论的关系并不明晰。

查《论语》一书,除"天子"、"天下"等意义明确的专有名词之外,"天"字还

---

[1]　汤一介《释"易所以会天道人道者也"》,《周易研究》2006 年第 6 期,第 5 页。

出现过19次,其义为"主宰之天"或"意志之天",但天意人仍可理解,仍可把握,其原因就在于天道与人道是一致的。

在孔子那里,既承认天有权威,可支配人世与人事,但人只要明礼、修德,不论思想和行为,也就有了自己的主动性。如《论语·八佾》中记载的孔子与卫灵公之臣王孙贾的对话:

> 王孙贾问曰:"与其媚于奥,宁媚于灶,何谓也?"子曰:"不然,获罪于天,无所祷也。"

可以看出,这里,孔子不过是以一个长者、智者的身份在说明一种事理:人行事要谨慎,否则就会犯大错误,而一旦严重失足,那就悔之莫及了。这里的"天",有"大"之意,即"大人"之意。即使如此,孔子也没有丝毫想用"天"之威恐吓王孙贾的意味。在《论语·季氏》中,孔子也说过类似的话:

> 孔子曰:"君子有三畏:畏天命,畏大人,畏圣人之言。小人不知天命而不畏,狎大人,侮圣人之言。"

同样,孔子仍是以一个长者、过来之人在讲话,他不仅从正面阐述懂礼、知敬、尊长和善学习的道理,还从反面进一步说明不学习,不懂礼,不尊长就会堕落为"小人"的道理。

由此可知,在孔子那里,"天"和人一样,都遵"人道",不过"天"更大,更高,更合范式,更能按规律行事,因而也更加令人敬畏。人如果不从根本上认识它,敬畏它,与其相善而处,就可能遭到一定的惩罚。

孟子谈及"天"时多谈及"人性"。在孟子看来,人性最重要的有"四端":"恻隐之心,仁之端也;羞恶之心,义之端也;辞让之心,礼之端也,是非之心,智之端也。"(《孟子·公孙丑》)他从人性善的角度指出:"恻隐之心,人皆有之;羞恶之心,人皆有之;恭敬之心,人皆有之,是非之心,人皆有之。恻隐之心,仁也;羞恶之心,义也;恭敬之心,礼也;是非之心,智也。仁义礼智,非由外铄,我固有之也,弗思耳矣。"这"四端"是从哪里来的呢? 孟子认为,这既是人的主观努力,也是"天"赐予的能力："心之官则思。思则得之,不思则不得也。此天之所与我者。"(《孟子·告子上》)意谓这种人性皆存于心,因而只要尽心,便能知性,从而提出了"尽心知性知天"之命题:"尽其心者,知其性也。知其性,则知天矣。存其心,养其性,所以事天也。夭寿不贰,修身以俟之,所以立命也。"(《孟子·尽心上》)

孟子将"人性"既概括为"天之所与我",又强调"我固有之","天人合一"之观念由是自然而立。这既是对孔子天人观念的继承,更是孟子独到的见树,故言儒家"天人合一"观念之确立,不仅不能绕过孟子,而是必言孟子。

在孟子那里,由于"天"具有道德性,"天"是"义理之天",因而他经常以"天"、"人"对比分析事理,他笔下的"大人"、"君子",一般都是修养较高而知天理,而一些"下人"或"小人"则对此甚惑。《孟子·告子上》关于"天爵"之论就很具代表性:

> 孟子曰:"有天爵者,有人爵者。仁义忠信、乐善不倦,此天爵也;公卿大夫,此人爵也。古之人修其天爵,而人爵从之。今之人修其天爵,以要人爵;既得人爵,而弃其天爵,则甚惑者也,终亦必亡而已矣。"

这里,"天爵"意指内心崇敬的爵位,实际上是一种内在的精神境界,"人爵"则指现实生活中士大夫所居的禄位,是外在的物质。从这一论述更可看出,孟子不仅认可"天人合一",而且在分析问题时,已形成了一种无意识的自觉,以"天人一体"观察世事,分析事理。这样的例子很多。如《孟子·尽心上》中的另外三段话:

> 孟子曰:"……夫君子所过者化,所存者神,上下与天地同流,岂曰小补之哉!"

> 孟子曰:"君子有三乐,而王天下不与存焉。父母俱存,兄弟无故,一乐也;仰不愧于天,俯不怍于人,二乐也;得天下英才而教育之,三乐也。君子有三乐,而王天下不与存焉。

　　孟子曰:"万物皆备于我矣。反身而诚,乐莫大焉。强恕而行,求仁莫近焉。"

　　"上下与天地同流"、"仰不愧于天,俯不怍于人"、"万物皆备于我",十分明确地表明,作为世间的"人",已与天、地、万物一体,集"诚""恕"于一了,故而深感"乐莫大焉"。

　　需要强调的是,孔、孟之道的一个重要特点是多从伦理之角度论人、论事、论政,强调"仁德"之重要,并将"德"赋予给"天"而形成"天道"。张世英先生在分析儒家"天人合一"思想时就指出:"周公提出的'以德配天',更是'天人合一'思想的明确表达。……(战国时)儒家所讲的'天'一直保存了西周时期'天'的道德含义,'天'具有道德属性;……儒家的'天人合一'大体上就是讲的人与义理之天、道德之天的合一。"①这就是说,在孔、孟那里,其学说的人文精神十分凸显,而传统文化中的宗教性则大大淡化。由于孔子克己、复礼、从周,孟子终行仁爱,两人均强调在"天人合一"中"人"是中心和重心,重道轻器,大力主张经世致用,不仅使"天人合一"观念与远古宗教观念拉开了距离,而且使中国轴心时代的儒家思想特色鲜明,大放光彩。

六、道家之"天人观念"

　　道家的主要代表人物和创始人是老子、庄子。在先秦诸子中,老庄思想影响极大,并曾与传说中的黄帝学说相结合,形成了颇有特色的"黄老"学派,其思想在汉初一度政治化,成为统治者的核心思想之一,但由于时间极为短暂,建树平平,很快就走向了衰落。魏晋玄学的形成实为道家学说的中兴,但由于在政治上不得势,玄学出现了转向,其中一些内容归了道教。因而学界论及道家,非指泛泛,而是专指老庄。

　　有学者认为,道家的"天人观念"不同于儒家的世俗伦理,老庄思想中的"天"、"天道",无论指自然本身或者指自然而然之"道",均无人伦道德之意蕴。

---

　　①　张世英《中国古代"天人合一"思想》,《求是》2007 年第 7 期。

实际并不然,老庄言"天道",在不少情况下,虽未直接言人伦,但也蕴含着浓重的人道精神。

首先看一下老子。

老子"天人观念"的名言是"人法地、地法天,天法道,道法自然"。(《道德经》第25章。以下只注章)言简意赅地说明了人、天、道之关系。在《道德经》中,老子还把"天"与"道"直接连在一起,称为"天道"。"天道"一词在该书中凡五现:

> 功成身退,天之道也。(第9章)
>
> 天之道,不争而善胜,不言而善应,不召而自来,绰然而善谋。(第73章)
>
> 天之道,其犹张弓欤?高者抑之,下者举之,有余者损之,不足者补之。天之道,损有余而补不足;人之道则不然,损不足以奉有余。(第77章)
>
> 天道无亲,常与善人。(第79章)
>
> 天之道,利而不害。(第81章)

上面所引第77章中,老子有意把"天道"与"人道"对举,说明现实中的"人道"之不足。老子对现实生活中的这一不合理、但又有些规律性的现象的发现,与《圣经·新约》所讲的"马太福音"故事有异曲同工之妙,实际上就是中国古代的"马太效应",国人称之谓"张弓效应"。这一方面说明老子对现实的认识非常清醒,同时也表明老子对未来具有理想主义的信心:要解决社会上一些"人道"性的矛盾,唯一的道路就是回归"天道",回归宇宙自然之道。明于此,《道德经》中的下面一节之义便不言自明:

> 有物混成,先天地生。寂兮寥兮,独立而不改,周行而不殆,可以为天下母。吾不知其名,字之曰道,强为之名曰大。大曰逝,逝曰远,远曰反。故道大,天大,地大,人亦大。域中有四大,而人居其一焉。人法地,地法天,天法道,道法自然。(第25章)

　　这是《道德经》中的最核心的一章。《道德经》和《论语》《孟子》以至于《圣经》一样，其中心议题，或者说最终的落脚点，也即终极关怀，都是为了解决"人"的问题。在老子看来，域中虽有四大，人只不过为其一；由于位列最后，实际上也就由"大"变成了最小，因而在归属的逻辑顺序上，就自然而然地得出了"人法地，地法天，天法道，道法自然"的结论，"道"就自然成了"天下母"，成了究竟至极，成了最高原则；"天人合一"实际上就是"道""人"合一。只要"道""人"合一，世间一切矛盾便可迎刃而解了。

　　"道"既是宇宙的源头，是自然之法则，那么，"道"如何具体地与"人"结合在一起呢？老子为人们指出了一条"无为"的原则：

　　　道常无为而无不为。侯王若能守之，万物将自化。化而欲作，吾将镇之以无名之朴，镇之以无名之朴，夫将不欲。不欲以静，天下将自定。（第37章）

　　这里，老子教导人们说，人们只要按照"道"的根本原则"无为"行事，世间万物就会自我化育，依照自然的规律而发展；"无为"既可治民，也可抑治人欲，人无贪鄙，天下自然太平。这样，顺应自然的"无为"，也就为未来的"无不为"打下了基础。老子的循"道"人可"自化"，循"道"社会可"自定"的思想，虽一本"道法自然"，但由于明确提出了"无为而治"，因而对世人产生了极大的吸引力，居庙堂者欲以其治世，处江湖者欲以其治身。道家"天人合一"思想经久而不衰，其生命力可能正在于此。

　　下面再看一下庄子。

　　庄子对老子的"道"与"无为"相当认同，并对其作了进一步的发展。在庄子心目中，"天"有自然之天，天地万物之天，但他更多谈到的是与老子所言之"道"一样的"天"，即自然而然的一种状态，也就是无为。庄子认为万物都是"道"："夫道，有情有信，无为无形；可传而不可受，可得而不可见。自本自根，未有天地，自古以固存。"（《庄子·大宗师》）由于道无处不在，因而天地万物与人就是一个整体，不能分割。"夫知有所待而后当，其所待者特未定也。庸讵知吾所谓天之非人乎？所谓人之非天乎？"（《庄子·大宗师》）庄子认为，人的认识由于受到各种限制,因而难以准确与确切,因而什么是"有",什么是"无",什么是"是",什么是"非"等,也都是变化不居的,很难弄得一清二楚。"天下莫大于秋毫之末,而大山为小;莫寿于殇子,而彭祖为夭。天地与我并生,而万物与我为一。"(《庄子·齐物论》)

此处的"天地与我并生,而万物与我为一",从认识论的角度而言,这种"天人合一"完全是一种主观的精神境界,是基于对人的认识的质疑,认为世间一切事物都处在变化之中,都是相对的,只有"道"才是无界限差别的。这一思想,《庄子·天地》有很精彩的论述:

> 天地虽大,其化均也;万物虽多,其治一也;人卒虽众,其主君也。君原于德而成于天。故曰:玄古之君天下,无为也,天德而已矣。以道观言而天下之君正;以道观分而君臣之义明;以道观能而天下之官治;以道泛观而万物之应备。故通于天地者,德也;行于万物者,道也;上治人者,事也;能有所艺者,技也。技兼于事,事兼于义,义兼于德,德兼于道,道兼于天。故曰:古之畜天下者,无欲而天下足,无为而万物化,渊静而百姓定。《记》曰:"通于一而万事毕,无心得而鬼神服。"
>
> 夫子曰:"夫道,覆载万物者也,洋洋乎大哉!君子不可以不刳心焉。无为为之之谓天,无为言之之谓德,爱人利物之谓仁,不同同之之谓大,行不崖异之谓宽,有万不同之谓富。故执德之谓纪,德成之谓立,循于道之谓备,不以物挫志之谓完。君子明于此十者,则韬乎其事心之大也,沛乎其为万物逝也。若然者,藏金于山,藏珠于渊;不利货财,不近贵富;不乐寿,不哀夭;不荣通,不丑穷。不拘一世之利以为己私分,不以王天下为己处显。显则明。万物一府,死生同状。"

这里,庄子以无为自然为宗旨,强调"天道无为",认为一切事物都在变化,只有"道"是"先天生地"。由于玄古之君"无为",今之治天下也应放弃一切妄为。同时,庄子认为一切事物都是相对的,因而一切事物也都并没有本质区别,"天地与我并生,万物与我为一","万物一府,死生同状",人生在世就要安时处顺,任情逍遥,无为而治。"弃事则形不劳,遗生则精不亏;夫形全精复,与天为

一。"(《庄子·达生》)

庄子认为,"道"无所不在。他说:"夫道,有情有信,无为无形,可传而不可受,可得而不可见。自本自根,未有天地,自古以固存。神鬼神帝,生天生地。在太极之先而不为高,在六极之下而不为深,先天地生而不为久,生于上古而不为老。"(《庄子·大宗师》)他在与东郭子讨论"道"时,语言相当朴素,为了说明道无所不在,他甚至说"道在屎溺":

> 东郭子问于庄子曰:"所谓道,恶乎在?"庄子曰:"无所不在。"东郭子曰:"期而后可。"庄子曰"在蝼蚁。"曰:"何其下耶?"曰:"在稊稗。"曰:"何其愈甚耶?"曰:"在屎溺。"东郭子不应。(《庄子·知北游》)

庄子毕竟还是一位现实主义者,他认为,"天人合一"不仅是一种境界,而且也是人人都可以做到的。现实生活中,有许多人为物所累,追名逐利,人性迷失,人天生的自然本性遭到异化。能否使这些"天人相分"者反归于真呢?庄子认为是可以的,其途径就是弃智绝利,归于道术。他比喻说:"鱼相忘乎江湖,人相忘乎道术。"(《庄子·大宗师》)"天道"无边,在其面前人人都应该忘掉自己。忘掉就是解脱。他还说:"忘足,履之适也;忘要,带之适也;知忘是非,心之适也;不内变,不外从,事会之适也。始乎适而未尝不失者,忘适之适也。"(《庄子·达生》)一个人只要达到了忘我、忘名、忘利这一境界,其必然是与"道"合一,这也就是庄子在《逍遥游》中所说的"至人无己,神人无功,圣人无名",人与天自然合一了。

另外,庄子的"天人合一"观念的一个明显特点是强调合一之后人自身心灵的自由,即心灵不再受外界的束缚,同时呈现出一种新的审美娱悦。这种浪漫情怀受到后人的欢迎和接受。何以如此呢?这是因为,在人与自然、人与宇宙的关系中有很多令人迷惑、令人不解,有的甚至使人终生困惑纠结。但到了庄子这里,由于"天人合一"而涣然冰释,冰释的关戾点就在于:这种"合一"使人与宇宙的距离完全化解,化解后的境界就是心灵的无限自由,可以在山水间驰骋、可以在太空中翱游。这一思想的典型表现就是"庄周化蝶",更准确一点地说是"庄周梦蝶":庄子梦见自己化作了一只蝴蝶。庄周的"梦"是一个十分了不起的梦,可以毫不夸张地说,它和孔子的"大同"梦一样,是中华先哲中对后世最有影响的"梦",并使后世历代无数的人跟着他又做了无数的"梦"和"梦中梦"——有华丽的,有愁苦的;有呓语的,有清醒的;有愤世嫉俗的,有安贫乐道的;有颓唐沮丧的,有悲歌奋进的。庄子不能辨明是自己做梦化为了蝴蝶呢或者是蝴蝶做梦化为了自己,意谓人在很多时候都处于不能够明辨自己本在的状况之下,因而真正要摆脱梦境,就应忘记自己的存在。他在《大宗师》中说:"堕肢体、黜聪明,离形去知,同于大通,此谓坐忘。"也就是说,"天人合一"的境界就是超然物外,物我两忘,忘记的最高层次是"坐忘",完全忘记个人的存在。庄子的这一"齐物、忘我、逍遥"的心灵解脱思想对魏晋以后的文学、美术、音乐创作产生了重大影响,以至成为了很多人的艺术审美情趣和评判作品优劣的审美原则,甚至也成了某些人的价值观念。不少人读了《庄子》之后,犹如醍醐灌顶,对"不为物累"感到豁然明白了许多,心情也一下子轻松了许多。道家"天人合一"观念对中国人思想品质及性情影响之大,由此可见一斑。

七、"天人观念"之影响

"天人观念"至秦汉,最具代表性的思想是董仲舒的天人感应说;至魏晋,演化为玄学的"天人合一"已带有哲学本体论的意义。宋代的天人观念以儒家的天人道义为基础,合道、释天人之念为一炉,更具哲学思辩色彩。第一次明确使用"天人合一"词语的是张载。他说:"儒者则因明致诚,因诚致明,故天人合一,致学而可以成圣,得天而未始遗人。《易》所谓不遗不流不过者也。"①张载非常强调"天人合一"中人的精神与品质,他说:"天人异用,不足以言诚;天人异知,不足以尽明。所谓诚明者,性与天道不见乎小大之别也。义命合一存乎理,仁智合一存乎圣,动静合一存乎神,阴阳合一存乎道,性与天道合一存乎诚。天所以长久不已之道,乃所谓诚,仁人孝子所以事天诚身,不过不已于仁孝而已。故君子诚之为贵。"②张载的所谓"诚",乃指人心,人的品质。人的品质即心性应与天合一,而且也能够合一。至此,中国传统文化中的"天人观念"和"天人合一"已

---

① 《张载集》,中华书局,1978 年 8 月,第 65 页。
② 《张载集》,中华书局,1978 年 8 月,第 20 页。

形成为一个完整而严谨的命题。

第二节　宗法观念

探讨中华文明灿烂悠久且相衔如环之因,中华民族多元一统之格局牢固之因,中华传统文化强大的凝聚力、向心力、生命力之因,离开宗法观念及传统社会的宗法性讨论,可能是永远无法说清楚的。

宗法观念是中国传统文化中的重要思想观念,由此不仅产生了周代的宗法制度,也从而形成了诸多与之相适应的宗法文化,如伦理文化、忠孝文化、姻亲文化、谱牒文化等。宗法观念不仅影响了周代社会的政治、军事与经济,对后世也产生了深远的影响,渗透于民族与百姓的生活之中,至今仍在发挥着显作用与潜作用。

一、"宗法"溯源

宗法观念产生虽然很早,可上溯到父权社会的诞生,但"宗法"一词的出现则较晚。

考"宗法"一词,就目前所知,清代后期始见诸文人著作之中。清嘉庆十年(1805),江苏武进籍进士李兆洛(1769—1841)曾辑录乡贤凤韶生前所著《凤氏经说》一书,《凤氏经说》有"宗法"一目。曰:"先王为大夫士立有宗法,义取尊祖收族也。《大传》曰:'别子为祖,继别为宗,继祢者为小宗',……宗法皆然。继祖,继曾高祖,亦统谓之小宗。大宗惟一,小宗无数。"[①]

宗法观念的核心内容是以血缘或非血缘关系的亲疏确定社会的尊卑地位,对其权威的表述主要是《礼记·大传》和《礼记·丧服小记》。

在《礼记·大传》中,有两段关于宗法观念及宗法制度规定的表述:

> 圣人南面而治天下,必自人道始矣。立权度量,考文章,改正朔,易服色,殊徽号,异器械,别衣服,此其所得与民变革者也。其不可得变革者则有

---

① 见《丛书集成初编》中的《刘贵阳说经残稿·附经说·凤氏经说》,中华书局,1985 年。

矣:亲亲也,尊尊也,长长也。男女有别,此其不可得与民变革者也。

　　上治祖祢,尊尊也。下治子孙,亲亲也。旁治昆弟,合族以食,序以昭缪,别之以礼义,人道竭矣。

　　庶子不祭,明其宗也。庶子不得为长子三年,不继祖也。别子为祖,继别为宗,继祢者为小宗。有百世不迁之宗,有五世则迁之宗。百世不迁者,别子之后也。宗其继别子之所自出者,百世不迁者也。宗其继高祖者,五世则迁者也。尊祖故敬宗,敬宗,尊祖之义也。

　　文中的"尊尊"、"亲亲",是依据血缘关系的远近所确立的人际关系。宗法观念要求人们对上要"尊尊",对下要"亲亲",并认为这是"不可变革者"。懂得了"尊尊"、"亲亲"的道理,又明白了昭穆之秩序,才能够正确处理尊卑上下贵贱的各种关系。从中可以看出,以家族为核心的宗法思想,既是是周王朝统治天下的原则,也是周代社会处理人际关系的准绳。

　　关于"尊尊"、"亲亲"的重要性,《大传》最后一段讲得很明白:"亲亲故尊祖,尊祖故敬宗,敬宗故收族,收族故宗庙严,宗庙严故重社稷,重社稷故爱百姓,爱百姓故刑罚中,刑罚中故庶民安,庶民安故财用足,财用足故百志成,百志成故礼俗刑,礼俗刑然后乐。诗云:'不显不承,无斁于人斯。'此之谓也。"用现代汉语来表述就是:一定要亲近以父母为首的亲属,尊敬以君主为首的贵族及大人们。这是因为,只有实行了"亲亲",才能够尊崇祖先,尊崇祖先才能够敬仰宗族,敬仰宗族,才能够团结全体贵族,团结全体贵族,才能够宗庙肃严,宗庙肃严才能够重视国家社稷,重视国家社稷才能够使人民安定,人民安定才能够财富充足,财富充足才能够众志成城,众志成城才能够形成礼仪风俗,礼仪风俗形成乐才能够达到天下大治。从这一层层递进的论述中不难看出,宗法制不仅是礼制的社会基础,更是思想基础。明于此,其重要性则不言而喻矣。

　　更为重要的是,"别子为祖,继别为宗,继祢者为小宗",还明确规定了嫡长继承制,从而确立了"大宗"与"小宗"之别。

　　这段话更为重要,更为关键。意思是说,庶子不继祖,这就使得宗法很清楚明显;庶子不为长子服丧三年,是因为庶子不继承祖祢。别子为祖,继承别子的为大宗。各代继承其父的为小宗。有百世不迁的宗,有五世而迁的宗。百世不迁的是别子的后代,继承别子的大宗百世不迁。继承高祖的小宗五世即迁。尊崇祖先就要敬循宗法,敬循宗法也就包含着尊崇祖先之义。有小宗而无大宗,有大宗而无小宗,没有宗也没有人以他为宗。公子(先君之子,今君之弟)就有这种情况。

按照这一宗法制的规定,家庭血缘关系与政治从属关系便天衣无缝地融合在一起了,即使人有代谢,但政治、家族地位则有相对稳定的继统。这样,由于周王室是天下的大宗,周王是周族的宗子,所以,周王既是国家的国王,又是天下大宗的族长。以此类推,周王分封的各诸侯国之国君,也就是该诸侯国大宗的族长了。

按照这一宗法制的规定,周之王位由嫡长子继承,嫡长子之外的所有儿子就被称为别子或庶子,继承王位的一支便是大宗,其他各支则为小宗。既有大宗、小宗之别,必有尊卑之分:即大宗为贵,小宗则等而下之。大宗具有祭祖之资格,小宗则无祭祖之权利。

但是,大、小又是相对的。周天子的庶子被封到诸侯国为国君,他就成了该诸侯国中之祖。再发展,国君之位也由嫡长子继承,其余别子或庶子便被封为大夫。大夫之领地内也就有了大宗与小宗。不过,大夫家中的小宗与诸侯之下的小宗是不能类比的,越靠下的小宗之地位就越卑下,最后者可能只有很少的田地甚至根本就没有田产。

由于周代的宗法制度是以家庭为基础构成的,而家族又是以宗统为顺序排形成的,因而宗族长就自然是宗族的统治者,居位最尊者。又由于实行嫡传制,传嫡不传贤,嫡长子就是当然的继承先祖先君的宗子,也就是未来的族长。这种世卿制与家族集团相结合的做法,本于氏族共治的积习。我国世袭的贵族就是这样形成的。世袭的家族,在国家治理中很有话语权。《左传·襄公三十年》有这样一则记载:“子产为政,有事伯石,赂与之邑。”子大叔不解,子产回答说:《郑书》有之曰:“安定国家,必大焉先。姑先安大,以待其所归。”“安大”,就是首先要安抚大的家族。从策略出发,子产为使政令畅达,就不愿得罪伯石,不惜以邑相赂。类似这样的记载,还有《论语·季氏》。因此孟子有曰:“天下之本在国,国之本在家。"(《孟子·离娄上》)周初及其后分封的诸侯,全部是各个宗族的宗族长,这就使得所封土地及城邑百姓都成了族长的私有财产,族人及百姓均处于绝对的从属地位。同理,一些较有势的家族,也凭借世代握有重权而保护本家族的利益。《左传》中也有这样的记载。周之诸侯国宋有公孙寿,为宋桓公的孙子,在宋国处于卿的地位。公孙寿的父亲任司城之职,宋昭公九年(前611),其父死,昭公让公孙寿担任司城之职,他极力辞去,请求让自己的儿子荡意诸接任。为什么他会有这样的打算,出于何种考虑呢?"既而告人曰:'君无道,吾官近,惧及焉。弃官则族无所庇。子,身之贰也,始纾死焉。虽无子,犹不亡族'。"(《左传·文公十六年》)其意为,我的官位接近国君,很害怕出了事受连累。可是,如果放弃官职,家族就无法庇护了。儿子可以代表我,让他就职,我可能就会晚死一些时日。这样,即使儿子受到连累失去了,但还不会连及整个家族。"弃官则族无所庇",便是当时家族利益与政治权力关系真实而典型的写照。

由于"别子为祖,继别为宗,继祢者为小宗"特别重要,因而《礼记》中多次提及,其中叙述最完整的当是《礼记·丧服小记》。

> 别子为祖,继别为宗,继祢者为小宗。有五世而迁之宗,其继高祖者也。是故,祖迁于上,宗易于下。尊祖故敬宗,敬宗所以尊祖祢也。庶子不祭祖者,明其宗也。庶子不为长子斩,不继祖与祢故也。庶子不祭殇与无后者,殇与无后者从祖祔食。庶子不祭祢者,明其宗也。亲亲、尊尊、长长,男女之有别,人道之大者也。

文中不仅申述了大宗、小宗的关系,还强调"亲亲、尊尊、长长"及"男女有别"是人道之大者。宗法观念的核心内容在此表述得十分明白。

二、宗法与礼制

众所周知,周代是以宗法制、分封制以及礼乐制为基础建立起来的。宗法思想强调血缘之远近,主张亲亲、尊尊;分封制创立了家国一体的国家架构,二者的结合则使伦理趋向政治化,政权趋于伦理化。故此,梁启超在论及周代思想活跃,新思想勃勃而兴时予以高度称赞,认为这是"封建与宗法皆族长政治之圆满者也"。①

　　"族长政治"四字概括,简明扼要,但却准确地道出了周代国家之实质,可谓一言中的。

　　但是,如前所述,周代又是十分重视礼制(或礼法)的社会,而礼制的重要内容之一就是重德。那么,在族长政治下,"血缘"与"德"又是什么样的关系呢?

　　首先让我们回顾一件千年公案。

　　孔子著《春秋》,上自鲁隐公元年(前722),下至鲁哀公十四年(前481),共计242年的历史。孔子为什么在晚年编纂《春秋》呢?孟子的解释向为人所重而被征引:"世道衰微,邪说暴行有作:臣弑其君者有之,子弑其父者有之。孔子惧,作《春秋》。《春秋》天子之事也,是故孔子曰:'知我者其惟《春秋》乎!罪我者其惟《春秋》乎!'……昔者,禹抑洪水而天下平,周公兼夷狄、驱猛兽而百姓宁,孔子成《春秋》而乱臣贼子惧。"(《孟子·滕文公下》)孟子之言,道出了孔子通过《春秋》寄寓自己政治主张的情怀。但是,孔子寄寓理想与情感的方法又是十分含蓄的,此即后人谓的"春秋笔法"、"微言大义",其中也包含有孔子编纂《春秋》时的原则和态度,这就是"为尊者讳"。②

　　有鉴于"为尊者讳",《春秋》所记隐公元年之事,仅62字:

　　　　元年春,王正月。三月,公及邾仪父盟于蔑。夏五月,郑伯克段于鄢。秋七月,天王使宰咺来归惠公、仲子之赗。九月,及宋人盟于宿。冬十有二月,祭伯来。公子益师卒。

　　这真是一篇千古奇文。作为编年史,"元年春,王正月"只记时而不记任何

────────────

①　见梁启超《论中国学术思想变迁之大势》。该文在对南北学术思想比较时说,北方"其学术思想,常务实际,切人事,贵力行,重经验,而修身齐家治国利群之道术最发达焉。惟然,故重家族,以族长制度为政治之本(封建与宗法皆族长政治之圆满者也)。敬老年,尊先祖,随而崇古之念重,保守之情深,排外之力强,则古昔,称先王,内其国,外夷狄,重礼文,系亲爱,守法律,畏天命,此北学之精神也。"《论中国学术思想变迁之大势》,上海古籍出版社,2001年9月。

②　"讳"是孔子对人的一种态度方式,为尊者讳以示尊尊,为贤者讳以示贤贤,为亲者讳以示亲亲。《春秋公羊传·闵公元年》:"冬,齐仲孙来。齐仲孙者何?公子庆父也。公子庆父则曷为谓之齐仲孙?系之齐也。曷为系之齐?外之也。曷为外之?《春秋》为尊者讳,为亲者讳,为贤者讳。子女子曰:'以《春秋》为《春秋》,齐无仲孙,其诸吾仲孙与?'"《十三经注疏》,中华书局,1980年9月。

事,接着记述了三月以后的事。若严格地按语法要求来说,这还不是一个完整的句子,而是半截话。"圣人"何为如此吞吞吐吐,致使后人如坠云雾? 这样的"经",究竟要告诉人们什么呢?

正是因为作为"经"的《春秋》过于简约,但又十分重要,于是便出现了各种"传"。据《汉书·艺文志》载,为《春秋》作传较好的有 5 种,即《左传》《公羊传》《谷梁传》和《邹氏传》《夹氏传》。后两种可能由于"质量"不高而被淘汰,已不存在。后世所存《春秋三传》内容各有千秋:《左传》以史胜,《公羊》《谷梁》则多讲孔子之"微言大义"。

以史胜的《左传》最为人重视,东汉初年经学家桓谭的评价很有代表性,他说:"左氏《传》于《经》,犹衣之表里,相待而成。《经》而无《传》,使圣人闭门思之,十年不能知也。"①

《左传·隐公元年》是如何写的呢? 原文如下:

> 惠公元妃孟子。孟子卒,继室以声子,生隐公。宋武公生仲子。仲子生而有文在其手,曰为鲁夫人,故仲子归于我。生桓公而惠公薨,是以隐公立而奉之。
>
> 【经】元年春王正月。三月,公及邾仪父盟于蔑。夏五月,郑伯克段于鄢。秋七月,天王使宰咺来归惠公、仲子之赗。九月,及宋人盟于宿。冬十有二月,祭伯来。公子益师卒。
>
> 【传】元年春,王周正月。不书即位,摄也。

这个开篇很特别,与其后各篇体例完全不一样:先是一段叙述,继而是经,再继而是传。第一句《传》也很特别,在"王"前加了一个"周"字,下面解释了不记述隐公即位的原因:不是正式的,是代理的。为什么是"摄",未加说明。

---

① 转引自钱仲书《管锥编·左传正义》(《管锥编》第一册)。钱先生在"杜预序"一段中十分精当的指出了《春秋》"经"与"传"的关系。他说:"《经》之与《传》,尤类今世报纸新闻标题之与报道。苟不见报道,则只睹标题语造之繁简、选字之难易,充量更可睹词气之为"惩"为"劝",如是而已;至记事之"尽"与"晦"、"微"与"婉",岂能得之于文外乎。苟曰能之,亦姑妄言之而妄听之耳。《全后汉文》卷一四桓谭《新论·正经》:'左氏《传》于《经》,犹衣之表里,相待而成。《经》而无《传》,使圣人闭门思之,十年不能知也。'"《管锥编》,中华书局,1994 年 12 月。

从"史"的角度来讲,《左传》要比《春秋》详明了许多,但"不书即位"其中就里仍是一个谜团。至于圣人"讳"了什么,"微言大义"为何,尚未涉及。

《谷梁传·隐公元年》是如何记载的呢? 请看:

> (元年春,王正月)虽无事,必举正月,谨始也。公何以不言即位? 成公志也。焉成之? 言君之不取为公也。君之不取为公何也? 将以让桓也。让桓正乎? 曰不正。《春秋》成人之美,不成人之恶。隐不正而成之,何也? 将以恶桓也。其恶桓何也? 隐将让而桓弒之,则桓恶矣。桓弒而隐让,则隐善矣。善则其不正焉何也?《春秋》贵义而不贵惠,信道而不信邪。孝子扬父之美,不扬父之恶。先君之欲与桓,非正也,邪也。虽然,既胜其邪心以与隐矣,已探先君之邪志而遂以与桓,则是成父之恶也。兄弟,天伦也。为子受之父,为诸侯受之君,已废天伦而忘君父以行小惠,曰小道也。若隐者可谓轻千乘之国,蹈道则未也。

《谷梁传》分析了圣人对隐公"不书即位"的初衷,其根本原因是圣人具有高尚的品质与史德:"成人之美,不成人之恶",并能过"隐不正而成之",其所阐发的要义就是"贵义而不贵惠,信道而不信邪"。

相比之下,《公羊传》讲得更加明白,更加切近实际:

> (元年春,王正月)元年者何? 君之始年也。春者何? 岁之始也。王者孰谓? 谓文王也。曷为先言王而后言正月? 王正月也。何言乎王正月? 大一统也。公何以不言即位? 成公意也。何成乎公之意? 公将平国而反之桓。曷为反之桓? 桓幼而贵,隐长而卑,其为尊卑也微,国人莫知。隐长又贤,诸大夫扳隐而立之。隐于是焉而辞立,则未知桓之将必得立也。且如桓立,则恐诸大夫之不能相幼君也,故凡隐之立为桓立也。隐长又贤,何以不宜立? 立适以长不以贤,立子以贵不以长。桓何以贵? 母贵也。母贵则子何以贵? 子以母贵,母以子贵。

在当时的鲁国,国君鲁惠公没有嫡子。这样,按照《公羊传》对"公即位"的解释,在庶子中,桓公虽然年纪小,但其母亲身份高贵,隐公虽然为哥,但身份卑微。按规矩应立桓公,但鲁国的大夫最终却以隐公贤而立。《春秋》出于为贤者讳,于是就回避了。

重要的是,在这里,《公羊传》揭示了春秋宗法观念中的两个十分重要的原则,这就是:在天子君位的继承中,"立适(嫡)以长不以贤,立子以贵不以长"和"子以母贵,母以子贵"。尽管周代的一整套宗法制度在战国末年就土崩瓦解,不复存在,但"立嫡以长不以贤,立子以贵不以长"的观念,却在漫长的封建社会中成了公认的"继承法",长期地被延续了下来,个中原因,虽然值得探讨与深思,但这与董仲舒提出的"罢黜百家,独尊儒术"大有关系。这是因为,董仲舒本人是当时有名的大儒,又是"公羊"学一代宗师,参与政事,受宠有加,因此,"独尊儒术",实际上就是"独尊公羊学"之术。

公羊学所传达的"子以母贵,母以子贵"原则或"微言大义",由于在现实政治环境中具有很强的实用性和指导性,其后也确为刘姓汉室所奉行:光武帝刘秀时,曾废郭皇后,立阴丽华为新皇后。这样,原来的太子当废、阴丽华之子东海王刘阳(即后来的汉明帝)当立,也就成了必然。光武帝诏书见《后汉书·光烈阴皇后纪》,旧注释其意时即引《公羊传》曰:"立嫡以长不以贤,立子以贵不以长。桓公何以贵?母贵也。母贵则子何以贵?子以母贵,母以子贵。"此为我国宗法史上运用经术解决政治问题的一个著名案例。

南宋文学家洪迈对《左传》《公羊传》这种所谓的"春秋大义"极为不满,认为不仅不合"大义"之理,而且遗祸后世,为某些居心叵测者制造了理论口实。他批评道:"自《左氏》载石碏事,有'大义灭亲'之语,后世援以为说,杀子孙,害兄弟。如汉章帝废太子庆,魏孝文杀太子询,唐高宗废太子贤者,不可胜数。《公羊》书鲁隐公、桓公事,有'子以母贵,母以子贵'之语,后世援以为说,废长立少,以妾为后妃。如汉哀帝尊傅昭仪为皇太太后,光武废太子强而立东海王阳,唐高宗废太子忠而立孝敬者,亦不可胜数。"①

这实际上涉及到一个十分严肃的问题:"子以母贵,母以子贵"之说法、作法到底是否符合周代宗法观念之原始之意义?

---

① 《容斋续笔卷二·二传误后世》,《容斋随笔》,中华书局,2005 年 11 月。

在宗法观念影响下,实行建立在血缘宗族关系之上的君位继承法之关键,首先在于必须严格区别嫡庶关系:嫡尊庶卑。同时,由于以母贵来决定嫡子地位是唯一标准,天生的一刀切,很难寻找借口将其推翻,储君或太子只有在王后没有儿子时才在其他后裔中挑选。这一点,《左传》昭公二十六年所记周礼之制十分明确:"王后无適,则择立长。年均以德,德均以卜。王不立爱,公卿无私,古之制也。"这里所说的"古之制",就是周初之宗法君位继承制。由此可见,"子以母贵"是符合西周宗法之制的,而《公羊》谓之的"母以子贵",最大的可能是周力衰微、礼崩乐坏之后出现萌芽、秦汉实行中央集权制之后大权上移时才出现的"新事物",为汉儒附会经典而成,从观念上说,它并不符合周代宗法观念,也不符合周代礼制。

三、"别子为祖,继别为宗"

在周代宗法思想影响下的宗法制度与分封制度、礼乐制度虽然各有侧重,但其关系却是相辅相成的,三者同共建构了完整的政治与文化典章体系,集中反映了周人高度的政治智慧、政权意识与组织能力。由"别子为祖,继别为宗"引出的"宗统"与"君统"就是其典型的表现。

"宗统"与"君统"问题集中反映了周代宗法制度的本质,王国维先生对此相当重视,他在《殷周制度论》中论及这一问题时指出:"周人嫡庶之制,本为天子诸侯继统法而设,复以此制通之大夫以下,则不为君统而为宗统,于是宗法生焉。"[①]王国维之所以认为君统、宗统问题重要,"于是宗法生焉",根本原因在于,不由此则无法认识西周时期的国家形态。

君统与宗统问题源于《礼记》《大传》和《丧服小记》中的两段记载,这两段话有一个显著特点,这就是一字不差:

> 别子为祖,继别为宗,继祢者为小宗。

"别子为祖,继别为宗"是周朝严格遵循以嫡长子继承权为核心的宗法制

---

① 王国维《殷周制度论》,《观堂集林》卷十(第二册),1959年6月,第465页

度。依当时实行的宗法制,虽有大、小宗之别,但大、小宗又是相对的。具体而言,第一,周王为天下"大宗",其余庶子和庶兄弟为诸侯是"小宗"。诸侯在各自的领地,即本国又成了"大宗",其余庶子和庶兄弟为卿大夫是"小宗"。卿大夫在本家为"大宗",其余庶子和庶兄弟为士是"小宗"。第二,王室、诸侯的嫡长子有权继承父亲的王位或爵位为王、为君,而王室、诸侯的庶子(即"别子")虽无权继承王位、君位,但有得到分封的权利,他们通过"胙土命氏"(以赐封的地方为氏)得到一定的食邑、采地,从而就成为了新的氏族。这样,"别子"就成为这一新的氏族的开派之祖(得姓受氏之祖),即"别子为祖"。"别子"的嫡长子继承新家族的权位成为这一新的家族的大宗,就是"继别为宗"。

春秋时期,鲁国是传承周礼最忠实的诸侯国,关于"别子为祖",《左传·隐公八年》的一则记载非常典型,它以实例向后人解说了当时这一制度执行的情况:

> 无骇卒。羽父请谥与族。公问族于众仲。众仲对曰:"天子建德,因生以赐姓,胙之土而命之氏。诸侯以字为谥,因以为族。官有世功,则有官族。邑亦如之。"公命以字为展氏。

鲁国是姬姓诸侯国,鲁隐公是鲁孝公之孙子。隐公八年(前 715),孝公的曾孙子、时任司空的无骇去世。当时,大权掌握在隐公的弟弟公子翚(字羽父,鲁惠公庶子)手中,子翚建议对无骇追加封氏(谥),另立为族。鲁隐公对此很谨慎,就向时任执政的鲁孝公的孙子众仲咨询。众仲精通礼仪,回答说:当初周天子以有德之人封为诸侯,据其生地赐其姓,分封土地而又赐其族氏。于是诸侯便可以字作氏,后人又以此为族氏。做官有功绩者,就可以官职之名作族氏。也有以封邑为族氏的。由于司空无骇于隐公二年曾统帅鲁国军队灭掉了极国,战功卓著,于是鲁隐公就据周制下令同意以无骇的字"展"为族氏。这样,无骇虽然生前没有封地受邑,但由于其得到鲁隐公的追封,从程序上说,在名义上已成为一地之最高主宰了,于是,作为"别子",就可以名正言顺地成为一个新的"族氏"——展姓之祖了。

值得讨论的是:宗法制度的核心是嫡亲继承,但为什么不从"嫡子"切入却从"别子"的角度进行界定和区分呢?

关于这一点,著名西周史专家金景芳先生曾有过精到的论述。他说:

> 正确地理解别子这一概念是理解整个宗法制度的关键。应该着重指
> 出,别子的别字原取区别、分别的意思,表明要跟旧有的系统区别开来,另建
> 一个新的系统。为什么要区别开来呢? 由于尊卑不同。具体说,为国君的
> 是尊,不为国君而为国君的臣属是卑。所以别子这个概念,实含有两种意
> 义:一是"自卑别于尊",一是"自尊别于卑"。前一种意义指公子而言。公
> 子与嗣君虽然同是先君之子,同是一个血统传下来的,但是,由于公子不继
> 君位,在政治地位上已与嗣君的大大悬殊,即一方是君、为统治者,一方是
> 臣,为被统治者,尊卑不同。公子须离开旧有的系统(君统)另建自己的系
> 统(宗统)。这就是"自卑别于尊"。后一种意义,指公子之子孙有封为国君
> 者而言。……封为国君,政治身份与前已大不相同,这样,也要离开宗统另
> 建君统。这就是"自尊别于卑"。不过,宗法所说的别子,只限于自卑别于
> 尊的一种情况,至自尊别于卑的别子,因所建的是君统,不在宗法范围之
> 内。①

金景芳先生所释之意十分清楚:原本同姓的兄弟,在嫡长子继承制度下,只
有一人继位为王,其余则只能为诸侯或卿大夫。这样,本为同姓的一个平等家
族,便因权力和地域的不同,除了不能否认的血缘关系之外,更为重要的是成为
了政治上的统治与从属的关系。由于这一变化十分深刻,也就带来了人际关系
的新变化。《仪礼·丧服传》说:

> 诸侯之子称公子,公子不得称先君,公子之子称公孙,公孙不得祖诸侯,
> 此自卑别于尊者也。若公子之子孙有封为国君者,则世世祖是人也,不祖公
> 子,此自尊别于卑者也。是故,始封之君不臣诸父昆弟,封君之子不臣诸父
> 而臣昆弟。封君之孙尽臣诸昆弟。

---

① 金景芳《论宗法制度》,《东北人民大学人文科学学报》1956 年第 2 期。

　　这里所强调的"自卑别于尊"和"自尊别于卑",体现了周代宗法制度的核心内容与基本精神,它表明,君主与同姓家族的其他成员之间的在政治上是有尊卑之分的,虽然这种尊卑差等与家族内部血统关系仍有联系,但已不具主导性,而是从属关系。在这个意义上,君主已经不是一般意义上的家族长,而是同姓的诸父、昆弟之尊者,与专制君主同姓的任何家族成员都不能以单纯的血宗法关系处理其与君主之间的关系和各种联系。这就是说,作为国家君主的周天子,其与诸侯之间的关系,总的来说是君统关系,"尊尊"远在"亲亲"之上。《谷梁传·隐公七年》将这种新情况谓之"诸侯之尊,弟兄不得以属通"。

　　为了明确这一点,《大传》释其规定曰:"庶子不祭,明其宗也。庶子不得为长子三年,不继祖也。"郑玄注曰:"明,犹尊也,一统焉。族人上不戚君,下又辟宗,乃后能相序。"孔颖达在正义中作了进一步的解释:"人君既尊,族人不以戚戚君,明君有绝宗之道也。"此外,《大传》还说:"君有合族之道。族人不得以其戚戚君,位也。"郑玄注曰:"君恩可以下施,而族人皆臣也,不得以父兄子弟之亲自戚于君。"所谓"合族",简单地说就是同一血缘之族人相互联系。不言而喻,君是其中的一员,自然可以与族人联系。但郑玄之注使我们了解到,在西周国家形态下,就血缘关系而言,只有国君(诸侯)才能利用,并以之作为自上而下联系同宗族、施恩于下的纽带;宗人尤其是士以下是绝对不能凭借自己与君的血缘关系(如兄弟、叔侄)自下而上主动与国君(诸侯)拉关系、套近乎,从而与君(诸侯)亲近的。由此可见,"尊尊"与"亲亲"的关系,在国家、政治、礼法的制衡下,已由双向变为单向,君统与宗统之别,正在这里,显而易见。

　　周代宗法制度之所以规定宗统不能上通于天子(诸侯),君统不能下达于卿大夫以下,探究其原因,归根到底在于,诸侯国与卿大夫家族是性质不同的两种结构。天子、诸侯就地域而言,完全具有国家的意义,而卿大夫仅仅是职务,其所占土地不过是供其日常之用,只起到俸禄的作用罢了。关于这一点,孔颖达为《左传·隐公五年》之注作疏时指出:"诸侯之国有大小之异,大夫无地之大小,明以年之长少为异。"①孔的解释显然抓住了问题的关键。西周时,卿大夫家族不是地域性的结构,能够表明卿大夫家族地位的标志只有一个,就是血统,即其"祖之所自出"。而诸侯国则是地域性的结构,具有政权性质,决定诸侯国为公、侯、伯等等级与地位的要素是国土之大小、百姓之多寡、军队及车乘之数量,故有如"百里之国"、"千乘之国"之说。正是这样,无论诸侯国君与卿大夫之间在血统上或姻缘上有什么样的联系,"家"与"国"之别却是绝对的、唯一的界线。

其实,这种区别也是一种政治智慧,是正确处理家国同构下国家治理与家族关系的高明举措,是中国社会进步发展史上的一次成功跳跃。

在西周早期国家治理中,国君(诸侯)既是共主,也是族长,宗族的力量发挥了重大作用。但伴随着经济的发展,社会事务的扩大,一方面,君的公共性作用日益突出,既要处理同姓、同族之关系,又要处理国家与异姓、异族之关系;另一方面,相对于"公共性",作为一族之长所代表的"私利性",二者之间的矛盾亦越来越突出。仅就嫡长继承制而言,诸庶子的存在也是一个不容忽视的潜在威胁。如何既保证血缘的赓继,又保持政权的稳定?"别子为祖,继别为宗,继祢者为小宗"的规定,就是对嫡长继承制加以完善的一次制度创新。

西周时期,"公子"是宗法制度中地位特殊的一个阶层。《礼记·大传》说:"公子有宗道。公子之公,为其士大夫之庶者,宗其士大夫之嫡者,公子之宗道也。"这就使得公子不得以国君为宗,只能由国君任命其嫡系兄弟为他们的宗子,而不能纳入其君父的宗法之中。别子乃诸侯嫡子之弟,在"别子为祖,继别为宗,继祢者为小宗"的规定中,由于别子乃系庶公子中的长子,别子世代之嫡长子永为族人之大宗,因而就成为了百世不迁之宗。这样,在其与国君的血缘关系渐远渐疏的同时,国君的公共性权威则得到了相应的加强,君臣之间的关系更加规范,亲缘关系也就渐次成功地转换成为了政治关系,从而使国家的治理能力大大增强。

周人实行宗法制既有原则性要求,又有具体细节的规定,从而将一些冲突与

---

① 《左传·隐公五年》载:"叔父有憾於寡人,诸侯称同姓大夫,长曰伯父,少曰叔父。"孔颖达正义曰:"《诗·伐木》篇毛传曰:'天子谓同姓诸侯,诸侯谓同姓大夫,皆曰父,异姓则称舅。'《觐礼》载天子呼诸侯之称,曰:'同姓大国则曰伯父,其异姓则曰伯舅;同姓小邦则曰叔父,其异姓则曰叔舅。'然则诸侯之国有大小之异,大夫无地之大小,明以年之长少为异。"

矛盾加化解,使"门内之治恩揜义,门外之治义断恩"①达到了高度的统一,非常成功。这一超越血缘关系而重政治关系的认识,是一种极理性的思维,是了不起的政治大智慧,也是周人政治上走向成熟的显著而重要的标志。

正确的思维方式是准确认识问题、恰当解决问题的前提。"别子为祖,继别为宗"规定的背后,闪烁着周人可贵的理性思维方式火花。

首先,在对待宗统与君统的问题上,周人既看到二者对维护家天下的重要性,同时也意识到了过分强调血缘关系必然会削弱君权而最终影响到国家的稳定,而将"尊尊"置于"亲亲"之上,就会跳出狭小的宗族利益。这种超脱不仅无损于君,而且可使君从国家的角度得到更大的利益。

其次,在宗统与君统这一对矛盾中,周人正确地认识到后者居于矛盾的主导地位,因而不仅果断地抛弃了既往的平分秋色,而且有意识的将天平向国家政权方面倾斜。这种出于利益上的分析与判断是其具有政治胆略的表现,其操作的可行性是其组织能力高超的表现。

第三,宗法制度与礼法制度并举推行,使得周代社会初步实现了以德和依法的结合,这一实践理性的思维方式,不仅表现出了一种自觉意识的清醒,在社会的治理上也具有一定的前瞻性。

毋庸讳言,虽然周人已具有较高水平的理性精神,但由于其过分强调伦理与道德,过分强调礼在治国中的作用,因而当各种因素致使礼崩乐坏时,其自身也就无法自保了。

第三节　民本观念

民本观念是中国传统文化中最具政治色彩的思想,因而为历代统治者所重

① 《礼记·丧服四制》:"门内之治恩揜义,门外之治义断恩。资于事父以事君,而敬同。贵贵,尊尊,义之大者也。"郑玄注曰:"资,犹操也。贵贵,谓为大夫君也。尊尊,谓为天子诸侯也。"孔颖达正义曰:"'门内之治恩揜义'者,以门内之亲,恩情既多,揜藏公义,言得行私恩,不行公义。'门外之治义断恩'者,门外,谓朝廷之间。既仕公朝,当以公义断私恩。'资于事父以事君,而敬同'者,言操持事父之道以事于君,则敬君之礼同于父。'贵贵'者,贵,谓大夫之臣事大夫为君者也。大夫始入尊境,则是贵也。此臣尽敬此君,故云'贵贵'也。'尊尊'者,尊尊,谓天子、诸侯之臣事天子、诸侯为君者也。天子、诸侯同为南面,则是尊也。此臣极敬此君,故曰'尊尊'也。"

视,由于"民本"与"人本"既有联系又有区别,又隐含有古代朴素的"民主"意蕴,因而更为思想家们津津乐道和争论不休。

"民本"也即"民本位",与它对举的是"君本位",由此可知,"民本"一词从其诞生的那一刻起,就是与"国家"的概念紧紧联系在一起的,是早期国家形态的政治产物和思想结晶。

一、"民惟邦本"——民本观念之提出

民本观念的源头在夏代或更早,《史记·夏本记》对此有相当明确的记载。远在夏朝立国之前,大禹、皋陶和帝舜就认识到治国要"安民"、"惠民"和"德民",从而达到"有民"之目的。请看司马迁据《尚书·皋陶谟》所撰舜、禹与皋陶的一段对话:

> 皋陶作士以理民。帝舜朝,禹、伯夷、皋陶相与语帝前。皋陶述其谋曰:"信其道德,谋明辅和。"禹曰:"然,如何?"皋陶曰:"於!慎其身修,思长,敦序九族,众明高翼,近可远在已。"禹拜,美言,曰:"然。"皋陶曰:"於!在知人,在安民。"禹曰:"吁!皆若是,惟帝其难之。知人则智,能官人;能安民则惠,黎民怀之。能知能惠,何忧乎驩兜,何迁乎有苗,何畏乎巧言善色佞人?"皋陶曰:"然。於!亦行有九德,亦言其有德。"乃言曰:"始事事,宽而栗,柔而立,愿而共,治而敬,扰而毅,直而温,简而廉,刚而实,强而义,章其有常,吉哉。日宣三德,蚤夜翊明有家。日严振敬六德,亮采有国。"
>
> ……禹曰:"於,帝!慎乃在位,安尔止。辅德,天下大应。清意以昭待上帝命,天其重命用休。"帝曰:"吁,臣哉,臣哉!臣作朕股肱耳目。予欲左右有民,女辅之。(《史记·夏本记》)

夏时的国家,基本上由部落组成。从上文可知,皋陶和大禹都认为,要想把部落联盟治理好,最重要的有三条,那就是"知人"、"安民"和"有德"。作为最高统治集团,尤其"帝"要明白,其职责首要的就是了解人民的疾苦与要求,做到"安民"。所谓安民,就是顺应民心,采取具体的惠民措施,如必须使农业生产得到发展,老百姓有安全感,能够衣食无忧,过上安定的生活。同时"帝"还要

"明"。所谓"明",就是善于任使用贤人。而要做到"明",其基本因素是"帝"必须"有德"。如果大臣们都像有德之帝的股肱耳目,恪尽职守,爱民敬业,成为其左右手,国家则必然可以实现大治,那样,也就不怕像驩兜那样的强敌侵扰,更不怕个别奸邪恶之人兴风作浪。

由此可见,夏禹之时,民在最高统治者的心目中已有相当的地位,已经认识到"安民"、"惠民"、"德民"是统治者的根本责任,而且也只有做到"安民"、"惠民"、"德民",才能达到"有民"之目的。

由于早期国家形态下生产力还十分低下,私有财产亦尚不明显,上至帝,下至民的生活水平差异也很一般,因而"帝"和"民"的矛盾也不尖锐。在这种大背景下,如果统治集团在思想上真的还能特别留意"民"的景况,那么,天下必然是一派太平,"普天之下,莫非王土,率土之滨,莫非王臣"的"有民"理想境界完全可以实现。

但实际善并非如此。

大禹传位于启,由于水患等自然灾害大大减少,农业生产得到了发展。启在"股肱"大臣的怂恿与策划下废除了禅让制,将部落联盟正式改为夏王朝。启专权之初尚勤勉,但晚年却荒废政务,专事享乐,死后传位于其子太康。太康无能且昏庸奢腐,在国内很快失去了民心,四夷也对其大为不满。有一次他外出打猎,百日不归,于是东夷有穷国之国君后羿乘机率众将其拦劫,并取而代之。这就是夏史上有名的"太康失国"。

太康的五位弟弟早就对其不满,曾在洛水之滨与其母亲一起,以等待太康回国为名作了《五子之歌》来批评他。《尚书》对此有较详的记述:

> 太康尸位,以逸豫灭厥德,黎民咸贰,乃盘游无度,畋于有洛之表,十旬弗反。有穷后羿因民弗忍,距于河,厥弟五人御其母以从,傒于洛之汭。五子咸怨,述大禹之戒以作歌。
>
> 其一曰:"皇祖有训,民可近,不可下,民惟邦本,本固邦宁。予视天下,愚夫愚妇一能胜予,一人三失,怨岂在明,不见是图。予临兆民,懔乎若朽索之驭六马,为人上者,奈何不敬?"
>
> 其二曰:"训有之,内作色荒,外作禽荒。甘酒嗜音,峻宇雕墙。有一于

此,未或不亡。"

其三曰:"惟彼陶唐,有此冀方。今失厥道,乱其纪纲,乃底灭亡。"

其四曰:"明明我祖,万邦之君。有典有则,贻厥子孙。关石和钧,王府则有。荒坠厥绪,覆宗绝祀!"

其五曰:"呜呼曷归? 予怀之悲。万姓仇予,予将畴依? 郁陶乎予心,颜厚有忸怩。弗慎厥德,虽悔可追?"(《尚书·五子之歌》)

《五子之歌》即太康的五个弟弟每人所唱一首之总称。第一曲可能是最年长的一位弟弟所唱,提出"民惟邦本,本固邦宁",第一次将"民"与"本"挂起钩来,以说明在国家与人民的关系中"民"之重要。

为能较全面地理解第一首歌之大意,现试将其用现代汉语加以释译:伟大的祖先大禹曾有英明的训示:人民只可以亲近而不可看轻,更不能欺压;民乃邦国之本,民心安、民心顺,邦国才会牢固而安宁。我遍观天下之人,就连愚夫愚妇都可能超过我,值得我学习。俗话说一人三失,因而要多体察民情;但怨恨的话语岂能当面听到,全凭你有自知之明! 应当见微知著。我君临兆民,常怀恐惧之心,就感到像用朽坏的绳索驾驭六马之车。做君主的人在万民之上,怎么能不敬不怕,谨慎所为呢?

"民惟邦本,本固邦宁",内涵深刻,语言简练,但却字字如千钧,震撼人心。

五子何以能提出"民惟邦本,本固邦宁"呢?

从五人的咏叹中可知,这是最高统治者对太康执政失国的深刻反省与总结。首先,这是历史的经验的积累,"皇祖有训",历代有远见的统治者无不如此认识。其次,这也是历史的教训:为君凡沉迷酒色、荒逸奢侈、享乐无度者,只要有其一,没有不灭亡的。其三,这也是最普通的常识,连老百姓都知道"一人三失"之理,为君者在万人之上,如果没有这种自觉,不尊重百姓,又不遵守祖宗典章,则必然会走向反面,自断香火。第四,现实残酷无情,太康失国,"万姓仇予",当年居于最高之位者,今有家难奔,无地自容,切肤之痛,虽悔莫及。

由此可知,"民惟邦本,本固邦宁",既是经验,也是教训,更是警钟!

它告诉人们,民是国家之本,只有万民安宁,国家才能安宁。

它告诉人们,为政者必须施惠于民,施政的要义是关注民生。

它告诉人们，为政必须以德(九德、六德、三德)，有德才能有国，有德才能取信于民。

它告诉人们，民心是政权生存之本，人心的向背决定着一个朝代或国家的强弱、治乱、兴衰和存亡。

二、"民惟邦本"之内涵

"民惟邦本"。为什么不说"人为邦本"呢？

如果稍加留意，仅从前面所引《尚书》两节短文即可看出，在周代，"人"和"民"的含义既有相同之义，更有不同之义。就人与自然界对举的层面而言，"人"和"民"是一样的。就社会的政治层面而言，"人"和"民"的含义是有明显差别的："人"多指有地位、有知识者，是居于统治地位或接近统治者的人，"民"则指居于下层的劳动者，多属"庶"。如，第一节文中"知人"、"佞人"之"人"，均指可以做君之"臣"之人；而"安民"、"黎民"、"有民"之"民"均指老百姓，即被统治者。第二节也是如此。除"厥弟五人"中"人"为量词外，"一人三失"，"为人上者"中均指有权位和居高位者；而"黎民咸贰"、"因民弗忍"、"民可近，不可下"、"民惟邦本"、"予临兆民"中之"民"，毫无疑义均指老百姓。

明乎此便可知，正是由于"民"是广大被统治者，是极普通的下层老百姓，因而缺乏政治视阈的最高统治便常常不把老百姓挂在心上，认识不到"民惟邦本"，更不明白"本固邦宁"的深刻道理。简言之，"民惟邦本"的提出，是基于最高统治者不以民为本。

从另一角度而言，"民惟邦本"的提出，恰恰也说明了早在二千多年前，中华民族的先哲们就已经认识到了"民"是国家之根本，有至高无上的重要性，对此从多个方面有过深刻的精到论述和对实践经验的总结，并使其成为了具有东方特色传统政治思想中一个重要的组成部分，表现出高度的理性自觉。

首先，"民惟邦本"作为一种政治观念体现了中华先哲原始民主的意识。

在生产力低下的原始社会，不仅生产资料及产品社会共有，而且就社会生活管理而言，氏族成员之间和部落酋长之间也是平等的，重大的事务须用共同协商的方式处理。国家出现、君主制产生之后，虽然"君"、"民"有别，但作为一种意识形态，已退居非主流地位的原始民主中的一些观念并没有立即消失，而是还存在于多种文化形态之中,仍在发生着潜在的作用。在周代,这种原始民主思想随着生产力的发展与进步,又以新的面貌而呈现,"近民"、"安民"、"惠民"、"保民"就是其得到传承的重要表现。

《史记·周本纪》载:"武王已克殷,后二年,问箕子殷所以亡。"据张守节正义解:"箕子殷人,不忍言殷恶,以周国之所宜言告武王,为《洪范》九类。"由此可知,箕子向武王所讲的是"天地之大法",是"周国之所宜",也即治国安民的根本之理。箕子所讲"洪范九畴"中,第七为"稽疑",即遇到疑难问题如何处理。箕子指出,作为君,这时要注意听取各方面的意见:

有大疑,谋及乃心,谋及卿士,谋及庶人,谋及卜筮。(《尚书·洪范》)

也就是说,天子遇到重大疑难问题,除自己认真思考之外,还要与卿、士商量,与普通的人商量,最后同卜筮的人员商量。

这一具有原始民主的作法其实是一条很好的传统,对纠正君主之偏会起到一定的作用,因而后来可能被作为一项制度保留了下来,如《周礼·秋官》关于小司寇之职责:"掌朝外之政,以致万民而询焉。一曰询国危,二曰询国迁,三曰询立君。"按周礼的规定,小司寇的职责是掌管外朝的政事,收集众多老百姓对国家大事的意见。这主要指三件事,一是国家处于危险时刻时,二是国家要迁都时,三是国家立新君时。具体操作程序是,在一个适当的场所摆上座位,天子面向南坐,对面是三公和部落酋长,大臣们在东边面向西,吏办人员在西侧面向东。一切安排就序后,小司寇依照爵位高低尊卑逐个点名让他们发言。①

这种听取不同意见的作法,对天子或国君而言,叫作"纳谏",对此,先秦典籍中有很多生动的记载。正面的典型例子如《战国策·齐策》中的邹忌讽齐王纳谏,齐王广开言路,改良政治,从而使齐国很快国富兵强。反面的典型例子是《国语·周语》所记厉王弥谤,终于引起国人暴动,将其驱逐。而当时著名的政治家召公早就认识到并警告厉王:"防民之口,甚于防川。川壅而溃,伤人必多,民亦如之。"但厉王就是不听,以致遭到灭顶之灾。

───────────────

① 详见《周礼·秋官·小司寇》。《十三经注疏》,中华书局,1980 年 9 月。

　　我国近代知识界的一些精英为宣传西方自由、民主与人权思想,也曾对先秦尤其周代文献进行剔梳,寻找中国民主之源头。如 19 世纪末,法国启蒙运动的杰出思想家让·雅克·卢梭的《民约论》传入中国知识界,其"天赋人权"、自由、平等之论在思想界引起巨大的冲击波。当时激进派青年刘师培受其启发,于 1904 年搜集历史文献资料编成《中国民约精义》一书,认为"民主"思想非独起于西方,我中华先人早有觉悟。① 该书的体例是选编语录若干,其后用"按"的方式加以阐发。全书共三卷,卷之一为第一编(上古),首列六经,其后为诸子之说。其中《尚书》语录共选了 7 条,分别是"民惟邦本,本固邦宁"(《五子之歌》)、"天聪明自我民聪明,天明畏自我民明威"(《皋陶谟》)、"天视自我民视,天听自我民听"(《泰誓中》)、"抚我则后,虐我则仇"(《泰誓下》)、"谋及庶人"(《洪范》)、"后非民罔使,民非后罔事"(《咸有一德》)、"众非元后,何戴后非? 众罔与守邦"(《大禹谟》)。他在"按"一步中说:

　　　　三代之时为君民共主之时代,故《尚书》所载以民为国家之主体、以君为国家之客体,蓋国家之建立,由国民凝结而成。赵太后谓:"不有民,何有君?"是君为民立,在战国之时且知之,而谓古圣独不知乎?《民约论》之言曰:"所谓政府者,非使人民奔走于政府之下,而使政府奔走于人民之中者也。"(卷三第二章)是则民也者,君之主也;君也者,民之役也。吾尝谓中国君权之伸非一朝一夕之故。上古之时,政悉操于民,故民惟邦本之言载于禹训。夏、殷以来,一国之权为君民所分有,故君民之间有直接之关系,所谓"后非民罔使,民非后罔事也"。降及周初,民极益弱,欲伸民权不得不取以天统君之说,所谓"天视自我民视,天听自我民听"者也。故观《尚书》一经,可以觇君权专制之进化。然而君权益伸,民权益屈。予读书至此,未尝不叹吾民之罹厄也! 虽然《尚书》非主专制之书也,"奄有四海,唯辟作威"等语,不

---

① 刘师培在《中国民约精义·序》中说:吾国学子知有"民约"二字者三年耳,大率据杨氏廷栋所译和本卢骚《民约论》以为言。顾卢氏《民约论》,于前世纪欧洲政界为有力之著作,吾国得此,乃仅仅于学界增一新名词,他者无有。而竺旧顽老,且以邪说目之,若以为吾国圣贤,从未有倡斯义者。暑天多暇,因搜国籍,得前圣曩哲言民约者若干篇,篇加后案,证以卢说,考其得失,阅月书成,都三卷,起上古讫近世,凡五万余言。癸卯十月,以稿付镜今主人,主人以今月付梓来索序。仲尼有言:"述而不作。"兹编之意,盖窃取焉。叙中国民约精义。甲辰(1904)四月下。

过一人之私言耳,岂可以是概《尚书》哉? ……后世以降,人民称朝廷为国家,以君为国家之主体、以民为国家之客体,扬民贼之波、煽独夫之焰,而暴君之祸遂以大成,君民共主之世遂一变而为君权专制之世矣。夫岂《尚书》之旨哉!①

刘师培认为,"上古之时,政悉操于民,故民惟邦本之言载于禹训",至夏,国家出现,但"民"在国家中的地位仍很高,"为君民共主之时代,故《尚书》所载以民为国家之主体、以君为国家之客体"。到周初,社会发生了重大变化,"民"的地位下降:"民极益弱",出现了"君权专制"现象,从而使"君权益伸,民权益屈",但国君还没昏聩到把持一切之地步,还打着"天视自我民视,天听自我民听"的旗号。其后则愈演愈烈,"君民共主之世遂一变而为君权专制之世矣"。刘师培之见解很是激进,认为卢梭民主、自由之主张是医治封建专制之良药,但他肯定了中国传统文化中也有极好的思想在闪光,这就是原始民主的"君民共主",这是他和当时主张全盘照搬西方模式之同仁者的不同之处。

其次,"民惟邦本"作为一种政治观念,在一定意义上体现了对劳动者的重视和尊重。

农业是我国古代最重要的生产部门,虽然黄河中下游地区土地肥沃,气候适宜,但由于生产工具的落后,以家庭为生产单位兼作坊的小农经济,要想满足社会的需求,没有宽松的政治、经济环境是不行的。西周之时,实行"井田制",土地属于以血缘或地缘为纽带的共同体所有,奴隶及平民均有相当数量的土地,当时并不存在奴隶和农民丧失土地的问题。但即使这样,也经不起较大的天灾的摧残,更经不起人祸造成的无辜灾难。"民惟邦本"的提出,也即承认民是创造社会财富的主体,因而必须高度重视且加以保护,以使他们安心专事生产,以保证全民衣食之安,从而保证社会之稳。"太康失国"原因之一就是他奢侈荒靡,赋役繁苛而引起人民的不满,才使得东夷后羿有了可乘之机。

重视农业生产为中华优良传统,远在传说中的上古时期,三皇五帝之中就有一位是"神农氏",其后尧、舜、禹都具有浓厚的重农尚农意识。《吕氏春秋》认

---

① 刘师培《中国民约精义》,岳麓书社,2003 年 11 月,第 2 - 3 页。

为,行"仁"政,其对象主要是民:"仁也者,仁乎其类也。故仁人之于民也,可以便之,无不行也。"对中国来说,主要就是农业和农民,这一传统,自古有之:"神农之教曰:'士有当年而不耕者,则天下或受饥矣。女有当年而不绩者,天下或受其寒矣。'故身亲耕,妻亲绩。所以见致民利也。"①

周人总结了夏商兴衰的教训,注意保护庶民百姓的生产积极性。如否定夏桀而肯定汤和盘庚:盘庚欲迁殷,"民不适有居",庶民不很支持,但盘庚动用多方面的力量作思想工作,"重我民,无尽刘"(《尚书·盘庚上》),爱护庶民,不无辜伤害他们,更不乱开杀戒。周文王时,基于纣王"不知稼穑之艰难,不闻小人之劳,惟耽乐之从"的教训,"文王卑服,康功田功"(《尚书·无逸》),克能抑威,亲自劳作,以示对庶民的尊重。

由于农业生产的重要,每年立春之日,周天子及诸侯都要参加一次劝农仪式,由农官主持,亲自驱牛扶犁耕田一垅,之后由大臣们操作,最后由庶民完成。为了将重视农业生产的传统发扬下去,周人还将其作为一项制度写进了《礼记》:

> 凡天之所生,地之所长,苟可荐者,莫不咸在,示尽物也。外则尽物,内则尽志,此祭之心也。是故天子亲耕于南郊,以共齐盛。王后蚕于北郊,以共纯服。诸侯耕于东郊,亦以共齐盛。夫人蚕于北郊,以共冕服。天子诸侯非莫耕也,王后夫人非莫蚕也,身致其诚信,诚信之谓尽,尽之谓敬,敬尽然后可以事神明。②

从中可以看出,周初不论天子、王后、诸侯、夫人,都要参加农桑活动。其参加的意义不在于能生产多少产品,产生多大财富,而是以此表示自己尊重劳动,是一种"诚信"的表示,以此上求神灵庇佑,下求百姓拥护。这里所记"天子亲耕于南郊,以共齐盛"的作法,被后人称之为"藉田礼"。对此《礼记》也有记载:

---

① 《吕氏春秋·开春论·爱类》(卷二十一)。张双棣注译《吕氏春秋》,中华书局,2007 年 12 月。
② 《礼记·祭统》。《十三经注疏》,中华书局,1980 年 9 月。

是故昔者天子为借千亩,冕而朱纮,躬秉耒。诸侯为借百亩,冕而青纮,躬秉耒。以事天地山川、社稷先古,以为醴酪齐盛,于是乎取之,敬之至也。①

藉田只是一种礼仪,其目的仍在收人心,用以表示天子、诸侯不忘先祖之训,敬畏天地山川、社稷先古,以其"敬之至也"感召社会,取信于民。如有不尊重农业生及参加藉田礼者,则以为大不敬,必失民心。由于农业经济是国家的命脉,直接关系着国家实力与安定,凡不重视农业的国君就会受到批评。《国语》中即记有周宣王不藉千亩而受到大臣虢公讽谏之事:

宣王即位,不藉千亩。虢文公谏曰:"不可。夫民之大事在农,上帝之粢盛,于是乎出,民之蕃庶于是乎生,事之供给于是乎在,和协辑睦于是乎兴,财用蕃殖于是乎始,敦庞纯固于是乎成,是故稷为大官。(《国语·周语上》)

虢公可能是位重农主义者,即便不是,其对农业经济重要性的认识,在先秦士大夫中也可能是最全面、最深刻、最到位者。其一,认识到是"民之大事",其二,从政治、经济、财政、人口、供求、国力等各方面说明农业是基础——祀天的祭品由其生产,人口的繁衍由其育养,国事供应由其保障,社会和睦由其支撑,财务增长由其开始,国力强大由其维持。正因为事关重大,历代稷都是很重要的官职。虢公还分析了坚持藉田之礼的宣传作用以及不行藉田之礼的负面后果:"若是,乃能媚于神而和于民,则享祀而布施优裕也。今天子欲修先王之绪弃其大功,匮神乏祀而困民之财,将何以求福用民?"遗憾的是,"王不听"。作者没有直接批评周宣王之失,但紧接着的下一句话,则是将 39 年以后的一件事记在这里:"三十九年,战于千亩,王师败绩于姜氏之戎。"言外之意,这也是因其违反民意而遭上天报复的吧!

第三,"民惟邦本"在经济意义上要求必须惠民实民。

---

① 《礼记·祭义》。《十三经注疏》,中华书局,1980 年 9 月。

"民惟邦本"是一个直言判断句式,除明确说明"民"为"邦本"之义外,其意还谓要高度重视民,予民以应有的地位。"本固邦宁"是一个因果关系句式,"本固"是条件,"邦宁"是结果。不言而喻,这里就提出了一个不容回避的问题:如何使"本固"。因此,"民惟邦本"在经济意义上就要求当政者在指导思想上要重视惠民,在施政要求上要有惠民政策,在行动落实上要有具体举措。

所谓惠民,就是在稳定社会政局的同时,使百姓安居乐业,生活富足康泰。在周代社会生产力发展水平还不高的情况下,先哲们能明确提出惠民的理念,不仅表明在政治治理上坚持原始民主的开明精神,也说明其经济思想也相当先进,集中体现在重视农业耕作,重视水利,重视战胜自然灾害以及宽厚待民等方面。

《尚书·尧典》开篇就称颂帝尧英明爱民,协和万邦:"帝尧曰放勋,钦,明,文,思,安安。允恭克让,光被四表,格于上下。克明俊德,以亲九族,九族既睦,平章百姓;百姓昭明,协和万邦,黎民于变时雍。"帝尧恭敬节俭,明察四方,道德高纯,宽容温和。他恪尽职守,光辉普照,智谋天地四方,他发扬大德,使整个部族亲睦无间,公平处理万众之事,天下万邦诸侯无不臣服,黎民安居乐业,关系也日益友好与和谐。作者之目的在于说明,周代的先哲克绍其裘,恪守了敬德保民之传统。

周朝立国之初,鉴于夏桀殷纣教训,最高统治者如文王、武王、周公等对"小邦周"战胜"大邑商"并非忘乎所以,"非我小国敢弋殷命",而是归之于"天命",强调"乃明致天罚"(《尚书·多士》),"兴我小邦周"(《尚书·大诰》)。因此处理政事,对待老百姓总是怀着"战战兢兢,如临深渊,如履薄冰"的心情谨慎小心。周公摄政,多次训示大臣、诸侯要"明德慎罚"、"用康保民",(《尚书·康诰》),要象文王那样爱护庶民百姓,明白"德惟善政,政在养民"(《尚书·大禹谟》)之道理。

"以民为本"的理念在周代不仅被开明之君遵为立国之本,也广泛被卿士大夫所接受。政治家管仲为齐相时,其富民强国思想得以实行,农业发展,工商发达,加之与各国通商,齐国实力如异军突起。他在总结其经验时,尤以"富民"为第一要义。《管子》第一篇为"牧民",可见其对"民"的重视,面"牧民"的首要之法就是让民富。篇中的经典话语为历代传诵:"仓廪实则知礼节,衣食足则知荣辱。"在管仲看来,不仅"牧民"以"富"为先,治国也必须以富民为先。他说:

凡治国之道,必先富民。民富则易治也,民贫则难治也。奚以知其然也? 民富则安乡重家,安乡重家则敬上畏罪,敬上畏罪则易治也。民贫则危乡轻家,危乡轻家则敢凌上犯禁,凌上犯禁则难治也。故治国常富,而乱国常贫。是以善为国者,必先富民,然后治之。①

正是由于管仲重民、爱民并富民,因而受到儒家学说创始人孔子的高度赞扬,并进而发挥说,这就是"仁"的精神。有一次,子路对孔子说:齐桓公杀死了他的哥哥公子纠,辅佐公子纠的召忽自杀以示忠,管仲不仅不殉主,还反过来辅助桓公,他不能算是仁人吧? 孔子说:"桓公多次召集各诸侯国的盟会,没有使用武力,都是管仲的力量啊。这就是他的仁德,这就是他的仁德!"子贡听后很不以为然,内心不赞成孔子对管仲的评价。于是立即接着说"管仲不能算是一位仁人了吧? 桓公杀了公子纠,他不能为公子纠殉死,反而做了齐桓公的宰相呀!"孔子则回答说:"管仲辅佐桓公,称霸诸侯,匡正了天下,老百姓直到今天还享受着他的好处呢! 如果没有管仲,恐怕我们也要披散着头发,衣襟向左开,过着野人般的生活呢。(士)哪能像普通百姓那样恪守小节,自杀在小山沟里,而谁也不知道呀!"(《论语·宪问》)

孔子对管仲的肯定,赞其仁德,大的方面有两个原因,一是管仲主张"尊王攘夷",维护周礼,使齐鲁之地脱"夷"而出,二是在富民强国方面有极大的建树,庶民百姓深受其惠。因而孔子认为,对管仲这样有大仁大德者,不必拘泥于某件具体之事,像目光短浅的人那样去斤斤计较他的对错。

爱民、富民,以民为本思想不仅在春秋七霸之齐国得到实践,七霸之一的晋国的政治家也很注意这个问题。据《晏子春秋》载,晏婴被聘于晋,晋大夫叔向曾多次向其问政,晏子则着重讲了以民为本思想的重要:

叔向问晏子曰:"世乱不遵道,上辟不用义;正行则民遗,曲行则道废。正行而遗民乎? 与持民而遗道乎? 此二者之于行何如?"

①《管子·治国》。李山译注《管子》,中华书局,2009年3月。

晏子对曰："婴闻之,卑而不失尊,曲而不失正者,以民为本也。苟持民矣,安有遗道! 苟遗民矣,安有正行焉!"

叔向问晏子曰:"意孰为高? 行孰为厚?"

对曰:"意莫高于爱民,行莫厚于乐民。"

又问曰:"意孰为下? 行孰为贱?"

对曰:"意莫下于刻民,行莫贱于害民也。"①

文中,晏婴从国家政权的高度极力称颂"爱民"、"乐民"为"意高"、"行厚",同时严厉地批评了不以民为本的"刻民"不仅"意下",而且"行贱",应该受到唾弃,充分反映了"民惟邦本"的观念在当时已深入人心。

晏子在与叔向相互交流情况时还谈到,在齐国和晋国,公卿们还将"以民为本"用于争权夺利,注意以利民、惠民求得民心。这里,笔者用"求得人心"而不用"收买人心",是因为大量先秦文献表明,"利民"、"惠民"在当时已不是个别现象,也不是权宜之计,而是已进入最高统治者的决策层面,更不再仅仅只是治民之"术",而是治民之"道"了。

叔向从之宴,相与语。叔向曰:"齐其何如?"晏子曰:"此季世也,吾弗知。齐其为陈氏矣。公弃其民,而归与陈氏。齐旧四量:豆、区、釜、钟。四升为豆,各自其四,以登于釜,釜十则钟。陈氏三量,皆登一焉,钟乃大矣。以家量贷,而以公量收之。山木如市,弗加于山,鱼盐蜃蛤,弗加于海。民参其力,二入于公,而衣食其一。公聚朽蠹,而三老冻馁,国之诸市,屦贱踊贵。民人痛疾,而或燠休之,其爱之如父母,而归之如流水。欲无获民,将焉辟之?(《左传·昭公三年》)

晏子对叔向说,看来齐国国运可能到了末世了吧,田桓子把粮食借贷给老百姓时,用大斗给予,老百姓还粮时,却用小斗收进,民众十分感激。田桓子还把山里的木料运到集市上卖,但并不加价,把鱼盐蜃蛤运到城里卖,也不涨价。(公

---

① 《晏子春秋·内篇·问下第四》。汤化译注《晏子春秋》,中华书局,2011 年 5 月。

室却不是这样），老百姓辛辛苦苦一年所得，三分之二都要上交公室，自己只能剩三分之一。（一边是）公室搜刮来的东西放腐了，虫蛀了，（一边是）连三老这样的地方乡绅都在受冻挨饿。另外，市场上的鞋子很便宜，而受过刖型的鞋子（按：一说"踊"为假肢）却很贵。老百姓有什么痛苦，陈氏就派人去慰问关心他们，因而很多老百姓就视他为父母，归附其像流水一般。想让陈氏不受到百姓的拥护，怎么能够呢！

从民"归之如流水"可知，陈氏（即田氏）已深得人心，齐国政权落于其手是必然的。

叔向也对晏子简单介绍了晋国的状况：

> 叔向曰："然。虽吾公室，今亦季世也。戎马不驾，卿无军行；公乘无人，卒列无长。庶民罢敝，而公室滋侈。道殣相望，而女富溢尤。民闻公命，如逃寇仇。栾、郤、胥、原、狐、续、庆、伯，降在皂隶。政在家门，民无所依。君日不悛，以乐慆忧，公室之卑，其何日之有？谗鼎之铭曰：'昧旦丕显，后世犹怠。'况日不悛，其能久乎？"晏子曰："子将若何？"叔向曰："晋之公族尽矣。肸闻之，公室将卑，其宗族枝叶先落，则公从之。肸之宗十一族，唯羊舌氏在而已。肸又无子，公室无度，幸而得死，岂其获祀。"

从叔向的回答可知，晋国的情形和齐国差不多。他说：晋国公室腐败，行政混乱，民心涣散，政权被六卿把持，国运也可能到了末世了。庶民百姓疲惫困苦不堪，公室则日益奢靡。道路上饿死的人随处可见，民无以聊生，一听到国君的命令就像躲避仇敌一样到处逃亡。失去民心还天天不思悔改，这样的政权还能持久吗？我个人即使幸免，有什么意义呢！

在日益激烈的争夺角力中，诸侯卿大夫们都感到，除政治、军事、经济实力之外，民心的背向起着重要作用，因而也都注意千方百计争取民心。战国时著名四公子（赵之平原君、楚之春申君、魏之信陵君、齐之孟尝君四公子）各养士3000以上，目的之一就是了解下情，审时度势，其中的孟尝君也因门客冯谖为其"市义"而受到百姓的爱戴,从而晚年平安无虞。[①]

三、诸子对民本思想之贡献

"民惟邦本"不仅是民本思想之源头,从其后殷周对这一思想的肯定和发挥还可以看出,它更是民本思想之总纲。商王朝,尤其是汤及盘庚,对"民"、"民意"与政权关系之重要性之认识,已十分明确。周克商后,周公将"天命"与"德"的观念引入,进而提出"保民"、"教民"的为政理念,并与执政的实践相结合,不仅使"民本"思想的内容得到充实与完善,更加丰富,从而也使"民本"观念得以广泛传播,几乎成为了全社会的共识。

作为元典性的思想体系,民本思想是在诸子争鸣中形成的。也就是说,民本观念并非专属于儒家,法、墨以及道、兵、名、阴阳、纵横诸家无一不视民惟邦本,只不过重视的程度、治民的理念、提出的主张各有不同而已。尽管如此,发展和完善民本思想的主要还是儒家,尤其是孔子、孟子、荀子,这也是千百年来历史的公认。

在民本思想体系形成的过程中,早期的管子、子产与其后的孔子、孟子、荀子以及韩非子、墨子的贡献尤其突出,至大至巨,影响深远。

1. 管仲之"以人为本"

在春秋战国的政治家中,管仲(前725—前645)精通儒术而创法家之说,谙达周公之礼而行民本之策,长于治国之术且擅谋兵之韬,是一位名副其实的思想家、军事家,同时又是一位目光远大,足智多谋的改革家。

管仲总结了一生治国、治民、治军等方面的经验而成

管仲

[①]　《战国策·齐策四》载:冯谖为孟尝君之薛收债:于是约车治装,载券契而行。辞曰:"责毕收,以何市而反?"孟尝君曰:"视吾家所寡有者。"驱而之薛,使吏召诸民当偿者,悉来合券。券遍合,起,矫命,以责赐诸民。因烧其券。民称万岁。长驱到齐,晨而求见。孟尝君怪其疾也,衣冠而见之,曰:"责毕收乎? 来何疾也!"曰:"收毕矣。""以何市而反?"冯谖曰:"君之'视吾家所寡有者'。臣窃计,君宫中积珍宝,狗马实外厩,美人充下陈。君家所寡有者,以义耳! 窃以为君市义。"孟尝君曰:"市义奈何?"曰:"今君有区区之薛,不拊爱子其民,因而贾利之。臣窃矫君命,以责赐诸民,因烧其券,民称万岁。乃臣所以为君市义也。"孟尝君不悦,曰:"诺,先生休矣!"后期年,齐王谓孟尝君曰:"寡人不敢以先王之臣为臣。"孟尝君就国于薛,未至百里,民扶老携幼,迎君道中。孟尝君顾谓冯谖:"先生所为文市义者,乃今日见之。"……孟尝君为相数十年,无纤介之祸者,冯谖之计也。

《管子》一书,其中既讲到了强国强兵以成霸,也讲到了重农扶商以富民,同时也以阴阳五行论天下。管仲是一位目光远大、知识全面、经验丰富政治家。

(1)管仲"以人为本"的思想基础

春秋战国时期思想活跃,百家争鸣,后人将当时的思想分为不同学派。汉代史学家班固考之《管子》一书,见内容丰富,思想杂驳,括撮其要,将其列入了"道家"一目。"道家"共收入图籍三十七家四十种,其特点是什么呢?他说:"右道三十七家,九百九十三篇。道家者流,盖出于史官。历记成败存亡祸福之道,然后知秉要执本,清虚以自守,卑弱以自持,此君人南面之术也。合于尧之克攘,《易》之嗛嗛,一谦而四益,此其所长也。及放者为之,则欲绝去礼学,兼弃仁义,曰独任清虚可以为治。"①班固从治国理政角度将《管子》列入道家,其所据有自,也使人颇受启迪,这就是:管子之学应属政治,政治之学切于民事、国事。管子为政不事繁杂,以清虚为务,既纠正了完全照搬周礼之繁缛,尚简易,贵卑议,又重法使民有所依,俗之所欲而予之,俗之所否而去之,顺应自然规律。班固是赞成这一治国治民理念的,故他在《管子》一书下注曰:"名夷吾,相齐为相,九合诸侯,不以兵车也。"

但也有人将管仲归为法家学派。汉末魏初社会思想动荡,儒家思想受到冲击,出现了儒、道、名、法竞起与融合趋势,曹操就极重刑名之学,当时的思想家刘劭(曾任尚书郎、陈留太守)在所著《人物志·业流篇》中就说:"建法立制,富国强人(兵),是谓法家,管仲商鞅是也。"②

近代学者梁启超十分崇拜管仲,认为他是中国法家第一人,并于宣统元年(1909)三月作《管子评传》。他在该书前言中称,一个国家若能有一两个伟人,"则足以光其国之史乘,永其国民之讴思",管子即为"一国之伟人",因为他是政治家兼学者。之后说:"遍考泰西之历史,其政治家与政治学者,未有能相兼者也。……以伟大之政治家而兼为伟大之政治学者,求诸吾国,得两人焉:于后则有王荆公,于前则有管子。此我国足以自豪于世界者也!而政治学者之管子,其博大非荆公所能及;政治家之管子,其成功亦非荆公所能及。"(该书《叙论》)梁

---

① 《汉书·艺文志》。《汉书》,中华书局,1973 年 5 月。
② 严可均《全三国文》(卷三十二),商务印书馆,1999 年 10 月。

启超主张君主立宪:"今世立宪之国家,学者称为法治国。法治国者,谓以法为治之国也。……法治者,治之极轨也,而通五洲万国数千年间。其最初发明此法治主义者以成一家言者谁乎? 则我国之管子也!"(该书第六章《管子之法治主义》)①在任公目中,管仲不仅是法家,而且是世界上第一个主张法制者。

但仔细考察后又发现,与法家代表人物李悝、韩非、商鞅等相比,管仲主张法治和主张德治一样,认为都是治国不可少之策,且不主张严刑竣法,诘难德政、维法至上,有鉴于此,一些论者又称其为"前期法家"或"法家先驱"。

后人已注意到春秋时期的"法家"与战国时期的"法家"有极大的不同。前者如管仲,所处地域为齐鲁,是周初周公及太公的封地,因而形成了法儒互补的齐鲁文化。后者如李悝、商鞅、韩非、李斯等,所事之国楚、晋、秦均在中原"边缘"之外,夷狄文化习染严重。史家对此多有辩议。如周襄王元年(前651),齐与诸侯曾两次会诸侯于葵丘,《史记》称:"秦穆公辟远,不与中国会盟。楚成王初收荆蛮有之,夷狄自置。唯独齐为中国会盟,而桓公能宣其德,故诸侯宾会。"(《史记·齐太公世家》)当时齐桓公虽然"益有骄色",但由于管仲当政,"尊王攘夷"之策仍得以执行。文中的"中国",即地处"天下之中"的中原,从"唯独齐与中国会盟"可知,由于管仲为齐相,齐国又接近"天下之中",是周初天子嫡亲及重臣的封地,有周公与太公之遗风,管仲又在政治思想上继承周公文化,在强兵方面继承了太公兵文化,也就是说,齐文化的基因皆源于周,故齐国从思想上、交往上才与中原关系密切。

因此,就管仲而言,作为一个伟大的政治家,其德治、法治等主张均来于治国、治民实践,其思想渊源则是周公思想。在治国治民方面,他说"凡有地牧民者,务在四时,守在仓廪",并提出著名的"仓廪实则知礼节,衣食足则知荣辱"之主张;还说:"上服度则六亲固,四维张则君令行"(《管子·牧民》)。从其重视"礼节"、"荣辱"、"六亲"等可知,这些主张全部来自周公和周礼。不仅如此,他还强调以礼教民,通过提高民之素质达到"省刑"之目的,从而克服"刑乃繁"之弊:

---

① 梁启超《管子评传》,见《诸子集成》,世界书局,1935年。

故省刑之要在禁文巧,守国之度在饰四维,顺民之经在明鬼神、只山川、敬宗庙、恭祖旧。不务天时则财不生,不务地利则仓廪不盈。野芜旷则民乃菅,上无量则民乃妄;文巧不禁则民乃淫,不璋两原则刑乃繁;不明鬼神则陋民不悟,不只山川则威令不闻,不敬宗庙则民乃上校,不恭祖旧则孝悌不备。四维不张,国乃灭亡。①

从管子主张"省刑"、"敬宗"、"恭祖"、"孝悌"以及不赞成"刑繁"可知,说管子之说属于法家名不副实的。在管子的思想中,更多的则是周礼,其对周礼不仅全面继承,而且大有发展,其关于"四维不张,国乃灭亡"之说的提出就是明证:

国有四维:一维绝则倾,二维绝则危,三维绝则覆,四维绝则灭。倾可以正也,危可以安也,覆可以起也,灭不可复错也。何谓四维? 一曰礼,二曰义,三曰廉,四曰耻。礼不逾节,义不自进,廉不蔽恶,耻不从枉。故不逾节则上位安,不自进则民无巧诈,不蔽恶则行自全,不从枉则邪事不生。(《管子·牧民》)

管仲将"礼、义、廉、耻"比作支撑国家大厦的四根柱子,在他看来,四维比法更为要重要,因为它关乎人心。他认为,人知"礼"则思想行为就有了道德规范,就不会越出应有的节度;人知"义"就会谦恭,即使自己德才兼备也不会有非分之想,更不会狂妄占据高位;人知"廉"就不会隐瞒个人的缺毛病,就守廉不贪;人知"耻"就明是非,就不会与坏人为伍有僭越之举。

管子将四维之重要性提高到国之兴亡之高度,斩钉截铁地说:"四维不张,国乃灭亡。"在他看来,廉耻是立人之大节,盖不廉,则无所不取;不耻,则无所不为。人而无耻,则祸乱败亡亦无所不至。这一论述,对孔子有很大的影响和启发,故孔子论及为政、治民之道时也相当强调"耻"的重要:"道之以政,齐之以刑,民免而无耻;道之以德,齐之以礼,有耻且格。"(《论语·为政》)

在孔子的道德哲学观中,"礼"与"仁"最为重要。"礼"作为伦理原则和伦

---

① 《管子·牧民》。李山译注《管子》,中华书局,2009 年 3 月。

理规范,在外在上用以确定伦理秩序安排,指导人们的行动;"仁"作为道德要求,从内在上用以衡量人与社会主体性的道德情感和道德意志。孔子把"礼"和"仁"视为最高道德,并以此对人品评,对管子也是如此,认为管子为政符合"礼"与"仁"的思想要求,故当弟子们对管子产生怀疑时,孔子无不及时纠正并对管子大加赞扬。《论语·宪问》篇中就有三则记载。如子路认为"桓公杀公子纠,召忽死之,管仲不死","未仁乎?"孔子立即解释说:"桓公九合诸候,不以兵车,管仲之力也。如其仁! 如其仁!"在孔子眼中,管子不仅功绩卓著,而且能力超强,为庶民带来了莫大的好处,故连连称赞。当子贡质疑"管仲非者与? 桓公杀公子纠,不能死,又相之!"孔子也是居高临下加以教诲:"管仲相桓公,霸诸候,一匡天下,民到于今受其赐。微管仲,吾其披发左衽矣。岂若匹夫匹妇之为谅也,自径于沟渎而莫之知也?"孔子对子贡不理解管子似乎很是生气,因而反问他:"难道也要管子像普通老百姓那样守着小节小信,而跳进小河沟中自杀吗?"有人问孔子对子产、子西和管仲如评价:"或问子产,子曰:'惠人也。'问子西,曰:'彼哉! 彼哉!'问管仲,曰:'人也。夺伯氏骈邑三百,饭疏食,没齿无怨言'。"孔子认为,子产是一位惠爱于民的人。子西算得了什么呢,根本不值一提。至于管子,真是难得的才干呀,他剥夺了大夫伯氏骈邑三百户采地,使得其只能吃粗茶淡饭,但由于执法公允,伯氏口服心服,一直到死都没有怨言。

孔子盛赞管子的记载不仅见诸《论语》,他如《说苑》《韩诗外传》《孔子家语》等也多有不少篇什。《说苑》卷十一《善说》中的一则,实为《论语·宪问》之详解:

> 子路问于孔子曰:"管仲何如人也?"子曰:"大人也。"子路曰:"昔者管仲说襄公,襄公不说,是不辨也;欲立公子纠而不能,是无能也;家残于齐而无忧色,是不慈也;桎梏而居槛车中无惭色,是无愧也;事所射之君,是不贞也;召忽死之,管仲不死,是无仁也;夫子何以大之?"子曰:"管子说襄公,襄公不说,管子非不辨也,襄公不知说也;欲立公子纠而不能,非无能也,不遇时也;家残于齐而无忧色,非不慈也,知命也;桎梏居槛车而无惭色,非无愧也,自裁也;事所射之君,非不贞也,知权也;召忽死之,管子不死,非无仁也。召忽者,人臣之才也,不死则三军之虏也。死之则名闻天下,夫何为不死哉?

管子者,天子之佐,诸侯之相也。死之则不免为沟中之瘠,不死则功复用于天下,夫何为死之哉? 由,汝不知也!"①

子路从六个方面对管仲的否定,可以说是句句抓住了要害,尤其是说管仲无耻、无信、无仁,完全违背了周公之礼,更有违于孔子之"仁"。但孔子却用外因不具备和管子"知权"加以解释,说明管子是一位"大人",最后还批语子路"不知"——死心眼,少智慧,不能灵活运用老师教的知识!

在孔子眼中,管仲几近完人,即使弟子们对其普通的缺点加以批语,孔子也不予认可。一次,子贡说管仲生活有些奢侈,孔子听了就很不高兴:

子贡问曰:"管仲失于奢,晏子失于俭,与其俱失矣,二者孰贤?"孔子曰:"管仲镂簋而朱纮,旅树而反坫,山节藻棁,贤大夫也,而难为上。晏平仲祀其先祖,而豚肩不揜豆,一狐裘三十年,贤大夫也,而难为下。君子上不僭下,下不逼上。"②

管子盛食品的器具雕有精细的纹饰,冠带用朱色丝绦,居处有影壁,楹柱有彩绘,但孔子认为,这并不影响管子成为有仁德、有作为的君子,子贡不从大处着眼而只看毛病,因而就出现了一叶障目的片面性。孔子曾说过"士志于道而耻恶衣恶食者,未足与议也",(《论语·里仁》)意为凡有志于学习和实行圣人之道而又以自己衣食之不好为耻辱者,由于他们的视野狭小,气质低下,是不值得与他们讨论圣人之道的。了解孔子的这一立场,就可知其对子贡不从大处着眼而指责管仲衣食住行奢侈并以此品评管子表示不满意的原因了。

这里需要说明的是,管仲之民本思想其源虽主要来自周公,但受太公吕尚之影响也是比较明显的。周初分封,太公为齐之开国者,爱民富国强兵从一开始就被确定为国策,《史记·齐太公世家》对此有所记载:"太公至国,修政,因其俗,简其礼,通商工之业,便鱼盐之利,而人民多归齐,齐为大国"。刘安《淮南子·

---

① 程翔《说苑译注》,北京大学出版社,2009 年 1 月。
② 《孔子家语·曲礼子贡问第四十二》,《孔子家语》,中华书局,2014 年 8 月。

齐俗训》也有所载：

> 昔太公望、周公旦受封而相见,太公问周公曰:"何以治鲁?"周公曰:"尊尊亲亲。"太公曰:"鲁从此弱矣!"周公问太公曰:"何以治齐?"太公曰:"举贤而上功。"周公曰:"后世必有劫杀之君!"其后齐日以大,至于霸,二十四世而田氏代之;鲁日以削,至三十二世而亡。①

从以上记载可知。齐、鲁立国之初,一个重贤才事功,一个重伦理道德。实际情况是,吕尚是很懂得二者关系的:不重事功,国家难以强大;不关注民生,不重视德治,事功就难以具有坚实之基础。因而他是既重事功,也重周礼,处处恤民、爱民,这从他留下的《六韬》中即可略知一二。

《六韬》又称《太公兵法》,内容主要是关于战争中的战略、战术问题,但其可贵之处就在于,作者不是简单地就事论事,简单地谈策略计谋,而是非常重视战争的性质、人心的向背,这实际上已涉及到国家的大政及方略。请看太公和文王的一次对话：

> 文王问太公曰:"天下熙熙,一盈一虚,一治一乱,所以然者,何也? 其君贤不肖不等乎? 其天时变化自然乎?"
>
> 太公曰:"君不肖,则国危而民乱;君贤圣,则国安而民治。祸福在君,不在天时。"
>
> 文王曰:"古之贤君可得闻乎?"
>
> 太公曰:"昔者帝尧之王天下,上世所谓贤君也。"
>
> 文王曰:"其治如何?"
>
> 太公曰:"帝尧王天下之时,金银珠玉不饰,锦绣文绮不衣,奇怪珍异不视,玩好之器不宝,淫佚之乐不听,宫垣屋室不垩,甍、桷、椽、楹不斫,茅茨偏庭不剪。鹿裘御寒,布衣掩形,粝粱之饭,藜藿之羹,不以役作之故害民耕绩之时。削心约志,从事乎无为。吏忠正奉法者尊其位,廉洁爱人者厚其禄。

---

①　张双棣《淮南子校释》。北京大学出版社,1997 年 8 月。

民有孝慈者爱敬之;尽力农桑者慰勉之;旌别淑慝,表其门闾,平心正节,以法度禁邪伪。所憎者,有功必赏;所爱者,有罪必罚。存养天下鳏、寡、孤独,赈赡祸亡之家。其自奉也甚薄,其赋役也甚寡。故万民富乐而无饥寒之色,百姓戴其君如日月,亲其君如父母。”

文王曰:“大哉!贤君之德也。”①

从所记可知,文王所问“天下盈、虚、治、乱”,即国家的盛衰与社会秩序的好坏。文王问:世事纷杂,国家时盛时衰,时安时乱,是君主的品质、能力所致还是天命呢? 太公认为,国家的强盛与否不在于天命,而在于国君的贤与不肖。所谓贤,就是俭朴、廉洁、爱民、公平、正直、顺乎自然,不无事生非。圣贤的君王给人民带来了福祉,人民便拥戴其如日月,亲敬之如父母。太公从正、反两个方面讲述了帝尧治理天下的经验,其中提到的不可贪财、不可淫佚、不可奢侈、不可害民耕绩;要忠正奉法、廉洁爱人、爱敬孝慈、尽力农桑、赏罚公平、存养鳏寡、赈赡祸亡以及薄自奉、寡赋役等,简直和《尚书》中《大禹谟》《皋陶谟》《康诰》《酒诰》《无逸》所讲完全一样。管仲尚周礼、遵古训、富乐万民之心所自由此可知。

如果说上文是太公专门谈治国时说到爱民、富民的话,在另一次同文王的交谈中,吕尚则着重谈“主尊人安”的首务在爱民,并认为这是“为国之大务”:

文王问太公曰:“愿闻为国之大务,欲使主尊人安,为之奈何?”

太公曰:“爱民而已。”

文王曰:“爱民奈何?”

太公曰:“利而勿害,成而勿败,生而勿杀,与而勿夺,乐而勿苦,喜而勿怒。”

文王曰:“敢请释其故。”

太公曰:“民不失务则利之,农不失时则成之,省刑罚则生之,薄赋敛则与之,俭宫室台榭则乐之,吏清不苛扰则喜之。民失其务则害之,农失其时则败之,无罪而罚则杀之,重赋敛则夺之,多营宫室台榭以疲民力则苦之,吏

---

① 《六韬·文韬·盈虚第二》,唐书文《六韬·三略译注》,上海古籍出版社,1999年12月。

浊苛扰则怒之。故善为国者，驭民如父母之爱子，如兄之爱弟，见其饥寒则为之忧，见其劳苦则为之悲，赏罚如加于身，赋敛如取己物。此爱民之道也。①

文王所问的是"为国之大务"，即治国理政之大事。太公仅以"爱民"两字回答，且回答得很干脆、很简洁，也很轻松——"爱民而已！"这就使得文王大惑不解："爱民奈何？"

吕尚从六个方面进行了概括：要给与人民利益而不损害他们，要成就人民之业而不使其失败，要有利于人民生活而不杀害他们，要给与人民实惠而不掠夺他们，要给人民带来快乐而不给他们造成痛苦，要使人民高兴而不惹他们发怒。

文王似懂非懂，吕尚又仔细地加以了解释。他说：人人有职业，有活干，就是给了人民利益；不耽误农时，就是成就了他的事业；宽刑轻罚，不无辜惩处人，就是保护了人民的生命；减少赋税，就等于又给人民带来了实惠；不大兴土木，少建宫室台榭，人民不劳累就等于给人民了安乐；官吏清正廉洁，没有无故地打扰和苛刻地盘剥，就能使人民感到高兴。反之，如果使人民失去职业，就是加害了他们；耽误农时，就是破坏了他们的事业；人民无罪而受到惩罚，就等于杀害了他们；横征暴敛，就是对人民的掠夺；大兴土木修建宫室台榭，繁重的劳役就会使人民痛苦不堪；官吏贪得无厌，苛法侵扰百姓，就会使人民愤怒。所以善于治国的君主，统驭人民就要象父母爱护子女，哥哥爱护弟妹那样，看到他们饥寒就为之忧虑，看到他们劳苦就感到可怜悲伤；看到他们遭受惩罚就象自己身受惩罚一样，看到他们被征收繁重的赋税就象夺取自己的财物一样。这些就是爱民的道理。

吕尚把庶民百姓的生产、生活及其喜怒哀乐等都提高到"为国之大务"的高度加以重视和关注，这使身为齐国之相的管仲深受教育和启发，这在他与齐桓公谏议、交谈及所执行的政令中，都能找到深深的烙印。

总之，管仲"尊王攘夷"，是周公文化的继承者和卫护者，同时又善于从实际出发，光大了周公礼文化和太公兵文化，为政以德，行施仁政，发展经济，从而使

---

① 《六韬·文韬·国务第三》，唐书文《六韬·三略译注》，上海古籍出版社，1999 年 12 月。

齐民富国强,因而孔子虽对其为人略有微词,但从总体上来说则是肯定与称赞的。

(2)管仲"以人为本"思想内涵极为丰富

管仲提出"以人为本",使民本思想达到了一个新的高度,从这点而言,即使孔孟也难以企及。

管仲由于具有丰富的治国经验,实践使他一次又一次地认识到了人民群众的重要性,因而深刻地指出:

> 政之所兴,在顺民心;政之所废,在逆民心。民恶忧劳,我佚乐之;民恶贫贱,我富贵之;民恶危坠,我存安之;民恶灭绝,我生育之。能佚乐之,则民为之忧劳;能富贵之,则民为之贫贱;能存安之,则民为之危坠;能生育之,则民为之灭绝。(《管子·牧民》)

这里的"政"即"政权"。管仲认为,政权之所以能存在并兴盛,在于顺应民心;政权之所以废弛,则因为违逆民心。人民担心忧劳,我便使他安乐;人民害怕贫贱,我便使他富贵;人民害怕危难,我便使他安定;人民害怕灭绝,我便使他能够育繁衍。能使人民安乐,人民就可以为我承受忧劳;能使人民富贵,人民就可以为我忍受贫贱;能使人民安定,人民就可以为我承担危难;能使人民生育繁衍,人民也就不惜为我而牺牲了。因此。为政者应时刻关注民情、民心,并实行顺应民心的政策,为民办实事,使庶民百姓富起来。对此,他说:

> 凡治国之道,必先富民。民富则易治也,民贫则难治也。奚以知其然也?民富则安乡重家,安乡重家则敬上畏罪,敬上畏罪则易治也。民贫则危乡轻家,危乡轻家则敢陵上犯禁,陵上犯禁则难治也。故治国常富,而乱国常贫。是以善为国者,必先富民,然后治之。(《管子·治国》)

百姓富裕国家就容易统治,百姓贫穷国家就难以安定。原因很简单,百姓富裕之后不仅能在家乡安心生活而且还会想办法发展壮大自己的家业,同时听从领导,不做违法乱纪之事。否则,百姓贫穷不仅不安于家,也不重视其业,为了生存可能还会铤而走险,这样的百姓是很难管教的。所以,善于治理国家的人无一不是首先让百姓富裕起来。管仲从正反两方面总结的这一治国方略很简明,但却极为深刻。正是由于他有如此洞察力,才使其思想更加深邃,在成就齐国霸业提出了"以人为本"的主张:

> 夫霸王之所始也,以人为本。本理则国固,本乱则国危。(《管子·霸言》)

春秋之时,虽有王、霸之争,但多为方法与途径之争,不论王、霸,无不认为应民富国强。战国之时,孟子主张王道而反对霸道,但他在提倡以德治国时未免把孔子的思想极端化了,认为霸道就是战争,以武力统一天下就会给人民带来灾难,故认为"五霸者,三王之罪人也;今之诸侯,五霸之罪人也"(《孟子·告子下》)。齐宣王一次向他询问齐桓公、晋文公称霸之事:"齐桓、晋文之事可得闻乎?"他回答说:"仲尼之徒无道桓文之事者,是以后世无传焉,臣未之闻也!"(《孟子·梁惠王上》)这是孟子一次典型的政治谎话。孔子对齐桓公、晋文公的霸业有过明确的评论,《论语·宪问》第十五章载:"子曰:'晋文公谲而不正,齐桓公正而不谲。'"晋文公重耳和齐桓公小白立国前皆曾流亡在外,回国后发奋图强而成霸业,但在孔子眼中,晋文公诡诈不仁,为人不正派,齐桓公在管仲辅佐下"尊王攘夷"行仁政,为人正派而不诡诈。孟子由于强烈反对霸道,对管仲十分不满,认为其才能连自己也不及,[①]故其不愿当着齐宣王之面说其先辈的坏话,只好编一托词蒙混。

实际情况也是这样,管仲为使齐国霸而富民强国,行的多是仁德之政,故其在论及"霸王之所始也,以人为本。本理则国固,本乱则国危"时,无不强调"尊君"、"亲仁"。为全面了解管仲的霸业思想,现将《管子·霸言》中该段全文抄录如下:

———————————

① 孟子无法否认管子在历史上的重要,但对其功绩则极力否定,《孟子》中对此有所记载。如《孟子·公孙丑上》载:孟子的弟子公孙丑曾问孟子,如果老师在齐国当政,能否达到管子、晏子相齐时的盛况。孟子讥笑他说:齐国人就只会知道齐国有管仲、晏婴,而不知有孔子之道吧。然后又说,当年曾有人以此话问曾西,曾西觉得把自己与管仲比感到很丢人。接着不屑地说,连不如我的子西都瞧不起管仲,更何况我呢!

夫无土而欲富者忧,无德而欲王者危,施薄而求厚者孤。夫上夹而下
直、国小而都大者弑。主尊臣卑,上威下敬,令行人服,理之至也。使天下两
天子,天下不可理也:一国而两君,一国不可理也;一家而两父,一家不可理
也。夫令,不高不行,不抟不听。尧舜之人,非生而理也;桀纣之人,非生而
乱也。故理乱在上也。夫霸王之所始也,以人为本。本理则国固,本乱则国
危。故上明则下敬,政平则人安,士教和则兵胜敌,使能则百事理,亲仁则上
不危,任贤则诸侯服。

审视全文可知,在管子看来,不行德政而想称王者是很危险的,也是不可能
的。所谓行德政,就是依礼治国,做到君尊臣卑,上威下敬,令行人服,那才是治
国的最高水平。天下、国家和家庭一样,不能有二主。作为政令,要来自最上层,
这样才能统一。尧舜、桀纣之民也不是天生就好或坏,根子在上面。所以,霸业
之始,应以人民为本。本治则国家政权就稳固,否则就面临危亡。所以,上层英
明则下面敬服,政事平易则民心安定,兵士本领强又团结就能打胜仗,任用有本
领之臣则百事皆能得到治理,亲近仁德之人则君主就不会有任何危险,任命贤德
之人掌权柄,一切命令诸侯也就都会服从。文中"无德欲王"、"主尊臣卑"、"上
威下敬"、"以人为本,本理国固"、"上明下敬"、"政平人安"、"亲仁不危"等词,
不仅字面毫不生疏,就其含义而言,也是望而可解,与儒家毫无二致。

先秦时期,"民"、"人"二字的含义既有别又交叉。一般来说,"民"指地位
低下的庶民,"人"指士大夫以上者。管仲"以人为本"之"人"含义为何呢?是
否专指士大夫以上者?回答是否定的。请看管仲自己是如何向齐桓公解释的:

桓公在位,管仲、隰朋见。

立有间,有贰鸿飞而过之。桓公叹曰:"仲父,今彼鸿鹄有时而南,有时
而北,有时而往,有时而来,四方无远,所欲至而至焉,非唯有羽翼之故,是以
能通其意于天下乎?"

管仲、隰朋不对。

桓公曰:"二子何故不对?"管子对曰:"君有霸王之心,而夷吾非霸王之

臣也,是以不敢对。"桓公曰:"仲父胡为然? 盍不当言,寡人其有乡乎?? 寡
人之有仲父也,犹飞鸿之有羽翼也,若济大水有舟楫也。仲父不一言教寡
人,寡人之有耳,将安闻道而得度哉。"管子对曰:"君若将欲霸王举大事乎?
则必从其本事矣。"

桓公变躬迁席,拱手而问曰:"敢问何谓其本?"管子对曰:"齐国百姓,
公之本也。人甚忧饥,而税敛重;人甚惧死,而刑政险;人甚伤劳,而上举事
不时。公轻其税敛,则人不忧饥;缓其刑政,则人不惧死;举事以时,则人不
伤劳。"

桓公曰:"寡人闻仲父之言此三者,闻命矣,不敢擅也,将荐之先君。"于
是令百官有司,削方墨笔。明日,皆朝于太庙之门朝,定令于百吏。使税者
百一钟,孤幼不刑,泽梁时纵,关讥而不征,市书而不赋;近者示之以忠信,远
者示之以礼义。行此数年,而民归之如流水。(《管子·霸形》

这是一则很有趣的故事。

秋季的一天,齐桓公与大臣管仲、隰朋在一起。这时,有两行大雁从上空飞
过。齐桓公似有所感触,叹了一口气说:"仲父啊,那些鸿雁秋天南飞,春天又飞
回北方,时而去,时而往,不论多么遥远,想到哪里就到哪里,是不是因为有了两
只翅膀,其想法就能实现呢?"

管仲、隰朋都没有接他的话茬。

桓公心中有点不悦,说:"二位怎么都不回答呢?"这时管仲说:"大王您有成
就霸业的雄心,但夷吾我并非是成就霸业的臣子,因而不敢回答。"桓公立即就
说:"仲父,你怎么这样说呢? 你为什么不主动给我建议,让我也有个明确的方
向呢? 我一贯认为,自从有了仲父,我就象鸿雁有了双翼,过河有了舟船,心里很
踏实。你不教导我,我就是有两只耳朵,不是仍听不到治国策略,学不到好的法
子吗!"管仲见桓公如此虚怀若谷,就说:"大王果真是想成就霸业吗? 那就必须
从根本上做起!"

桓公见管仲态度诚恳且胸有成竹的样子,连忙从座位上站了起来走到其面
前,拱手问道:"你说要从根本做起,请问什么是根本?"管仲不慌不忙地说:"要
说根本,老百姓就是根本! 现今的情况是,百姓们都害怕吃不饱而挨饿,因为税

收太重;百姓们都怕犯死罪,因为当前严刑竣法;百姓们都怕役服繁重,因为当前国家派役太多而又没有时间限制。如果大王您减轻赋税,百姓们就不再担心饥饿;如果宽刑缓政,百姓们就不怕无辜犯死罪;如果役使有一定时间限制,百姓们也就不怕服劳役了。"

桓公高兴地说:"听仲父这么一说,三个方面如何办我就明白了。但我不敢擅权,还要庙告先祖。"于是就命令百官及有关部门,削好竹板,备好笔墨。第二天,大臣们都来到太庙朝见,并将新议的法令一一确定了下来,写在了竹简上。新法令规定,税赋只收百分之一,未成年人不适用刑罚,池塘中的水按农时及时开放,关卡只检验不负责征收,市场只登记不收费。通过这些措施,使近处的百姓都看到官府的诚信和爱民,对远方的来者均以礼相待。这一政策仅仅实行了几年,百姓前来齐国归附者就象流水一般。

这里,管仲不仅明确地指出"以民为本"就是以"百姓"为本,并且就如何解决民生问题提出了轻徭薄赋、宽刑缓政、发展商业等建议。

概言之,管仲全面继承了周文化之精神,是春秋早期民本思想继承和倡导者。其在指导思想上尊贤尚功,重民、爱民,在政治实践上守礼敬德,忧民、顺民,在经济发展上重农轻赋,富民、利民,在社会治理上宽刑缓政,以法安民、保民。管仲"以人为本"之策收到了富民强国之效,不愧为是一位伟大的思想家、政治家。

2. 子产之"民口如川"

子产(? —前522)姓公孙,名侨,出身于郑国贵族,郑简公时为卿,执政达26年之久。由于他以民为本,大胆改革,发展经济,从而使郑国这样一个小国走上了强盛之路,子产也因此成了当时最负盛名的政治家,受到包括孔子在内许多思想家、政治家的推崇。

郑国是春秋时与周天子关系最为密切国家,郑庄公曾任周平王卿士。子产的父亲子国为郑穆公之子,故他从小就受到了良好的教育,深明周礼,政治才能在很年轻的时

子产

候就已有显露。当年其父子国曾率兵入蔡而胜,并俘获蔡国公子,举国欢庆之时独子产不然,他说:"一个小国不事文德而崇尚武功,灾祸没有比这更大的了。

郑国处于两个互相敌对的大国楚、晋之间,楚国兴师责问,你能不顺从吗?若从楚,晋军同时来问罪怎么办呢?郑国又要四五年不得安宁了。"众人均不以为然,但其后发生的事端则验证了子产的预见。①

子产的民本思想主要是富民、宽民、教民,具体表现在以下诸方面。

(1)通过田制的改革使民有产

子产强国改革首先是抓经济,从农业入手改革田制,重新划分土地界限,确定土地的所有权,从而制止了奴隶主贵族恣意霸占农田。《左传》对此有较细的记载:

> 郑子皮授子产政,辞曰:"国小而逼,族大宠多,不可为也。"子皮曰:"虎帅以听,谁敢犯子?子善相之,国无小,小能事大,国乃宽。"……
>
> 子产使都鄙有章,上下有服,田有封洫,庐井有伍。大人之忠俭者,从而与之。泰侈者,因而毙之。……
>
> 从政一年,舆人诵之,曰:"取我衣冠而褚之,取我田畴而伍之。孰杀子产,吾其与之!"及三年,又诵之,曰;"我有子弟,子产诲之。我有田畴,子产殖之。子产而死,谁其嗣之?"(《左传·襄公三十年》)

子产最初是不愿为相的,当子皮向其交接政权时他有很多忧虑,其中贵族势力强大是他最担心的。在子皮的鼓励下他才接受了任命。

在进行田制改革时,他首先重新划分地界,使城乡分开,规定了贵族与农耕者的不同职责,即明确了各自的责、权、利。之后在田界处开挖水沟,既以沟为界又利于灌溉。与此同时,又将农户按五家为一组的方式建立了户籍,从而加强了

---

① 据《左传·襄公八年》载:"庚寅,郑子国、子耳侵蔡,获蔡公子司马燮。郑人皆喜,唯子产不顺。曰,'小国无文德而有武功,祸莫大焉。楚人来讨,能无从乎?从之,晋师必至。晋楚伐郑,自今郑国不四五年,弗得宁矣!'子国怒之曰:'尔何知?国有大命而有正卿,童子言焉,将为戮矣。'"。《左传·襄公二十六年》载:简公十九年(前547),楚为了替许灵公报仇,起兵讨伐郑国,"冬十月,楚子伐郑,郑人将御之",子产却说:"晋楚将平,诸侯将和,楚王是故昧于一来,不如使逞而归,乃易成也。夫小人之性,衅于勇,啬于祸,以足其性而求名焉者,非国家之利也。若何从之?""子展说,不御寇。"后来楚师果然只是耀武扬威了一番,便班师回去了:"十二月乙酉,入南里,堕其城。涉于乐氏,门于师之梁。县门发,获九人焉,涉于汜而归,而后葬许灵公。"郑人没有抵抗,这场战争就结束了。

对农民的管理。对卿大夫中忠诚于国家且生活俭朴的,就同意按照各自的想法安排生产并亲近他;对不把国家放在眼中的狂傲且生活奢侈者,就用强硬的方法管制和制裁他们。

当这样的改革推行一年时,一些不满者就以歌谣的方式毁谤他:"计算我的家产,抢夺我的衣冠。划走我的耕地,多收我的粮款。谁要敢杀子产,我也勇往直前!"三年之后,情况大变,各阶层的人都得到了好处,看到了国家的前途。于是又有新的歌谣在传唱:"我的好孩子,子产来教育。还是那些土地,多打许多粮食。子产如果死去,有谁能够接替?"

子产的改革收到了奇效,不仅使百姓更加富裕,尤其促进了社会的安定,250年后的韩非子对此十分佩服,他写道:

> 子产相郑,简公谓子产曰:"饮酒不乐也。俎豆不大,钟鼓竽瑟不鸣,寡人之事不一,国家不定,百姓不治,耕战不辑睦,亦子之罪。子有职,寡人亦有职,各守其职。"子产退而为政五年,国无盗贼,道不拾遗,桃枣荫于街者莫有援也,锥刀遗道三日可反。三年不变,民无饥也。①

从韩非的描写可知,在子产上任时,弱小的郑国面临的问题成堆,国君郑简公一提起来就感到头痛,连喝酒都没有兴致。人们都说,"国之大事,在祀与戎",郑国怎么样呢? 连较象样子的祭祀器具也没有,成套完好乐器也没有,国君不能专心理政,国家社会不安定,百姓生活不太平,耕战兵士不团结,等等。面对这个烂摊子,子产励精图治,全面改革,一个五年计划之后,由于广大的百姓有了土地,全国不仅经济上欣欣向荣,粮食丰收,即使出现三年饥荒也不害怕;而且社会治安极大好转,道不拾遗,夜不闭户。

司马迁对子产之事功也是高度肯定和赞许的,他除了在《史记·郑世家》中多次提到子产外,还在《史记·循吏列传》中专门为子产立了传:

> 子产者,郑之列大夫也。郑昭君之时,以所爱徐挚为相,国乱,上下不

---

① 《韩非子·外储说左上》。高华平等译注《韩非子》,中华书局,2010 年 6 月。

亲,父子不和。大宫子期言之君,以子产为相。为相一年,竖子不戏狎,斑白不提挈,僮子不犁畔。二年,市不豫贾。三年,门不夜关,道不拾遗。四年,田器不归。五年,士无尺籍,丧期不令而治。治郑二十六年而死,丁壮号哭,老人儿啼,曰:"子产去我死乎! 民将安归?"

文中言及的"竖子"、"斑白"、"僮子"、"贾"均指普通百姓;"士无尺籍"意为男子不再服役,故也见不到杀敌记功的竹板了。子产为政 26 载,这里仅记载了田制改革后的五年,但郑国变化之大,社会风气之好已不言而彰,毋须费词了。

(2)为政以宽,惠爱百姓

谈到子产为政以宽,人们不禁会想到子产铸刑鼎一事:既铸刑于鼎,以刑治民,何宽之有?

子产铸刑于鼎之事见于《左传》:

三月,郑人铸刑书。叔向使诒子产书,曰:"始吾有虞于子,今则已矣。昔先王议事以制,不为刑辟,惧民之有争心也。犹不可禁御,是故闲之以义,纠之以政,行之以礼,守之以信,奉之以仁,制为禄位以劝其从,严断刑罚以威其淫。惧其未也,故诲之以忠,耸之以行,教之以务,使之以和,临之以敬,莅之以强,断之以刚。犹求圣哲之上,明察之官,忠信之长,慈惠之师,民于是乎可任使也,而不生祸乱。

民知有辟,则不忌于上,并有争心,以征于书,而徼幸以成之,弗可为矣。夏有乱政而作《禹刑》,商有乱政而作《汤刑》,周有乱政而作《九刑》,三辟之兴,皆叔世也。今吾子相郑国,作封洫,立谤政,制参辟,铸刑书,将以靖民,不亦难乎?《诗》曰:'仪式刑文王之德,日靖四方。'又曰:'仪刑文王,万邦作孚。'如是,何辟之有? 民知争端矣,将弃礼而征于书。锥刀之末,将尽争之。乱狱滋丰,贿赂并行,终子之世,郑其败乎! 肸闻之,国将亡,必多制,其此之谓乎!"

复书曰:"若吾子之言,侨不才,不能及子孙,吾以救世也。既不承命,敢忘大惠?"(《左传·昭公六年》)

　　由于当时晋为大国,且实力强大,居霸主地位,郑国每每前往朝聘,晋也以霸主身份批评甚至征伐一些不听话的小国。郑简公三十年(晋平公二十二年,前536年),子产效法夏禹、商汤将法铸于鼎,身为晋国上大夫的叔向便写信申斥子产。文中的"刑"、"辟"均指法,"刑辟"即刑律。

　　叔向很不客气地说:你上任的时候我们对你有很大期望,此铸刑于鼎,使我们大失所望。历史上先王之制,从来说是以事论事,不制定明文条法,这主要出于担心百姓有争心。有了争心就会竞夺,那就无法防止犯罪,因而就用道义来防范,用政令来纠正,用礼仪来约束,要他们牢守信用,于人奉行仁爱。用禄位勉励服从的人,用严厉的刑罚使他们害怕。即使这样,还怕不理想,于是就用忠诚来教诲,还要及时褒奖;还具体教他们如何从事工作,用和气的态度使用他们,尊重他们,同时加以严格监督,用强硬的手段处理有罪者。为了管理好国家,还到处求贤访能,让他们成为卿相,或者成为明白事理的官员、忠诚守信的一乡之长、慈祥和蔼的老师,这样,百姓才可供使用,而不致于发生祸乱。

　　百姓们知道了法律条文,心里就没有了上司,并且会产生与你比争高下之心,钻条文的空子,以法条作为依据,一旦侥幸得到成功,你就无法治理了。夏朝有不服从政令者,于是制定禹刑,商朝又制定汤刑,大周之初也制定九刑。三种法律产生了,三朝也都处于末世了。现在你执掌郑国,于是划定田界水沟,允许毁谤政事,制定了好几种条法,还把它铸在鼎上公之于众,想用这种法子安定百姓,不也是很难的吗?《诗》说:"效法文王的德行,就可每天抚定四方。"又说:"效法文王,万邦信赖。"如果你真的是想学文王,要什么明文条法?百姓知道了比争的依据,将会丢弃礼仪而援引你的刑书。刑书的一句一字,他们都要争个明白。这样就会乱象丛生,案件繁多,贿赂公行。只要你还健在,你会亲眼看到郑国衰败在你手里的!我杨肸早就听说过这样的话:"国家将要灭亡,必然多订法律",恐怕说的就是这个吧!子产复信说:先生的忠告我都知道了。公孙侨没有才能,缺乏长远谋划,没有虑及子孙。之所以铸刑书,主要用意还是从当前郑国的实际出发,希望能够济世救弊。但我现在还无法按您的指示去办,但您对我的关心和谆谆教导的恩德,我是一辈子也忘不了的!

　　叔向和子产关于铸刑书之争是整个春秋期间政治、经济、法律史上的一件大事,影响十分深远,它不仅涉及到民本思想的内涵,如何处理好德、法在国家治理中的关系,而且涉及到对社会发展景愿的瞻望:以叔向为代表的旧贵族株守旧制,拒绝改革,轻视法制;而以子产为代表的新兴地主阶级则适应了社会发展的潮流,勇于改革,试图通过德法结合治理国家,以达到民富国强之目的。

子产给叔向的复信只谈到了以刑治国的目的,尚未涉及刑罚的竣严宽缓。子产执政 26 年,在为政治民问题上的基本经验是"以德为本,宽猛相济,不走极端,施仁于民"。对此,《左传》也有简要的记述:

> 郑子产有疾。谓子大叔曰:"我死,子必为政。唯有德者能以宽服民,其次莫如猛。夫火烈,民望而畏之,故鲜死焉。水懦弱,民狎而玩之,则多死焉。故宽难。"疾数月而卒。
>
> 大叔为政,不忍猛而宽。郑国多盗,取人于崔苻之泽。大叔悔之,曰:"吾早从夫子,不及此。"兴徒兵以攻崔苻之盗,尽杀之,盗少止。
>
> 仲尼曰:"善哉! 政宽则民慢,慢则纠之以猛。猛则民残,残则施之以宽。宽以济猛,猛以济宽,政是以和。诗曰:'民亦劳止,汔可小康,惠此中国,以绥四方。'施之以宽也。'毋从诡随,以谨无良,式遏寇虐,惨不畏明。'纠之以猛也。'柔远能迩,以定我王。'平之以和也。又曰:'不竞不𫗧,不刚不柔,敷政优优,百禄是遒。'和之至也!"
>
> 及子产卒,仲尼闻之,出涕曰:"古之遗爱也。"(《左传·昭公二十年》)

治民如何宽猛结合? 子产强调"唯有德者能以宽服民,其次莫如猛。"放在第一位的是"有德者",只有道德高尚的人能够用宽厚的政策使百姓信服,放在第二位的是"猛",所谓"猛",就是以法治不法。刚柔相济,相得益彰,既需要为政者的人格,也需要为政者的智慧。子产的继任者大叔对此并无体验,但曲折的执政实践教育了他。

孔子对"宽猛相济"之策高度赞许。他说:"实在是好啊! 政令过宽民众就会怠慢,怠慢就用刚猛来纠正。过于刚猛民众就受伤害,为免于伤害就需要宽厚的政策。宽厚可补刚猛之不足;刚猛可用来补宽厚之不足,这样就能使社会和谐。《诗经·大雅·民劳》说:'百姓已经太劳累,应该让其稍安康;赐惠王畿众黎民,安抚诸邦达四方。'说的就是施与民众以宽厚啊! 这首诗又说:'不可随从奸诡人,警惕不善防奸诈。制止暴虐与贼盗,他们从来不守法。'这是用刚猛来纠正啊! 还说:'宽柔远方使亲近,宽慰稳定我君王。'这是用绥靖宽缓之策安民定邦啊!《诗经·商颂·长发》中说:'不争不斗性平缓,不刚不猛不柔软。政策平和又宽厚,所有福祉都聚全。'这是谐和的最高水平啊!"孔子听到子产逝世的消极,忍不住落了泪,叹息道:"他的一生体现了古人仁爱之遗风啊!"

孔子之所以认为子产具有古仁人之风,主要是从其为政以德、宽厚仁爱而言的。子产在这方面的表现,司马迁在《史记·郑世家》中也有记载:

简公十二年,简公怒相子孔专国权,诛之,而以子产为卿。

十九年,简公如晋请卫君还,而封子产以六邑。子产让,受其三邑。

二十二年,吴使延陵季子于郑,见子产如旧交,谓子产曰:"郑之执政者侈,难将至,政将及子。子为政,必以礼;不然,郑将败。"子产厚遇季子。

二十三年,诸公子争宠相杀,又欲杀子产。公子或谏曰:"子产仁人,郑所以存者子产也,勿杀!"乃止。

二十五年,郑使子产于晋,问平公疾。平公曰:"卜而曰实沈、台骀为祟,史官莫知,敢问?"对曰:"……由是观之,则台骀,汾、洮神也。然是二者不害君身。山川之神,则水旱之菑荣之;日月星辰之神,则雪霜风雨不时荣之;若君疾,饮食哀乐女色所生也。"平公及叔乡曰:"善,博物君子也!"厚为之礼于子产。

二十七年夏,郑简公朝晋。冬,畏楚灵王之彊,又朝楚,子产从。

二十八年,郑君病,使子产会诸侯,与楚灵王盟于申,诛齐庆封。

三十六年,简公卒,子定公宁立。秋,定公朝晋昭公。

定公元年,楚公子弃疾弑其君灵王而自立,为平王。欲行德诸侯。归灵王所侵郑地于郑。

四年,晋昭公卒,其六卿强,公室卑。子产谓韩宣子曰:"为政必以德,毋忘所以立。"

六年,郑火,公欲禳之。子产曰:"不如修德。"

八年,楚太子建来奔。

十年,太子建与晋谋袭郑。郑杀建,建子胜奔吴。

十一年,定公如晋。晋与郑谋,诛周乱臣,入敬王于周。

十三年,定公卒,子献公虿立。

献公十三年卒,子声公胜立。当是时,晋六卿强,侵夺郑,郑遂弱。

声公五年,郑相子产卒,郑人皆哭泣,悲之如亡亲戚。子产者,郑成公少子也。为人仁爱人,事君忠厚。孔子尝过郑,与子产如兄弟云。及闻子产死,孔子为泣曰:"古之遗爱也!"

文中涉及子产思想及品质的记述虽简要但很具体,如:简公封其六邑而只受其三;季札对子产说为政必以礼,否则败,子产厚遇之;郑国公子评价子产为"仁人",并认为赖之以存;子产使晋直言,晋平公及叔向赞其为"君子",厚为之礼;子产谓韩宣子"为政必以德";郑国禳灾,子产认为"不如修德";子产卒后郑人皆哭泣,悲之如亡亲戚;子产为人仁爱人;孔子与子产交好如兄弟,吊其曰"古之遗爱也"等。

这些记述,由于涉及到内政、外交,上至国君,中至大夫,下到黎庶,因而不仅使子产的形象更加丰满,真实生动,更具立体感,而且也从更深的层次揭示了子产立国为民,为政以德思想的内涵。正因为此,孔子高度评价子产,从四个方面对其充分肯定:"子谓子产有君子之道四焉:其行己也恭,其事上也敬,其养民也惠,其使民也义。"(《论语·公冶长》)孔子在这里讲的君子之道,实质上就是为政之道。子产为相于郑,内有贵族干扰,外有晋楚压力,但他能应对裕如,使民富国强,这和他在律己、敬主、惠民、爱民四方面谨遵君子之道,行为庄重,事君恭敬,施恩庶民,爱护百姓是分不开的。

子产坚持以民为本,其思想是一贯的,直到晚年还不断以此告诫大夫。据《左传·襄公三十年》载:"六月,郑子产如陈莅盟。归,复命。告大夫曰:'陈,亡国也,不可与也。聚禾粟,缮城郭,恃此二者,而不抚其民。其君弱植,公子侈,大子卑,大夫敖,政多门,以介于大国,能无亡乎? 不过十年矣。'"子产通过对陈国的考察认为,像陈国这样的小国,"不抚其民",却只是聚敛粮食,修筑城郭,而且贵族从上到下奢骄成风,再加上政出多门,政令不一,是很危险的。

(3)敬民顺民,广开言路

作为杰出的政治家、外交家、思想家,子产给人留下了丰富的精神文化财富,同时也留下了许多启人心智的美谈,其中最为脍炙人口的不毁乡校。

> 郑人游于乡校,以论执政。然明谓子产曰:"毁乡校,何如?"子产曰;"何为?夫人朝夕退而游焉,以议执政之善否。其所善者,吾则行之;其所恶者,吾则改之,是吾师也,若之何毁之?我闻忠善以损怨,不闻作威以防怨。岂不遽止?然犹防川:大决所犯,伤人必多,吾不克救也;不如小决使道,不如吾闻而药之也。"然明曰:"蔑也,今而后知吾子之信可事也。小人实不才。若果行此,其郑国实赖之,岂唯二三臣?"仲尼闻是语也,曰:"以是观之,人谓子产不仁,吾不信也。"(《左传·襄公三十一年》)

子产不毁乡校之举,在中国政治史屡谈屡鲜。何以如此呢?二千多年来,虽然民本思想盛传不衰,但"民本"的核心仍是尊君,无形的潜规则仍是根深蒂固的"官本位",而且缺乏应有的约束机制。这样,由于"权"力很任性,"民本"也不过只是挂在口头上,早就被异化为徒有其表了。这篇文字记述得很生动:乡校存在并非一日,也是经官府批准建立的基础设施,但由于百姓在这里"以论执政",于是,身为大夫的鬷蔑(字然明)就毫无顾忌地说"毁乡校何如?"在他看来,不管百姓愿意与否,不管合乎程序与否,只要得到上峰认可,他便可行使拆毁之权。虽然然明不是坏人,不是镇压百姓的刽子手,但在他的思想深处,百姓是那样的微不足道,无足轻重,不值得尊重。难道子产平时就没有教育过他吗?从子产处处讲为政以德可知,肯定不是。而且然明也曾亲口告诉过子产,要爱民,要"视民如子"。据《左传·襄公二十五年》载:"子产始知然明,问为政焉。对曰:'视民如子。见不仁者诛之,如鹰鹯之逐鸟雀也。'子产喜,以语子大叔,且曰:'他日吾见蔑之面而已,今吾见其心矣。'"但然明何以不把为民的口号放在心上,何以敢提出如此建议?而且自我感觉良好,认为这不过是小菜一碟!原来然明只是口头上说"视民如子",而内心深处时时想到的则是"如鹰鹯之逐鸟雀"那样来对付百姓。这恐怕就是问题的可悲之处!

历史是一面镜子,子产之所以成为伟大的政治家,就在于他善于从历史的教训中得到积极的借鉴。文中子产"岂不遽止?然犹防川:大决所犯,伤人必多,吾不克救也;不如小决使道,不如吾闻而药之也"之言,实际上隐含着对周厉王失国之教训之回顾,故而然明闻言而愧。据《国语》载,周厉王末年残虐无道,民怨四起:"国人谤王,召公告曰:民不堪命!"然而视民为敌的厉王不仅不思改过,反而出手镇压:"得卫巫,使监谤者,以告,则杀之。"一时,首都一片恐怖:"国人莫敢言,道之以目。"高压下的一时沉寂,其实正是火山将要喷发的前兆。厉王不知,反而沾沾自喜,"告召公曰:吾能弭谤矣,乃不敢言。"召公立即说:"是障之也!"并指出此举后患无穷:"防民之口,甚于防川。川壅而溃,伤人必多,民亦如之。"要他端正态度,赶快纠正:"是故为川者决之使导,为民者宣之使言。"召公还语重心地警告厉王:"夫民虑之于心而宣之于口,成而行之,胡可壅也? 若壅其口,其与能几何?"但忠言逆耳,"王不听,于是国人莫敢出言"。厉王不纳忠谏,反而变本加厉,结果当然是不言自明:"三年,乃流王于彘。"①一代暴君落得了个被国人流放的可耻下场。

　　子产之所以采取不毁乡校的英明之举,一方面是他意识到人民意见的重要:人非圣贤,孰能无过,只有集思广益,治国之策才能完善;另一方面,作为一个充满智慧的政治家,子产的思想中已具有了初步的"民主"观念,懂得民意的重要,懂得舆论疏导的重要,有意地将乡校作为听取民意的渠道,故而在思想上、行动上有了一定的"自觉",乐意将民意作为为政之资而不是作秀。2500 年前我国即有胸怀如此宽广,思想如此进步的政治家,的确是难能可贵的,故而唐代大文学家韩愈撰《子产不毁乡校颂》加以称赞:

　　　　我思古人,伊郑之侨。以礼相国,人未安其教;游于乡之校,众口嚣嚣。或谓子产:"毁乡校则止。"曰:"何患焉? 可以成美。夫岂多言,亦各其志:善也吾行,不善吾避;维善维否,我于此视。川不可防,言不可弭。下塞上聋,邦其倾矣。"既乡校不毁,而郑国以理。在周之兴,养老乞言;及其已衰,谤者使监。成败之迹,昭哉可观。维是子产,执政之式。维其不遇,化止一国。诚率此道,相天下君;交畅旁达,施及无垠,於虖! 四海所以不理,有君无臣。谁其嗣之? 我思古人!②

---

①　《国语》,上海古籍出版社,2008 年 12 月。
②　马其昶校注马茂元整理《韩昌黎文集校注》,上海古籍出版社,1988 年 3 月。

韩愈是一位极具社会责任感的改革家,其所处的中唐后期,政治不明,流弊丛生,为改变佞佛之风,他不避杀身之祸上疏《论佛骨表》,为此被流放到瘴蛮之地,因而他十分渴望国有圣君,庭有贤臣。在他心目中,形象高大者唯有子产,故开篇即曰:"我思古人,伊郑之侨!"而子产最值得歌颂的一是深明广开言路、疏瀹下情之理:"其所善者,吾则行之;其所恶者,吾则改之;是吾师也。"二是善于吸历史教训,深知防民之口,甚于防川,厉王拒谏,杀民弭谤,子产"善也吾行,不善吾避",二者相比,"成败之迹,昭然可现"。但最令韩愈忧心的是当时握权柄者并不明白"下塞上聋,邦其倾矣"问题之严重。何处有子产?他也茫茫然。在失望情绪笼下,他也无可奈何,文章以哀叹结尾:"谁其嗣之?我思古人!"而已,而已!也只能是如此。

(4)视民利至上,死生以之

在历代倡导"重民"并为民本思想作出贡献的思想家、政治家中,视民之利至上且高于个人生命者,唯子产一人。子产的非凡之处就在于,他深知从政有一定的风险,必须作到既要"尊君",又要"重民",这期间,不仅有时"尊君"与"重民"发生矛盾,而且由于眼前利益与长远利益也会发生矛盾,因而就会出现两种情况:即是"尊君"也不一定为君理解,即使"重民"也不一定为民接受。子产在其改革之初就遇到过这种考验:

> 郑子产作丘赋。国人谤之,曰:"其父死于路,己为虿尾。以令于国,国将若之何?"子宽以告。子产曰:"何害?苟利社稷,死生以之。且吾闻为善者不改其度,故能有济也。民不可逞,度不可改。《诗》曰:'礼义不愆,何恤于人言。'吾不迁矣。"浑罕曰:"国氏其先亡乎!君子作法于凉,其敝犹贪。作法于贪,敝将若之何?姬在列者,蔡及曹、滕其先亡乎!逼而无礼。郑先卫亡,逼而无法。政不率法,而制于心。民各有心,何上之有?"(《左传·昭公四年》)

子产为相之后,其推出的重大改革举措除田制的"作封洫"之外,另一项就是"作丘赋"。所谓"作丘赋"就是依照各家私田及家产之多寡分别向国家交纳军赋。据《周礼·地官·小司徒》载,周时实行井田制,一百亩为一夫,"九夫为井,四井为邑,四邑为丘,四丘为甸。"按周初规定,军赋以甸为单位,每甸出甲士三人,马一匹,牛三头。鲁成公元年,为对付齐国的威胁,改为按丘出甲士,每丘一人。郑襄公二十八年(前538年,鲁昭公四年),子产在郑国改革军赋制度,参照鲁国之制,改四丘三人为每丘一人,他赋如马匹等亦随之而增。此举遭到了拥有大量土地的士大夫们的反对,一时间众口嚣嚣不绝街,有的骂其先人,有的骂其狠毒如蝎。子宽将这一情况向子产作了报告,希望停止新政。子产听后很镇定,也很坚毅,他说:如果有利于国家,个人生死并不计较。古诗上说,在礼义上没有做错什么,还怕别人议论吗!正确的决策作出之后就不应动摇,只有这样才能取得成功。老百姓也不可太放纵,制度定下后就不能随便再改。我的决心已定,不会改变的。子宽听后很失望,他认为制定法令很不易:即使很冷静、很诚信、很客观地制订出来的东西也难免弊端;今天,你出于不端之心而增收,就擅自变更古法,施行下去将失民心,后果不堪设想。他还不无威胁地说:姬姓之国,蔡、曹、滕都不自量力,一心想接近大国水平,他们可能先要灭亡;郑国不吸取教训也想成为大国,它会在卫之前灭亡的!政令不循古法,仅凭个人意志,老百姓人心四散,怎么会因为来自上面就听从呢!

从子宽当面指责、泼冷水甚至威胁可知,郑国改革的阻力何其大也,子产所言"生死以之"并非耸人听闻,而是面临的形势的确十分严峻。但正是由于子产认清了改革的方向,相信大多数,为国为民敢于担当,不惧畏途,这项改革才得以推行,郑国的国力军力也才得到了提高。

"作封洫"、"作丘赋"的成功,不仅使郑国万民得到了实惠,也进而使子产得到了历练,相信只有不断推进改革,国家发展才有动力。于是,两年之后,他又果敢地推行了第三项改革:铸刑书于鼎,并取得了成功。

子产之所以大胆为政,敢于担当,除了无畏无私之外,也和他具有进步的哲学思想有关。西周之时,人们普遍尊天敬神。"国之大事,在祀于戎","祀"即祀祖祀神。子产也是一位有神论者,为团结国人,联络友邦,经常参加一些禳灾祀神祈福活动,但他与那些将人的命运寄托于天、委身于天者有很大的区别就在于,其思想深处是处处把人、把人的主观能动放在第一位,把天道放于其次的。

鲁昭公十七年(前525)冬,火星之侧出现了慧星,其光芒异常明亮。这时鲁国、郑国的一些星象家便纷纷预测,称未来宋、卫、陈、郑将会发生火灾。郑国负责星象的裨灶亲自找到子产,请求尽快摆上郑国珍宝瓘斝玉瓒,举行禳祸仪式,这样,郑国便可避免火灾。但子产没有答应他。① 昭公十八年五月初一天傍晚,天边又出现了慧星,十四日,城里刮起了大风,郑国果然发生了火灾。

> 裨灶曰:"不用吾言,郑又将火。"郑人请用之,子产不可。子大叔曰:"宝,以保民也。若有火,国几亡。可以救亡,子何爱焉?"子产曰:"天道远,人道迩,非所及也,何以知之? 灶焉知天道? 是亦多言矣,岂不或信?"遂不与,亦不复火。(《左传·昭公十八年》)

火灾之后,裨灶找到子产说:"后悔了吧! 不听我的意见。如不尽快祭祀,郑国迟早还会发生火灾。"郑国的一些大夫也希望子产接受裨灶的建议。子产仍然没有同意。子大叔就亲自会见子产,并对他说:"国宝就是用来保护百姓的。如果再发生火灾,国家就会灭亡。禳祈既可挽救国家,就赶快行动吧,你还爱惜那么宝物干什么呢!"子产对大叔解释说:"天道悠而远,人道近而切,两件事本来就没有什么关系,如何就可从天象知道人事呢? 你以为裨灶他真懂天道吗? 纯粹是瞎猜! 他讲的话多了,可能就会有一半句偶尔巧合的,哪能信以为真呢!"仍坚持不用珍宝禳祈。郑国后来并未发生火灾,证明子产以星象家为妄的判断是正确的。

昭公十六年(前 526),郑国久旱无雨,老百姓盼甘霖望云霓心急如焚。子产顺从民意,同意举办禳祈之礼,就派遣屠击、祝款、竖柎数人带领百姓按照传统的"桑林祈"方式祭祀上天求雨。结果是他们不但没有求到雨,反而砍伐了许多树木,严重破坏了山林。子产对公众说:"祭求上天,祈告山神,最好的方法就是维护山林,你们却反其道而为之,违反天意,大肆砍伐,罪过实在太太了!"于是果断地将三人削职夺邑。②

子产的这些作法虽然谈不上科学,但却十分睿智与实用,在生产、生活中澄

---

① 《左传·昭公十七年》:"郑裨灶言于子产曰:'宋、卫、陈、郑将同日火,若我用瓘斝玉瓒,郑必不火。'子产弗与。"

② 《左传·昭公十六年》:九月,大雩,旱也。郑大旱,使屠击、祝款、竖柎有事于桑山。斩其木,不雨。子产曰:"有事于山,蓺山林也,而斩其木,其罪大矣。"夺之官邑。

清了许多人的一些糊涂认识,体现了以人为本的朴素的唯物思想,避免了在"人与神"问题上过多的人力、物力、财力的无谓损耗,从而在很大程度上保护了社会资源的合理使用,也从很大程度上维护了庶民百姓和国家的利益。这种"人事"高于"神事"的思想和作法,也是子产为政果决的突出特点与明显的过人之处。

正是由于子产政绩卓著,能力非凡,心系庶民,清初著名史学家兼经济学家王源对子产盛赞有加,他说:遍览春秋八百年之史,治国如子产者绝无仅有,"子产当国,内则制服强宗,外则接应大国,二者乃其治国大端……子产为春秋第一人。"中华人民共和国第五任总理温家宝2003年3月上任伊始,就在记者面前引用子产之语"苟利社稷,死生以之"以明志,8年后,2011年"两会"结束后会见中外记者时,他说,本届政府任期还有两年,我深知这两年的工作不比任何一年要轻松。"政如农功,日夜思之,思其始而成其终。"其意谓,从事政事犹如从事农业生产,一定要认真,一定要诚意,要白天黑夜惦记着,既要计划好它的开始,又要想着它的未来和结果。只有高度敬业,方能有好的收获。① 子产精神遗产之丰富,之宝贵,之厚重,由此可知。

3. 孔子之"为政以德"

孔子作为儒家学说的创始者,曾对上古三代的传统文化下了很大的气力进行全面的整理,在"述而不作"中继承与发展。孔子崇拜周文化,其中也包括民本思想。据统计,在《论语》中,"人"字出现过213次,"民"字出现过47次。虽然孔子对"民"与"人"的概念有所区别:"人"多指有地位、有知识者,"民"一般指平民百姓。但在国家与"人""民"的关系上,在广义的"人"方面,二者之涵义则是相通的。如:

孔子

---

① 《左传·襄公二十五年》:"子大叔问政于子产。子产曰:'政如农功,日夜思之,思其始而成其终。朝夕而行之,行无越思,如农之有畔,其过鲜矣'。"其意谓执政就象干农活一样,白天和黑夜都把它放在心上,既想着开始的计划,又想着它的结果。做事不可乱来,要按计划行事,朝夕一致。这就象田地有界限一样,不可超过所想的。按规矩、按规律去做,过错就会少一些。

　　子路问君子。子曰："修己以敬。"曰："如斯而已乎?"曰："修己以安人。"曰："如斯而已乎?"曰："修己以安百姓。修己以安百姓,尧舜其犹病诸?(《论语·宪问》)

　　子路请教孔子什么样的人才是君子,孔子用层层递进的方式加以解释说:首先也是起码的准则,那就是"修己以敬",其次则提高标准,那就是"修己以安人",第三,也是最高准则,那就是"修己以安百姓"。这里,"自己"、"人"、"百姓",除了其自身的含义之外,更明确的含义则是"人"的数量问题,也就是说,"民"、"百姓"所指的是所有的人而不再是类别了,也即"博施于民而能济众"(《论语·雍也》)之意。这一说法和"修、齐、治、平"含义完全一样。这样,孔子通过对"民"赋予新的内涵,就为民本思想注入了新的元素,尤其"仁"的倡导,成为了他"富民"、"利民"、"教民"思想的核心;"为政以德"的提出,对"以德治国"在政治与伦理的层面上赋予了新的内涵。

　　(1)对周公重民思想的继承

　　作为一个思想家和教育家,孔子一生最向往的就是礼乐社会,最佩服的先贤就是周公。"郁郁乎文哉,吾从周"(《论语·八佾》)是其心声,"克己复礼"是他为自己规定的终生使命和奋斗目标——"克己复礼为仁,一日克己复礼,天下归仁焉!"(《论语·颜渊》)为此,他常常连做梦都在想念周公。孔子思想受周公影响最大,后人对此早有定论,汉刘安就认为,儒学的产生,没有周公是不可能的,他说:"孔子修成、康之道,述周公之训,以教七十子,使服其衣冠,修其篇籍,故儒者之学生焉。"①后人尊孔子为"圣人",于是周公便成了"元圣"。

　　周公哪些言论和思想对孔子影响至深呢? 只要将主要记载孔子言论的《论语》《礼记》以及《孔子家语》等与大量记述周公言行的《尚书》《周书》及《逸周书》加以比照即可知其概略。就"民本"而言,周公的,"天命"、"天道","明德"、"保民"、"勤政"、"尚贤"、"慎罚"等思想,无疑是孔子"德治"、"爱民"思想之源头,不同的是,孔子与时俱进,对其加入了新的内容和新的理解,使其更加人文化和世俗化了。如他将"为政以德"形象化为"譬如北辰居其所而众星共之",

---

①　刘安《淮南子·要略》。张双棣《淮南子校释》。北京大学出版社,1997 年 8 月。

(《论语·为政》)这表明,他已把民作为社会治理主要对象,需要用德加以感化和教化,认为"德"是推行各种政治的根本保障。同时,孔子强调"仁"的重要性,不仅认为"仁"是周礼的基本精神,而且将"德"说成是实践"仁"的过程,因此,倡"仁"的过程就是要强调个人道德修养;作为统治者,最高的"德"就是爱民。

这方面的资料俯拾皆是,现仅以《尚书·泰誓》为例,藉以管窥。《泰誓》三篇为《尚书》记录周代文献之开篇,成于西周开国之前,在反映武王、周公重民思想方面最具典型性。《泰誓》主题非常突出,也非常鲜明,着重论述了武王伐纣的正当性,其中心论点为"天命"与"民意"。如上篇言纣王"商罪贯盈,天命诛之,予弗顺天,厥罪惟钧……天矜于民,民之所欲,天必从之。"意谓商王受已恶贯满盈,上天授命我诛灭他。如果我不遵从天意,也就犯下了与他一样的罪行。上天向来怜悯百姓,凡百姓所希望办的事情,上天一定会依从。中篇说"惟天惠民,惟辟奉上","天视自我民视,天听自我民听"。意谓上天最关心百姓,它看到的就是百姓看到的,它听到的就是百姓听到的。这里,在理论上,周人已明确地把天意与民心连结在一起,不言而喻,伐殷之举就是正义之举,上合天意,下顺民心,完全的正当的。下篇又说"今商王受狎侮五常,荒怠不敬,自绝于天,结怨于民",商王已堕成了独夫民贼,周人伐殷是"恭行天罚"。意谓殷商已被上天抛弃,天下讨伐,理所当然,周人取而代之,也是天意。作者还以现实为例,说明商受罪大恶极,臣民早已是一盘散沙,而周人及八百诸侯则是万众一心:"受有臣亿万,惟亿万心;予有臣三千,惟一心,"(《尚书·泰誓上》)"受有亿兆夷民,离心离德;予有乱臣十人,同心同德。"(《尚书·泰誓中》)由于纣王失去民心,兵士虽多,但心已归周,故双方刚一开战,殷师即刻"倒戈"。牧野之战生动地说明,得道多助,失道寡助,乃是天理。

孔子思想的核心是"仁"。据统计,孔子仅在《论语》中论及"仁"的段落就有58段,其中较多的为《颜渊》(7段),《宪问》(6段),《雍也》(5段);有名有姓的弟子直接向其请教问"仁"者有10人,问过两次或三次的是子贡和樊迟。孔子因人施教,对不同的人、在不同场合、从不同的角度对"仁"加以解释。孔子对"仁"的阐释虽有多解,在核心则是重民和重礼。"樊迟问仁。子曰:'爱人'。""颜渊问仁。子曰:'克己复礼为仁。一日克己复礼,天下归仁焉'。"(《论语·颜渊》)

（2）强调"爱民"

孔子民本思想突出表现于爱民。《礼记》曾记述过孔子与哀公的一次长谈：

子侍坐于哀公，哀公曰："敢问人道谁为大？"孔子愀然作色而对曰："君之及此言也，百姓之德也，固臣敢无辞而对？人道政为大。"公曰："敢问何谓为政？"孔子对曰："政者正也。君为正，则百姓从政矣。君之所为，百姓之所从也。君所不为，百姓何从？"公曰："敢问为政如之何？"孔子对曰："夫妇别，父子亲，君臣严，三者正则庶物从之矣。"公曰："寡人虽无似也，愿闻所以行三言之道。可得闻乎？"孔子对曰："古之为政，爱人为大，所以治。爱人，礼为大，所以治礼。敬为大，敬之至矣。"……

公曰："敢问何谓敬身？"孔子对曰："君子过言则民作辞，过动则民作则。君子言不过辞，动不过则，百姓不命而敬恭，如是则能敬其身。能敬其身则能成其亲矣。"

公曰："敢问何谓成亲？"孔子对曰："君子也者，人之成名也。百姓归之名，谓之君子之子，是使其亲为君子也，是为成其亲之名也已。"孔子遂言曰："古之为政，爱人为大。不能爱人，不能有其；不能有其身，不能安土；不能安土，不能乐天；不能乐天，不能成其身。"

公曰："敢问何谓成身？"孔子对曰："不过乎物。"

公曰："敢问君子何贵乎天道也？"孔子对曰："贵其不已，如日月东西相从而不已也，是天道也，不闭其久，是天道也，无为而物成，是天道也，已成而明，是天道也。"

公曰："寡人憃愚冥烦，子志之心也。"孔子蹴然辟席而对曰："仁人不过乎物，孝子不过乎物。是故仁人之事亲也如事天，事天如事亲。是故孝子成身。"公曰："寡人既闻此言也，无如后罪何？"孔子对曰："君之及此言也，是臣之福也。"（《礼记·哀公问》）

在陪坐交谈中，孔子多次讲到民，其中两次说"古之为政，爱人为大"。在孔子看来，治理民众，政事最重要。所谓政，就是正。国君行为正，臣属和百姓也就跟着正了。而要做好政事，爱人最为重要，而要做到爱人，遵守礼法最重要，而要施行礼法,恭敬最为重要。在正面论述后,孔子还从反面加以说明:"不能爱人,不能有其身;不能有其身,不能安土;不能安土,不能乐天;不能乐天,不能成其身。"意谓,作为国君,你如果不对百姓施以仁爱,百姓就会反对你,你也就不能自保其身,不可能治理国土,安享天命,更不可能得到天地的保佑。连自身都难保,还能有什么作为与成就呢!因此,国君在"爱民"问题上万万不能做错一点儿事,只有广施仁政,体恤民情,才能成就自己。

（3）强调惠民和富民

孔子民本思想的另一特点是强调惠民和富民。为使百姓衣食无虞,孔子极力主张富民。《论语·子路》中他与弟子们的一段对话非常生动地反映了这一思想:

> 子适卫,冉有仆。子曰:"庶矣哉?"冉有曰:"既庶矣,又何加焉?"曰:"富之!"曰:"既富矣,又何加焉?"曰:"教之!"

在孔子看来,"富民"是为政者的重要责任,他认为,只有能富民者才是一个合格的当政者。孔子还认为:"富与贵,是人之所欲也"（《论语·里仁》）,能通过正当的途径满足士庶百姓之求是为政者之义务。一次,子贡问孔子:"如有博施于民而能济众,何如? 可谓仁乎?"孔子毫不含糊地回答说:"何事于仁? 必也圣乎! 尧舜其犹病诸。夫仁者,己欲立而立人,己欲达而达人。能近取譬,可谓仁之方也已。"（《论语·雍也》）孔子认为,能"博施于民而能济众",岂止是仁,一定是圣了!

子产是春秋时期重要的政治家,其最为人称道的就是他广开言路和采取各种措施发展经济。前者,《左传·襄公三十一年》有"子产不毁乡校"的记载,后者《左传·襄公三十年》也有一则有趣的记载:"从政一年,舆人诵之曰:'取我衣冠而褚之,取我田畴而伍之。孰杀子产,吾其与之!'及三年,又诵之曰:'我有子弟,子产诲之。我有田畴,子产殖之。子产而死,谁其嗣之?'"意思是说:子产主政,由于改革,触动了一些人的利益,一年后,一些人编歌谣讽刺他说:算计我的家产,连衣服帽子都收走了,丈量我的耕地而对我加以控制。谁杀死子产,我就助他一臂之力。"过了三年,人们的收入普遍提高,这些人又唱道:"我家的子弟,全靠子产谆谆教诲;我的田地,全靠子产的政策收入增加。子产如果死了,谁能够继承他呢?"子产富民之举,《韩非子》也有记载,"为政五年,国无盗贼,道不拾遗,桃枣荫于街者莫有援也。锥刀遗道,三日可返。三年不变,民无饥也。"①司马迁也将此事记入了《史记·循吏列传》之中:"为相一年,竖子不戏狎,斑白不提挈,僮子不犁畔;二年,市不豫贾;三年,门不夜关,道不拾遗;四年,田器不归;五年,士无尺籍,长期不令而治。"孔子对子产富民之政高度称赞:"子谓子产有君子之道四焉:其行已也恭,其事上也敬,其养民也惠,其使民也义。"(《论语·公冶长》)孔子认为,子产的伟大之处有三个方面:一是对己极严,以身为则,言行恭谨;二是对国君忠心勤敬,治国有方;最突出的是第三方面,关心爱护老百姓,在富民上使百姓得到了实惠,在管理、使用上一贯仁爱,合乎道义。"声公五年(前496),郑相子产卒,郑人皆哭泣,悲之如亡亲戚。子产者,郑成公少子也,为人仁爱,事君忠厚。孔子尝过郑,与子产如兄弟云。及闻子产死,孔子为泣曰:'古之遗爱也!'"(《史记·郑世家》)在春秋政治家中,除周公外,子产是孔子评价最高的一位,这也从一个侧面看出,"民"在孔子心中有着崇高的地位,"富"是孔子重民思想中的一条粗线。孔子的弟子多次向其求教为政的要义及措施,孔子曾多次提到富民。一次,子贡问政。子曰:"足食,足兵,民信之矣。"他还补充说"百姓足,君孰与不足? 百姓不足,君孰与足?"(《论语·颜渊》)这里的"食",不仅仅指食物,从一个"足"字可知,此为"富足",所指包括有足够的吃、足够的穿、足够的住,安居乐业。"子适卫,冉有仆。子曰:'庶矣哉?'冉有曰:'既庶矣,又何加焉?'曰:'富之!'曰:'既富矣,又何加焉?'曰:'教之!'"(《论语·子路篇》)。从这里也可看出,孔子认为,对一个"为政"者来说,处理好老百姓的"庶、富、教"三个问题至关重要:一般的满足人口繁盛、衣食无忧还不行,标准还太低,还必须"富之"、"教之",以达到物质文明和精神文明双提高。从一定意义上说,孔子曾经的贫厄遭际和对社会的观察已使他经感到,没有较好的物质基础,富裕的生活,要发展教育,提高精神文明是不可能的。他自己就曾向弟子们表白过:"富而可求也,虽执鞭之士,吾亦为之。"(《论语·述而》)

---

① 《韩非子·外储说左上》。高华平等译注《韩非子》,中华书局,2010 年 6 月。

（4）"为政以德"

孔子民本思想的集中体现是"为政以德"。从古至今，"德治"与"法治"都具有不同的价值内蕴，自孔子明确提出"为政以德"之后，虽在思想界仍争论不断，但作为政治理念，尤其被统治阶级所接受之后，"德治"与"法治"从此互为里表，成为了我国政治建构设计中的两大基本走向，也成了传统文化中对社会调控最具互补充特色的两大手段。

孔子并不反对法治，但在"德"与"法"孰优孰劣上他态度鲜明，扬德而抑法。他说"道之以政，齐之以刑，民免而无耻；道之以德，齐之以礼，有耻且格。"（《论语·为政》）意谓，用行政的、刑罚的方法治理民众，效果可能很快，老百姓中的不当行为会很快收敛，但老百姓的思想觉悟很难会得到提高；用道德来治理就不一样了，教老百姓懂得礼并以此规范自己的行为，知道什么是耻辱，便会自觉遵守规矩了。他还说，如果当政者深明"为政以德"的重要性，不仅个人品德高尚，还懂得爱民，那么，"其身正，不令而行"，事半功倍；否则，"其身不正，虽令不从"，（《论语·子路》）也就是说，即使使用强制手段，也不一定收到理想的效果。有一次，权势显赫的鲁哀公正卿季康子问政于孔子说："如杀无道，以就有道，何如？"孔子对曰："子为政，焉用杀？子欲善而民善矣。君子之德风，小人之德草，草上之风必偃。"（《论语·颜渊》）季康子所问，在当时很有代表性，所以孔子很严肃地对他说："为政者应以身作则，你只要行善，老百姓自然会跟着做善事。当权者的品德好比风，下层之民的品德好比草，风吹到草上，草就必定顺着风的方向倒。"言外之意，是批评季康子目前做得并不好。有一次，季康子对孔子说，他很担心社会治安状况不好，盗窃案时有发生，请问应该怎么办。孔子毫不客气地对他说："苟子之不欲，虽赏之不窃。"（《论语·颜渊》）假如你自己以身作则，不贪图财货，即使奖励偷窃，也没有人愿偷盗了。批评可谓一针见血。从这可以再一次看出，孔子对当政者品质修养是多么重视，所以他说："为政以德，譬如北辰，居其所而众星共之。"（《论语·为政》）德就是北斗星，有了它，不仅你自己心中有了方向，老百姓心中也必然有了方向。

由此可知，孔子心中的"法"第一位的是"礼"，其次才是"刑"。孔子赋于"法"以道德的品格，主张把外在的强制转化成内在的自我约束。这种约束有两个层面，一是"民"的自觉，一是"君"自觉。这不仅是孔子"为政以德"思想的两个立足点,也是其实质所在。

(5)人道主义的精神

孔子民本思想中已蕴含有人道主义的精神。

从以上的简单分析可知,孔子的民本思想是以"重民"为认识基础、以"富民"为根本要求、以"为政以德"为政治理念的。同时还要指出的是,孔子不仅提出了"仁者爱人"之主张,还强调应当"泛爱众,而亲仁"(《论语·学而》),主张以"有教无类"之原则对民众广施教育。因此可以说,孔子的民本思想已具有了人道主义的因素。首先,孔子认为,人不论尊卑,就人格而言,人们之间都是平等的。"民"虽然可"使"、可"御",但不可"侮"。他说:"志士仁人,无求生以害仁,有杀身以成仁。"(《论语·卫灵公》)还说:"三军可夺帅也,匹夫不可夺志也。"(《论语·子罕》)其次,对底层弱势之民生命高度重视。常被引用的例子就是"厩焚,子退朝,曰:'伤人乎?'不问马。"(《论语·乡党》)以常识而论,发生天灾或事故,人们一般最关心的是人不是物,孔子问"伤人否"在情理之中,没有必要故做惊人之说。但深究起来其实也并非如此。从句中"子退朝"可推测,此时的孔子可能正在鲁国为司寇,地位很高,马厩之中定有好马,养马者非奴隶即平民,马厩失火,要追究的首先是那些管理人员,即奴隶。在那些"四条腿的千里难寻,两条腿的奴隶到处都是"的奴隶主贵族眼中,一匹马可换一群奴隶。在这样的情势下,孔子只问人,不问马,说明在孔子心目中,奴隶的生命是可贵的。可以说,正是因为孔子具有了人道主义的博爱情怀,才使他只问人,不问马。

孔子作为一位思想家,不论其重民、顺民、富民、教民思想,也不论其为政以德之思想,很难说其必具一定的阶级立场,其民本之论只能看作是一定时代社会思想的产物。从社会发展的角度说,它有利于社会稳定,人际和谐;从人民生活角度说,它有利于争取正当的生存权利和公平的社会环境;从国家治理的角度来说,它是治国之本,安民之策。就社会发展规律而论,不论中外,任何时代的思想家,最关心的无不是政治,无不是治国,无不是百姓。孔子作为中华民族的先哲,其从民本思想出发所提出的诸多主张,应该说也是民族智慧的结晶,因而受到包括统治阶级在内的政治精英的重视,则也是必然的。

如前所说,孔子并不反对法治,在他看来,法和德都是御民之手段,但不论以法以德,都必须把"以民为本"作为指导思想。这一主张在《论语》有所体现,在

《孔子家语·执辔》中则表现更为充分。

> 闵子骞为费宰,问政于孔子。子曰:"以德以法。夫德法者,御民之具,犹御马之有衔勒也。君者,人也,吏者,辔也,刑者,策也,夫人君之政,执其辔策而已。"
>
> 子骞曰:"敢问古之为政?"孔子曰:"古者天子以内史为左右手,以德法为衔勒,以百官为辔,以刑罚为策,以万民为马,故御天下数百年而不失。善御马者,正衔勒,齐辔策,均马力,和马心。故口无声而马应辔,策不举而极千里;善御民,壹其德法,正其百官,以均齐民力,和安民心。故令不再而民顺从,刑不用而天下治。是以天地德之,而兆民怀之。"①

孔子认为,德和法都不过是驾驭国民的工具,而君主则是驾驭者。从执政角度说,执政就是执其马缰和马鞭而已。古代的天子以万民为马,以大臣为左右手,以德法为马勒,以百官为缰绳,以刑罚为马鞭。善于驾驭马的人,都会正确地使用马勒、缰绳和马鞭,所以不用说话,而马完全服从指挥;他不用不停地挥动马鞭,马就能驱驰千里。善于驾驭人民的天子,统一其德法,端正其百官,平均其民力,和安其民心,所以命令不多但万民顺从,刑罚不用而天下大治,因为方法得当,天下的百姓都怀念他。

将民本观念用于治国,这就是孔子民本思想的价值,也是孔子对民本思想的重要贡献之所在。

有人认为,人道主义是西方思想家的专利,在中国传统文化中没有人道主义。这一看法是极其片面的。孔子或儒家学说的核心是"仁",《中庸》曰:"仁者,人也",孟子也说:"仁也者,人也"(《孟子·尽心》),故而《说文解字》释"仁"字之义时曰:"亲也,从人从二"。"仁"作为表现人之思想、情感的一种观念,其意识虽产生于远古,但将其明确概括为"爱人",将其作为人与人相处之道并以之为自己思想体系之核心者则是孔子。因此,"仁"既是儒家人本理念的核心,也是中国人道主义之伟大源头与起点。它的提出,并不是出于维护统治阶级利

---

① 王国轩　王秀梅译《孔子家语》,中华书局,2014 年 8 月。

益而恰恰是为了从根本上维护底层士庶百姓生存、生活之权益。由于实行"仁"德可兼顾上下,故而也受到开明执政者的欢迎。但由于任何时代统治者的思想都占据统治地位,这也就使得源于"仁"的人道主义精神在漫长的封建社会中未能向"民主"的方向发展,而只能在统治者专制主义允许的狭小空间中挣扎。

4. 孟子之"民贵君轻"

孟子提出民贵于君,将民本思想提高到了一个新水平。

孟子

(1)"民贵君轻"

首先,孟子倡"民贵君轻"之说,开君民关系思想解放之先河。他说:

> 孟子曰:"民为贵,社稷次之,君为轻。是故得乎丘民而为天子,得乎天子为诸侯,得乎诸侯为大夫。诸侯危社稷,则变置。牺牲既成,粢盛既洁,祭祖以时,然而旱干水溢,则变置社稷。"①

从此,"民贵君轻"之说犹如晴天巨雷,振聋发聩,响彻人寰,突兀于天地之间。它不仅在理论上具有极大地超越性,在政治上的意义更为深远,千百年来,不仅成为了志士仁人与君权思想作斗争的利器,也成为了封建社会各阶层人士思想解放的利器。

在孟子看来,老百姓才是国家最重要的,代表国家的土谷神位在其次,国君为轻。正因为如此,得到人民拥护的才能当天子,得到天子喜欢的才能做一国之君,得到一国之君欢心的才能当大夫。如果国君危害到国家,那就可以改立国君。就像祭祀一样,虽然祭品丰盛,祭品洁净,祭扫按时举行,但仍然遭受旱灾水灾,那就要变置社稷。很明显,孟子的主张与态度同先哲是有很大区别的。周公和孔子都强调以民为本,这个"本"是在维护"礼"的基础之上的"本",其主要作用是为了提高"君"的思想认识,让他们认识到只有"本固",才能"邦宁"。孟子的"民贵君轻"思想则不然,不仅将"君"与"民"的关系来了一个彻底的颠覆,言

---

① 《孟子·尽心下》。《孟子》,《十三经注疏》,中华书局,1980 年 9 月。

下之义,民不可更换,国君则是可以更换的。齐宣王曾向孟子谘询商汤放桀、武王伐纣之事,言外之意是臣不可弑君。孟子则毫不含糊地直言以告:

> 贼仁者,谓之贼;贼义者,谓之残。残贼之人,谓这一夫。闻诛一夫纣矣,未闻弑君也!(《孟子·梁惠王下》)

在孟子看来,国家属于民,失德之君为民之贼,理当讨伐;国君无道,民必弃之。因此,一国之君是可以变置的:

> 桀纣之失天下也,失其民也;失其民者,失其心也。得天下有道:得其民,斯得天下矣。(《孟子·离娄上》)

从这里可以看出,孟子的历史观是发展的,他将"民"的地位提高到了空前高度;孟子的历史观是进步的,他视民为历史之主导,从一定意义上说,民可作主,影响着一个国家的政治方向。

(2)提出"仁者无敌"

孟子发展了孔子"仁"的思想,提出"仁者无敌",强调治国必须行施仁政。

孔子的"仁"多为道德之义,孟子提出的"仁政",除仍含道德之义外,更多的则是治国理念。孟子认为,"仁政"是治国之本,是国家兴衰存亡的决定因素之一。他说:

> 规矩,方员之至也;圣人,人伦之至也。欲为君,尽君道;欲为臣,尽臣道。二者皆法尧舜而已矣。不以舜之所以事尧事君,不敬其君者也;不以尧之所以治民治民,贼其民者也。孔子曰:'道二,仁与不仁而已矣。'暴其民甚,则身弑国亡;不甚,则身危国削,名之曰'幽'、'厉',虽孝子慈孙,百世不能改也。《诗》云:'殷鉴不远,在夏后之世。'此之谓也。
>
> 三代之得天下也以仁,其失天下也以不仁。国之所以废兴存亡者亦然。天子不仁,不保四海;诸侯不仁,不保社稷;卿大夫不仁,不保宗庙;士庶人不仁,不保四体。(《孟子·离娄上》)

　　孟子认为,不论尧、舜,也不论三代,治国都要遵照规律,这就像工匠懂得规矩方圆一样。这个规律,孔子已作了概括:道路只有两条,要么行仁政,要么不行仁政。这主要表现在对待老百姓的态度和政策上。不行仁政的暴君必遭杀身亡国之祸,退一步说也是国弱身危,死后遭士民唾骂。夏禹、商汤、周武之所以得到天下,是由于行仁政;桀、纣、幽之所以失去天下,完全也是由于不行仁政。历史已反复证明,国家衰败、兴盛、生存、灭亡之原因,就是这样。天子不仁,不能保住天下;诸侯不仁,不能保住国家;卿大夫不仁,不能保住宗庙;士人和百姓不仁,则不能保住自身。

　　在"王道"、"霸道"之争中,孟子一贯主张王道兴国,以"仁政"王天下。他以小邑周战胜大邦殷为为例反复加以论说:

　　　　师文王,大国五年,小国七年,必为政于天下矣。《诗》云:"商之孙子,其丽不亿。上帝既命,侯于周服。侯服于周,天命靡常。殷士肤敏,祼将于京。"孔子曰:"仁不可为众也。夫国君好仁,天下无敌。"今也欲无敌于天下而不以仁,是犹执热而不以濯也。《诗》云:"谁能执热,逝不以濯?"(《孟子·离娄上》)

　　孟子认为,在治理国家上,只要效法周文王,大国不出五年,小国不出七年,一定能在天下显示出强大来。《诗经》上说:"商朝子子孙孙,多达数十万余人。但都接受了上帝的命令,归顺于周朝。都向周朝归顺,就说明天命没有定论,完全顺从民心。殷朝的臣子,不论是漂亮的聪明的,都在周王京城行祼献之礼。"孔老夫子曾说过:"仁的力量,不在于人多。只要那个国君爱好仁德,行仁政,他就能天下无敌。"当下的国君如果想无敌于天下而又不行施仁,这就像热得难受而又不肯洗澡一样,那怎么能行呢!《诗经》上早就说过:谁要是热得受不了,就赶快去洗个澡!"

　　"仁者无敌于天下"的思想是孟子将孔子之"仁"发挥到极致的表现,而"仁政"的核心,仍是爱民和保民。关于"仁者无敌",孟子与梁惠王还曾有一段极其精彩的对话。

　　孟子见梁惠王。王曰:"叟不远千里而来,亦将有以利吾国乎?"孟子对曰:"王何必曰利? 亦有仁义而已矣。王曰'何以利吾国'? 大夫曰'何以利吾家'? 士庶人曰'何以利吾身'? 上下交征利而国危矣。万乘之国弑其君者,必千乘之家;千乘之国弑其君者,必百乘之家。万取千焉,千取百焉,不为不多矣。苟为后义而先利,不夺不餍。未有仁而遗其亲者也,未有义而后其君者也。王亦曰仁义而已矣,何必曰利?"

　　······

　　梁惠王曰:"晋国,天下莫强焉,叟之所知也。及寡人之身,东败于齐,长子死焉;西丧地于秦七百里;南辱于楚。寡人耻之,愿比死者一洒之。如之何则可?"

　　孟子对曰:"地方百里而可以王。王如施仁政于民,省刑罚,薄税敛,深耕易耨。壮者以暇日修其孝悌忠信,入以事其父兄,出以事其长上,可使制梃以挞秦楚之坚甲利兵矣。彼夺其民时,使不得耕耨以养其父母,父母冻饿,兄弟妻子离散。彼陷溺其民,王往而征之,夫谁与王敌? 故曰:'仁者无敌。'王请勿疑!"(《孟子·梁惠王上》)

这里,孟子不仅要使梁惠王相信"仁者无敌",还指出了如何行施仁政,强调:只有省刑罚,薄税敛,深耕易耨,使百姓安居乐业,才能使民心凝聚,国力凝聚。这表明,孟子不但对当时天下的政治、经济形势十分了解,而且对治国、治民已有很成熟的意见。孟子还说:

　　今王发政施仁,使天下仕者皆欲立于王之朝,耕者皆欲耕于王之野,商贾皆欲藏于王之市,行旅皆欲出于王之涂,天下之欲疾其君者皆欲赴愬于王,其若是,孰能御之?

也就是说,凡施仁政爱民者,天下之民必归之如水,而人民的力量是不可战胜的。如果进一步发展,王还能始终体察民情,顺乎民意,达到君民上下同心,国家也就必然更加强大,无敌于天下。他说:"乐民之乐者,民亦乐其乐;忧民之忧

者,民亦忧其忧。乐以天下,忧以天下,然而不王者,未之有也。""今王与百姓同乐,则王矣。"(《孟子·梁惠王下》)

(3)"恒产恒心"说

孟子发展了孔子"富民"思想,将其上升为"恒产恒心"说。

孟子不愧是一位杰出的思想家,在君与民关系上,他扬弃了孔子过于重视"君本位"的思想成分,强调"民贵君轻";在富民问题上,他不仅主张很具体的轻徭薄赋,还进而大胆地提出了使民具有"恒产"的主张。这一对民本概念的新定位,典型地凸现了我国思想发展史上与时俱进的时代精神和锐意进取的创新精神。

孟子置民"恒产"的思想源于其重民思想。他说:"诸侯之宝三:土地、人民、政事。"(《孟子·尽心下》)这表明,在国家治理上,孟子已明确认识到经济与人民的重要性,所谓政事,也就是民事。同时进而认识到包括土地在内的经济是思想道德的基础,也是推行"仁政"的基础,要推行"仁政"就必须使老百姓首先在经济上立得住。

> 滕文公问为国。孟子曰:"民事不可缓也。《诗》云'昼尔于茅,宵尔索绹;亟其乘屋,其始播百谷。'民之为道也,有恒产者有恒心,无恒产者无恒心。苟无恒心,放僻邪侈,无不为已。及陷乎罪,然后从而刑之。是罔民也。焉有仁人在位罔民而可为也?是故贤君必恭俭礼下,取于民有制。阳虎曰:'为富不仁矣,为仁不富矣。'"(《孟子·滕文公上》)

周代实行的是井田制,在小农经济时代,靠土地生活、生存的农民和农奴如果没有足够的土地,不仅无法上交税赋,维持生存,而且还有可能铤而走险。出于对下层劳动者景况的了解,孟子已敏锐地认识经济地位对人的思想认识有着巨大的制约作用:"有恒产者有恒心,无恒产者无恒心。"要避免老百姓发生不测,最好的办法就是实行"仁政",让其富而有产,统治者不能为富不仁,置民于不顾而大肆敛财。何谓"恒产"呢? 孟子说:

> 五亩之宅,树墙下以桑,匹妇蚕之,则老者足以衣帛矣。五母鸡,二母

彘,无失其时,老者足以无失肉矣。百亩之田,匹夫耕之,八口之家足以无饥矣。所谓西伯善养老者,制其田里,教之树畜,导其妻子使养其老。五十非帛不暖,七十非肉不饱。不暖不饱,谓之冻馁。文王之民无冻馁之老者,此之谓也。(《孟子·尽心下》)

从这里可知,孟子的所谓"恒产",主要指农耕家庭相对固定的资产,其中最重要的就是土地、宅园和树木及牲畜等。所谓"恒心",则指平常人所具有善良平和之心,敬上爱下之心。

关于"恒产","恒心"之说,孟子除了向滕文公进行讲说外,还在霸心十足的齐宣王面前就"保民而王"进行过一次解说:

齐宣王问曰:"齐桓、晋文之事可得闻乎?"孟子对曰:"仲尼之徒无道桓、文之事者,是以后世无传焉。臣未之闻也。无以,则王乎?"曰:"德何如,则可以王矣?"曰:"保民而王,莫之能御也。"曰:"若寡人者,可以保民乎哉?"曰:"可。"

……

王曰:"吾惛,不能进于是矣。愿夫子辅吾志,明以教我。我虽不敏,请尝试之。"

"无恒产而有恒心者,惟士为能。若民,则无恒产,因无恒心。苟无恒心,放辟邪侈,无不为已。及陷于罪,然后从而刑之,是罔民也。焉有仁人在位,罔民而可为也。是故明君制民之产,必使仰足以事父母,俯足以畜妻子,乐岁终身饱,凶年免于死亡。然后驱而之善,故民之从之也轻。今也制民之产,仰不足以事父母,俯不足以畜妻子,乐岁终身苦,凶年不免于死亡。此惟救死而恐不赡,奚暇治礼义哉?王欲行之,则盍反其本矣。五亩之宅,树之以桑,五十者可以衣帛矣;鸡豚狗彘之畜,无失其时,七十者可以食肉矣;百亩之田,勿夺其时,八口之家可以无饥矣;谨庠序之教,申之以孝悌之义,颁白者不负戴于道路矣。老者衣帛食肉,黎民不饥不寒,然而不王者,未之有也。"(《孟子·梁惠王上》)

孟子的"恒产"说在中国经济思想史上具有重要意义,它第一次明确提出了经济基础与上层建筑的关系,人民生活与社会安定的关系。孟子强调对民众的教化,又敢于正视财产与道德之间的关系,这是对孔子"义利观"的直接继承与发展,是理论与实际相结合的产物。任何时代,只有做到使老百姓拥有稳定的生产手段和生活资源,"仰足以事父母,俯足以畜妻子,乐岁终身饱,凶年免于死亡",老百姓才会文明向善,社会才能稳定和谐发展。

一般来说,只要人性未被扭曲,作为社会成员的劳动者,能否有具"恒心","恒产"起着重要的作用。推而广之,一个社会是否有"恒心",在很大程度上也决定于这个社会是否有"恒产",这个社会的成员是否绝大多数有"恒产"。需要指出的是,孟子此处所指"恒产"也并非指私有财产,只要明白周代实行的是土地国有制,"井田制"只是分配制度,耕种者所拥有的只是使用权就行了。因而孟子所谓的"恒产",主要指生产、生活资料,对土地只是拥用使用权及经营权。由于"恒产"与"恒心"之论和管子的"仓廪实而知礼节,衣食足而知荣辱"(《管子·牧民》)一样正确地反映了社会发展及治理的规律,因而被世人称誉为"孟子定律"。

5. 荀子之"君舟民水"

荀子是先秦儒家思想的集大成者,也是孟子之后对民本思想论述最多,将民本思想引入政治领域之最积极者。荀子全面继承了孔孟重民、利民、富民的思想,在这方面有许多经典性的论述。如,"君人者,爱民而安,好士而荣,两者无一焉而亡。"又说:"有社稷者而不能爱民,不能利民,而求民亲爱己,不可得也。"(《荀子·君道》)[1]他认为:"君人者欲安,莫若平政爱民矣。"还说:"王者富民,霸者富士"。(《荀子·王制》)

荀子

荀子对民本思想的发展与贡献突出表现在三个方面。

(1)"君舟民水"说

以舟水为喻,肯定人民的力量无比伟大,这一思想对后世影响极大。

①　张觉《荀子译注》,上海古籍出版社,1995 年 12 月。

君民关系问题是先秦诸子每每聚焦的问题,儒家倡导的"民本",所强调的重心就是"君"必须认识和做到以"民"为本。不同的是,荀子认为,"民"作为国家之本,力量是极其伟大的,顺之者昌,逆之者亡。他以马与舆、水与舟作喻,形象而生动地加以申论:

> 马骇舆,则君子不安舆;庶人骇政,则君子不安位。马骇舆,则莫若静之;庶人骇政,则莫若惠之。选贤良,举笃敬,兴孝弟,收孤寡,补贫穷。如是,则庶人安政矣。庶人安政,然后君子安位。传曰:"君者、舟也,庶人者、水也;水则载舟,水则覆舟。"此之谓也。故君人者欲安,则莫若平政爱民矣;欲荣,则莫若隆礼敬士矣;欲立功名、则莫若尚贤使能矣。是人君之大节也。三节者当,则其余莫不当矣。三节者不当,则其余虽曲当,犹将无益也。孔子曰:"大节是也,小节是也,上君也;大节是也,小节一出焉,一入焉,中君也;大节非也,小节虽是也,吾无观其余矣。(《荀子·王制》)

君民舟水之论极为深刻,一下子便揭示出了问题的实质:既从一个方面指出"民"是君主、国家赖以存在的基础,又从另一方面指出,如不能正确认识和处理君民关系,就必然会走向反面,"民"可以废弃君主,成为毁灭其存在之力——"水能载舟,亦能覆舟",万古不移,"故君人者欲安,则莫若平政爱民矣"。

舟水之喻本为荀子发明,为了增加其权威性,荀子除了将其说成古已有之——"传曰",还将其说成是孔子对鲁哀公之教诲:

> 鲁哀公问于孔子曰:"寡人生于深宫之中,长于妇人之手,寡人未尝知哀也,未尝知忧也,未尝知劳也,未尝知惧也,未尝知危也。"
>
> 孔子曰:"君之所问,圣君之问也,丘、小人也,何足以知之?"曰:"非吾子无所闻之也。"孔子曰:"君入庙门而右,登自阼阶,仰视榱栋,俯见几筵,其器存,其人亡,君以此思哀,则哀将焉而不至矣?君昧爽而栉冠,平明而听朝,一物不应,乱之端也,君以此思忧,则忧将焉而不至矣?君平明而听朝,日昃而退,诸侯之子孙必有在君之末庭者,君以思劳,则劳将焉而不至矣?君出鲁之四门,以望鲁四郊,亡国之虚则必有数盖焉,君以此思惧,则惧将焉

而不至矣？且丘闻之，君者，舟也；庶人者，水也。水则载舟，水则覆舟，君以此思危，则危将焉而不至矣？"（《荀子·哀公》）

言下之义，君舟民水不仅仅是一个比喻，也不仅仅是个案，而是历史发展之规律，不可抗逆。荀子曾说："臣或弑其君，下或杀其上，粥（鬻）其城，倍（背）其节，而不死其事者，无它故焉，人主自取之也。"（《荀子·富国》）联系荀子极力推崇汤、武革命"功参天地，泽被生民"、"爱民者强，不爱民者弱"（《荀子·议兵》）之论，不难看出，荀子对民的重视，对民的认识，不仅与孔、孟完全是一致的，而且也有超越之处。超越之处就在于，孔、孟只是从"德"的角度加以解释，认为桀、纣失德，上天不佑，德移于汤武，故汤征夏，武伐殷不为弑，不为"贼"，而为"革命"；这一行动，上合天命，下顺于民情。荀子则不仅认可了汤武革命的正义性、合理性，还指出了其必然性，这就从最根本处说明了人民力量伟大之因：人民是社会前进的动力；从而揭示出了社会发展的规律。从这里也可以看出，民本思想发展至此，已臻完善。

（2）"立君为民"说

荀子接受了《尚书》中的民本思想，在政治上提出了"天之立君以为民"的命题。

荀子认为，"平政爱民"、"隆礼致士"、"尚贤使能"是国君执政的三个"大节"。"三节者当，则其余莫不当矣；三节者不当，则其余虽曲当，犹将无益矣。"从广义上说，这里的"民"、"士"、"贤"，都应属于人民的范畴，君的设立，君的使命，就是要正确地驾驭他们，君只有做到这些，君的设立和存在才有意义。他进而说：

天之生民，非为君也。天之立君，以为民也。故古者列地建国，非以贵诸侯而已；列官职，差爵禄，非以尊大夫而已。（《荀子·大略》）

这里，荀子提到了国家机构的设制与政治权力的来源，但其义已与既往对"君"与"民"关系的解读大异其趣。在荀子看来，虽然"天"造就了许多"民"，但其目的并不是为了让"君主"随意驱使，恰恰相反，"天"在造就庶民的同时又造

就了一个君,目的就是让这个"君"集中掌握政治权力来为"民"服务。为什么呢?他说:

　　水火有气而无生,草木有生而无知,禽兽有知而无义,人有气、有生、有知,亦且有义,故最为天下贵也。力不若牛,走不若马,而牛马为用,何也?曰:人能群,彼不能群也。人何以能群?曰:分。分何以能行?曰:义。故义以分则和,和则一,一则多力,多力则强,强则胜物;故宫室可得而居也。故序四时,裁万物,兼利天下,无它故焉,得之分义也。

　　故人生不能无群,群而无分则争,争则乱,乱则离,离则弱,弱则不能胜物;故宫室不可得而居也,不可少顷舍礼义之谓也。能以事亲谓之孝,能以事兄谓之弟,能以事上谓之顺,能以使下谓之君。君者,善群也。群道当,则万物皆得其宜,六畜皆得其长,群生皆得其命。故养长时则六畜育;杀生时则草木殖;政令时则百姓一,贤良服。(《荀子·王制》)

　　这里,荀子从形上之角度论述了人与动物,人与社会、人与政治的关系。人与动物最大的区别首先是人有"义",其次是"人能群",人能结合一个家庭,一个宗族,一个部落,一个国家。人何以能"群"?是因为人知"分"——懂得礼,有德操,知尊卑。但人是有私欲的,有时会"无分而争";为使社会有序运行,于是才出现了"君"。"君者,善群也",也就是说,君的使命是协调、是仲裁、是服务,目的是为了"万物皆得其宜,六畜皆得其长,群生皆得其命"。

　　为说明"天之立君,以为民也",荀子曾反复论述过"君者善群善分"的职能。"人之生不能无群,群而无分则争,争则乱,乱则穷矣。故无分者,人之大害也。有分者,天下之本利也。而人君者,所以管分之枢要也。"(《荀子·富国》)"分"者,秩序也,礼法也。在繁纷复杂的社会中,唯处于"君"地位的人才能把握"分"。"君者何也?能群也。能群也者何也?曰善生养人者也。"(《荀子·君道》)也是说,君必须正确行施自己的职责,通过"群"的组织管理,达到"生养"人民的责任。

　　荀子和周公、孔子一样,认为"天"不仅是自然界,而且也是一种对人生、对社会有某种主宰的力量,因而他认为,"天地者,生之本也"(《荀子·礼论》),人的一切活动都应符合礼的要求,尊天敬天,依天而行,包括生产、生活和政治活动。正是在这一前提下,荀子将"民"与"天"沟通,提出"天之立君,以为民也",从而在政治层面上论述了"民"之利益的正当性、合理性以及神圣性。就此而言,这也是对孔孟的一个超越。

（3）"欲利"本性说

第三,从"欲利"的角度指出教君教民的重要性,意义重大。

孔子、孟子都主张修德教民,如孔子提出为政以德、有教无类,强调士子应学六艺,民应当知尊卑。这一方面表现了他们的重民思想和平等思想,也反映了他们对教育作用有极高的认识,对包括德、才在内的人之素质的重视。荀子除了赞同上下修德的主张外,还论述了人必须修德的重要原因:在人性的弱点中,人具有"欲利"性。

在"义""利"问题上,孔子的基本主张是"君子喻于义,小人喻于利",(《论语·里仁》)"不义而富且贵,于我如浮云"。(《论语·述而》)孟子说:"万钟则不辨礼义而受之,万钟于我何加焉!"因而认为,在利、义,生、死不可兼得时,宁可舍去生命而取大义。(《孟子·告子》)这些论述,对构建中华民族的气节观,树立正确的价值观起到了非常大的激励作用。但是,如何让人们做到以"义"胜"利"呢? 荀子认为,首先要承认,人是有"欲利"之念的,这是人的一种本性,并不可怕,只要有正确的导向,"义"就可胜"利"。他说:

> 义与利者,人之所两有也,虽尧、舜不能去民之欲利,然而能使其欲利不克其好义也。虽桀、纣亦不能去民之好义,然而能使其好义不胜其欲利也。故义胜利者为治世,利克义者为乱世。上重义则义克利,上重利则利克义。故天子不言多少,诸侯不言利害,大夫不言得丧,士不言通货财;有国之君不息牛羊,错质之臣不息鸡豚,冢卿不修币,大夫不为场园;从士以上皆羞利而不与民争业,乐分施而耻积藏。然故民不困财,贫窭者有所窜其手。(《荀子·大略》)

荀子明确指出,在"义"和"利"问题上,人性具有两面性,既可能"义克利",也可能"利克义";"义胜利"就是太平盛世,"利胜义"则必为乱世。教民正确处理"义"和"利"的关系并不难,首要的是统治者自己不言利,不逐利;只要"上好义",一切就可以迎刃而解了。

> 多积财而羞无有,重民任而诛不能,此邪行之所以起,刑罚之所以多也。上好羞(义),则民闇饰矣!上好富,则民死利矣!二者治乱之衢也。民语曰:"欲富乎?忍耻矣,倾绝矣,绝故旧矣,与义分背矣!"上好富,则人民之行如此,安得不乱!(《荀子·大略》)

这里,荀子虽然重在强调道德自律的重要性,未能提出如何满足人们日益增长的物质需求以及如何抑止无限贪求之良方,但他从人之本性上指出人具有"欲利"性,对其后在社会治理中除重德之外还须加强法制建设以治"乱",已具有很大的启迪作用。

6. 韩非子之"法不阿贵"

民本思想虽然由儒家所提出,并不断发展、完善,但由于"民惟邦本"理念深入人心,因而在诸子百家争鸣中,凡言及治国之策者,如法家、墨家等代表人物,无一能回避"民"的问题,无一不打出"保民"、"利民"、"安民"旗帜。他的一些主张与儒家是一致的。

韩非子

法家认为,社会要发展,秩序是第一位的,良好稳定的环境只有靠法才能形成,才能维护,因而法是至高无上的,而且只有严刑苛法,才具有威摄力。韩非是春秋战国时期法家思想的集大成者,如何富国、强国,他不赞成儒家"仁爱"之说,围绕法治提出了重赏、重罚、重农、重战四策,极力主张以法治政。司马谈《论六家之要指》所指出的"法家不别亲疏,不殊贵贱,一断于法",(《史记·太史公序》)也正是韩非主张的基本特点。韩非思想的核心是法,就"法"与"民"而言,他主张以法为手段,富民、安民、保民。

(1)重视富民

韩非认为,民是一国之本,治国的重要目的之一就是要富民,但途径是以法、以力。他《韩非子·六反》中说:

　　老聃有言曰:"知足不辱,知止不殆。"夫以殆辱之故而不求于足之外者,老聃也。今以为足民而可以治,是以民为皆如老聃。故桀贵在天子而不足于尊,富有四海之内而不足于宝。君人者虽足民,不能足使为君天子,而桀未必为天子为足也,则虽足民,何可以为治也? 故明主之治国也,适其时事以致财物,论其税赋以均贫富,厚其爵禄以尽贤能,重其刑罚以禁奸邪。使民以力得富,以事致贵;以过受罪,以功致赏,而不念慈惠之赐。此帝王之政也。①

　　韩非引用老子的话:"知道满足就不会受到耻辱,知道适可而止就不会有危险。"但他指出,明白危险和耻辱,在满足之后不再有别要求的人,只有高尚的老子才能做到。现在有人说,只要使老百姓富足就可以治理好国家,这是把老百姓都当作老子了。这种看法很片面,实际情况并非如此。夏桀贵为天子而不满足于自己的尊贵,富有四海而不满足于自己的财宝。做君主的纵然使老百姓富足,但不可能使老百姓都富足得像天子那样吧。而像夏桀那样贪婪的人也未必以天子为满足;因此,纵然使老百姓富足,又怎么能用来作为治国的原则呢? 所以,英明的君王治理国家,应懂得顺应时务来获得财物,运用赋税来调节贫富;通过厚赏爵禄使人们竭尽才能,通过加重刑罚来禁止奸邪。要使老百姓明白,只有依靠出力才能得到富裕,依靠功业才能获得尊贵;因犯罪受到惩罚,因立功得到奖赏,而不是整天想着依靠仁慈恩惠的赏赐。这才是通往帝王大业的政治方略。

　　韩非是重农主义者,认为"富国以农"。(《韩非子·五蠹》)"民蕃息而畜积盛之谓有德",因而认为富民之路在于"积力于田畴"。只要为君者对外不打仗,对内不侈奢,老百姓就能够全身心投入农业生产。(《韩非子·解老》)韩非认为,徭赋繁重不利于生产,不利于富民安民:"徭役多则民苦,民苦则权势起,权势起则复除重,复除重则贵人富。苦民以富贵人,起势以藉人臣,非天下长利也。"因而他力主减轻徭赋,"故曰:徭役少则民安,民安则下无重权,下无重权则权势灭,权势灭则德在上矣。"(《韩非子·备内》

---

　　① 高华平等译注《韩非子》,中华书局,2010 年 6 月。

（2）便民利民

韩非是重法主义者，但他从民的角度出发，主张立法便民，执法利民。

长期以来，论者多认为先秦法家主张严刑竣法是以法律为武器，通过镇压平民反抗，以达到维护统治阶级利益之目的。实际上，此论只说对了一半。如前所述，历史上的统治者，只要不是桀纣，无一例外地都承认"民惟邦本"；历代士子之论更是如此，在游说当政者之时，无不以己说可利国利民、富国强兵为旗帜。虽然这其中有自我美化的企图，炫鬻夸大的成分，但也不可据此完全加以否定，而是要看到其诚意，洞悉其智慧，透析其实质，重视其效果。就法家而论，之所以与儒家之说唱反调，是因为其清醒地看到了儒家学说之弊端，思想之保守，时移而不进。韩非就曾以治国为例，将"仁"道与"法"道比较，认为法利仁弊，并一针见血地指出，儒家的一些"学者"之论，完全是不合时宜的书生之言：

> 故法之为道，前苦而长利；仁之为道，偷乐而后穷。圣人权其轻重，出其大利，故用法之相忍，而弃仁人之相怜也。学者之言皆曰"轻刑"，此乱亡之术也。凡赏罚之必者，劝禁也。赏厚，则所欲之得也疾；罚重，则所恶之禁也急。夫欲利者必恶害，害者，利之反也。反于所欲，焉得无恶？欲治者必恶乱，乱者，治之反也。是故欲治甚者，其赏必厚矣；其恶乱甚者，其罚必重矣。今取于轻刑者，其恶乱不甚也，其欲治又不甚也。此非特无术也，又乃无行。是故决贤、不肖、愚、知之美，在赏罚之轻重。（《韩非子·六反》）

文中提到的关于"轻刑重罚"，一向是儒法论争的交集点。有趣的是，毁誉双方立论的方法均围绕"民"而展开。韩非认为，重罚的是"盗贼"，保护的是"良民"，并质问道："上设重刑者而奸尽止，奸尽止，则此奚伤于民也？"还说：如果不以重罚警示，"犯而诛之，是为民设陷也"，这和儒家主张的"不教而诛"有什么两样呢：

> 故曰：重一奸之罪而止境内之邪，此所以为治也。重罚者，盗贼也；而悼惧者，良民也。欲治者奚疑于重刑名！若夫厚赏者，非独赏功也，又劝一国。受赏者甘利，未赏者慕业，是报一人之功而劝境内之众也，欲治者何疑于厚

赏！今不知治者皆曰："重刑伤民，轻刑可以止奸，何必于重哉？"此不察于治者也。夫以重止者，未必以轻止也；以轻止者，必以重止矣。是以上设重刑者而奸尽止，奸尽止，则此奚伤于民也？所谓重刑者，奸之所利者细，而上之所加焉者大也。民不以小利加大罪，故奸必止者也。所谓轻刑者，奸之所利者大，上之所加焉者小也。民慕其利而傲其罪，故奸不止也。故先圣有谚曰："不蹶于山，而蹶于垤。"山者大，故人顺之；垤微小，故人易之也。今轻刑罚，民必易之。犯而不诛，是驱国而弃之也；犯而诛之，是为民设陷也。是故轻罪者，民之垤也。是以轻罪之为民道也，非乱国也，则设民陷也，此则可谓伤民矣！（《韩非子·六反》）

为了论证重罚之必要，是为民，韩非还多次搬出先贤之理论以证之。一曰这样作是"以刑去刑"。"以刑去刑"是通过"以刑明民"达到"上爱民"的体现，这在改革家商鞅的《商君书·靳令》里可找到证据。他说：

重刑少赏，上爱民，民死赏。多赏轻刑，上不爱民，民不死赏。利出一空者，其国无敌；利出二空者，其兵半用。利出十空者，民不守。重刑明民，大制使人，则上利。行刑重其轻者，轻者不至，重者不来，此谓以刑去刑。罪重而刑轻，刑轻则生事，此谓以刑致刑，其国必削。（《韩非子·饬令》）

在韩非看来，民有"欲利"之私，罚重赏轻，臣民就会拼死求功求赏；赏重罚轻，臣民谁还拼死争功求赏？就以打仗为例吧，赏只出于君，师出无敌；赏出二处，只会有一半人听命；赏赐乱出，老百姓就保不住了。重刑有警示性，百姓可由此明事非，听君命。轻罪重罚，百姓就小罪不敢犯，大罪不敢沾，这就叫做"以刑去刑"。否则，处罚太轻，人们就不把犯法当成一回儿事了，各种犯法之事也就都来了，这叫做"以刑致刑"，如果出现这种局面，国家必然遭到削弱。为证明这种说法不是强词夺理，韩非子说这也是孔子的主张：

殷之法，刑弃灰于街者。子贡以为重，问之仲尼。仲尼曰："知治之道也。夫弃灰于街必掩人，掩人，人必怒，怒则斗，斗必三族相残也。此残三族

之道也,虽刑之可也。且夫重罚者,人之所恶也;而无弃灰,人之所易也。使
人行之所易,而无离所恶,此治之道也。"

一曰:殷之法,刑弃灰于公道者断其手。子贡曰:"弃灰之罪轻,断手之
罚重,古人何太毅也?"曰:"无弃灰,所易也;断手,所恶也。行所易,不关
所恶,古人以为易,故行之。"

……

公孙鞅之法也重轻罪。重罪者,人之所难犯也;而小过者,人之所易去
也。使人去其所易,无离其所难,此治之道。夫小过不生,大罪不至,是人无
罪而乱不生也。(《韩非子·内储说上》)

韩非说,殷商时就有轻罪重罚的规定:如把灰倒在大街上,就要剁掉手。子
贡不解,对孔子说:"殷人怎么这样残酷啊!"孔子却说:"不在大街上倒灰是件很
容易做到的小事,而断手是人们都厌恶和害怕的事。教人明白,做容易做到的
事,不做厌恶和害怕的事。所以殷人制定了这样的刑法。"

其实,"轻罪重罚"主张并不是韩非的发明,而是源于商鞅。《商君书·说
民》中就有关于轻罪重罚的论述:"故行刑,重其轻者,轻者不生,则重者无从至
矣,此谓'治之于其治'也。行刑,重其重者,轻其轻者,轻者不止,则重者无从止
矣,此谓'治之于其乱'也。故重轻,则刑去事成,国强;重重而轻轻,则刑至而事
生,国削。"①

众所周知,量刑的准则是适当,任何倚轻倚重都不恰当。对韩非轻罪重罚的
主张毋须辩解,不言而喻,它充分说明了先秦法家一个突出特点:主张苛刑竣法。
毋庸置疑,这也是其致命弱点,最容易授人以柄,同时也是其后不被统治者所欣
赏的根本原因。之所以如此,原因之一,在于法家内心深处,认为此举才是真正
为民的,韩非与堂溪公的一段对话就很典型地说明了这一问题。

堂溪公谓韩子曰:"臣闻服礼辞让,全之术也;修行退智,遂之道也。今
先生立法术,设度数,臣窃以为危于身而殆于躯。何以效之? 所闻先生术

---

① 石磊译注《商君书》,中华书局,2011 年 10 月。

曰:'楚不用吴起而削乱,秦行商君而富强。二子之言已当矣,然而吴起支解而商君车裂者,不逢世遇主之患也。'逢遇不可必也,患祸不可斥也。夫舍乎全遂之道而肆乎危殆之行,窃为先生无取焉。"韩子曰:"臣闻先生之言矣。夫治天下之柄,齐民萌之度,甚未易处也。然所以废先王之教而行贱臣之所取者,窃以为立术,设度数,所以利民萌、便众庶之道也。故不惮乱主暗上之患祸,而必思以齐民萌之资利者,仁智之行也;惮乱主暗上之患祸,而避乎死亡之害,知明而不见民萌之资利者,贪鄙之为也。臣不忍向贪鄙之为,不敢伤仁智之行。先生有幸臣之意,然有大伤臣之实。"(《韩非子·问田》)

有一位智者堂溪公,对韩非说:"我听说遵循礼制退让谦虚,是保全自身的方法;修养品德才智隐而不露,是成就令名之坦途。而今先生力主立法设制,我觉得这可能会危害于你呀!我还听说你曾经说:'楚国不用吴起而国弱内乱,秦国行商鞅之法而民富国强。吴起、商鞅的主张是没有错的,然而吴起被肢解而商鞅被五马分尸,这祸灾是没有遇上好世道和明君所造成的。'一个人的机遇没有必然性,遭到祸难也难以避免。但如果忘记前车之鉴,放弃全身远害仍肆无忌惮地去做危险之事,我认为先生不应该呀!"韩非回答说:"我明白你的意思了。掌握治理天下的权柄,制定平等民众之法,的确不易。然而,我之所以主张废除先王的礼教而推行个人的法治主张,是我认为制定法治和实施办法,订立各种规矩,不仅是对民有利而且走的是便民之道。我之所以不害怕昏庸之君的加害,而坚持为民众利益着想的立场,是认为这是符合仁爱的明智之举;害怕昏庸之君加害,从而逃避死难之灾,这是明知对民有利而不加维护的表现,是贪生怕死的卑鄙行为。我决不做那种贪生怕死、苟且卑鄙之事,不做有损于仁爱明智之事。先生虽然有爱护我的心意,然而却是非常不理解我远大抱负的呀!"

韩非的这一表白,不仅表现了其为民之利勇于进取的大无畏精神,也反映了他身虽处逆境,却清楚地看到了社会的弊端、人民的困苦以及推行法治的困难,心情相当复杂。但吴起、商鞅变法之举也使他看到了方向与前途,尤其想到"利民萌、便众庶",也就更加坚定了其推行法治的理念,所以,他毅然放弃了明哲保身、置民利于不顾而可鄙的逃避态度。

（3）"法不阿贵"

明确提出了在法律面前人人平等的"法不阿贵"，是韩非民本思想的精华。

在周代，由于周公的倡导，孔孟等的鼓呼，几百年中，社会人际关系总的来说笼罩在亲亲、尊尊氛围之下，国家、社会的治理以德以礼为纲。但管仲、子产、商鞅、申不害、慎到的出现，以及一些诸侯国成功治理的经验表明，法在君主专制及社会治理方面的作用与影响是巨大的。韩非之前，虽有李悝著《法经》等，但条文都比较简疏，更未涉及到法理。韩非作为集大成者，不仅详尽地考查了法的起源与流变，而且还就法的本质、作用、宽严以及法与政权、经济、时代、伦理、习俗之关系进行了深入探讨与论述。在法的制定上，韩非既尊重历史，更重视与时俱进，认为历史是发展的，不同时代所面临的问题不同，必须因时制宜，"不其修古，不法常可"（《韩非子·五蠹》）的提出，充分体现了其高瞻远瞩的发展眼光。但尤其值得称道的是，在司法上，韩非第一次明确提出"法不阿贵"的思想，主张"刑过不避大臣，赏善不遗匹夫"：

> 峻法，所以凌过游外私也；严刑，所以遂令惩下也。威不贰错，制不共门。威、制共，则众邪彰矣；法不信，则君行危矣；刑不断，则邪不胜矣。故曰：巧匠目意中绳，然必先以规矩为度；上智捷举中事，必以先王之法为比。故绳直而枉木断，准夷而高科削，权衡县而重益轻，斗石设而多益少。故以法治国，举措而已矣。法不阿贵，绳不挠曲。法之所加，智者弗能辞，勇者弗敢争。刑过不辟大臣，赏善不遗匹夫。故矫上之失，诘下之邪，治乱决缪，绌羡齐非，一民之轨，莫如法。厉官威名，退淫殆，止诈伪，莫如刑。刑重，则不敢以贵易贱；法审，则上尊而不侵。上尊而不侵，则主强而守要，故先王贵之而传之。人主释法用私，则上下不别矣。（《韩非子·有度》）

"法不阿贵"的提出，就当时社会而言，主要是为了清除贵族特权，维护法的尊严。韩非认为，严峻的法令是用来禁止犯罪、排除私欲的，严厉的刑罚是用来执行法令、惩办犯者的。权威要集中于君，威势不能分置，权力不能共有。威势与权力如果与别人共有，邪恶的事就会公然发生；法令失去信用，就会危害君主的地位；执行刑罚不果断，就无法制止奸邪。所以说：熟练的木匠之所以目测一下就能合乎墨线,是长期积累经验的结果,因为他早就有了标准的规矩;智者办事敏捷并符合要求,是因为他心中早就用以往的法度作依据。所以墨线直了,曲木就会被削直;测准器平了,高凸之处就会被削平;有了秤,就会减重补轻;有了升斗量具,就会减多补少。所以用法治国,不过是制定和推行一种准则而已。法不能偏袒权贵,墨绳不能迁就弯曲。法令该制裁的,智者不可逃避,勇者不可抗争。惩罚罪过不回避大臣,奖赏功劳不遗漏平民。所以矫正上面的过失,追究下面的奸邪,治理纷乱,判断谬误,削减多余,纠正错误,统一民众的行为,没有什么比得上法的。整治吏治,威慑百姓,消除淫乱怠惰,禁止欺诈虚伪,没有比得上认真执法的。刑罚重了,地位高者就不敢轻视地位低者;法令严明,君主尊严就不会受到侵害。尊严不受到侵害,君主就能强有力地掌握手中的权力。所以先王重法并将这一经验传承了下来。如果君主弃法用私,君臣之间就没有区别了。

公平价值是法律制度的首要价值,也是人类永恒的法律价值追求,因而古今中外思想家尤其是法学家对此一直探讨不休。"法不阿贵"的提出,是韩非对中国法制思想的重大贡献,是中国法制思想史上的一座里程碑,它表明,在两千多年前,中国的思想家和法学家不仅已经高度重视法的公平价值,认识到这一原则的理性意义和道义意义,而且明确提出了实现法制公平的一个原则。正是由于其意义重大,因而震烁千古。

法律公平的内涵十分丰富,它不仅包括立法内容、立法权力、立法程序、执法过程与法律监督,还涉及到社会正义的许多问题。"法不阿贵"所强调的主要是执法公平、公正、公道,在法面前人人平等,即以法量刑平等、处理结果平等。韩非的这一思想虽然是对商鞅早就提出过的"刑无等级"①的延伸,但这一口号直接将矛头指奴隶主贵族,明确表示反对法外特权,历史上还是第一次。

韩非"法不阿贵"的提出,是其重民、为民思想的反映,从某种意义上说也是为老百姓鸣不平。立法、执法的目的是为了建立一个公正、平安的社会,但韩非所看到的现实却是:"犯法为逆以成大奸者"往往是那些"尊贵之臣",而且得不

① 《商君书·赏刑》中说,在国家刑赏标准面前,卿相、将军、大夫、庶民应一律平等:"所谓壹刑者,刑无等级,自卿相、将军以至大夫、庶人,有不从王令、犯国禁、乱上制者,罪死不赦。有功于前,有败于后,不为损刑;有善于前,有过于后,不为亏法。忠臣孝子有过,必以其数断。守法守职之吏有不行王法者,罪死不赦,刑及三族。"石磊注译《商君书》,中华书局,2011年10月。

到应有的惩罚：

> 上古之传言，《春秋》所记，犯法为逆以成大奸者，未尝不从尊贵之臣也。然而法令之所以备，刑罚之所以诛，常于卑贱。是以其民绝望，无所告诉。大臣比周，蔽上为一，阴相善而阳相恶，以示无私，相为耳目，以候主隙，人主掩蔽，无道得闻，有主名无主实，臣专法而行之，周天子是也。偏借其权势，则上下易位矣，此言人臣之不可借权势。（《韩非子·备内》）

从韩非所论可知，他是在总结上古至西周以来的教训。他认为，历史上，犯叛逆大罪者，必是权贵，他们相互勾结，目的是夺取国君手中的权力，而统治者立法时对此却视而不见，反而往往将立法作为对付平民的手段，这就把问题弄颠倒了。其结果，受到危害最大的不是别人而是国君，因而，做国君最应当明白"至治之国，善以止奸为务"（《韩非子·制分》）。

虽然韩非与其前辈商鞅都认识到了"法之不行自上犯之"，[1]并采取一定的措施加以制裁，但由于商、韩法制思想的归宿都是要建立君主专制的中央集权，认为法权集中于君是唯一的选择，因而也就走不出"法不治上"之怪圈。商鞅说："国之所以治者，一曰法，二曰信，三曰权。……权者，君之所以独制也，人主失守则危。……权制独断于君则威"（《商君书·修权》），也就是说，君必须专权才是明君。他认为："民之不治者，君道卑也；法之不明者，君长乱也。故明君不道卑、不长乱也；秉权而立，垂法而治。"（《商君书·壹言》）也就是说，君必须居高临下，独断专行，国才能治。商鞅不赞成"仁"，而且否定仁德的教育功能。他说："仁者能仁于人，而不能使人仁；义者能爱于人，而不能使人爱。是以知仁义之不足以治天下也……圣王者，不贵义而贵法，法必明，令必行，则已矣。"（《商君书·画策》）这就使得他走向了极端。韩非虽然没有否认德治，但他对人性的认识也相当偏颇："严家无悍虏而慈母有败子，吾以此知威势之可以禁暴，而厚德不足以止乱也。"（《韩非子·显学》）他以小喻大，将此推及社会，"厚德不足

---

① 《史记·商君列传》载：在秦孝公支持下，商鞅在秦实行新法，"令行于民期年，秦民之国都言新令之不便者以千数。于是太子犯法，卫鞅曰：'法之不行，自上犯之。'将法太子。太子，君嗣也，不可施刑。刑其傅公子虔，黥其师公孙贾。明日，秦人皆趋令。"

以止乱"，那就只能是君主的严刑竣法。他还进而说："赏之誉之不劝,刑之毁之不威,四者加焉不变,则除之。"(《韩非子·外储说右上》)不相信教育,极力维护君专制又急功近利,从这些致命的先天不足可知,虽然商、韩主张"法制",但最终结果,实质上只能是"人治",而且是君主一人之专制与独裁。就此而言,尽管其言必称民,但最后只能是空谈而已。

7. 墨子之"兼爱相利"

在诸子之学中,由于墨子(前468—前376)习儒创墨,故其说接近儒学,主张"兼爱",为万民兴利,因而在当时从之者甚众,习之者甚伙,以至于韩非称其为"世之显学":

墨子

> 世之显学,儒、墨也。儒之所至,孔丘也。墨之所至,墨翟也。自孔子之死也,有子张之儒,有子思之儒,有颜氏之儒,有孟氏之儒,有漆雕氏之儒,有仲良氏之儒,有孙氏之儒,有乐正氏之儒。自墨子之死也,有相里氏之墨,有相夫氏之墨,有邓陵氏之墨。故孔、墨之后,儒分为八,墨离为三。(《韩非子·显学》)

正是由于墨学影响较大,有能力与儒家抗衡,才使得儒学后继之人孟子感到有巨大的压力,因而多次批评墨子之学为"邪说","杨墨之道不息,孔子之道不著",必欲除之而后快:

> 圣王不作,诸侯放恣,处士横议,杨朱、墨翟之言盈天下。天下之言不归杨,则归墨。杨氏为我,是无君也;墨氏兼爱,是无父也。无父无君,是禽兽也。公明仪曰:'庖有肥肉,厩有肥马,民有饥色,野有饿莩,此率兽而食人也!'杨墨之道不息,孔子之道不著,是邪说诬民,充塞仁义也。仁义充塞,则率兽食人,人将相食。吾为此惧,闲先圣之道,距杨墨,放淫辞,邪说者不得作。作于其心,害于其事;作于其事,害于其政。圣人复起,不易吾言矣。……无父无君,是周公所膺也。我亦欲正人心,息邪说,距诐行,放淫辞,以承三圣者,岂好辩哉?予不得已也。能言距杨墨者,圣人之徒也。(《孟子

·滕文公下》)

从孟子的述论可知,杨朱、墨子的言论在当时充塞天下,世上学子之言论,不归杨朱一派,就属墨翟一流。杨朱是极端的利己者,心目中没有君王;墨翟宣扬对所有之人一样地爱,是心目中没有父母。心目中既无父母、又无国君,岂不就成了禽兽了吗? 公明仪说过:厨房里放有肥肉,马棚里养着肥马,而百姓却面有饥色,郊外有饿死的尸体,这好比率领野兽来吃人啊! 杨朱、墨翟的学说一天不灭亡,孔子的学说就一天不能光大,这样,邪说就会继续蒙骗人民,堵塞仁义。仁义被堵塞了,就无疑是率领野兽吃人啊! 也就等于人与人互相残食啊! 我对此最为忧虑和害怕,因而决心捍卫古代圣人的思想,批驳杨朱、墨翟的邪说,痛斥他们的荒诞言论,使邪说不能泛滥。邪说从人心里产生,就会危害事业;在事业上起了坏作用,就会危害政治。就是圣人再现,也不会认为我这话是说错的。……那些目无父母、君主的人,正是周公所要讨伐的。我要做的就是要端正人心,扑灭邪说,批评放纵、偏激的行为,驳斥那些荒诞不经的言论,只有这样才能继承大禹、周公、孔子三位圣人的事业。我不能保持沉默并不是喜欢辩论,是实在不得已的啊! 能够从理论上批驳杨朱、墨翟的,才真正是圣人的信徒啊!

但由于墨子思想接近实际,贴近生活,具有一定的系统性和大众性,孟子虽然极力批评甚至诋毁,但也不得不承认其"兼爱"主张是爱民,受到世人的欢迎:"墨子兼爱,摩顶放踵,利天下为之,"(《孟子·尽心上》)从而对墨子倡导的利他精神予以肯定。

由于墨子基本上是代表"农工肆人"的利益发言的,在其提出的兼爱、非攻、尚贤、尚同、节用、节葬、非乐、非命、尊天、事鬼诸理念中,几乎无处不谈为民兴利除弊。

墨子对民本思想有哪些贡献呢?

(1)"兼爱"价值观

墨子最早提出了以"兼爱"为核心的民本价值观。

孔子主张"仁者爱人",并说"泛爱众而亲仁",要求统治者关心和爱护庶民百姓。但在现实生活中,由于"尊尊"、"亲亲"观念的根深蒂固,就使"仁"的道德准则打上了深深的等级色彩。春秋后期,诸侯各国之间相互争夺,尔虞我诈,人际关系也出现了混乱。"泛爱众"几不复存在。究其原因,主要是等级观念造成道德急剧滑坡,在墨子看来,根子就是儒家坚持的"亲亲有术,尊贵有等"。①对儒家的这种差等之爱,墨子深恶痛绝,认为是造成社会混乱的原因。他希望能革除儒家亲疏之藩篱,打破高下贵贱之界限,在全社会实现"爱利万民,爱利百姓"(《墨子·兼爱中》)。他认为,一旦有了亲亲疏疏,尊尊卑卑,人们之间就不会有真正的"相爱",而只会是"自爱","天下之人皆不相爱,强须执弱,富必辱贫,贵必敖贱,诈必欺愚"(《墨子·兼爱中》)。自爱泛滥,天下必乱。故治天下者必明察乱之所自出:

> 圣人以治天下为事者也,必知乱之所自起,焉能治之;不知乱之所自起,则不能治。譬之如医之攻人之疾者:然必知疾之所自起,焉能攻之;不知疾之所自起,则弗能攻。治乱者何独不然?必知乱之所自起,焉能治之;不知乱之所自起,则弗能治。圣人以治天下为事者也,不可不察乱之所自起。
>
> 当察乱何自起?起不相爱。臣子之不孝君父,所谓乱也。子自爱,不爱父,故亏父而自利;弟自爱,不爱兄,故亏兄而自利;臣自爱,不爱君,故亏君而自利,此所谓乱也。虽父之不慈子,兄之不慈弟,君之不慈臣,此亦天下之所谓乱也。父自爱也,不爱子,故亏子而自利;兄自爱也,不爱弟,故亏弟而自利;君自爱也,不爱臣,故亏臣而自利。是何也?皆起不相爱。②

在墨子看来,社会上所有的弊端,皆源于"不相爱"而"自爱",父子、兄弟、君臣如此,推及大夫、诸侯也如此,以至于盗贼,无不如此。明于此,疗救的方法也自然是"兼相爱",推及民心,推及社会,"天下兼相爱则治,交相恶则乱":

> 若使天下兼相爱,爱人若爱其身,犹有不孝者乎?视父兄与君若其身,恶施不孝?犹有不慈者乎?视弟子与臣若其身,恶施不慈?故不孝不慈亡有。犹有盗贼乎?故视人之室若其室,谁窃?视人身若其身,谁贼?故盗贼

---

① 《墨子·非儒》。李小龙译注《墨子》,中华书局,2007 年 3 月。

② 《墨子·兼爱上》。李小龙译注《墨子》,中华书局,2007 年 3 月。

亡有。犹有大夫之相乱家,诸侯之相攻国者乎? 视人家若其家,谁乱? 视人国若其国,谁攻? 故大夫之相乱家,诸侯之相攻国者亡有。若使天下兼相爱,国与国不相攻,家与家不相乱,盗贼无有,君臣父子皆能孝慈,若此,则天下治。

故圣人以治天下为事者,恶得不禁恶而劝爱。故天下兼相爱则治,交相恶则乱。(《墨子·兼爱上》)

墨子提出的所谓兼爱,其本质要求是希望人们将心比心,爱人如己,彼此之间不要因为血缘、尊卑、家庭、地域、财货等原因而相恶,做到"有力者疾以助人,有财者勉以分人,有道者劝以教人。若此,则饥者得食,寒者得衣,乱者得治"(《墨子·尚贤下》)。这实际上是当时的一种极朴素的平民意愿的诉求,也是对当时社会不平等、不公正现象的不满。墨子指出的不相爱是当时社会混乱的最大之因,并认为只有通过"兼相爱,交相利"才能达到社会安定与和谐,具有强烈的批判、反抗贵族等级观念的进步意义,有利于提高下层劳动群众的社会地位和生活境况。但需要指出的是,墨子的主张实际上也是不现实的:统治者既然在"尊尊"、"亲亲"的情况下都不能爱自己的大臣、亲友、父兄,又怎么能"视人之国,若视其国;视人之家,若视其家;视人之身,若视其身"(《墨子·兼爱中》),不分彼此亲疏、贵贱、贫富相互关爱,兼相爱那些无缘无故的路人呢!

(2)"非攻"保民观

墨子其"非攻"主张,是对前代"保民"思想的最大发展。

从尧舜到周公,从周公到诸子,凡政治家、思想家无一不提出"保民"之主张,也提出了很多具体的措施,如予民以田,勿夺农时,轻徭薄赋等。"保民",不仅是保护庶民百姓丰衣足食,更重要的保护其的生命不受到侵害,而在当时,诸侯间的攻伐之战是造成庶民百姓生灵涂炭的最大祸根。

墨子思想最大的一个特点是超越,尤其他的"非攻"思想,不仅超越了周公、孔子重民、利民的认识,也超越了当时一般士大夫的思想境界,集中体现了他以平民群体利益为核心的战争观。春秋、战国相衔时期,由于诸侯争雄称霸,兼并战争频仍,以强凌弱、以大欺小的开疆掠土之战连年不息。孟子说:"春秋无义战"(《孟子·尽心下》),司马迁说:"春秋之中,弑君三十六,亡国五十二,诸侯奔走,不得保社稷者不可胜数"(《史记·太史公序》)。据《春秋》所载,在242年中,发生战争300多次,给人民带来了极大的灾难。如宋国,宋殇公与夷即位后,自恃有些实力,连年与郑国开战,《左传·桓公二年》载:"宋殇公立,十年十一战,民不堪命。"由于穷兵黩武,民不聊生,民怨沸腾,宋华父督便乘机杀掉了他。宋文公十七年(前594),楚宋交恶,楚围宋,但不到半年,致使宋"弊邑易子而食,析骸以爨"(《左传·宣公十五年》)。由于战争的残酷,双方中不论任何一方取胜,遭到最大牺牲的都是士卒,也就是庶民百姓。基于下层庶众及广大小生产者渴望和平,厌恶战争,墨子代表他们,对战争大加否定。

还须一提的是,墨子"非攻"不是"非战",墨子并不是无原则的反对一切战争,而是反对不具正义性质的战争。①

天下之事有"义"与"不义"之分,联系到攻战,也有"义"与"不义"之别。墨子的高明之处就在于,要讨论"非攻",首先就要弄清战争的性质:"古之知者之为天下度也,必顺虑其义而后为之行"(《墨子·非攻下》)。墨子认为,"不仁"就是"不义":"天下之人皆不相爱,强必执弱,众必劫寡,富必侮贫,贵必敖贱,诈必欺愚。凡天下祸篡怨恨其所起者,以不相爱生也,是以仁者非之。"(《墨子·兼爱中》)墨子在《非攻上》中以窃桃李、攘鸡豚、夺牛马为例,说明"苟亏人愈多,其不仁兹甚矣,罪益厚"的道理,并说"当此天下之君子,皆知而非之,谓之不义"。之后笔锋一转,质问道:"今至大为不义,攻国,则弗知非,从而誉之,谓之义。此可谓知义与不义之别乎?""今小为非,则知而非之;大为非,攻国,则不知非,从而誉之,谓之义;此可谓知义与不义之辩乎?是以知天下之君子也,辩义与不义之乱也。"他说,"杀一人谓之不义,必有一死罪矣。若以此说往,杀十人,十重不义,必有十死罪矣;杀百人,百重不义,必有百死罪矣。当此天下之士君子皆知而非之,谓之不义",但令人遗憾的是,今至大为不义之攻国,"杀人多必数于万,寡必数于千",却无人遣责。因此,当务之急就是,必须彻底揭露那些王公大臣、士君子们的虚伪性和别有用心,让天下的人都明白:攻他人之国杀人无数、亏

---

① 冯友兰先生说:"墨翟反对兼并战争,但他不是简单的和平主义者;他只主张非攻,而不主张非战。"《中国哲学史新编》,人民出版社1995年1月版,第219页。任继愈先生在《墨子"非攻"读后》中也说:"墨子反对非正义的战争——'攻',支持正义的战争——'诛'。上古汤放桀,武王伐纣是'诛'不是'攻'。"见王裕安《墨子研究论丛》,齐鲁书社,2001年5月,第2页。

百姓最多的,是天下最大的不义。

什么是"义"?在墨子看来,就是合乎古圣王之道,具体来说就是符合下层广大庶民百姓的利益。对那些以大欺小的掠夺性战争,墨子旗帜鲜明地予以痛斥,对那些解民于倒悬,救众于水火的征战则予以热情地肯定。他说:

> 好攻伐之君又饰其说,以非子墨子曰:"以攻伐之为不义,非利物与?昔者禹征有苗,汤伐桀,武王伐纣,此皆立为圣王,是何故也?"子墨子言曰:子未察吾言之类,未明其故者也。彼非"攻",谓"诛"也。昔三苗大乱,天命殛之。……高阳乃命玄宫,禹亲把天之瑞令,以征有苗。……禹既克三苗,焉磨为山川,别物上下,卿制大极,而神明不违,天下乃静。……至乎夏王桀……天乃命汤……往而诛之。……至乎商王纣……武王乃攻狂夫,反商至周,天赐武王黄鸟之旗。武王既已克殷。……若以此三圣王者观之,则非所谓"攻"也,所谓"诛"也。
>
> …………
>
> 是故,子墨子曰:今且夫天下之王公大人士君子,中情将欲求兴天下之利,除天下之害,当若繁为攻伐,此实天下之巨害也。今欲为仁义,求为上士,尚欲中圣王之道,下欲中国家百姓之利,故当若非攻之为说,而将不可不察此也。(《墨子·非攻下》)

从墨子的分析可以看出,其将"攻"与"诛"严加区分并非搞什么文字游戏,而是有着深刻的内涵和寓意。因此,他才郑重地说:"今且天下王公大人士君子,中情将欲求兴天下之利,除天下之害,当若繁为攻伐,此害天下之巨害也!今欲为仁义,求为上士,尚欲中圣王之道,下欲中国家百姓之利,故当若非攻之为说,而将不可不察此也。"

墨子"非攻"的思想基础是"兼爱"。墨子认为"兼爱"的力量极其伟大,他非常自信地说:"若使天下兼相爱,爱人若爱其身,犹有不孝者乎?"并推而广之,认为若"视人国若其国,谁攻?""若使天下兼相爱,国与国不相攻,家与家不相乱,盗贼无有,君臣父子皆能孝慈。若此,则天下治。"(《墨子·兼爱上》)在乱世攻战、社会动荡之时,墨子以为庶众争利益、争权利为己任,为民请命,为民申愿,将"兼爱"、"非攻"观念作为民本思想的核心加以张扬,这充分表明,作为下层劳动者的代表,不仅其个人的救世情怀和忧民意识十分强烈,闪烁着平等、正义的光芒,也表明,以其主张为代表的一种新的社会精神价值和道德观观念正在滋生,平等互爱的文化精神已对宗法观念提出了挑战,一种极为崇高的道德和情操正在成长。然而,由于其思想的超越性过于理想化,不免就脱离了现实,如关于国与国之间攻伐的"正义"与"不义",何谓标准,如何操作,谁来仲裁?加之这种思想不被统治当局认可,难以成为主流文化,纵然炫烂绚丽,光焰闪耀,一时十分轰动,终不免渐次湮而不彰,而只能宝之于象牙之塔。

8. 道家之"无为而治"

道家不论老子、庄子或其他,均主张"无为而治"。

道家认为,"无为"可使民"自化、自正、自富、自朴",从而在我国民本思想的形成中发挥了很重要的作用,贡献多多;"无为"的提出,使那些接受此观念影响的帝王相牧省赋削徭,减轻了对庶民百姓的干扰与掠夺。

老子提倡恤民爱民,以百姓之是非为是非。他说:"圣人无常心,以百姓之心为心。善者吾善之,不善者吾善之,德善。信者吾信之,不信者吾亦信之,德信。"①这里所所谓"无常心"也即有"无为"之心。他说:

老子

　　我无为而民自化,我好静而民自正,我无事而民自富,我无欲而民自朴(《道德经》第 57 章)。

何以会至此呢?在道家那里,"道"的根本规律就是自然,面"自然"也非"自然界",而是自然而然,即本然。世界上的一切事物,包括政治统治,都应当顺应自然,只有如此,才能健康发展,一切不正当的干涉都是对它的破坏。圣人不妄作,而是"圣人得无之事,行不言之教。"(《道德经》第 2 章)因此道家主张为政者不应有刻意之为,那样会给百姓带来很多不便甚至灾难,故而他极力主张"上德无为,而无以为;下德有为,而有以为。"(《道德经》第 38 章)只有"无为"才能

---

① 《道德经》第 49 章。《道德经解读本》,中华书局,2010 年 12 月。

"无不为"，否则一切都是徒劳的。"为学日益，为道日损，损之又损，以至于无为。无为而无不为。"（《道德经》第48章）

正是因为"无为而治"是一种智慧，所以孔子在提倡德治时并不否认"无为而治"合理性的一面。在一次谈话中他指出"无为而治者，其舜也与？夫何为哉？恭己正南面而已矣。"（《论语·卫灵公》）老子认为"无为而治"是圣人所为，孔子说只有舜才能做得至。二人的看法如此一致，决不是偶然的。老子还曾以大海的浩瀚和千百条小河涓涓细流来比喻国君与百姓之关系：

> 江海所以能为百谷王者，以其善下之，故能为百谷王。是以圣人欲上民，必以言下之。欲先民，必以身后之。是以圣人处上而民不重，处前而民不害。是以天下乐推而不厌，以其不争，故天下莫能与之争。（《道德经》第66章）

在老子看来，大江大海之所以能够纳百川而成为千百条河谷小溪之王，就是因为它们心安理得地甘心处于下游，处于底部位置。因而想要成为圣明的君王，也就要善于处于百姓的底下，想要成为百姓的榜样，也必须遇事首先想到他们而将自己置身于其后。具有了作为榜样的人格，你虽然高高在上但百姓并没有繁重的负担，即使先于百姓享受到某些利益但他们也不感到自己受到了什么损害，因而百姓仍是拥戴你而不是讨厌你，因为这样的君王不与百姓争利，所以天下的人也不与他争。这里，老子的不与民争利似乎具有了权术的意味：君王若把百姓之利放在前面，不仅不吃亏，反而会使百姓对你的统治更加信任，没有压力，从而乐于接受。可以看出，老子是在维护最高统治者利益的同时维护百姓利益的。故此，老子的一些主张实为愚民政策。他说："古之善为道者，非以明民，将以愚之。"为政者要善于从中加以借鉴，"是以圣人之治，虚其心，实其腹，弱其志，强其骨。常使民无知无欲"。（《道德经》第65章）

庄子和老子一样非常重视庶民百姓之利益，认为不论天人、神人、至人、圣人、君子，都应以德为本育万物，和天下，泽及百姓，这才是治世之术的旨归。

> 天下之治方术者多矣，皆以其有为不可加矣！古之所谓道术者，果恶乎

在？曰:"无乎不在。"曰:神何由降？明何由出？"圣有所生,王有所成,皆原于一。"

不离于宗,谓之天人;不离于精,谓之神人;不离于真,谓之至人。以天为宗,以德为本,以道为门,兆于变化,谓之圣人;以仁为恩,以义为理,以礼为行,以乐为和,熏然慈仁,谓之君子;以法为分,以名为表,以参为验,以稽为决,其数一二三四是也,百官以此相齿;以事为常,以衣食为主,蕃息畜藏,老弱孤寡为意,皆有以养,民之理也。古之人其备乎！配神明,醇天地,育万物,和天下,泽及百姓,明于本数,系于末度,六通四辟,小大精粗,其运无乎不在。①

庄子

庄子认为,虽然为政之术花样百出,主张各有所异,但最值得称道的是都必须以民为核心,做到社会有序,百官分明,职责明确,勤勤恳恳,把满足百姓以衣食之需作为主旨,重视粮食生产和储藏,使弱孤寡皆有所养,这才是"民之理也"。庄子承认,关心民瘼并不是他的发明,古代的圣人都是这样做的,古代圣人在治理一个国家时,都能做到既合于神明,又顺从自然;既养育万物,更泽及百姓。正是因为坚持以天道为根本,以人治为末节,从而六合通达且四时畅顺。

庄子是极力主张无为而治的,他认为,理想的社会是自然而然发展的,而不是人为治理出来的。他说:

闻在宥天下,不闻治天下也。在之也者,恐天下之淫其性也;宥之也者,恐天下之迁其德也。天下不淫其性,不迁其德,有治天下者哉？昔尧之治天下也,使天下欣欣焉人乐其性,是不恬也;桀之治天下也,使天下瘁瘁焉人苦其性,是不愉也。夫不恬不愉,非德也;非德也而可长久者,天下无之。(《庄子·外篇·在宥》)

---

① 《庄子·杂篇·天下》)。曹础基《庄子浅注》(修订本)中华书局,2000 年 6 月。

　　庄子认为,如果人为地刻意对社会加以治理,天下的人可能就会因随意发展而改变真性,失去常态。人们都保持原来的本性和常态,这才是最佳的选择,何必要治理呢! 尧是圣人,桀是暴君,两人治理的结果使人们走向了两个极端且弊大于利:过于乐则失恬,过于苦则失愉。这都不符合人的常态,所以都不可能持久地存在。故而他指出:"自三代以下者,匈匈焉终以赏罚为事,彼何暇安其性命之情哉!"夏、商、周以来,人们无不天天议论如何赏善如何罚恶,由于瞎忙,他们哪里会有时间用以安定自己的本性与真情呢!

　　但社会毕竟是由君、臣与庶民组成的,毕竟会发生各种事端,如何处置才为上策呢? 庄子开出的药方是:

　　　　故君子不得已而临莅天下,莫若无为。无为也而后安其性命之情。(《庄子·外篇·在宥》)

　　庄子指出的一切有为之举都会使天下的人"淫其性"从而又"迁其德",虽然是客观的,也有一定的道理,但完全否定人的主观能动性而"莫若无为"也是作不到了。从中可知,它的这些主张和老子一样,过于消极和被动,因而虽然其用意在保民、爱民,但实际之意义却是有限的。

四、民本思想之形态

　　民本思想作为一种观念形态,其肇于夏,成于周,在诸子争鸣中历八百年而形成为一个完整的体系,其中为丰富民本思想作出巨大贡献者为孔子、孟子、荀子和墨子。孔子的"为政以德"、"泛爱众",孟子的"仁者无敌"、"民贵君轻",荀子的"平政爱民"、"君舟民水",墨子的"兼相爱、交相利"等,是其不同发展阶段核心内容的不同之典型表述。

　　将周代围绕"民"的各种论述加以综合梳理,民本观念在为"民"问题上可以简要概括为十个方面,即:畏民敬民,重民得民,为民保民,安民惠民,利民富民,养民教民,乐民亲民,知民顺民,忧民恤民,使民治民。作为元典观念,二千多年来,虽朝代更替,思想有变,然上自帝王将相,下至臣僚士庶,论及治世理政,富国强兵,多无出其畛域者。

1. 畏民敬民

《尚书·大禹谟》记述大禹治水有功,舜对其嘉许、教诲并提出了希望,其中很多内容涉及到"民",如"德惟善政,政在养民","临下以简,御众以宽","蠢兹有苗……民弃不保"等。尤其"人心惟危,道心惟微;惟精惟一,允执厥中"一句,是尧将帝位禅让给舜、舜又禅让禹时,托付百姓的郑重之嘱。意谓:你身居高位后一定要明白,人心是危险的,会有各种想法,但道心是精准且正确的,你要认真领会,谨慎遵守,处事以中道。由于是尧、舜治世腹心之言,故被后世誉为十六字真言。朱熹《中庸章句序》认为这是尧、舜、禹三位圣人"道统之传",又在《朱子语类》卷七十八中强调说:"尧、舜、禹所传心法只此四句"。儒学道统后世之学多认为这是道学渊源,或称之为"危微之语",或称之为"传心之要"。

《大禹谟》中紧接着这十六个字之下的句子是:

> 无稽之言勿听,弗询之谋勿庸。可爱非君? 可畏非民? 众非元后何戴? 后非众罔与守邦。钦此,慎乃有位,敬修其可愿! 四海困穷,天禄永终!(《尚书·大禹谟》)

舜的话虽然不多,但可谓语重心长。他再叮咛说:毫无根据、没有信验的话不要听从,独断专行的主意不要采用。可爱的不是君主吗? 可敬畏的不是庶民吗? 庶民百姓除了你这位君王,他们还拥护谁呢? 作为国君,除了庶民老百姓,没有谁能真心跟你守国的。所以,对庶民百姓,一定要敬畏啊! 千万要珍重你的大位,恭恭敬敬办好庶民意愿的事。如果四海庶民困穷,上天对你的福命也就完结了。孔子对先人"畏民敬民"思想十分重视,他说:"大畏民志,此谓知本。"(《大学》)为什么人民那么值得敬畏呢? 这是因为孔子不仅早就懂得"民惟邦本,本固邦宁"的道理,而且懂得"民水君鱼"之理:"孔子谓子夏曰:'商,汝知君之为君乎?'子夏曰:'鱼失水则死,水失鱼犹为水也。'孔子曰:'商,汝知之矣!'"(《尸子》卷下)。背离了民或离开了民,君则必"死",无疑,这就是民永远值得敬畏的简单而又深刻的道理。

2. 重民得民

"重民"一词最早出现于《尚书·盘庚上》:"盘庚迁于殷,民不适有居,率吁众戚出矢言。曰:我王来,既爰宅于兹,重我民,无尽刘。"大意是说,盘庚将都城迁到殷之后,一些"民"不愿前往,于是就对他们进行解释:之所以五次迁都,完全是出于国家发展、人民安全出发,是重视百姓的反映,目的是让人民不受到伤害。

这里的"重民",其内涵多为"保民"、"为民"之意,也即"敬天保民"。周初统治者将"敬天保民"发展为"敬德保民",同时,由于进一步看到了人民在汤武革命中的重要性,也对"重民"赋予了"重视庶民"之意。所谓"重视庶民",其重要内容有二:一是不可轻视、小视庶民的作用和力量,二是要保民、安民、养民、富民等,从而形成了一个"尊君重民"的新观念。

"尊君重民"的第一要义是尊君。这是包括儒、法、道、墨等在内的诸家学说的核心理念,其最典型的表述出自法家代表人物韩非:"权不欲见,素无为也。事在四方,要在中央。圣人执要,四方来效。"(《韩非子·扬权》)这一主张后来成为了封建君主专制理论的根本基石。

"尊君重民"的第二要义是重民。这里的"重民"只是强调民的重要,至于其重要到何种程度,怎么估计、怎么评价都不为过。其最典型的表述出自"亚圣"孟子:"民为贵,社稷次之,君为轻"。孟子"民贵君轻"的提出,虽然把民的重要性强调到了极致,但"贵"、"轻"只是比较而言,是"较贵"、"较轻"之意,而不是"至贵"、"至轻",更不是"以民至上"。

这就涉及到"得民"问题。所谓"得民",其义也有二:一是必须得民。没有民就没有国家,没有国家也就没有了"君",故君要千方百计得到民。从这个意义上说,"民为贵"。二是以得民之途。何以得民? 儒家明确主张以仁政得民。

孟子说:"民为贵,社稷次之,君为轻。是故得乎丘民而为天子,得乎天子为诸侯,得乎诸侯为大夫。诸侯危社稷,则变置。牺牲既成,粢盛既洁,祭祀以时,然而旱干水溢,则变置社稷。"这是《孟子》一书中讲得最有分寸的一段话。孟子说,由于民为贵,所以得到天下之民认可者可为天子,得到天子认可者可封为诸侯,得到诸侯认可者可成为大夫。反过来,如果诸侯危害了社稷,就可以改变诸侯,如果社稷危害了上天,就可以改变社稷。按照孟子讲话的逻辑,接下来的一句应该是:如果天子危害了人民,就可以改变天子! 但孟子却戛然而止,不说了。按说,既然"君为轻",君若危害人民,将其"变置"应是不言而喻的。但是,孟子偏偏说到这里回避了。这不仅不符合思维的逻辑,也不符合孟子的论辩风格。然而,千古的事实却是如此! 所以,孟子口头上说"民贵君轻",但骨子里却仍是"尊君重民",君至高无上,是第一位的,因而是不可以随便"置变"的。

至于"仁者无敌",以仁得民,更是孟子常讲的话题:

> 孟子曰:"桀、纣之失天下也,失其民也,失其民者,失其心也。得天下有道:得其民,斯得天下矣。得其民有道:得其心,斯得民矣。得其心有道:所欲与之聚之,所恶勿施尔也。民之归仁也,犹水之就下,兽之走圹也。故为渊驱鱼者,獭也,为丛驱爵者,鹯也;为汤、武驱民者,桀与纣也。今天下之君有好仁者,则诸侯皆为之驱矣。虽欲无王,不可得已。(《孟子·离娄上》)

孟子从总结夏商丧国教训出发,认为桀纣暴政失天下,主要是失去了人心,因此,要使国家长治久安,得民须先得民心;而要得人心,就须施仁政于民。如果实行了仁政,人民就像水之趋下,势不可挡,即使不想在天下成就王业,也是不可能的。孟子是非常重视民心得失的,并将其发展为"得道多助,失道寡助",认为此关乎国家的兴衰存亡,因而才说了上述一番道理。

历史上桀纣的教训,现实中诸侯争霸的竞夺,使很多有眼光的政治家都看到了民的重要性,因而普遍重视百姓,重视民生。《战国策》中就记录不少这样的故事和话语,如著名的女政治家赵威后:

> 齐王使使者问赵威后。书未发,威后问使者曰:"岁亦无恙耶? 民亦无恙耶? 王亦无恙耶?"使者不说,曰:"臣奉使使威后,今不问王而先问岁与民,岂先贱而后尊贵者乎?"威后曰:"不然,苟无岁,何以有民? 苟无民,何以有君? 故有舍本而问末者耶?"①

---

① 《战国策·齐策》。缪文远 罗永莲 缪伟译注《战国策》,中华书局,2006 年 9 月。

齐王派专使到邯郸问候代幼子听政的赵威后，太后非常高兴，信未开封就和使者交谈起来，她很平易地问齐国的年景收成、百姓生活。在这位关心民瘼的女政治家看来，对一个国家来说，收成的好坏至关重要，因为没有好的收成，百姓就难以安定，百姓衣食无着，哪里还有国政可言。其"苟无岁，何以有民？苟无民，何以有君"之论，生动地反映了战国末年民本思想在统治阶级上层也已深入人心。

3. 为民保民

"为民"一词，最早见于《尚书》：

> 夏王弗克庸德，慢神虐民。皇天弗保，监于万方，启迪有命，眷求一德，俾作神主。惟尹躬暨汤咸有一德，克享天心，受天明命，以有九有之师，爰革夏正。非天私我有商，惟天佑于一德；非商求于下民，惟民归于一德。德惟一，动罔不吉；德二三，动罔不凶。惟吉凶不僭，在人；惟天降灾祥，在德。
>
> 今嗣王新服厥命，惟新厥德；终始惟一，时乃日新。任官惟贤才，左右惟其人。臣为上为德，为下为民，其难其慎，惟和惟一。德无常师，主善为师；善无常主，协于克一。（《尚书·咸有一德》）

《咸有一德》是商初政治家、思想家伊尹的一篇讲话。伊尹放太甲于桐宫，三年后还政于太甲，告别时谆谆告诫其要以桀失德虐民为教训，以汤修德爱民为榜样，勤政治国。伊尹指出，殷代夏立，不是天命有意偏向，而是选择了纯德之人；庶民拥护商汤，也是因为要归向纯德之人。倘若道德精纯如一，则一切吉祥顺遂；倘若道德二三，就会险象环生。今天你接受上天之命为国君，就一定要要使德性一新，并要始终如一。要挑选任用贤能的人为官或在你身边。要使大臣们明白，对上要负责，以维护国君之德为要务，对下要为民办事，克勤克慎，保持德的纯一，以求善政。纯一的德并非一成不变，但以善为准则；善也并非一成不变，以保持纯一为上。最后，伊尹鼓励太甲说，只要天子努力修德，就能有好的名声，只要君民之间相互信任，君主又能虚心待人，天下的人就能竭尽全力支持国君，从而成就盖世功业。

　　这里,伊尹所说"一德",是对"二三德"而言。所谓"一德",就是一心一意恪守圣王之道,信念坚定不移;所谓"二三德",就是方向不明,意志不坚,三心二意。伊尹所说的"为民",就是爱民、恤民,把庶民百姓放在心上,考虑国事要顺民心,合民意,所行之事要惠民、利民。

　　将"为民"作为天子和统治者之责任,是"重民"思想的延伸与发展,更是"治民"思想的具体体现,因而得到了周人的认同。武王伐殷时就将纣王对民不负责作为一条重大的罪衍加以声讨。他说:"天佑下民,作之君,作之师。惟其克相上帝,宠绥四方。……商罪贯盈,天命诛之,予弗顺天,其罪惟钧。……天矜于民,民之所欲,天必从之。"(《尚书·泰誓上》)在武王看来,虽然民从属于君,但毕竟也是上天所降。天降民,亦降君,降君的目的就是为民作"君"、作"师",以教化之,治理之。因此,"君"、"师"有责任帮助天保护好民。纣王失德,谩天虐民,如果自己不顺从天意将其推翻,那就是推卸责任。因此,代天伐纣,义不容辞。

　　这种天为民"作君"、"作师"的思想可能并非产生于周代,而是更早。据《史记·周本纪》载,武王克殷二年后曾"问箕子殷所以亡。箕子不忍言殷恶,以存亡国宜告"。箕子所"告",就是《尚书》中的《洪范》。据说洪范九畴是上天赐予大禹的治国方略,其中第五谓"皇极"。皇极者,治理天下最高法则也。文中说,只要认真实行最高法则,社会就会有序运行,臣民就会有序生活,天下就会大治。最后的结论是:"是训是行,以近天子之光。天子作民父母,以为天下王。"也就是说,君必须按"王道"行事,才符合天意,才能有天子的光辉;而天子的首要责任,就是"作民父母",视民如子。这是上天赋予的使命,只有作到"为民",才可成为天下之王。

　　能否永远为天下王呢?可以,道理也很简单,那就要坚持永远"为民"。周公平息武庚之乱后命微子代殷,在对微子的谈话中,他明确提出,要其以先祖成汤为榜样:"抚民以宽,除其邪虐,功加于时,德垂后裔。"(《尚书·微子之命》)也就是说,要使社会安定,必须与民一起休养生息,用宽松的政策对待庶民百姓,革除奸邪与苛政,为庶民百姓办实事、益事,并以身作则,将德政垂示后人。"敬德保民"是周公为政的核心思想,所以他经常讲,三王之德,多在保民:"保惠于庶民,不敢侮鳏寡",要"怀保小民,惠鲜鳏寡"(《尚书·无逸》);他要康叔牢记显考文王"明德慎罚,不敢侮鳏寡"、"用康保民","若保赤子,惟民其康乂"。他还在另一次对康叔的谈话中说:"如果想要大周天下永固,以至亿斯万年,只要坚持一条就够了,那就是天子明哲,子子孙孙永远懂得保护庶民百姓。"①由此可见,"为民"、"保民"在周公的讲话中是一个经常性的主题。

周公为民思想对诸子多有影响,孔子将其发展"爱人"、"泛爱众",并直接将其引入"为政以德"之中。有一次,鲁哀公见到孔子:

> 公曰:"敢问为政如之何?"孔子对曰:"夫妇别、父子亲、君臣严,三者正,则庶物从之矣。"公曰"寡人虽无似也,愿闻所行三言之道。可得闻乎?"孔子对曰:"古之为政,爱人为大,所以治;爱人,礼为大,所以治礼;敬为大,敬之至矣。"(《礼记·哀公问》)

孔子不仅谈到为政"爱人为大",即思想上要高度重视,将爱人作为根本的指导思想,而且还进而要以礼施政,"敬为大",要对人以敬。在孔子这里,"爱"和"敬"有着明显的不同:"爱"即思想重视,有具体措施;"敬"则除了高度重视之外,还要有"礼"作为制度上的约束与保证,使"爱"能落在实处。后来墨子将其概括为"爱民谨忠,利民谨厚",②均对君之爱民提出了很高的要求。"敬民"一词见于《尚书·高宗肜日》,为祖己谏父武丁之语:"呜呼,王司敬民,罔非天胤,典祀无丰于昵。"意谓:"大王啊,你千万要恭恭敬敬地对待上天赐给你的百姓,他们全是上天的后代! 处理国事万不能只顾自己的宗族啊!"在《尚书》中,敬天、敬德、敬事之语多次出现,而"敬民"仅此一语,其意蕴更加深刻,孔子的敬民思想可能源于此。

4. 安民惠民

"安民"一词及类似的话语屡屡出现在《尚书》之中,如皋陶与禹讨论治国修身时说:"在知人,在安民","安民则惠,黎民怀之。"(《尚书·皋陶谟》)"安民"之重要,是历代统治者及劳动人民对治国经验的总结,也是用鲜血换来。"安

---

① 《尚书·梓材》有语曰:"欲至于万年,惟王子子孙孙永保民。"
② 《墨子·节用中》:"古者明王圣人所以王天下、正诸侯者,彼其爱民谨忠,利民谨厚。忠信相连,又示之以利,是以终身不餍,殁世而不卷。"

民"之义多多,首要的是使庶民百姓生活安定。在农耕社会,就是要不误农时,稼穑有所,五谷丰登,百姓衣食有着。进而使百姓富足,过上体面的生活。而要使庶民百姓富足,就统治者而言,还必须减轻百姓负担,而要轻徭薄赋,统治者就要修身止欲。西汉刘安曾聚门客士人总结三代以来为政之要,著《淮南子》一书,其在《诠言训》中对如何实现"安民"进行了论述。其文曰:

> 为治之本,务在于安民;安民之本,在于足用;足用之本,在于勿夺时;勿夺时之本,在于省事;省事之本,在于节欲;节欲之本,在于反性;反性之本,在于去载。去载则虚,虚则平。平者,道之素也;虚者,道之舍也。能有天下者,必不失其国;能有其国者,必不丧其家;能治其家者,必不遗其身;能修其身者,必不忘其心;能原其心者,必不亏其性;能全其性者,必不惑于道。……能成王霸者,必得胜者也;能胜敌者,必强者也;能强者,必用人力者也,能用人力者,必得人心也;能得人心者,必自得者也;能自得者,必柔弱也。强胜不若己者,至于与同则格,柔胜出于己者,其力不可度。故能以众不胜成大胜者,唯圣人能之。(《淮南子·诠言训》)

刘安不仅认为"安民"为"为治之本",并进而提出"足用",这对全面理解先秦时的民本思想具有启发意义。至于其"节欲",则是对孔子"修己以安百姓"思想的发挥。①

《尚书》有商王武丁与傅说讨论为政之要的记载,傅说对武丁说:"其尔克绍乃辟于先王,永绥民。"(《尚书·说命下》)话讲得很诚恳,要武丁发扬先王传统,不要扰民,要"绥民",要使百姓永远过着安定的生活。《尚书》还记述了周穆王在安民问题上重德非刑谈话。周穆王是一位有雄才大略的贤能之王,不仅开疆拓土,实现了周王朝对天下诸侯蛮夷的大一统,还采纳臣下建议,颁行"甫刑"(即吕刑),在"以礼治国"的基础上,尝试"以法治国",但他也看到"法"对民的制约与危害,曾告诫臣下不可对庶民行施苛政严刑。他说:"在今尔安百姓,何

---

① 《论语·宪问》:子路问君子。子曰:"修己以敬。"曰:"如斯而已乎?"曰:"修己以安人。"曰:"如斯而已乎?"曰:"修己以安百姓。修己以安百姓,尧舜其犹病诸?"

择？非人；何敬？非刑；何度？非及。"(《尚书·吕刑》)他希望诸侯和大臣要在思想上树立"安百姓"之观念，只有如此，才能德威结合，善用刑罚。他说：安定庶民百姓，最好的选择是什么呢，不就是任用有德之人吗？最需慎重的不是刑罚又是什么呢？需要再三考虑不就是判断既正确又准确吗？"周穆王实际上提出了一个非常重要的原则：在执法中如何"安百姓"？如何以"安百姓"为指导思想执法？

　　值得一提的是，《尚书》在强调"安民"、"安百姓"时，认为"安民则惠，黎民怀之"(《尚书·皋陶谟》)，已将"安民"直接与"惠民"联系了起来。在周人看来，一国之君"惠民"应该是天经地义的："惟天惠民，惟辟奉天"(《尚书·泰誓中》)。意谓"天"是爱庶民百姓的，"天"又为民立君，因而作为"天子"的君(辟)，理所当然应当尊奉天意，惠爱百姓，给他们带来利益。周公还以文王为例，说他曾劳作于筑路耕田，深知庶民之艰辛，五十岁享国后仍从日出忙到日落，有时连吃饭都顾不上，更不敢游玩或畋猎，而是以其善良之心，慈爱之怀，谦恭之态"怀保小民，惠鲜鳏寡"。正是因为文王懂得恤民惠民，使庶民百姓受益，才使其享国五十年而周邦得治。① 因此，周朝立国之初，对"敬天保民"思想之贯彻相当重视。三监之乱后，蔡叔度被流放而死，有子名胡很有才干，"于是周公言于成王，复封胡于蔡，以奉蔡叔之祀，是为蔡仲"(《史记·管蔡世家》)。蔡仲受封后，周公代表朝廷对其训诫，要其吸取乃父背弃天命之教训，牢记"皇天无亲，惟德是辅；民心无常，惟惠之怀"(《尚书·蔡仲之命》)，时刻把百姓放在心上。因为上天是不分亲疏的，惟辅助有德之明君；凡有德之君，都明白民心是变化不定的，只有给他们以恩惠，顺应其心，以善求天下治，庶民百姓才愿意永远归附。史载，蔡仲治蔡后，谨循周公之命，克勤无怠，友善邻国，爱护百姓，顺乎民意，使蔡国实力大增，曾联合鲁、宋之国出兵伐郑。

　　周公安民惠民思想影响久远，直到平王东迁时，还在文件中复述这一先祖治国之策。如平王嘉奖勤王东迁有功的晋文侯时，称赞晋国"丕显文武，克慎明德，昭升于上，敷闻于下。"并希望他们发扬光大："柔远能迩，惠康小民，无荒

---

① 《尚书·无逸》："周公曰：呜呼！厥亦惟我周太王、王季，克自抑畏。文王卑服，即康功田功；徽柔懿恭，怀保小民，惠鲜鳏寡。自朝至于日中昃，不遑暇食，用咸和万民。文王不敢盘于游田，以庶邦惟正之供。文王受命惟中身，厥享国五十年。"

宁。"(《尚书·文侯之命》)意谓:你们继承并光大了文王和武王之美德,使其上达于天,下明于地,无人不晓。这真是太好了!希望你们回到晋国后,安抚好边远的百姓,亲近身边的臣从,使庶民都能得到恩惠,安定地生活;同时切记不要贪图安逸,荒废政事,而要专心治理好国家,从而取得更好的成就。

"安民惠民"思想代有发展,至今仍有其现实意义。中共中央组织部前部长张全景同志撰《多读治国安民之书》,文章第一部分的标题就是"治国必先安民":

> 爱民敬民能兴邦,知民富民可强国。凡治国之道,必先爱民敬民、知民富民。人民富裕,国家就容易治理;人民贫穷,国家就难以治理。这是历史的经验教训。该书通过列举分析古今中外的事例,论证了国以民为本、政以民为天的命题,诠释了治国必先安民、安民必先富民的道理。

> 古语道:"德莫高于爱民,行莫高于利民。"对于为政者而言,富民首先要知民,知民是爱民的体现,爱民是为民的前提。为政者不仅要有敬民之念、知民之心、爱民之情,更要有富民之能。这就要求为政者民主决策、科学决策,以远见卓识洞察社会发展趋势,以正确策略建立非常功业;勤勉敬业,真抓实干,为人民群众办实事、做好事、解难事,谋求实实在在的利益。这样,才能赢得人民群众的认可、信服与支持。为政者要全心全意履行职责,服务人民,服务国家,真正用好权力、体现政府的公信力。这是为人之道、为官之道、为政之道。①

《多读治国安民之书》是张全景同志为杨道金先生所著《治国通鉴》所写的序言,从中可以看出,作者对爱民、敬民,知民、富民极其重视,认为"治国必先安民、安民必先富民"的道理虽然简单,但真正能深入到干部心中并自觉作到并非易事,除了路线方针正确之外,还涉及到干部个人修身以及体制、制度等问题,而关键在吏治。政治路线确定之后,干部就是决定的因素,因此,关键在吏治。文章末处,作者无不慨叹地再次引用了他过去曾多次引用过的《东周列国志》一书

---

① 张全景《多读治国安民之书》。《人民日报》2014 年 4 月 9 日,第 7 版。

结尾诗中的两句:"纵观千古存亡局,尽在朝中任佞贤。"

5. 利民富民

史载,西周初年曾出现过中国历史上第一个太平盛世——成康盛世。所谓"盛世",其基本含义有二,一是政治清平,社会安定;二是经济繁荣带动了各项事业的进步,教育发展,文化昌盛。总之,国强民富。正是有了这样的社会现实,才启发了思想家,进而提出了美好社会的憧景——小康和大同。

社会发展,经济发展需要理论的指导,"利民"的提出具有重要意义。最早提出利民思想者当推周文王姬昌。《史记》载:"文王拘而演周易"。文王虽身陷图圄,但他仍自强不息,考虑天下之事,并结合夏商时对伏羲八卦的研究,将八卦演绎成六十四卦,再而为三百八十四爻,每卦均有卦辞,爻有爻辞。在六十四卦中,第四十二卦为"益",益卦有辞曰:"损上益下,民悦无疆。"这里,"上"指居统治地位者,"下"则指庶民百姓。"益下",就有利于庶民百姓,包括施德于民和经济上的养民、利民。唐孔颖达疏解此句说:"既居上者能自损以益下,则下民欢悦无复疆限。益卦所以名益者,正以'损上益下,民说无疆'者也。"[1]西周时,文王"益下"思想得到了周公及诸王的传承,而"惠康小民"就是这一思想的高度概括,因为当时的统治者已清楚地认识到"民心无常,惟惠之怀"(《尚书·文侯之命》),因而必须采取具体措施以利民、裕民。

春秋时期诸侯中,视"利民"高于个人生命的莫过于邾文公。邾国为周初始封的小国,建都于邾(在今山东邹城境内),由于地处齐、楚、宋、鲁之间,经常受到大国侵扰的威胁,并曾一度为鲁国附属国。公元前 614 年,邾文公计划将国都迁至于峄山之阳:

> 邾文公卜迁于绎。史曰:"利于民而不利于君。"邾子曰:"苟利于民,孤之利也。天生民而树之君,以利之也。民既利矣,孤必与焉。"左右曰:"命可长也,君何弗为?"邾子曰:"命在养民。死之短长,时也。民苟利矣,迁也,吉莫如之!"遂迁于绎。(《左传·文公十三年》)

---

① 《周易正义》,《十三经注疏》,中华书局,1980 年。

依照当时国家的惯例,迁都属重大国事,必须占卜,以卜吉凶。卜辞说:"迁都利于民而有害于君。"于是,出于对国君的爱戴,大夫百姓纷纷出面劝阻。邾文公对此既淡然又坚决,他说:"如果迁都对百姓有利,也就是对我有利。常言说,老天生育百姓并为他们设置了一位国君,就是让其更好地为百姓办事。既然老百姓都得到好处,其实我也就什么都有了。"他还说:"上天让我做国君,我的使命就只有一个,即'养民',至于我个人生命的长与短,就由时间来定吧,长一些或短一些又有什么关系呢!只要有利于百姓,就要毫不迟疑地迁,大吉大利,没有什么比这更好的了!"于是,邾国之都便从訾娄迁到了峄山之阳。

邾成公重民轻己之说为民本思想中的一个重要命题,对后世产生了深刻的影响,300年后,诞生于邾地之孟子倡言"民重君轻",很难说不是受了这位有德之君的感染与启发。

《尚书》所载"惠民",其实已含富民之意,但较早使用"富"字当是孔子。鲁哀公曾问政于孔子,子曰:"政之急者,莫大乎使民富且寿也。"(《孔子家语·贤君》)在孔子看来,就鲁国而言,再没有让庶民百姓富起来更重要的了。但孔子认为,要树立富民思想,作为国君,首先要树立起利民的意识,进而才能富民。请看他对利民的看法:

> 子张问于孔子曰:"何如斯可以从政矣?"子曰:"尊五美,屏四恶,斯可以从政矣。"子张曰:"何谓五美?"子曰:"君子惠而不费,劳而不怨,欲而不贪,泰而不骄,威而不猛。"子张曰:"何谓惠而不费?"子曰:"因民之所利而利之,斯不亦惠而不费乎?择可劳而劳之,又谁怨?欲仁而得仁,又焉贪?君子无众寡,无小大,无敢慢,斯不亦泰而不骄乎?君子正其衣冠,尊其瞻视,俨然人望而畏之,斯不亦威而不猛乎?"子张曰:"何谓四恶?"子曰:"不教而杀谓之虐;不戒视成谓之暴;慢令致期谓之贼;犹之与人也,出纳之吝谓之有司。"(《论语·尧曰》)

这里,孔子讲了为政"五美四恶",其中"惠而不费,劳而无怨"很重要。子张对此不很理解,便问:"什么样叫才是要给庶民百姓以恩惠而自己又无所损耗呢?"孔子解释说:"让庶民百姓们去做对他们自己有利的事,这不就是对他们有利而对君子又无所损耗吗！选择适合庶民百姓劳作的事让他们去做,又有谁会怨恨呢?"这里,"因民之所利而利之"的提法十分精当,应是"利民"的唯一原则。这是因为,在现实社会中往往有这种情况,一是上司主观地认为从事某件事对庶民百姓有利,其实并不然;一是上司拉大旗作虎皮,在"利民"的幌子下干一些蝇蝇苟苟之事。孔子认为,判断是否"利民",应以庶民百姓认可的准则来衡量。孔子将"利民"提高到为政原则之高度来认识,民的地位在这里得到了空前的提高,这是十分可贵的,很有助于理解"民本"思想在其"仁政"主张中的地位与作用。关于四种恶政,孔子把"不教而诛"列为第一,并说:"不教而杀谓之虐。"

由于利民思想深入人心,先秦典籍中多有利民之举的记载。如《左传·僖公十七年》:

> 晋侯始入而教其民,二年,欲用之。子犯曰:"民未知义,未安其居。"于是乎出安定襄王,入务利民,民怀生矣。

晋文公由于听从了子犯等人的建议,"入务利民",全力关注民生,使百姓生活安定,衣食有着,同时加以礼义教化,国家从而实力大增,这才有其后"出谷城,释宋围,一战而霸"之功。

《左传》中有"季梁谏追楚师"的记载,是当时弱国、小国以"利民"对付强国、大国最为成功的事例之一,其中,季梁关于强国必先重民、利民的主张,也为当时"民本"思想的闪光见解:

> 楚武王侵随……王毁军而纳少师。少师归,请追楚师。随侯将许之。季梁止之曰:"天方授楚。楚之羸,其诱我也,君何急焉? 臣闻小之能敌大也,小道大淫。所谓道,忠于民而信于神也。上思利民,忠也;祝史正辞,信也。……夫民,神之主也。是以圣王先成民,而后致力于神。……于是乎民和而神降之福,故动则有成。今民各有心,而鬼神乏主,君虽独丰,其何福之有? 君姑修政而亲兄弟之国,庶免于难。"随侯惧而修政,楚不敢伐。(《左传·桓公六年》)

公元前706年，即楚武王三十六年，楚国出兵攻打随国，随派少师前往交涉，楚故意在随少师面前使军容散乱，以诱使随军出战。少师未看出这是楚之诡计，回去后建议随军追击。大臣季梁急忙出面制止。他一针见血地指出："楚之赢，其诱我也。"之后分析说：一般来说，弱小的国家要抗拒大国，条件是小国得道而大国淫虐失道。所谓道，就是"上思利民"，具体来说，国君经常考虑如何利民，就是忠；负责祭祀的祝官史官能老老实实向神灵祭告，就是信。在神与人的关系上，一定要认识到，人民才是鬼神的主人啊。所以，英明的国君在处理国事时，总是把利民的事摆在前面，之后再致力于祭祀鬼神。正因为这样，一国之民都很和睦，鬼神也就赐福给国家和庶民，使国家和百姓都有成就。如今，庶民百姓不团结，各有私心，鬼神也就没有了主人，光靠君王祭祀时供奉上丰盛的礼品，哪里会得到上天的福佑呢？因此，当务之急是首先治理好内政，和周围之国保持像兄弟一样的友好关系，或许这样就可以避免这场战争祸灾吧。随侯听后如梦方醒，立即加强了戒备，楚国只好退兵而去。

至于富民，孔子也多有论述。首先，他认为求富脱贫是人之常情，也是社会发展规律，因而不能回避。"子曰：富与贵，是人之所欲也，不以其道得之，不处也；贫与贱，是人之所恶也，不以其道得之，不去也。君子去仁，恶乎成名？"（《论语·里仁》）：孔子认为：富庶和尊贵是人人都希望得到的，但如果不用正当的方法和途径得到它，就不要接受；贫穷与卑贱是人人都厌恶的，但如果没有正当的方法和途径脱贫去贱，那就暂时不摆脱。因为君子讲求"仁德"，不可为不仁德之事，否则还怎么能叫做君子呢？

一次，孔子到卫国去，冉有为之驾车。孔子看到这里人口繁盛，很是高兴。师生由此拉开了话题：

> 子适卫，冉有仆。子曰："庶矣哉！"冉有曰："既庶矣，又何加焉？"曰："富之。"曰："既富矣，又何加焉？"曰："教之。"（《论语·子路》）

孔子"富而教"的思想引起后人无数次讨论：国家安定，人口发展之后，教育和富民同等重要，但应把哪个放在第一位呢？把教育放在第一位就错了吗？孔子没有否认，但他是把富民放在了第一位。

何以如此呢?

首先,这说明孔子非常重视民生,也表明孔子已经认识到经济在人民生活中的基础性地位,"民以食为天",在任何社会都是如此。

其次,从《论语》可知,孔子对弟子垂询的回答针对性很强,也许这是针对卫国而言的。

其三,孔子富民之论渊源有自。《论语·颜渊》载:"子贡问政,子曰:'足食,足兵,民信之矣。'子贡曰:'必不得已而去,于斯三者何先?'曰:'去兵。'子贡曰:'必不得已而去,于斯二者何先?'曰:'去食。自古皆有死,民无信不立。'"由此可知,孔子的所谓"富",主要是指百姓衣食所安,尤其是有饭吃。这一思想源于《尚书》,《尚书·洪范》曾讲到"农用八政":"一曰食,二曰货,三曰祀……",食为八政之首,即富为治国理政之首。孔子非常尊崇的管子对此也有经典之语。管子不仅说"仓廪实而知礼节,衣食足而知荣辱"(《管子·牧民》),讲明了经济基础的重要性,还进而阐述了"民富"易治的道理:

> 凡治国之道,必先富民。民富则易治也,民贫则难治也。奚以知其然也? 民富则安乡重家,安乡重家则敬上畏罪,敬上畏罪则易治也。民贫则危乡轻家,危乡轻家则敢凌上犯禁,凌上犯禁则难治也。故治国常富,而乱国常贫。是以善为国者,必先富民,然后治之。(《管子·治国》)

管子认为,治理国家的根本道理就是一定要先使庶民百姓富裕起来。百姓富裕后就会在家乡安居乐业地生活,同时尊重国君和敬法守法。否则,越贫穷就越不会安心在家,也就会什么都不怕,还敢对抗国君、国家和违法犯禁。所以,凡治理得好的国家往往是富的,混乱不堪之国必然穷困。管子的治国主张和治国方略对孔子影响极大,尤其对其辅佐齐桓公富民强国、成就霸业十分赞赏:"管仲相桓公,霸诸侯,一匡天下,民到于今受其赐。微管仲,吾其被发左衽矣。"(《论语·宪问》)由此可知,孔子富民的思想也源于管子。

然而,孔子毕竟是站在巨人肩膀之上的,其目光看得更远,更深,因而对管子的思想作了很重要的发展。"仓廪实而知礼节,衣食足而知荣辱",意在强调经济发展,强调其基础性的作用;但"仓廪实"与"知礼节"、"衣食足"与"知荣辱"

并不存在直接的因果关系,富而不教,民也不一定就知礼节、知荣辱。孔子看到了这一点,因而明确提出"富之"以后,一定要"教之"!

孔子提出"教民"的命题,大大丰富了民本思想的内涵。

6. 养民教民

考"养民"之说,始见于《尚书·大禹谟》:"德惟善政,政在养民。"此处所言"善政",指给人民带来好处的政治,即其后孔孟儒家所主张的"德政"、"仁政"。对"善政"释义较细者为北宋名臣范仲淹,他在庆历三年(1043)九月上疏仁宗皇帝的《答手诏条陈十事》中提出了十项改革主张,"六曰厚农桑"。其中说:"臣观《书》曰:'德惟善政,政在养民。'此言圣人之德,惟在善政。善政之要,惟在养民;养民之政,必先务农。农政既修,则衣食足;衣食足,则爱肤体;爱肤体,则畏刑罚;畏刑罚,则寇盗自息,祸乱不兴。是圣人之德,发于善政,天下之化,起于农亩。故《诗》有《七月》之篇,陈王业也。"①也就是说,善政起于农亩,要养民,就要高度重视农业,尤其是粮食生产。

以粮为纲,以粮养民,可谓抓住了要害,抓住了治国的根本,当时的齐国之所以发展速度较快,国力较强,就是因为管子重视农业,重视粮食,因而广得民,民且富。《管子·治国》说:"粟多则国富。国富者兵强,兵强者战胜,战胜者地广。是以先王知众民、强兵、广地、富国之必生于粟也,故禁末作,止奇巧,而利农事。"这里的"众民"即"使民众",也即得民。他还说:"粟者,王之本事也,人主之大务,有人之途,治国之道也。"将粮多视为得民之途径,不只是管仲的经济思想,也是春秋时期重要的治国理念,为民本观念注入了强大的活力。

在孔子看来,先贤既将"养民"视为"善政","养民"就是为政者政纲的应有之义,在这方面,他认为子产做得最好。郑国春秋时并非大国,但子产执政22年,不卑不亢,周边大国从来不敢以武力相威胁,从而使国家安宁,庶民乐业,老百姓得到了很多实惠,但负担却不重。因而孔子对子产为相而重视养民高度赞赏,并将上升为"君子之道"。他说:"子产有君子之道四焉:'其行己也恭,其事上也敬,其养民也惠,其使民也义。'"(《论语·公冶长》)荀子说:"王者之法:等赋、政事、财万物,所以养民也。"(《荀子·王制》)在他看来,"养民"是国家的责

---

①　《宋史》卷三一四《范仲淹传》。《宋史》,中华书局,1977 年 11 月。

任,握权柄者应当明白,一些制度如税收,民事管理,财务及物资管理等,目的都是为了使天下百姓生活无虞,万民得到养育。荀子还举例说,古代最圣明的君主是舜和禹,他们为政时不仅建立了大一统的天下,而且国家对财力物力管理得也很好,从而使养民之举能得到保证,后世应该效法他。[①] 墨子也主张"善政"养民。何谓"善政"?"义者,善政也。何以知义之为善政也?曰:天下有义则治,无义则乱,是以知义之为善政也。"行"善政"则养民。"食饥息劳,持养其万民,则君臣上下惠忠,父子兄弟孝慈。"(《墨子·天志中》)"善政"实施,国家就有能力使饥者得其食、劳者得其息,从而保养天下万民,这样,君施惠于下,则臣必尽忠于上,父子、兄弟之间也必然是上慈下孝、友悌无间。

韩非在《五蠹》一文中说:"上古之世,人民少而禽兽众,人民不胜禽兽虫蛇。有圣人作,构木为巢以避群害,而民悦之,使王天下,号曰有巢氏。民食果蓏蚌蛤,腥臊恶臭而伤害腹胃,民多疾病。有圣人作,钻燧取火以化腥臊,而民说之,使王天下,号之曰燧人氏。"《韩非子》等古籍文献中关于燧人氏教人用火,神农氏教人稼穑五谷且尝百草,有巢氏教民构木为巢、编槿而庐等中的用火、稼穑、筑巢等,属于人类维持生命之基本技能与手段,这种"圣人作而教"之事,为"上古之世",也即先民的神话或传说时代,或者说是说人类的幼稚时期。这种"教"的内容,一般来说属于"形而下";而人的思想意识之教,或者叫"形而上"之教,则产生于国家诞生之后,目的则是为了提高人的精神素质。

从治理国家的角度提出"教民"的概念在初周即已相当浓厚:

> 天佑下民,作之君,作之师。惟其克相上帝,宠绥四方。有罪无罪,予曷敢有越厥志? 同力,度德;同德,度义。(《尚书·泰誓上》)

在周人的世界观中,"君"、"师"和"民"是对立的统一:上天降生庶民百姓,也为百姓降生了一位管理者——"君"。君的责任之一就要爱护庶民,同时也要起到"师"的作用,对民施以教育,目的就是帮助天帝安定天下,和谐四方。孟子对《尚书》上的这段话很重视,一次,齐宣王与之讨论大国外交问题,他就引用了

---

① 见《荀子·非十二子》:"一天下,财万物,长养人民,兼利天下,通达之属,莫不从服。"

《诗经·皇矣》中称赞周文王的诗句"王赫斯怒,爰整其旅,以遏徂莒,以笃周祜,以对于天下",之后又引用了《尚书》中的那段话称赞武王:

　　《书》曰:"天降下民,作之君,作之师。惟曰其助上帝,宠之四方。有罪无罪,惟我在,天下曷敢有越厥志?"一人衡行于天下,武王耻之。此武王之勇也。而武王亦一怒而安天下之民。(《孟子·梁惠王下》)

　　在孟子看来,武王之所以能和文王一样"一怒而安天下之民",就在于他尽了"君"的职责,既有统帅才能,又教诲了庶民,因而全国上下就和文王时一样,万众一致,同心同德,平定天下,使庶民百姓都得到了安定,可见教民之重要。
　　孔子主张为政以德,一次,子张问"何如斯可以从政"时,他说为政应"尊五美,屏四恶"。当子张问"何谓四恶?"时,子曰:

　　不教而杀谓之虐;不戒视成谓之暴;慢令致期谓之贼;犹之与人也,出纳之吝谓之有司。(《论语·尧曰》)

　　孔子所说的"四美"就是他一贯主张的仁政,"四恶"就是暴政。这里,孔子把"不教而杀"列为暴政之首,把"不戒视成"列为暴政之二,可见其对暴政之痛恨,同时也表明他对"教民"的高度重视。
　　孔子反对"不教而杀"的主张得到了荀子的赞同。荀子认为,古之圣人治国,关心百姓,注意爱民、富民、教民,故百姓乐于为国家服务,甚至献身:

　　故古人为之不然:使民夏不宛暍,冬不冻寒,急不伤力,缓不后时,事成功立,上下俱富;而百姓皆爱其上,人归之如流水,亲之欢如父母,为之出死断亡而愉者,无他故焉,忠信、调和、均辨之至也。故君国长民者,欲趋时遂功,则和调累解,速乎急疾;忠信、均辨,说乎赏庆矣;必先修正其在我者,然后徐责其在人者,威乎刑罚。三德者诚乎上,则下应之如景向,虽欲无明达,得乎哉!(《荀子·富国》)

古代圣人治国,使百姓在夏天不中暑,冬天不挨冻,大事民不伤力,小事不误农时,既办好了事业,又能使上下都能富裕,因而百姓都爱戴国君,庶民归之如流水,视其为父母,乐于为国君献出生命。什么原因呢?无他,仅是国君做到了诚信、调和、公平。所以,国君治理百姓,要与时俱功,最重要的就是调节好劳役,办好大事,讲忠信和公平。办任何事,首先自己端正,然后才能逐步地要求别人,这比用刑罚更有威信。忠信、调和、公平三项,只要国君能诚心做到,下面就会马上跟从,就是不想那么快收到成效,可能吗!

荀子认为,一些国君不以先圣之仁德之道为道,不为庶民着想还要急功近利,没有富民还要索取;对庶民百姓中的不当行为,不是以忠信、调和、公平的"三德"之法加以教育,而是多用刑罚,是完全不对的:

> 故不教而诛,则刑繁而邪不胜;教而不诛,则奸民不惩;诛而不赏,则勤励之民不劝;诛赏而不类,则下疑俗俭而百姓不一。(《荀子·富国》)

荀子反对"不教而诛",其中有针对墨子的成份。这是因为,墨子认为政局混乱是因为民心不稳,民心不稳是因为天下不足,而解决天下不足的最好办法就是节衣缩食,同时施以刑罚。荀子认为墨的主张完全是错误的,要解决天下不足,最根本的就是要使百姓民富庶起来,同时用教的方法提高庶民百姓的素质。

那么,教民什么呢?孔子与他最得意的弟子曾参有过如下一段对话:

> 仲尼居,曾子侍。子曰:"先王有至德要道,以顺天下,民用和睦,上下无怨。汝知之乎?"曾子避席曰:"参不敏,何足以知之?"子曰:"夫孝,德之本也,教之所由生也。复坐,吾语汝。"①

从《孝经》的记述可知,孔子这次对曾子的教诲是在很轻松的气氛中进行的——闲坐无事,愉快聊天——而且是孔子主动提出来的。但对孔子来说,则是很郑重的,也是经过深思熟虑的,他要讲的是先王"至德要道"——孝。他说:

---

① 《孝经·开宗明义》,《十三经注疏》,中华书局,1980 年 9 月。

"孝这东西,可以使天下人心归顺,庶民百姓和睦相处。人不分贵贱,上上下下都无怨无恨,没有牢骚与不满。"为了使曾子静心领会,孔子态度非常和蔼,亲切地说:"你不要站着,坐下来,慢慢听我仔细地说一说。"

> 教民亲爱,莫善于孝。教民礼顺,莫善于悌。移风易俗,莫善于乐。安上治民,莫善于礼。礼者,敬而已矣。故敬其父,则子悦;敬其兄,则弟悦;敬其君,则臣悦;敬一人,而千万人悦。所敬者寡,而悦者众,此之谓要道也。(同上)

这里,孔子把"孝"的重要性及其作为"德之本"的道理讲得十分透彻。他认为,教民以德,没有比提倡孝道更好的了。在庶民百姓中倡导"孝、悌、乐、礼",可使全社会和谐有序,万民团结。他还把"孝"推而广之:"君子之事亲孝,故忠可移于君。事兄悌,故顺可移于长。居家理,故治可移于官。是以行成于内而名立于后世矣。"(《孝经·广扬名》)不言而喻,孝可治家、孝可治国,孝可治天下,因此,对民施教,最重要的就是孝。

"孝"作为一种伦理道德,既具有宗法性,更具有大众性和民间性,因而作为一种美德受到民族的崇尚,孔子正是看到了这一特点,因而把教民以孝放在了重要的位置。

在《论语》中,"孝"字曾出现过 19 次,论及了孝的内容及如何才能做到孝。如:

> 有子曰:"其为人也孝弟,而好犯上者,鲜矣;不好犯上,而好作乱者,未之有也。君子务本,本立而道生。孝弟也者,其为仁之本与!"(《论语·学而》)

> 子曰:"弟子入则孝,出则悌,谨而信,泛爱众,而亲仁。"(《论语·学而》)

> 子游问孝。子曰:"今之孝者,是谓能养。至于犬马,皆能有养;不敬,何以别乎。"

> 子贡问曰:"何如斯可谓士矣?"子曰:"行已有耻,使于四方,不辱君命,

可谓士矣。"曰:"敢问其次。"曰:"宗族称孝焉,乡党称悌焉。"(《论语·子路》)

孔子不愧为伟大的思想家和教育家,他将"孝"与"敬"联系在一起,同时将其归入了"仁"政的范畴,并认这是"士"的基本品质和重要条件,从而极大地扩大了"孝"的文化内涵。以孝为教,有利于提高人的素质,更有利于人际关系与社会的和谐,因而孔子认为孝是教民的重要内容

7. 乐民亲民

在周代典籍中,"乐民"有两层含义,一是统治者即君"使民乐",二是"与民乐",均反映出君与民之间关系较为融洽,或者说较为理想、较为正常。"君民同乐"是孟子对社会和谐美好的期望,在他看来,虽然难以做到,但应该做到,也可以做到。孟子曾对梁惠王作过一番分析:

> 孟子见梁惠王,王立于沼上,顾鸿雁麋鹿,曰:"贤者亦乐此乎?"
> 孟子对曰:"贤者而后乐此,不贤者虽有此,不乐也。诗云:'经始灵台,经之营之,庶民攻之,不日成之,经始勿亟,庶民子来。王在灵囿,麀鹿攸伏,麀鹿濯濯,白鸟鹤鹤。王在灵沼,于牣鱼跃。'文王以民力为台为沼,而民欢乐之,谓其台曰灵台,谓其沼曰灵沼,乐其有麋鹿鱼鳖。古之人与民偕乐,故能乐也。汤誓曰:'时日害丧,予及女皆亡。'民欲与之偕亡,虽有台池鸟兽,岂能独乐哉?"(《孟子·梁惠王上》)

梁惠王询问孟子贤人的乐趣,孟子向其讲述了古代两个有趣的故事。他说:《诗经·大雅》中有一篇叫《灵台》的诗,反映的周文王修建苑囿的事。诗中说:"文王准备筑灵台,精心设计巧安排。百姓踊跃来施工,不日竣工速度快。文王劝说不要急,百姓速度更加快。文王游览到园中,母鹿伏在深草丛。母鹿肥壮毛色润,白鸟洁净羽毛丰。文王游览到灵沼,满池鱼儿欢蹦跳。"周文王虽然动用民力建苑,由于他本人受到庶民百姓的爱戴,因而大家高高兴兴,乐于献力,并将台命名为"灵台",把池命名为"灵沼"。贤明的君王能与民同乐,那才是真正的乐啊!《尚书》中有一篇叫《汤誓》,是商汤征讨夏桀的史录。该史书上说,桀狂

傲地说他像太阳一样光辉,但庶民百姓却痛恨地咀咒说:你这太阳啊,什麽时候毁灭啊? 我们宁肯与你一起灭亡! 庶民百姓恨不得食其肉,寝其皮,与你同归于尽,作为国君,你即使有再好的苑囿,独自享受,能有什么快乐可言呢?

"与民同乐"是孟子仁政思想的重要内容,也是其民本思想中十分精彩的组成部分,具有浓厚的民族文化色彩:表面上讲的是"民乐",其核心则是民生问题、民心问题。关于这一点,在他与梁惠王的另一次谈话讲得更明白、更透彻:

> 庄暴见孟子,曰:"暴见于王,王语暴以好乐,暴未有以对也。"曰:"好乐何如?"孟子曰:"王之好乐甚,则齐国其庶几乎!"
>
> 他日,见于王曰:"王尝语庄子以好乐,有诸?"王变乎色,曰:"寡人非能好先王之乐也,直好世俗之乐耳。"曰:"王之好乐甚,则齐其庶几乎! 今之乐犹古之乐也。"曰:"可得闻与?"曰:"独乐乐,与人乐乐,孰乐?"曰:"不若与人。"曰:"与少乐乐,与众乐乐,孰乐?"曰:"不若与众。""臣请为王言乐。今王鼓乐千此,百姓闻王钟鼓之声、管籥之音,举疾首蹙頞而相告曰:'吾王之好鼓乐,夫何使我至于此极也,父子不相见,兄弟妻子离散。'今王田猎于此,百姓闻王车马之音,见羽旄之美,举疾首蹙頞而相告曰:'吾王之好田猎,夫何使我至于此极也? 父子不相见,兄弟妻子离散。'此无他,不与民同乐也。今王鼓乐于此,百姓闻王钟鼓之声、管籥之音,举欣欣然有喜色而相告曰:'吾王庶几无疾病与,何以能鼓乐也?'今王田猎于此,百姓闻王车马之音,见羽旄之美,举欣欣然有喜色而相告曰:'吾王庶几无疾病与,何以能田猎也?'此无他,与民同乐也。今王与百姓同乐,则王矣!"(《孟子·梁惠王下》)

这里,孟子居高临下,首先提出,"独乐乐与人乐乐"、"少乐乐与众乐乐""孰乐"的问题,也就是君乐与民乐的关系问题,目的在于启发梁惠王,促使其认识到"与民同乐"的道理及其重要意义。"与民同乐",一方面表明君得到了庶民的拥护、信任与理解,也就是说得了民心,但这是不容易的,其背后则是君能关注民生,施惠于民,内心深处畏民、重民、亲民。如果不是这样,必然是怨声载道或遭人唾骂。最后,孟子作了一个画龙点睛式的结论:如果君能做到与民同乐,就能得到天下,而王业必成。

由于"乐民"事涉"仁政",关乎"民心",意义重大,孟子非常重视,单就此一个话题就与齐宣王交谈过三次。在另一次讨论中,孟子不仅强调对实现王业的重要性,同时又进而提出国君及居高位者应该"乐以天下,忧以天下":

> 齐宣王见孟子于雪宫。王曰:"贤者亦有此乐乎?"
>
> 孟子对曰:"有。人不得,则非其上矣。不得而非其上者,非也;为民上而不与民同乐者,亦非也。乐民之乐者,民亦乐其乐;忧民之忧者,民亦忧其忧。乐以天下,忧以天下,然而不王者,未之有也。(《孟子·梁惠王下》)

孟子到齐宣王郊外行宫之一的雪宫里拜见,他说:大王在别墅中小憩和接见客人感到很轻松快乐,这种感受其他人也会有。但人们只看到国君高兴快乐,而自己却一点也得不到,就一定会对国君产生埋怨情绪。虽然不满意就对国君发牢骚不对,但作为一国之主而不与庶民百姓同乐也是错误的,而且危害更大。大王应当明白,国君如果以庶民百姓的快乐为快乐,庶民百姓也就会以国君的快乐为快乐;国君如果以庶民百姓的忧愁为忧愁,庶民百姓也就会以国君的忧愁为忧愁。国君把天下人的快乐当作快乐,把天下人的忧愁当作忧愁,这样还不能够使天下归服,完成王业,是从来没有过的呀!

孟子曾说"生于忧患,死于安乐"(《孟子·告子下》)。意为忧患之时,包括君在内的人都能与庶民百姓在一起共度时艰,然而一旦天下太平,生活优渥,国君多会"独乐乐"而沉溺于声色而忘记百姓,独裁者甚至残暴专制,穷奢极欲,鱼肉百姓,其结果只有一个,那就是被天下所抛弃,夏商典型之例,桀、纣是也。从而不难看出,在孟子那里,"乐"不仅仅是个人爱好问题,而涉治国理念,与"仁"密切相关。"乐以天下,忧以天下"的提出,寓意深刻,具有防患未然之警示作用:如果"君"能随时与"天下"即"天下所有的人"忧乐与共,不脱离庶民百姓,也就不会有亡国之虞了。因此可以说,孟子"乐以天下,忧以天下"的提出,不仅使"乐民"的内涵进一步得到了丰富,也使"乐民"在孟子民本思想中显得更加厚重与完整。孟子的这一思想对后世影响极大,仅北宋而言,范仲淹据此浮想联翩,发出了"先天下之忧而忧,后天下乐而乐"的慨叹,欧阳修据此总结史训,得出了"忧劳可以兴国,逸豫可以亡身"的结论。

　　"亲民"一词最早见诸《大学》首篇:"大学之道,在明明德,在亲民,在止于至善。"后世学者对"亲民"一词理解不一,其代表人物为儒学传人朱熹和王阳明。朱熹在《大学章句集注》中说:"程子曰:亲当作新。"据此,他就把"亲民"改作"新民":"新者,革其旧之谓也。"并说:"言既自明其明德,又当推以及人,使之亦有以去其旧染之污也。止者,必至于是而不迁之意。至善,则事理当然之极也。言明明德、新民,皆当至于至善之地而不迁,盖必有以尽夫天理之极,而无一毫人欲之私也。"①王阳明对此不以为然,认为为政以德,若政不亲民,则明德不明。他在《传习录》中说:《尚书·康诰》中的"作新民",与《大学》中的"新民"不同:"'作新民'之'新'是自新之民,与'在新民'之'新'不同,此岂足为据?'作'字却与'亲'字相对,然非'亲'字义。下面治国平天下处,皆于'新'字无发明。如云'君子贤其贤而亲其亲。小人乐其乐而利其利'。'如保赤子'。'民之所好好之。民之所恶恶之。此之谓民之父母之类'。皆是'亲'字意。'亲民'犹孟子'亲亲仁民'之谓。亲之即仁之也。"②明清至今,学者虽然对此仍有歧见,但多认为"新民"并不排斥"亲民"之意。据刘向《说苑》记载,最早劝说国君"亲民"者应为周公:"成王将冠,周公使祝雍祝,王曰;'达而勿多也。'祝雍曰:'使王近于民,远于佞,啬于时,惠于财,任贤使能'。"③在成王将行加冠之礼时,周公使人带去语重心长地话,希望他亲近庶民,远离佞臣,重视生产,不误农时,小心理财,让人得到实惠,并注意选拔使用有德有才的人。

　　清代熙雍朝著名经学家惠士奇,家学渊源深厚,著《大学说》,认为"亲"、"新"之意互融,"近于民"即"亲民"。他说:"程子破'亲'为'新',可乎? 曰可。《康诰》作新民,奚为不可,然仍当以亲民为正。成王冠,周公使祝雍祝,王曰:'达而勿多也。'祝雍曰:'使王近于民,远于佞。'近于民,非亲民乎? 亲民者,子庶民也。长养而安全之,是为亲;教训而变化之,是为新。惟能亲之,故能新之,不能亲,焉能新哉!"由于其说见解独到,在社会上影响广泛,《清史稿》在为其作传时特别提到此点:"士奇盛年兼治经史,晚尤邃於经学,撰易说六卷,礼说十四

---

① 朱熹《大学章句》,《四书章句集注》,中华书局 2011 年 1 月。
② 王守仁《传习录·徐爱录》,《王阳明全集》,上海古籍出版社,1992 年,第 1—2 页。
③ 刘向《说苑》卷十九《修文》,程翔《说苑译注》,北京大学出版社,2009 年 9 月。

卷,春秋说十五卷。……《大学说》一卷晚出,'亲民'不读'新民'。"①其实,惠士奇提到《说苑》所引周公教诲武王"近于民"之语,也并非周公发明,本为《五子之歌》之词:"皇祖有训,民可近,不可下,民惟邦本,本固邦宁。……一人三失,怨岂在明,不见是图。……为人上者,奈何不敬?"由此可知,大禹早在立国之时就有明确的训示:人民可以亲近而不可看轻;人民是国家的根本,根本牢固,国家就安宁。太康不修德政,多次失误,考察民怨难道要等到民怨沸腾?应当考察它还未形成之时,从而见微知著。人民如此重要,做君主的人怎么能不敬不畏呢?

春秋时直接用"亲民"一语论君主与庶民关系者当为管仲。他说:"莅民如父母,则民亲爱之。道之纯厚,遇之有实,虽不言曰吾亲民,而民亲矣。莅民如仇雠,则民疏之。道之不厚,遇之无实,诈伪并起,虽言曰吾亲民,民不亲也。故曰:'亲近者言无事焉。'"②管子作为一位有实践治国经验的政治家,他深深懂得"民惟邦本,本固邦宁"的正确性,因而在保民、富民的同时强调亲民。他说,亲民的道理并不深奥,作为民的主宰,你如果像父母爱自己的孩子一样爱庶民百姓,庶民百姓自然也会爱戴你。治国之法纯厚朴实,庶民百姓得到了实惠,你就是口头上不说我亲近庶民百姓,他们也会来亲近你。如果视庶民如仇寇,残暴冷酷,庶民百姓自然就要疏远你。思想不正确,政策不实惠,甚至还欺骗他们,就是你天天嘴上说亲近庶民,他们也不会受骗,不会和你亲近。因此,亲近庶民百姓要看行动,光说空话无济于事。在管子看来,只有保民、富民,才能真正做到"亲民",而要"亲民",就必须首先保民、富民。所以他又说,检验"亲民"的标准只有一条,那就是看庶民是否"亲上",而要使庶民"亲上",统治者就必须"德泽加于天下":

> 人主之所以使下尽力而亲上者,必为天下致利除害也。故德泽加于天下,惠施厚于万物,父子得以安,群生得以育,故万民欢尽其力而乐为上用。入则务本疾作以实仓廪,出则尽节死敌以安社稷,虽劳苦卑辱而不敢告也。(《管子·形势解》)

---

① 《清史稿》卷四八一《惠士奇传》。《清史稿》,中华书局,1977年8月。
② 《管子·形势解》,李山译注《管子》,中华书局,2009年3月。

管子认为,国君要想使庶民百姓亲近自己,必须为天下致利除害。要把德泽加于天下,恩惠施于万物,使家庭得以安居,群生得以养育,这样,天下万民就会甘心情愿地为君主效劳。在家里,庶民们努力耕作以对国家仓廪作出贡献,到了战场,他们会尽节杀敌以保卫国家,即使万般艰辛也是不会叫苦的。

由上述可知,"乐民"、"亲民"意识作为民本思想的一项内容,在调节君民关系中发挥着非常重要的作用。但如果将其与"安民"、"富民"相比,似乎前者较虚而后者较实,然而正是这一"虚"一"实",反映出了各自不同的特点。实际上,"虚"不仅是对实的升华,更是对实的指导,思想认识的提高,有助于认清形势,明确思路,正确决策,因而必然会带来高效的务实。国君如果懂得了乐民、亲民的重要,必然会把养民、安民、惠民、富民作得更出色,更扎实。

8. 知民顺民

三代之时,关于君民之关系,处主导地位的是"天为民立君"的观念——"天佑下民,为之君,为之师"(《尚书·泰誓》);同时认为,"天生民有欲,无主乃乱"(《尚书·仲虺之诰》)。上天是至高无上的,为使社会有正常的秩序,就降下"民主"为民师,教育和管理庶民百姓。"民主"即"君"。夏桀无道,遭到天罚,"天惟时求民主,乃大降显休命于成汤,刑殄有夏","代夏作民主"。商朝的末代"民主"是纣王受,但他荒淫残暴,怙恶不悛,无善可陈,上天于是抛弃了他。"惟尔多方罔堪顾之。惟我周王灵承于旅,克堪用德,惟典神天。天惟式教我用休,简畀殷命,尹尔多方。"(《尚书·多方》)由于殷商等没有人能领会上天之意,上天认为只有周王善于顺从民众,能用明德,尊重神、天,周品德最优,于是就选择了周王,授予他伟大的使命,使他成为新的民主来治理天下。

商汤代桀、武王代纣,这一朝代更替说明什么呢?周公在蔡仲被任命为蔡侯之时作了全面地总结,尤其着重指出:

皇天无亲,惟德是辅。民心无常,惟惠是怀。(《尚书·蔡仲之命》)

周公的语言非常简洁,但十分深刻,也十分沉重和严肃,他要告诉人们一条真理:上天是公正的,它只辅助有德之君;百姓是公正的,他们只归从顺应民心之君。因此,作为庶民之君,要治民,首先就要知民。

周公之所以有如此认识，是他亲身参与了推翻殷商"革命"的结果。他看到了人民力量之伟大，尤其是牧野之战："甲子昧爽，受率其旅若林，会于牧野"，纣王表面上气势汹汹，但双主一接触，"罔有敌于我师"，殷商士兵没有与周人交战，而是"前徒倒戈"，结果是"攻于后北（败），血流漂杵"（《尚书·武成一》）。殷商士兵倒戈之举周人可能有所估计，但其势如排山倒海，使得任何人都无回天之力，则出乎预料。于是，"大邦殷"这一600多年的巨构大厦，顷刻间土崩瓦解，轰然倒塌，纣王落得个自取火燔的可悲下场。

实际上，在此之前，当成汤为夏之方伯时，就已对人民力量之伟大有很明确的认识，并总结了治国必须重民的经验。《史记》对此有明确的记载：

> 汤征诸侯。葛伯不祀，汤始伐之。汤曰："予有言，人视水见形，视民知治不。"伊尹曰："明哉！言能听，道乃进。"（《史记·殷本纪》）

当时成汤是夏朝的方伯，有权征讨不奉夏之诸侯。葛氏不祀夏，汤奉命讨伐。他说：人照一下水就看到自己的形貌，看一看庶民的态度，就可以知道国家治理得好不好。成汤知民论出，伊尹由此赞其英明，并判断他是一位明智而有作为的一代英主，于是就以全力佐其成功。成汤之后，继承者太甲不遵祖训，伊尹就放其于桐宫，三年后还政太甲时，伊尹语重心长地告诫他切切牢记先王为政之德：

> 伊尹拜手稽首曰："修其身，允德协于下，惟明后！先王子惠困穷，民服厥命，罔有不悦。"（《尚书·太甲中》）

伊尹认为，作为人君，修身十分重要，而在提高自身素质上，施德于百姓，把庶民放在心上，注意倾听他们的呼声，知道他们的冷暖，给他以恩惠则是最为重要的。

成汤"人视水见形，视民知治不"之语讲得既生动形象，又很深刻，周公非常欣赏，并要求周朝臣属牢记成汤兴国的经验和殷纣灭国之教训，作到事事知民，故在其弟弟康叔封于殷商旧地时，他郑重地引述了成汤之言：

古人有言曰:"人无于水监,当于民监。"今惟殷坠厥命,我其可不大监?①

周公认为,真正有才德的人,不以水为鉴而以人为鉴,因为只有这样,才能把别人的成败得失作为自己有益的借鉴;作为一国最高当权者,殷之教训应永记取,作为治国理民之"大监"。

当政者"知民"并与民同甘共苦实际上是华夏先民的优良传统。《尚书·皋陶谟》"稽古"于舜禹,认为以德治国为古训,舜和禹都说过,为政首先"在知人,在安民","知人则哲,能官人;安民则惠,黎民怀之"。从一般意义上说,了解了民情就会使国君有智慧,更好地管理社会,安定百姓并给以恩惠,天下的人就会归顺。从天理意义上来说,这也是奉行天命的必然,因为"天子作民父母,以为天下王"(《尚书·洪范》);天命反映了庶民百姓的意志,因而奉天命也就是奉民命,"天聪明,自我民聪明;天明威,自我民明威"(《尚书·皋陶谟》);只要认识到上天的智慧,来自于庶民百姓的智慧,就一定会自觉地近下民,通过"先知稼穑之艰难",努力做到闻知"小人之劳"(《尚书·无逸》),并努力做到像周公那样"师保万民,民怀其德"(《尚书·君陈》)。

为政"知民"的目的之一就在于决策时能符合实情,顺情民意,使庶民得到实惠。

鉴于周公提出"民心无常,惟惠是怀"(《尚书·蔡仲之命》),在齐国为相的管仲认为,为政者就必须随时留意庶民心,以便顺应民心。他还通过调查,将最重要的民意归纳为"四欲"和"四恶",以尽量做到满足"四欲",避免"四恶"。管仲认为,只要为政者把握好这这一原则,就能保证政令畅通,民富国强。

政之所兴,在顺民心;政之所废,在逆民心。民恶忧劳,我佚乐之;民恶

① 《尚书·酒诰》。成汤的这句话被后人不断引用并有所发展。墨子有感于三家分晋,曰:"君子不镜于水而镜于人。镜于水,见面之容;镜于人,则知吉凶。"(《墨子·非攻中》)唐之魏征敢于犯颜直谏,纠正了太宗的许多错误。魏征病逝后,"上思征不已,谓侍臣:'人以铜为镜,以正衣冠,以古为镜,可以见兴替,以人为镜,可以知得失;魏征没,朕亡一镜矣!'"(《资治通鉴·卷第一九六》)

贫贱,我富贵之;民恶危坠,我存安之;民恶灭绝,我生育之。能佚乐之,则民为之忧劳;能富贵之,则民为之贫贱;能存安之,则民为之危坠;能生育之,则民为之灭绝。故刑罚不足以畏其意,杀戮不足以服其心。故刑罚繁而意不恐,则令不行矣;杀戮众而心不服,则上位危矣。故从其四欲,则远者自亲;行其四恶,则近者叛之。故知予之为取者,政之宝也。(《管子·牧民》)

管子说,单靠刑罚不足以使庶民百姓真正害怕,仅凭杀戮更不足以使他们心悦诚服。他认为,庶民百姓有四种担心:忧劳、贫贱、危坠和灭绝;有四种希望:安乐、富贵、安全、繁衍。因此,要制定好的政策,使庶民百姓避免"四恶",实现"四欲",看到希望,得到实惠。这样,庶民百姓自然就会听从政令,一往无前地为国家效力。他十分感慨地说,可惜很多人不明白"因民之所利而利之"(《论语·尧曰》)及"予之于民就是取之于民"的道理,丢掉了这个为政之宝。

管仲认为,从一定意义上说,认识顺应民心易,做到顺应民心难,其检验的准则就是庶民百姓是否富裕了起来。因而他在讲了"政之所兴,在顺民心"之后,立即又说:"凡治国之道,必先富民。"(《管子·治国》)并说,"王者藏于民,霸者藏于大夫,残国亡家藏于箧"。(《管子·山至数》)也就是说,为政以德的君主都藏富于民,欲称霸天下者则只关心吏属,那些只顾自己穷奢极欲享乐而不管国家命运的君王,则把社会的财富装进自己的小箱子里。由此可见,所谓顺民心,最重要的是了解庶民的心声并藏富于民。对此,墨子讲得也极到位,他说:"明王圣人所以王天下正诸侯者,爱民谨忠,利民谨厚,忠信相连,又示之以利,是以终身不餍,殁世不卷"(《墨子·节用中》),也就是说,要顺应民心,必须出于真心,厚重惠民。《大学》曾引用《诗经·小雅·南山有台》"乐只君子,民之父母"之句,并解释说,有德之君子,可为民之父母,因为他懂得顺应民心——"民之所好好之,民之所恶恶之,此之谓民之父母"。由此可知,早在三千年前,为政要顺乎民心的思想就已深入人心。中国古代文明之灿烂,由此可鉴。

9. 忧民恤民

忧患意识是中华民族文化中的精华,其源远流长。远在上古时代,华夏人文之祖伏羲看到自然界变化无常,尤其是洪水滔滔,给人民带来了无穷的灾难,其忧心如焚。于是,他"仰则观象于天,俯则观法于地,观鸟兽之文与地之宜,近取诸身,远取诸物,于是始作八卦,以通神明之德,以类万物之情"(《周易·系辞下传》)。伏羲要寻找人与自然相处之规律,以趋吉避凶,救民于水火。孔子对先人的忧患意识是很认同的。他说:

> 《易》之兴也,其于中古乎?作《易》者,其有忧患乎?(《周易·系辞下》)

老子认为,不论做任何事情,都须认识其规律,才可有一定的预见性,忧患意识则是一种智慧:"为之于未有,治之于未乱。"又说"民之从事,常于几成而败之。慎终如始,则无败事。"(《道德经·第六十四章》)这是因为,"大生于小",大的事物总是由小而来,比如灾祸,也有其发生、发展的过程,人们应该了解它,从而对其可能发生之环节予以特别注意,要善于发现苗头,要在它尚未发生之前就妥于处理,采取果断措施杜绝它的的发生。推及治政,要在祸患产生以前就做好一切做准备,而且要自始至终慎之又慎,持之以恒,只有这样,才不会出现失败。孔子接受了老子的忧患观点,因而主张"君子安而不忘危,存而不忘亡,治而不忘乱,是以身安而国家可保也。"(《周易·系辞下》)因而可以说,具有忧患意识是思想家、政治家的一种美德和远见。

中华民族忧患意识的表现是多方面的,对当国者及士大夫来说,则主要是忧国、忧民、忧道诸方面。①

民生问题与"国家"与生俱来,为政者不论愚贤,几乎无不谈及。

春秋早期,重视民生且有丰富治国实践经验的当为管仲,他身为齐相,深知民生之重要。他说:"昔者圣王本厚民生,审知祸福之所生,是故慎小事微,违非索辨以根之。然则躁作、奸邪、伪诈之人不敢试也。此正民之道也。"并说:"是故国之所以为国者,民体以为国;君之所以为君者,赏罚以为君。"(《管子·君臣

---

① 这方面具体的例子很多,历史上许多志士仁人为国为民,留下了许多可歌可泣之事与脍炙人口之词。如儒学创始人孔子说:"君子忧道不忧贫";爱国诗人屈原曰:"长太息以掩涕兮,哀民生之多艰";汉代骠骑大将军霍去病说:"匈奴未灭,何以家为?"唐代诗人杜甫:"穷年忧黎元,叹息肠内热";北宋政治家范仲淹说:"居庙堂之高则忧其民,处江湖之远则忧其君";南宋诗人陆游说:"位卑未敢忘忧国";清代爱国林则徐说:"苟利国家生死以,岂因祸福避趋之。"这里主要讨论作为元典的"民生"观念,故先秦之后从略。

下》)从中可知,管子认为民生问题是治国理政的重要问题,历来受到"圣王"重视,因此,"明主配天地者也,教民以时,劝之以耕织,以厚养民。"(《管子·形势解》)在农耕社会,解决民生问题,就是鼓励庶民百姓按时耕作,勤于农桑,以保丰衣足食。

孔子对管仲的政治、经济思想很是称赞,极力主张在庶民百姓生活安定之后要"富之"、"教之",但就士大夫及当政者而言,他说,这些人应站得高一点,"君子忧道不忧贫"(《论语·卫灵公》),因为他们是政策的制定者,放在首位的还是如何行仁德之政。只要施仁政,即可民富国强,民生问题也就解决了。他最关心、担心的是什么呢?"德之不修,学之不讲,闻义不能徙,不善不能改,是吾忧也!"(《论语·述而》)在孔子看来,士大夫和当政者如果不能把个人修养、不断学习和改错向善结合起来,就无法"为政以德",而没有"善政",民生问题也就只能是空谈。由此可知,孔子所忧的是社会问题,也是广义的民生问题。

孔子的以德政济民生之思想,源于周。《尚书·大禹谟》论及圣人教诲时说:"德惟善政,政在养民。水、火、金、木、土、谷,惟修。正德、利用、厚生,惟和。"意谓尧舜治天下,对"水、火、金、木、土、谷"非常重视,称之"六府",即谓六者货财所聚;称"正德、利用、厚生"为为政之最重要的"三事";合在一起为九项事功。这里,"厚生"即"厚民生"。

《左传》中多有记述民生的事。如《左传·成公十六年》载:楚为救郑曾与晋国在鄢陵交战。战前,楚国统帅司马子反向楚国资深大夫申叔时请教,申叔时说,一个国家要强大,军队有战斗力,就必须行德政、讲信义、重民生:"德、刑、详、义、礼、信,战之器也。德以施惠,刑以正邪,详以事神,义以建利,礼以顺时,信以守物。民生厚而德正,用利而事节,时顺而物成。……是以神降之福,时无灾害,民生敦庞,和同以听,莫不尽力以从上命,致死以补其阙。此战之所由克也。"但楚国反其道而行之,故出师不利。由此可知,当时政治家们对民生相当重视。

《尚书》关于"正德、利用、厚生"之论,与《易·系辞下》所言"精义入神,以致用也;利用安身,以崇德也"异曲同工,其义相合,二者在言及民生时,都不忘言德。由于均为圣人之论,影响深远,故申叔时谈及民生时也就很自然地说"民生厚而德正,用利而事节,时顺而物成",并认为只有"民生厚"才能"德正",比

《易》将"崇德"作为利用、安身之目的更为深刻。

据《孟子·梁惠王上》载,孟子见到梁惠王时大讲仁政而不言利:

> 孟子见梁惠王。王曰:"叟不远千里而来,亦将有以利吾国乎?"孟子对
> 曰:"王何必曰利? 亦有仁义而已矣。王曰'何以利吾国'? 大夫曰'何以利
> 吾家'? 士庶人曰'何以利吾身'? 上下交征利而国危矣。万乘之国弑其君
> 者,必千乘之家;千乘之国弑其君者,必百乘之家。万取千焉,千取百焉,不
> 为不多矣。苟为后义而先利,不夺不餍。未有仁而遗其亲者也,未有义而后
> 其君者也。王亦曰仁义而已矣,何必曰利?"

司马光经过考证认为,孟子之所以在梁惠王而前不言利,是因人而宜,并不
是孟子对民生不关注、不重视。他在《资治通鉴》卷二"孟轲见魏惠王"中,引用
所见典籍对孟子形象加以新的塑造,并将其言利与《易》之"利用安身,以崇德
也"相联系:

> 邹人孟轲见魏惠王。王曰:"叟不远千里而来,亦有以利吾国乎?"孟子
> 曰:"君何必曰利,仁义而已矣! 君曰何以利吾国,大夫曰何以利吾家,士庶
> 人曰何以利吾身,上下交征利而国危矣。未有仁而遗其亲者也,未有义而后
> 其君者也。"王曰:"善。"
>
> 初,孟子师子思,尝问牧民之道何先。子思曰:"先利之。"孟子曰:"君
> 子所以教民,亦仁义而已矣,何必利?"子思曰:"仁义固所以利之也。上不
> 仁则下不得其所,上不义则下乐为诈也。此为不利大矣。故《易》曰:'利
> 者,义之和也。'又曰:'利用安身,以崇德也。'此皆利之大者也。"
>
> 臣光曰:子思、孟子之言,一也。夫唯仁者为知仁义之利,不仁者不知
> 也。故孟子对梁王直以仁义而不及利者,所与言之人异故也。[①]

司马光何以要增加孟子言利之内容呢? 一是他认为,只有懂得仁义的人才

---

① 《资治通鉴》卷一《周纪·周显王三十三年(乙酉)》。《资治通鉴》中华书局,2009 年 6 月。

明白,仁义其实就是最大的利,魏惠王不明仁义,孟子就针对其弱点而专论仁义,指出"上下交征利而国危"。二是恢复了儒家先贤的原貌,子思当初就曾对孟子讲,关于利、义、德之关系,《易经》对此早就讲过,"利"就是"义"全部内涵,要用利来安抚庶民百姓,从而弘扬德。这才是利益中最重要的。三是司马光本人就非常重视民生,他不赞成王安石之法,其原因之一就是出于忧民意识,认为新法损民而不利于国。

实际正是这样,孟子是非常关注民生的。前文已提及,孟子曾对梁惠王说过:"为民上者"应"乐以天下,忧以天下"(《孟子·梁惠王下》),即时刻关注庶民百姓之忧乐,才能实现天下一统之王业。另一次,公孙丑问孟子,如果齐国任用你为相,能否成就如管仲那样的霸业。孟子说,齐国目前地域辽阔,人口众多,成就霸业是能做得到的,关键是只有像文王、武王那样行施仁政才行。目前的情况是什么样的呢? 仁德之君已很久没有出现,庶民百姓备受暴政压迫折磨,没有比现在更厉害的了,这才是我最担忧的呀![①]

恤民,指对人民疾苦的忧虑与同情。《左传》载,楚国大夫声子出使晋国,返楚后与令尹子木谈到"楚材晋用"时说,这是因为晋国的政策好,又说:

> 归生闻之:"善为国者,赏不僭而刑不滥"。赏僭,则惧及淫人;刑滥,则惧及善人。若不幸而过,宁僭无滥。与其失善,宁其利淫。无善人,则国从之。《诗》曰:"人之云亡,邦国殄瘁。"无善人之谓也。故《夏书》曰:"与其杀无辜,宁失不经"。惧失善也。《商颂》有之曰:"不僭不滥,不敢怠皇,命于下国,封建厥福。"此汤所以获天福也。古之治民者,劝赏而畏刑,恤民不倦。……夙兴夜寐,朝夕临政,此以知其恤民也。"(《左传·襄公二十六年》)

在楚大夫声子看来,为了国家和人民,赏宁宽罚勿滥。这是古代圣贤治国给后人留下的经验。古人治政,愿意多赏而怕用刑罚,就是因为担心伤害无辜;他们坚持"与其失掉好人,宁可利于坏人"的原则,为此,起早贪黑,亲自操劳,"恤

[①] 《孟子·公孙丑上》:"王者之不作,未有疏于此时者也;民之憔悴于虐政,未有甚于此时者也。"

民不倦",以避免失误。

声子所说"以知其恤民"的"古之治民者",实指尧、舜、禹、汤及文王、武王。

关于尧、舜、禹、汤及文王、武王恤民之举及恤民,《尚书》中有很处谈及圣王恤民,"恤"字多次出现,为览其要,现摘录有代表性之语录并试译如下:

1.《舜典》:钦哉,钦哉! 惟刑之恤哉!

[译意]:既然有了刑法,对法要心存敬畏,尤其在实行时要慎之又慎,全面体察,公正怜悯,哀矜勿喜。①

2.《盘庚》:呜呼! 今予告汝:不易! 永敬大恤,无胥绝远! 汝分猷念各从,各设中于乃心。

[译意]:喂! 我郑重地告诉你们,迁都于殷的计划是不会变的! 要永远地敬重上天,顺从天意承大统,恤万民,不要相互疏远,断绝国祀、疏于德政。每人都要分清是非,不忘前人之谋,并择善而从,你们脑子里要想着国家,并怀着一颗赤子之心。

3.《酒诰》:有斯明享,乃不用我教辞,惟我一人弗恤弗蠲,乃事时同于杀。

[译意]:现在宣布,国家已明确诫饮酒规定,如果你们不听从我的嘱咐而继续酗酒的话,我和周王都不会怜悯你们而免除处罚的,与聚众饮酒者一样,都是要杀的。

4.《召诰》:惟王受命,无疆惟休,亦无疆惟恤。

[译意]:只有成王有资格接受上天赋于的保国治民之命,世世无限享此德政之美名,永世久长地关心、体恤庶民百姓。

---

① 《论语·子张》:"孟氏使阳肤为士师。问于曾子。曾子曰:'上失其道,民散久矣。如得其情,则哀矜勿喜。'"鲁国三桓之一的孟氏请曾子的学生阳肤作司法主管,阳肤请教于曾子,曾子说:当政者久不行先王之道,以致民心涣散,不明是非。你要全面了解案情,不要老是责怪庶民,而是尽量怜悯他们,万不可认为自己有权了,把案件判了就居功自喜。

5.《召诰》:越显王,上下勤恤,其曰我受天命,丕若有夏历年,式勿替有殷历年。欲王以小民受天永命。

[译意]:成王伟大光明,君臣上下勤于政事,关心体恤百姓,都说我王是秉受了天命,一定会像夏代有德明君那样长久,像殷代有德明君那样长久。希望周王因为有庶民的拥戴,恭行天命,国运万年长青。

6.《君奭》:天惟纯佑命,则商实百姓王人,罔不秉德明恤。

[译意]:皇天无亲,只保佑和帮助有德之明君。当时,殷商的君因庶民百姓殷实而上天同意其王天下,于是上下无不秉德而行,商王也成了有恤民之功的明君。

7.《君奭》:乘兹大命,惟文王德丕承,无疆之恤。

[译意]:周公说:我之所以摄政,是接受了重大的使命,因为惟有继承文王之德才是最重要的,目的是赓续王业,世世久长地保持恤民之功。

8.《康王之诰》:皇天改大邦殷之命,惟周文武诞受羑若,克恤西土。

[译意]:是伟大的上天改变大邦殷这个国家的命运,于是,我英明的文王、武王接受了皇天之命而顺之,从而勤恤民之功,造福起家于西土的小邑周。

9.《康王之诰》:虽尔身在外,乃心罔不在王室,用奉恤厥若,无遗鞠子羞。

[译意]:那些有功于国的先辈,虽然身不在京都王室,但你们的心无时不在惦念着国家,以赤诚之心拥护国君,体恤庶民百姓,使他们安定,从而避免了亡失,不使年幼之人蒙受耻辱。

10.《吕刑》:乃命三后,恤功于民。伯夷降典,折民惟刑;禹平水土,主名山川;稷降播种,农殖嘉谷。三后成功,惟殷于民。

[译意]:尧帝由于了解民间疾苦,于是命令三位大臣做好自己分管的

事,以建立恤民之功。伯夷分司典礼,施教于民,认真断狱以治暴民之罪;禹分司国土,治理水患,命名山川;后稷分司农业,教民不误时节,努力耕作以获丰收。三位大臣敬业有成,庶民百姓过上了殷实生活。

11.《文侯之命》:闵予小子嗣,造天丕愆。殄资泽于下民,侵戎我国家纯。即我御事,罔或耆寿俊在厥服,予则罔克。曰:"惟祖惟父,其伊恤朕躬!"。

[译意]可怜我年轻即位,遭到了上天惩罚,没有能给庶民百姓带来恩泽,侵凌国家的敌人很多,力量也很大,只好移都东迁。今天辅佐的臣属没有年长者在位,这使我感到难以胜任。因此我才说:祖辈父辈们,你们要可怜我,替我分忧啊!

12.《文侯之命》:柔远能迩,惠康小民,无荒宁。简恤尔都,用成尔显德。

[译意]:要教育好臣僚们,要他们不论远近的庶民百姓都要安抚好,使之生活太平安康;也要管好臣属,不要出现荒废政事和贪图安逸的现象。你要努力安定国家,以保持好的德行和政绩,不断发扬光大。

从以上记述可知,至迟从三代起,关心民瘼,体察民情,怜悯百姓,救助贫困已被视为社会美德,不仅当政者必须做到,即使士庶百姓亦应具备,也就是说,"恤民"既是为宦从政之大德,又是做人应有之情操。

关于体察、同情、怜悯庶民百姓疾苦,孟子将其称为"恻隐",并指出"恻隐之心,人皆有之",认为这是人天生就有的本性,"求则得之,舍则失之"。

恻隐之心,人皆有之;羞恶之心,人皆有之;恭敬之心,人皆有之;是非之心,人皆有之。

恻隐之心,仁也;羞恶之心,义也;恭敬之心,礼也;是非之心智也。仁义礼智,非由外铄我也,我固有之也,弗思耳矣。故曰:"求则得之,舍则失之。"(《孟子·告子上》)

在孟子看来,同情怜悯之心,人人皆有;羞耻斥耻之心,人人皆有;恭谦爱敬之心,人人皆有;是非美丑之心,人人皆有。同情心属于仁;羞耻心属于义;恭敬心属于礼;是非心属于智。"仁义礼智"之美德并不是由外部的因素加给我的,而是人自身天生固有的,只不过平时没有去认真思考、体悟罢了。所以说:需要就可以得到它,放弃便会失掉它。因此,人们应珍视这一美德。

孟子还把恻隐之心称之为"不忍人之心",同时也强调其为"人皆有之":

> 孟子曰:"人皆有不忍人之心。先王有不忍人之心,斯有不忍人之政矣。以不忍人之心,行不忍人之政,治天下可运之掌上。所以谓人皆有不忍人之心者,今人乍见孺子将入于井,皆有怵惕恻隐之心——非所以内交于孺子之父母也,非所以要誉于乡党朋友也,非恶其声而然也。由是观之,无恻隐之心,非人也;无羞恶之心,非人也;无辞让之心,非人也;无是非之心,非人也。恻隐之心,仁之端也;羞恶之心,义之端也;辞让之心,礼之端也;是非之心,智之端也。人之有是四端也,犹其有四体也。有是四端而自谓不能者,自贼者也;谓其君不能者,贼其君者也。凡有四端于我者,知皆扩而充之矣,若火之始然,泉之始达。苟能充之,足以保四海;苟不充之,不足以事父母。"(《孟子·公孙丑上》)

孟子认为,怜悯体恤弱者之美德古已有之,尤其体恤庶民百姓之苦痛,从古圣王至今不绝,将其用于政治是非常容易的一件事,人人可以做到。由此可知,怜悯同情之心,就如同人的四肢长在自己身上,随时可用。没有怜悯同情之心等,简直说就不可以。而如果自觉地发挥作用,便可在家养父母,在外安天下。

孟子何以如此强调恻隐之心? 这和其政治主张——"仁政"是分不开的。他说:"恻隐之心,仁之端也",并说:"无恻隐之心,非人也"! 这里,孟子将他的"人性善"的哲学主张与行"仁政"的政治主张相结合,认为人之"四心"与人之"四德"天生就有,并说:"求则得之,舍则失之",这无疑已向世人昭示:在人的修身和为政方面,人性的自觉具有重要意义。孟子认为,在道德修养上,不论尊卑,不论士庶,"人皆可以为尧舜";(《孟子·告子下》)在为政方面,不论能力高低,都可以行仁政。就这一问题上,他毫不客气地批评了梁惠王:"恩足以及禽兽,而功不至于百姓者,独何与? 然则一羽之不举,为不用力焉;舆薪之不见,为不用明焉;百姓之不见保,为不用恩焉。故王之不王,不为也,非不能也。""挟太山以超北海,语人曰:'我不能。'是诚不能也。为长者折枝,语人曰:'我不能。'是不为也,非不能也。故王之不王,非挟太山以超北海之类也;王之不王,是折枝之类也。"(《孟子·梁惠王上》),

孟子对恤民、恻隐之心的论述意义重大。一是孟子"人皆可以为尧舜"与"不为"、"不能"之论,充分说明了主观能动性的巨大作用,表明了理论对实践的指导功能,这既可启迪人们奋发向上以自信,又可鞭策人们奋发向上以自励。二是从向善的角度看,"恻隐之心人皆有之"表明,孟子从人性出发看社会,人不论处于任何阶层,不论尊卑贵贱,在人格上都是平等的,从这个意义上说,孟子的民本思想已具有明显的平民意识。三是人只要有向善之心,也就是严于求己,注意后天之学,便会时时作出有益于庶民百姓之举。

10. 治民使民

民本思想中的"治民"、"使民",其内容主要是如何管理和役使庶民百姓。夏商周三代时期的宗法专制政治制度是建立在小农经济基础之上的,所谓的"民",主要指农民及少数脱离农业而从事专项劳动的手工业者,包括一些失去土地的奴隶,若扩而广之,可能少量的下层"士"也在其中。所有这些,构成了一个可称为"黎民百姓"的群体。以农民为主体的广大劳动者是社会财富的创造者,也是劳役与贡赋的提供者,他们的生活、生产状况直接影响着国家的隐定与安全。对此,从舜、禹至成汤、文王、周公都是很清楚的,因而无不强调"敬天保民"、"明德慎罚"而反对虞民、伤民;在役使庶民百姓方面,强调"有时"、"有度",而反对贱民、残民或伤民。

先秦贤哲谈到"治民"问题,总是与治国联系在一起的,也总是与"君"、"君子"联系在一起的。这就告诉人们,如何管理、使用百姓是一个政治问题,是与国家的大政方针紧密相联的,是一项全面的系统工程,是整个国家治理链条中的重要一环。孔子主张从政要"尊五美、屏四恶",既论及到了主政者的素质,也谈到了其具体对民的态度:

　　子张问于孔子曰："何如，斯可以从政矣？"子曰："尊五美，屏四恶，斯可
以从政矣。"子张曰："何谓五美？"子曰："君子惠而不费，劳而不怨，欲而不
贪，泰而不骄，威而不猛。"子张曰："何谓惠而不费？"子曰："因民之所利而
利之，斯不亦惠而不费乎？择可劳而劳之，又谁怨？欲仁而得仁，又焉贪？
君子无众寡，无大小，无敢慢，斯不亦泰而不骄乎？君子正其衣冠，尊其瞻
视，俨然人望而畏之，斯不亦威而不猛乎？"子张曰："何谓四恶？"子曰："不
教而杀谓之虐；不戒视成谓之暴；慢令致期谓之贼；犹之与人也，出纳之吝，
谓之有司。"(《论语·尧曰》)

　　"五美"中的"惠而不费"，孔子解释为"因民之所利而利之"，即，利就以民
为出发点，他如"欲而不贪"，"威而不猛"等，也都是与庶民百姓打交道所必须注
意的。至于说到"四恶"中的"不教而杀"、"不戒视成"，更是指在管理庶民百姓
是中的恶行。

　　在治国治民中提倡什么，反对什么，孔子态度非常鲜明，除"尊五美，屏四
恶"之外，孔子还有较多论述。如："子曰：'道之以政，齐之以刑，民免而无耻；道
之以德，齐之以礼，有耻且格。'"(《论语·为政》)依孔子之意，治国就要使民
"知耻"、"有格"，因此，"治民"首先要"教民"，也就是要不断提高庶民百姓的素
质。否则无以立国。又如：

　　子贡问政，子曰："足食，足兵，民信之矣。"子贡曰："必不得已而去，于
斯三者何先？"曰："去兵。"子贡曰："必不得已而去，于斯二者何先？"曰：
"去食。自古皆有死，民无信不立。"(《论语·颜渊》)

　　孔子所言足食、足兵、民信三项，除"足兵"纯属治国之外，另两项都是如何
理民、治民问题。其中"民信"，既包含"君"要"取得民信"之意，也包含"君"要
"使民知信"之意，孔子之意更侧重于后者。这时因为，由于庶民百姓日常多于
劳作，受教育机会少，对"礼"知之甚少，君的一个重要任务就是教民知礼、知信；
尽管在一般情况下可以"礼不下庶民"，但从治国的角度而言，"民无信不立"，民
无智则国家不可能具有强大的实力。

春秋战国之时,把提高庶民百姓的素质当作"治民"的重要内容,在北方诸侯国如齐、鲁、晋等国较为普遍,这可能是由于宗法关系与周亲近和受周礼影较深的原因,相比之下,南方的诸侯国如楚国就不太重视。《左传》对城濮之战前楚、晋的记载就是一个鲜明的对比。先看一下不重视教民以提高国力的楚国:

> 楚子将围宋,使子文治兵于睽,终朝而毕,不戮一人。子玉复治兵于蔿,终日而毕,鞭七人,贯三人耳。国老皆贺子文,子文饮之酒。蔿贾尚幼,后至,不贺。子文问之,对曰:"不知所贺。子之传政于子玉,曰:'以靖国也。'靖诸内而败诸外,所获几何? 子玉之败,子之举也。举以败国,将何贺焉? 子玉刚而无礼,不可以治民。过三百乘,其不能以入矣。苟入而贺,何后之有?"(《左传·僖公二十七年》)

楚成王准备攻打宋国,先派子文在睽地操练,整个演习下来,没有杀惩处一人。后来让子玉在蔿地再行操练,一天鞭笞七人,以箭穿耳三人。资深大臣都来贺子文,子文设宴招待。当时蔿贾年纪最小,来的也最晚而且没有说一句祝贺的话。子文问他,回答说:"不知道贺什么呀! 你把兵权交给了子玉,并说这是为了安定国家。结果怎么样呢? 安于内而败于外,国家得到了什么? 子玉对外作战失败,他可是你举荐的统帅呀! 因你的举荐而使国家失败,还有什么值得可贺的呢? 子玉刚愎自用,不明事理,不懂礼法,根本就不能胜任治军理民之重任。他最多只能当个下级军官,若让他统帅的兵车超过三百辆,恐怕就不能回来了。如果能回来,到那时再祝贺,还能晚吗?"在蔿贾看来,为将者不知教民又刚愎自用,士卒未加训练等于是一群乌合之众,如此治国治民,焉有不败之理。

与"刚而无礼,不可以治民"相比,晋国就不是这样,而是教民知义、知信、知礼。当楚成王围宋而宋向晋求救时,晋之谋士先轸与赵衰对形势进行了分析,决定不正面交战,而是攻打楚之盟国曹、卫,之后精心挑选"说礼乐而敦《诗》《书》"的郤縠为中军元帅和左右配将。由于准备充分,因而一战而胜。有趣的是,《左传》的作者还别有深意地对晋国之胜作了补充说明:

> 晋侯始入而教其民,二年,欲用之。子犯曰:"民未知义,未安其居。"于

是乎出定襄王,入务利民,民怀生矣,将用之。子犯曰:"民未知信,未宣其用。"于是乎伐原以示之信。民易资者不求丰焉,明征其辞。公曰:"可矣乎?"子犯曰:"民未知礼,未生其共。"于是乎大蒐以示之礼,作执秩以正其官,民听不惑而后用之。出谷戍,释宋围,一战而霸,文之教也。

在作者看来,晋国霸业渊源有自,这就是以周礼为指导治国理民,通过教民知义、知信、知礼而强国。

晋文公结束流亡回到国内后,就非常重视对庶民百姓的教育和训练。两年之后,他想用民,其舅父子犯对他说说:现在还不行,老百姓尚不明道义,心还没安定下来。于是文公就专程到京都朝拜周襄王,表示尊周之意,回国后又全面做好有利民生之事,使百姓安居乐业。这时又打算使用百姓。子犯又说:为时尚早,庶民百姓还不知道讲信用,对信用的重要性认识不清。于是,文公就攻打原国,从而让老百姓看到了信用。之后老百姓相互买卖不求高利,价格也公开明码。文公问子犯:"可以了吧?"子犯回答说:庶民百姓大多还不懂得礼仪,处事为人还没有恭敬之心。于是,就举行了一次盛大的阅兵式来显示礼仪威仪,同时设置专门职官负责秩序及负责管理,目的是让庶民百姓对听到的和看到的都能明辨是非而不被表面现象所惑。由于全民素质空前提高,晋国出兵谷地,一战而楚军败走,不仅解除了楚国对宋之围,也奠定了晋在诸侯中的称霸地位。所有这一切,都是文公对其国民教化的结果。

关于"治国"、"使民",孔子的一段话也十分经典:"道千乘之国,敬事而信,节用爱人,使民以时。"(《论语·学而》)在孔子看来,要治理好一个千乘的中等国家也很不容易,必须坚持三项基本原则:一是要办事认真,谨慎敬业,恪守信用;二是要管理好经济,合理地使用人才,爱护人才;三是重视农业,役使庶民百姓要不误农时。

"使民以时"是因为农业生产的季节性强,不违农时才能按时耕种,按时收获。违时即违天,违天则万物不成。在孔子看来,只有能正确处理好天、地、人之关系,治国、治民才会有好的效果。他说:"天作仁,地作富,人作治。乐治不倦,

财富时节,是故圣人嗣则治。"①他还说:

> 知仁合则天地成,天地成则庶物时,庶物时则民财敬,民财敬以时作;时
> 作则节事,节事以动众,动众则有极;有极以使民则劝,劝则有功,有功则无
> 怨,无怨则嗣世久,唯圣人!是故政以胜众,非以陵众;众以胜事,非以伤事;
> 事以靖民,非以征民;故地广而民众,长之禄也。(《大戴礼记·诰志》)

孔子说:智慧与仁德结合天地就正常运行;天地正常运行万物也就能应时而
生;万物应时而生庶民百姓就会敬业创造财富;创造了财富庶民百姓也就会更加
按时劳作;按时劳作也就会以礼行事建立功业;建立功业又反过来鼓励更多的人
参加劳作;人参加劳作就要制定劳作的要求和标准;有了要求和标准又能使庶民
百姓团结;相互团结帮助就会产生积极的社会功效;看到社会功效大家就更加团
结而无怨言;庶民百姓团结无怨就能使社会稳定,国运长久。这只有圣人才能做
到呀!所以说,行德政就是为了让庶民百姓兴盛而不受欺凌,是有助于让庶民百
姓事业兴盛而不是受损伤,是为了庶民百姓的安定而不是让他们受到惩罚。这
样,行德政的结果使得国家地域宽广而黎民众多,不言而喻,国君福寿也就更加
长久了。

在孔子看来,只有为政以德,治国治民才能形成良性循环:社会安定,天子行
仁德→庶民乐于劳作→积极创造财富→人民富庶,国祚长久,社会安定。孟子对
此也笃信不移,他说:没有规矩,不成方圆。治国治民也是如此,其规矩就是先王
的"仁政"。他说

> 离娄之明,公输子之巧,不以规矩,不能成方圆;师旷之聪,不以六律,不
> 能正五音;尧舜之道,不以仁政,不能平治天下。今有仁心仁闻而民不被其
> 泽,不可法于后世者,不行先王之道也。故曰,徒善不足以为政,徒法不能以
> 自行。《诗》云:'不愆不忘,率由旧章。'遵先王之法而过者,未之有也。
> (《孟子·离娄上》)

---

① 《大戴礼记》卷十《诰志》。方向东《大戴礼记汇校集解》,中华书局,2008 年 8 月。

孟子认为,"不以仁政,不能平治天下",口头上的仁政更不能治国治民,只有善良的愿望而没有具体的行动不足以为政。真正遵照尧舜之道而国家得不到治理者,天下从来没有过。在他看来,治国治民也很简单,那就是"率由旧章",一切"皆法尧舜而已"。否则,"不以尧之所以治民治民"就是残害百姓。

> 规矩,方员之至也;圣人,人伦之至也。欲为君,尽君道;欲为臣,尽臣道。二者皆法尧舜而已矣。不以舜之所以事尧事君,不敬其君者也;不以尧之所以治民治民,贼其民者也。孔子曰:"道二:仁与不仁而已矣。"暴其民甚,则身弑国亡;不甚,则身危国削,名之曰"幽"、"厉",虽孝子慈孙,百世不能改也。《诗》云:"殷鉴不远,在夏后之世",此之谓也。(《孟子·离娄上》)

孟子在这里指出,不以仁政治国治民是十分危险的:重者"身弑国亡",轻者也使会祸及国家,遭万世之唾骂。殷朝的借鉴不远,就在前代的夏朝。

因此,作为治国方略,治民之策举足轻重,万不可掉以轻心。

五、民本之鉴

《尚书》曰:"学于古训,乃有获"。又说:"事不师古,以克永世,匪说攸闻"。(《尚书·说命下》)从以上对民本观念渊源的梳理可知,民本思想在中国政治史上内涵丰富,影响深广,对今天仍有许多借鉴意义。

1. 重民敬民是政治文化、大众文化

产生于三代的民本观念,其原始的经典表述为"民惟邦本,本固邦宁",其核心内涵是重民。在诸子的阐释与发展下,民本思想日趋完善和系统化,其中儒法两家贡献至巨。孔子的"为政以德"、孟子的"民贵君轻"、荀子的"民水君舟"的提出,使这一思想在"尊君重民"的前提下得以升华;法家"法不阿贵"等思想的提出,使民本思想在治国理政的实践中日趋理性。诸子思想的合流,说到底是在"民本"这一共识基础上的合流。这一合流,意义重大,不仅完成了民本思想理论化的进程,使其成为了具有鲜明农耕与宗法特色的中国古代政治学说和政治文化,而且使其具有了全民性,拥有最深厚的民众基础,超越了地域和时空,超越了阶级和学派,超越了尊卑与民族,历久弥新地影响着人们的政治信念、价值取向和社会行为,成为长期占居主流地位的社会大众文化。

2. 君民互依是社会稳定的政治智慧

民本思想是古代先哲政治智慧的产物,是世界上最早关于处理民族、国家、民众利益关系的政治理念,它既包含着国家治理中的为君之道,又包含着维护国家利益的治民之道;作为在国家统治中处于强势主导地位的君,只有自觉把处于劣势的民纳入政治范畴思维,才有可能维护好国家利益。《尚书》所记尧舜禹所传心法有"允执厥中",孔子提出"中庸"的命题,但在政治学的运用中,当首推孟子,尤其在君、国、民三者关系中,他权衡最宜。孟子认识到,虽然天为民立君,但若没有了国,没有了民,君也就必然不复存在;反之则不然,国无君则可以重立新君。因而他说:"人有恒言,皆曰'天下国家'。天下之本在国,国之本在家,家之本在身。"(《孟子·离娄上》)何为中心呢?"一正君而国定矣",(《孟子·离娄上》)这就是他的结论。也就是说,君为社稷而设,社稷为庶民而设,得乎丘民而为天子;正是在这一前提下,"民为贵,社稷次之,君为轻"。作为政治口号,"民贵君轻"调和了三者之矛盾,强调了三者之和谐,要现实的是"三赢",故而千百年来受到上至君,下至民的一致赞同。

3. 惠民利国是一切政策之基石

自秦一统天下,中国封建王朝延续二千多年而相继有序,就政治理念而论,虽然代有所变,人言言殊,但就如何对待民生,如何体察民情,如何顺从民意等方面,民本思想犹如一条无形而粗大之绳索将历代连贯。譬如"君舟民水"之说,从孔子、荀子至唐太宗,以至于元代、清代少数民族最高统治者阶层之有识之士,无不以之为鉴,宵旰惕厉,以求国靖民安。故有论及民本思想者称其为"中华帝制的根本法则",在"精神、行为、政策、制度的互动中,民本思想逐步演化成通贯整体、影响全局、包罗万象的重大政治现象。"①正是因为这样,每当朝代更迭,便有轻徭薄赋、蠲免苛杂之举,至于兴修水利、通商惠市、修庠增序、轻刑废酷等,无不是在民本思想指导下出于抚民绥民而收到惠民之效。

① 张分田《民本思想与中国古代统治思想》(下)第657页。南开大学出版社,2009年7月。

4. 精神价值永可传衍

民本思想作为中国最古老的政治思想,由于其基本内涵为尊君重民,其精神价值为治国强国,其实现途径为养民惠民,三位一体构成了一个不朽的永恒主题,并使封建社会的任何朝代都不可回避而加以认知。何以至此呢?任何社会,就利益结构集团而言,都是由统治集团、国家和民众三部分组成,在专制主义社会,三者之间的矛盾基本处于对立状态,但民本思想犹如一付万能的润化剂,具有超强的优化君主政治之功用:凡民本思想受到重视,三者之矛盾就缓和、就融洽,社会各方面就能协调发展,甚至出现盛世;反之,三者的矛盾就激化,就会出现革命。正是由于如此,民本思想的价值系统不断被历代政治精英所发现,所激活,所创新,所运用,在政治上表现为强烈的人本主义,在政策上表现为利民惠民的治理机制,在意识形态上表现为重民保民的和合舆情,在组织上表现为民间社团的自为。民本思想作为一种丰富的历史文化资源,人人都可以从中各取所需,故而二千多年来其价值体系的精神不仅绳绳相继,得到传衍,而且其元典精神历久而弥新,不断焕发新的活力。

5. 在与时俱进中不断弃旧布新

民本思想作为历史的存在,就其合理性与本质属性而论,不论其价值多高,它都是为君主专制服务的,属于昨天专制的传统社会而不属于今天。但民本思想和大同理想、小康社会一样,为先哲们对民族政治的重大贡献,是中华优秀传统文化中最具光辉的篇章,因而有许多政治智慧、文化基因仍然适应于现代社会,应予继承与光大,如其关于重民、养民的论述,关于得民心得天下、失民心失天下的论述,关于顺民意与天下为公的论述等,对我们认识执政规律,树立公仆意识,加强社会主义民主政治建设均具有很大的启迪和借鉴作用。然而也要认识到,民本不等于人民当家作主,也不等于现代民主(按:见文后"附录"),只有这样,才能合理地继承与弘扬其积极进步的因素,而扬弃其不适应今天的陈腐过时成分,从启迪中受益,从除旧中布新。

附:民本与民主

民本思想是我国先哲关于国家与人民关系之认识,它蕴含着深厚的人民意识,富有哲理和智慧,因而影响了其后二千多年当政者治理国家的各项政策,其中包括政治、经济、文化、教育等各个方面。民本思想是农耕社会的产物,是在宗法观念和等级观念下萌生和确立的,虽然强调了民的重要,主张畏民、爱民、利民和富民,但其本位则是"君",是在尊君前提下的畏民、爱民、利民和富民,因而其核心是"尊君重民"。这不是其落后的表现,而正是其鲜明的时代特色。当西方社会之君还在残酷地虞民之时,东方神州之民在君的心中已有了神圣的地位,因而民本思想的进步性是值得充分肯定和称赞的。

民本思想与西方社会近代的民主思想不可同日而语,甚至可以说没有丝毫的相同之处,如果一定要借用西方现代"民主"一词的话,只能说"民本"观念中蕴含了一些朴素和初步的古典式的民主思想萌芽。然而,在形而上方面(按:《易·系辞上》:"形而上者谓之道"),二者却有相通之处,也就是说,在思想认识的理念和思维方式上,有不少共同的语言。

但也有一些论者认为,西方当代的思想,不论民主,也不论自由;不论博爱,也不论宪政,凡西方有者,中国均古已有之。网上就有一篇关于"民主"的资料,称远在西周时期,中国即产生了民主思想。引征资料为《尚书》。原文如下:

民主一词出自《尚书·咸有一德》:"后非民罔使,民非后罔事,无自广以狭人。匹夫匹妇不获,自尽民主罔与成厥功。"

解:后:君王。罔:网也。厥:其也。非:《尚书·说命》曰"无耻过作非。""自广以狭人":是说对自己阔绰,对别人狭隘,也就是对别人吝啬。《尚书·咸有一德》:"君非民网使,民非君网事,无自广因狭人。匹夫匹妇不获,自尽民主网与成其功。"

也就是说君非民,网罗是为了使用;民非君,网罗是为了事务。无论谁,无自广以狭人。也就是不必对自己阔绰,对别人狭隘,对别人吝啬。匹夫匹妇不收获,想着收获;各自尽自己的主张,相互网罗参与成其所要做的事情。然后人人有获。

其实,现实中每个人做的每一件事,都与其他人关联着。受着国家这个网络的影响。国家这个网络的构架,也直接影响着每个人的事情。国有道无道,就在于国家的构架。原文说的好!显现了"匹夫匹妇"的"民主",与君王同等。相互制约,相互促进。可见《论语》《老子》《周易》必须在这个基本上去理解。①

　　作者说，《尚书·咸有一德》一文"显现了'匹夫匹妇'的'民主'，与君王同等"。

　　这是一则典型的望文生义。文中之误较多，仅其硬伤即有三。一是误将二千年的"民主"二字当作今日政治思想之词来理解；二是对文中的字随便曲解，如"罔"，本是"无"、"不"之意，作者却解为"网也"。三是对句意随意曲译，把"罔使"译为"网罗是为了使用"，把"罔事"译为"网罗是为了事务"，等等。

　　为避免一叶障目之蔽，现看一下《咸有一德》全文：

> 　　伊尹既复政厥辟，将告归，乃陈戒于德。曰："呜呼！天难谌，命靡常。常厥德，保厥位；厥德匪常，九有以亡。夏王弗克庸德，慢神虐民，皇天弗保。监于万方，启迪有命，眷求一德，俾作神主。惟尹躬暨汤，咸有一德，克享天心，受天明命，以有九有之师，爰革夏正。
>
> 　　非天私我有商，惟天佑于一德；非商求于下民，惟民归于一德。德惟一，动罔不吉；德二三，动罔不凶。惟吉凶不僭在人，惟天降灾祥在德。
>
> 　　今嗣王新服厥命，惟新厥德。终始惟一，时乃日新。任官惟贤材，左右惟其人。臣为上为德，为下为民。其难其慎，惟和惟一。德无常师，主善为师。善无常主，协于克一。俾万姓咸曰'大哉王言'。又曰'一哉王心'。克绥先王之禄，永厎烝民之生。
>
> 　　呜呼！七世之庙，可以观德；万夫之长，可以观政。后非民罔使，民非后罔事。无自广以狭人，匹夫匹妇不获自尽，民主罔与成厥功。"

　　《咸有一德》主要记述殷商贤相伊尹对太甲的训示。《尚书正义》曰："此篇终始皆言一德之事，发首至'陈戒于德'叙其作戒之由，已下皆戒辞也。'德'者，得也，内得于心，行得其理，既得其理，执之必固，不为邪见更致差贰，是之谓'一德'也。而凡庸之主，监不周物，志既少决，性复多疑，与智者谋之，与愚者败之，

则是二三其德,不为一也。经云:'德惟一,动罔不吉。德二三,动罔不凶。'是不二三则为一德也。又曰:'终始惟一,时乃日新。'言守一必须固也。太甲新始即政,伊尹恐其二三,故专以一德为戒。"

该文的大意是说:伊尹当年放太甲于桐宫,三年后伊尹还政于太甲并准备告老还家时又对太甲作了简要的训诫,要太甲施政以德,重在养民。他说:天命也不是固定不变的。如果能一以贯之地行施德政,上天就保佑你拥有的天下;否则,它就会使你丧失。夏桀无德,亵神暴民,因而皇天不佑。上天要寻求的是有纯一之德的开明之君,使他做天下之主。成汤贤明有纯一之德,深得天帝之心,于是被上天选中,革掉了夏之命以建国。

这并不是上天有意私偏,而是上天只助君臣同心同德的国家;也不是殷商君臣恳求于庶民百姓,而是天下庶民老百姓自愿归顺君臣同心同德的国家。同德同心,行动没有不吉者;离心离德,行动没有不凶险的。吉凶与否,全在于一人;灾祥与否,全在于德之有无。

如今,你当国君履行天命,最重要的就是实施德政,并且要做到始终如一。任用的大臣要有德有才,一般人员也要能够胜任。他们对上要知道以德治国,对下要知道爱护百姓,做到做事谨慎,为人和气。德政没有不变的老师,善即为老师。善的做法也不是不变的,能够达到协和万邦于一就好。要使天下庶民百姓都异口同声称赞国君有为,国君心明眼亮就好。这样,就能够保全先王传下来的福禄,永远使万民生活安定。

从供奉天子七世的祖庙可以看到先王的功德;从臣属百官们的身上可以看到行施德政的状况。国君如果没有庶民百姓就无从行使政令,庶民百姓如果没有国君也就无人可以拥戴,无处尽力。国君不可以自高自大而藐视庶民百姓,小视人就不能全面发挥人的才能和力量,庶民百姓不为国尽力,国君也有无人助其建立功勋。

对最后一段之观德观政,孔颖达疏曰:"既言君民相须,又戒王虚心待物。凡为人主,无得自为广大,以狭小前人,勿自以所知为大,谓彼所知为小。若谓彼狭小,必待之轻薄。彼知遇薄,则意不自尽。匹夫匹妇不得自尽其意,则在下不肯亲上,在上不得下情,如是则人主无与成其功也。"①很明显,文中的"民主"即"民之主"之义,也即上天为民所立之君,故孔疏谓之"人主"。

《尚书》中出现"民主"者四处,另三处在《多方》中,如:"天惟时求民主,乃大降显休命于成汤,刑殄有夏"、"乃惟成汤,克以尔多方简代夏作民主"、"天惟五年须暇之子孙,诞作民主,罔可念听",皆为"民之主"之义。

"民之主"或"人主",一指国君,二指较高级别之掌权柄者。后者之义可见《左传》。如《左传·文公十七年》:"襄仲如齐,拜谷之盟。复曰:臣闻齐人将食鲁之麦。以臣观之,将不能。君之语偷。臧文仲有言曰:'民主偷必死'!"此处的"民主"指齐国国君齐懿公。杜预为《左传》作注:"偷,犹苟且。"襄仲对鲁文公说,齐懿公说话极不严肃,作为国君,在公开的外交场合下胡言乱语,可见其思维已很混乱,病情严重,正像臧文仲说过的那样,很快就会死的(按:齐懿公仅在位四年,讲此话的第二年,即文公十八年即逝)。又如《左传·襄公三十一年》:"三十一年春,王正月,穆叔至自会,见孟孝伯,语之曰:'赵孟将死矣。其语偷,不似民主。且年未盈五十,而淳淳焉如八九十者,不能久矣。'"此处的"民主",指身为正卿中将军、掌握晋国大权的赵武。前542年,鲁国大夫穆叔(即叔孙豹)出使回来,向孟孝伯报告说:赵武快要死了。他还不到五十岁,但说话已似八九十的样子,暮气沉沉,得过且过,不像个大臣,不会活很久了,我们应早有对策才行。

总之,先秦民本观念的产生,主要是对夏商周三代治国经验的总结,民本思想充分体现了先哲们高度的政治智慧和天下为公的广博胸。但也毋庸讳言,民本并非民主,且今日政治含义的西方"民主"一词,更是压根儿就与周代文献中之"民主"不沾边儿。

第四节　崇圣向善观念

在周代元典观念中,稍加留意,人们就会发现,不论宗法观念、民本观念、通变观念,也不论正统观念或其他,始终以天人观念为基础,"天人合一"思想一直

----

① 《尚书正义》,《十三经注疏》,中华书局,1980年9月。

为各种观念之核心,并由此推及生命及人伦,闪烁着人文精神之光辉。

一、人文精神之光

论及人文精神,今人多指欧洲文艺复兴时期西人批判神本主义时产生的自由、平等、博爱的人道主义精神及其价值观。中华民族的发展与西方迥然不同,由于宗法观念的强大,中国没有出现过如西方近代意义上的人文主义思潮,但这并不意味着中国没有产生过人文精神,恰恰相反,大量文献记载表明,早在周代,诸子已从不同层面阐述过许多闪烁着人本精神、人道主义思想人文理念。儒、墨、道、法等学派,无不以人为核心,以人伦道德为本位,在治国理政、人格修养、社会发展诸方面,深入探讨了人在宇宙间的地位、人与天、地之关系、人的尊严以及如何实现人的价值等问题,其阐述之全面、分析之深刻、范畴之宽泛、内容之丰富,是同时期以希腊为代表的欧洲哲学、以印度为代表的南亚哲学所不可比拟的。

在对"天人合一"的传承与弘扬上,夏商周三代既有连续性,又有阶段性。周人与商人、夏人相比,对天人关系之理解上有了明显的不同,其最为突出者,前者的重心侧重于天,认为天的主导作用强于人,后者则倾向于人,认为人只要有德,则天必佑人。也就是说,商人、夏人在无条件崇拜自然方面远远超过了周人,带有浓重的原始宗教色彩,周人在尊天、崇天的主动性方面则远远超过了前人,人文色彩凸显,对儒家学派的形成产生了重大影响。

周人赋于"天"、"天命"或"天道"以人文的意义,不论从哲学意义或自然价值理解人与社会、人与宇宙之关系,在思想观念上都是一次质的飞跃。从此,"人"成为了相对独立的自我本体,不再无条件依附于强大的自然与自然之神,而是以"人"(自我)为核心解释"天"、"天命"或"天道"。

周人不仅提出"惟天地,万物父母,惟人,万物之灵"(《尚书·泰誓上》),将人居于万物之上,还明确地将"天、地、人"并称为"三才":"有天道焉,有人道焉,有地道焉,兼三才而两之。"(《周易·系辞下》)还进而解释道:"立天之道曰阴与阳,立地之道曰柔与刚,立人之道曰仁与义。"(《周易·说卦》)显然,"三才"即天道、地道、人道。这里,尤值得称道的是,将"仁与义"释为人道,清楚地显现出周人对"人道"之内涵作出了崭新的阐释。

周人对天人关系阐释最具理论意义的是提出了"天文"与"人文"的概念。"刚柔交错,天文也;文明以止,人文也。观乎天文,以察时变;观乎人文,以化成天下。"(《周易·贲·彖传》)这里所说的"天文"乃指宇宙与自然界;"人文"则指社会与文化。这表明,周人已经懂得:认识世界和改造世界必须兼顾两个方面,一是要全面观察自然界日月风云的变化,认识和掌握其规律,才能较好根据其运行规律来指导万民的农事生产和日常生活;二是要全面了解前人总结出的社会管理、协调及人与人相处的各种经验并在实践中加以运用和总结,探讨人的本性、人生的价值、处理人际关系的原则等等,以此来使天下庶民百姓得到各种教化,人的素质得到不断提高。

人文精神是一种普遍的人类的自我关怀,其主要内涵是对人的尊严、价值及命运的维护、追求与关切,对人类产生的各种精神文化现象高度珍视,概言之,就是尊重人的价值、尊重人类创造的精神文化的价值。有论者认为,所谓人文精神,专指欧洲文艺复兴时期提倡的"个人的自由、权利、价值、尊严及其保障,这是文艺复兴以来形成的人文精神的核心。离开这一条去谈人文精神,不管主观意图如何,都是对人文精神的亵渎和歪曲。"①这一看法未免过于偏颇。众所周知,人文精神和其他人类思想一样,其产生、发展都是一个过程,无条件地将欧洲文艺复兴时期的主张作为一种衡量标准是不妥当的。关于人文精神,东西方的发展是不大相同的,就围绕"人"的发展而言,中国人强调"慎独",强调抑制性情的"自律",重视个人情操修养,主张以德立身;西方文艺复兴时期主张人身"自由"和"个性解放",当"自由"危及到他人时,由法律来制裁。两相比较,如同治病,西方主张有病则治,中国人不但主张有病要治,还要注意"治未病"。德治教育即是"治未病",有什么不好呢?"五四"运动以来,在向西方学习的问题上,总有人认为"西方的月亮比中国的圆",其主观意图不管是崇洋媚外还是恨铁不成钢,实际效果都很差。道理其实简单得很:思想片面,脱离实际。习近平同志指出:"不同国家、民族的思想文化各有千秋,只有姹紫嫣红之别,而无高低优劣之分",因而,"无论哪一个国家、哪一个民族,如果不珍惜自己的思想文化,丢掉了思想文化这个灵魂,这个国家、这个民族是立不起来的。"因此,必须"尊重各国

---

① 袁伟时《宽容,自由,少说蠢话——答〈旅伴〉杂志记者刘雅琴》,《旅伴》2009 年第 8 期。

各民族文明"。"各国各民族都应该虚心学习、积极借鉴别国别民族思想文化的长处和精华,这是增强本国本民族思想文化自尊、自信、自立的重要条件。"①

人文精神是人类思想发展史的里程碑,就中华文明而言,人文精神虽然在人类早期活动中就已有闪现,但从其形成而言,周公制礼作乐无疑是其发端与肇始标志;至春秋时期经儒家的弘扬与发展,不仅蔚为大观,而且初具体系,日益渗透于政治制度、社会治理、道德规范和人们的行为准则之中,以至成为人们日用而不知的价值观。

周人对人文精神的认识较之欧洲文艺复兴时期西方哲人所提出的人文精神虽然在内涵上尚缺乏民主的元素,但在 2500 年前就意识到人的自然本性,万物中应以人为本,肯定人的价值,尊重人格独立,提倡人的平等,人应修身向德,提高素质,从而维护人的尊严,保障人的权利等,这足以表明,中华民族生命伦理的人文之光已在东方地平线上闪耀,岂不同样难能可贵哉!

作为观念形态的人文精神,在先秦时期主要表现在敬天尊人,修德富人,平等爱人,圣贤为人,博闻化人诸方面。

1. 天为尊,人为本

天人关系问题是中国哲学、中国文化中的一个重大问题,至今还影响着人们的思维与话语。西周之前,尤其殷商时期,在原始宗教意识中,"天"是至高无上的,"天命"决定人世间的一切,鬼神至高至尊,"巫"有崇高的地位,以至殷王身兼巫职。汤灭夏,周克殷是先秦史上两次最伟大的"革命",血与火的历炼使周公等先哲思想上也发生了一次极为深刻的"革命"。两次改朝换代使他们认识到"周虽旧邦,其命维新",桀、纣之亡,根本原因在于失德虐民,上天不佑。商汤指出:"有夏昏德,民坠涂炭","有夏多罪,天命殛之。"(《尚书·汤誓》)但到纣时却忘得一干二净。在"殷之即丧"的危急关头,大臣祖伊一针见血地对他说:"王淫戏用自绝,故天弃我",但纣王却看不到人心的背向,还若无其事地认为:"我生不有命在天?"(《尚书·西伯戡黎》)把国家、个人的命运完全寄托于"天"。

---

① 习近平《在纪念孔子诞辰 2565 周年国际学术研讨会暨国际儒学联合会第五届会员大会开幕会上的讲话》,《人民日报》2014 年 9 月 25 日。

　　"小邦周"的逐渐强大使周人理性思维得到了极大的加强,人的自主意识不仅渐次觉醒,而且得到了一定的升华,周公等人最早认识到人的行为的重要性,人心背向的重要性,"天矜于民。民之所欲,天必从之"。出于这一认识的自觉,周人才果敢地与诸侯会师讨殷,在师誓时义正辞严地指出"惟天地万物父母,惟人万物之灵",纣王却反其道而行之,"今商王受弗敬上天,降灾下民,沈湎冒色,敢行暴虐"。对于这种倒行逆施,"皇天震怒,命我文考肃将天威","商罪满盈,天命诛之!"(《尚书·泰誓上》)为统一诸侯的思想,武王在历数纣王罪恶的同时,反复强调民、民意的重要性,意在说明民意即天意,正义即天意,率众伐殷即天意:"惟天惠民,惟辟奉天","天视自我民视,天听自我民听"。(《尚书·泰誓中》)在第三次动员时,武王还痛斥纣王"狎侮五常"、"屏弃刑典"、"郊社不修,宗庙不享"之罪,也就是背弃祖宗之罪。背弃祖宗,败坏伦常,这在崇拜天神、祖宗神的殷商人心中是大逆不道的背叛行为。相比之下,以武王为首的讨伐者则无疑是代天行命的正义之师:"我西土君子,天有显道,厥类惟彰","今商王受狎侮五常,荒怠不敬,自绝于天",因而"上帝弗顺,祝降时丧","奉予一人,恭行天罚"。(《尚书·泰誓下》)

　　周人理性的自觉还表现在对"皇天改大邦殷之命"(《尚书·康王之诰》)而"兴我小邦周"(《尚书·大诰》)的理论解释方面。周人明确而响亮地提出了"皇天无亲,惟德是辅;民心无常,惟惠之怀"(《尚书·蔡仲之命》)的政治口号,在这一舆论的引导下,就使得天下诸侯与庶民改变了殷商为"正统"的观念,而以是否有"德",是否得"民心"为衡量是非的价值标准,认为天是主持正义的,天命之所以佑周灭殷是以人的行为正确与否为依据的。因而可以说,"天命靡常"(《诗经·文王》)观念的提出,是周代"天人"思想突破与解放的重要标志。从此,既尊天,又重人,以民为本的观念得以确立。

　　显而易见,周人在这里已大胆地对"天"(或神)进行了"改造",将其转换成了道德之神,是人间公平与正义的化身与裁决者,人君作为"天子",其意识和行为只有顺民心、惠民生、合大德才能合乎天道,从而社会才平安,社稷才能永命。"天""人"关系在周代的认识已大不同于前代,傅斯年先生1940年出版的《性命古训辨证》一书(中卷)对此进行了较为详细的论证,其第一章为"周初人之'帝'、'天'",第二章为"周初之'天命无常'论"。他在诸多例证的基础上指出,周人在"天人"关系上最突出的特点是"事事托命于天,而无一事舍人事而言天"。① 真是一言中的。

周人与殷人相比,在敬天尊神方面明显不同,"殷人尊神,率民以事神,先鬼而后礼,……周人尊礼尚施,事鬼敬神而远之。"(《礼记·表记》)因此,周代殷而兴,周人强调的是德,是正义。上天之所以眷顾周,是"文王之德之纯"(《诗经·维天之命》),"天休于宁王,兴我小邦周"(《尚书·大诰》),殷纣丧德无道,因而"皇天改大邦殷之命",(《尚书·康王之诰》)上天是公平的,其权衡是非之标准是德、是民。"天命"已赋入了人的意志,表达了民的心声,同时也成为了维护社会正义、保障人民利益的力量。

2. 富润屋,德润身

中华文化人文之光的可贵之处还在于二千多年前就能以人为本,正确处理人的物质需求和精神升华问题。

自有人类社会以来,生存权是人的第一要务,其次就是发展权。为此,首要解决的是吃、穿、住等经济问题,之后才有可能从事政治、文化、宗教等活动。对此,马克思恩格斯有过十分精辟地论述:"我们首先应该确立一切人类生存的第一个前提也就是一切历史的第一个前提,这个前提就是:人们为了能够'创造历史',必须能够生活。但是为了生活,首先就需要衣、食、住以及其他东西。因此第一个历史活动就是生产满足这些需要的资料,即生产物质生活本身。"②勤劳勇敢中华先民早在3000年前,为了解决民族的生存与发展,不仅高度重视农业经济,同时也大力发展畜牧业、手工业和商业。对此,《史记》有相当详细的记述:

夫山西饶材、竹、谷、纑、旄、玉石;山东多鱼、盐、漆、丝、声色;江南出枏、梓、姜、桂、金、锡、连、丹沙、犀、玳瑁、珠玑、齿革;龙门、碣石北多马、牛、羊、旃裘、筋角;铜、铁则千里往往山出棋置:此其大较也。皆中国人民所喜好,

---

① 傅先生说:"凡求固守天命者,在敬,在明明德,在保人民,在慎刑,在勤治,在毋忘前人之艰,在有贤辅,在远憸人,在秉遗训,在察有司;毋康逸,毋酗于酒,事事托命于天,而无一事舍人事而言天,祈天永命,而以为惟德之用。"见《性命古训辨证》,上海古籍出版社,2012年10月。

② 《德意志意识形态》,《马克思恩格斯全集》第3卷,第31页,人民出版社,1960年12月。

谣俗被服饮食奉生送死之具也。故待农而食之,虞而出之,工而成之,商而通之。此宁有政教发征期会哉?人各任其能,竭其力,以得所欲。故物贱之征贵,贵之征贱,各劝其业,乐其事,若水之趋下,日夜无休时,不召而自来,不求而民出之。岂非道之所符,而自然之验邪?

周书曰:"农不出则乏其食,工不出则乏其事,商不出则三宝绝,虞不出则财匮少。"财匮少而山泽不辟矣。此四者,民所衣食之原也。原大则饶,原小则鲜。上则富国,下则富家。贫富之道,莫之夺予,而巧者有余,拙者不足。故太公望封于营丘,地潟卤,人民寡,于是太公劝其女功,极技巧,通鱼盐,则人物归之,繦至而辐凑。故齐冠带衣履天下,海岱之间敛袂而往朝焉。其后齐中衰,管子修之,设轻重九府,则桓公以霸,九合诸侯,一匡天下;而管氏亦有三归,位在陪臣,富于列国之君。是以齐富疆至于威、宣也。

故曰:"仓廪实而知礼节,衣食足而知荣辱。"礼生于有而废于无。故君子富,好行其德;小人富,以适其力。渊深而鱼生之,山深而兽往之,人富而仁义附焉。富者得执益彰,失执则客无所之,以而不乐。夷狄益甚。谚曰:"千金之子,不死于市。"此非空言也。故曰:"天下熙熙,皆为利来;天下攘攘,皆为利往。"夫千乘之王,万家之侯,百室之君,尚犹患贫,而况匹夫编户之民乎!(《史记·货殖列传》)

从太史公所记源自已佚《逸周书》可知,最迟在夏代之时,我们的先祖即已完成了人类社会的三次大分工,农、工、商、虞皆得到了相当充分的发展。幅员辽阔的中华大地八方物产不同,然各地之特产不仅"皆中国人民所喜好,谣俗被服饮食奉生送死之具",而且能通过分工协作而达到物尽其用的分享:"待农而食之,虞而出之,工而成之,商而通之"。农、虞、工、商"此四者,民所衣食之原也。原大则饶,原小则鲜。上则富国,下则富家。"这样,不仅国家富强,百姓也很富庶。这里,太史公尤其强调了商人的作用:"商而通之";否则,"商不出则三宝绝"。"通"就是商品流通,物畅其流;"绝"则是商品不能流通,物断其流。商品流通、商品交换的媒介是货币。"农工商交易之路通,而龟贝金钱刀布之币兴焉。"(《史记·平准书》)"维币之行,以通农商。"(《史记·太史公自序》)人民手中有了货币,则衣食无愁,天下太平。今人之谓"无农不稳,无工不活,无商不富"之论,实际上早在2000多年前就已被太史公所揭示了。

我国历史上不乏重农抑商之论,这一方面说明了农业的重要,应以之为本,另一方面也表明商业发展速度在某段时间内可能过快,商人致富过猛而影响了社会的安定,人口向城市流动可能冲击了农业。但一些论者往往把政策上的"抑商"和对商业的某些限制解释为"轻商"、"贱商"。众所周知,城市的出现是衡量人类跨入文明门槛的重要尺度之一,商业的发展与繁荣是城市发展的动力。我国历史上大小都会的发展,无不得益于商业的繁荣,尤其是春秋时期,小国林立,城市得到了长足的发展,到战国中期,更是空前发达。我国至今许多县城之史可推至先秦便是明证。如齐国首都临淄盛极一时:"临淄甚富而实,其民无不吹竽鼓瑟、弹琴击筑、斗鸡走狗、六博蹋鞠者。临淄之途,车毂击,人肩摩,连衽成帷,举袂成幕,挥汗成雨,家殷人足,志高气扬。"(《史记·苏秦列传》)专家推算,当时临淄人口当在30万左右,而西方名城雅典尚不足5万。

司马迁对管子"仓廪实而知礼节,衣食足而知荣辱"之论十分推崇,并进一步发挥道:"渊深而鱼生之,山深而兽往之,人富而仁义附焉。"其看法同先秦诸子无不主张富民的思想是一脉相承、完全一致的。如孔子就主张"富":"子适卫,冉有仆。子曰'庶矣哉!'冉有曰:'既庶矣,又何加焉?'曰:'富之!'"(《论语·子路》)在孔子弟子三千,贤者七十二中,子贡就是一位巨商,为中国儒商之冠,位列太史公《货殖列传》榜首。孔子最欣赏的弟子是颜回,认为其学问和品德都属一流,但家境却常常陷于穷困;对子贡从事商业虽不是很赞同,但对其敢于挑战命运,擅长买卖且足智多谋,把握行情屡屡得手也相当佩服:"子曰:'回也其庶乎,屡空。赐不受命而货殖焉,亿则屡中'。"(《论语·先进》)在孔子眼中,这多少有些不公。司马迁则认为:求富是人之性情所使,"若水之趋下";人的财富多了之后,便会产生对"仁"向往,"人富而仁义附焉","故君子富,好行其德";人的财富多了,社会地位也会提高,更有益于"行其德",故而"富者得埶益彰"。因而司马迁认为,孔子之所以名扬四海,一方面是由于其德高望重,但子贡对老师业绩的宣传也是重要因素:

子赣既学于仲尼,退而仕于卫,废著鬻财于曹、鲁之间,七十子之徒,赐最饶益。原宪不厌糟糠,匿于穷巷。子贡结驷连骑,束帛之币以聘享诸侯,所

至,国君无不分庭与之抗礼。夫使孔子名布于天下者,子贡先后之也。此所谓执而益彰者乎?(《史记·货殖列传》)

子贡较孔子小31岁,师从孔子之后曾到卫从政,任过卫、鲁两国之相。他看到商业利润丰厚,就在曹国和鲁国之间从事买卖活动,成为孔子70个高徒中最富有者。子贡乘坐着华贵的四马并辔之车来往于各国之间,以束帛等礼品与上层人士交往和馈赠诸侯。所到之处,国君不仅接见,还不行君臣大礼而只行宾主之礼。使孔子得以扬名天下的原因很多,子贡在人前人后等各种场合宣传他,也是很重要的。这就是人们通常所说借助形势之助而使名声更加显赫,也就是名人效应吧!孔子逝世后许多学生办完丧事即离去,一些弟子服丧3年,只有子贡守其墓庐6年才离去,可见子贡品德之高尚。

“富润屋,德润身”出自《礼记·大学》。“大学之道,在明明德,在亲民,在止于至善”,也就是说,《大学》的主旨在于讲“德”。“富润屋,德润身”是一个偏义词组,重在“德润身”。全句之意谓:金钱只能使人的物质条件得以改善,唯有“德”才能使一个人的精神境界得到提高和升华,成为一个高尚的人。故而通篇强调“自天子以至于庶人,壹是皆以修身为本”,“是故君子先慎乎德。有德此有人,有人此有土,有土此有财,有财此有用。德者本也,财者末也。”这里的德本、财末之论,一方面表现了中国传统文化的核心、重心所在,但同时也说明先哲并未否认财富对人的重要性,只不过“君子有大道”,“生财有大道”,二者不可混同,提倡“仁者以财发身”,反对“不仁者以身发财”,要认识“财聚则民散,财散则民聚”的深刻道理,把财富用于国家,用于人民。

孔子头脑中的理想社会是“天下大同”,“天下为公”,从而使百姓衣食可安,共同富裕,人各得其所。但孔子的头脑又是清醒的,时代不同了,古代传说中的“大同”不是一下子能实现的,对广大百姓来说,重要的是能实现“小康”。而要实现“小康”,也必须作到“选贤与能,讲信修睦”,有禹汤文武成王周公那样的优秀人物作天下的表率,谨于礼,修以德,并“示民以常”。(《礼记·礼运》)司马迁对儒家的富民思想有重要发展,明确提出必要的物质条件是人生活的基础,更多的财富对人的生存与发展更为有利。他通过对社会的观察,认为民谚“千金之子,不死于市”是可信的,“此非空言也”,因而非常坦诚地认为:“天下熙熙,皆为利来;天下攘攘,皆为利往",并认为这就是社会发展的规律,不应违背,"夫千乘之王,万家之侯,百室之君,尚犹患贫,而况匹夫编户之民乎!"在司马迁看来,国无德不立,最高统治者不与民争利,施惠与民,作到"国不以利为利,以义为利"(《礼记·礼运》),那才是最应该提倡、最有意义的大德。

3. 兼相爱,无差等

在先秦百家争鸣中,出生于河洛地区的墨子所创之墨学之所以能与儒、法、道并成为显学,是因为墨子提出了"兼爱"这一独特的人文核心价值观。

墨子为战国时期鲁阳人(鲁阳今属河南省鲁山县。一说墨子为鲁国人,其先祖生于鲁阳),其兼爱思想与孔子提倡的"仁"相通。"仁"是孔子思想的核心,"苟志于仁矣,无恶也"(《论语·里仁》)。怎么样才能做到仁呢? 孔子认为,"泛爱众而亲仁"(《论语·学而》)。"亲"者,近也;只要具有爱大众之心,也就基本上具有了仁德了。由于孔子恪守的是西周宗法观念,故而又特别尊崇孝悌之道,强调"孝弟也者,其为仁之本"(《论语·学而》)。墨子为纠正孔子立足宗法之"仁"的不彻底性及"孝悌"的排他性,因而提出了"周爱人"的主张,即无条件地爱一切人。他说:"爱人,待周爱人而后为爱人;不爱人,不待周不爱人。不周爱,因为不爱人矣。"(《墨子·小取》)这里,"周爱"就是全部爱,覆盖天下。墨子的话说得斩钉截铁,很绝对:只有无所不包地爱一切人,才算是真正爱人;只爱部分人,则是"不爱人"。爱一切人,不言而喻,也就涵盖了父母兄弟。他说:"若使天下兼相爱,爱人若爱其身,犹有不孝者乎? 视父兄与君若其身,恶施不孝? 犹有不慈者乎? 视弟子与臣若其身,恶施不慈? 故不孝不慈亡有!"(《墨子·兼爱上》)墨子之意表面在纠偏,实际上不亚于釜底抽薪,否定了"尊尊亲亲"的宗法传统。

虽然儒墨有相通之处,但由于儒家承周,墨家尊夏,二者学术渊源不同,主张有异,龃龉而互不相容,儒家辟墨,墨家非儒。否定墨子思想最坚决的当数孟子,他说:"圣王不作,诸侯放恣,处士横议,杨朱、墨翟之言盈天下。天下之言,不归杨则归墨。杨氏为我,是无君也;墨氏兼爱,是无父也。无父无君,是禽兽也……杨墨之道不息,孔子之道不著,是邪说诬民、充塞仁义也。"(《孟子·滕文公下》)后世大儒对孟子辟墨大加称赞,朱熹就对弟子们说:"孟子虽不得志于时,然杨墨之害,自是灭息,而君臣父子之道赖以不坠。是亦一治也。"①墨学遭到孟子的批评,之后汉代又罢黜百家,独尊儒术,故而墨学便一度式微而不显。

墨学的核心与重心是兼爱,这一点孟子认识得很清楚,故其非常有针对性地批评墨学者夷之提出的"爱无差等,施由亲始"之说(《孟子·滕文公上》)。孟子从维护纲常伦理的宗法角度指出"爱无差等"是不现实的,也是不符合人之性情的,但这恰恰也从一个侧面说明,"爱无差等"反映了社会上下层生产者阶层的利益诉求,有其闪光的一面。平心而论,孟子对墨学的批评,虽然有一定道理,但不少之处脱离了"兼爱"说的文本,且是故意"上纲上线"。夷之说"爱是没有差别的,是从自己的亲人开始的",并没有错,墨子兼爱之论,也无取消"爱有差等"之意,只是为了提倡人与人应相互平等,打破森严的宗法等级观念而已。墨子之所以提出"天下之人皆相爱,强不执弱,众不劫寡,富不侮贫,贵不傲贱,诈不欺愚"之主张,是因为他看到当时社会严重的不平等,到处是"强必执弱,富必侮贫,贵必傲贱,诈必欺愚"(《墨子·兼爱中》)之现象。无疑,这一主张是具有进步意义的。

墨子之所以认为人人应该平等,也是他接受"天命观"的结果。墨子认为,正像"百工从事,皆有法所度"一样,诸侯、天子治理国家、天下也应以天为法,以"天意"、"天志"为旨归。他说,天是公正的,"天亦不辨贫富贵贱、远迩亲疏",(《墨子·尚贤中》)"顺天意者,兼相爱交相利,必得赏;反天意者,别相恶交相贼,必得罚",(《墨子·天志上》)因为"人无幼长贵贱,皆天之臣也","爱人利人者,天必福之;恶人贼人者,天必祸之。曰:杀不辜者,得不祥焉。"(《墨子·法仪》)墨子的这一说法,实际上与殷周先贤所说"天道福善祸淫"(《尚书·汤诰》)、"皇天无亲,惟德是辅"(《尚书·蔡仲之命》)如出一辙,完全一致。稍有差异的是:殷周先贤强调的是"德",是"善",而墨子将其具体为"兼爱"。

> 昔之圣王禹汤文武,兼爱天下之百姓,率以尊天事鬼。其利人多,故天福之,使立为天子,天下诸侯,皆宾事之。暴王桀纣幽厉,兼恶天下之百姓,率以诟天侮鬼。其贼人多,故天祸之,使遂失其国家,身死为僇于天下。后

---

① 朱熹《四书章句集注》。中华书局,1983年10月,第272页。

世子孙毁之,至今不息。故为不善以得祸者,桀纣幽厉是也。爱人利人以得福者,禹汤文武是也。爱人利人以得福者,有矣,恶人贼人以得祸者,亦有矣。(《墨子·法仪》)

墨子指出,之所以有如此之"福"与如此之"祸",盖源于"天":"天欲人相爱相利,而不欲人相恶相贼也。"(《墨子·法仪》)墨子重视人的生存权,认为人的生命权是上天赋予的,"杀不辜者,得不祥焉"。他告诫执政者要以桀纣幽厉为训,万不可"恶人贼人",因而反复强调"杀一不辜者,必有一不祥",(《墨子·天志下》)"杀一人谓不义"。(《墨子·非攻上》)墨子珍重生命的人本主义思想具有强大的影响力,孟子也无不受其感染,在宣扬仁、义、礼、智、信时强调不可乱杀无辜,不可不教而诛。孟子说:"杀一无罪非仁也,非其有而取之非义也",(《孟子·尽心上》)又说:"万乘之国,行仁政,民之悦之,犹解倒悬也。……行一不义,杀一不辜而得天下,皆不为也"。(《孟子·公孙丑上》)由此可见,在"义"的理解上,儒与墨也是相通的,"墨子最崇尚义,孟子的注重义,将义与仁并举,大概是受墨子的影响"的判断看来是很有根据的。①

墨子的尚贤主张也具有鲜明的平等思想。所谓尚贤,就是反对以血缘门第世袭为要的"任人唯亲"吏制,主张在官吏选用上要以"贤"为原则,在"贤"面前人人平等。墨子认为这一点很重要,从某种意义上说"尚贤之为政本也",因而"古者圣王甚尊尚贤而任使能,不党父兄,不偏富贵,不嬖颜色。贤者举而上之,富而贵之,以为官长。……昔三代圣王尧舜禹汤文武之所以王天下、正诸侯者,此亦其法已。"(《墨子·尚贤中》)墨子所说的"贤",也即常人所说之德,"古者圣王之为政,列德而尚贤",只要"贤",绝不看门第,"虽在农与工肆之人,有能则举之"。墨子认为,这样的举贤机制是公平的,坚持下去就会形成良性循环:"官无常贵而民无终贱,有能则举之,无能则下之。"(《墨子·尚贤上》)吏制是关乎政体的根本制度,两千年前墨子就提出"不党不父"的选人原则,主张平等,否定任人唯亲与世袭,其所代表的中华人文精神光焰之亮为先秦时期其他学派所不及,由此可见。

① 张岱年《中国哲学大纲》,中国社会科学出版社,1982年8月,第268页。

墨子兼相爱、无差等的思想虽然当时有不切实际之弊,难以实现,但由于它蕴含着人类关于生命的智慧、平等的理念,因而随着历史长河的涌流,其真理性的光芒愈加耀眼,因而其合理的内涵愈来愈受到人们的推崇与重视,而成为新形势下人文精神建设的基因。

4. 崇圣道,尊贤人

我国早期的人文精神在探讨人与人、人与社会、人与自然诸关系中,不论涉及社会伦理,也不论涉及自然伦理,其重心之一都是在探讨做人的道理。先哲们认为,人,包括最高统治者和"农与工肆之人",虽然有"差等"——地位、职业、教养、财富等不同——但都应具有社会责任感,从而相互同情,彼此尊重,和谐共生,推己及人,协和万邦。

(1)《尚书》的圣人观

如何做人?历史与现实使一些政治家、思想家认识到,只有对上天真诚,对社稷忠心,关心民瘼,体恤苍生,使国祚永长的人,才是于社会有贡献的人。为此,周人以可贵的理性思维,饱含深沉忧患意识并从长远着眼,对既包括天下黎庶百姓愚夫愚妇(《尚书·武成》),又包括上层作人君、为人师之天子(《尚书·泰誓》),提出了做圣人,做贤人,做君子和做善人的要求。

《尚书》中的"圣人"多指"先王",最早指的是尧、舜,之后又指禹、汤、文、武。

　　　　帝德广运,乃圣乃神,乃武乃文。皇天眷命,奄有四海,为天下君。(《尚书·大禹谟》)

这是伯益在禹、舜面前称颂尧的话。大禹认为,要治理好社会,"后"(天子)、"臣"、"民"都要各司其职;舜认为,治理社会是一个极其复杂的系统工程,须注意到方方面面,才能使"野无遗贤、万邦咸宁",这种境界,"惟帝时克"——只有尧才能作到。于是伯益说:帝尧太伟大了,尤其他的品德高尚,人格博大,圣明非常,如同神灵:他在人的心目中,不仅形象威严英武,而且高大完美—"乃圣乃神"。正因为这样,他才得到了上天顾念与垂爱,使他拥有四海,从而做了天下的君主。

何为"圣"?《尚书》中有一个相当经典的解释:"睿作圣":

> 五事:一曰貌,二曰言,三曰视,四曰听,五曰思。貌曰恭,言曰从,视曰明,听曰聪,思曰睿。恭作肃,从作乂,明作哲,聪作谋,睿作圣。(《尚书·洪范》)

《洪范》为箕子向武王所言天地之大法,上述"五事"即"敬用五事"。"思"指善于分析思考:虑事周严、明智为"睿"。无所不晓、洞察一切、见解高明而且通达则为"圣"。"圣"既指人,又言事。孔安国为《尚书》作注时,在"睿作圣"下写道:"于事无所不通谓圣"。孔子曾对鲁哀公说:"人有五仪:有庸人,有士人,有君子,有贤人,有圣人。"并说,分清了这五类人,治理国家就有思路了。哀公曰:"何谓圣人?"孔子曰:

> 圣人者,德合天地,变通无方。穷万事之始终,协庶品之自然,敷其大道而遂成情性。明并日月,化行若神。下民不知其德,睹者不识其邻。此谓圣人也。①

这里,孔子以"天人合一"思想为指导,以德(仁)为准则,以业为尺度,描绘了圣人之形象:其品德合于天地之道,善于通变;明白万事万物的始终并使其顺从自然规律;其光明正大如日月在天,化育万物如神灵;普通的人无法说清楚圣人德行之伟大,虽然能感受到他的存在但又不觉得他就在自己身边。这样的人就是圣人。

夏禹的后人宗圣,遇到重大问题,处理的准则就是依据圣人之谟、训。《尚书》有《胤征》篇,《史记·夏本纪》言及其本事时说:"帝中(仲)康时,羲、和湎淫,废时乱日。胤侯征之,作《胤征》。"胤侯动员将士讨伐不恭之罪时,首先打出的旗号就是"承王命徂征",接着说:

---

① 《孔子家语·五仪》。王国轩王秀梅译《孔子家语》,中华书局,2014 年 8 月,第 44 – 46 页。

　　圣有谟、训,明征定保:先王克谨天戒,臣人克有常宪。百官修辅,厥后惟明明。

　　这里的"圣",明显指舜和禹:谟、训则指当时的治国典则。舜时,谨遵尧之"五典",巡狩四方,协助帝流共工、放驩兜(《尚书·舜典》);禹时,谨遵舜之"三礼"、"五刑",东方治水,南征三苗,(《尚书·大禹谟》)功莫大焉。圣人的这些谟、训,清楚地指明了如何治理天下,先王将其视为上天的训戒无不谨遵恪守,臣下百官也都按正常的制度办事。百官兢兢业业辅佐国君,这样,君主也就英明无比。

　　商汤的后人宗圣,视汤为圣人之范,惟其所依。伊尹佐成汤灭夏建殷,历外丙、仲壬之后又辅助汤之嫡孙太甲立政。伊尹要太甲以汤为榜样勤政修德。他说:"惟我商王,布昭圣武,代虐以宽,兆民允怀。"(《尚书·伊训》)——天下庶民百姓都知道成汤德高至圣,威扬四海,灭夏之后以仁慈宽厚代替了暴力和残虐,因而亿万人民都归向了他。又说:"先王肇修人纪",要求全社会都要恪遵"圣言",形成良好社会风气;要克服"侮圣言、逆忠直、远耆德、比顽童"之"乱风"。因为轻视甚至侮谩圣人教训、拒纳忠直谏劝、轻慢疏远年长有德之人、亲近愚顽无赖小的"乱风"和"淫风"、"巫风"一样,"卿十有一于身,家必败;邦君有一于身,国必亡。"(同上)最后,他语重心长地对太甲说:千万要记住先王的这些教导,"圣谟洋洋,嘉言孔彰。惟上帝不常:作善,降之百祥;作不善,降之百殃。"(同上)将"圣人的教训"(圣言)看得如此重要,如此美好,如此合乎上天之旨,作为政治家伊尹,其思想的深邃,由此可见。也正是在伊尹的教诲与辅佐下,太甲迷途知返,悔过自新,重温"圣训","新服厥命,惟新厥德,终始惟一,时乃一新。"(《尚书·咸有一德》),从而德兼众善,使殷商王朝再次呈现出"诸侯咸归殷,百姓以宁"(《史记·殷本纪》)的清明政治局面。

　　商高宗宗圣,依圣训访傅说于傅岩板筑之间,并以之为相。高宗非常谦恭地对他说:希望你与同僚们能竭尽全力匡扶于朕,使我能沿着先王开辟的道路,不断发展,"以康兆民。"傅说听了很是感动,从如何达到"圣"的高度,坦诚地作了回答:

> 惟木从绳则正,后从谏则圣。后克圣。臣不命其承,畴敢不祗若王之休命!(《尚书·说命上》)

傅说认为,做什么都应有规矩,就如同木头须经过准绳校直才能方方正正一样,君王只有从谏如流才能达到圣明。你这样聪慧、谦逊而又睿智,相信一定会达到圣明之境界。我与其他臣下也能做到无需吩咐就会把你的旨意贯彻始终。再说,谁敢毫无敬畏之心,肆意不顺从君王正确善良的指示呢!之后,傅说又从"人求多闻"的角度向高宗讲了"师古"圣训的重要性,并说,只要牢记"先王成宪",便可"其无永衍"(《尚书·说命下》)的道理。高宗听了非常高兴,尤其对如何达到"圣明",十分动情:

> 呜呼!说!四海之内,咸仰朕德,时乃风。股肱惟人,良臣为圣!(《尚书·说命下》)

高宗十分感慨地说:人体四肢健全,才能称其是一个真正的人;只有拥有一批忠心耿耿的杰出大臣,君王方能达到圣明啊!正是由于高宗与傅说等大臣认识一致,上下团结,以"圣"为准,励精图治,戮力德政,在成汤、太甲之后,才出现了殷商发展史上的"武丁中兴"。

周承殷制,宗圣传统被继承了下来,周公、成王屡屡以圣德、圣训告诫诸侯及臣民要谨遵莫违,以德修身,培养高尚的品德与情操。三监之乱后,周公诛管叔,杀武庚,放蔡叔,封微子于宋以奉殷祀。在安抚微子时,他高度赞扬商汤,以勉励微子"稽古崇德象贤":"乃祖成汤,克齐圣广渊。"(《尚书·微子之命》)你的先祖成汤不仅崇敬圣贤,而且人格非常伟大,德行深厚无比,所以得到了上天的眷佑。相信你也能象他那样"恪慎克孝",广施美政,治好"下民"。成王对治理成周一带殷之遗民也很重视,曾对大臣君陈说:只要当政者能像先人那样"令德孝恭",便可"至治馨香"。但他深知以德修身并非易事,必须"惟日孜孜,无敢逸豫",才能积善成德,成为高尚之人。他希望大臣们切记"靡不有初,鲜克有终"之古训,严于律己:

　　凡人未见圣,若不克见。既见圣,亦不克由圣。尔其戒哉! 尔为风,下民惟草。(《尚书·君陈》)

　　成王认为,以圣谟、圣训修德需要持之以恒,一以贯之。他说:很多普通的人也常常把宗圣挂在嘴边,在未有见到圣人时说,我对圣道十分向往,可惜没有机会见到圣人。一旦见到圣人,则又说圣人也不过如此! 他们之所以不能够顺从圣道、向圣看齐,主要原因是思想深处并不以圣为然。这样的事,作为大臣,千万要警惕呀! 你们是百姓的旗帜,是榜样,是风向,诸侯其下的庶民百姓则像草一样,他们是顺风倒的! 孔子认为成王讲的非常深刻,也认为君子之德具有导向作用:"君子之德风,小人之德草。草上之风必偃。"(《论语·颜渊》)周康王即位后,主张"政贵有恒",要执政的毕公保持政策的连续性。而要作到此,重要的是牢记先王"大训",学周公,效君陈。他说:"不由古训,于何其训?"对毕公寄予厚望:"惟周公慎厥始,惟君陈克和厥中,惟公克成厥终。"(《尚书·毕命》)要上下同心,完成先人的未竟大业。

　　周穆王即位时年已五十,时王道衰微,但他深知原因之一就是昭王后期未能高扬圣训之道。"穆王闵文武之道缺,乃命伯冏申诫太仆国之政,作《冏命》。复宁。"(《史记·周本纪》)穆王命伯冏向太仆申诫了些什么呢? 从《冏命》可知,主要是"先王之典",其中包括修德崇圣,免衍纠谬等。穆王说:

　　昔在文武,聪明齐圣。小大之臣咸怀忠良,其侍御仆从罔匪正人,以旦夕承弼厥辟。出入起居,罔有不钦;发号施令,罔有不臧;下民祗若,万邦咸休。(《尚书·冏命》)

　　穆王认为,周文王、周武王是与古之尧、舜一样圣明的国君,小大之臣无不怀着一颗忠诚正直的心,这些正人君子以坦诚之念辅佐群主,因而国家上下团结,政治清明,成、康继之,万邦咸宁。至昭王时出现了不良现象,至使一些"巧言令色、便辟侧媚"之"憸人""充耳目之官"。这些乱象,在过去是从来没有的,成王在位时就指出"国则罔有立政用憸人",因为用"憸人""不训于德"。因而强调"立政其勿用憸人,其惟吉士。"(《尚书·立政》)为从根本上扭转政治上的颓势,穆王任命伯冏为太仆正,让他拨乱反正。他说:我的德行有欠缺,全要依赖大臣们辅扶,"匡其不及,绳衍纠缪","今予命汝作大正,正于群仆侍御之臣,懋乃后德,交修不逮。慎简乃僚,无以巧言令色、便辟侧媚,其惟吉士。"他要伯冏严肃吏治,以先王之德任用吉士贤才,坚决清除心术不正的便辟之佞人,以恢复良好的政治生态。穆王很认同商高宗"良臣为圣"的见解,高度重视良臣吉士对国君的影响。他说:

> 仆臣正,厥后克正;仆臣谀,厥后自圣。后德惟臣,不德惟臣!(《尚书·冏命》)

仆臣若能正直,对国君不曲迎,不奉承,国君也就能正直;仆臣若是无耻小人,专事阿谀诌媚,国君就会自以为圣明无比,刚愎自大。因此可以说,君王有德,盖因其臣下有德;君王失德,也皆因其群臣无德。周穆王的这些话严肃、诚恳、剀切、实在,可谓掷地有声。

尧、舜、禹之圣德影响深广,无远弗届;成汤、文武、周公之彝训垂裕后昆,万邦为式。春秋末年的秦国,实力强大,但在秦晋殽之战失利之后,秦穆(缪)公能主动以古训为诫,扪心自省,认识到"责人斯无难,惟受责俾如流,是惟艰",洵为难能可贵。为什么批评别人容易,能认识到自己的不足、虚心听从不同意见、从谏如流难呢?秦穆公认为,虽然原因是多方面的,见识的高低、目光的长短、心胸的狭阔起着重要作用,也就是说,人的素质是很重要的。他以自己不能听从老臣蹇叔、百里奚之谏为教训,说:

> 人之有技,若己有之;人之彦圣,其心好之,不啻若自其口出,是能容之。以保我子孙黎民,亦职有利哉!人之有技,冒疾以恶之;人之彦圣而违之,俾不达,是不能容。以不保我子孙黎民,亦曰殆哉!(《尚书·泰誓》)

秦穆公说,古人道:人若只是顺从自己,就往往会出差错。这说明做人必须心胸宽广。别人能力强,你把它当成自己的一样;别人有美好的品德,聪明贤哲,你内心喜欢他超过口头对他的称赞。这就是心胸广阔,能够容人。这种态度和做法,无疑对保护国家及子孙黎民都是十分有利的啊! 别人能力强,你心生妒忌,讨厌他,疏远他;别人有美好的品德,聪明贤哲,你却千方百计地阻挠他接近君主。这就是心胸狭窄,不能容人。以此处人理事,是不能保护国家及子孙黎民的。这样下去,无疑也是很危险的啊! 秦穆公的可爱之处就在于,作为一个诸侯强国的国君,他能在众臣面前将心比心地反省自己,承认过失,并立足于社稷黎民,总结教训,面向未来。

《尚书》的可贵之就在于不仅提出了"圣"这一做人的最高准则及赋予了其基本内涵,更可贵的是,认为圣人并非天生,而是后天修为造就的。

　　　诰告尔多方,非天庸释有夏,非天庸释有殷。乃惟尔辟以尔多方大淫,图天之命,屑有辞。乃惟有夏图厥政,不集于享,天降时丧,有邦间之。乃惟尔商后王逸厥逸,图厥政不蠲烝,天惟降时丧。
　　　惟圣罔念作狂,惟狂克念作圣。天惟五年须暇之子孙,诞作民主,罔可念听。天惟求尔多方,大动以威,开厥顾天。惟尔多方罔堪顾之。惟我周王灵承于旅,克堪用德,惟典神天。天惟式教我用休,简畀殷命,尹尔多方。(《尚书·多方》)

《多方》是周公替成王起草的训词,以天下兴亡之戒,告各方诸侯尤其殷之旧国认清形势,顺天承命,臣服周室。训戒开宗明义,要各邦国诸侯明白:并非上天一定要舍弃夏国和殷国,实在是夏桀、殷纣及一些诸侯骄奢淫逸,妄言天命,贪图安逸,政务懈怠,上天才降下亡国之灾,让成汤代夏,周王代殷。圣人不思考问题、不切记教训就会变成狂人,狂人能够思考问题且能记取教训就能变成圣人。上天曾用五年时间等待殷之子孙悔非改过,但他们没有反思,没有顺从天意;上天也曾希望、启示殷之诸侯国能顾念天意明德慎罚,但也无人响应。只有周王下顺民心,以德御众,善待神天,上天这才选择了周王,赋于其历史使命,取代殷而治理天下。

这里,周人提出了一个十分重要的命题:"惟圣罔念作狂,惟狂克念作圣。"圣者,知通变、于事无所不晓也;念者,具敬天之心,善思考也;狂者,悖乱不恭、倨慢无礼也。圣、狂、念三者互动促进了事物的发展变化:圣者不念则成狂,狂者有念则可圣。这一思想对其后儒家文化影响极大,从一定意义上说,它是"人皆可以为尧舜"(《孟子·告子下》)思想之源头。

从孔子"人有五仪"之说可知,"圣"与"贤"的概念出现不会相差很远,"贤"可能先于"圣"。所谓"圣人"、"贤人"之论,其出发点都是道德,以德修身,进而涉及到社会、国家等政治范畴。

(2)《尚书》的贤人观

和将"圣"的概念用于人和事一样,《尚书》是我国最使用"贤"字的典籍。在《尚书·大禹谟》中,舜极力称颂尧的伟大:"帝德广运,乃圣乃神,乃武乃文。"正因如此,伯益认为尧时社会治理得很好:"野无遗贤,万邦咸宁;稽于众,舍己从人;不虐无告,不废困穷。惟帝时克。"意为尧之时,朝廷之外无有遗弃过有才有德之人,大事与在一起商量,舍弃私见听从众人,公平对待各种人,因而天下万国太平。这只有尧能够做到。舜对禹的德行和治水功绩高度评价:"成允成功,惟汝贤。克勤于家,克俭于家,不自满假,惟汝贤。"伯益希望禹能像舜一样继承先王:"罔游于逸,罔淫于乐;任贤无贰,去邪勿疑。"

这里,舜和伯益三次提到"贤",那么,何谓贤?

《说文》:"贤,多才也。"《周礼·太宰》:"以八统诏驭万民:一曰亲亲,二曰敬敬,三曰进贤……"郑玄为"贤"字作注曰:"有善行也。"由此可知,作为人,"贤"的基本涵义就是有德、有才、有善行。

中国早期的先哲认为,社会治理的理想境界是天下有道,国君圣明,贤人秉政,敬德保民。尧时如此,舜时如此,禹时如此。夏朝末年,桀昏庸暴虐,被成汤取代。杰出的政治家、军事家、佐汤灭夏之后为汤之相的仲虺,在分析夏亡之因时指出:"有夏昏德,民坠涂炭",其重要原因之就是小人当道,"简贤附势,寔繁有徒。"桀时由于政风不正,邪气上升,小人得势,不仅很多人轻慢贤才,趋炎附势者也比比皆是。商汤立国后,以德治国,不仅"克宽克仁,彰信兆民",而且"佑贤辅德,显忠遂良",因而,"攸徂之民,室家相庆","民之戴商,厥惟旧哉!"(《尚书·仲虺之诰》)成汤推行清明政治,施仁于黎庶,取信于万民,同时注意保护、使用有德有才之人以施德政,表彰忠于社稷之臣,晋用有善行之人,因而商的势力所到之处,黎庶无不举家相庆。老百姓拥戴殷商,都说前代先王之德泽又回来了。

汤辞世,历外丙、仲壬二王后,太甲即位。伊尹辅佐为相,"乃明言烈祖之成德,以训于王",告诫他要切记成汤"圣言",以行善政,"惟上帝不常,作善,降之百祥;作不善,降之百殃。"(《尚书·伊训》)但太甲顽劣之性不改,"王未克变"。为教育和挽救太甲,伊尹将其"营于桐宫,密迩先王其训,无俾世迷。"(《尚书·太甲上》)三年后,伊尹一方面使太甲"复政其辟",一方面"陈戒于德"。伊尹语重心长讲述了作为国君为政、为人以德的道理:夏桀无德,"皇天不保","汤咸有一德,克享天心,受天明命"。(《尚书·咸有一德》)同时,在使用人方面,伊尹尤其强调任用贤才的重要性。

任官惟贤才,左右惟其人。(《尚书·咸有一德》)

伊尹总结了历史的经验与教训,告诫太甲吏治一定要清明,要任用有德有才之贤人。贤人品行端正,懂得为臣之道,对上忠于国君,践行德政,对下负责,爱护百姓。由于辅弼国君左右之臣都是堪当其任的精英,这就有利于在朝廷形成良好的政治氛围:居上克明,为下克忠。只要君臣相须,上下一德,"动罔不吉",商之国祚便会久长。

任贤思想至商高宗时得到了进一步的认可与肯定。高宗听说傅说是位贤人,便访其于板筑之间。傅说居相位后,高宗要其以伊尹为榜样辅政。"昔先正保衡作我先王,……佑我烈祖,格于皇天"。当年由于伊尹全力辅佐,不仅使殷革夏命取得成功,受到上天的肯定,成汤被誉为圣,还使太甲能够承前启后。希望这一传统能得到发扬,"尔尚明保予,罔俾阿衡专美有商",——你要努力辅佐我,不要使伊尹忠心辅商的美名成为专有,而是要有后继者。高宗对贤人辅政的重要性认识很到位:"股肱惟人,良臣为圣"——没有贤臣辅佐,就如同人缺少四肢一样不能称其为人;只有良臣辅佐,君王才可能行圣道,作圣人。又说:"惟后非贤不乂,惟贤非后不食。其尔克绍乃辟于先王,永绥民!"国君没有贤臣辅弼就无法治理国家,而贤人没有遇到明君也就无用武之地。我深信你傅说有能力辅弼我继承先王大业,从而使国泰民安!商高宗是一位胸襟开阔、志向宏远的国君,傅说对其向自己敞开心扉、坦陈肺腑之言十分感动,于是表示,自己将竭尽全力,以"扬天子之休命。"(《尚书·说命下》)

傅说不辱使命,在"总百官"时提出了明确的施政纲领:一曰共奉天道,二曰慎于四事,三曰勤于吏治,四曰树立危机意识,五曰进行礼仪创新。关于吏治,他说:

> 惟治乱在庶官。官不及私昵,惟其能。爵罔及恶德,惟其贤。(《尚书·说命中》)

傅说认为,政治秩序的优劣,社会风气的好坏,天下人心的向背,全赖百官的治理。因此,任用官员不可徇私,而是要看其才能;职爵升赏绝不能涉及品德恶劣者,贤是惟一的准则。

虽然成汤、伊尹,高宗、傅说等严于律己,求圣向贤,然而至纣王时,朝纲败坏,"商俗靡靡,利口为贤",(《尚书·毕命》)不仅不尊贤向圣,而且反其道而行之,残害忠良,"商王受狎侮五常,荒怠弗敬;自绝于天,结怨于民;斫朝涉之胫,剖贤人之心",(《尚书·泰誓下》因而最终难逃覆灭之厄运。

周灭商后,武王、周公、召公等屡屡教导成王及大臣们须"知稼穑之艰",(《尚书·无逸》,不可"玩物丧志",切记"为山九仞,功亏一篑"之教训,在吏治上任用善良,"所宝惟贤,则迩人安";否则,"不矜细行,终累大德"(《尚书·旅獒》),难逃前朝"其兴也勃焉,其亡也忽焉"之悲剧下场。武王克纣甫定,在"列爵"、"分土"时就强调"建官惟贤,位事惟能",把贤、能放在了吏治首位,同时作到"重民五教,惟食丧祭。惇信明义,崇德报功",认为只有如此,方可达到"垂拱而天下治"的目的(《尚书·武成二》)。从而可知,周之礼法虽主张"尊尊"、"亲亲",但从未抹杀圣、贤、能的重要性,而是将其作为要件加以强调。实践也充分证明了这一点,如三监之乱后,成王"遂诛管叔,杀武庚,放蔡叔",同时又举逸民,"封微子于宋以奉祀殷"(《史记·鲁周公世家》),何以如此呢?一方面是政治需要,一方面是微子"贤",在殷遗民中有崇高的威望。"微子故能仁贤,乃代武庚。故殷之余民甚爱戴之。"(《史记·宋微子世家》)周公在任命训词中称颂其先祖时说,乃祖成汤,圣德灭夏,敬老宽下,德垂后裔。并说,你的美德"恪慎克孝,恭肃神人",有口皆碑,我也早有所闻,非常佩服:"予嘉乃德"。你作为"殷王元子",责任重大,希望你"惟稽古、崇德、象贤,统承先王","弘乃烈祖,律乃有民"。要牢记祖训,尊崇天道,任用贤才,弘扬传统,惠及庶民。从而"世世享德,万邦为式",薪火相传,作诸侯之表率(《尚书·微子之命》)。

《尚书》中所反映的三代尊贤、任贤思想对诸子产生了重大影响。

在家族本位的宗法制度下,孔子认为举贤是巩固君主政权的重要举措,可以最大限度地使庶民中有德才者为宦、为吏,以保持社会的安定。"人由五仪:有庸人、有士、有君子、有贤人、有大圣。"除庸人外,士、君子、贤人都是可任用之人,这些人既智且仁,德才兼备。首先,孔子将举贤与为政相联系,认为任用贤才是为政的重要内容。"仲弓为季氏宰,问政。子曰:'先有司,赦小过,举贤才。'"(《论语·子路》)仲弓只是季氏"家"宰,也就是管家,孔子即认为应任用有才德之人,治"国"则更应如此。这是因为,孔子政治思想的核心是"仁",仁者爱人;若无贤才,便不可能行"仁"。"哀公问政。子曰:"……仁者人也,亲亲为大;义者宜也,尊贤为大。"(《礼记·中庸》)"哀公问曰:'何为则民服?'孔子对曰:'举直错诸枉,则民服;举枉错诸直,则民不服。"(《论语·为政》)任用正直之贤人取代佞邪之小人,就会得到黎庶的拥护,否则百姓就不会心悦诚服。这里,孔子将"尊贤"与宗法的"亲亲"视为同等重要甚至超过亲贵,可见其对人才的重视。家、国之"政"如此,"天下"之政亦然。其次,孔子高度肯定贤人对行施"仁"重要作用。"舜有臣五人而天下治",孔子曰:"才难,不其然乎?"(《论语·泰伯》)孔子认为,人才难得,关键是慧眼识人,以"仁"为则。"舜有天下,选于众,举皋陶,不仁者远矣。汤有天下,选于众,举伊尹,不仁者远矣。"(《论语·颜渊》)只要贤人在位,就会行善政,行仁政,那些邪恶斗筲不仁之徒便不能祸于黎庶了。其三,"贤"既具有道德的内涵,又具政治的意蕴。在孔子心目中,"贤"的概念相当宽泛,故其从未从单纯的某一个方面、某一角度为其定义。但"贤"体现在一个身上,又是很具体的。孔子曾将颜回树立为弟子们学习的榜样,原因之一就是其"贤"。"贤哉,回也! 一箪食,一瓢饮,在陋巷,人不堪其忧,回也不改其乐。贤哉,回也!"(《论语·雍也》)这里,颜回是一介寒士的形象,他自知、自乐,与天道契合。子贡见孔子,"曰:'伯夷、叔齐何人也?'曰:'古之贤人也。'曰:'怨乎?'曰:'求仁得仁,又何怨?'"这里,伯夷、叔齐是两个高士的形象,他们讲仁义、重气节,为人中之杰。"柳下惠为士师,三黜。人曰:'子未可以去乎?'曰:'直道而事人,焉往而不三黜? 枉道而事人,何必去父母之邦?'"(《论语·微子》），这样正直的人却没有受到鲁国的重用，孔子很是不满。"子曰：臧文仲其窃位者与！知柳下惠之贤而不与立也。"（《论语·卫灵公》）这里，柳下惠是一位忠直、爱国的志士，而臧文仲却成了贤劣不辨的窃位者！总之，在孔子眼中，贤者的表现是不拘一格的，但其本色是具仁德且有才能，是人们学习的榜样，故而他语重心长地教导人们一定要切记并做到"见贤思齐焉，见不贤而内自省也。"（《论语·里仁》）其弟子子张对孔子的教导感触很深，一生严格要求自己，既"见贤思齐"，又善于内省，做到了"君子尊贤而容众，嘉善而矜不能。"（《论语·子张》）

《尚书》所提出的贤人思想在孔子之后发展为以"仁"为核心的"贤人政治"，孟子和荀子为其代表人物。

孟子曰："三代之得天下也以仁，其失天下也以不仁。"（《孟子·离娄上》）同时又认为，之所以如此，是三代之君圣明，任用贤人，不拘一格。他以禹、汤、文、武为例加说明，其中说到汤时，称"汤执中，立贤无方"（《孟子·离娄下》）。焦循《孟子正义》释此句："惟贤而立，而无常法，"即汤在任用人上，把握的原则是中正，选拔人才没有一成不变之定规，惟贤是举。孟子认为，天道就是行仁政："天下有道，小德役大德，则小贤役大贤；天下无道，小役大，弱役强。斯二者，天也。"这里，所谓"大德"就是"仁政"；天下行仁政，则小有才能者必听从于大有才能者。孟子还认为，在用人上，当用贤人与用亲贵发生矛盾时，要用贤。他对齐宣王说："国君进贤，如不得已，将使卑逾尊，疏逾戚，可不慎与？左右皆曰贤，未可也；诸大夫皆曰贤，未可也；国人皆曰贤，然后察之，见贤焉，然后用之。"（《孟子·梁惠王》）在宗法制度下，孟子认为尊卑、疏戚都是用人之原则，其贤才对国家的重要在一定意义上已超过了尊与戚了。孟子思想的与时俱进，由此可见。

荀子将任贤与否同国家命运相联系，其政治性更加凸显。他总结了历史上的经验教训："成王之于周公也，无所往而不听，知所贵也。桓公之于管仲也，国事无所往而不用，知所利也。吴有伍子胥而不能用，国至于亡，倍道失贤也。"因而得出结论："尊圣者王，贵贤者霸；敬贤者存，慢贤者亡。古今一也。"（《荀子·君子》）他指出，"谏、争、辅、拂之人，社稷之臣也，国君之宝也"，"正义之臣设，则朝廷不颇；谏、争、辅、拂之人信，则君过不远。"（《荀子·臣道》）正是由于是否用贤关乎国家兴衰，因此他极力主张"贤能不待不次而举，罢不能不待须而废。"国

家必须坚持"无德不贵,无能不赏"的原则。他反对任人唯亲,旗帜鲜明地提出:
"虽王公士大夫之子弟,不能属于礼义,则归之庶人;虽庶人子孙也,积文学,正
身行,能属于礼义,则归之卿相大夫。"(《荀子·王制》)这里,才和德成为宦任职
决定性的条件,宗法的血缘利益在政治利益面前,被荀子放在了次要的地位了。
荀子思想的政治倾向性,由此可见。

　　诸子中鼓吹"贤人政治"最为激进者莫过于墨子。墨子是"贤人政治"思想
的集大成者,并将这一思想发展得更系统,更完备,也更加理想化。

　　《墨子》一书多处讲到贤人政治,其中《尚贤》上、中、下三篇最为集中。首
先,墨子高度强调尚贤的重要性,认为"尚贤者,政之本也。"墨子将尚贤与否同
国家的存亡相联系:"入国而不存其士,则亡国矣。见贤而急,则缓其君矣。非
贤无急,非士无以虑国。缓贤忘士而能以其国存者,未曾有也。"(《墨子·亲
士》)。他以尧举舜、禹举伯益、汤举伊尹、文王举闳夭、泰颠为例,说明古之成
大业者莫不为此:"古者圣王之为政,列德而尚贤,虽在农与工肆之人,有能则举
之。"他要人们以先圣为榜样,"尚欲祖述尧舜禹汤之道,将不可不尚贤。夫尚贤
者,政之本也。"(《墨子·尚贤上》)"昔三代圣王尧舜禹汤文武之所以王天下,
正诸侯者,此亦其法已。"(《墨子·尚贤中》)其次,将厚德与全面发展视为贤的
准则。他说:"贤良之士,厚乎德行,辩乎言谈,博乎道术者乎! 此固国家之珍而
社稷之佐也。"也就是说,用人要以贤为准,将品德高尚,思维敏捷,理论水平高,
讲究工作方法作为重要条件,而不是视血统之远近;做到"举义不避贵贱,举义
不避亲疏,举义不避远近"。(《墨子·尚贤上》)第三,以实践为考察贤否之方
法。在用人上不可轻率,要作到"听其言,迹其行,察其所能"(《墨子·尚贤
中》),看其是否有真才实学且能言行一致,取得了实效。在这一前提下,不拘一
格任用贤人。四、为贤人施展才能提供优良的环境。墨子指出,对真正有作为的
贤士,要大胆使用,除赋于其权力之外,还要"富之、贵之、敬之、誉之"。(《墨子
·尚贤上》)何以如此呢? 他说:"爵位不高,则民不敬也;蓄禄不厚,则民不信
也;政令不断,则民不畏也。故古圣王高予之爵,重予之禄,任之以事,断予之
令。"他把话挑得很明:世间没有"既要马儿跑,又要马儿不吃草"的事,既然要贤
人为国效力,就必须富之,贵之,敬之,誉之。他说,这并非恩赐,"夫岂为其臣赐
哉? 欲其事之成也!"(《墨子·尚贤中》)

韩非子从法治的角度对《尚书》用贤思想进行了阐释,和墨子一样,认为凡"圣王"为政,皆"内举不避亲,外举不避仇",(《韩非子·说疑》)同时主张任贤要明察,"听其言而求其当,任其身而责其功",通过"听其言,任其事,考其功",明辨贤恶,"厚其爵禄以尽贤能,重其刑罚经禁奸邪恶",(《韩非子·六反》)通过任用贤人求得富国之目的。

由于《尚书》影响力至巨,所倡求圣任贤思想不仅春秋战国时期诸多思想家从不同角度加以阐释和鼓呼,而且在政治领域也被奉为圭臬,人才强国观念在诸侯各国上层风靡一时,出现了许多求贤、任贤、荐贤、蓄贤之佳话,其中晋国祁奚荐贤尤为典型,成为千古美谈。

> 祁奚请老,晋侯问嗣焉。称解狐,其仇也。将立之而卒。又问焉,对曰"午可也。"于是羊舌职死矣,晋侯曰:"孰可以代之?",对曰:"赤可也。"于是使祁午为中军尉,羊舌赤佐之。君子谓祁奚于是能举善矣。称其仇,不为谄;立其子,不为比;举其偏,不为党。《商书》曰:"无偏无党,王道荡荡",其祁奚之谓矣!解狐得举,祁午得位,伯华得官;建一官而三物成,能举善也。夫惟善,故能举其类。《诗》云:"惟其有之,是以似之",祁奚有焉。(《左传·襄公三年》)

《左传》在记述祁奚荐贤时,引用《尚书·洪范》"无偏无党,王道荡荡"之语,并说,只有自己贤,才能举其同类,对祁奚荐贤为公十分称赞;引用《诗·小雅·裳裳者华》"惟其有之,是以似之"之句,进而誉其品德高尚,因为只有具有仁之美德的人,才能举其同类。

> 晋平公问于祁黄羊曰:"南阳无令,其谁可而为之?"祁黄羊对曰:"解狐可。"平公曰:"解狐非子之仇也邪?"对曰:"君问可,非问臣之仇也。"平公曰:"善",遂用之。国人称善焉。居有间,平公又问祁黄羊曰:"国无尉,其谁可而为之?"对曰:"午可。"平公曰:"午非子之子邪?"对曰:"君问可,非问臣之子也。"平公曰:"善",又遂用之。国人称善焉。孔子闻之曰:"善哉,祁黄羊之论也!外举不避仇,内举不避子,祁黄羊可谓公矣!"(《吕氏春秋

·去私》)

三年,晋会诸侯。悼公问群臣可用者,祁傒举解狐。解狐,傒之仇。复问,举其子祁午。君子曰:"祁傒可谓不党矣! 外举不避仇,内举不隐子。"(《史记·晋世家》)

《吕氏春秋》感到《左传》讲得还不够具体,不够明白,不够通俗,便将其加以演译,使得祁奚的形象更加生动,除了晋侯称其"善"之外,同时又加上了"国人"和孔子称其"善",从而突出了举贤应出于"公"的主题。《左传》及《吕氏春秋》的评析,得到了司马迁的认可,从此,在举官任贤上,"外不避仇,内不避亲"便成了全社会的共识,成为了传统文化中熠熠生辉的一个亮点。

自西汉起,任贤之举成为了最高统治阶级的治国方略。汉文帝二年(前178)十一月,下诏,要求"举贤良方正能直言极谏者,以匡朕之不逮",被选中者则授邓官职。十五年(前165)九月,文帝又"诏诸王侯、公卿、郡守,举贤良能直言极谏者,上亲策之傅纳以言"。(《汉书·文帝纪》)结果,年轻的晁错脱颖而出,"对策者百余人,错为高第,由是迁中大夫"。(《汉书·晁错传》)贤良方正举贤选才之法科目由此而始,开科举制之先河,并一直延续到唐宋。

5. 求多闻,德日新

怎么样才能成为合格的士、君子和圣、贤呢? 方法虽多,途径互异,但最根本的一条就是善于学习,"求多闻"。其中,牢记先王遗德,恪守圣哲古训当为第一:

人求多闻,时惟建事,学于古训乃有获。事不师古,以克永世,匪说攸闻。惟学,逊志务时敏,厥修乃来。允怀于兹,道积于厥躬。惟斅学半,念终始典于学,厥德修罔觉。监于先王成宪,其永无愆。惟说式克钦承,旁招俊乂,列于庶位。(《尚书·说命下》)

这是傅说总结夏亡殷兴经验教训时对殷高宗讲的一番话。他说:作为一个国君,必须有强烈地求知欲望,只有这样才有利于建立功业,其中最重要的是要学习古训,才会有所得。建立功业者不效法古训而能长治久安的,我傅说从来就没有听说过。学习古训要心志谦逊,务必时时努力,毫不懈怠,所学才能增长。不断地学习,自身道德知识才能增多,水平才能提高。作为国君,还要教导臣下及庶民,但心里一定要明白,教导他人也是一种学习,或者说是学习的另外一半,以诚敬之心始终如一地致力学习,道德水平就会在不知不觉中提高了。要重视借鉴先王的成法,这永远也不会有错。我作为一个辅国大臣,也一定会秉承你的意旨,广求人才,把时贤俊彦安排在各种职位上,使其恪尽职守,为王效力。

殷高宗对傅说的这番话也很理解,他认为只有不断地学习,才能有效地提高执政能力:

> 王曰:"呜呼!说,四海之内,咸仰朕德,时乃风。股肱惟人,良臣惟圣。昔先正保衡作我先王,乃曰:'予弗克俾厥后惟尧舜,其心愧耻,若挞于市。'一夫不获,则曰时予之辜。佑我烈祖,格于皇天。尔尚明保予,罔俾阿衡专美有商。惟后非贤不乂,惟贤非后不食。其尔克绍乃辟于先王,永绥民。"(《尚书·说命下》)

高宗说:天下的人今天之所以仰赞我的德行,这是你辅佐、教导的结果。我非常清楚,手足完备才是正常的人,良臣具备才能成为圣君。从前,因有贤相伊尹,才使我们先王兴起,他曾说过这样的话:我不能使我们的君王成为像尧舜那样的人,内心就感到惭愧耻辱,如同在大庭广众之下受到鞭打一样。一人不得其所,他就会说:这是我的罪过。他忠心辅助我们的先祖成汤受到了皇天的赞誉。我们都不要忘记过去,你要全力辅佐我,不要让美德美名只专一停在辅佐我商家的伊尹一人身上,还要光大!君主得不到贤人辅佐就不会治理好国家,贤人得不到君主的赏识就不会被任用。你要让你的君主好好继承先王遗德,从而使庶民百姓得到长久安宁。

《尚书》中的这段记述十分重要,它是我国思想史上从治国、修身高度提出重视学习、重视继承优良传统的最早文献。南宋学者王应麟在《困学纪闻》一书中指出:"《仲虺之诰》言仁之始也,《汤诰》言性之始也,《太甲》言诚之始也,《说命》言学之始也。皆见于《商书》。"①

　　人类发展史表明,学习不仅是文明传承之坦途、人生成长之阶梯,也是国家兴盛之要务。

　　《尚书》作为我国第一部政治典籍,其内容多为总结国家兴亡、事业成败、修身向德、崇礼守制的经验与教训,从其中人物交流的方式上看,多为君对臣、上对下、尊对卑的训戒和劝勉,因而字里行间,无不充满着严肃、诚挚和希望,也从一个侧面反映了统治阶层中智者的忧患意识、洞察力及远见卓识:"我受命无疆惟休,亦大惟艰(《尚书·君奭》),只有效法先王,恭天承命,才可永祈天命,"欲至于万年,惟王子子孙孙永保民。"(《尚书·武成》)。

　　《尚书》中多次言及学习的内容、学习的方法及学习的重要性,由于作者的起点很高,视野开阔、认识深刻,因而所言事理深邃,情致恺切。

　　关于学习的内容,《尚书》将学历史、承古训列为首位。"人求多闻,时惟建事,学于古训乃有获"——先从正面肯定了师古的重要,这是"求多闻"第一要务;接着又从反面否定了"不师古"是错识的:"事不师古,以克永世,匪说攸闻"。之后又说师古应作为制度,只有一生一世坚持不断,才能"永无衍"。这样的论证可谓严密之极。

　　所谓"师古",就是法先王,继承"先工成宪",因为实践证明先王成宪是正确的,得到了"皇天"的肯定,故而只要"克绍"先王,便可"永绥民"。这样的推论可谓顺理成章。

　　《尚书》中称颂"先王"功德之处比比皆是,殷之君臣如此,周之君臣更是如此。据不完全统计,"先王"一词在《胤征》中出现2次,在《伊训》中出现2次,在《太甲》(上中下)中出现4次,在《盘庚》(上中下)中出现6次,在《说命》(上中下)中出现5次,在《武成》(一)中出现2次,在《金縢》中出现3次、在《毕命》中出现3次;在《咸有一德》《西伯戡黎》《微子》《梓材》《康王之诰》《君牙》《冏命》诸篇中各出现一次。如:"先王肇修人纪,从谏弗咈,……制官刑……"(《伊训》),"先王顾諟天之明命,以承上下神祇社稷宗庙罔不祗肃"(《太甲上》),"先王惟时懋敬厥德,克配上帝"(《太甲下》"先王有服,恪谨天命","先王亦惟图任

――――――――――
① 《困学纪闻·书》(卷二)。王应麟著翁元圻等校点《困学纪闻》,上海古籍出版社,2008年12月。

旧人共政","先王暨乃祖乃父,胥及逸勤"(《盘庚上》),"先王成德"(《说命中》、"先王既勤用明德"(《梓材》)、"先王之典"(《冏命》)。此外,一些篇章中还用"先哲王"(如《酒诰》)或直接称"太王、王季、文王"者(如《金縢》《无逸》)。所言先王功德,涉及到敬天、爱民、用人、制刑、勤政等各个方面。

在周人看来,先王"成宪",先王"成德"等经验或古训都是值得认真继承的宝贵财富,以古鉴今,无事不利。周成王在周公辅佐教导下,深谙古训,认为尧、舜就是善于向历史学习的明君:"唐、虞稽古",从而作到了"治制于未乱,保邦于未危",非常英明,因而是后人、尤其执政者效法的榜样。他说:"学古入官,议事以制,政乃不迷。其尔典常作之师,无以利口乱厥官。"(《尚书·周官》)——先学好古训古制再当官,就懂得按制度来议政办政,遇事便会知道应当如何处理,不应当如何处理,在重大问题上不会再犯糊涂。在处理公务中,主事者要以五常之典为准则,处处师法,而不要以能说会道去指导下属官员。关于学习古训的重要性,他曾有个形象的比喻:人而不学,犹正墙面而立:

蓄疑败谋,怠忽荒政。不学墙面,莅事惟烦。(《尚书·周官》)

遇事存疑不决必然会搅乱谋划,怠惰疏忽必然会荒废政务。不学习古训就如同面壁而立,头脑里一片空白,临事必然会心中无数而不知所措。[1] 因此成王语重心长地"戒尔卿士":"功崇惟志,业广惟勤。惟克果断,乃罔后艰!"要想取得丰功伟绩在于要有一个崇高的志向,要想事业非凡在于要不断艰苦奋斗。只有果断地处事,才不会伏下祸端。"位不期骄,禄不期侈;恭俭惟德,无载尔伪。作德心逸日休,作伪心劳日拙。居宠思危,罔不惟畏,弗畏入畏。推贤让能,庶官乃和,不和政厖"。(《尚书·周官》)一定要弘扬先人之美德:位居高位不要骄傲,不要奢侈,要永保恭俭之美德。为人处事要讲诚信,不可心存奸诈与虚伪;推行德政与人为善则心逸而日安,欺诈害人难免心劳而日拙。一定要居安思危,处处怀着敬畏之心;不知天高地厚必然会陷入危险之境。要懂得并作到举贤任能,

---

[1] 孔子也曾以"不学如墙面而立"之喻教育其子孔鲤要重视学习典籍,事见《论语·阳货》。子谓伯鱼曰:"女为《周南》《召南》矣乎? 人而不为《周南》《召南》,其犹正墙面而立也与!"

与同僚和谐相处,否则便会无事生非,政务混乱。

康王继位后,主张"政贵有恒",承上启下,因而与成王一样重视先王成宪:"惟德惟义,时乃大训。"以"德义"为皈依,以"生民"为根本,认为"德"与"义"不仅重要,而且是"大训",必须不折不扣地继承与弘扬,只有如此,才能作到"道洽政治,泽润生民。"否则,"不由古训,于何其训?"(《毕命》)不用先王正确的指导思想与方针治理国家,又怎么能够使国家顺利地发展呢?

有鉴于此,历史上有远见的政治家、思想家和学者无不认真总结历史经验以资政。唐太宗说:"以人为鉴,可以知得失;以史为鉴,可以知兴替",故常请魏征等大臣以史为鉴,品评朝政。司马光"鉴前世之兴衰,考当今之得失",历十九年编著《资治通鉴》;书成,宋神宗为之贺、听其讲并亲自作序予以高度评价:"朕惟君子多识前言往行以畜其德,故能刚健笃实,辉光日新。《书》亦曰:王,人求多闻,时惟建事。《诗》《书》《春秋》皆所以明乎得失之迹,存王道之正,垂鉴于后世者也。……故赐书名曰《资治通鉴》以著朕之志焉耳!"

《尚书》"求多闻"的学习精神,源于先哲们深沉地忧患意识和可贵地敬业精神。我国踏入文明社会门槛之后,虽然农、牧业及手工业相当发达,但整体上生产力还非常低下,难以抵御的自然灾害常常使局部地区造成灭顶之灾,加之部族间战争频仍,不仅庶民百姓流离漂泊,即使国都也多徙移不定。因此,殷、周最高统治阶层中有卓识者都认识到,要想使山河永固,万邦怀归,国祚永长,必须敬德保民。"民惟邦本,本固邦宁",(《尚书·五子之歌》)"不敬厥德,乃早坠其命",(《尚书·召诰》)就是他们对历史经验与教训的深刻总结。因此,牢记创业之艰,常怀惕怵之心,继承传统,修德习能,便成了先哲们的共识。而要做到这些,时时学习便是惟一正确途径。故而荀子说:"君子曰学不可以已。"(〈荀子·劝学〉)

《尚书》"求多闻"的学习精神,是先哲们对社会发展规律的深刻认识和对人文精神的初始追求。人之为人,人之与其他动物之区别,就在于具有丰富的社会性,其中群体性、利他性、自律性尤为显明,故而人懂得尊重,懂得公义,懂得善恶,懂得荣辱,因此,人具有进取性,通过学习,使个人、集体、国家获得不竭的进步动力。

正是基于这种渴求进步的理念,在学习的态度上,在事业的追求上,周人提出了"日新"的要求。殷周之人认为,尧、舜为圣人,有大德,"帝(尧)德广运,乃圣乃神,乃武乃文。皇天眷命,奄有四海,为天下君"。(《尚书·大禹谟》)后继者应以其为楷模,时时向其学习,做到"佑贤辅德,显忠遂良",国家才能昌盛。同时,还要在其基础发扬光大,有所创新,"德日新,万邦惟怀",使政权得以巩固;否则,"志自满,九族乃离"。为了切实做到"德日新","昭大德",就必须一生一世坚持学习,因为"好问则裕,自用则小",只有"慎其终,惟其始",才能真正"钦崇天道,永保天命"。(《尚书·仲虺之诰》)

"日新"思想的核心是进取,是追求,是创新。"德日新"是成汤革命经验的高度总结与集中概括,是殷人政治智慧的结晶,因而汤不仅命左相仲虺将其写成文告以警戒群臣,劝勉励志,还将其作为座右铭置于自己的案头,甚至刻在沐浴之具上:"苟日新,日日新,又日新",以时时律己。因而这一思想被后人极为推崇,记入《礼记》之《大学》篇中:"汤之《盘铭》曰:苟日新,日日新,又一新。《康诰》曰:作新民。《诗》曰:周虽旧邦,其命惟新。是故君子无所不用其极。"南宋朱熹认为《大学》是世人"为学纲目",非常重要,因而将《大学》《中庸》《论语》《孟子》并称"四书",并作《四书章句集注》,列为士子必修之课。《大学》重在阐述个人学习、修养对社会治乱的重要性,将明德、亲民、止于至善作为个人修为的最高准则。《大学》之所以同时引《盘铭》《尚书》《诗经》三篇,旨在突出一个"新"字。在这里,"新"就是焕然一新、弃旧图新、除旧布新,一言以敝之,与时俱进,不断革新。联系到个人与实务,就是思想上永葆青春,朝气蓬勃;品德上严于修炼,日臻完善;工作上善于创新,层楼更上。

"日新"思想并非无源之水,而是周人对先圣遗训的传承与发展。禹在位时,就秉承舜的教导,广开言路,"嘉言罔攸伏,野无遗贤";遇事与众人计议,作到集思广益,"稽于众,舍自己从人"。正是由于禹善于学习,严于律己,舜认为他是最合格的接班人。尽管禹一再谦让说自己不如皋陶,"皋陶迈种德,德乃降,黎民怀之",舜还是决意把帝位传给禹。舜称赞禹说:"(天)降水儆予,成允成功,惟汝贤! 克勤于邦,克俭于家,不自满假,惟汝贤! 汝惟不矜,天下莫与汝争能;汝惟不伐,天下莫与汝争功。予懋乃德,嘉乃丕绩!"(《尚书·大禹谟》)在舜看来,禹辛勤治水,功盖天下;但他不仅不居功自傲,对国家、对部族更加兢兢业业,而且从不自以为是、自大自满。这种虚怀若谷的谦恭精神是非常难能可贵的,不但天下人佩服,舜本人对此更是十分嘉许。伯益曾受舜命助禹治水,后又辅佐禹征三苗。伯益一贯主张以建德抚顺四夷,对如何"征"三苗,他向禹进言曰:"惟德动天,无远弗届。满招损,谦受益,时乃天道!"禹认为伯益讲得非常正确,"禹拜昌言",同时立即撤兵,"班师振旅"。三苗受到舜、禹文教德治的感化,不多久就北向归顺。(同上)

"满招损,谦受益,时乃天道。""天道",即自然规律,也是社会发展的规律。三千多年前,我们的先哲即将人的修为与自然规律相联系,从而总结出了作人的道理,同时指出,人的美德与社会发展如和谐一致,社会便会得到治理,人的素质也会同时得到进一步的提高。一个人只要具有使命感、责任心,崇尚正义,追求真理,他就一定会以虚怀若谷的态度,永不自满,并通过历史的、现实的等渠道"求多闻",从而丰富自己、提高自己,蓬勃日新,百尺竿头求进步,万里河山勇献身,以利家国,以利社稷。

充满忧患意识的先哲们还将"求多闻"、"不自满"、"德日新"加以综合,称之为"君子精神":"天行健,君子以自强不息"(《周易·乾》),"地势坤,君子以厚德载物"(《周易·坤》),加以倡导。千百年来,"自强不息","厚德载物"之理念薪火相传,成为了中华民族世世代代奋进的不竭动力,中华人文精神之光也由此更加彰显。

二、崇天必崇圣

"天人合一"作为中国古代哲学的一个基本命题,由于主张人与大自然合一,以天为坐标而论人事,因而崇天亦即爱人,爱人亦即敬天。这种以天道贯通人事的思维,与西方古典哲学大异其趣,充满着东方人对人道独特而深邃的理解。作为政治哲学,"天人合一"亦即"天人合德",故周公在社会治理上提出"敬德保民"的主张。何以"敬德"? 因为天是至上之神,"皇天无亲,惟德是辅"(《尚书·蔡仲之命》),有德者必得皇天之佑;何以"保民"? 因为不仅"民惟邦本,本固邦宁)(《尚书·五子之歌》),而且"天视自我民视,天听自我民听"(《尚书·泰誓中》),"民之所欲,天必从之"(《尚书·泰誓上》),保民就是保国家,固社稷。

周人不仅提出了"天人合一"的命题,而且成功地解决了如何"合"而为一的问题。即通过"德"这一媒介而合一。"德"的概念的提出,涉及到了人的本性、人生价值、人际关系、天人和谐等等原则,大大丰富了"天人合一"的思想内涵,因而可以说,"德"之学说是中国文化对人类最重要的贡献之一。

1. 圣人是"天人合一"之典范

世上有无"完人"? 在周人看来,世上是有完人的,那就是在"天人合一"方面达到"至善"、"至美"者之"圣人"。圣人最大的特点是在尊天敬天的同时极善于"法天",把天的意志转变为人的精神。"天生神物,圣人则之;天地变化,圣人效之;天垂象,见吉凶,圣人象之;河出图,洛出书,圣人则之。"(《周易·系辞上》)

在"法天"方面,孔子认为《易》所阐发的道理已达到了至善至美的地步,圣人"法天"之目的是为了化庶民。

> 夫《易》,圣人之所以崇德而广业也。知崇卑礼——崇效天,卑法地。天地设位而《易》行乎其中矣。成性存存,道义之门。(《周易·系辞上》)

在孔子看来,《易经》是圣人效法天、地之作,所阐述的道理非常完善而深刻,目的是指导百姓的人生与德业,使之明白人生的价值。它教导人要有崇高的志向,踏实的行动,不挠的毅力。高远的志向如天,无边无际;坚实的脚步如大地,实实在在;不挠的毅力如日月之运行不息。如此发展下去,任何人都能达到"成性存存"之崇高境地,获得修道之成功。此处的"道",也即天道、人道之完美的统一,在孔子眼中就是"仁"。

2. 仁则圣

现实生活中有无圣人呢? 先秦诸子中不论孔孟、荀管、韩墨、庄老等,皆有自己心中的圣人标准与圣人形象。此仅以儒家为例略加说明。

《孔子家语·五仪解》载,一次,鲁哀公问于孔子曰:"寡人欲论鲁国之士,与之为治。敢问如何取之?"孔子曰:"人有五仪:有庸人,有士人,有君子,有贤人,有圣人。审此五者,则治道毕矣!"鲁哀公听到孔子出语不凡,就很虚心地请教什么是庸人、士人、君子、贤人和圣人。孔子从"天人合一"出发,围绕"仁",一一作了解答。他给圣人下的定义是:

所谓圣人者,德合于天地,变通无方。穷万事之终始,协庶品之自然,敷
其大道而遂成情性。明并日月,化行若神。下民不知其德,睹者不识其邻。
此谓圣人也。①

在孔子看来,所谓圣人,是自身的品德与天地自然融而为一的,其丰富的智
慧无时无刻都处在变通之中而没有一成不变的方式。这是因为他对世界万物的
起源和终结都已经彻底认识,达到了自由的王国,和天下有生命的与无生命万物
完全融合为一,同时把天道、地道变成了个人的性情。这样的人内心光明如同日
月,象无形的神明那样感染、化育着天下百姓。普通的庶民很难体会到其崇高的
精神境界与高尚的品德,认识不到其精神之深邃与博大的原因。

从这段话可知,孔子理想中的圣人是至高无上的"完人",现实中的"圣人"
也很难全面达到这一"标准"。这从他同子贡的一次对话中即可看出。

子贡曰:"如有博施于民而能济众,何如? 可谓仁乎?"子曰:"何事于
仁? 必也圣乎! 尧舜其犹病诸。夫仁者,己欲立而立人,己欲达而达人。能
近取譬,可谓仁之方也已。"(《论语·雍也》)

孔子认为,尧和舜是世人公认的远古圣君。子贡说,一个人如果既"博施于
民"之恩,又能"济众"之惠,大概可以称其为"仁人"了吧? 孔子立即回答说:这
不仅完全符合"仁"的精神,而且已经达到了"圣"的境界,就是尧、舜也是难以作
到的呀!

孟子认人,所谓"圣人",必须是道德品德高尚的人"圣人,人伦之至也",其
楷模便是上古的尧、舜。尧、舜共同的特点是"仁":

规矩,方圆之至也;圣人,人伦之至也。欲为君尽君道,欲为臣尽臣道;
二者皆法尧、舜而已矣。不以舜之所以事尧事君,不敬其君者也,不以尧之

① 王国轩王秀梅译《孔子家语》,中华书局,2014 年 8 月,第 44、46 页。

所以治民,贼其民者也。孔子曰:"道二,仁与不仁而已矣!"(《孟子·离娄上》)

《尚书》首篇为《尧典》,开篇即称颂了远古第一位圣君尧;紧接着的第二篇、第三篇便是称颂舜和禹的《舜典》和《大禹谟》。故提起中国的圣人,人必首称尧舜。作为古代圣王,尧、舜既具有伦理道德方面的理想人格,又是修身治国平天下的楷模。孔子理想中的人物有尧、舜、禹、文王、武王与周公,首推尧舜。《论语》中有一段话集中反映了他的这一思想:

> 子曰:"巍巍乎,舜禹之有天下也而不与焉!"
> 子曰:"大哉,尧之为君也!巍巍乎,唯天为大,唯尧则之。荡荡乎,民无能名焉。巍巍乎其有成功也,焕乎其有文章!"
> 舜有臣五人而天下治。武王曰:"予有乱臣十人。"孔子曰:"才难,不其然乎?唐虞之际,于斯为盛,有妇人焉,九人而已。三分天下有其二,以服事殷。周之德,其可谓至德也已矣。"
> 子曰:"禹,吾无间然矣。菲饮食而致孝乎鬼神,恶衣服而致美乎黻冕;卑宫室而尽力乎沟洫。禹,吾无间然矣。"(《论语·泰伯》)

在对尧、舜、禹、武王的评价与赞颂中,孔子对尧尤其佩服,语言感情色彩强烈而浓重:

多么伟大啊!尧作为一位君主!多么崇高啊!宇宙间唯有上天才是最为高远博大的,世上唯有尧能够作到效法天道之则。他造福万民,功德实在太广太大了啊!庶民百姓无法找到恰当的言语来赞颂讴歌他。多么崇高伟大啊!他所成就的世业是那么地隆盛,他所表现的品德是那样的高尚,他所创立的文明是那么光辉灿烂!

尧、舜作为圣人,其作为、其品格影响了夏、商、周,从而出现了禹、汤、文、武三代明君。三代的经验是什么呢?孟子予以了总结,指出:

> 孟子曰:"三代之得天下也以仁,其失天下也以不仁。国之所以废兴存

亡者亦然。天子不仁，不保四海；诸侯不仁，不保社稷；卿大夫不仁，不保宗庙；士庶人不仁，不保四体。今恶死亡而乐不仁，是犹恶醉而强酒。"（《孟子·离娄上》）

孟子认为，是否行仁政，这是区别圣与不圣重要标准，也是区别善政与劣政的标准。从孔、孟所论可知，圣人是儒家最高的理想人格，代表着最高的智慧、道德标准和政治理想。孔、孟之所以有如此论，与他们的政治主张、理想诉求有关，与他们所处周代后期"礼崩乐坏"的不君、不臣的社会现实也有关，联系其所论的社会背景与语言环境，其强烈地针对性便不言而明。

3. 人皆可为圣

孔、孟虽然皆崇圣，并以"仁"为圣的核心，但在成就圣人方面，两人之看法却不尽相同。

孔子是个理想主义者，有浓重的复古思想，在其心目中，圣人至高至伟，完美无缺，只有古代才有，出于对人生存状况的深切关注，他常哀叹生不逢时，今不如昔。他一生以"克己复礼"为己任，孜孜以求而不得，晚年便哀叹："甚矣，吾衰也，久矣，吾不复梦见周公。"（《论语·述而》）鲁哀公十四年（前481），孔子年71岁，且已经回到鲁国3年，专心致志地序书传礼记、删诗正乐、作春秋、序易象、系、象、说卦、文言等。但当他听说叔孙氏之车夫鉏商获麟时，又是一声长叹："凤鸟不至，河不出图，吾已矣夫！"（《论语·子罕》）伤心到了极点。何以如此呢？《礼记·礼运》所记道出了原由。"昔者仲尼与于蜡宾，事毕，出游于观之上，喟然而叹。仲尼之叹，盖叹鲁也。言偃在侧，曰："君子何叹？"孔子曰："大道之行也，与三代之英，丘未之逮也，而有志焉。大道之行也，天下为公，选贤与能，讲信修睦。故人不独亲其亲，不独子其子，使老有所终，壮有所用，幼有所长，鳏、寡、孤、独、废疾者皆有所养，男有分，女有归。货恶其弃于地也，不必藏于已；力恶其不出于身也，不必为已。是故谋闭而不兴，盗窃乱贼而不作，故外户而不闭。是谓大同。今大道既隐，天下为家，各亲其亲，各子其子，货力为已，大人世及以为礼，域郭沟池以为固，……故谋用是作，而兵由此起……"对世风的日下，孔子表现得无可奈何，"圣人"只是古代之事，今天已经看不到了。甚至贤人也看不到了。"圣人，吾不得而见之矣，得见君子者可矣！""善人，吾不得而见之矣，得见有恒者斯可矣。"(《论语·述而》)仔细揣摩孔子的这两句话,在老夫子心中,恐怕连君子、善人也已经是少得可怜了!

孟子则不然,他不仅认同孔子关于圣人的见解,而且联系现实,把圣人的定义加以修正,标准加以厘正,范围加以扩充。在其心目中,只要对社会有突出而卓越贡献、品德高尚、智慧超凡的人,均可冠以"圣人"之谓。伯夷、伊尹、柳下惠、孔子等,都可尊为圣人。

> 伯夷,圣之清者也;伊尹,圣之任者也;柳下惠,圣之和者也;孔子,圣之时者也。孔子之谓集大成。集大成也者,金声而玉振之也;金声也者,始条理也;玉振之也者,终条理也;始条理者,智之事也;终条理者,圣之事也。智,譬则巧也,圣,譬则力也。由射于百步之外也:其至,尔力也;其中,非尔力也。(《孟子·万章下》)

孟子对圣人的这一解释,在理论上更富于人文精神,圣人不再是干瘪而毫无生气的概念,也不再是可望而不及的远古偶像,而是富有生气与献身精神的仁者、智者,它不仅令人景仰,受人尊敬,更是人们效法的楷模。因此,在孟子看来,"人皆可以为尧舜",故当曹交问何以成为尧、舜时,孟子很轻松地说:"尧舜之道,孝弟而已矣。子服尧之服,诵尧之言,行尧之行,是尧而已矣。"(《孟子·告子下》)

孟子"人皆可以为尧舜"之论实质上是对孔子关于圣人之论的突破。孔孟之时,尧、舜被尊为"圣人",但由于"圣"与"神"都无限"神圣",常人只能顶礼膜拜,难以沾边,如《尚书》称颂尧"神圣":"帝德广运,乃圣乃神,乃武乃文,皇天眷命,奄有四海,为天下君"(《尚书·大禹谟》)。孟子则不是这样认为。周显王四十年(前329),已过不惑之年的孟子第一次到齐国,时任齐威王之相的储子拜见孟子:

> 储子曰:"王使人瞷夫子,果有以异于人乎?"孟子曰:"何以异于人哉?尧舜与人同耳。"(《孟子·离娄下》)

储子对孟子说:您大名鼎鼎,我们的大王对您十分崇敬,听说您来到了齐国,曾派人偷偷地看过您,看您有什么与众不同之处! 孟子一听就笑了,说:我就是一个普通的人,能有与别人不一样的地方吗? 不要说我了,就是尧、舜那样的圣人,与一般的人也是相同的!

在孟子看来,所谓"圣人",是时代的产物,是社会进步的需求。他认为,社会的发展总是不断地呼唤创新、改革人物的出现,也总是有适应时代发展潮流的人物出现,这是社会发展的规律。同时,也是孟子重视实践、勇于担当精神的表现。孟子是一个有责任心的思想家,有以天下为己任的使命感,他曾以孔子为榜样周游列国,希望能得到重用,以自己的政治理想推动社会的进步,因而他敢于说"五百年必有王者兴"的话。

> 孟子去齐。充虞路问曰:夫子若有不豫色。然前日虞闻诸夫子曰:"君子不怨天,不尤人。"
>
> 曰:"彼一时,此一时也。五百年必有王者兴,其间必有名世者。由周而来,七百有余岁矣。以其数则过矣,以其时考之则可矣。夫天,未欲平治天下也;如欲平治天下,当今之世,舍我其谁也? 吾何为不豫哉?"(《孟子·公孙丑下》)

齐国虽然尊重孟子,但宣王并不聘其为政,因而他对时政很是不满。其弟子充虞看透了孟子的心思,对其进行劝解,但他却毫不以为然。孟子虽然看不到"王者"而有些"气愤",但作为"名世者",他依然不"气馁",以"平治天下"为己任的崇高抱负并未削减,更未放下,而是更加坚信"当今之世,舍我其谁也?"后世有以此论夫子为狂妄者,其实不然。孟子只不过书生气有过而政治经验不足;论者未谙夫子担当之豪情也。

孟子"人皆可以为尧舜"之论也是对有志者的鼓励与鞭策。在孟子看来,能否成为圣人,天赋的条件、社会环境固然重要,但从根本说,主要还是靠主观努力,具体而言就是心怀天下,心忧天下。孟子强调人的主观能动作用,认为只要通过个人的积极努力,人人都可实现圣人的目标。这就使得千百年来"圣人"这一崇高楷模不再是远在空中的楼阁,而是世人都有实现的可能性。因此,他希望

仁人君子都应有远大的目标,以圣人为人生之榜样:

> 孟子曰:"君子所以异于人者,以其存心也。君子以仁存心,以礼存心。仁者爱人,有礼者敬人。爱人者,人恒爱之;敬人者,人恒敬之。有人于此,其待我以横逆,则君子必自反也:我必不仁也,必无礼也,此物奚宜至哉? 其自反而仁矣,自反而有礼矣,其横逆由是也。君子必自反也:我必不忠;自反而忠矣,其横逆由是也。君子曰:'此亦妄人也已矣。如此,则与禽兽奚择哉? 于禽兽又何难焉?'是故君子有终身之忧,无一朝之患也。乃若所忧则有之:舜,人也,我,亦人也,舜为法于天下,可传于后世;我由未免为乡人也,是则可忧也。忧之如何? 如舜而已矣。若夫君子所患则亡矣。非仁无为也,非礼无行也。如有一朝之患,则君子不患矣。"(《孟子·尽心下》)

孟子认为君子之所以不同于一般人,是因为君子时刻把仁放在心里,爱人、敬人,从而也受到别人的关爱与尊敬。同时,君子还能做到遇事自己多反省,尽心竭力为他人着想。这样,君子只会有终身的忧虑,而没有一时的担心。终身之忧是什么呢? 就是如何与舜看齐,像舜那样,不做不仁之事,不做不合礼之事。

这里,孟子提出"舜,人也;我,亦人也"很有意义。可以说是将一般有理想的人与圣人划上了等号,他告诉人们,只要对天下"有终身之忧",并且其忧如舜者,就是圣人。

孟子虽然自信有致力于社会治理的能力,但难能可贵的是他的头脑毕竟相当清醒,知道事情并不像他想象得那样简单,尧、舜、禹、汤、文、武以及孔子之道的实现并非易事。"五百年必有王者兴"是一回事,"礼崩乐坏"则又是一回事:美好的理想是一回事,冷酷的现实又是一回事。

> 孟子曰:"由尧舜至于汤,五百有余岁。若禹、皋陶,则见而知之;若汤,则闻而知之。由汤至于文王,五百有余岁。若伊尹、莱朱,则见而知之;若文王,则闻而知之。由文王至于孔子,五百有余岁。若太公望、散宜生,则见而知之;若孔子,则闻而知之。由孔子而来至于今,百有余岁,去圣人之世若此其未远也。近圣人之居若此其甚也,然而无有乎尔,则亦无有乎尔!"(《孟

子·尽心下》)

孟子认为,尽管从尧舜至今每五百年圣人代有所出,他们耳闻目睹或体悟仁道且身体力行,但孔子之后却未见圣人之道的继承者,以后如何,令人难以想象!孟子的忧虑并不是杞人忧天,而是他所看到的现实不容他乐观。这一方面反映了孟子对理想社会的渴望、向往与追求,另一方面也反映了以其为代表的知识分子对理想社会不可能实现所感到的痛苦、悲哀以及对天下未来的忧虑。这也从一个侧面见出儒家代表人物对社会发展具有清醒的认识、智慧与期待。无疑,这也给后人以无限的启示:中国社会到底如何发展才能充满活力? 天道、地道与人道如何才能完美地统一?

三、崇圣必向善

在儒家看来,要使天道、地道与人道融合为一,最基本的途径是实行"仁政",而实行仁政的关键是向善。

先秦儒家非常重视人性的内在性,认为"天道与性"有着密切的关系。这种对"天命"的人文理解,在思想观念上是一大突破,不仅把道德的原则转变为人之固有规定,同时,也把"善"视为人性固有之本性。

"向善"理念的提出与强化,一个方面反映了中华民族对道德建设以及以德治国的高度重视,一方面也是对法家严刑峻法理念的消融。先秦儒家认为,"向善"的最高境界是"至圣",而"至圣"的途径则是"向善"。

1."德惟善政"

《尚书》作为我国的第一部政治、历史典籍,主要记录的是尧、舜、禹、汤、文、武及周公等的为政之道,而在为政之道中又突出了"为政以德",强调"为政以德"首要的是"善政",从而大大地丰富了"德"的内涵。

(1)"善"与"德"

《尚书》诸篇中最早将"善"与"德"相联系的是《大禹谟》。

《大禹谟》详细地记述大禹与伯益在帝舜前讨论如何治理天下的事。大禹认为:只有统治者恪尽职守,百姓才能勉力于德("黎民敏德")。舜说:主政须有广博的胸怀,必须像尧那样做到"野无遗贤,万邦咸宁;稽于众,舍己从人";伯益称颂尧至神至圣:"帝德广运,乃圣乃神,乃文乃武",为政者要以尧为榜样,天下就会大治:"儆戒无虞,罔失法度。罔游于逸,罔淫于乐。任贤勿贰,去邪勿疑。疑谋勿成,百志惟熙。罔违道以干百姓之誉,罔咈百姓以从己之欲。无怠无荒,四夷来王。"大禹最后总结说:为政者最崇高、最重要的使命是实行"善政":

> 德惟善政,政在养民。(《尚书·大禹谟》)

大禹将"善"与"政"相联系,在我国政治思想史上是一大发明。他把"善政"定位为美好、清明的政治,并说执政的要义在"养民"。"德"、"政"、"民"在圣人这里得到了完美的统一。

"善政"主要对主政者而言。这里提出了三项原则。除了要切记"养民"这一根本宗旨之外,一是要重视个人的"修德",打下牢固的思想基础;二是必须到"任贤",有一条好的组织路线。

大禹的"善政"思想对三代治政影响很大。

商灭夏的理论根据就是夏政不善,无德而虐民。

> 夏王灭德作威,以敷虐于尔万方百姓。尔万方百姓罹其凶害,弗忍荼毒,并告无辜于天下神祇。天道福善祸淫,降灾于夏,以彰厥罪。(《尚书·汤诰》)

这是汤克夏归于亳之后"诞告万方"的第一个文告,义正词严地向世人宣称:桀为政无道,灭德作威,残害万方之民,因而天理不容,"天道福善祸淫,降灾于夏",对其惩罚。

"天道福善祸淫"。不言而喻,"善"者,商汤也,"淫"者,夏桀也,"福善祸淫"者,上天也。

据《史记·殷本纪》载,汤之孙太甲即位后曾胡作非为:"帝太甲既立,三年,不明,暴虐,不遵汤法,乱德。于是伊尹放之桐宫三年,伊尹摄行政当国,以朝诸侯。帝太甲居桐宫三年,悔过自责,反善,于是伊尹乃迎帝太甲而授之政。帝太甲修德,诸侯咸归殷,百姓以宁。伊尹嘉之,乃作《太甲训》三篇。"太史公不愧为语言大师,在短短90字的记述中,就将太甲"乱德"、"反善"、"修德"、"民宁"的过程叙述得清清楚楚。

太甲"自责,反善"后对伊尹的检讨也是围绕"德"与"善"而展开的:

> 王拜手稽首曰:"予小子不明于德,自厎不类。欲败度,纵败礼,以速戾于厥躬。天作孽,犹可违;自作孽,不可逭。既往背师保之训,弗克于厥初。尚赖匡救之德,图惟厥终。"(《尚书·太甲中》)

太甲之所以能幡然改悔,首先是认识到自己"不明于德",违背了祖训,从而滑向了"不类"。"不类"即"不善",表现为各种恶行——包括"不明,暴虐,不遵汤法,乱德"等。"天作孽,犹可违;自作孽,不可逭"。大自然造成灾害还可以逃避,自己造成的罪孽,难辞其责,也是无法逃避惩罚的,因而被放桐宫完全是咎有自取。在中国历史上,作为最高统治者、被"改造"后的太甲已具有了自知之明;仅从这些话就可以看出,其"检讨"并不是走过场,而是相当认真、相当深刻的,可谓开古代帝王"罪己诏"之先河。

其实,伊尹主张为政以德,不仅仅是要求为君者如此,为臣也应如此。在他看来,"德"为"大命"的体现,而"天命"关乎着国家与百姓的命运。因而他十分强调君、臣具有"一德"的重要性。因而在他决定还政于太甲时,还特别就"德"一事向其"陈戒":

> 伊尹既复政厥辟,将告归,乃陈戒于德。曰:
> 呜呼! 天难谌,命靡常。常厥德,保厥位;厥德匪常,九有以亡。夏王弗克庸德,慢神虐民,皇天弗保。监于万方,启迪有命,眷求一德,俾作神主。惟尹躬暨汤咸有一德,克享天心,受天明命,以有九有之师,爰革夏正。非天私我有商,惟天佑于一德;非商求于下民,惟民归于一德。德惟一,动罔不吉;德二三,动罔不凶。惟吉凶不僭在人,惟天降灾祥在德。
> 今嗣王新服厥命,惟新厥德。终始惟一,时乃日新。任官惟贤材,左右惟其人。臣为上为德,为下为民。其难其慎,惟和惟一。德无常师,主善为师。善无常主,协于克一。俾万姓咸曰'大哉王言'。又曰'一哉王心'。克

绥先王之禄,永厎烝民之生。

"呜呼! 七世之庙,可以观德;万夫之长,可以观政。后非民罔使,民非
后罔事。无自广以狭人,匹夫匹妇不获自尽,民主罔与成厥功。(《尚书·
咸有一德》)

唐孔颖达《正义》对《咸有一德》之宗旨解释说:"太甲既归于亳,伊尹致仕而
退,恐太甲德不纯一,故作此篇以戒之。经称尹躬及汤咸有一德,言己君臣皆有
纯一之德,戒太甲使君臣亦然。此主戒太甲而言臣有一德者,欲令太甲亦任一德
之臣。经云'任官惟贤材,左右惟其人',是戒太甲使善用臣也。伊尹既放太甲,
又迎而复之,是伊尹有纯一之德,已为太甲所信,是己君臣纯一,欲令太甲法
之。"[1]孔颖达认为,伊尹以自己所为让太甲明白,君臣同心协力之重要,从一个
侧面说明,仅君修德还不够,还须"任官惟贤材,左右惟其人"。之所以强调这一
点,目的"是戒太甲使善用臣也"。孔颖达对"戒"之所见甚精。

(2)"德"与"善"

《尚书》诸篇中"德"字使用最多且将其与"善"相联系的是《咸有一德》。

《咸有一德》篇共285 个字,"德"字出现了15 次,其中"一德"四处,加之"德
惟一"共五处。从中可知,在先秦圣人看来,国君"修德"重要,君臣"一德"也很
重要。故而孔颖达对《尚书正义》对"咸有一德"四字专门作了解释:

此篇终始皆言一德之事,发首至"陈戒于德"叙其作戒之由,已下皆戒
辞也。"德"者,得也,内得于心,行得其理,既得其理,执之必固,不为邪见
更致差贰,是之谓"一德"也。而凡庸之主,监不周物,志既少决,性复多疑,
与智者谋之,与愚者败之,则是二三其德,不为一也。经云:"德惟一,动罔
不吉。德二三,动罔不凶。"是不二三则为一德也。又曰:"终始惟一,时乃
日新。"言守一必须固也。太甲新始即政,伊尹恐其二三,故专以一德为戒。

从孔疏"太甲新始即政,伊尹恐其二三,故专以一德为戒"可知,伊尹既总结

---

① 孔颖达《尚书正义》见《十三经注疏》,中华书局,1980 年9 月。

了夏桀、太甲"失德"的教训,也总结了尧、舜、禹时君臣"一德"的经验,故此在"致仕而退"之时,语重心长地告诫太甲在为政时千万注意"德、才"二事,要广开言路,任用贤才。切记:"惟吉凶不僭,在人;惟天降灾祥,在德。"

伊尹作为一位政治家,其可贵之处还在于思想并不保守,更不僵化,他在告诫太甲牢记历史经验教训时还要与时俱进,注意结合实际做到"日新"。他说:

> 今嗣王新服厥命,惟新厥德,始终惟一,时乃日新。任官惟贤材,左右惟其人。臣为上为德,为下为民。

伊尹的这一思想,实际源于商汤。汤克夏之后,汤并没有被胜利冲昏头脑,而是要求上下以夏为戒。"有夏多罪,天命殛之……予畏上帝,不敢不正!"在此基础上提出了施政的指导思想:"佑贤辅德,显忠遂良。……德日新,万邦惟怀;志自满,九族乃离。王懋大昭德,建中于民。以义制事,以礼制心。……好问则裕,自用则小。……慎其终,惟其始。"(《尚书·仲虺之训》)商汤认为,只有"德日新",天下才能归服;而"德日新"就包括顺乎民情、任用贤才、集思广益善政等。

伊尹主张善政,其思想是一贯的。太甲为汤之孙,早在太甲继太丁之位即太甲元年时,"伊尹乃明言烈祖之成德以训于王"。当时,他以社会上被称为"三风十愆"的恶行为例,嘱太甲以之为戒:"卿士有一于身,家必丧,邦君有一于身,国必亡!"[1]他还从正面鼓励、启发太甲,要他一定要有远大的抱负,奋发有为,一展宏图大略:"圣谟洋洋,嘉言孔彰。"但也告诫道:"惟上帝不常:作善降之百祥,作不善,降之百殃。"——天命并无定向,行善政就会得到庇佑,如不行善政,上天就会怪罪而降下灾殃。(《尚书·伊训》)

可惜的是太甲并未把伊尹的话放在心上,"惟嗣王不惠于阿衡",不听伊尹之训。鉴于"王未克变",不行善政,"伊尹曰:'兹乃不义,习与性成。'"于是决定将其"营于桐宫"。(《尚书·太甲上》)

---

[1]　据《尚书·伊训》所记,商立国之初,有鉴于夏桀堕落的教训,伊尹协助成汤将三种恶劣风气下所形成的十种行为定为罪愆列入"官刑"。具体为:"巫风"下的舞、歌;"淫风"下的货、色、游、畋;"乱风"下的侮圣言、逆忠直、远耆德、比顽童。世称"三风十愆"。

　　太甲的改过自新让伊尹非常高兴,于是在还政之时再次重复了三年前要太甲立政为善的话:

　　　　德无常师,主善为师。善无常主,协于克一。

　　伊尹要太甲切记:作为国君,最重要的是有高尚的品德,为政以德。伊尹强调:实施德政并没有固定不变的老师或一成不变的标准。自己将要致仕而归,不再但任"师保"之职,但肯定会有新的合适之人。你既然已经认识到"既往背师保之训,弗克于厥初"(《尚书·太甲中》),以后就不仅要注意向新的"师保"学习,也要向一切主张"善"的人学习,这是一个原则。同时也要明白,"善"的内容也不是固定不变的,只要能把修德、任贤、为民统一起来的,就是"善政"。

　　商汤、伊尹的"善政"思想影响深远。盘庚迁殷时,曾遭到部分旧势力的反对,于是,他便以"天命"、"先王"为旗帜,声称"天其永我命于兹新邑,绍复先王之大业",迁都的目的是"施实德于民"(《尚书·盘庚上》)。他告诫说:如果顺从,将受到褒奖,如果反对并恶作剧,则严惩不贷:

　　　　世选尔劳,予不掩尔善。
　　　　无有远迩,用罪伐厥死,用德彰厥善。

　　话说得十分明白:假如你们能够像先祖那样勤劳,我绝不会掩盖你们的美德,而一定会大力表彰。但是,如果不是这样的话,则不论与王族血缘之远近,必用刑罚惩处恶者,用封赏之恩德表彰善者。盘庚是位很有魄力的国君,他为推行自己的"德政"、"善政",不仅在措施上恩威并重,并敢于宣布自己握有生杀大权——"制乃短长之命",对有"恶行"者决不姑息;他警告某些人"自今至于后日,各恭尔事,齐乃位,度乃口",也就是不要乱说乱动,如果恶行不改,"罚及尔身,弗可悔!"(《尚书·盘庚上》)——以身试法,后悔莫及!

　　(3)善政立国

　　推行善政,以德治国是周朝的基本国策。

　　周朝立国尤其文王、武王当政之后,鉴于夏桀、殷纣无德及暴政,从一开始就十分重视以德治国和推行善政,经过周公加以总结,以礼乐之制加以规范后,以德治国成为了基本国策。

武王伐纣,首先诏告天下的就是:为君者要敬天爱民,但殷受却反其道而行之,故遭天罚:

> 惟天地,万物父母,惟人,万物之灵。……今商王受弗敬上天,降灾下民,沉湎冒色,敢行暴虐。……商罪贯盈,天命诛之。天矜于民,民之所欲,天必从之。(《尚书·泰誓上》)
>
> 今商王受狎侮五常,荒怠弗敬,自绝于天,结怨于民。……上帝弗顺,祝降时丧。尔其孜孜,奉予一人,恭行天罚。(《尚书·泰誓下》)

与商王相反,"西土"之周则无不敬天爱民,上下一心,同心同德:

> 皇天震怒,命我文考肃将天威。……受有臣亿万,惟亿万心。予有臣三千,惟一心。(《尚书·泰誓上》)
>
> 受有亿兆夷人,离心离德,予有乱臣十人,同心同德。……惟我文考若日月之照临,光于四方,显于西土。(《尚书·泰誓下》)

周朝立国尤其文王当政之后,鉴于夏桀、殷纣无德及暴政,从一开始就十分重视以德治国和推行善政,经过周公加以总结,以礼乐之制加以规范后,以德治国成为了基本国策。将周与殷两相比较之后,武王强调:周殷之不同,根本区别在于是否推行"善政",他说:

> 我闻吉人为善,惟日不足;凶人为不善,亦惟日不足。(《尚书·泰誓中》)

武王说:周为了推行善政,从先王立业始,兢兢业业数百年,施惠于民,故能积小善为大善,最终得到上天庇佑,庶民拥戴。纣王恶政也非一日,"商王受力行无度,播弃犁老,昵比罪人,淫酗肆虐;臣下化之,朋家作仇,胁权相灭;无辜于天,秽德彰闻。"(《尚书·泰誓中》)对待恶贯满盈的"独夫受",惟一的办法就是"恭行天罚",不能手软。在这方面,古人已有遗训,这就是:

树德务滋,除恶务本。(《尚书·泰誓下》)

　　这里,武王不仅提出了推行善政必须始终如一,坚持一以贯之,还必须清除恶政,只有消灭恶政才能推行善政,除恶就是树德,就是最大的善政。

　　(4)善政观的影响

　　《尚书》为历代治国者必读之经典,因而"德惟善政,政在养民"除三代之外,秦汉以降在政治、文化、思想领域同样影响至深,被思想家、政治家推崇备至。如东汉末年的桓范著《世要论》12卷,既谈治国之刑,更强调重德、重民之善政。何谓善政? 他在《兵要》一节中说:"善政者,恤民之患,除民之害也。"①宋代名臣范仲淹在庆历革新时曾上疏宋仁宗《答手诏条陈十事》,详论治国"明黜陟、抑侥幸、精贡举、择官长、均公田、厚农桑、修武备、推恩信、重命令、减徭役"之十策。在"厚农桑"中他引用了《大禹谟》:"臣观《书》曰:'德惟善政,政在养民'。此言圣人之德惟在善政,善政之要,惟在养民。"②

　　2006年11月13日,中国文联第八次全国代表大会、中国作协第七次全国代表大会在北京召开之际,国务院总理的温家宝在人民大会堂与代表座谈时就引用了"德惟善政,政在养民"这句话,并意味深长地对在座的代表说:我们讲"善",就是要在为了中国的光明未来而追求真理的进程中,与人为善,尊重人,理解人,关心人,爱护人。作为文艺家应该如何呢? 他说:文学艺术家更要积极反映和大力弘扬那些善的事物和行为,因为这有利于构建和谐社会。③温家宝的讲话,把为政者的范围加以扩大,把"养民"诠释为"为民",意在说明,社会的发展既要满足人民的物质需求,也要满足人民的文化需求,从一个侧面体现了执政为民,以人为本的发展理念。这种在新形势下对传统文化的新解读,对我们如何坚持"古为今用"的原则,传承与弘扬优秀民族文化是一个有益的启示。

---

①　桓范《世要论·兵要》,《全三国文》卷三十七,商务印书馆,1999年10月。
②　李勇先等校点《范仲淹全集》,四川大学出版社,2002年9月,第533页。
③　《温总理引用诗文:德惟善政,政在养民》。人民网2010年10月25日。

2. 崇德向善

《大学》中有一句语录经常被人们引用："大学之道,在明明德,在亲民,在止于至善。"此话非常经典,但也十分平实,它向人们昭示:崇德向善自古以来就是中华民族的传统美德。

然而,何谓崇德向善?

关于德,前面已有较多的阐述,此不再赘言。关于善,虽然不同阶层、不同地域、不同时代的不同民族有着不同的内涵,认识上有所差异,但善的内容无不与社会生产力与生产关系相联系,与人所处的环境相联系,与人的社会地位与文化素养相联系。善虽没有固定的范围,但它与人的行为密不可分,与环境密不可分。善恶之别,重在存心、在动机,亦在效果;于人有利则为善,于人有害则为恶。对此,孟子有过很典型、也很生动的论述:

> 鸡鸣而起,孳孳为善者,舜之徒也;鸡鸣而起,孳孳为利者,跖之徒也。欲知舜与跖之分,无他,利于善之间也。(《孟子·尽心上》)

孟子这里所言之"利"指私利(包括君王为个人而损他国之利)而非公利(即民之利),这可从其一贯主张置民以产而富民的主张可知。在他看来,人一生无不忙忙碌碌,然其价值不同,其区别就在于行善与谋求私利而已。

由此可知,"崇德向善"的实质在于心中时时有社会、有他人,在于念念为社会着想、为他人着想。崇德向善是一种高尚的价值观,是思想意识与实践的有机结合,即知与行的结合。对此,《礼记》给出了一个很经典的界定:

> 修身践言,谓之善行。(《礼记·曲礼上》)

也就是说,善就是言行一致,始终如一地为社会,为百姓做好事。故而孟子说:"取诸人以为善,是与人为善者也。故君子莫大乎与人为善。"(《孟子·公孙丑上》)言下之意,作为君子,最高尚的品德就是既善于从他人身上学习到善,又善于同别人一道行善。

《孟子》中曾记述了一位"好善"者为政的故事。

　　鲁欲使乐正子为政。孟子曰:"吾闻之,喜而不寐。"公孙丑曰:"乐正子强乎?"曰:"否。""有知虑乎?"曰:"否。""多闻识乎?"曰:"否。""然则奚为喜而不寐?"曰:"其为人也好善。""好善足乎?"曰:"好善优于天下,而况鲁国乎? 夫苟好善,则四海之内,皆将轻千里而来告之以善。夫苟不好善,则人将曰:'訑訑,予既已知之矣。'訑訑之声音颜色,距人于千里之外。士止于千里之外,则谗谄面谀之人至矣。与谗谄面谀之人居,国欲治,可得乎?"(《孟子·告子下》)

　　乐正子是孟子的学生,名克,为鲁国的一个普通小官。当孟子听说鲁国准备委以重任,让其掌管国家大政时,毫不掩饰地在学生面前说他高兴得睡不着觉。他的另一位学生公孙丑听后有点诧异,忍不住对老师发问:乐正子意志坚强、知识丰富、才智超群、多谋善断吗? 孟子说:这些都很一般,但他最大的优点是"为人也好善",善于听取别人的意见,采纳善言,就能广开言路,集思广益,得天下之贤才。有了这一条,就足以治理天下了,何况治理一个小小的鲁国呢!。否则,刚愎自用,贤者能者被杜绝于千里之外,而阿谀奸邪之徒却盈塞于门庭,国家想治理好,能办得到吗?

　　在孟子看来,所谓"善政"也即仁政。凡行仁政者必定虚怀若谷,大度包容,即使逆耳之见,难行之策,只要利国利民,亦能纳谏而实行。从这个角度出发,"好善"则为大德、国德。

　　孟子不仅称赞乐正子为"善人",而且还赞其为"信人",并对"何为善"作了回答:

　　浩生不害问曰:"乐正子何人也?"孟子曰:"善人也,信人也。""何谓善?何谓信?"曰:"可欲之谓善,有诸己之谓信,充实之谓美,充实而有光辉之谓大,大而化之之谓圣,圣而不可知之之谓神。乐正子,二之中、四之下也。"(《孟子·尽心下》)

　　《孟子》一书中几处提到乐正子。其中一次是齐国人浩生不害询问孟子如何评价乐正子。孟子称赞乐正子为"善人"、"信人",浩生不害进而问:"何谓善?何为信?"孟子说:"可欲之谓善,有诸己之谓信。"

孟子的回答看似简单、明了,实则不然。从东汉经学家赵歧至宋代理学家朱熹、张栻,清代思想家戴震等学者,围绕"可欲"二字,其诠释向有不同。真可谓"仁者见仁,智者见智"。如赵歧重在释字义,朱、张则加进"天理、人欲"之说,戴震则强调人之性情而对"存天理、灭人欲"加以抨击。时至今日,对"可欲"仍认识不一,如有的学者将其解释为"值得追求",有的解释为"心怀喜爱",有的解释为"值得喜爱"等。

从我国思想史发展的路径可知,先秦之思想家对人之性情的理解远没有汉唐之后复杂。先秦之时,由于宗法思想的影响,思想家对"尊尊亲亲"基本上都是持肯定态度的,因而对善恶的认识也充满着人性色彩。故而《尚书》、《周易》也好,孔子、孟子也好,对善恶的评判多充盈着个人的感情。在他们看来,对于善恶,首先要看人的心态,心向善者只要言行一致,其行也善;心存恶者其行则恶。故而孟子说:"君子莫大乎与人为善"(《孟子·公孙丑下》),"至乐莫若行善",并将个人之善大而化之,只要一个人有心向善,则"人皆可以为尧舜"(《孟子·告子下》)。圣人就是心中有善,推己及人,以仁治人,以德化人,从而治理天下。孟子以"欲"解"善",认为"向善"、"行仁"是人的本性,认为"恻隐之心,人皆有之;羞恶之心,人皆有之;恭敬之心,人皆有之;是非之心,人皆有之。恻隐之心,仁也;羞恶之心,义也;恭敬之心,礼也;是非之心,智也。仁义礼智,非由外铄我也,我固有之也,弗思耳矣。故曰:求则得之,舍则失之。"(《孟子·告子上》)"善"、"仁"之"得"与"失",完全由人自己作主,而不取决于外力,不言而喻,也不取决于"天命"。强调后天努力、着重个人修养从而可以提高人的道德水准、将善的品质内在化为人性认识,这是先秦儒家对中国文化、尤其是中国哲学文化发展上的重大贡献。

孟子认为,善是有层次的,其初始阶段为善与信,渐次而升为美、大、圣、神。乐正子的人品虽然只是初步达到"善"和"信",还远在"美"、"大"、"圣"、"神"之下,但因为他已具有了为政的最基础条件,因而他是合格的。齐国能启用善人、信人为政,这标志着齐国对仁政的认可,是治国的新方向,所以孟子看到此而高兴得睡不着觉。

　　除儒家外,道家学派也都在不同的语境中提倡崇德向善。在这方面,最有名的观点是老子提出的"上善若水"。老子从"道"的角度出发,认为水的一些特性"几于道矣"(《老子》第8章)。老子为了倡导其"无为而治",对"不善"也很宽容。他说:"善者吾善之,不善者吾亦善之,德善。"(《老子》第49章)这里,老子对"德"的解释超出了常人。一般而言,人际交往都是礼尚往来,以善报善,以德报德。因而有人问孔子如何看待老子的这一主张:"以德报怨何如?"孔子立即表示不赞成并加以反驳:"何以报德? 以直报怨,以德报德!"(《论语·宪问》)但老子认为,一个人只有能够做到"不善者吾亦善之",方可称为"德善",因而他极力主张"以德报怨"(《老子》第63章)。从这里也可以看出,诸子虽然主张善,但对善的理解及态度还是有较大差别的。

　　在传统文化发展中,"善"既被视为形而上的崇高思想,又被视为形而下的美好行为,其典型的表述当是《礼记·大学》:"大学之道,在明明德,在亲民,在止于至善。"止于至善,即达到完美无瑕的崇高境界。朱熹在《四书集注·大学章句》中解释道:"止者,必至于是而不牵之意;至善,则事理当然之极也。言明明德、亲民,皆当至于至善之地而不迁。"由此可见,儒家不仅视"善"为治政亲民之要,而且标准无有止境。至于个人修养,不仅要终其生孜孜以求,努力达到道德上完人的高度,人性上达到至诚、至真、至爱的境界。

　　大善无疆。善的重要特点与标志是"心存他人",是"己所不欲,勿施于人"(《论语·颜渊》),是"己欲立而立人,己欲达而达人"(《论语·雍也》)。如前所述,中国人的善恶之别,重在存心之不同。处处为人着想、施惠他人就是善,损人利己、损公肥私就是恶。"向善"就是心存善念,生发爱心、善心、慈悲之心,具有公众意识与助人精神。

　　两千多年来,由于传统文化中向善的观念厚重且薪火相传,崇德向善已成为中华民族的美德,成为了社会的主流,因而产生了强大的驱动力和向心力。改革开放以来,在发展商品经济的大潮中,虽然经济利益对传统文化时有冲击,使得一些人心理迷茫,道德滑坡,但在党的领导下,广大人民始终守护优秀民族精神家园、弘扬崇德向善的传统没有变,并综合各方面认识,提出要倡导富强、民主、文明、和谐、自由、平等、公正、法治、敬业、诚信、友善的社会主义核心价值观。因而见贤思齐,奋发向上精神得到了张扬,社会公德、职业道德、家庭美德、个人品德建设取得了巨大成绩,产生了无比强大的正能量。

2013年9月26日下午,中共中央总书记习近平在北京会见第四届全国道德模范及提名奖获得者,强调道德模范是社会道德建设的重要旗帜,要深入开展学习宣传道德模范活动,弘扬真善美,传播正能量,激励人民群众崇德向善、见贤思齐,鼓励全社会积善成德、明德惟馨,为实现中华民族伟大复兴的中国梦凝聚起强大的精神力量和有力的道德支撑。(《人民日报》2013年9月27日)

由于向善是中华民族的优秀品质,十分重要,此后,习近平总书记还多次在不同场合强调大力提倡向善。2013年11月26日,他在山东考察时专门到孔府和孔子研究院同有关专家学者座谈。他指出:国无德不兴,人无德不立。必须加强全社会的思想道德建设,激发人们形成善良的道德意愿、道德情感,培育正确的道德判断和道德责任,提高道德实践能力尤其是自觉践行能力,引导人们向往和追求讲道德、尊道德、守道德的生活,形成向上的力量、向善的力量。只要中华民族一代接着一代追求美好崇高的道德境界,我们的民族就永远充满希望。(《人民日报》2013年11月29日)2014年5月4日,他在同北京大学青年学生座谈社会主义核心价值观时指出:"核心价值观,其实就是一种德,既是个人的德,也是一种大德,就是国家的德,社会的德。国无德不兴,人无德不立。如果一个民族、一个国家没有共同的核心价值观,莫衷一是,行无依归,那这个民族、这个国家就无法前进。"同时,他还语重心长地教导大家要切实注意个人的修德,在"勤学、修德、明辨、笃实"四个方面下功夫。他说:"做人做事第一位的是崇德修身。""要立志报效祖国、服务人民,这是大德,养大德者方可成大业。同时,还得从做好小事、管好小节开始起步。'见善思迁,有过则改',踏踏实实修好公德、私德,学会劳动、学会勤俭、学会感恩、学会助人、学会谦让、学会宽容、学会自省、学会自律。"(《人民日报》2014年5月5日)2014年9月24日,习近平总书记在"纪念孔子诞辰2565周年国际学术研讨会暨国际儒学联合会第五届会员大会"开幕会上发表重要讲话,在讲到优秀传统文化时,他指出:"对传统文化中适合于调理社会关系和鼓励人们向上向善的内容,我们要结合时代条件加以继承和发扬,赋予其新的涵义。希望中国和各国学者相互交流、相互切磋,把这个课题研究好,让中国优秀传统文化同世界各国优秀文化一道造福人类。"(《人民日报》2014年9月25日)在2016年新年到来之际,习近平总书记在向世界人民祝福的同时,也表示了最大的善意。他说:我们只有一个地球,这是各国人民共同的家园。世界那么大,问题那么多,面对身陷苦难和战火的人们,我们要有悲悯和同情,更要有责任和行动。中国将永远向世界敞开怀抱,也将尽己所能向面临困境的人们伸出援手,让我们的"朋友圈"越来越大。

精神的力量是无穷的,道德的力量也是无穷。崇德向善的思想薪火相传,支撑着中华民族自强不息,奋发向上,并成为百姓日用而不觉的价值观;时代的变迁不仅未使它褪色,反而使它与时俱进,民族特色更加鲜明,生命力更加蓬勃,对人们践行社会主义核心价值观提供了有益的启迪。

崇德向善是一面大旗,千百年来引领着中国人民的价值理念!

崇德向善是一座灯塔,千百年来照亮着中国人民的精神航路!

崇德向善是一江春水,千百年来奔涌着中国人民的清澈灵魂!

崇德向善是一座山峰,千百年来彰显着中国人民的道德成就!

第五节　《周易》的通变观念

"通"与"变"是中国传统文化尤其传统哲学范畴中的两个重要的哲学概念与思想范畴。通变观念在我国虽然产生久远,但就这一概念的形成及文字表述而言,《周易》的"穷变通久"之说可谓开中国哲学通变观念之先河,其后,这一观念在先贤之论中屡屡提及,内涵不断丰富和发展,而终成为中国传统哲学的一个重要命题。

"通变",顾名思义,它既包括事物自身的变化与转化,也包括此物与彼物的相互联系、沟通与影响,同时也包括思维方式、逻辑判断与处世方略。"通"与"变"密切关联,本节侧重于探讨"变",讨论其辩证的思维方式。

在中华元典文化中,《周易》被誉为"群经之首"。何以如此?除其产生久远之外,更为重要的是其影响之巨大、深远确乎在其他典籍之上,它不仅对文、史、哲诸学有直接的影响,对传统医学、天文、历法等的影响也是任何典籍所不能企及的,《周易》所蕴含的许多观念成了中华文化的基因,"通变"为其最重要中之一。

中国传统哲学的发展始终有一个硕大永恒的主体,这就是天人关系。《周易》的通变思想深邃博大,但其内涵确立、扩大、延伸与丰富也是围绕着这一主体思想展开的,其中最突出是探索精神、忧患意识、智慧意识与谋略意识。

一、探索精神

我国古代传说、希腊神话以及希伯来、古埃及的传说中都有关于宇宙形成前为混沌一团的记载,其后由于上天的无比威力,才有了天、地、人。[①] 这表明早期先民在哲学思维方式上辩证思维已大大萌动。作为三皇之一的伏羲,中国人称其为"人祖",并把许多人类的智慧和功绩赋予给了它,其中"画八卦"更是永垂不朽。《周易·系辞下传》载:

> 古者包牺氏之王天下也,仰则观象于天,俯则观法于地,观鸟兽之文与地之宜,近取诸身,远取诸物。于是作八卦,以通神明之德,以类万物之情。

从中可知,伏羲为了治理天下而对天、地、人及其相互关系进行了深入地、不懈地探索与研究,从中发现了一些有规律性的现象,并在此基础上画出了八卦。

1. 探索天、地、人之关系

八卦虽简,却寓寄了世间各种事象,其中着重记述的是天、地、人三才之德性及万物的情状。在没有文字的情况下,伏羲将万物之变化以符号来表示,即人们所说的八卦——乾、兑、离、震、巽、坎、艮、坤,分别代指天、泽、火、雷、风、水、山、地八种物质属性。八卦内涵丰富,既"通神明之德",又"类万物之情"。文王被囚羑里,对八卦进行了研究,觉得过于简单,过于宏观,时移世易,已不足以透析复杂的天人关系,于是经过深入地求索,运用叠加之式将八卦演化为六十四卦。"易"者,变也,因文王被封于周且又为周王朝开山之祖,故后人称所演之卦为《周易》。

人们经常说的《周易》包括两部分内容,一是伏羲所画八卦,一般称为本卦,

---

① 我国古代传说中有关混沌的记载较多,较早的有《山海经·西山经》的神鸟浑敦(沌)和《庄子·内篇·应帝王第十》中的"七窍出而浑沌死"等;古希腊诗人赫西俄德(Hesiod)所著的《神谱》、古罗马诗人奥维德(PubliusOvidiusNaso)的《变形记》关于天地混沌未形的描述;圣经《旧约》、《新约》中上帝创世纪将混沌宇宙变为有序的发生过程的记载;古埃及神话中关于最初天、地连在一起,阳光将其分开的记载等。

文王所演六十四卦,一般称为别卦,二者合称本经或古本经;二是《传》,相传孔子为解本经而作,但也很可能是孔学后人依孔子之意而为之。

《易》的实质是什么? 后世虽人言言殊,但对《庄子·天下篇》所概括的一句话无不认同:"《易》以道阴阳"。此处的"道阴阳",其意有二,一谓《易》的核心内容就是讲的阴阳,二谓讲阴阳之变化。《周易·系辞上传》认为,阴阳之变学说的提出,是对万物的高度精炼的概括,故说:"一阴一阳之谓道","道"就是规律。世间万事万物,天与地、乾与坤、阴与阳,刚与柔、男与女、大与小、昼与夜等,无不存在着相反相成的两元对立统一关系。

大道至简。如此深刻的道理,却用如此简约平易的语言得以表达,孔子对此也感慨万分:

> 天尊地卑,乾坤定矣。……在天成象,在地成形,变化见矣。《易》简而天下之理得矣。天下之理得,而成位乎其中矣。(《周易·系辞上传》)

在天人关系中,孔子认为,只要天尊地卑有定,世间一切事物的运行就有了准则;乾坤这样简约平易的道理明白了,天下的道理也就无所不通;而明白了天下的大道,就能指导日常的小道理,这样,不论任何事物和人,也就都会在天地间找到自己应有的位置。所以孔子认为,要真正掌握《易》的精髓,必须从乾坤入门。

> 子曰:"乾坤,其《易》之门邪?"乾,阳物也;坤,阴物也。阴阳合德,而刚柔有体。以体天地之撰,以通神明之德。其称名也,杂而不越。于稽其类,其衰世之意邪?(《周易·系辞下传》)

孔子认为,明白了阴阳变化之理,将阴阳的德性相与配合,便可以显示出天地万物变化的各种形态,同时反映出上天及神明的德性。六十四卦之名所象征的事物,就是从不同的角度折射着殷商末世的一些情况。关于这一点,《周易·系辞下传》第十一章说得更明白:"《易》之兴也,其当殷之末世,周之盛德邪? 当文王与纣之事邪?"也就是说,《易》理之"变"隐涵寄寓着深刻的社会变革之理。

2. 探索宇宙运行之规律

《周易》通过对阴阳、乾坤之变化的观察,进而将探索推及万物及宇宙,并联系自伏羲至黄帝、尧、舜数千年社会的变迁,从而认为"变"是宇宙间的根本规律,也是治世的不二准则:

> 《易》,穷则变,变则通,通则久。是以自天佑之,吉无不利。黄帝、尧、舜垂衣裳而天下治,盖取诸乾坤。(《周易·系辞下传》)

这里,不妨把"穷"理解为穷途末路。任何事物到了穷途末路,结果必然有二,一是灭亡,二是变革。《易》的伟大之处就在于,它告诉人们:变革才是唯一的出路,并且前途异常光明:"变则通"。"通",既含有通达之义,更含有发展之义。因为只有通,才无阻碍,才能继续向前,只有不断发展,才能得以永续。发展才是硬道理,故曰"通则久"。

《易》的旨要是要人们认识事物变化,但由于其文辞简约,深明其旨并非易事。对此,《周易·系辞下传》要人们在学习时要注意其特点,以便掌握其实质:

> 大《易》,彰往而察来,而微显阐幽,开而当名,辨物正言,断辞则备矣。其称名也小,其取类也大。其旨远,其辞文。其言曲而中,其事肆而隐。因贰以济民行,以明失得之报。

这里所强调的问题有二,一是说《周易》辞简旨远,言曲事隐,一定要深入理解,不可望文生义,方能把握其旨;而要正确把握,关键是准确理解乾坤二卦,明白阴阳变化之理。二是思想方法问题,即不可以偏概全,顾此失彼。从一定意义上说,《易传》也将探索精神传达给了信众,要人们结合实际,不断探索和认识"变"深层次的规律。

在指出"变"是事物发展规律的同时,《系辞》还强调学《易》时思想不可僵化,不可将其当作教条来对待。这是因为事物每时每刻都是处于变化状态的,故而"道"也是在不断变化的,正确的作法是与时俱进,"唯变所适":

> 《易》之为书也不可远,为道也屡迁。变动不居,周流六虚,上下无常,刚柔相易。不可为典要,唯变所适。(《周易·系辞下传》)

这一思想是很了不起的。明白《易》理是讲变化的,但同时又要以变化的思想看待其所讲之变化,这就有一定的难度,没有高度辩证的思维是做不到的,因而在以《易》理处理事物时,一定要切记"道也屡迁"之理、"变动不居"之理,"上下无常"之理。因此,要掌握《易》之精神,明白六十四卦要义,首先要明白古圣人"观变于阴阳而立卦,发挥于刚柔而生爻"的道理:

> 昔者圣人之作《易》也,幽赞于神明而生蓍,参天两地而倚数,观变于阴阳而立卦,发挥于刚柔而生爻,和顺于道德而理于义。穷理尽性以至于命。(《周易·说卦》)

《易》的探索精神的一个显著特点是它的彻底性。这从它对"变"、"通"的释义可知:

> 是故阖户谓之坤,辟户谓之乾,一阖一辟谓之变,往来不穷谓之通。见乃谓之象,形乃谓之器,制而用之谓之法。(《周易·系辞上传》)

又说:

> 夫乾,其静也专,其动也直,是以大生焉。夫坤,其静也翕,其动也辟,是以广生焉。广、大配天地,变、通配四时,阴、阳之义配日月,易简之善配至德。
> ……
> 是故法象莫大乎天地,变通莫大乎四时,县象著明莫大乎日月,崇高莫大乎富贵。(《周易·系辞上传》)

由上文可知,《周易》认为"变"和"通"都是"往来无穷"的。这里的"往来无穷"一方面指自然界的变化,如春夏秋冬四时交替,白天黑夜周而复始,都具有无穷性;另一方面也指社会人事的趋时变化无穷,人们都在日日求新。由于是"无穷",因而人们的对"变"的认识也无穷尽,而要适应这一变化,必须与时偕行,"变通者,趣时者也"(《周易·系辞下传》)是唯一正确的结论。

这就告诉我们,理解《易》之变化之理,一定要全方位,多角度,既虑及物象,又虑及天道,更要虑及人之义理,将阴阳协调到一个"和顺"的状态,从而使"阴阳合德"。

从上述引文可看出,《易》讲变化之目的是为社会,为人,即社会和人际关系都达到一个和谐的境界。这一思想影响了老子、孔子、孟子及后世诸子。孔子主张和,认为"和为贵";(《论语·学而》)孟子主张实行王道要"天时、地利、人和";(《孟子·公孙丑》)老子则说"万物负阴而抱阳,冲气以为和"。(《道德经》四十二章)人们常见的太极图,其中有两条阴阳鱼,即阳背着阴,阴抱着阳,阴阳两气处于"和"的状态。

《周易》认为万事万物之变化皆与阴阳有关,同时把万物的性质都用阴阳来概括,如日为阳,月为阴;天为阳,地为阴;上为阳,下为阴;雄为阳,雌为阴;君为阳,臣为阴;昼为阳,夜为阴;暑为阳,寒为阴;高为阳,卑为阴;表为阳,里为阴;律为阳,吕为阴;春夏为阳,秋冬为阴;雷电为阳,雨雪为阴等等。人们在认识阴阳变化规律以后,就可以掌握和判断事物发展的趋势,包括个人、家庭之命运。

3. 探索"变"之规律

《易》用"变"作为最基本的观念和思维方式进行宇宙规律之探索,指出了"变"的三个特性。一是"变"具有永恒性:"往来无穷谓之通","变则通,通则久";"无穷"、"久"就是永恒。二是"变"具有阶段性:"阖户谓之坤,辟户谓之乾,一阖一辟谓之变","变化者,进退之象也";一阖一开,一进一退,生动地反映了变化的阶段性。三是"变"具有连续性:变化是一个过程,开始可能只是个别的,或数量上的差别,连续不断的变化则会产生质的变化,故曰:"形而上者谓之道,形而下者谓之器。化而裁之存乎变,推而行之存乎通"(《周易·系辞上传》)。这就是说,阴阳变化虽然具有阶段性,但变化不会终止,推移往来运动,把不同阶段的变化连贯起来,就是通;"通"是依靠往来无穷的连续递进来实现的,是一个无穷的过程。

前面已经指出,《周易》对宇宙规律的探索,其重心是对天、地、人相互关系的探索,也就是说,《周易》最终表现的仍是人文关怀。

这一探索的表现形式及其特点是什么呢？简而言之,《周易》是运用宏观与微观相结合的方法,通过卦和爻的方式传递信息的。

其一,《周易》的卦爻是一个完整的符号系统,是以象和数的结合为其内在特征的,在思维形式上表现为以符号为特点的排列与组合。《周易》严整的符号学思想与体系,是中华先人认识世界、解释自然和指导人群社会活动的指南,其辩证思维和逻辑方式从根本有别于西方而富于民族文化之特色。"《易》有太极,是生两仪,两仪生四象,四象生八卦。八卦定吉凶,吉凶生大业"(《周易·系辞上传》)。八卦符号的无数排列与组合可以用来解释人类与自然界发生的种种现象和疑问,说明好与坏、吉与凶,从而演绎出人的生命规律及其"生大业"之意义。

其二,由于自然数列可以有无数个组合,因而在八卦的整体结构中,自然界与人类社会的变化均逞现为一个有序的过程。《周易》探索的核心问题是人类的生命现象,同时用"天人合一"的思想将人与自然界有机地结合在了一起,这样,在自然界的阴阳变化、人类社会的阴阳变化、人与自然交叉互感变化中,人无疑就成了所有变化中的生命主体。在人与自然交互变化中,既有对立(凶),又有和谐(吉)。如何趋吉避凶,化凶为吉,《周易》认为人是大有可作为的,人的主体能动作用可起到决定性作用。关于如何发挥主观能动性,《周易》的基本观点有三,一是自强不息,"君子终日乾乾,夕惕若厉"(《周易·乾卦·九三爻辞》)。二是把握好时机,"与时偕行"(《周易·损卦·象辞》)、"君子藏器于身,待时而动,何不利之有?"(《周易·系辞下传》)。三是要懂得智慧人生。司马迁说孔子对《易》情有独衷,"读《易》,韦编三绝"(《史记·孔子世家》)。孔子何以如此呢？原因就是《易》中充满着智慧,"'子曰:假我数年,五十以学易,可以无大过矣'。"(《论语·述而》)在孔子看来,《易》知识丰富,充满智慧,可使人理性地认识社会,个人修养也可以不断地提高,懂得了《易》就不会犯大的过错。

其三,探索的终极目的是寻求和谐。《易传·乾卦·象传》说:"乾道变化,各正性命,保合太和,乃利贞。首出庶物,万国咸宁。"意谓天地自然界的变化终归是要保持"太和"元气,如此则一切祥和贞固,邦国和顺。本着"天人合一"精神,《周易》之和谐也即指人与自然的和谐、人与人、人与社会的和谐以及人自身的心灵和谐。《周易》的"三才"思想就是指上述三个方面的和谐:"《易》之为书也,广大悉备,有天道焉,人道焉,地道焉。兼三才而两之,故六。六者非它,三材之道也。"(《周易·系辞下传》)。三者生生不息的和谐发展之目的是达到人与天地合德:"与天地合其德,与日月合其明,与四时合其序,与鬼神合其吉凶。先天而天弗违,后天而奉天时。天且不违,而况于人乎? 况于鬼神乎?"(《周易·乾卦·文言》)"与天地合其德"就是说人道要遵循自然规律,效法天地之道,同时与天地相协调,"财(裁)成天地之道,辅相天地之宜"(《周易·泰卦·象》),发挥人的的主体作用,对自然万物的变化加以辅助、节制或调整,使其更加符合人类的需要,从而使人与自然和谐。孔子认为,《易》的至理就在于让人们在"太和"的氛围中养成美好的道德,从而成就事业。"子曰:'《易》其至矣乎。大《易》,圣人所以崇德广业也。'"(《周易·系辞上传》)他在解释《咸卦·九四爻辞》时说得更明白:《易》之"精义入神,以致用也。利用安身,以崇德也。过此以往,未之或知也。穷神知化,德之盛也。"(《周易·系辞下传》)。

二、忧患意识

《易》的"变"、"通"观念告诉人们,由于宇宙万事万物的变动不居、阴阳转化,吉与凶随时都在与人为伴:恶劣的自然灾害不仅会给人们造成灾难,甚至会毁灭人类;人际关系的恶化所造成的攻伐残杀使人不寒而栗;个人的德才缺失与不善处置也会使人跌入深渊。伏羲见此而寝不能寐,穷究天地人之变,探寻三才之秘以趋吉避凶,并画八卦寓其形,喻其理意,预其变。此实为中华民族忧患意识之源也。

1. 必备之德

强调忧患意识的重要,认为忧患意识是有作为之人必备之德,是一种自觉意识。孔子在深入研究《周易》之后得出的结论:《周易》核心内容之一即为忧患。他说:

> 《易》之兴也,其于中古乎? 作《易》者,其有忧患乎? (《周易·系辞下传》)

言下之意,中古之先民由于生存受到威胁而产生忧患。由于当时社会处于原始状态,人与人之间尚不存在阶级斗争,其最大的威胁来自于大自然:先民春耕夏耘,茹苦挥汗,但咆哮的洪水、骤时的冰雹就会使一切化为乌有;同时,凶猛的禽兽、邪魔的疾病也时时给人们带来灾难。伏羲时如此,尧舜禹时如此,至周代时不仅亦依然如故,社会也更为复杂,尤其人与人关系中存在着许多不确定的因素。文王被囚羑里,对此深有感触,于是精心研易演易,将八卦发展为六十四卦。这表明,文王不仅继承了《易》的忧患意识,而且更注重与现实社会的联系。关于这一点,孔子曾予以过分析:

> 《易》之兴也,其当殷之末世、周之盛德邪!当文王与纣之事邪!是故其辞危。危者使平,易者使倾;其道甚大,百物不废。惧以始终,其要无咎。此之谓《易》之道也。(《周易·系辞下传》)

意谓文王演《易》之时,周还只是殷之一个小小的邦邑,时刻有被殷消灭的危险,因此卦爻辞中充满着危机形象和危机意识。但正是因为文王能够洞察危机,正确应对,于是避免了危机。相反,纣王认为自己国大势强,天下无敌,毫无危机与预防意识,最后的下场则是瞬间倾覆,成了历史上"易者使倾"的典型。由此可知《易》中所言的是天下兴亡的大道理,是用于百物而不废的真理。如果一个人的恐惧危机意识不因眼前一时一事的胜利而丧失,而是目光如炬,谋虑长远,时时担心所做之事毁于一旦,他必定能够成就大事,不会犯大的错误,也就可避免大的祸乱,故曰"其要无咎"。

2. 未雨绸缪

忧患意识作为民族精神,深刻地反映了中华民族在生存与发展方面的文化自觉,这一文化自觉来源于对事物的周密观察和思维的辩证。《否》卦九五爻辞说:"休否,大人吉。其亡其亡,系于苞桑。"孔子在谈到这一爻辞时说:

> 子曰:"危者,安其位者也。亡者,保其存者也。乱者,有其治者也。是故君子安而不忘危,存而不忘亡,治而不忘乱。是以身安而国家可保也。"

《易》曰:"其亡其亡,系于苞桑。"(《周易·系辞下传》)

孔子认为,未雨绸缪,居安思危很重要,但又是很不容易作到的,只有充满忧患意识或经历过灾难者才能有防患于未然的自觉。他说,时刻想着危机并时刻预防危机的人是可以长期平安的,有躲避危险和应付过灾害的人最善于保存自己,从动乱中过来的人因为有一定经验,是能够把国家或社会治理好的。因此,有作为、有能力的君子能够作到安而不忘危,存而不忘亡,治而不忘乱。因而不仅自身安全有保证,而且也能使国家长治久安。老是想着可能会出现灾荒,就会在丰收之年想到欠收,于是不忘把庄稼种好,多打粮食;非常重视桑蚕之事,也就能把丝织业搞好。《否》卦的作用就是要人们时时保持警惕性。孟子将这一思想概括为"生于忧患,死于安乐",千百年来对世人起到了极大的劝诫作用。又如《泰》卦九三爻辞:"无平不陂,无往不复,艰贞无咎,勿恤其孚,于食有福。"在自然界,平陂相交,往复相随,泰去否来,人们对此既有认识,又有经历,因而能居安思危,故不至于发生危险。因此,接下来的《象传》曰:"无往不复,天地际也","际"者,天地交接也,也就是说,这是普遍的规律,应对的最佳选择就是在知道自己的危险处境之后积极应对,使之化解。

"变"的辩证思维贯穿于整个《易》卦与《易》理之中。如在六十四卦中,第六十三卦名"既济"。"既"者,已经也;"济"者,完成也。第六十四卦为"未济"。"未济"者,尚未完成也。"既济"在前而"未济"在后,这就告诉人们,人生与社会发展之道路是遥远的,必须时时刻刻保持头脑清醒,不要被面前一时的顺境或成就模糊了眼睛,只有始终居安思危,才能转危为安;同时还要切记,新的安全前面可能又有新的不安全。

首都师范大学教授鲁洪生 2010 年曾多次在北京电视台、国家图书馆讲解《周易》。他说,在《周易》六十四卦卦辞中,讲吉利的爻辞共 202 句,占总数(450句卦爻)的 44.89%;中性的 126 句,占 28%;讲凶险的 122 句,占 27.11%。总的来说讲吉利的占多数。他认为,之所以如此,主要是《周易》重视人的主观能动性,倡言"天行健,君子以自强不息",强调积极的人生价值观。[1]

---

[1]　鲁洪生《〈周易〉的智慧》,现代出版社,2013 年 6 月。

"未雨绸缪"语出《诗经》,意谓在天尚下雨之前,就要把房屋的门窗修整一好,以防阴雨。① 历代对其解释不一。儒家经师认为这是一首寓意深刻的诗,以鸟筑巢作比,微言大义,讽喻政治,作者为周公。所引事实是:成王时发生三监之乱,周公奉命平定后作《鸱鸮》诗与成王,希望成王吸取教训,以防不测。"未雨绸缪"之所以能成为一个成语,是因为它既是人们对某些方面生活经验的总结,更是人们对事物普遍规律性认识的提炼。"未雨绸缪"言简意赅,具有很强的警示性,既适用政治,也适于其他。它提示人们无论作什么事都要头脑清醒,只有瞻前顾后,多有准备,才能应对裕如。中国先民的这一思想方法很了不起,它说明思想认识水平的高低、主观能动性发挥得好坏,与事业的成败关系甚大,因而影响十分深远。明末理学教育家朱柏庐曾将其写入《治家格言》:"宜未雨而绸缪,毋临渴而掘井,"至今被人们传诵。他如《中庸》所言"凡事预则立,不预则废",千百年来光辉闪耀,②皆因其教人以智慧处事之故。

三、修德立身

如何趋吉避凶,消灾除患,《周易》认为人是可以大有作为的,就其基本路径而言,大致有二,一是积极探索天地及人世运行"变"的规律并掌握之、适应之;二是由于天地合德,人只要主动修德,也会得到大自然的保护和他人的善待。因而修德为人生之根本,生活之必须;世间万变,灾患无穷,惟修德可防患于未然。为此,不论爻辞或系辞,都多次提到修德。

> 《易》之兴也,其于中古乎? 作《易》者,其有忧患乎?
>
> 是故《履》德之基也,《谦》德之柄也,《复》德之本也,《恒》德之固也,《损》德之修也,《益》德之裕也,《困》德之辨也,《井》德之地也,《巽》德之制也。
>
> 《履》和而至,《谦》尊而光,《复》小而辨于物,《恒》杂而不厌,《损》先难

---

① 《诗经·豳风·鸱鸮》:"迨天之未阴雨,彻彼桑土,绸缪牖户。"

② 《中庸》:"凡事预则立,不预则废。言前定则不跲,事前定则不困,行前定则不疚,道前定则不穷。"抗日战争期间,毛泽东在《论持久战》中就告诫说:"'凡事预则立,不预则废。'没有事先的计划和准备,就不能获得战争的胜利。"

而后易，《益》长裕而不设，《困》穷而通，《井》居其所而迁，《巽》称而稳。

《履》以和行，《谦》以制礼，《复》以自知，《恒》以一德，《损》以远害，《益》以兴利，《困》以寡怨，《井》以辨义，《巽》以行权。(《周易·系辞下传》)

此则系辞仅以九卦为例说明其所寓之德的内容、对提高人们的素质及指导人们处事的重要作用。其实，就德而言，六十四卦中的很多卦也各有所指，如《乾》《坤》卦所言君子之德，《中孚》卦所言诚信等等，均与人立身修德有关。

1. 立身之本

《周易》认为，德是人立身之本，尤其国君和人臣，由于处于上位，更应成为修德之榜样。因此，《周易》之倡言修德有几个较为突出的特点。

其一是居上位者应作出表率。孔子曾以《鼎卦》为例进行了诠释：

子曰："德薄而位尊，知小而谋大，力少而任重，鲜不及矣。"《易》曰："鼎折足，覆公餗。其形渥凶。"言不胜其任也。(《周易·系辞下传》)

在礼器中鼎象征的是国家政权，应祥和、安稳。小鼎可作炊具。孔子借《鼎》卦爻辞说，如果鼎器之足折、美食倾翻或鼎器污淖不堪，国家必有凶险；处于国家政权之位的国君和大臣们，只有德、知(智)、力三方面都合格，才能胜任，缺一则必不堪其任。此意在《观》卦中也有表述，其《彖》曰："大观在上，顺而巽，中正以观天下，观。'盥而不荐，有孚若'，下观而化之。"意谓在上位的国君和大臣具备柔顺谦恭之美德，他们的中和刚正之德就会被天下人看到；这样，天下人就会以国君和大臣高尚的品德为风范而得到教化和感化，从而效法和顺从。

其二是修德者要有崇高的思想境界。关于思想境界，《乾》卦和《坤》卦的两则论述最为后人乐道，这就是："天行健，君子以自强不息"和"地势坤，君子以厚德载物"。《乾》卦的九三爻辞说："君子终日乾乾，夕惕若，厉，无咎。"这句话的深刻含义是什么呢？孔子对其作了解读：

九三曰："君子终日乾乾，夕惕若，厉，无咎。"何谓也？子曰：君子进德修业。忠信所以进德也。修辞立其诚,所以居业也。知至至之,可与言几也。知终终之,可与存义也。是故居上位而不骄,居下位而不忧。故乾乾因时而惕,虽危无咎矣。(《周易·乾·文言》)

孔子在这里指出,爻辞所言是个比喻,喻有作为的君子要进美德,修功业。要忠诚信实,讲话恭谦得当,知进知止,处上不骄,处下不馁。有了这样品德,虽有险遇,也不会有大的过错,也能够保持功业。

2. "四德"与"君德"

《周易》所讲修德,除具体讲诚信、恭谦、自强不息等之外,最具创造性的是将各种优秀的品质进行了归纳,谓之四德。《乾》卦曰:"乾,元亨利贞"。"元亨利贞"实为四德:

> 元者善之长也;亨者嘉之会也;利者义之和也;贞者事之干也。君子体仁足以长人,嘉会足以合礼,利物足以和义,贞固足以干事。君子行此四德者,故曰:"乾,元亨利贞"。(《周易·乾·文言》)

关于《乾》卦的"元、亨、利、贞"之义,后人解释歧义纷呈,有将四字配四时者,有以配四方者,也有与传统哲学之"气形命性"相配者。但由于《左传》最早以德释卦,配以"仁礼义正",因而"四德"之说最深入人心。

> 穆姜薨于东宫。始往而筮之,遇《艮》■之八。史曰:"是谓《艮》之《随》■。①《随》其出也。君必速也。"姜曰:"亡。是于《周易》曰:'《随》,元亨利贞,无咎。'元,体之长也;亨,嘉之会也;利,义之和也;贞,事之干也。体仁足以长人,嘉德足以合礼,利物足以和义,贞固足以干事,然,故不可诬也,是以虽《随》无咎。今我妇人而与于乱。固在下位而有不仁,不可谓元。不靖国家,不可谓亨。作而害身,不可谓利。弃位而姣,不可谓贞。有四德者,《随》而无咎。我皆无之,岂《随》也哉? 我则取恶,能无咎乎? 必死于

---

① 此两处"■"分别为《艮》与《随》卦之符号。

此,弗得出矣。"(《左传·襄公九年》)

在这段文字中,"长人"即人之首长,指君主及大臣们;"体仁"即体现仁爱之德;"嘉会"即将一切美好品德集于一身;"利物"即利身外之物,也就是"利他",利于庶民百姓;"贞固"即纯正而且持久。"四德"之说对儒家文化影响极大,周代后期儒者将"正"改为"知",又增添了一个"信",谓之"五德",即通常人们经常所说的"仁义礼智信"。

《周易》认为,人具有了"四德",就可以居高位,故"四德"也可称为"君德"。《乾》卦九二说"见龙在田,利见大人",意谓如果出现龙在田间的情形,就预示着有权势的贵人可以治世。孔子对这句话也作了解读:

> 九二曰:"见龙在田,利见大人"。何谓也? 子曰:"龙德而正中者也。庸言之信,庸行之谨,闲邪存其诚。善世而不伐,德博而化。《易》曰:'见龙在田,利见大人',君德也。"(《周易·乾·文言》)

孔子认为,有德之人庸常讲话就能守信,庸常做事就很严谨,并能自觉克服邪念而存诚敬;同时还能坚持做善事却不骄矜自夸,用博大高尚的品德感化百姓。这看似简单,真正做到也不易,故而可称为君德。

"君德"实为"大人"之德,也即掌权柄、有权势之人必须具备之德。在《周易》看来,这是非常重要的,"夫大人者,与天地合德"(《周易·乾·文言》),而"天地之大德曰生",(《周易·系辞下传》),因而君德就是有利于万物而主要是有利于人民生生不息之德。

四、崇龙知变

我国的崇龙意识源远流长,产生于远古的自然崇拜,之后渐次赋予以人文精神。

1. 神圣之象征

在中国传统文化中,"麟凤龟龙"谓之四灵。自然界并没有所谓的"龙",但龙何以成为"四灵"之一、又何以发展为中华民族文化崇拜之物和文化的象征呢?

在远古,尤其是在距今约一万年左右,原始社会正处于由鱼猎向农耕的转变时期,在生产力极其低下的情况下,人们遇到的最大的自然灾害便是洪水与干旱。

关于远古洪荒之水,古之典籍及神话传说有许多记载,如《尚书·尧典》:"汤汤洪水方割,荡荡怀山襄陵,浩浩滔天。"其后有大禹治水的故事。《淮南子·览冥训》:"往古之时,四极废,九州裂;天不兼覆,地不周载;火爁炎而不灭,水浩洋而不息。"之后有女娲炼石补天的故事。《山海经·海内篇》:"洪水滔天。鲧窃帝之息壤以堙洪水,不待帝命。帝命祝融杀鲧于羽郊。鲧复生禹。帝乃命禹卒布土以定九州。"这里,作者不仅也说到大禹治水一事,还在《北山经》中写了精卫填海的故事。女娲、大禹、精卫都是古代劳动人民与水患作斗争中英雄的典型。

关于干旱,古人认为是由旱魃作怪引起的,《诗经·大雅·云汉》中就有诅咒旱魃的句子:"旱既大甚,涤涤山川。旱魃为虐,如惔如焚。"诗中说,赤日炎炎,旱情严重,山秃河干,草木皆无,这都是旱魔在逞凶肆虐,以至使遍地好像大火焚烧。

水是生命之源,它孕育了人类及其文明。就人类最早踏入文明门槛的四大地域而言,其早期文明无不与大江大河或滨临大海有关。如古埃及文明源于尼罗河之畔,巴比伦文明源于底格里斯河与幼发拉底河流域,印度的古文明离不开滔滔的恒河与印度河,璀璨的古希腊和古罗马文明之所以发祥于半岛,其重要之因是滨临爱琴海和地中海。华夏文明起源虽然多源,但其腹心地带则在黄河与长江的中下游地区。

任何事物都是一分为二的,水虽然养育了生命,孕育了文明,但又因其泛滥或严重缺乏而危及人类的生存与文明的延续,尤其是在生产力水平十分低下的人类文明早期,因此,由于人类对水有着一刻也不能离开的强烈地依赖性,也就产生了对水的敬畏与崇拜。

面对滔滔洪水,面对赤地千里,无助的先民不禁浮相联翩:为什么天空中会彤云密布且团团翻卷?为什么又会电光闪闪,雷声隆隆,大雨倾盆?为什么平地、山谷会恶浪滔天,吞噬人畜,所向披靡?为什么又会烈日炎炎,草木不生,致使饥馑荐臻,人畜因渴而毙? 为什么无垠的大湖、大海时而平静如镜,时而汹涌澎湃,致使樯橹葬身于鱼鳖之腹?

于是,在人们的潜意识中便伴生一个神奇、强大、性情超迈、威力无穷、能够驾驭天空、大地与江河湖海之水的超自然之神的形象。这一潜意识非常重要,久而久之,原先模糊的形象逐渐清晰并被人们命名为"龙"。

中国古代神话中有许多有关龙的传说,如《山海经》中就描写了335座山有龙的行迹;不仅汉族文化中有许多关于龙的故事,蒙、满、苗、彝、壮、傣、畲、朝鲜、赫哲、德昂、鄂温克、鄂伦春、达斡尔等少数民族的文化中也有很多龙的故事。古希腊罗马故事中有一位大力士名叫赫拉克勒斯,他在摇篮中就扼杀了一条水蛇,成年后又为民除害,杀死有九个头的毒龙。这从一个侧面说明,在世界各民族成长的过程中,都曾有过对水的崇拜。

除上述文献记载之外,考古发现也证明了中国远古先民对龙十分崇拜,如1987年在河南省濮阳市西水坡出土的距今6400多年蚌塑龙,1994年在辽宁省阜新蒙古族自治县属"前红山文化"遗存的查海村落遗址出土的由大小均等的红褐色砾岩石块堆塑而成的"龙形堆塑",距今约8000年,龙身全长近19.7米,宽近两米等。

因此可以说,龙并不是中华先民的图腾崇拜物,因为"龙"并非固有,而是中华先民由对水的崇拜而创造出来的一个新的文化物象,并由新石器时期最初质朴的"原龙",发展为三代时期的"夔龙",再发展为春秋时期的"飞龙"(汉魏唐宋之后龙的类型更多,被赋的内涵也更加丰富),它既象征着伟大,也象征着神圣,体现着中华民族感恩的祈求、美好的向往和无上的自豪之情。从这点可以说,龙并非民族的图腾崇拜,而是民族文化创新的结晶和民族文化发展的杰构。

2. 沟通天人之神灵

"天人合一"思想是中国传统哲学的源头思想之一。原始宗教的发展史表明,最初,先民们认为世间万物都是有灵性的,崇拜自然界的一切;但到了新石器时期,随着母系社会的消亡和父系社会稳定,先民们的思维水平渐次提高,认为很多普通的植物和弱小动物并没有灵性,只有那些与"天"、"地"和"金木水火土"关联密切的动物才具有较高的灵性。以农耕为生的先民既依赖水而生,又惧怕离开水而亡,更怕因水而引起的各种灾害;而"龙"既能腾云驾雾,呼风唤雨,时降甘霖,给人类带来福祉;同时,龙又能预示未来,启人避凶趋吉。龙具有灵性,其预示功能便将人与天地沟通了起来,因而在先民心中就成了四大灵物(麟凤龟龙)之首,是灵物中最高贵者。

从中国的姓氏起源看,有从封国而来者,有从图腾或文化崇拜而来者,有从官职而来者,等等,不一而足。伏羲何姓?《左传》有所记载:

> 秋,郯子来朝。公与之宴。昭子问焉,曰:"少皞氏鸟名官,何故也?"郯子曰:"吾祖也,我知之。昔者黄帝氏以云纪,故为云师而云名;炎帝氏以火纪,故为火师而火名;共工氏以水纪,故为水师而水名;太皞氏以龙纪,故为龙师而龙名。我高祖少皞挚之立也,凤鸟适至,故纪于鸟,为鸟师而鸟名。凤鸟氏,历正也;玄鸟氏,司分者也;伯赵氏,司至者也;青鸟氏,司启者也;丹鸟氏,司闭者也;祝鸠氏,司徒也;雎鸠氏,司马也;鸤鸠氏,司空也;爽鸠氏,司寇也;鹘鸠氏,司事也。五鸠,鸠民者也。五雉,为五工正,利器用、正度量,夷民者也。九扈为九农正,扈民无淫者也。自颛顼以来,不能纪远,乃纪于近,为民师而命以民事,则不能故也。"仲尼闻之,见于郯子而学之。既而告人曰:"吾闻之:'天子失官,学在四夷',犹信。"(《左传·昭公十七年》)

《左传》所记"太皞氏以龙纪,故为龙师而龙名"告诉人们:其一,太皞的龙纪与少皞的凤纪一样,既是文化崇拜,又是祖先崇拜,故少皞以鸟作为官名,太皞则以龙为官名。其二,龙作为太皞族之姓,在《左传》成书之前已在民间广为流传,故郯子所言有据。《左传》采其说记入史册,真实地反映了远古先民的文化意识。其三,郯子之说是可信的。郯子有才有德,在当时影响很大,孔子不仅向他学习古之典章制度,并从中得出了"天子失官,学在四夷"的结论。这个结论和当时流传的"礼失求诸野"一样,是有普遍意义的。参之《竹书纪年》,其中也曾多次说到龙,据后人笺注所释,伏羲氏即为龙的传人,其族系均为龙族,有长龙氏、居龙氏、潜龙氏、降龙氏、土龙氏、水龙氏、青龙氏、赤龙氏、白龙氏、黑龙氏与黄龙氏等。

龙既有灵性,伏羲又为龙姓之族,龙姓之祖,作为一个"王天下"的超大型部落之首领,在《易》之《乾》卦中以龙之象寓理喻人,完成了天人沟通,实是顺理成章之事。

从考古发现的七八千年前的"龙"可知,夏人是崇龙的。商人虽然崇凤,但商人是一个心胸开阔的部族,故并不排斥龙,龙纹饰在商代青铜器上屡屡出现便是明证。正是由于商文化具有很强的包容性,才融合了大大小小许多部族的文化,从而形成了博大灿烂的商文化。周部族是一个崇龙的部族,称自己是夏的合法继承者,代商是"上承天命"。[①] 周族以夏为正宗,从一个侧面表明其夏族的一个分支。正是基于此,故周代殷之后龙文化的发展更加迅速,文王演《易》是否增加了龙文化色采虽认识不一,但其保留龙在《易》中的崇高地位、并有时将龙视为权力的象征却是不争的事实。

3. 崇龙知变

我国崇龙意识的源头在新石器时代,但作为崇龙意识的确立——确立了龙的形态,确立了龙德之内涵,确立了龙的象征意义,则定型于《周易》,始于易之乾。

其一,龙的六种形态

《乾》卦中的龙共有六种形态,分别描摹于六处卦辞之中:"初九,潜龙勿用";"九二,见龙在田,利风大人";"九四,或跃在渊,无咎";、"九五,飞龙在天,利见大人";"上九,亢龙有悔";"用九,见群龙无首,吉"。在《乾文言》,孔子分别对这一事象的五种进行了解释:

> 初九曰:"潜龙勿用。"何谓也?子曰:"龙德而隐者也,不易世,不成名。遁世无闷,不见是而无闷。乐则行之,忧则违之。确乎其不可拔,潜龙也。"
>
> 九二曰:"见龙在田,利见大人。"何谓也?子曰:"龙德而正中者也。庸言之信,庸行之谨。闲邪存其诚,善世而不伐,德博而化,君德也。"
>
> 九四曰:"或跃在渊,无咎。"何谓也?子曰:"上下无常,非为邪也。进退无恒,非离群也。君子进德修业,欲及时也,故曰无咎。"

---

① 以周文王、周公旦为代表的周人在公开的场合无不以夏为周人的正宗,这在《尚书》中多有反映。如《康诰》:"惟乃丕显考文王,克明德慎罚,不敢侮鳏……用肇我区夏越我一二邦,以修我西土。"《君奭》中周公称:"惟文王尚克修和我有夏。"在《立政》中,周公认为周之所以能代殷而立,是上天不满殷之无德,而让夏人后代复出:"帝钦罚之,乃伻我有夏,式商受命,奄甸万姓。"意为殷纣失德,遭天帝重罚,乃使我周王华夏,代商而立,治理万姓。

　　九五曰:"飞龙在天,利见大人。"何谓也? 子曰:"同声相应,同气相求。水流湿,火就燥,云从龙,风从虎。圣人作而万物睹。本乎天者亲上,本乎地者亲下。则各从其类也。"

　　上九曰:"亢龙有悔。"何谓也? 子曰:"贵而无位,高而无民,贤人在下位而无辅,是以动而有悔也。"

　　关于"群龙无首",通行本《周易》没有孔子的释词。1973 年长沙马王堆帛书出土后解决了这个问题。在《帛书周易》中有"二三子问",第一章和第十三章记录了孔子解《易》说龙的意见。如第一章:

　　二三子问:《易》屡称于龙,龙之德何如? 孔子曰:龙大矣。龙刑●,叚宾于帝,倪神圣之德也。高尚行虖星辰日月而不眺,能阳也;下纶穷深●之●而不沬,能阴也。上则风雨奉之,下纶则有天[神护之]。

　　[游]乎深●,则鱼蛟先后之,水流之物莫不隋从。陵处,则雷神养之,风雨辟乡,鸟兽弗干。曰:龙大矣。龙既能云变,有能蛇变,有能鱼变,●鸟●虫,唯所欲化,而不失本刑,神能之至也。□□□□□□□□□□□焉,有弗能察也。知者不能察其变,辩者不能审其美,至巧不能赢其文。其化为鸟虫也,功鸟焉,化●虫,神贵之容也,天下之贵物也。曰:龙大矣。龙之为德也,曰□□□□□易□□□□,爵之曰君子;戒事敬合,精白柔和,而不讳贤,爵之曰夫子。或大或小,其方一也。至用者也,而名之曰君子。兼:"黄常"近之矣;尊威精白坚强,行之不可挠也,"不习"近之矣。①

　　从前面所引《文言》可知,孔子认为龙"德"之特征一是"隐",二是中正。这里,孔子又无限感慨地将龙之"德"用一个"大"字来统括加以称赞,也就是说,龙具有神圣之德,它不仅善于变化,而且能上、能下、能阴、能阳。

　　《帛书易经》的六十四卦不仅与王弼本《易经》有三十五个卦名不同,如:"乾"作"键","坤"作"川","否"作"妇","离"作"罗"等,其六十四卦的排序也

---

　　①　孔子的话出自《帛书周易》第一章。邓球柏《帛书周易校释》,湖南人民出版社,1996 年 1 月。

不同,帛书本分八宫排列,每宫八卦,按八卦相重的原则排列。但有一点值得注意:王本以《乾》排第一,帛书本以《键》宫为八宫之首,则是完全一致的。第十三章是孔子对《键》卦用九爻辞的解释:

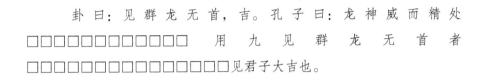

卦曰:见群龙无首,吉。孔子曰:龙神威而精处□□□□□□□□□□□　用九见群龙无首者□□□□□□□□□□□见君子大吉也。

由于缺字较多,很难看出孔子对此卦意的更多解释。不过,历史上不少学者在评王弼本《易》时,对"无首"颇有疑义,其根据就是其下的《象传》,"《象》曰:天德不可为首也。"但从《二三子问》来看,此处孔子并非反对"无首",而是认为"龙神威而精处",故"见群龙无首"则吉。这是针对群龙此时逞现出"精处"、"神威"之状态而言的。我国20世纪新儒学的代表学者熊十力先生联系儒家一贯的政治主张认为,"群龙无首"实是人人素质很高的"大同"境界,是儒家的最高社会理想和人类最终的希望。他说:"《春秋》太平世,人人有士君子之行,是为众阳,是为群龙。无首者,至治之隆,无种界,无国界,人各自由,人皆平等,无有操政柄以临乎众庶之上者,故云无首。"又说:"所谓人各自由,人皆平等者,人人各得分愿。彼无所抑于此,此无所抑于彼,是谓人皆平等。人人各以己所欲,度他所欲,自遂,而无损他,是为人各自由。如是则为至治也。"①

由于《乾》卦之辞以天为象,爻辞以龙取象,故《乾》卦历来被称为龙卦。

我国最早的历史典籍《尚书》也讲到了龙,共有三处,分别为人名、动物名和地名,这也从一个侧面说明"龙"崇拜意识在当时已相当普遍。

《尚书·舜典》:"帝曰:'咨!四岳,有能典朕三礼?'佥曰:'伯夷!'帝曰:'俞,咨!伯,汝作秩宗。夙夜惟寅,直哉惟清。'伯拜稽首,让于夔、龙。帝曰:'俞,往,钦哉!'帝曰:'夔!命汝为乐典,教授胄子。……龙!朕堲谗说殄行,震惊朕师。命汝作纳言,夙夜出纳朕命。惟允!"此处的"夔"、"龙"均为人名。舜即帝位当天,在明堂任命了22个官员,除禹、稷、契、皋陶、伯夷等著名的贤人之

─────────

① 《熊十力全集》第三卷,湖北教育出版社,2001年8月,第618、622页。

外,以威猛动物之名为名者有夔、龙、虎、熊、罴等。龙被任命为"纳言"。何为"纳言"? 孔颖达《传》曰:"喉舌之官。听下言纳于上,受上言宣于下。必以信。"此职颇类当下秘书长或发言人。由此可知,早在远古之时,龙、虎等就是勇猛、威武的象征,故而涌入人们的生活之中,由于受到人们的喜爱,因而将其作为寄托吉祥、美好愿望之物,用于人名和地名等。还有《尚书·益稷》:"帝曰:'臣作朕股肱耳目。予欲左右有民,汝翼。予欲宣力四方,汝为。予欲观古人之象,日、月、星辰、山、龙、华虫,作会;宗彝、藻、火、粉米、黼、黻,絺绣,以五采彰施于五色,作服,汝明'"。此处的"龙"为动物名称,即上腾飞于空,下潜游于渊的神灵。另一处在《尚书·禹贡》:"厥土惟黄壤,厥田惟上上,厥赋中下,厥贡惟球、琳、琅玕。浮于积石,至于龙门、西河,会于渭汭。织皮、昆仑、析支、渠搜,西戎即叙。"此处"龙"与"门"组合为"龙门",以喻伊阙之伟而成为地名,即今之洛阳龙门。

其二,龙德之内涵

崇龙,最重要是龙具有高尚之德。关于"龙德",孔子将其概括为:"戒事敬合,精白柔和,而不诪贤"。这不是对一般人的要求,而是对帝王的要求,隐含着以龙喻王之意。一般君子的特点是"或大或小,其方一也"、"尊威精白坚强,行之不可挠也"。不言而喻,这也是龙德所应必备。为使二三子明白,孔子还用《坤》卦六五爻辞"黄裳元吉"和六二爻辞"不习无不利"加以解释,意为君子也应该具有龙的品德,即正直、端方且宏大,才能有更大的作为。

其三,龙的象征意义

《周易》以《乾》卦为首,崇天主阳,因而龙的象征意义十分广泛。龙的象征意义虽多(如有时也象征恶),其重要者二。

首先,龙象征着王者与王权。这是显而易见的,从《乾》卦所言文王、武王以周克殷之功即可知晓。如"潜龙"指周文王被困羑里,"见龙在田"指文王被放后回到周地养精蓄锐,"飞龙在天"则指武王克殷。将"飞龙在天"定为《乾》卦的九五爻辞,说明此卦至尊无上。这也是后世称帝王为"九五之尊"的来历。另外,《周易》以九五喻君,以六二喻臣;又以乾为君道,如飞龙在天,君临天下;以坤为臣道,臣则如牝马顺柔,供君驱使,以辅王道。

其次,龙象征着变化。龙善于变化,既可在天,也可在渊,这就使龙具有了神秘性,这也正是龙与其他动物不同的非凡与高贵之处。龙的善变表明龙是富有智慧的,不仅善于把握时机,而且善于应对各种复杂的事态。

以龙喻人,意为人也应在品德上达到高大、完善,在处世事时多谋善断:

当潜者即潜。遇事从长计议,不逞一时之强,敢于后退,善于后退。

当现者即现。要见微知著,及时采取恰当的方式,积极开展必要的工作,团结一切可以团结的力量,利用一切可以利用的资源,不断壮大和发展自己。

当飞者即飞。要果敢有为,敢于斗争,敢于胜利,敢于担当,做事善于谋章布篇。

当晦者即晦。要居安思危,谦逊谨慎,知耻知止,能自我调控,懂得事物发展的阶段性,并善于积蓄力量,图谋未来更大的发展。

甘于群龙无首。懂得处世艺术和领导艺术,与人为善,待人平等,和衷共济,不以势压人,做到以人弘道而非以道弘人。

龙的这种知变精神,从一个侧面反映着《周易》的辩证思维,这也正是其人文精神光芒之所在。"龙变"精神使人得到某种启迪:身处逆境时,人屈而志不可屈,要有潜龙精神,同时作好思想准备,随时"或跃在渊";身在顺境时不可忘乎所以,应有自知之明,"亢龙有晦",头脑清醒,严于律记。但无论何种情况,都必须牢记"自强不息",只有这样,才能处变不惊,应变不乱,在变中"与时偕行"。

第六节　《尚书》的一统观念

我国是一个多民族的国家,由于各种的原因,从古及今,各民族既有不同地域的聚族而居,也有数个或多个民族的混杂而居。然历史上不论哪个民族居于统治地位,也不论王朝一时推行何种主张,同根共祖的一统观念始终居于统治地位,故而即使山河变故而裂,最后终归统一。稽考于文献可知,这一现象的存在与延续,与周代"夷夏之辨"观念转而为"夏夷之变"密不可分。

一、禅让与摄政

禅让和摄政为中国古代社会权力或国家权力产生、更替与实施的一种政治行为。

1. 权力与更替

众所周知,当社会上只有一个人时是不存在什么权力的,只有与他人同时存在且双方互为关系时才会出现权力。

首先,让我们看一下权力是怎么样产生的。

新石器时代,由于农业出现革命性的进步,农产品大大丰富,从而使远古的部族改变了单纯的游牧渔猎生活,原始社会的结构也由此发生了根本性的变化,父系社会代替了母氏社会。一个崭新社会秩序也就应运而生。正如18世纪法国伟大的启蒙思想家卢梭在《社会契约论》第一卷指出的那样:"当自然状态中,生存障碍超过个人所能够承受的地步,人类就被迫改变生活方式。人类不能产生新的力量,而只能是集合并形成力量的总和来克服生存的阻力。"于是,人们便依据共同的、原始的、朴素的约定,"都把自身的能力置于'主权者'的指导下。主权者便成了社会成员的、道德的与集体的共同体。共同体中的约定对于每一个成员都是平等的。共同体就以这同一个行为获得了它的统一性、它的公共的大我、它的生命和它的意志。"卢梭指出:"有了这个契约,人类就从自然状态进入社会状态,从本能状态进入道德和公义状态。人类由于社会契约而丧失的是天然的自由以及对于他所企图得到的一切东西的无限权利;而他所获得的,乃是社会的自由以及对于他所享有的一切东西的所有权。"①

卢梭关于集体的同共体需要秩序,在共同的契约下产生了权力的分析,不仅适合西方社会,也符合我国古代社会。实际上,早在2000多年前,荀子就有过类似的论述:

> 水火有气而无生,草木有生而无知,禽兽有知而无义。人有气、有生、有知,亦且有义,故最为天下贵也。力不若牛,走不若马,而牛马为用,何也?曰:人能群,彼不能群也。人何以能群?曰:分。分何以能行?曰:义。故义以分则和,和则一,一则多力,多力则强,强则胜物;故宫室可得而居也。故序四时,裁万物,兼利天下,无它故焉,得之分义也。故人生不能无群,群而无分则争,争则乱,乱则离,离则弱,弱则不能胜物;故宫室不可得而居也,不

---

① 卢梭著何兆武译《社会契约论》,商务印书馆,2003年3月。

可少顷舍礼义之谓也。(《荀子·王制》)

荀子所说的"群"就是集体和集体意识,这是人与自然界万物的重要区别;荀子所说的"分"、"义"就是习惯的或成文的"约定"。因此他的结论是"人生不能无群"、"不可顷舍礼义",也就是说,人是离不开社会的,也是一刻离不开契约的。

由此可知,社会权力是人类为适应"共存"需要的产物。但由于远古社会原始状态下部落族群人口有限且低能,社会控制的范围和需求又极小,社会成员一般较为自觉地遵循着或践履着公共的义务,依习俗、惯例而生活,在其表现形式上,很少出现"主权者"下达强制性的命令的现象,因而这种"权力"远非现代社会意义上的"权力",而更多是表现在消极性的"不许"范畴内,故此学术界通常称之为"前公共权力"。

中华民族跨入人类文明门槛的标志是夏代国家的出现,中国进入了奴隶制社会。那么,尧舜禹时代是一个什么样的社会呢? 金景芳先生认为:"尧舜禹时代已经不是部落联盟,而是处在部族联合体时代,是中国由原始社会向国家过渡的中间环节。所谓部族,指的是由若干部落或部落联盟聚合而成的社会组织,是继氏族、部落之后,民族形成之前的人们共同体。部族联合体是部族进一步发展的必然产物,它标志着氏族发展的最后阶段。尧舜禹时代正处在这个阶段。"他认为,这样的判断是以三个理由为根据的。其一,部落联盟是血缘团体,而部族联合体是非血缘团体。恩格斯在分析易洛魁人部落联盟的特点时指出:"血缘亲属关系是联盟的真实基础",而尧舜禹时代没有血缘关系的各部族的首领已经在同一个政权组织中任职。契知生母而不知父,而尧的父亲是帝喾,舜的父亲是瞽叟,禹的父亲是鲧,尧舜禹已进入个体婚制,有娀氏还处在群婚制时代。契与尧舜禹同时在一个政权组织中任职,不可能与他们有血缘关系。其二,部族联合体是范围广阔的地域组织;而部落联盟则是范围狭小的氏族组织。恩格斯指出:"氏族制度的前提,是一个氏族或部落成员共同生活在纯粹由他们居住的同一地区中",而尧舜禹时代则是"光被四表"、"协和万邦"(《尚书·尧典》),"禹合诸侯于涂山,执玉帛者万国"(《左传·哀公七年》)。其三,部族联合体的领导机构已经初步具备了国家的某些职能,而部落联盟则仅仅是管理公共事务的一个社会机关。恩格斯在描述氏族制度时说："没有军队、宪兵和警察,没有贵族、国王、总督、地方官和法官","一切争端和纠纷,都由当事人的全体即氏族或部落来解决,或者由各个氏族相互解决",而尧舜禹时代的政权中已设有四岳、群后、十二牧、司空、司徒、百工、士、虞、秩宗等各种官职,各项行政工作有条不紊。尧舜禹等最高首领还掌握着制历、祭祀、立法大权和对政权机构中一些重要职务的最后决定权。但是,尧舜禹时代的部族联合体只是原始社会向国家过渡的一个中间环节,在很多方面还带有氏族社会的残余。如,遇有重大问题,要向四岳、十二牧等部族首领征询意见;尧、舜晚年把部族联合体的最高职位禅让给各部族首领都认可的接班人,等等。同时,尧治天下,实行的政策是"克明俊德,以亲九族。九族既睦,平章百姓。百姓昭明,协和万邦"。九族、百姓指的是尧舜禹的直辖区,即华夏,万邦指的则是四岳,也就是四夷部族,包括南蛮、北狄、东夷、西戎。尧对"万邦"采取的政策是"协和",也就"和而不同","求同存异",并不是后世君主的专制手段。"综上所述,可以得出如下结论:尧舜禹时代的部族联合体是中国在部落联盟之后产生的一种新的社会组织,是中国从原始社会向国家过渡的一个中间环节。部族联合体的组成、管理和领导机构与后世的国家机器相比,尽管还很原始、很简单,但在某些方面已经初步具备了国家机器的基本特征,我们称之为准国家或半国家,实质上就是中国的早期国家。"①既然尧舜禹时代已具备早期国家的性质,不言而喻,这一时期也就有了类似国家管理的社会权力。

其次,再让我们看一下社会权力或国家政权是如何更替的。就国古代社会而言,社会权力或国家政权的产生与更替大致有四种形式:禅让、世袭、篡夺与革命。禅让与世袭属于非暴力的和平过渡式,既不惊扰臣民,也不大动干戈,成本较低;篡夺与革命则属于暴力性质,会造成财产的破坏、流血和社会动乱,付出的代价较大,成本较高。

一个有趣的现象是,世袭、篡夺或革命,人们不论如何毁誉,青史有载,文献可稽,而独有禅让一式,对其有无的真实性却争论不休。

---

① 金景芳吕文郁《尧舜禹时代是由原始社会向国家过渡的中间环节》,《学习与探索》1999 年第 3
　期,第 125 页。

2. 禅让

禅让是中国古代社会权力或国家政权更替的一种独特的和平方式,指权力掌握者生前在位时将权力让位于他人,从而导致权力更替。其中,将权力让位于同姓者谓之"内禅",让位于异姓者谓之"外禅"。

(1)《尚书》所记

最早记述古代禅让典籍的是《尚书》,其中最集中的篇章是《尧典》和《舜典》。

> 帝曰:"咨! 四岳。朕在位七十载,汝能庸命,巽朕位。"岳曰:"否德忝帝位。"曰:"明明扬侧陋。"师锡帝曰:"有鳏在下,曰虞舜。"帝曰:"俞! 予闻,如何?"岳曰:"瞽子,父顽,母嚚,象傲。克谐,以孝烝烝,乂不格奸。"帝曰:"我其试哉! 女于时,观厥刑于二女。"厘降二女于妫汭,嫔于虞。帝曰:"钦哉!"(《尧典》)

文中的"巽"即"逊",故《史记·太史公自序》中说"唐尧逊位"。

帝尧对四岳说,我居天子之位已经七十年了,请你们推荐一位有能力而且能够尽心竭力为庶民白姓服务的人,我准备将帝位让于他。四岳听后说:我们既没有像你那样厚重的品德,也没有你那样崇高的威望,谁都不敢居于帝位呀! 帝尧说:那就请你们把视野放宽些,只要他德才兼备,即使处于穷乡僻壤也应当举荐! 众人议论了一下便说:乡间有一位名叫舜的人,至今尚无妻室,但很有德才。帝尧说,我也曾听说过这个人,但具体情况不清楚。四岳中的一位说,他是一位普通盲人之子,不过,其父不大明白事理,母亲也较愚昧,弟弟名叫象,不懂礼貌且不务正业。舜的家庭环境虽然很差,但他却心里很有主张,关系很协调,对父母尽孝道,各种关系也处理得不错,家业显得很有生气,没有使父母及弟弟沦落为小人或坏人。帝尧说:既然如此,那就把他请来试试吧。我决定把两个女儿嫁给他,一方面协助他,一方面也看看他是如何处理夫妻关系的。舜在接受考查中,把娥皇与女英接到妫汭之滨,两位美女也诚心诚意地关爱着舜,姊妹二人表现得很十分勤谨和贤惠。帝尧看到这一切,高兴地说:好得很啊! 但一定还要继续努力,恪尽职守,慎重处理好每件事。

　　从《尚书。所记可以看出,帝尧并未把选择接班人作为天大之事看待,只是感到自己年迈力衰,应顺从自然规律,选择一个合适的人居于帝位。选择的条件也很简单,就是年轻有才德。因而他讲得很诚恳,很恬然,四岳们也未表现出震动或惊讶,众人认为这是履行公事,讨论得心平气静,很民主。这就使人有理由相信,尧之前可能也是这样,尧不仅亲身经历过,甚至可以说已司空听惯。

　　舜受尧之委托处理天下政务,经过三年的考查,尧很满意,决定让舜正式居于帝位以完成禅让。

　　　　帝舜曰重华,协于帝。濬哲文明,温恭允塞。玄德升闻,乃命以位。
　　　　慎徽五典,五典克从;纳于百揆,百揆时叙;宾于四门,四门穆穆;纳于大麓,烈风雷雨弗迷。帝曰:"格! 汝舜。询事考言,乃言厎可绩。三载,汝陟帝位!"舜让于德,弗嗣。
　　　　正月上日,受终于文祖。在璇玑玉衡,以齐七政。肆类于上帝,禋于六宗,望于山川,遍于群神。辑五瑞,既月乃日,觐四岳群牧,班瑞于群后。"
　　　　(《尚书·舜典》)

　　舜才德出众,名叫重华。人们感到他和尧一样,都符居帝位的要求。他贤明、智慧,才能卓越,有很的高水平;他情性温和,为人谦恭;他以宽厚之德施政,美名传于四方。他得到帝尧的高度信任,要他全面承担治理天下之重任。

　　在社会治理中,由于舜诚心诚意地履行父义、母慈、兄友、弟恭、子孝道德准则,起到了很好的示范作用,使得庶民百姓也都能奉行这五种伦理规范。尧让舜全而总揽部落联盟一切政务,舜都处理得有条不紊。舜还负责外交事务,接待四方的部落的官员,来朝拜的四方宾客都肃然起敬。帝尧认为舜头脑清醒,处理复杂事务井井有条,就像进入大山丛林中又遇到了雷电暴风却不迷失道路那样。尧帝很高兴,他说:"来吧,舜! 经过对你的考查,你言行一致,相信以后用你的方略治理国家,一定会取得更大实绩。三年了,时间已不短了,你就登上帝位吧!"舜表示,自己的阅历还太浅,经验也不丰富,因而不肯即帝位。

　　正月初一为岁首,帝尧在祖庙举行了隆重的禅让仪式,舜接受了帝位。之后,舜依照仪规,视察了用于观测天象的璇玑玉衡,以示敬天之意,像合于天地日月运行规律那样治理庶民百姓。接着,对上天举行类祭,对六宗之神举行禋祀,对山川之神举行望祭,祭祀遍及各种神祇。同时,还选定了五种美玉作为表达相互友好、和睦的吉祥信物。在之后的几天中,四岳的首领和九州之长也按照选定的时间,一个一个地前来觐见,舜在接见他们时亦分赐瑞玉,以示吉祥和感谢之意。

孔子不仅肯定了尧舜禅让天下实有其事,而且十分称赞,认为这合于圣德。

> 尧曰:"咨!尔舜!天之历数在尔躬,允执其中。四海困穷,天禄永终。"舜亦以命禹。(《论语·尧曰》)

孔子认为,舜之所以能得天下,一方面在于其有德,更重要的是借尧之口称其为"天之历数",即天命。如果舜以后不能很好的治理天下,其结果必然是"天禄永终"!这一表达很符合孔子的"为政以德"及其源于《尚书》的天命观。

孟子认为,尧禅让于舜,不仅合于天理,更合于人心,是应天顺人之产物:

> 万章曰:"尧以天下与舜,有诸?"孟子曰:"否,天子不能以天下与人。""然则舜有天下也,孰与之?"曰:"天与之。""天与之者,谆谆然命之乎?"曰:"否,天不言,以行与事示之而已矣。"曰:"以行与事示之者,如之何?"曰:"天子能荐人于天,不能使天与之天下;诸侯能荐人于天子,不能使天子与之诸侯;大夫能荐人于诸侯,不能使诸侯与之大夫。昔者,尧荐舜于天,而天受之;暴之于民,而民受之。故曰,天不言,以行与事示之而已矣。"曰:"敢问荐之于天,而天受之;暴之于民,而民受之,如何?"曰:"使之主祭,而百神享之,是天受之;使之主事,而事治,百姓安之,是民受之也。天与之,人与之,故曰,天子不能以天下与人。舜相尧二十有八载,非人之所能为也,天也。尧崩,三年之丧毕,舜避尧之子于南河之南,天下诸侯朝觐者,不之尧之子而之舜;讼狱者,不之尧之子而之舜;讴歌者,不讴歌尧之子而讴歌舜。故曰,天也。夫然后之中国,践天子位焉。而居尧之宫,逼尧之子,是篡也,非天与也。《太誓》曰:'天视自我民视,天听自我民听。'此之谓也。"
>
> ······

　　昔者舜荐禹于天,十有七年,舜崩。三年之丧毕,禹避舜之子于阳城。天下之民从之,若尧崩之后,不从尧之子而从舜也。禹荐益于天,七年,禹崩。三年之丧毕,益避禹之子于箕山之阴。朝觐讼狱者不之益而之启,曰:'吾君之子也。'讴歌者不讴歌益而讴歌启,曰:'吾君之子也。'丹朱之不肖,舜之子亦不肖。舜之相尧,禹之相舜也,历年多,施泽于民久。启贤,能敬承继禹之道。益之相禹也,历年少,施泽于民未久。舜、禹、益相去久远,其子之贤不肖,皆天也,非人之所能为也。莫之为而为者,天也;莫之致而至者,命也。匹夫而有天下者,德必若舜禹,而又有天子荐之者……孔子曰:"唐虞禅,夏后、殷、周继,其义一也。"(《孟子·万章上》)

　　在孟子的弟子万章等看来,尧禅让于舜,就是尧把天下让给了舜。但孟子认为这个说法太简单且不正确。他说,不是尧把天下给了舜,而是上天把天下授给了舜。尧的作用只是中介,向上天推荐,上天接受了舜。怎么知道上天接受了呢? 首先,天把舜介绍给了庶民百姓,庶民百姓很乐意地接受了,这是表现。其次,舜用自己的才德按天意办事,庶民百姓都很满意,例证就是尧去世后,舜有意让尧的儿子丹朱掌权,但天下庶民百姓及四方诸侯仍是心向着舜:"天下诸侯朝觐者,不之尧之子而之舜;讼狱者,不之尧之子而之舜,讴歌者,不讴歌尧之子而讴歌舜"。这不是天意又是什么呢!《尚书·泰誓》中说过:"上天所见到的都来自庶民百姓,上天听到的也都来自庶民百姓",也就是说,天意就是民意,民意就是天意!

　　"天命观"是周人最基本的世界观,"皇天无亲,唯德是辅。民心无常,惟惠之怀。"(《尚书·蔡仲之命》)因此,在孟子看来,"唐虞禅,夏后、殷、周继,其义一也。"所谓"一",即"皆天也,非人之所能为也。莫之为而为者,天也;莫之致而至者,命也。"不难看出,孟子既继承了先贤及孔子的"天命说",在禅让问题上,他强调"天",但不同是,孟子更重视"民",认为"天意民主","天意"的实质是民意。这是其"民本"观念的典型反映。

　　(2)诸子之议

　　孔孟之后,诸子中对禅让之举极为称赞的是墨子。墨子认为,一个国家要想治理得好,民富国强,首要是政治上任用贤能的人。他认为:"国有贤良之士众,则国家之治厚;贤良之士寡,则国家之治薄。"因此,要千方百计地发现和使用贤者,"大人之务,将在于众贤而已"。(《墨子·尚贤上》)他认为,古圣王为政之成功经验就在于此:

> 古者圣王之为政,列德而尚贤。虽在农与工肆之人,有能则举之。高予之爵,重予之禄,任之以事,断予之令。曰:爵位不高,则民弗敬;蓄禄不厚,则民不信;政令不断,则民不畏。举三者授之贤者,非为贤赐也,欲其事之成。故当是时,以德就列,以官服事,以劳殿赏,量功而分禄。故官无常贵而民无终贱。有能则举之,无能则下之。(《墨子·尚贤上》)

墨子认为,远古开明之世,路无遗贤,凡贤者,虽在畎亩工肆,皆能被举荐任用,因为尚贤已成为社会的共识,更是当政者之要务。因此贤者上,庸者下已成社会常态。他举例说,古圣王尧舜禹汤皆知举贤。

> 古者尧举舜于服泽之阳,授之政,天下平;禹举益于阴方之中,授之政,九州成;汤举伊尹于庖厨之中,授之政,其谋得;文王举闳夭、泰颠于罝罔之中,授之政,西土服。(《墨子·尚贤上》)

因此,他得出结论说,凡目光远大有作为者,"尚欲祖述尧舜禹汤之道,将不可以不尚贤。"(《墨子·尚贤上》)然而现实又是怎么样呢? 很多诸侯王公口头上说得很好,但由于目光短浅,爱国家还不如爱自己的一张破弓、一匹病马、一件衣服、一只牛羊,在用人方面只知骨肉之亲,而不知任用贤人之重要。所以,要改变社会风气,就必须出以公心,善于发现和任用贤良。

> 昔者舜耕于历山,陶于河滨,渔于雷泽,灰于常阳。尧得之服泽之阳,立为天子,使接天下之政,而治天下之民。(《墨子·尚贤下》)

诸子中亦有认为尧禅于舜不足信者,如荀子。荀子曾对"世俗"关于尧舜禅让之说加以驳斥:

　　世俗之为说者曰："尧、舜擅让。"是不然。天子者,势位至尊,无敌于天下,夫有谁与让矣!……曰:"死而擅之。"是又不然。……曰:"老衰而擅。"是又不然。……故曰:诸侯有老,天子无老,有擅国,无擅天下,古今一也。夫曰尧、舜擅让,是虚言也,是浅者之传,陋者之说也,不知逆顺之理,小大、至不至之变者也,未可与及天下之大理者也。(《荀子·正论》)

　　荀子虽对尧舜禅让之说加以驳斥,认为是"虚言",但他并没有拿出什么确凿的事实,只是武断地斥其为"浅"、为"陋",自认为有悖常理而已。荀子对尧舜之道是肯定的,他在批驳禅让说之后,紧接着对世俗认为尧舜不善教化,连自己的儿子丹朱、自己的弟弟象都教育不好的传言加以驳斥,指出:"朱、象独不化,是非尧、舜之过,朱、象之罪也。尧、舜者,天下之英也;朱、象者,天下之嵬、一时之琐也。今世俗之为说者不怪朱、象而非尧、舜,岂不过甚矣哉?夫是之谓嵬说。""尧、舜者,天下之善教化者也,不能使嵬琐化。何世而无嵬,何时而无琐,自太皞、燧人莫不有也。"最后尖锐地指出,这是有人故意混淆视听,是一种奸邪不实之论的"嵬说":"故作者不祥,学者受其殃,非者有庆。《诗》曰:'下民之孽,匪降自天;噂沓背憎,职竞由人。'此之谓也。"(《荀子·正论》)荀子作为儒家思想的集大成者,不相信尧舜禅让之说似乎不合乎逻辑,但实有其原因,这与他的"人性恶"主张有关。①

　　荀子将春秋时所见到的人性恶的一面推而广之,忽视了远古时期"权力"微而春秋时期的"权力"重这一事实,将春秋时各国不惜弑君杀父而夺权推而广之,认为古今无别,人人只想得到权力而不愿放弃,因而不相信会有禅让之奇迹。

　　然而有趣的是:荀子长了两幅面孔。当他以政论家面孔出现时,严肃地板着

---

　① 《荀子·性恶》:"人之性恶,其善者伪也。今人之性,生而有好利焉,顺是,故争夺生而辞让亡焉;生而有疾恶焉,顺是,故残贼生而忠信亡焉;生而有耳目之欲,有好声色焉,顺是,故淫乱生而礼义文理亡焉。然则从人之性,顺人之情,必出于争夺,合于犯分乱理,而归于暴。故必将有师法之化,礼义之道,然后出于辞让,合于文理,而归于治。用此观之,人之性恶明矣,其善者伪也。……古者圣王以人性恶,以为偏险而不正,悖乱而不治,是以为之起礼义、制法度,以矫饰人之情性而正之,以扰化人之情性而导之也。始皆出于治,合于道者也。今人之化师法,积文学,道礼义者为君子;纵性情,安恣睢,而违礼义者为小人。用此观之,人之性恶明矣,其善者伪也。"

脸说:"尧舜擅让,是虚言也";当他以艺术家面孔出现时,又笑嘻嘻地说:"尧舜尚贤身辞让"。请看他在《荀子·成相》篇中的述说:

……

请成相,道圣王,尧舜尚贤身辞让。许由善卷,重义轻利行显明。

尧让贤,以为民,泛利兼爱德施均。辨治上下,贵贱有等明君臣。

尧授能,舜遇时,尚贤推德天下治。虽有贤王,适不遇世孰知之?

尧不德,舜不辞,妻以二女任以事。大人哉舜! 南面而立万物备。

舜授禹,以天下,尚得推贤不失序,外不避仇,内不阿亲贤者予。

禹劳心力,尧有德,干戈不用三苗服。举舜畎亩,任之天下身体息。

……

"相"是古代的一种乐器。《礼记·曲礼》有"邻有丧,舂不相",郑玄注曰:"相为送杵声。"为古人劳作时有节奏地歌讴之声,以相劝勉而自娱,大约类似现代人的劳动号子。《成相》篇是荀子用民间歌谣、说唱的方式讲述故事,普及知识,宣传自己政治主张作品,由于使用了民间歌唱之形式,故文学史家以其为中国说唱文学之开山祖篇。现将其中有涉尧舜禅让之事的几段试译为白话如下:

弦子一拉锣鼓响,我为诸位来作场。今天不把别的表,单说古代圣明王。

尧舜大德实高尚,为民来把帝位让。许由贤人很清高,颍水洗耳深山藏。

善卷逍遥天地间,甘作隐士德积彰。二人重义轻名利,宁死不把天子当。

尧帝让贤为庶民,儿子无才放一旁。恩德实惠很均匀,上上下下齐颂扬。

尊卑贵贱合礼仪,君臣协力治家邦。尧帝英明选贤才,虞舜恰逢好时光。

尚才推德天下治,舜之美名是贤良。天下贤人虽然多,曾见几人成栋梁？

没有机遇没人荐，庙堂之上很荒凉。尧让帝位给贤德，舜来接班几辞让。

娥皇女英二内贤，齐心助舜保江山。大舜英明真伟大，高坐明堂面向南。

四海之内来巡察，农业丰收万物全。舜将帝位授大禹，大德如镜高高悬。

任人唯贤重规矩，德才兼备方能官。外不避仇委重任，内有缺点不偏袒。

只要一心为百姓，年轻也可挑重担。大禹劳心为国家，万邦咸宁无遗贤。

政在养民德四海，克勤克俭不自满。尧德威远定三苗，不动刀兵天下安。

举舜田间为天子，和谐四海并三川。大舜勤勉恩德广，施教黎民温而宽。

尧见舜功利庶民，安然退居在二线。二十八载很太平，心宽体胖养天年。

由此可知，如果说荀子对禅让之"史"有所怀疑的话，但对禅让之"事"则是肯定的。

有的论者称韩非也认为尧舜禅让不实而非之，并举《韩非子·说疑》中一段话以证之："舜逼尧，禹逼舜，汤放桀，武王伐纣。此四王者，人臣弑其君者也，而天下誉之。察四王之情，贪得人之意也；度其行，暴乱之兵也。然四王自广措也，而天下称大焉；自显名也，而天下称明焉。则威足以临天下，利足以盖世，天下从之。"但仔细阅读《说疑》全文，似亦非尽然。

《说疑》的主旨在于论述使用贤臣之重要，并将"圣王明君"与"乱主"进行了对比：

圣王明君则不然,内举不避亲,外举不避仇。是在焉,从而举之;非在焉,从而罚之。是以贤良遂进而奸邪并退,故一举而能服诸侯。其在记曰:尧有丹朱,而舜有商均,启有五观,商有太甲,武王有管、蔡。五王之所诛者,皆父兄子弟之亲也,而所杀亡其身残破其家者何也? 以其害国伤民败法类也。观其所举,或在山林薮泽岩穴之间,或在囹圄缧绁缠索之中,或在割烹刍牧饭牛之事。然明主不羞其卑贱也,以其能,为可以明法,便国利民,从而举之,身安名尊。

乱主则不然,不知其臣之意行,而任之以国,故小之名卑地削,大之国亡身死。不明于用臣也。无数以度其臣者,必以其众人之口断之。众人所誉,从而悦之;众之所非,从而憎之。故为人臣者破家残睟,内构党与、外接巷族以为誉,从阴约结以相固也,虚相与爵禄以相劝也。曰:"与我者将利之,不与我者将害之。"众贪其利,劫其威:"彼诚喜,则能利己;忌怒,则能害己。"众归而民留之,以誉盈于国,发闻于主。主不能理其情,因以为贤。彼又使谲诈之士,外假为诸侯之宠使,假之以舆马,信之以瑞节,镇之以辞令,资之以币帛,使诸侯淫说其主,微挟私而公议。所为使者,异国之主也;所为谈者,左右之人也。主说其言而辩其辞,以此人者天下之贤士也。内外之于左右,其讽一而语同。大者不难卑身尊位以下之,小者高爵重禄以利之。夫奸人之爵禄重而党与弥众,又有奸邪之意,则奸臣愈反而说之。曰:"古之所谓圣君明王者,非长幼弱也,及以次序也;以其构党与,聚巷族,逼上弑君而求其利也。"彼曰:"何知其然也?"因曰:"舜逼尧,禹逼舜,汤放桀,武王伐纣。此四王者,人臣弑其君者也,而天下誉之。察四王之情,贪得人之意也;度其行,暴乱之兵也。然四王自广措也,而天下称大焉;自显名也,而天下称明焉。则威足以临天下,利足以盖世,天下从之。"(《韩非子·说疑》)[1]

联系这一段上下文之意可知,"舜逼尧,禹逼舜"之论,只是韩非引用他人之语,并非韩非之意。韩非认为,"乱主"当世,奸臣蔽明,人主不辨,"众人所誉,从而悦之;众之所非,从而憎之";从而随波逐流,"不能理其情,因以为贤",以是为

---

[1]　高华平等译注《韩非子》,中华书局,2010年6月

非,以非为是。更为严重的是,一些"谲诈之士"便伺机作乱,不惜利用一切卑劣之手段迷惑其主,"外假为诸侯之宠使,假之以舆马,信之以瑞节,镇之以辞令,资之以币帛,使诸侯淫说其主,微挟私而公议";可悲的是,人主听后还很高兴,"以此人者天下之贤士也"。为了说明这一现象,韩非就举了奸臣们有意混淆视听而对四王的污蔑之词。更为清楚的是,在谈这个问题之前,韩非就明确指出:"圣王明君则不然",尧舜等五王在使用贤臣方面,一贯坚持的是"内举不避亲,外举不避仇",这是有文献记载的。如果不贤,即使有血缘关系者也不用,"五王之所诛者,皆父兄子弟之亲也"。他们举荐的又是些什么人呢?"观其所举,或在山林薮泽岩穴之间,或在囹圄缧绁缠索之中,或在割烹刍牧饭牛之事"。这几句话的实际含义是什么呢? 前面所引墨子《韩非子·尚贤上》中的一段话便是最好的注脚:"古者尧举舜于服泽之阳,授之政,天下平;禹举益于阴方之中,授之政,九州成;汤举伊尹于庖厨之中,授之政,其谋得;文王举闳夭、泰颠于罝罔之中,授之政,西土服。"由此可知,韩非对禅让之说也是肯定的,因为这与他所主张任用贤能是一致的。

(3)史家之辩

至西汉,伟大的史学家司马迁在对传说和文献记载梳理后,将尧舜禅让之事写入了《史记》:

> 尧立七十年得舜,二十年而老,令舜摄行天子之政,荐之于天。尧辟位凡二十八年而崩。百姓悲哀,如丧父母。三年,四方莫举乐,以思尧。尧知子丹朱之不肖,不足授天下,于是乃权授舜。授舜则天下得其利而丹朱病;授丹朱,则天下病而丹朱得其利。尧曰:"终不以天下之病而利一人",而卒授舜以天下。尧崩,三年之丧毕,舜让辟丹朱于南河之南。诸侯朝觐者不之丹朱而之舜,狱讼者不丹朱而之舜,讴歌者不讴歌丹朱而讴歌舜。舜曰"天也",夫而后之中国践天子位焉,是为帝舜。(《史记·五帝本纪》)

从上所记可知,司马迁所记尧舜之事,概源于《尚书》《论语》《孟子》等典籍,尤其"荐之于天"、"舜曰'天也'",完全是孟子的口气。

自汉至唐,虽然仍有一些杂记对尧舜禅让之说时有微词,但总的来说,史界主流都是肯定的。至唐,史学大家刘知几著《史通》,其在外篇《疑古》中,对十个较为重大的问题提出了疑问,其中四个直接涉及尧舜禅让。

　　《虞书》之美放勋也,云"克明俊德。"而陆贾《新语》又曰:"尧、舜之人,比屋可封。"盖因《尧典》成文而广造奇说也。案《春秋传》云:高阳、高辛二氏各有才子八人,谓之"元"、"凯"。此十六族也。世济其美,不陨其名,以至于尧,尧不能举。帝鸿氏、少昊氏、颛顼氏各有不才子,谓之"浑沌"、"穷奇"、"梼杌"。此三族也,世济其凶,增其恶名,以至于尧,尧不能去。缙云氏亦有不才子,天下谓之"饕餮",以比三族,俱称"四凶"。而尧亦不能去。斯则当尧之世,小人君子,比肩齐列,善恶不分,贤愚共贯。且《论语》有云:舜举咎繇,不仁者远。是则当咎繇未举,不仁甚多,弥验尧时,群小在位者矣。又安得谓之"克明俊德"、"比屋可封"者乎? 其疑一也。

　　《尧典·序》又云:"将逊于位,让于虞舜。"孔氏《注》曰:"尧知子丹朱不肖,故有禅位之志。"案《汲冢琐语》云:"舜放尧于平阳。"而书云其地有城,以"囚尧"为号。识者凭斯异说,颇为禅授为疑。然则观此二书,已足为证者矣,而犹有所未睹也。何者? 据《山海经》谓放勋之子为帝丹朱,而列君于帝者,得非舜虽废尧,仍立尧子,俄又夺其帝者乎? 观近古有奸雄奋发,自号勤王,或废父而立其子,或黜兄而奉其弟,始则示相推戴,终亦成其篡夺。求诸历代,往往而有。必以古方今,千载一揆。斯则尧之授舜,其事难明,谓之让国,徒虚语耳。其疑二也。

　　《虞书·舜典》又云:"五十载,陟方乃死。"《注》云:"死苍梧之野,因葬焉。"案苍梧者,于楚则川号汨罗,在汉则邑称零桂。地总百越,山连五岭。人风媒嫿,地气歊瘴。虽使百金之子,犹惮经履其途;况以万乘之君,而堪巡幸其国? 且舜必以精华既竭,形神告劳,捨兹宝位,如释重负。何得以垂殁之年,更践不毛之地? 兼复二纪不从,怨旷生离,万里无依,孤魂溘尽,让王高蹈,岂其若是者乎? 历观自古人君废逐,若夏桀放于南巢,赵迁迁于房陵,周王流彘,楚帝徙郴,语其艰棘,未有如斯之甚者也。斯则陟方之死,其殆文命之志乎? 其疑三也。

　　《汲冢书》云:"舜放尧于平阳,益为启所诛。"又曰:"太甲杀伊尹,文丁杀季历。"凡此数事,语异正经。其书近出,世人多不之信也。案舜之放尧,无事别说,足验其情,已于此篇前言之详矣。夫唯益与伊尹见戮,并于正书,犹无其证。推而论之,如启之诛益,仍可覆也。何者?舜废尧而立丹朱,禹黜舜而立商均,益手握机权,势同舜、禹,而欲因循故事,坐膺天禄。其事不成,自贻伊咎。观夫近古篡夺,桓独不全,马仍反正。若启之诛益,亦由晋之杀玄乎?若舜、禹相代,事业皆成,唯益覆车,伏辜夏后,亦犹桓效曹、马,而独致元兴之祸者乎?其疑四也。①

刘知几之疑与先秦两汉学者之疑略有不同。首先,两汉学者及先秦诸子的不同之论多出于学派之争,主观色彩十分浓厚。他说:"《论语》曰:'君子成人之美,不成人之恶。'又曰:'成事不说,遂事不谏,既往不咎。'又曰:'民可使由之,不可使知之。'夫圣人立教,其言若是。在于史籍,其义亦然。是以美者因其美而美之,虽有其恶,不加毁也,恶者因其恶而恶之,虽有其美,不加誉也。故孟子曰:'尧、舜不胜其美,桀、纣不胜其恶'。"由此可知,古人之史,"爱憎由己者多矣"。而刘知几则是出于对史学问题的认识,提出了自己的史学思想,即,对古人之著,应采取具体问题具体分析的态度。其次,刘充分利用出土资料《汲冢书》(又名《汲冢琐语》)及其他文献为佐证,实开史学考据之先河,为其史学思想奠下了坚实之基,因而其所论多为人所叹服。此外,刘知几还提出了一个观点:"近古有奸雄奋发,自号勤王,或废父而立其子,或黜兄而奉其弟,始则示相推戴,终亦成其篡夺",疑古人亦以禅让饰其争夺也。

20世纪30年代,我国史学界"疑古派"崛起,其领袖人物顾颉刚先生对三代及之前史发难,否定尧舜禹的存在,认为禅让纯属子虚乌有,是墨家伪造的,只是一个传说而已,《论语·尧曰》亦为后人编造。② 此说虽如空谷之音,盛传一时,但由于其主观臆断成分较多较浓,故未被学界主流接受。20世纪后半叶,随着大量地下文献的出土,尤其是1993年10月湖北荆门郭店楚墓竹简《唐虞之道》及上海图书馆馆藏竹简《子羔》《容成氏》的整理面世,使人们对禅让之说有了更

① 刘知几《史通》。辽宁教育出版社,1997年3月。
② 顾颉刚《禅让传说起于墨家考》,《史学集刊》第一期,1936年4月。

多的了解与认识。由于《唐虞之道》是至今人们见到的唯一一篇专论禅让之文，且不足千字，现全文抄录于下（括号中文字为注者所加）：

唐虞之道，禅而不传。尧舜之王，利天下而弗利也（利天下而不利己）。禅而不传，圣之盛也。利天下而弗利也，仁之至也。故昔贤仁圣者如此。身穷不贪，没而弗利，穷仁矣。必正其身，然后正世，圣道备矣。故唐虞之道，禅也。

夫圣人上事天，教民有尊也；下事地，教民有亲也；时事山川，教民有敬也；亲事祖庙，教民孝也；太学之中，天子亲齿，教民弟也；先圣与后圣，考后而甄先，教民大顺之道也。

尧舜之行，爱亲尊贤。爱亲故孝，尊贤故禅。孝之施，爱天下之民。禅之传，世亡隐德。孝，仁之冕也。禅，义之至也。六帝兴于古，皆由此也。爱亲忘贤，仁而未义也。尊贤遗亲，义而未仁也。古者虞舜笃事瞽叟，乃戴其孝（奉行其孝道）；忠事帝尧，乃戴其臣。爱亲尊贤，虞舜其人也。禹治水，益治火，后稷治土，足民养生。夫唯顺乎脂肤血气之情，养性命之政，安命而弗夭（没有半途夭亡），养生而弗伤，知天下之政者，能以天下禅矣。

古者，尧之与舜也：闻舜孝，知其能养天下之老也；闻舜弟，知其能事天下之长也；闻舜慈乎弟象化之，知其能为民主也。故其为瞽盲子也，甚孝；及其为尧臣也，甚忠；尧禅天下而授之，南面而王天下，而甚君。故尧之禅乎舜也，如此也。古者圣人二十而冠，三十而有家，五十而治天下，七十而致政，四肢倦惰，耳目聪明衰，禅天下而授贤，退而养其生。此以知其弗利也。

《虞诗》曰："大明不出，万物皆暗。圣者不在上，天下必坏。"治之至，养不肖（社会治理臻于极至）。乱之至，灭贤。仁者为此进，明礼、畏守、乐逊，民教也。皋陶入用五刑，出载兵革，罪轻法（也。虞）用威，夏用戈，征不服也（惩治不服者）。爱而征之，虞夏之始也。禅而不传，义恒绝，夏始也。

古者尧生为天子而有天下，圣以遇命，仁以逢时，未尝遇贤。虽秉于大时，神明将从，天地佑之，纵仁圣可举，时弗可及矣。夫古者舜处于草茅之中而不忧，登为天子而不骄。处草茅之中而不忧，知命也（明白是天命也）。登为天子而不骄，不专也（不专横）。求乎大人之兴，美也。

　　今之戴于德者,终年不戴,君民而不骄,卒王天下而不疑。方在下位,不以匹夫为轻;及其有天下也,不以天下为重。有天下弗能益(不为自己增加什么),无天下弗能损。极仁之至,利天下而弗利也。

　　禅也者,上德授贤之谓也。上德则天下有君而世明,授贤则民举教而化乎道。不禅而能化民者,自生民未之有也,如此也。①

　　在诸多谈及禅让的先秦文献中,《尚书》之后,虽语、孟、墨、荀有所论及,但皆语焉不详,《唐虞之道》的发现填补了这一空白,并因其记述最系统、最具体,因而成了研究禅让问题极其难得的、必不可少的重要文献。

　　首先,对尧舜之禅让,不仅记述完整,肯定其存在的真实性:"尧舜之道,禅而不传"、"唐虞之道,禅也",而且还论证了这一事象的实质是"爱亲尊贤":"爱亲故孝,尊贤故禅。孝之施,爱天下之民。禅之传,世亡隐德。"

　　其次,简明而扼要地分析了禅让产生的历史原因:古已有之。"六帝兴于古,皆由此也","古者圣人二十而冠,三十而有家,五十而治天下,七十而致政,四肢倦惰,耳目聪明衰,禅天下而授贤,退而养其生"。

　　其三,对禅让进行了理论分析:认为禅让是爱亲敬贤在政治上的最高表现,"爱亲忘贤,仁而未义也;尊贤遗亲,义而未仁也"。不仅肯定"禅也者,上德授贤之谓也",还将其与社会治理结合起来,指出:"上德则天下有君而世明,授贤则民举教而化乎道。不禅而能化民者,自生民未之有也。"因而"禅让"值得肯定。

　　其四,除了将禅让与贤德联系在一起外,还将其与"仁"、"义"联系起来:"孝,仁之冕也。禅,义之至也",从而使禅让思想完全纳入了儒家的思想范畴之中,真实地反映了春秋战国之际儒家的政治观、政权观及道德观。

　　实际上,关于上古禅让的记述,不论已有文献或出土文献,若从严格意义考察其"真实性",目前谁也难以给出一个"绝对正确"正确的答案,退一步说,也没有必要得出一个世人一致同意的结论。道理很简单,因为世界上根本就没有"纯粹的历史",所谓历史,就是"昨天＋认识"的产物。当代英国英俄关系史专家爱德华·霍列特·卡尔在分析历史与现实的关系时指出:"历史事实既然不

―――――――――

　①　荆州市博物馆《唐虞之道》,文物出版社,1998 年 5 月。

会也不可能会以一种纯粹的形式存在着,因而当它们出现在我们面前时,从来就不是单纯的,它们总是通过记载历史事实的人的头脑折射出来。""历史学家不属于过去,而是属于现在。""历史是历史学家跟他的事实之间相互作用的连续不断的过程,是现在跟过去之间的永无止境的问答交谈。"①他在书中还引用了一位自由主义新闻记者的话:事实是神圣的,解释是自由的。爱德华·霍列特·卡尔的历史观与意大利著名的历史学家、哲学家克罗齐的历史观有些近似。克罗齐在其所著《历史学的理论和实际》中说:史料本身并不会说话,使史料发挥作用的只能是历史学家的学识水平,历史学家的学识水平越高,越具有创造性,所揭示的历史意义就越深刻;历史学家不是被动接受、考订和阐释史料,而是发挥巨大的主动性和创造力。因此,他得出了一个令人耳目一新的结论:"一切历史都是当代史。"(《历史学的理论和实际》[上海]商务印书馆,1997 年)以如此眼光看历史上有关尧舜禅让的记述,对其有无之争便会豁然开朗。

作为一个重大的历史事件,尧舜禅让对后世产生了重大影响,但《尚书》所记的意义更为突出,这就是由此产生一个影响至今的历史观念。在这一历史观念作用下,人们对禅让真实性不论肯定与否,但作为政权更替的一种方式,则无不予以肯定与赞许。在这种历史观的影响下,人们将历史上的"美好"与现实中人的"期望"相结合,褒贬事件,臧否人物。

首先,禅让为人们展现了一个美好的社会。尧舜之时,虽然社会生产力并不发达,物质也并不丰富,但整个社会则是一派祥和的"大同"景象。从《尧典》《舜典》和《大禹谟》可知,尧舜之治,天下为公、社会清明、尊贤尚德、万邦协和。

其次,禅让是社会顶层或权力巅峰领袖人物品质高尚的体现。从典籍所记可知,尧、舜、禹一个个克明俊德、光被四表、浚哲文明、谦温俭让,德怀天下、善政养民,因而受到古代政治家、思想家的高度评价与赞颂。

再次,禅让为社会或国家权力更替设计了一个理想模式。从我国远古至清末民初,禅让、世袭、弑夺(或篡夺)与革命一直是社会或国家最高权力更替的四种方式。相比而言,禅让是一种最理想的模式:它不仅能顺利、平稳地完成权力交接,还能较好地化解政权危机,而且付出的各种成本和代价较低。杭州师范大

---

① 爱德华·霍列特·卡尔《历史是什么?》,商务印书馆 1981 年 1 月,第 19、23、28 页。

学博士黄晓平在《禅让之与中国传统政权危机化解》一书导言中说"所谓的政权危机的化解是指解决或消解周期性的一家一姓的君权统治危机,而其主要的目的或曰最终指向,并非是为了一家一姓君主或皇权之私利,而是为了整个君主政体的正常运行,是为了整个华夏文化政治共同体能够保有可持续的正常政治治理","禅让制以最小的政治代价来调整和恢复君主的政体的正常运行"。①

据《尚书》所记,尧禅让于舜,舜年事高迈之后又依先祖之训而禅让于禹,但遗憾的是,仅此两次便中断了。对此,连"亚圣"孟子也无法解释,只好将其归之于"天命":"天与贤,则与贤;天与子,则与子。"

> 万章问曰:"人有言:'至于禹而德衰,不传于贤而传于子。'有诸?"孟子曰:"否,不然也。天与贤,则与贤;天与子,则与子。昔者,舜荐禹于天,十有七年,舜崩,三年之丧毕,禹避舜之子于阳城。天下之民从之,若尧崩之后不从尧之子而从舜也。禹荐益于天,七年,禹崩。三年之丧毕,益避禹之子于箕山之阴。朝觐讼狱者不之益而之启,曰:'吾君之子也。'讴歌者不讴歌益而讴歌启,曰:'吾君之子也。'丹朱之不肖,舜之子亦不肖。舜之相尧,禹之相舜也,历年多,施泽于民久。启贤,能敬承继禹之道。益之相禹也,历年少,施泽于民未久。舜、禹、益相去久远,其子之贤不肖,皆天也,非人之所能为也。莫之为而为者,天也;莫之致而至者,命也。(《孟子·万章上》)

这里,孟子以天命解释禅让之不能为继的原因显然是出于无奈,因为他没有看到社会发展中生产力发展对人们思想意识产生的巨大影响;他不理解,在人们心中无比高尚的"禅让",当社会踏入文明门槛之后,却不以人的意志为转移,无情地被家天下取而代之了。

美好的历史常常被人们所回忆,禅让也是这样,它虽然已被前进的社会车轮辗轧,但人们对其憧憬却从未断绝。然而,虽不断有人扯出这面旗帜,但却没有一次真正被完整地复制过。如:《吕氏春秋·审应览·不屈》所记魏惠王两次欲

---

① 黄晓平《禅让之与中国传统政权危机化解——基于宪法视角的考察》,中国政法大学出版社,2012年5月,第7—8页。

让位于惠施,《战国策·秦策一》所记秦孝公欲禅位于商鞅,《战国策·魏策二》所记公孙衍为对付史举,让张仪建议魏王让位于张仪,《战国策·燕策一》所记燕王哙禅位于其相子之等,不仅不能成行,反而成了历史的笑柄。

　　然而,历史也常常和人们开玩笑。令人眷恋不已的尧舜式的禅让一去不复返了,而失去原来意义的禅让闹剧却一幕接一幕地不断成功演出。据不完全统计,自公元前316年燕王哙禅让国相子之到民国初年孙中山将临时大总统让位于袁世凯,发生在我国历史上的"禅让"(不论"内禅"、"外禅")事件,大大小小约31次,其中最有名的是西汉末年的王莽代汉,东汉末年的曹魏代炎刘,45年后的司马氏代曹魏,宋太祖赵匡胤取代后周而黄袍加身。据史载,在这31次"禅让"中,除燕王哙、北魏献文帝拓跋弘及南宋高宗赵构多多少少还有点"自愿"之外,均是在外在强大的政治压力之下被"逼宫"的结果,至于授禅者之"贤"、之"德",完全成了欺世盗名的遮羞布。

　　这里,我们不妨以"逼宫"禅让最为典型的曹魏代汉为例,稍引史料,简要看一下其禅让的里里外外。

　　东汉末年,曹氏父子专权,因独揽朝政,篡逆之心曾多次毫无掩地明确表露,如说:"若天命在吾,吾为周文王矣。"①之后便一步步将"禅让"大幕拉开。首先是逼献帝表态,赞曹氏功高,损自己无能:"汉帝以众望在魏,乃召群公卿士,告祠高庙,使兼御史大夫张音,持节奉玺绶禅位。册曰:'咨尔魏王,昔在帝尧,禅位于虞舜,舜亦以命禹。天命不于常,惟归有德。汉道陵迟,世失其序。降及朕躬,大乱兹昏。群凶肆逆,宇内颠覆。赖武王神武,拯兹难于四方。惟清区夏,以保绥我宗庙。……今王钦承前绪,光于乃德,恢文武之大业,昭尔考之弘烈。皇灵降瑞,人神告征。诞惟亮采,师锡朕命。金曰:'尔度克协于虞舜。'用率我唐典,敬逊尔位。於戏,天之历数在尔躬,允执其中,天禄永终!"②献帝请曹丕以天下为怀,接受帝位。接着是曹丕登场,先是连连"辞让",三次之后,借口众望所归,"无奈"之下才在繁阳(今河南临颍县繁城镇)筑"受禅台",在公卿们簇拥下登坛受禅。"公卿、列侯、诸将、匈奴单于、四夷朝者数万人陪位。燎祭天地五岳

---

①　《三国志·魏书武帝纪第一》注引《魏氏春秋》。《三国志》,中华书局,2000年6月,第38页。
②　《三国志·魏书文帝纪第二》。《三国志》,中华书局,2000年6月,第45页。

四沟曰:'皇帝臣丕,敢用玄牡,昭告于皇皇后帝:汉历世二十有四,践年四百二十有六,四海困穷,王纲不立,五纬错行,灵祥并见。推术数者,虑之古道,咸以为天之历数,运终兹世。凡诸嘉祥,民神之意,比昭有汉数终之极,魏家受命之符。汉主以神器宜受于臣。宪章有虞,致位于丕。丕震畏天命,虽休无休。群公庶尹,六事之人,外及将士,泊于蛮夷君长,金曰:'天命不可以辞拒,神器不可以久旷,群臣不可以无主,万机不可以无统。'卜之守龟兆有大横。筮之三易,兆有革兆。谨择元日,与群僚登坛,受帝玺绶,告类于尔大神。"①

曹丕也好,先前的王莽也好,虽然无不打着禅让的五彩之旗,不言而喻,"禅让"在他们那里早已发霉、变质、变味。清初思想家王夫之就说:"自汉之亡,曹氏、司马氏乘之以窃天下,而为之名曰禅。于是为之说曰:'必有所承以为统,而后可以为天子。义不相授受,而强相缀系以掩篡夺之迹;抑假邹衍五德之邪说与刘歆历家之绪论,文其诐辞;要岂事理之实然哉?"(《读通鉴论》卷末《叙·叙论一》)清史学家赵翼受此影响,曾对历史上的"禅让"进行过专门的研究与透视,认为自曹魏之后,"禅让"均为奸雄篡位之借口。他说:

　　古来只有禅让、征诛二局,其权臣夺国则名篡弑,常相戒而不敢犯。王莽不得已,托于周公辅成王,以摄政践阼,然周公未尝有天下也。至曹魏则既欲移汉之天下,又不肯居篡弑之名,于是假禅让为攘夺。自此例一开,而晋、宋、齐、梁、北齐、后周以及陈、隋皆效之。此外尚有司马伦、桓玄之徒,亦援以为例。甚至唐高祖本以征诛起,而亦假代王之禅。朱温更以盗贼起而亦假哀帝之禅。至曹魏创此一局,而奉为成式者且十数代,历七、八百年,真所谓奸人之雄,能建非常之原者也。
　　……
　　去古日远,名义不足以相维。当曹魏假称禅让以移国统,犹仿唐虞盛事以文其奸,及此例一开,后人即以此例为例,而并忘此例之所由仿,但谓此乃权臣易代之法,益变本而加厉焉。此固世运人心之愈趋愈险者也。②

①《三国志·魏书文帝纪第二》注引《献帝传》。《三国志》,中华书局,2000年6月,第55—56页。
②《廿二史札记》卷七《禅代》。王树民校证《廿二史劄记》,中华书局,2013年3月

赵翼还指出，曹氏篡汉、司马氏代魏，当时尚顾及人道，未伤亡国之君："丕代汉封献帝为山阳公，未尝加害，直至明帝青龙二年始薨。"之后，"炎代魏，封帝奂为陈留王，亦未尝加害，直至惠帝太安元年始薨。""不特此也，司马师废齐王芳为邵陵公，亦至晋泰始中始薨。""司马伦废惠帝，犹号为太上皇，居之于金墉城。桓元废安帝为平固王，迁之于寻阳，又劫至江陵。亦皆未尝加害，故不久皆得返正。"然而，其后就不是这样了："自刘裕篡大位，而即戕故君，以后齐、梁、陈、隋、北齐、后周亦无不皆然，此又一变局也。"

"此又一变局"者何？权奸禅代之时，置废帝、妃于死地之谓也。他分别以刘裕以宋代晋、萧道成以齐代宋、萧衍以梁代齐、陈霸先以陈代梁、高洋以北齐代东魏、宇文泰以北周代西魏、杨坚以隋代北周为例，述被禅代之君残遭戕害之实：

> 刘裕急于禅代，以谶文有"昌明之后，又有二王"之语，遂酖安帝而立恭帝，未几，即令逊位。有司以诏草呈帝，帝曰："桓元之时，天命已改，重为刘公所延，将二十载，今日之事，固所甘心。"乃出居于秣陵宫，裕封帝为零陵王。帝常惧祸，与褚妃自煮食于床前。裕使妃兄褚淡之往视妃，妃出与相见，兵士即逾垣入，进药于帝，帝不肯饮，曰："佛教自杀者，不得复为人身。"乃以被掩杀之。

> 萧道成以宋废帝无道，使王敬则结杨玉夫等弑之，迎顺帝即位。甫三年，即禅代，封顺帝为汝阴王，居丹徒宫，使人卫之。顺帝闻外有驰马声，甚惧。监者杀之，而以疾告，齐人赏之以邑。

> 萧衍以齐东昏无道，举兵入讨，奉和帝以号令。既围京师，东昏为黄泰平等所弑，衍入京，迎和帝至姑熟，使人假帝命以禅诏来，遂即位，封和帝为巴陵王。初欲以南海郡为巴陵国，使帝居之，因沈约言"不可慕虚名而受实祸"，乃遣郑伯禽进以生金，和帝曰："我死不须金，醇酒足矣！"乃引饮一升，伯禽就而折杀之。

> 陈霸先既禅代，使沈恪勒兵入宫害梁敬帝，恪辞曰："身经事萧家来，今

日不忍见如许事。"霸先乃令刘师知入诈帝,令出宫,帝觉之,绕床走,曰:"师知卖我!陈霸先反!我本不须作天子,何意见杀?"师知执帝衣,行事者加刃焉,既而报霸先,曰:"事已了。"

高洋将禅代,使襄城王昶等奏魏孝静帝曰:"五行之运,迭有盛衰,请陛下法尧禅舜。"帝曰:"此事推挹已久,谨当逊位。"又曰:"若尔,须作诏书。"崔劼等曰:"诏已作讫。"即进帝书之。帝乃下御座,入后宫泣别,皇后以下皆哭,帝曰:"今日不减汉献帝、常道乡公(陈留王)。"遂迁于司马子如宅。洋常以帝自随,竟遇酖而崩。

宇文泰在西魏,以孝武帝宫闱无礼,使人酖之,而立文帝。文帝崩,立废帝。帝因泰杀元烈,有怨言,泰遂废之,出居雍州廨舍,亦以酖崩。(北史不载,事见《通鉴》)泰复立恭帝,即位三年,泰死,其从子护当国,使帝禅位于泰子觉,觉封帝为宋公,出居大司马府,寻崩(诸书皆不载其死状,然正月封而二月即殂,盖亦非善终也)。

杨坚因周宣帝崩,郑译等矫诏,使坚受遗辅政,立静帝,年八岁,坚即诛戮宇文氏。未几,亦假静帝禅诏,夺其位,封帝为介国公,邑万户,上书不称表,答表不称诏,《北史》谓有其文,事竟不行。是年二月逊位,五月即殂,周书云:"隋志也。"(《廿二史札记》卷七《禅代》)

赵翼之述虽简,但不啻一部中国禅代史,线条虽粗,却清清楚楚、明明白白地勾勒出了一个个野心家、阴谋家的丑恶面目及其卑鄙龌龊的鬼蜮伎俩。

但由于禅让源于尧舜,而尧舜之声誉如中天之日,"广告"效应威力无比,因此,欲以禅让为名行篡权之实者,是一定要拉大旗作虎皮,包着自己去吓唬他人的。正如马克思指出的那样:"人们自己创造自己的历史,但是他们并不是随心所欲地创造,并不是在他们自己选定的条件下创造,而是在直接碰到的、既定的、从过去承继下来的条件下创造。一切已死的先辈们的传统,像梦魇一样纠缠着活人的头脑。"当需要的时候,他们就会"战战兢兢地请出亡灵来给他们以帮助,借用它们的名字、战斗口号和衣服,以便穿着这种久受崇敬的服装,用这种借来的语言,演出世界历史的新场面"。[1]

禅让作为我国古代社会和国家权力更替方式,大大小小曾出现30余次。它是一项制度吗?

回答是否定的。正像采用"革命"的形式可以使国家政权变更一样,禅让只是一种"方式",而不是一种"制度"。中国古代政权接替制度只有一个,那就是世袭制。在古代,就国家政权交接而言,世袭制不论从政治上、法律上都是得到肯定和印证了的。西汉之后禅让现象之所以得以反复出现,原因无他,从根本上说,是"独尊儒术"的结果。儒家主张为政以德,"无德之君"在孟子看来只不过是"一夫"而已,将政权让于"有德",不仅不可以称"弑"而且理所当然,应当受到赞扬,为此甚至可以"革命"。这正说明,作为一种历史观念,作为一种上层建筑,"禅让"的影响力已经超越时空,"禅让"作为一种历史观念、一种政权更替方式的观念,早已渗透到人的思想深处甚至血液之中,成了无形的"习惯法",只要需要,强权者随时可以将其祭起,虽无法律规定,但却受法律保护。那种将禅让视为"宪法"、将"禅让制"视作传统中国的宪法制度,简称"禅让宪制"的说法是不恰当。至于将禅让视为"制度",认为"禅让制"生成于弑君杀父成风的战国、转型于岌岌可危的西汉后期、定型于豪强割据的汉魏交替之际;是必须实行的国家政制,堪称是传统中国最有特色的政治法律制度之一,观点虽然"新颖",[2]但由于不符合历史上禅让的史实,因而是站不住脚的。

3. 摄政

所谓"摄政",指代理天子或国君行施权力,处理政事。

(1)《尚书》所记

考摄政之雏形,当在尧禅舜之初。据《尚书·舜典》:尧在位七十载,禅于舜,但"舜让于德,弗嗣"。之后虽然在祖庙中举行了交接仪式,但舜只是开始主持全面工作,并未即帝位。司马迁对此详加考证,其在《史记·五帝本纪》中说:

---

[1] 《路易·波拿巴的雾月十八日》,《马克思恩格斯全集》第8卷,人民出版社,1961年10月,第121页。

[2] 见黄晓平《禅让之与中国传统政权危机化解——基于宪法视角的考察》,中国政法大学出版社,2012年5月。

舜年二十以孝闻,年三十尧举之,年五十摄行天子之事,年五十八尧崩,年六十一践帝位。从中可知,舜被举 28 年之后,尧"殂落",三年丧事毕,方即帝位,这此之前,均为摄行天子之事。

"名不正则言不顺",舜未即帝位,那么,28 年间是怎么主持"摄行天子之政"的呢?

> 于是帝尧老,命舜摄行天子之政,以观天命。舜乃在璇玑玉衡,以齐七政。遂类于上帝,禋于六宗,望于山川,辩于群神。揖五瑞,择吉月日,见四岳诸牧,班瑞。岁二月,东巡狩……五月,南巡狩;八月,西巡狩;十一月,北巡狩:皆如初。归,至于祖祢庙,用特牛礼。五岁一巡狩,群后四朝。遍告以言,明试以功,车服以庸。肇十有二州,决川。象以典刑,流宥五刑,鞭作官刑,扑作教刑,金作赎刑。眚灾过,赦;怙终贼,刑。钦哉,钦哉,惟刑之静哉!
> ……于是舜归而言于帝,请流共工于幽陵,以变北狄;放驩兜于崇山,以变南蛮;迁三苗于三危,以变西戎;殛鲧于羽山,以变东夷:四罪而天下咸服。
> 尧立七十年得舜,二十年而老,令舜摄行天子之政,荐之于天。尧辟位凡二十八年而崩。百姓悲哀,如丧父母。三年,四方莫举乐,以思尧。尧知子丹朱之不肖,不足授天下,于是乃权授舜。授舜,则天下得其利而丹朱病;授丹朱,则天下病而丹朱得其利。尧曰:"终不以天下之病而利一人",而卒授舜以天下。尧崩,三年之丧毕,舜让辟丹朱于南河之南。诸侯朝觐者不之丹朱而之舜,狱讼者不之丹朱而之舜,讴歌者不讴歌丹朱而讴歌舜。舜曰:"天也",夫而后之中国践天子位焉,是为帝舜。(《史记·五帝本纪》)

从这段记述可知,司马迁治史态度十分严谨,用词相当准确。"尧老,命舜摄行天子之政,以观天命。"尧让舜代理自己处理政事,以此考察舜的能力与德行,同时借以观察"天意",以便今后能很好地向天下交待。舜兢兢业业,作了许多职权以内的工作,如四方巡狩、决川、制刑等,但重大问题则还要向尧请示,如对共工、驩兜、三苗及鲧的处理,是他到各地巡查之后,"归而言于帝",请求得到尧的同意才实施的。经过多年的观察,尧才正式将舜"荐之于天"。即使这样,舜也未即帝位,其中原因之一,尧只是"辟位",并未退位。(对此,唐孔颖达在对

"将逊于位,让于虞舜"作注时说:"郑玄云:'尧尊如故,舜摄其事'是也。)直至尧逝世且三年丧毕,舜感到百官、诸侯真心拥戴自己,才叹了口气说:天意难违呀!"而后之中国践天子位焉,是为帝舜"。

舜虽受禅于尧,但20多年间其并未即位,而是处于帝的"代理"位置;帝尧也并未退出政治,不仅随时指导舜的工作,而且重大事项仍由其定夺,故司马迁称此时舜的行为为"摄政"。由此可知,我国的"摄政"文化,其萌芽形态当在尧舜时期。

然而,"摄政"作为一种国家政权运行模式正式登上政治舞台当在西周初年,创其新制并扮演主角的当是周公。史载,周克殷之后二年武王崩,即位者为成王。时成王尚未成年,周公于是代其行天子之职,名曰"摄政"。周公代成王摄政事,《尚书》有明确记载,尤其《金縢》《君奭》两篇,详细记述了此事之始末。除《尚书》外,其他文献也有记载,如《礼记》:

> 成王幼,不能莅阼。周公相,践阼而治。抗世子法于伯禽,欲令成王之知父子君臣长幼之道也。成王有过,则挞伯禽,所以示成王世子之道也。……仲尼曰:"昔者周公摄政,践阼而治,抗世子法于伯禽,所以善成王也。"(《礼记·文王世子》)

《礼记》的这段记述,首先讲了周公摄政之因:成王幼,无法即位视事。接着讲了周公以"相"之身份摄政,行使治国权力。接着又讲了在摄政期间如何教导成王:让自己的儿子伯禽陪伴成王学习,并拿出教育太子的方式教育伯禽,目的就是为了让成王懂得父子、君臣、长幼之道理。成王有做不到的地方或过错,周公就挞打伯禽,使成王看而自省,从而明白如何当好太子。周公还不断联系生活中各种事情,教育和培养成王的处世能力。孔子对此很赞赏,认为周公所采取的一切措施,都是为了尽快使成王健康成长,各方面得到不断提高。

既然周公摄政的根本原因是成王幼,那么,随着成王年龄的增长,"摄政"还能继续下去吗?

> 武王崩,成王幼弱,周公践天子之位,以治天下。六年,朝诸侯于明堂,

制礼作乐,颁度量,而天下大服。七年,致政于成王。成王以周公为有勋劳于天下,是以封周公于曲阜,地方七百里,革车千乘,命鲁公世世祀周公以天子之礼乐。(《礼记·明堂位》)

这就清楚地表明:第一,随着成王阅历的增加,在摄政的第七年,周公还政于成王。成王有感于周公对国家贡献至巨,不仅列地封爵,还下令其永享太庙之祀,世世祀"以天子之礼乐"。第二,周公摄政期间,曾与诸侯一起制定了国家的许多规章制度,其中包括摄政的种种规矩。由于周公勇于摄政,从而保证了新生政权的稳固;也由于他勋劳卓著,勤勉敬业,明德善政且恭尊天子,因而天下无不佩服。总之,周公摄政七年,兢兢业业,一心为公,守以礼乐,毫无僭越之举。

《荀子》一书也有关于周公摄政的记述:

武王崩,成王幼,周公屏成王而及武王以属天下,恶天下之倍周也。履天子之籍,听天下之断,偃然如固有之,而天下不称贪焉;杀管叔,虚殷国,而天下不称戾焉;兼制天下,立七十一国,姬姓独居五十三人,而天下不称偏焉。教诲开导成王,使谕于道,而能掩迹于文、武。周公归周,反籍于成王,而天下不辍事周,然而周公北面而朝之。天子也者,不可以少当也,不可以假摄为也。能则天下归之,不能则天下去之。是以周公屏成王而及武王以属天下,恶天下之离周也。成王冠,成人,周公归周反籍焉,明不灭主之义也。

……

武王崩,成王幼,周公屏成王而及武王,履天子之籍,负扆(yǐ)而立,诸侯趋走堂下。(《荀子·儒效》)

荀子从儒家天下大义出发,认为周公摄政完全出于对国家利益的考虑:"成王幼,……恶天下之倍周也";他敢于担当:"履天子之籍,听天下之断,偃然如固有之";他处事果断,在诸侯面前十分威严:"负扆而立,诸侯趋走堂下。"正是这样,他赢得了天下的信任,并辅助成王取得了不亚于文王、武王的政绩。周公培养了成王,并及时还政,正说明他心地无私,毫无权大灭主之意。

　　此外,《韩非子》《逸周书》《尸子》等诸子及杂记之中也有关于周公摄政的零星记载。其后的《尚书大传》概括诸说曰:"周公摄政,一年救乱,二年克殷,三年践奄,四年建侯卫,五年营成周,六年制礼作乐,七年致政成王。"(见《尚书大传》卷三《洛诰传》)

　　对周公摄政记述最详尽者当为司马迁之《史记》:

　　周公旦者,周武王弟也。自文王在时,旦为子孝,笃仁,异于群子。及武王即位,旦常辅翼武王,用事居多。武王九年,东伐至盟津,周公辅行。十一年,伐纣,至牧野,周公佐武王,作《牧誓》。破殷,入商宫。已杀纣,周公把大钺,召公把小钺,以夹武王,衅社,告纣之罪于天及殷民。释箕子之囚。封纣子武庚禄父,使管叔、蔡叔傅之,以继殷祀。遍封功臣同姓戚者。封周公旦于少昊之虚曲阜,是为鲁公。周公不就封,留佐武王。

　　武王克殷二年,天下未集,武王有疾,不豫,群臣惧,太公、召公乃穆卜。周公曰:"未可以戚我先王。"周公于是乃自以为质,设三坛,周公北面立,戴璧秉圭,告于太王、王季、文王。史策祝曰:"惟尔元孙王发,勤劳阻疾。若尔三王是有负子之责于天,以旦代王发之身。旦巧能,多材多艺,能事鬼神。乃王发不如旦多材多艺,不能事鬼神。乃命于帝庭,敷佑四方,用能定汝子孙于下地,四方之民罔不敬畏。无坠天之降葆命,我先王亦永有所依归。今我其即命于元龟,尔之许我,我以其璧与圭归,以俟尔命。尔不许我,我乃屏璧与圭。"周公已令史策告太王、王季、文王,欲代武王发,于是乃即三王而卜。卜人皆曰吉,发书视之,信吉。周公喜,开籥,乃见书遇吉。周公入贺武王曰:"王其无害,旦新受命三王,维长终是图。兹道能念予一人。"周公藏其策金縢匮中,诫守者勿敢言。明日,武王有瘳。

　　其后武王既崩,成王少,在强葆之中。周公恐天下闻武王崩而畔,周公乃践阼代成王摄行政当国。管叔及其群弟流言于国曰:"周公将不利于成王。"周公乃告太公望、召公奭曰:"我之所以弗辟而摄行政者,恐天下畔周,无以告我先王太王、王季、文王。三王之忧劳天下久矣,于今而后成。武王蚤终,成王少,将以成周,我所以为之若此。"于是卒相成王,而使其子伯禽代就封于鲁。周公戒伯禽曰:"我文王之子,武王之弟,成王之叔父,我于天下亦不贱矣。然我一沐三捉发,一饭三吐哺,起以待士,犹恐失天下之贤人。子之鲁,慎无以国骄人。"

管、蔡、武庚等果率淮夷而反。周公乃奉成王命,兴师东伐,作《大诰》。遂诛管叔,杀武庚,放蔡叔。收殷余民,以封康叔于卫,封微子于宋,以奉封殷祀。宁淮夷东土,二年而毕定。诸侯咸服宗周。

天降祉福,唐叔得禾,异母同颖,献之成王,成王命唐叔以馈周公于东土,作《馈禾》。周公既受命禾,嘉天子命,作《嘉禾》。东土以集,周公归报成王,乃为诗贻王,命之曰《鸱鸮》。王亦未敢训周公。

成王七年二月乙未,王朝步自周,至丰,使太保召公先之洛相土。其三月,周公往营成周雒邑,卜居焉,曰吉,遂国之。

成王长,能听政。于是周公乃还政于成王,成王临朝。周公之代成王治,南面倍依以朝诸侯。及七年后,还政成王,北面就臣位,觋(gōng)觋如畏然。(《史记·鲁周公世家》)

司马迁以十分崇敬的心情记述了周公摄政的原因,摄政的经过(其中包括周公不惧管蔡流言的坚定态度),摄政期间的政绩(其中包括平乱与营洛),还政后北面而就臣位等。在司马迁心目中,周公是非常高大的伟人。这一方面出于他对周公的了解,一方面也是其父——上一任太史公司马谈教育的结果。司马谈生前曾拉着司马迁的手语重心长地说:"夫天下称诵周公,言其能论歌文武之德,宣周邵之风,达太王王季之思虑,爰及公刘,以尊后稷也。"并将周公与孔子并称为历史的座标:"自周公卒五百岁而有孔子,孔子卒后至于今五百岁",还要求司马迁要象周公制礼作乐、孔子订《诗》《书》《易》《春秋》那样具有历史的使命感,认真履行太史公之责。①

(2)史家之争

关于周公摄政一事,后人曾有持怀疑者,认为难以为信。怀疑之主要根据就是各种记载中的"成王幼"不真实。《礼记·文王世子》中"成王幼,不能莅阼,周

---

① 见《史记·太史公自序》。《自序》曰:"太史公曰:先人有言:'自周公卒五百岁而有孔子。孔子卒后至于今五百岁,而能绍明世,正《易经》,继《春秋》,本《诗》《书》《礼》《乐》之际?'意在斯乎!意在斯乎!小子何敢让焉。"

公相,践阼而治"句之前面有一段文字就曾说到武王的年龄:

> 文王谓武王曰:"女何梦矣?"武王对曰:"梦帝与我九龄。"文王曰:"女以为何也?"武王曰:"西方有九国焉,君王其终抚诸?"文王曰:"非也。古者谓年龄,齿亦龄也。我百尔九十,吾与尔三焉。"文王九十七乃终,武王九十三而终。成王幼,不能莅阼,周公相,践阼而治。

文王有一天问武王:"你做过什么梦吗?"武王回答说:"我曾梦见天帝,他说要给我九龄。"文王问:"你感到此梦是什么意思呢?"武王答道:"遥远的西方还有九国至今没有归顺我们,君王您可能最终还是要让他们归服于我们吧。"文王说:"你说得很不对! 古代的人把年也叫做龄,齿也就是龄。我的寿限是一百岁,你的寿限是九十岁,我要把我的寿限减掉三年给你。"后来文王果然活到九十七岁才寿终正寝,而武王寿终于九十三岁。武王去世后,由于成王年幼,无法践履天子之位,便由周公摄政,以相的身份代行天子之职治理天下。

有鉴于此,疑者便问:武王克商二年崩,[①]年已九十三,此时成王决不可能还处于幼年状态,九十三岁之老人不可能还有尚在"襁褓"之中的幼子。

清代学者崔述最早对此提出质疑,他说:"武王之娶邑姜,邑姜之生成王皆当在少壮时明甚。而今《文王世子》篇乃云'文王九十七而终,武王九十三而终,成王幼,不能莅阼',则是武王八十余而生成王,六十余始娶邑姜,此岂近于情理哉! ……作《记》者言文王,则云'十二而生伯邑考,十五而生武王',言武王则八十余始生成王嫡长子。王季之为文王婚何其太早,文王为武王婚何其太迟乎?由是观之,凡《记》所载武王、成王之年皆不可信。"[②]崔述曾分析过如此错讹之因,说:"汉初传经,各有师承,传闻异词,不归于一,于战国处士说客之言,难于检核,流传既久,学者习熟见闻,不复考其所本,但以为汉儒近古,其言必有所本。……战国秦汉之人,言唐虞三代之事,有移甲为乙者,有以今度古者。加以战国

---

① 文献也有记载武王克商三年、六年而崩者,但以克商二年而逝者为多,如《尚书·金縢》:"既克商二年,(武)王有疾不豫……王翼日乃瘳。武王既丧,管叔及其群弟乃流言于国"。《史记·封禅书》:"武王克殷二年,天下未宁而崩。"

② 崔述《丰镐考信录》卷四,见《崔东壁遗书》,上海古籍出版社,1983年6月。

之时,说客辩士往往借物以寓意,后世以虚言为实事,笃信不疑,故有古有是语未必有是事者。……盖传记之文,有传闻异词而致误者,有记忆失真而致误者,有两人分言而不能悉符者,有数人递传而失其本意者,又有因传闻异传遂误而两载者。后人之书,又往往因前人小失,巧为曲全,互相附会,以致大谬于事理。"①从中可知,崔述虽认为战国秦汉文献中有"大谬于事理"不可者,但事出有因,并非作者有意编造,更没有认为"成王幼"是为了掩盖或美化周公篡权称王之野心。这也是其与当今一些论者的主要区别。

也有文献称,武王克殷后即位当年五十四岁。南宋罗泌在《路史·发挥》卷四、宋元之际学者金履祥在《通鉴前编》卷六中均引《竹书纪年》"武王年五十四"的记载,清代学者朱右曾编《汲冢纪年存真》,近代学者王国维作《古本竹书纪年辑校》,都认为此说是可靠的。武王因身体不好又忧虑国家,故在第二年病逝,时成王十四岁。

实际上,要弄清三代时期的这些事实是十分困难的。古文献所记之所以出现舛误乖剌现象,致使后人罔可诘穷,是有其历史原因的:一是当时有确切文字记载之资料极其缺乏而无从可稽,二是在众多互异的资料中难以考辨,严肃的学者不愿取此弃彼,故为防偏颇而比比皆记、兼收并蓄以共剔梳,三是由于认识不同而有意取此弃彼。正确的态度是慎审对待,不因辞而害意。在这方面,司马迁作为千古"良史",已为后世树立了榜样。班固说:"自刘向、扬雄博极群书,皆称迁有良史之材,服其善序事理,其文直,其事核,不虚美,不隐恶,故谓之实录。"②如《史记·殷本纪》虽然对殷商帝王世系有着完整的记录,但对商汤之前的许多先公先王的记述却十分简略,原因是可资使用的资料实在有限,只好一语带过,致使商代先公及其事迹处在传说与史实之间。由此也可证《史记》确为"实录",这从司马迁对周公摄政的记述可以看出,其宁取众说而存疑也不妄加推断。

20世纪初,对上古及三代之史,一些疑古学者曾放言:黄帝、尧、舜、禹、汤皆不可信!大量甲骨的出土及甲骨文的识读,使人们对上古史的认识发生转逆。1917年王国维先生《殷卜辞中所见先公先王考》的问世,证明了《史记》所言殷

---

① 崔述《考古提要》,见《崔东璧遗书》,上海古籍出版社,1983年6月。

② 《汉书·司马迁传》。《汉书》,中华书局,1973年5月。

商帝系的真实性,此犹如石破天惊,改变了很多人对上古史学的观念。郭沫若对此高度评价,他说:"卜辞的研究要感谢王国维。是他,首先由卜辞中把殷代的先公先王剔发了出来,使《史记·殷本纪》和《帝王世系》等书所传的殷王世统得到了物证,并且改变了他们的讹传。"(郭沫若《十批判书·古代研究的自我批评》)王国维先生继《殷卜辞中所见先公先王考》及《殷卜辞中所见先公先王续考》之后,1926 年又在《国学月报》上发表了《古史新证·总论》,其提出的"二重证据法",更让整个学术界感到振聋发聩且豁然开朗。他说:"上古之事,传说与史实混而不分。史实之中,固不免有所缘饰,与传说无异;而传说之中,亦往往有史实为之素地。""吾辈生于今日,幸于纸上之材料外,更得地下之新材料。由此种材料,我辈固得据以补证纸上之材料,亦得证明古书之某部份全为实录,即百家不雅训之言亦不无表示一面之事实。此二重证据法,惟在今日始得为之。虽古书之未得证明者,不能加以否定,而其已得证明者,不能不加以肯定。可断言也。"

周公摄政之所以可信,一方面是有《尚书》等大量直接与间接的资料可证,另外,周公作为一个政治家,其摄政实有所本,因而得到了朝野的支持。

史载,武王当政时,周公旦、召公奭、太公尚并列三公辅政(吕尚病逝后由毕公接替),其中周公摄政,居首位,召公居其次。武王灭商后曾除道修社,在盛大的庆典上,周、召二公地位显赫而突出:"周公旦把大钺,召公把小钺,以夹武王,衅社。"(《史记·鲁周公世家》)《尚书·君奭·序》云:"成王即位之初,召公为保,周公为师,辅相成王为左右大臣。"由于周公、召公关系密切,摄政之初,当三监散布谣言蛊惑人心时,周公深知,内部的团结最重要,因而首先告知召公和太公:我之所以摄政,完全是出于对祖先、祖业的责任感,是不得已而为之,否则便对不起列位先王。(《尚书·金縢》:"武王既丧,管叔及其群弟乃流言于国曰:'公将不利于孺子。'周公乃告二公曰:'我之弗辟,我无以告我先王。'")周公还强调说:摄政并非周创新制,而是有成功之先例可本:

公曰:"君奭!我闻在昔成汤既受命,时则有若伊尹,格于皇天;在太甲时则有若保衡;在太戊时则有若伊陟、臣扈,格于上帝,巫咸乂王家;在祖乙时则有若巫贤;在武丁时则有若甘盘。率惟兹有陈,保乂有殷,故殷礼陟配

天,多历年所。天惟纯佑命,则商实百姓王人。"(《尚书·君奭》)

周公举出成汤时伊尹,他不仅相汤,而且受命辅佐太甲,太甲不能自守时将其放于桐宫三年而自己摄政,三年后返政于太甲。在太戊的时候,有忠于国家的伊陟、臣扈,后又有贤相巫咸治理国家;祖乙时的贤相有巫贤;武丁时有甘盘。正是有了这些力行天道的贤臣相佐,殷商才得以安治天下,国运长久。这说明,上天是保佑那些道德完备的明君的,同时也因为臣有忠心、百姓富庶而天下太平。

召公对周公效伊尹摄政不仅理解,也很是赞成。在国难当头,"若涉渊水","有大艰于西土,西土人亦不静"(《尚书·大诰》)之紧要时刻,周公由于得到了召公的有力支持,于是全身心地投入到平息三监之乱中并取得了成功,故史称"周公、召公内弭父兄,外抚诸侯⋯⋯葬武王于毕⋯⋯又作师旅,临卫政殷,殷大震溃"。[1]

襄公二十一年(前552),晋国发生内乱,波及叔向。公族大夫祁奚当时已退休,闻此立即乘车赶到范宣子处了解情况。他认为叔向是位贤臣且对晋国有功,不可因其他人之罪而株连。他引经据典并举出历史上的一些实例,其中就提到了"伊尹放大甲而相之":

> 于是祁奚老矣,闻之,乘馹而见宣子,曰:"《诗》曰:'惠我无疆,子孙保之。'《书》曰:'圣有谟勋,明征定保。'夫谋而鲜过,惠训不倦者,叔向有焉,社稷之固也。犹将十世宥之,以劝能者。今壹不免其身,以弃社稷,不亦惑乎?鲧殛而禹兴。伊尹放大甲而相之,卒无怨色。管、蔡为戮,周公右王。若之何其以虎也弃社稷?"(《左传·襄公二十一年》)

祁奚对范宣子说:《诗经》的《清庙之什》篇说'赐给我们无限之恩惠者,子子孙孙应永远保护它。'《尚书·胤征》上说:'圣贤有谋略有功勋者,应当宣传和受到保护。'谋划事情而少有过错,教导他人而不知疲倦,叔向就是这样的人,他是国家的柱石。即使他十代的子孙有过错还要以宽宥为怀,以此来勉励那些有能

---

[1] 《逸周书．作雒解》,黄怀信张懋镕田旭东《逸周书汇校集注》,上海古籍出版社,1995 年12 月。

力的人。现在因他的弟弟一人有罪而自身不免于祸而死，无疑丢掉了国家的栋梁，这不也太糊涂了？从前鲧被诛戮而其子禹兴起；伊尹放逐太甲又做了他的宰相，太甲始终没有怨色；管叔、蔡叔被诛戮，周公仍然作首辅辅佐成王。为什么这个国家栋梁叔向却因为其弟叔虎有罪而被杀呢??"范宣子于是在平王面前求请并释放了叔向。

司马迁据上述典籍所记，将伊尹放大甲于桐期间之"称相为政"名之为"摄行政当国"：

> 帝太甲既立三年，不明、暴虐，不遵汤法，乱德。于是伊尹放之于桐宫三年，伊尹摄行政当国，以朝诸侯。帝太甲居桐宫三年，悔过自责反善。于是伊尹迺迎帝太甲而授之政。（《史记·殷本纪》）

正是由于伊尹、周公摄政被写入史册并受到称赞，因而始于商名于周的"摄政"对其后的国家政权建构产生了深远的影响，每当历史上出现帝幼、帝劣、帝灾之时，往往便有"见义勇为"者扬帜效法，这样的例子很多，较有影响的如西汉宣帝时之霍光，孺子婴时之王莽，清顺治初年之睿亲王多尔衮，清末宣统初年之醇亲王载沣以及慈禧太后的垂帘听政等。

人们不禁要问，伊尹何以要摄政，周公何以要摄政？

一曰殷周之时德治高于政治。

古往今来，政权问题历来是政治的核心问题。从某种意义上说，古代政治和现代政治的基本结构大致是相同的：都必须正确处理统治与被统治的关系。就统治与被统治的关系而言，不论实质是剥削、是压迫或者是服务、是给予，统治者公开打出的旗帜则都是为民。然而，就我国而言，古代政治与现代政治的差别十分明显，现代政治是从人民利益出发，讲理性，讲规范，而古代政治则仅是讲天理与道义。

　　在国家政权继承上,虽然史有所谓"殷道尊尊,周道亲亲"的说法,①但不论殷商时期的"兄终弟及"或父死子承,也不论周代严格的嫡长继承制,都属于世袭制,均为家天下。在伊尹、周公看来,殷之所以灭夏,是因为夏桀失德,天道不佑;"小邦周"能灭"大邑商"之因正在于此。"皇天无亲,唯德是辅",(《尚书·蔡仲之命》)故此,作为天子,必须有高尚的品质才能得到天佑人助;不言而喻,如天子失德或者德才不足以为政时,作为掌握实权的"冢宰",便可从"天道"出发作出适当的处置。孔子对伊尹放太甲之举十分赞成,原因之一就是"摄政"符合这一古制:

　　　　子张曰:"《书》云:'高宗谅阴,三年不言。'何谓也?"子曰:"何必高宗?古之人皆然。君薨,百官总己以听于冢宰三年。"(《论语·宪问》)

　　子张问孔子:《书》大传说商高宗居丧守庐三年,从不过问政事,这是为什么? 孔子回答得很简明:岂止是商高宗,古代全是如此,君主过世,百官们都必须恪尽职守,服从于冢宰摄政三年。从中可知,冢宰摄政不仅是自己应尽的职责,也更有利于政令的一贯和社会的稳定。这里,"百官总己以听于冢宰三年"就是伊尹当初训示太甲之原话(见《尚书·伊训》),孔子笃信不疑。

　　孟子对伊尹摄政的肯定,首要的因素也是"德":

　　　　公孙丑曰:伊尹曰:"'予不狎于不顺。'放太甲于桐,民大悦。太甲贤,又反之,民大悦。贤者之为人臣也,其君不贤,则固可放与?"孟子曰:"有伊尹之志,则可;无伊尹之志,则篡也。"(《孟子·尽心上》)

　　孟子认为,只有伊尹才能既相大甲,又"放"大甲,首先是他品德高尚,上合天道,下合民意。由于他有崇高的"伊尹之志",故相、放皆宜,否则,他的摄政就

---

　　① 《周书》卷三十五《崔猷列传》载:"周明帝即位,征拜御正中大夫。时依《周礼》称天王,又不建年号。猷以为世有浇淳,故帝王因以沿革。今天子称王,不足以威天下。请遵秦汉,称皇帝,建年号。朝议从之。除司会中大夫,御正如故。明帝崩,遗诏立武帝。晋公护谓猷曰:'今奉遵遗旨。君以为何如?'对曰:'殷道尊尊,周道亲亲。今朝廷既遵《周礼》,无容辄违此义。'虽不行,时称其守正。"

是"篡"。其次,伊尹摄政完全是出于公心,他所"摄"的权力是国家的而不是太甲的。只要权力的性质不变,权力的主体易人也就是天经地义的。

那么,伊尹是否是出于公心、为天下人而摄政呢? 孟子虽然没有正面加以说明,但他认为,在古代,真正的贤德之人都是出于公心才勇于任事的,因为不论当天子或者摄政,都是一件很苦差事:

> 孟子曰:君子有三乐,而王天下不与存焉。父母俱存,兄弟无故,一乐也;仰不愧于天,俯不怍于人,二乐也;得天下英才而教育之,三乐也。君子有三乐,而王天下不与存焉。(《孟子·尽心上》)

孟子认为:真正的君子一生之中只有三件事值得快乐,但以仁德当天子不包括其内。哪三件呢? 父母健在,兄弟姐妹无病无灾,这是第一件值得快乐的事;上无愧于天,下无愧于人,坦坦荡荡,这是第二件值得快乐的事;发现天下优秀人才而且教育、提高了他们,这是第三件值得快乐的事。孟子特别强调:君子唯有此三乐,以仁德当天子不在其内!

二曰殷周之时义欲高于权欲。

虽然国家是私有制的产物,但在早期"国家"时期,权力主要用于一般的管理和调节人与人之间或集团之间的利益关系,人们的利欲并不象后来那样熏心,更不象资本主义原始积累时期,为了利益甚至不要生命。[①] 至于部落、邦国时期,人们对利益、权力看得更是十分淡薄,而把"天"和"德"视如生命。尧让天下

---

① 马克思《资本论》第二十四章"所谓原始各界"第七节中的注释中说:"《季刊评论员》说,资本会逃避动乱和纷争,是胆怯的。这当然是真的,却不是全面的真理。像自然据说惧怕真空一样,资本惧怕没有利润或利润过于微小的情况。一有适当的利润,资本就会非常胆壮起来。只要有10%的利润,它就会到处被人使用;有20%,就会活泼起来;有50%,就会引起积极的冒险;有100%,就会使人不顾一切法律;有300%,就会使人不怕犯罪,甚至不怕绞首的危险。如果动乱和纷争会带来利润,它就会鼓励它们。走私和奴隶贸易就是证据(邓宁格:《工会与罢工》第36页)。"《资本论》第一卷,人民出版社,1958年第839页。

于许由,许由以为不义而逃之,①舜让天下于子州支伯,子州支伯以病而辞;舜以天下让善卷,善卷以舜不了解人间之情而"遂不受";舜以天下让其友石户之农,石户之农的品德尚未臻于至人,于是"夫负妻戴,携子以入于海,终身不反也"。(《庄子·杂篇·让王》)。舜何以多次让天下呢?孟子说,舜以天下为己任,只是因为其品质高尚,愿为天下服务,并非因为拥有权力。在舜心目中,权力的位置极低,"舜视弃天下犹弃敝蹝也"——舜把抛弃权力看得如同扔掉一只破烂草鞋一样,为了义,他随时可以扔掉它。② 汤伐桀前,曾请务光出谋划策,但遭到务光的拒绝;汤建立商朝后,想让位给务光,务光则曰"非其义者,不受其禄;无道之世,不践其土",之后,他感到受了羞辱,"乃负石而自沈于庐水"。(《庄子·杂篇·让王》)由此可知,古之贤人在价值观上,"义"的意义远远高于权利。

三曰殷周之时民意高于天意。

在天人关系上,周人虽尊天,但却克服了"唯天之独尊"之念而明确提出了"敬天"、"敬德"、"明德"、"保民"等观念。"敬天"一词最早见于成王与周公旦对话,"王拜手稽首曰:公不敢不敬天之休……,我二人共贞。公其以予万亿年,敬天之休"。(《尚书·洛诰》)人们何以要"敬天"? 是因为天"天命哲、命吉凶、命历年"(《尚书·召诰》)。也就是说,"天"意明示道德法则,"天"决定着福祉灾祸,"天"决定着帝运国祚。周人高明之处在于,在"敬天"的同时明确表示天命是可知的,以"民情可见"来解读天命,响亮地提出"天聪明,自我民聪明;天明威,自我民明威",(《尚书·皋陶谟》)"民之所欲,天必从之",(《尚书·泰誓上》)"天视自我民视,天听自我民听"。(《尚书·泰誓中》)天命可知观念的提出,不仅打破了天命神秘论,而且突了人的作用与能动性,这是周人认识水平不断进步与思想飞跃的重要标志,在我国思想史上具有重要意义。台湾著名历史学家许倬云先生指出:

---

① 许由之名字在《庄子》中凡 8 出,如《逍遥游》曰:"尧让天下于许由……许由曰:'子治天下,天下既已治也。而我犹代子,吾将为名乎? 名者,实之宾也。吾将为宾乎? 鹪鹩巢于深林,不过一枝;偃鼠饮河,不过满腹。归休乎君,予无所用天下为! 庖人虽不治庖,尸祝不越樽俎而代之矣。"同书《徐无鬼》:"齧缺遇许由,曰:'子将奚之?'曰:'将逃尧。'"《外物篇》云:"尧与许由天下,许由逃之。"此为传说中许由辞让天下之最早记述。

② 《孟子·尽心上》:"舜视弃天下犹弃敝蹝也。窃负而逃,遵海滨而处终身,然乐而忘天下。"

　　周人以亲属封建将宗法与封建的双重纽带(政治与血缘的双重联系)、古代中原族群的上层成员,结合为一个庞大的共同体,而笼罩在西周普世大秩序之上的则是天命。敬天的观念令所有神祇最后都被放在天的权威之下。天异于宗神、部落神;天没有面目,没有独特姓名;天没有位格,是一个观念的神。那么,周初发展天命观念,更重要的是"天命靡常,唯德是依";天本身变成一个裁判人间好坏、善恶的裁判者……

　　由远古宗神或部落神融合为至高无上的神祇,再由这一位至高无上的神祇演化为道德的守护者,人类行为的裁判者。依据人类行为来判决天命谁属,这是中国文化演化过程中的一个极重要的突破。古人,大约认为殷周之际是一个重要的转换点……

　　这是一个重大的突破,可说是开辟鸿蒙,将史前的文化带入文明;自此以后生命才有意义,人生才有善恶好坏的标准,才有超越的道德的判断。人类曾有过不少文化,但只有若干文化提升为伟大的文明传统,而大多数人类缔造的文化成就不过解决了衣食住行,却未再提升境界。人类之有文明也不过是这一念之差别而已!①

　　正如许先生所说:天人观念在周初之转变,最根本的就是摆脱了人神不分及神支配人的混沌认识,作到了"依据人类行为来判决天命谁属"。这一思想上的突破,使得束缚民族精神的羁绊与枷锁从此走向崩溃,"将史前的文化带入文明"。"摄政"就是周人以"德"为帜,在国家政权出现危机之时的果敢举措,不论以其为一个创举也好,一个临时性的措施也好,但不可否认,这是周人对国家权力建构与运作的一个重大贡献。

　　周公、召公多次讲,"小邦周"之所以战胜了"大邑商",其主要原因就是"敬德"、"奉德"、"用德"(见《尚书》之《大诰》《召诰》及《多士》),并以"天命靡常"、(《诗经·文王》)"皇天无亲,唯德是辅"(《尚书·蔡仲之命》)说明天命是可以转移的,转移的根据就是"德"》。如,纣王暴虐不行德政,故而招致上天降下亡国之灾,将天命转给了周。不难看出,此时的周人已将对天的崇拜转变成为

———————————

　　① 许倬云《历史的分光镜》,上海文艺出版社,1996年,第172—173页。

了对德的追求,将国事的重心从事天转向"敬天"与"保民",用"以德配天"的理念指导权力的运行。

作为集体或国家权力接替与运行的方式,和禅让一样,三代之后,摄政在我国历史上虽屡屡出现,并从不同层面反映了政治家的智慧和谋略,但多是事到临头的应变之术,并未形成制度或定式,因而摄政者不论集体或个人,其"摄政权"向来没有受到约束,因而其结果也就因人而异。细究其因,一是摄政并非改朝换代,从根本上说实行的仍是世袭制,政治基础稳固,"国姓"未改,政权并未出现异常危机,因而认为并非常例,无须制度保证。二是对摄政的功能缺乏认识,对皇权的隐形转移缺乏预见,甚至对摄政者不还皇位而成为篡政逆贼还相当宽容,以先朝"气数已尽"解读之。不言而喻,"摄政"早已不是原来意义的摄政了。

二、天道与天下

历史文献与考古资料表明,始于远古,滥觞于三代以至于今,天人关系问题不仅始终是中国哲学的一个基本命题,也始终是中国人宇宙观、世界观中一个议论不休的问题。古人赋予"天"的政治概念、人文意蕴至今还十分有趣地被人们所乐道,如成语"天道酬勤"、"得天独厚"、"泄露天机"、"术可通天"等,因其寓意深刻、表达含蓄而被人们所使用,于是,"天"就成了人们取之不尽,用之不竭的文化与思想资源。

1. 尊天与敬德

殷人尊天且尚鬼神,尤其视先王先公为神圣;周人虽对此有所承续,但"损益"颇多,其最突出的有三,一是尊天,远鬼神而敬之;二是认为天命可知,"皇天无亲,唯德是辅",敬德即敬天;三是上天保民,人君保民即合天意,天人既可为二,亦可合而为一。"天人合一"即是天道,符合天意,国祚即可长久。周人的这一思想在《尚书》中多有反映,这既是对殷商宗教意识、政治观念的继承,又是一次有意义的思想革命。

周公、召公曾在不同场所多次讲,"小邦周"之所以能够战胜了"大邑商",其主要原因就是"敬德"、"奉德"、"用德"(见《尚书》之《大诰》、《召诰》及《多士》),并以"天命靡常"(《诗经·文王》)、"皇天无亲,唯德是辅"(《尚书·蔡仲之命》),说明天命是可以转移的,转移的根据就是"德"。纣王暴虐,不行德政,故而招致上天降下亡国之灾,将天命转给了周。周公总结夏商灭亡的教训,指出:"我不可不监于有夏,亦不可不监于有殷。我不敢知,曰有夏服天命,惟有历年;我不敢知,曰不其延。惟不敬厥德,乃早坠厥命。我不敢知,曰有殷受天命,惟有历年;我不敢知,曰不其延。惟不敬厥德,乃早坠厥命。"(《尚书·召诰》)周公强调夏商失国的原因为"惟不敬厥德",因而,他语重心长地告诫成王:"呜呼!天亦哀于四方民,其眷命用懋,王其疾敬德!"并说,只有敬德,以德配天,才能"受天永命(同上)。不难看出,此时的周人已将对天的崇拜转变成为了对德的追求,将国事的重心从事天转向"敬天"与"保民",用"以德配天"的理念指导权力的运行。

　　周公"敬德"思想的提出,不论在思想上、政治上都是一次理论的创新与飞跃。自远古颛顼"命重黎绝地天通"(《国语·楚语下》《尚书·吕刑))以来,经夏六百余年,商八百余年,人与天只有通过极少数巫、祝、史专职人员才可相通。周人颠覆了这一理念,向世人宣告:"惟天地,万物父母;惟人,万物之灵";"天佑下民,作之君,作之师",天与人是心心相通的,"民之所欲,天必从之!"(《尚书·泰誓上》)如何处理好天、君、民之关系呢? 周人认为:"惟天惠民,惟辟奉天","天视自我民视,天听自我民听",言下之意,君只要"敬德",只要"保民",就是"奉天",就合于"大命"。(《尚书·泰誓中》)上天、下民以君为媒介,通过"德",既相互沟通,又彼此统一。

　　周人敬德尊天思想对后世产生了深刻的影响,使人对天的崇拜从神秘的盲目逐步转向了理性的自觉。这是因"以德配天"内涵丰富而深刻所致。其一,"天"、"天命"具有了更丰富的人文意蕴,除其神秘神圣无比,至高、至大外,它也是世俗德与善的至上代表者。其二,天意即民意,民意即天意,民在国家的思想、政治天平上具有了举足轻重的地位。其三,君唯"敬德"、"奉德"、"用德"才上合天意,下顺民情。其四,天命是随"德"而转移的,德是天人统一的基础,无德之君必遭天之罚,无德之国祚运必不能久长。

　　2. 天道

　　天道原本指各种天象、天文等自然运行规律,三代之时由于人们对神秘的天象运行尚不可释疑,因而四时之变易,星象之运行常常被认为是上天对人事的反映,为吉凶祸福之兆,因而天道和天命一样,也被赋予了浓厚的宗教与神学色彩。

但作为价值观,天道已具有了人文意蕴。

在《尚书》中,天道表现为一种不可违背天命的价值观,这一思想之端倪,始于夏:

> 嗟!六事之人,予誓告汝:有扈氏威侮五行,怠弃三正,天用剿绝其命。今予惟恭行天之罚。(《尚书·甘誓》)

此为夏启征讨有扈氏时在甘地向兵士下发的动员令。夏启指出,之所以讨伐有扈氏,是因为其不行祖德,无视王权,荒于政事。侮谩王权即侮谩天帝,背离五行和怠弃三政就会使民不聊生。因此上天就不允许其存在,我今天带领你们来剿灭它就是执行上天对它的惩罚。

在夏人眼中,天帝是崇高无比的,王权来源于天授,若有违天意,无论是王,也无论是平民,天都会垂示惩罚,并由承天命者代而为之。

夏桀无道,汤举兵讨伐时也说遵行的是"天道":

> 夏王灭德作威,以敷虐于尔万方百姓。尔万方百姓罹其凶害,弗忍荼毒,并告无辜于上下神祇。天道福善祸淫,降灾于夏,以彰厥罪。(《尚书·汤诰》)

《汤诰》是汤伐夏的宣言。在这里,商汤将其灭夏之因归结为三:一是夏桀"灭德",作福作威,已失去了为君的基本条件;二是虐民,陷百姓于水火,这就违背了"天道",因为天道历来皆是褒善赐福,爱护百姓的,同时惩治残暴者;三是由此引起上天震怒,施罚于夏,以向世人明示其罪孽。

商汤认为夏朝覆灭的根本原因在于不遵"天道",因而商立国之后倡言要遵"天道"而行:

> 惟说命总百官,乃进于王曰:"呜呼!明王奉若天道,建邦设都,树后王君公,承以大夫师长,不惟逸豫,惟以乱民。(《尚书·说命中》

汤请傅说总理百官,推行善政,傅说向汤提出治国大纲的第一条就是"明王奉若天道"——睿智有远见之王无不秉承天命而顺奉天道。

从商汤伐夏称其"灭德作威"、敷虐百姓,故而遭到天罚,到傅说要"明王奉若天道",不逸豫以治民,可以看出,在商人心目中,"天道"就是治国之道,它既有"天命"之意,也初步具有了道德的内涵,因而是神圣的,正义的,不可违抗的。

历史有时有惊人的相似之处。当年信誓旦旦奉行天道的商汤,没有想到至纣时比夏桀更加无道,背天意、残庶民、杀忠良。武王伐纣时就讲了一番与当年商汤伐夏桀时类同的话:

> 呜呼! 我西土君子:天有显道,厥类惟彰。今商王受狎侮五常,荒怠不敬;自绝于天,结怨于民;斮朝涉之胫,剖贤人之心;作威杀戮,毒痡四海;崇信奸回,放黜师保;屏弃典刑,囚奴正士;郊社不修,宗庙不享;作奇技淫巧以悦妇人。上帝弗顺,祝降时丧。尔其孜孜,奉予一人,恭行天罚。(《尚书·泰誓下》)

武王声讨纣王,历数其滔天罪行,一曰无德:"狎侮五常,荒怠不敬";二曰背天害民;三曰酷暴绝伦;四曰杀戮忠良;五曰不敬祖宗;六曰宠信妇人。所有这些倒行逆施,都有违"天之显道",故"上帝弗顺,祝降时丧";西方诸侯联盟为仁义之师,其"恭行天罚"完全是正义之举。

不论商汤或周武,在其革命之时,一方面宣传"天命靡常",明确表明"天命"是可以转移的,既可以从一个人身上转移,也可以从一个国家转移;"皇天无亲,惟德是辅"(《尚书·蔡仲之命》),转移的条件或基础就是"德"。有了"德","天命"已不再是绝对地神秘莫测,其意的解释也不再是毫不确定;"德"的赋予,使"天命"具有了明确的界定,也从而使其不再只是一个泛泛的神权概念,而是一个有迹可循,可以意会也可以言传的具有丰富内容的"天道"思想了。

3. 人道

如果说"天命"是"上天的意志"、"天道"是"上天运行的规律"的话,"德"就是周人由"天命"观转变为"天道"观的关键元素。也就是说,当天命被纳入了道德的解释范畴之中以后,它便具有了正义的属性,具有了"人道"的意蕴。

正是由于以周公为代表的周人认识到"德"可以影响"天命",于是,在对至高无上的"天命"信奉的同时,依照"天道"制礼作乐,将天道的法则,天道的价值、天道的秩序一一落实在人与自然、人与社会、人与人相处的各种实际中,用"天人合一"观念指导、规范上至天子、诸侯、臣僚,下至士庶百姓的一切行动。

周朝坚持以德治国,但作为对礼乐的补充,周代监于夏、殷刑律轻重不一之情形,重新修订了刑罚之典,其中出于穆王司寇吕侯之法最为著名,谓之"吕刑"。毫无疑问,穆王制刑之目的是为了治人、治国,但为使人臣、百姓能自觉遵守,必须赋予其"天"的观念,以使其更具有神圣性,"具严天威"(《尚书·吕刑》)——以显示"天道"的公正与权威。另一方面,吕刑强调,在使用刑律时:"永畏惟罚。非天不中,惟人在命。天罚不极,庶民罔有令政在于天下"(《尚书·吕刑》)——须时时怀着敬畏之心,不可违背天理乱施刑罚。要使人人明白:"天道福善祸淫",是很公平的,人应当依天道而行;一个人如果获刑,乃是咎由自取,因为天道只惩罚有罪者而从来不株及无辜的,而且也从来没有在美政之下枉遭惩罚者。这一精神,完全符合周人的习惯思维定式:在论及"天道"时要强调人事的重要,在论及人事时则要强调其出于"天道"。①

我国的天文、天象学发展除了具有一定的宗教人文色彩外,主要还是沿着其客观自然规律前进的,《尚书·尧典》有远古传说时期的相关记载,如帝尧就曾"命羲、和钦若昊天,历象日月星辰,敬授民时"。先民在河洛地区观察日月星辰变化而定四时,《夏小正》的出现表明,夏代的天文学即相当发达。随着人们对自然规律研究的深入,天体运行的一些规律逐渐被人们认识,这就使得传统天人观念中的天人感应受到了怀疑,如荀子就认为"天行有常,不为尧存,不为桀亡"。(《荀子·天论》)又如,公元前 524 年五月,火星在黄昏时出现,一位叫裨灶的星象者扬言郑国将有火灾。有人向郑国相子产说,这是天之预兆,郑国要发生火灾了,请赶快用国宝祭祀以禳灾。"子产曰:'天道远,人道迩,非所及也,何以知之? 灶焉知天道? 是亦多言矣,岂不或信?'遂不与,亦不复火。"(《左传·

---

① 《尚书》除《吕刑》外,讲到"天罚"的还有《甘誓》《汤誓》《泰誓》《牧誓》《多士》和《多方》等篇。"天罚"的对象不仅是桀、纣那样失德的无道昏君,也包括其他不法臣民。如《多方》中,成王强调"明德慎罚",明确要求殷之旧臣旧民要认清天命所归,安心服事于周,同时警告他们不得轻举妄动:"大远王命,则惟尔多方探天之威,我则致天之罚,离逖尔土。"其意非常明确:不服从王命,就是违抗天命,敢于"探天之威"的以身试法者,就必遭"天之罚",不是废黜,就是流放他乡。

昭公十八年》）子产认为天道是自然规律，与人道是两回事，况且，裨灶"焉知天道"。

　　然而，以天象、五行喻人事仍是政治、军事及日常生活中最常见的普遍现象。这是因为，传统的天人关系作为民族文化的核心内容早已渗入人的肌肤，在人们心目中，天、地是至高无上的，是万物之本，必须亲地而法天。周人视其如习惯并将其写入法典之中。

　　　　社所以神地之道也。地载万物，天垂象。取财于地，取法于天，是以尊天而亲地也，故教民美报焉。……天垂象，圣人则之。郊所以明天道也。帝牛不吉，以为稷牛。帝牛必在涤三月，稷牛唯具。所以别事天神与人鬼也。万物本乎天，人本乎祖，此所以配上帝也。郊之祭也，大报本反始也。（《礼记·特郊牲》）

　　《礼记·特郊牲》向世人解释说：人们之所以祭祀天地，是因为大地孕育万物，上天垂示法象。人们的各种生活物资无不来源于地，各种思想理念和伦理原则无不来源于天，所以人们一定要尊天爱地，无限敬畏，以虔诚之心和完善之礼回报土地。人们一定要高度重视上天垂象，重视日月星辰的变化。古之圣人向来对天象都是尊重与效法的。举行郊天祭祀之礼为的就是让人们都明白效法天道的重要。祭天的牛若是不合乎要求，也可用祭后稷的牛替代。一般来说，祭天所用之牛是精心准备的，须在洁净牛棚内喂养数月，若是换成祭后稷的牛，有一头也就行了。这是因为祭祀上天和祭祀人鬼是非常不同的。一定要牢记，世上万物皆由天生，就象人都是由老祖宗一代一代传下来的那样。正是出于这样的道理，祭天时也让始祖一起接受祀礼。郊天之祭，是每年的大祭，是对上天、对始祖恩德的一次隆重地回报。

　　探讨《礼记》的意蕴可知，人之所以祭天地以"明天道"，倡言"万物本乎天，人本乎祖"，主要在于要在道义上确认自身的合理性，尤其作为最高统治者的国君，如其能够取得"配上帝"之资格，其合法性就会立即得到天下人的认同，国祚必然稳定且长久。故此，特色鲜明的"政治天道观"不论在社会上层，也不论在民间底层，都有着深厚土壤的滋养，因而无不充满着活力。

　　有周一代,用天道、地道、人道相谐作为处事指导思想之事例,除前面所讲武王伐纣号以天命之外,①莫过于范蠡谏越王勾践灭吴之战。

　　　越王句践即位三年而欲伐吴,范蠡进谏曰:"夫国家之事,有持盈,有定倾,有节事。"王曰:"为三者,奈何?"对曰:"持盈者与天,定倾者与人,节事者与地。王不问,蠡不敢言。天道盈而不溢,盛而不骄,劳而不矜其功。夫圣人随时以行,是谓守时。天时不作,弗为人客;人事不起,弗为之始。今君王未盈而溢,未盛而骄,不劳而矜其功,天时不作而先为人客,人事不起而创为之始,此逆于天而不和于人。王若行之,将妨于国家,靡王躬身。"王弗听。……果兴师而伐吴,战于五湖,不胜,栖于会稽。王召范蠡而问焉,曰:"吾不用子之言,以至于此,为之奈何?"范蠡对曰:"君王其忘之乎?持盈者与天,定倾者与人,节事者与地。"……王曰:"诺。(《国语·越语下》)

　　在范蠡看来,立国须作到持盈、定倾、节事三点,即国力强胜能够保持,国家处险而能转危为安,各类政事处理能够恰当。而要作到三点,就要知道顺天道、顺人道、顺地道。他进而对急于伐吴雪仇的越王勾践说:作为一个国家,顺天道就是富不自满,盛不骄傲。顺地道就是要有足够的物质生产,顺人道就是国内团结而敌方不睦。但目前越国国力未强,吴国内部团结,各方面均不具备战而必胜的条件,故不可轻举妄动。否则必败。勾践不听而兴师伐吴,结果大败而归。

　　此后的七年当中,勾践又多次言战,范蠡每每仔细地分析敌我双方情况,初要其"勿蚤图",再劝以"王姑待之"。双方开战后,范蠡又多次阻止越军出击而等待时机;当胜负已显时,勾践却心慈手软,欲同意对方求和。范蠡谏之以斩钉截铁:"夫十年谋之,一朝而弃之,其可乎?"并"左提鼓,右援枹",亲自对吴国来使说:"昔者上天降祸于越,委制于吴,而吴不受。今将反此义以报此祸,吾王敢无听天之命,而听君王之命乎?"以"天命"之不可违回绝了吴使,之后"击鼓兴

————————

　　① 《史记·周本纪》载,武王登上王位的第九年,曾于盟津以观兵为名考察诸侯之心。"为文王木主,载以车,中军。武王自称太子发,言奉文王以伐,不敢自专","是时,诸侯不期而会盟津者八百诸侯。诸侯皆曰:'纣可伐矣。'武王曰:'女未知天命,未可也。'乃还师归。"又过了三年,武王感到诸侯之心已齐,方一举克商。

师",率主力直捣敌巢,一举灭吴。

范蠡不论向勾践解说持盈、定倾、节事之理,劝勾践无蚤图吴,也不论针对勾践急躁情绪谓人事至而天应未至之理,其核心之意皆在于说明只有人事与天地相参乃可以成功。勾践之胜,天道、地道、人道在越国得到了完美的统一。

中华文明自周代起,开始了一个新的逻辑起点,进入了处处讲"天道"而凸显人道,强调"天人合一"及其和谐发展的理性思维阶段。

一般说来,先秦儒家都是主张"王道"的,尤其思孟学派。但在儒学创始人孔子那里,则更重视"天道"。这也许是孔子的高明之处。这是因为,王道的核心基础是"德",如果国君无德,当"王道"与"天道"发生矛盾时,谁来惩罚那个暴虐无德的昏君呢?孟子虽然说"君为轻",但处于"贵"之地位的"民"仍是无可奈其何!孔子就看到了这一点。

孔子认为,"王道"的基础是"德",因此要"为政以德"。这里的"德"就是西周时所推行的礼乐。但令孔子失望的是,西周末年,礼乐制度已出现严重危机:诸侯之国已不再将周天子视为"至尊"的"天子",弑君杀父灭兄现象在诸侯各国屡屡发生。孔子理想中的"大道"已不复存在。①

孔子主张的"天道"即"大道",孔子理想的社会是"大同":

> 大道之行也,天下为公。选贤与能,讲信修睦,故人不独亲其亲,不独子其子,使老有所终,壮有所用,幼有所长,矜寡孤独废疾者,皆有所养。男有分,女有归。货恶其弃于地也,不必藏于己;力恶其不出于身也,不必为己。是故,谋闭而不兴,盗窃乱贼而不作,故外户而不闭,是谓大同。(《礼记·礼运》)

从这里可知,孔子称赞的尧舜之道、周公之道要达到的理想境界就是政治清明的"天下为公",就是人人平等、富裕且有尊严的"大同"。但他看到的现实却

---

① 关于周室衰微,孔子失望,汉韩婴《韩诗外传》卷五也有所记:"孔子抱圣人之心,彷徨乎道德之域,逍遥乎无形之乡,倚天理,观人情,明终始,知得失,故兴仁义,厌势利,以持养之。于时周室微,王道绝,诸侯力政,强劫弱,众暴寡。百姓靡安,莫之纪纲。礼仪废坏,人伦不理。于是孔子自东自西,自南自北,匍匐救之。"

并非"大道之行",相反,而是"大道既隐":

> 今大道既隐,天下为家,各亲其亲,各子其子,货力为己,大人世及以为礼。城郭沟池以为固,礼义以为纪;以正君臣,以笃父子,以睦兄弟,以和夫妇,以设制度,以立田里,以贤勇知,以功为己。故谋用是作,而兵由此起。禹汤文武成王周公,由此其选也。此六君子者,未有不谨于礼者也。以著其义,以考其信,著有过,刑仁讲让,示民有常。如有不由此者,在埶者去,众以为殃,是谓小康。(《礼记·礼运》)

孔子说"大道既隐",用了一个"隐"字而没有用"灭"字;同时对并非"天下为公"的"天下为家"也未加挞伐,还将这样的社会称之为"小康"。近些年来,许多专家就此发表专论,探幽发微,求其精义。其实道理并不复杂,也没有必要就此以证明孔子是位理论底蕴深邃的思想家。归根到底,一、孔子是位具有崇高理想的现实主义者,虽然到处游说以推行自己的政治主张,但碰壁之后头脑并未继续发热,而是清醒地以办学传道的方式使其事业后继有人,薪火相传。《论语》记载了许多其弟子向他问政、问德、品人的问题。同是一个问题,孔子的回答很少重复,而是各有专覆,别有答案。何以如此呢?那就是孔子的每次回答都不是泛泛而论,而是从现实出发,针对每个弟子的特点,或正而或反面,或直接或启发,故而毫不雷同,都是"这一个"。二、正确的思想方法使然。孔子一生主张"中庸之道",反对走极端,不赞成过犹不及。当社会无法或暂时无法达到某种理想状态时,他认为有一个过渡阶段是很正常的,也是必然的。在这点上,他不像孟子那样激烈地抨击现实,贬斥所非。

在孔子那里,"天道"高于"人道"。

4. 天下

《礼运》视"大同"社会为"天下为公",视"小康"社会为"天下为家"。

"天下"何谓也?

"天下"之思想源于《尚书》。

尧舜之时,邦国林立,不知凡几。但由于帝尧帝舜均为重德爱民之人,因而威望甚高,受到诸邦国首领的拥戴。故《尚书·尧典》称颂尧"克明俊德……平章百姓……协和万邦",《尚书·大禹谟》称其"黎民敏德……野无遗贤,万邦咸宁"。

这里,"万邦"极言其地域广大。在天命价值观视阈下,地域广大与德之盛大是相联系的,"帝德广运,乃圣乃神,乃文乃武。皇天眷命,奄有四海,为天下君"(《尚书·大禹谟》)。

从中可知,尧之为帝,非一般之帝,即不是某一邦国之君,因其拥有"四海"之域,故而是"天下君"。据《史记·周本纪》载:"武王已克殷,后二年,问箕子殷所以亡。箕子不忍言殷恶,以存亡国宜告。武王亦丑,故问以天道。"武王所问的"天道",即如何以殷为鉴治理国家,使社会长治久安之道。箕子道以"洪范"以言天地之大法,并强调行"王道":

> 无偏无陂,遵王之义。无有作好,遵王之道;无有作恶,遵王之路。无偏无党,王道荡荡;无党无偏,王道平平。无反无侧,王道正直。
>
> 会其有极,归其有极。曰皇极之敷言,是彝是训,于帝其训。凡厥庶民,极之敷言,是训是行,以近天子之光。曰天子作民父母,以为天下王。(《尚书·洪范》)

箕子认为,纣失国之根本原因是无道,即无德,着重指出天子应行"王道",只有行"王道"才符合"天道"。他说,作为一国之君,处理事务不可从个人好恶出发而应当不偏不倚,要恪守先王之道也即尧舜之道以德治天下;不可将个人的爱好强加给别人,而要恪守王者所行之正道;也不可将个人的憎恶强加给别人,而应恪守尧舜之道行天下人所共由之路。做事一定出于公心而不要夹杂私念,使王道在众人面前显示其光明坦荡;不偏袒而又公正,王道得以实行,国家就政治清明。下属臣僚都忠心耿耿,王道便显示出正直公平。

箕子认为,实行王道的结果,就必然是美好的东西都合于大中之道,天下万民之心都归于大中之道。堪称大中之道引出人们的嘉谋嘉猷,它是伦常之理、也是教诲之言,三皇五帝一贯顺从于它。所有的庶民百姓,都愿意把正直的话向上进陈,都愿意把国君的指示付诸行动。这样,天子的德政,祖宗的事业就都能得到正常发展。作为君临天下的国君,实际上就如同一家的父母一样责任重大,他承担着上天的使命,是天下人的君王。

《尚书》强调"天下君"、"天下王"要行"王道"。此"王道"中的"王"特指"圣王"。由此可知,周人认为,要使社会长治久安,就必须建立圣王系统的王道规范。这一规范内涵有二,一是王道的核心价值不是别的什么,而是"德",并作到"德惟善政,政在养民。正德、利用、厚生、惟和"(《尚书·大禹谟》);二是圣王必须抛弃小国寡民之狭隘意识,牢固地树立起天下观念,以天下为己任,成为名副其实的"天下王"。

这里,不仅"王道"具有明确的内涵,指正确的政令、礼制、习惯与法度;"天下"二字也具有政治意蕴,不仅指广大无垠的地域,也包括所有的诸侯臣属与庶民百姓。① 同时,"天道"在维护君主至尊地位的同时,又不断地发出警示:君王的合法性根植于他是否忠于"王道",是否是有德之圣哲明君。因此,有德之君必须把"天下"也就是国家、百姓,时时放在心上,并将其视为实行"王道"的出发点和归宿。

周时,对"天下"之内涵描述得既宏观、准确,又形象生动的莫过于《诗经》中的"溥天之下,莫非王土,率土之滨,莫非王臣"(《诗经·小雅·北山》)。

上述典籍对"天下"的阐述虽然是初步的,也很不具体,但从总体上说概念是明晰的。

其一,"天下"不是具体的数量概念,但却含有无限、无垠之意。

其二,"天下"不是自然地理的实体空间,但其观念却与实际的国家地理疆域相关。

其三,"天下"之人既包括"中国"以周民族为核心的民族,也涵盖周边"四夷"各民族。

其四,"天下"的价值观是一元论但却没有排它性,其表现形式为以"中国"即自我为核心的唯我独尊,"内圣外王"(《庄子·天下》)。

"天下"观念的产生,不仅表现出周人视天下为一体,也隐含着欲达到此目

---

① "天下"二字在《尚书》中多次出现,如《舜典》称舜处置了共工、驩兜、三苗和鲧,"天下咸服";《召诰》:"王位在德元,小民乃惟刑用于天下";《立政》:"其克诘尔戎兵,以陟禹之迹,方至天下,至于海表,罔有不服";《康王之诰》:"昔君文武丕平富,不务咎,厎至信齐,用昭明于天下";《毕命》:"惟文王武王敷大德于天下"。

的在政治上必须不断扩张之意。周天子分封诸侯之举，除了巩固政权之外，已具有在政治上扩张势力，在疆域上扩大空间、在经济增加朝贡的目的。如公元前656年，齐桓公伐楚：

> 春，齐侯以诸侯之师侵蔡，蔡溃，遂伐楚。楚子使与师言曰："君处北海，寡人处南海，唯是风马牛不相及也。不虞君之涉吾地也，何故？"管仲对曰："昔召康公命我先君大公曰：'五侯九伯，女实征之，以夹辅周室。'赐我先君履，东至于海，西至于河，南至于穆陵，北至于无棣。尔贡包茅不入，王祭不供，无以缩酒，寡人是征。昭王南征而不复，寡人是问。"（《左传·僖公四年》）

楚王对齐国的入侵很不满意，派人质问，管仲则理直气壮地对使者加以申斥，从政治、经济方面加罪于楚。至于土地问题，虽然双方均未言及，然而皆心知肚明。齐桓公此次南下，所率"诸侯之师"除齐自己外，还有鲁、宋、陈、郑、卫、曹六国。此六国均为齐国称霸中原的十几年中经过考验的铁杆伙伴。实力强大的楚国在南方崛起后，也时时觊觎中原而欲扩张其势力，宋、陈、郑等是其早想吞图之国。如果其目的实现，首先受到威胁的当是齐国。正是出于这一原因，齐国才气势汹汹地打着"尊王攘夷"的大旗兴师讨伐。楚国知道自己尚不是齐国集团的对手，实力悬殊，于是便以外交方式曲于应对，同意签约罢战，条件是楚国除尊周陪礼进贡之外，不得北向蚕食。

尧舜之时，人们尚无邦国疆域之概念，但作为万邦之首领的"帝"，也须时时了解"天下"之事，以代天福民，故二帝均不断到"天下"巡守，并形成了"五载一巡守"之制（《尚书·舜典》）。为了有效地管理"天下"，禹时置九州——冀、兖、青、徐、扬、荆、豫、梁、雍（《尚书·禹贡》）。九州的设立是一个极大的创造，它使"四方"的地域概念皆有了明确的所指。

自夏历商至周，由于三朝皆地拥九州，协和万邦，三代之王实际上成了"王中之王"；尤其西周分封诸侯，势力达于四海，周王朝便成了名副其实的中央王朝，周天子也就无疑成了唯一的"天命"的代表者，"天下有道，则礼乐征伐自天子出"（《论语·季氏》），可以行施上天赋予的生杀予夺之权力。在这一现实及道德观念影响下,崇尚大,崇尚德,崇尚一统,崇尚尊尊,崇尚绝对权威便成了周人的社会价值观、政治秩序观。

周人认为,"天下"、"四方"中,有夷狄戎蛮之族,而周族居于中央,故此,周人便称自己为"中国"。《尚书》对此有明确记载,周公在给其弟康叔的诰词中就有"皇天既付中国民越厥疆土于先王,肆王惟德用和怿先后迷民"之句,(《尚书·梓材》)这是我国书面文献中最早使用"中国"一词的。此外,《诗经·大雅·民劳》中也有"惠此中国,以绥四方"之句。在文物器皿中,1963 年在陕西宝鸡出土的青铜器《何尊》之铭文为最早。铭文近 70 字,其曰:"唯王初迁宅于成周,复禀武王礼,福自天……唯武王既克大邑商,则廷告于天,曰:余其宅兹中国,自之牧民。"台湾著名历史学家王尔敏说,在先秦典籍中,"中国"一词出现过 172 次,虽意义不同,但就"国家"之义而言,则"主要指称诸夏之列邦,并包括其所活动之全部领域"。他进而指出:中国人统称其国名为"中国",原始于古代,历代沿习,以迄于今。虽然数千年来朝代更迭,各以朝名冠称国名,而"中国"之统称,实为最广泛、最浅显、最常见的中国人自号之名词,实为中华民族生长发展过程中的一种自然的自我意识。①

故此可知,自周代起,就"国家"意义而言,在中国人的意识中,"天下"就是"中国"之代名词,拥有了"中国"也就拥有了"天下"。

5. 大一统

周民族虽然以自我为中心,以周为"天命"所归为自尊,但在"民族"问题上,对四周之夷狄戎蛮,除认为落后,予以鄙称,以示尊卑之分外,在血统上、政治上则是平等的:周人可与之通婚,外族亦可封侯。对此,先秦典籍包括诸子之作均有记载。如《礼记》:

> 凡居民材,必因天地寒暖燥湿,广谷大川异制,民生其间者异俗,刚柔轻重,迟速异齐,五味异和,器械异制,衣服异宜。修其教不易其俗,齐其政不易其宜。中国戎夷,五方之民,皆有性也,不可推移。东方曰夷,被发文身,

---

① 王尔敏《"中国"名称溯源及其近代诠释》,台北《中华文化复兴月刊》1973 年第 5 卷第 8 期,后收入《中国近代思想史论》,社会科学文献出版社,2003 年 8 月。

有不火食者矣。南方曰蛮,雕题交趾,有不火食者矣。西方曰戎,被发衣皮,
有不粒食者矣。北方曰狄,衣羽毛穴居,有不粒食者矣。中国、夷、蛮、戎、狄
皆有安居,和味,宜服,利用,备器,五方之民,言语不通,嗜欲不同,达其志,
通其欲。东方曰寄,南方曰象,西方曰狄鞮,北方曰译。(《礼记·王制》)

《王制》给人们传达了一个很重要的信息:在周人的心目中,"天下"的族群
由五个方面组成,即由中原族群与四方各地的无数族群构成,可以笼统地称其为
"五方之民"。

一些研究者认,除中原族群外,四方被称为夷、蛮、戎、狄者皆为少数民族。
其实,近代以往,尚无"民族"概念,即使以今之"民族"观念视之,也非如此。周
人视其为"夷、蛮、戎、狄",盖因其文化与习俗与中原有异之故而已。也就是说,
主要是文化上的差异,而不是血缘关系。对此,《王制》已讲得十分明白:他们各
有不同的生活习性,因而不必让其相互易变为一。住在东方的人称作夷,其男人
常常剃光头而不蓄发,且喜欢纹身,其中一些人不喜吃熟食。住在南方的人称作
蛮,人们喜欢在额头上刻涂花纹,一些人行走时双足之趾相向,他们当中也有些
人不喜吃熟食。住在西方的人称作戎,他们以打猎为生,常常披头散发,用野兽
之皮为裳,以食用禽兽之肉为主,很少食用五谷。住在北方的称作狄,其过着游
牧生活,用禽兽之皮毛为衣,一些人住在山洞或开挖的洞穴中,他们大多以肉食
为主,很少吃五谷杂粮。中原及四方夷人、蛮人、戎人、狄人这五方之民尽管生活
方式与习性不同,但各自皆有自己安定的居住地,有自己认为好吃的食物,有自
己认为合适的服饰,有适应各自生产的工具,还有适应生必需的各种设施和器
物。五方的人民虽然言语不通,嗜好不同,但他们也相互交往,当要表达各自的
意愿,沟通各自的想法时,就有熟悉双方语言的人从中沟通,这种人,在东方叫
"寄",在南方叫"象",在西方叫"狄鞮",在北方叫"译"。长期以来,由于汉语以
北方语为主,故2000年前之"译"渐渐次替代了"寄"、"象"和"狄鞮"三词,而发
展为今日通用之"翻译"一词,实源于此也。

怎么对"天下"五方之民进行统治或者说管理呢?

就目前所能看到的文献而言,三代之前的所谓"天下"统治或管理是很松散
的,管理主要是部落内部的分配及安全;其次,我们的先人在尧舜之时已认识到

必须建立一种管理秩序,当时的主要方式是"巡守(狩)"。《尚书·舜典》对此就有记载:"岁二月,东巡守……五月,南巡守……八月,西巡守……十有一月,朔巡守。……五年一巡守。"

巡守不仅使舜看到了天下之大,也使他认识了禹治水成功的原因。农耕社会,水是命脉,而治理水患必须着眼于天下。天下之大,使禹能导河于海。周人认为巡守对治理天下很重要,果断地将其列入制礼作乐之内容,并明确写入了《王制》之中。

至周代,天子除巡守之外,还要求据于重要辖域的诸侯到国都向天子述职,行朝觐之礼;另外,对有严重不规行为者进行征伐。

巡守(狩)。周代之"巡守(狩)"主要指周天子到各诸侯国进行视察,《孟子·告子》曰:"天子适诸侯,曰巡狩。巡狩者,巡所守也。"通过巡守以示爱民且了解民情。

述职。《孟子·梁惠王下》曰:"诸侯朝于天子,曰述职。述职者,述所职也。"西汉刘安《淮南子·主术训》曰:"羣臣公正,莫敢为邪,百官述职,务致其公迹也。"东晋阳夏(今河南太康)人袁宏《后汉纪·光武帝纪论》曰:"诸侯述职,必以山川为主。"由此可知,各地诸侯定期到国都向天子报告情况,主要是个人履职、吏治、生产及民情。

朝觐。诸侯定期集体或单独朝见天子,行问候之礼,以示上下尊卑有序。《礼记·乐记》曰:"朝觐,然后诸侯知所以臣;耕藉,然后诸侯知所以敬。"①有时"朝觐"与述职同时进行。

朝觐也称朝聘,为周代诸侯国之国君按期朝见周天子之一种礼仪,以表示对周的尊重和臣服。《礼记·昏义》:"夫礼始于冠,本于昏,重于丧祭,尊于朝聘。"《礼记·王制》:"诸侯之于天子也,比年一小聘,三年一大聘,五年一朝。"郑玄注曰:"比年,每岁也。小聘,使大夫;大聘,使卿;朝,则君自行。"

朝聘时诸侯除向周天行拜见外,还要简要报告国情和奉献礼品或财宝物品等。

----

① 耕藉亦作"耕籍",周时每年春耕前,天子、诸侯举行亲耕藉田仪式,种植作物,以示重农劝农。《礼记·祭义》:"耕藉,所以教诸侯之养也。"

春秋时,由于诸侯国势力的不断增强,主动朝见周王者已议定寥寥无几。鲁国是周礼保持最好的地方,鲁君主朝见周王仅有两次。一些诸侯强国虽口头上承认周天子的地位,但在实际却不再遵守礼制,如齐桓公则一生都未朝见过周王。相反,一些居霸主地位的诸侯却公然依仗实力迫使一此中、小侯国尊其为主,向其"聘问"。如公元前545年,齐、陈、蔡、北燕、胡、沉等六国君就共同"聘问"过晋平公;就连鲁君也前往"聘问"过晋君有12次之多,并以厚礼献送。

征伐。周代前期,对行为不规即不按周礼行事诸侯要根据情节予以惩处:轻者贬爵,较重者削地,严惩者则武力讨伐。

孔子曰:"天下有道,则礼乐征伐自天子出;天下无道,则礼乐征伐自诸侯出。"(《论语·季氏》)据文献及青铜器皿载,周初军队有"宗周六师"和"成周八师",[①]前者由召公指挥,后者由周公指挥,最高统帅为周天子。据周制,每师约为3000人。《国语·鲁语下》载:"天子作师,公帅之,征不德。"所谓"征不德",就是对那些图谋不规之诸侯及"万邦"中的成员进行武力威慑,或者直接剿灭。周公平三监之乱、穆王征伐犬戎即周时两次成功的征伐之例。

周王朝由于前期实行了正确的政治、军事、经济与文化政策,国力空前强盛,认为整个中国就是一个"天下"——一个周王朝的"天下"。这个"天下"没有边也没有界线,影响力向四周不断扩大。在这种无比强大、无比优越、无比自尊思想意识下,于是,"大一统"与"王者无外"的观念应运而生,其中最具典型意义的是《公羊传》隐公元年的记述。

> 元年春,王正月。元年者何?君之始年也。春者何?岁之始也。王者孰谓?谓文王也。曷为先言王而后言正月?王正月也。何言乎王正月?大一统也。……
>
> 十有二月。祭伯来。祭伯者何?天子之大夫也。何以不称"使"?奔也。奔则曷为不言奔?王者无外,言奔,则有外之辞也。[②]

---

① 如1931年在河南汲县出土的《小臣簋》其上铭文数十字,记述了"殷八师"(即成周八师)伐东夷之事,其中曰:"东尸(夷)大反,白(伯)懋父(以)殷八(师)征东市(夷)。

② 《公羊传·隐公元年》,《十三经注疏》,中华书局,1980年9月。

《公羊传》从儒家立场出发,竭力维护周王朝的正统地位。作者认为,《春秋》不仅在叙事上,即使在纪年时也应包含着"春秋大义"。《春秋》本为编年史,以鲁国纪年为序,故《公羊传》在释经时,有意识地突出周天子,因为周历是周天子确定的,因而必须说明鲁隐公元年正月就是周王正月。其之所以特别要突出"王正月",就是为了表示对周王朝统一大业之尊崇,从而维护周王朝的"一统"天下。

其次,在记述史实时,更要维护周王朝之权威。当年十二月,作为周天子的大夫,祭伯并非身负使命被派到鲁国的,而是私自逃奔而来的。但逃奔不能直书为"逃奔",因为"逃奔"就意味着逃到了国外,那样会损害周一统天下的形象;"王者无外","天下"者属周,是没有"国外"之说的,如果言奔,那就表示有"国外"了,岂不是对周天子的大不敬!①

其三,《公羊传》最早使用"大一统"一词。此处之"大",非"大小"之义,而是用如动词,义为尊重大、崇尚大,尊循大。此处之"一",尚非"统一"于"一"之"一",而具有第一、最初、元始之义。"何言乎正月?大一统也。"何休注:"统者,始也,总系之辞。"故"大一统"就是推崇元本,遵循既有规律。

但不言而喻,公羊说中的"大一统"亦已蕴含维护疆域统一、五方之民统一的政治意义。

这从何休对《公羊传》的训解可知。

一是何休认为王者的最大愿望就是实现和保持一统天下。由于周族处于"天下"之中心,与四方之民有远近之分,在管理、控制、施惠时应先近后远,但最终之目的是"远近大小若一"。他说"《春秋》内其国而外诸夏,内诸夏而外夷狄。王者欲一乎天下,曷为以外内之辞言之? 言自近始也。"(《公羊传·成公十五年》),此处的"王者欲一乎天下",即"天下一统":疆域一统、政令一统、臣属一统。他还提出了"三世说":"异辞者,见恩有厚薄,义有深浅。时恩衰义缺,将以理人伦,序人类,因制治乱之法。……于所传闻之世,见治起于衰乱之中,用心尚麤觕,故内其国而外诸夏,先详内而后治外,录大略小,内小恶书,外小恶不书,大

---

① 后人曾以此事作为周朝衰落之标志。如《汉书》卷三十六《楚元王传》:"周大夫祭伯乖离不和,出奔于鲁,而《春秋》为讳,不言来奔,伤其祸殃自此始也。"

国有大夫,小国略称人,内离会书,外离会不书是也。于所闻之世,见治升平,内诸夏而外夷狄,书外离会,小国有大夫,宣十一年秋,晋侯会狄于攒函。襄二十三年,邾娄劓我来奔是也。至所见之世,着治太平,夷狄进至于爵,天下远近小大若一,用心尤深而详,故崇仁义,讥二名,晋魏曼多、仲孙何忌是也。……所以二百四十二年者,取法十二公,天数备足,着治法式。"①言下之意,只要作到"天下远近大小若一",也就无所谓远近之分了。

二是《公羊传》"王者无外"与何休"三世"之论义相通,皆有一统天下之意。春秋之初,人们颇重"夷夏之辨",孔子甚至说"夷狄之有君,不如诸夏之亡也。"(《论语·八佾》)但由于文化的交流和利益的相关,最终出现了"夏夷之变"说。何休的"三世进化论",就是对天下文化一统的典型概括。

由"夷夏之辨"转而为"夷夏之变"意义重大,它表明,周人对五方之民是一视同仁的,文明礼义是唯一的准则。区分人群的文明程度,不是单纯地以种族为念,而是文化。合于华夏礼俗文明者即可称为夏,或称华,不合者则为夷,或谓之化外之民。孔子曾提出"尊王攘夷"主张,其所谓"王",即周文化,所谓"夷",即落后文化。如居于南方的楚国曾自称蛮夷,孟子曾谓之"南蛮鴃舌之人,非先王之道"(《孟子·滕文公上》),其后文明日进,中原诸侯多与之会盟,同时亦不复以蛮夷视之;而晋国本为诸夏之国,却因其无视天子,行为不合义礼而被视为夷狄。

以文化论一统是社会发展与进步的一次飞跃,后世主张天下大一统的董仲舒对何休之论十分的赞同,其曰:"春秋无通辞,从变而移。今晋变而为夷狄,楚变而为君子,故移其词以从其事。"(《春秋繁露·竹林》)除斥晋为夷狄外,他还对郑国无信无义而伐许予以否定,也斥之为夷狄。而对那些向中原礼义文化看齐的夷狄之国,则予以充分肯定,而以"中国之"。如赤狄潞子由于仰慕华夏文化,《春秋》对其主动归化大加赞许,也得到董仲舒的肯定:"潞子之于诸侯,无所能正,《春秋》予之有义,其身正也,趋而利也。"(《春秋繁露·仁义法》)董仲舒的这一主张也得到了进入中原之夷、狄、蛮、戎的认可与欢迎,尤其那些强大的入主者,他们在接受了中原河洛先进文化之后,无不自称为华夏先王之后,同时,以

①　《春秋公羊传解诂·隐公元年》。《春秋公羊传解诂》,上海古籍出版社,1990年12月。

中华自居,大力推行汉化政策。历史上我国曾出现过多次政权对峙现象,但不论南北、东西,双方在"一统"的理念上则是一致的,或者说是统一的。苻坚东进、金人欲吞灭南宋、蒙人满人统一中国,均自称为"正统",均是历史上"大一统"思想的典型表现。

周朝历经前、中、后三期。前期的强大、统一与文化上的空前建树,使周人产生了"大同"之伟大理想。周人居天下之中,《公羊传》谓之"君子居大正"(《公羊传·隐公三年》)、"王者大一统"(《公羊传·隐公元年》),以"正统"自居,但由于国家政治体制等原因,理想不仅未能实现,反而走向了衰微之途。"统一"与"一统"一样,其根基是国力的强盛。走下坡的东周是不可能实现其理想的。春秋、战国时期,各种思想百家争鸣,"七霸"的形成,使政治家、思想家得以在各自的舞台上皆力图一花独秀、雄踞天下,他们一方面进行政治设计,一方面进行军事威慑,但六国由于诸多失策与力量的不济,一统大业最终只能由秦始而汉成。

"大一统"的思想渊源在三代,但强烈的"大一统"意识则在公羊学之中。董仲舒是著名的公羊学大师,其学术思想受到最高统治者的高度欣赏。董仲舒充分利用其政治上的优势和学术地位,以"天人合一"为核心,吸收当时统治阶级崇尚的"霸王道杂"学说中的实用成分,在孔子学说的基础上,全面地阐发公羊学之"大一统"思想,使儒学成为适应专制主义中央集权制的政治理论,并受到了"独尊"。

三、史鉴与创新

从远古传说的"结绳记事"可知,中华先民是非常重视历史实践、历史经验和历史教训的,因此可以说,"结绳记事"实则是中国史学史的源头,是历史功用思想的萌芽。

《尚书》作为我第一部历史典籍,除了记载夏之前三千年的历史外,主要记述了殷商及周代前期近千年的历史。该书虽然没有明确的作者,但从所记黄帝、尧、舜、禹及诸王、诸公言论及政治文件可知,著者及整理者都是有着丰富的政治实践、社会经历和较高思想水准的,他们之所以将数千年的历史加以记述和总结,其主要目的是为了"以古鉴今"、"鉴古资治",以"垂裕后昆"(《尚书·仲虺之诰》)、"启迪后人"(《尚书·太甲上》),从而使周王朝达到"上下勤恤","祈天永命"(《尚书·召诰》)之目的。因此可以说,《尚书》是中国历史学、政治学史鉴资治思想的发端与渊薮。

《尚书》的史鉴思想影响深远,它使孔子修《春秋》以惧乱臣贼子,司马迁发愤著《史记》以"究天人之际,通古今之变"求"成一家之言";它使刘知几"上穷王道,下掞人伦,总括万殊,包吞千有"(刘知几《史通·自叙》),著《史通》以明世事变故之因;它也使司马光穷十九年之力而成《通鉴》以"资治"。一言以蔽之,《尚书》的史鉴思想影响了中国二十五史之编撰,影响了历代统治者的执政理念,影响了后世政治家、思想家、学者及大众的历史观。

《尚书》中的史鉴思想曾被一些学者称为"殷鉴",这一说法源于《诗经·大雅·荡》。[①] 该诗以周文王慨叹"殷鉴不远,在夏后之世"为旨,通过记述夏桀暴虐、荒淫、昏愦,从而民怨沸腾,以至国家倾覆,被商汤取代的历史教训,告诫为政者应引以为戒。该句的原意是说:夏之灭亡,成了殷之鉴,此事距今不远,切不可忘。"殷鉴"作为《荡》的主旨是完全正确的,但《尚书》的史鉴思想,却非仅仅限于桀、纣之暴虐、荒淫、昏愦的教训,而是更为丰富,尤其关于先王正面的治国经验,如敬德保民、为政以慎、轻刑省罚等。认为执权柄者应将全面以古鉴今视为治国之道。

考察《尚书》史鉴思想的内涵,较为重要的有三点,一是高度重视师古,以古鉴今,二是高度重视先王之训,三是师古而不泥古,高度重视创新。

1. 师古

周代的政治家们认为,治理国家者应"求多闻",只有具备了丰富的知识,才能扩大视野,而"多闻"的方法之一便是"师古"。商高宗武丁被誉为中兴之主,一次,他对傅说说:吾父小乙很重视向现实学习,从小就让他跟着贤臣甘盘习政,

---

① 《诗经·大雅·荡》共 8 节,首尾两节述其旨曰:"荡荡上帝,下民之辟。疾威上帝,其命多辟。天生烝民,其命匪谌。靡不有初,鲜克有终。……文王曰咨,咨女殷商。人亦有言,颠沛之揭。枝叶未有害,本实先拨。殷鉴不远,在夏后之世。"《孟子·离娄》记载了孟子对《荡》之解:"孟子曰:规矩,方员之至也;圣人,人伦之至也。欲为君,尽君道;欲为臣,尽臣道。二者皆法尧舜而已矣。不以舜之所以事尧君,不敬其君者也;不以尧之所以治民治民,贼其民者也。孔子曰:'道二,仁与不仁而已矣。'暴其民甚,则身弑国亡;不甚,则身危国削,名之曰'幽'、'厉',虽孝子慈孙,百世不能改也。《诗》云:'殷鉴不远,在夏后之世。'此之谓也。"

并让他长时间到穷乡僻壤的奴隶和农户中学习稼穑。这虽然很好，但就是感到知识不够。傅说立即对他说，那就认真向历史学习，走师古之途：

> 说曰："王！人求多闻，时惟建事。学于古训乃有获。事不师古，以克永世，匪说攸闻。惟学逊志，务时敏，厥修乃来。允怀于兹，道积于厥躬。惟敩学半，念终始典于学，厥德修，罔觉。监于先王成宪，其永无愆。惟说式克钦承，旁招俊乂，列于庶位。"（《尚书·说命下》）

在傅说看来，作为国君，只有不断增多知识，才能把事业办好。认真学习古训，才会有大的收获。建功立业而不效法古训，还想使事业成功而且能长治久安，这样的事是没有的。师古必须心专志诚，谦逊不懈，务必时刻努力，从不间断，其所学知识才能不断增加。要相信和记住古训，知识、道德和见识才能在自己身上越来越多。教人学习只是整个学习过程的一半，人要切记，一生都要学习经典，只要持之以恒，其道德修养的提高就会在不知不觉中完成。学习的目的是为了借鉴先王的成法与经验，只要坚持得好，将永久不会发生失误。他还说，我傅说作为一国之相，重要的职责就是敬承你的旨意，广求天下贤俊之人，据其才能，让他们在各种岗位上用好知识，发挥作用，共同辅佐你完成大业。

在商高宗看来，他之所以得到天下人的拥戴，也全依赖傅说对臣民的教化。他说，师古要从自己做起，首先就是向圣君学习，以成汤为榜样，爱民护民；你傅说也就是成汤时的贤相伊尹。伊尹辅助烈祖成汤一统天下，受到皇天赞美。君主没有贤人辅佐就不可能把社会治理好，所以，你一定要全力扶持我，使我能很好地继承先王，也使人民得到长治久安。傅说听到武丁的表白，也很感动，立即跪拜叩头表示：一定铭记王之教导，全力报效国家！

何谓先王之训？

"先王"的概念《尚书》有二：一是指古代的圣王，即尧舜禹汤文武；二是历史上的君王。[①] 所谓"先王之训"，傅说认为主要指"先王成德"（《尚书·说命

---

① 如《尚书·西伯戡黎》："非先王不相我后人，惟王淫戏用自绝。"又《尚书·微子》："人自献于先王，我不顾，自逋。"又《尚书·君牙》："惟予小子，嗣守文、武、成、康遗绪，亦惟先王之臣，克左右乱四方。"

中》)、"先王成宪"(《尚书·说命下》)。"成德",已形成之德,公认之德。"成宪",已有的法则、法规、条令,包括成文法与未成文的习惯法。如《尚书·周官》:"明王立政,不惟其官,惟其人",既包含着先王用人重德的指导思想,也是一条不成文规则。

傅说没有具体讲述先王之训的内容,因为武丁为人谦逊,故从"教"的角度而言,从正面加以引导。如他强调王戒慎四惟,武丁听后豁然开朗,十分称赞,傅说认为这就符合"先王成德",也即先王之训:

> 惟说命总百官,乃进于王曰:"呜呼!明王奉若天道,建邦设都,树后王君公,承以大夫师长,不惟逸豫,惟以乱民。惟天聪明,惟圣时宪,惟臣钦若,惟民从乂。
>
> 惟口起羞,惟甲胄起戎,惟衣裳在笥,惟干戈省厥躬。王惟戒兹,允兹克明,乃罔不休。
>
> 惟治乱在庶官。官不及私昵,惟其能;爵罔及恶德,惟其贤。虑善以动,动惟厥时。有其善,丧厥善;矜其能,丧厥功。惟事事,乃其有备,有备无患。无启宠纳侮,无耻过作非。惟厥攸居,政事惟醇。黩于祭祀,时谓弗钦。礼烦则乱,事神则难。"
>
> 王曰:"旨哉,说!乃言惟服。乃不良于言,予罔闻于行。"
>
> 说拜稽首曰:"非知之艰,行之惟艰。王忱不艰,允协于先王成德,惟说不言有厥咎。"(《尚书·说命中》)

这里,傅说所说"明王"即圣明之先王。明王建邦设都,任命百官,不是为了贪图安逸,而是为了治民治国。顺从天意,君臣一致,国家也就安定了,庶民也就安顺了。

傅说将君王主政的经验教训归纳为戒慎四惟:"惟口起羞,惟甲胄起戎,惟衣裳在笥,惟干戈省厥躬。"一是出言要慎,因为不当的指示和决定不仅会降低威信,还可能给国家带来危害,从而招致耻辱。二是用兵要慎,战争不论胜败,对双方都会造成损害。三是奖赏要慎,衣服放在箱柜中不用来奖励是不对的,但随意滥奖,更会造成危害。四是征讨要慎,武器再好,老是藏在库房里就不起作用,但随意使用,动辄对臣属征讨更会贻害无穷。此四项为治国关键,千万慎之又慎,警钟常鸣! 如果真正明白了,作到了,国家的政治形势就不可能不美好。

傅说尤其强调:治国首在治吏。吏治的好与否影响全局,因此要出以公心,亲敬贤者,远离恶佞。另外,干事要把握时机,有备无患;要知错即改,不可文过饰非;要依先王成例,诚心诚意作好各种祭祀,使人神无怨。这些都做到了,国家就会长治久安。

武丁对傅说所言极为称赞。傅说见高宗态度如此诚恳,也很动情,认为高宗目光远大,心胸坦荡,知难而进,完全符合先王之训,于是表示,将披肝沥胆,竭尽全力予以辅佐。

明确指出"先王之训"具体内容者,当为周穆王时的大臣祭公谋父。据《国语·周语上》首篇(即通常所说《祭公谏征犬戎》)载:周穆王十二年(前965),穆王决定攻打活跃于今甘肃东部、宁夏一带的犬戎部族。祭公谋父认为,周自立国以来,都是主张"以德治国"的,必须牢记先王之训,以德服外,因而谏曰:"不可,先王耀德不观兵":

> 穆王将征犬戎,祭公谋父谏曰:"不可。先王耀德不观兵。……先王之于民也,茂正其德,而厚其性;阜其财求,而利其器用;明利害之乡,以文修之,使务利而避害,怀德而畏威,故能保世以滋大。昔我先世后稷,以服事虞夏。及夏之衰也,弃稷弗务,我先王不窋,用失其官,而自窜于戎翟之间。不敢怠业,时序其德,纂修其绪,修其训典;朝夕恪勤,守以惇笃,奉以忠信,奕世戴德,不忝前人。至于武王,昭前之光明,而加之以慈和,事神保民,莫不欣喜。商王帝辛,大恶于民,庶民弗忍,欣戴武王,以致戎于商牧。是先王非务武也,勤恤民隐,而除其害也。
> 夫先王之制:邦内甸服,邦外侯服,侯、卫宾服,夷、蛮要服,戎、狄荒服。甸服者祭,侯服者祀,宾服者享,要服者贡,荒服者王。日祭,月祀,时享,岁贡,终王,先王之训也。有不祭,则修意;有不祀,则修言;有不享,则修文;有不贡,则修名;有不王,则修德。序成而有不至,则修刑。于是乎有刑不祭,伐不祀,征不享,让不贡,告不王。于是乎有刑罚之辟,有攻伐之兵,有征讨之备,有威让之令,有文告之辞。布令陈辞,而又不至,则又增修于德,无勤

民于远。

是以近无不听，远无不服。今自大毕、伯士之终也，犬戎氏以其职来王，天子曰："予必以不享征之"，且观之兵，其无乃废先王之训，而王几顿乎？吾闻夫犬戎树惇，能帅旧德，而守终纯固，其有以御我矣。"王不听，遂征之，得四白狼、四白鹿以归。自是荒服者不至。①

祭公谋父两次提及"先王之训"并详细予以解说：在内政方面，为政要恪勤、惇笃、忠信，要爱民、利民、教民、保民；在对外方面，总是要先检查自己的工作做得好不好，差距在哪里；要做到修意、修言、修文、修名、修德、修刑，而不是随意使用刑罚或征讨。正因为先王以德治天下，所以天下大治："近无不听，远无不服"。先王还规定了祭祀制度，远处荒服的犬戎一直遵守。现在犬戎无过而遭伐，岂不是周背信弃义，陷自己于被动吗？但穆王自恃实力雄厚，置先王之训于不顾，拒绝祭公谋父之谏，于第二年西征犬戎，虽然最后取得了胜利，但正如史家所记，周边少数民族的部落从此再也不向周称臣纳贡了。由此可知，治国不论内外，都须谨记先王之训。

祭公所说先王之训，《尚书》记述很多，明确提出师古的还有成王。

明王立政，不惟其官，惟其人。若昔大猷，制治于未乱，保邦于未危。曰：唐、虞稽古，建官惟百，内有百揆四岳，外有州牧侯伯。庶政惟和，万国咸宁。夏商官倍，亦克用乂。明王立政，不惟其官，惟其人。……学古入官，议事以制，政乃不迷。（《尚书·周官》）

成王在这里所说的"稽古"，即以古为鉴。他认为不仅在制度上要借鉴古之先王，尤其在用人上，必须用有德之人。关于任用有德之人，伊尹特别强调，他说："夏王弗克庸德，慢神虐民，皇天弗保。……非天私我有商，惟天佑于一德。非商求于下民，惟民归于一德。德惟一，动罔不吉；德二三，动罔不凶。惟吉凶不僭，在人；惟天降灾祥，在德。"（《尚书·咸有一德》）因此他的结论是："任官惟

---

① 《国语·周语》。《国语》，上海古籍出版社，2008 年 12 月。

贤才,左右惟其人。"这些历史经验,商、周之人认为者十分重要,应以其为鉴,而不可忘却。

2. 创新

"创新"一词极受世人称赞,因为它是一种积极进取的观念,符合求新而图变、革故而鼎新的辩证思维,是一种目光向前,力求发展的观念。相比而言,"守旧"思想则常常受到病诉。其实,"守旧"一词原为中性,不存在明显的褒贬之意,与现代汉语之意很是不同。"守旧"有"保持原来样子"之义。如清代著名戏曲理论家李渔《闲情偶寄》一书中的《声容·选姿》:"至其血色深紫,结而成胎,则其根本已缁,全无脚地可漂。及其生也,即服以水晶云母,居以玉殿琼楼,亦难望其变深为浅,但能守旧不迁,不致愈老愈黑,亦云幸矣。"晚清外交家薛福成《考旧知新说》谈到国家情势时说:"中国之病固在不能更新,尤在不能守旧。"与"守旧"相联系,最典型的当为老子《道德经》第六十四章中的一句"不敢为天下先",常被今人斥之为消极保守、不思进取。其实大为不然,主张"无为"的老子正是要通过"无为"达到"无不为"之目的,故他在"我有三宝,持之保之,一曰慈,二曰俭,三曰不敢为天下先"之后,立即又说"不敢为天下先,故能成器长"的话。

"创新"是与"守旧"与时俱生的一种观念,是一种强烈求变、求善、求进步的发展思想。在夏商周三代中,周的创新观念最为突出和强烈,故《诗经·大雅·文王》中说"周虽旧邦,其命惟新",称颂周敢于变革,锐意创新。其实,敢于创新的不只是周,殷商时也有不少创新,傅说佐高宗就有很多创新举措。

《尚书》中曾多次谈到变革、创新、求新,既有政治方面,也有个人品德素质方面,也涉及到方法论方面,等等。

《尚书·胤征》从提高人的素质切入谈到创新。《尚书·胤征》记述夏代仲康时胤奉命征讨羲氏、和氏时的讲话,其中谈到对犯有罪行之人惩处时说:"火炎昆冈,玉石俱焚。天吏逸德,烈于猛火。歼厥渠魁,胁从罔治。旧染汙俗,咸与惟新。"意为:山火烧到了昆山,美好的玉和普通的石块都难免被焚毁;身为天王之官吏者如有罪恶,其惩罚比烈火更甚。但我们的政策是消灭首恶,胁从不治。对那些沾染了恶习陋俗者,允许其改过自新。这一思想十分先进,一是在法制建设上成为了经典,即案件处理时必须坚持的"首恶必办,协从不问"之原则;二是处理人民内部矛盾时必须坚持的惩前毖后、治病救人、允许自新之原则。

《尚书·仲虺之诰》从德切入谈到了政治创新。商汤灭夏,将桀流放南巢。但成汤总是高兴不起来,认为自己以武力消灭了夏而不是以德使夏成为从属,于心有愧。仲虺作为左相看透了成汤的心思,于是便从"天命"的高度,讲了殷灭夏不仅不违德,而且是执行"顺天应人"之大德的道理。他说:由于"有夏昏德,民坠涂炭",早就该灭亡了,因而才有今天"式商受命,用爽厥师"之结果。他还说:大王品德高尚,早就受到了庶民的爱戴:"克宽克仁,彰信兆民……民之戴商,厥惟旧哉!"他最后鼓励成汤说:

> 佑贤辅德,显忠遂良。兼弱攻昧,取乱侮亡。推亡固存,邦乃其昌。德日新,万邦惟怀;志自满,九族乃离。王懋昭大德,建中于民。以义制事,以礼制心,垂裕后昆! 予闻曰:"能自得师者王,谓人莫己若者亡。"好问则裕,自用则小。呜呼! 慎其终,惟其始。殖有礼,覆昏暴。钦崇天道,永保天命!

虺仲的讲话,无疑是成汤立国的政治宣言。这里,虺仲所提出的几条政治原则,在理论上均具有创新意义。

首先,他认为以有德之国代替失德之国这是历史发展的规律。上天一向佑助贤德的人(诸侯)立国,从而彰显其忠良的品德;衰弱的诸侯也是因其德衰而弱,兼并它是理所当然,至于昏聩不明事理的诸侯、荒乱失道之国、行将灭亡之君更需要攻打、惩处和消灭掉。只有推翻腐朽者才能巩固新兴者并使其繁荣昌盛。

其次,他认为新生的政权要发展,不仅要继续发扬已有的优良传统(旧德),还要在此基础结合新的情况使其光大,日新月异,只有这样才能具有亲活力、吸引力和生命力;如果能长久坚持下去,天下万邦就会归顺。成汤对仲虺关于"日新"之论非常赞赏,认为可为王者座右铭,于是将发展为"苟日新,日日新,又日新"并铸于青铜器之上,以使君臣共勉。这就是被后世称道的《盘铭》之训(见《大学》)。

第三,要切记夏亡之教训,不可自满自大,不可目中无人,否则就会失去凝聚力,就会众叛亲离,重蹈其覆辙。因此,英明的君王要以大德昭于天下,以中和之道教化庶众,将道义具体为规则以处理政事,判断是非;将礼法作为道德和行为规范来约束人心,并形成好的机制传承于后世。在这方面,先辈有很多好的教导值得铭记,如:能自强不息、时时以人民为师者,才能君临天下;看不起别人,总认为自己高明者等于自取灭亡。

第四,要善于学习,不懂就问,善于接受新事物,新知识。因此,闻过则喜者事业必不断发展,刚愎自用者则会愈加狭隘卑微。

在论述了这些原则后,仲虺又鼓励成汤说:要想有成功的前途和美好结局,就必须有一个良好的开端,这样才能做到一以贯之。我们现在的所作所为,就是在支持、扶持有礼之邦,打击、消灭昏暴之国。这是符合天道的,是一个很好的开端!作为一国之君,你能如此崇敬天道,殷商国祚一定能够长久不衰,世世代代相传不替!

正是由于有了仲虺的理论指导,才使成汤思想豁然开朗,立即回师,"至于亳","诞告万方",向"万方有众"宣告"夏王灭德作威"之罪及殷商取而代之的合理性(《尚书·汤诰》),得到了三千诸侯的赞同。商立国之后又实行了一系列的改革举措,从而使新王朝呈现出朝气蓬勃的新局面。

殷商经过近300年的发展,生产力有了很大进步,不仅物质十分丰富,人口也有了较大增加(因无确凿的资料,三代时人口数量很难统计。有专家据一些文献和考古发现推断,夏代人口约为270万,商代约为400-450万,西周时约为575万)。因而周代殷商之后,周公在政治制度、思想文化、社会管理等方面以礼、乐为中心,进行了全面的改革,取得了伟大的成就,其中在对人的教育方面,也极多新政,尤其提出"作新民"之理念,深刻地影响了后世,而直接受到其启迪者,就是孔子。

武王立国尤其平定三监(管、蔡、霍)及武庚之乱后,周公在对待庶民百姓方面提出了一系政策,如修美政(《尚书·微子之命》),"往者惟休,无替朕命"、"明德慎罚"、"用康保民",(《尚书·康诰》)"保惠于庶民"、"怀保小民",(《尚书·无逸》)"康济小民",(《尚书·蔡仲之命》)以及保民恤民。这一思想的基础,就是"王应保殷民,亦惟助王宅天命,作新民"。(《尚书·康诰》)周人对曾经跟随三监、武庚作乱的殷民,不是诛,而是"保"——将他们教育、改造为顺从社会发展的新人,其根本目的就在于以德征服人心。不仅有错误、有缺点的人应弃旧图新,改恶向善,进而推及全社会,所有的人都应明白:从一定意义上说,只有不断学习,才能适应社会的发展与进步,只有时时以"求新"的精神要求自己,才是真正具有活力。正是由于这一政策具有创新性、激励性,具有广博深厚的人文关怀,《礼记·大学》才将其作为经典而引用,将其作为大学的宗旨而提倡:

"大学之道,在明明德,在亲民,在止于至善"。

正是由于汤、武勇于创新,其事业得到时人及后人的称赞,《周易》中的《革·象》曰:"汤武革命,顺乎天而应乎人。革之时大矣哉!"不仅从"天"、"人"之角度肯定了其正义性,而且对其能把握时机,果断决策和智慧十分佩服。

《尚书》的史学意义及史学思想影响深远,尤其对春秋及秦汉时期影响至深至大。曲阜师范大学教授马士远曾就《尚书》对春秋时期政治影响作了深入研究,所著《周秦〈尚书〉学研究》一书,专就孔子、墨子、孟子以及《左传》《国语》引用《尚书》作了详明的考辨。他指出:在《左传》所记256年的春秋史实中,总计有41人称引《书》中话语或篇名53次;在《国语》所载春秋史实中,总计有14人称引《书》或《书》篇名25次。在这些引文中,除作者直接引用外,征引者几乎全属执政的卿大夫阶层。他们不仅能随口说出《尚书》中的章句,而且还能结合语境对内容加以恰当诠释,这说明他们对其文字章句和精神内涵都有较为精准的把握。引文的核心内容是强调"德政",强调如何提高当政者的道德品质。这有力地说明,《尚书》为春秋政治文化的重要源头与渊薮。①《尚书》的崇高地位始于汉代将其确立为五经之一,从而引起诸多儒学大家起而注之,这一"《书》教"热,使得《尚书》的普及工作达到了空前绝后的地步。《尚书》提出了"天之断命"、"续命于天"、"剿绝其命"、"恭行天之罚"、"改殷之命"的说法,充分体现了朴素的"天人合一"观念,这表明商人、周人已经开始认定国家得失系天命所赐,且天命系于人德,形成了中国历史上影响深远的天命观。汉代"《书》教"承袭了这一观念,一些学者依"天人感应"的思维方式对朝代更迭的规律性等作出进一步阐释,把它推衍为政治权力合法性的依据,对当时帝国政权的巩固以及意识观念的整合,都起到了重要作用。《尚书·洪范》最早提及五行观念,汉代《尚书》学者敏感地意识到了这一观念的文化生成功能,对此加以了衍生和诠释。当时流行的"五德终始"说、"三统"说(即"三正"说)无不深受"洪范五行"说的浸染,而这些理念对当时凝聚意志、规范人心都起到了不可低估的作用。②

---

① 马上远《周秦〈尚书〉学研究》,中华书局2008年9月;刘疃《〈尚书〉:春秋政治文化的源泉》,《光明日报》2014年12月23日第16版。

② 马士远《两汉〈尚书〉学研究》,中国社会科学出版社2014年4月;翟文铖《两汉〈书〉教首在治政》,《光明日报》2014年12月8日,第15版。

第六章　河洛文化

　　任何地域文化,除其内涵之外,都具有特定的时空概念。河洛文化,顾名思义,即产生于河洛地区的文化。

　　何谓"河洛"?"河",指黄河。"河"在中国古代的含义,首先特指黄河,然后才是一般意义上的"河"。[①]"洛",则指洛河。洛河有南北两条。北洛河又称北洛水,源于陕西定边县,流经志丹、甘泉、富县、洛川、黄陵、宜君、澄城、白水、蒲城、大荔之后入渭河,全部处于陕西境内。南洛河古代文献又记作雒河,其源头在秦岭南麓的陕西省洛南县洛源镇,东流进入豫之卢氏县,经洛宁、宜阳、偃师、洛阳,至巩义市汇入黄河。洛河之下游又称伊洛河,盖因源于熊耳山南麓栾川县的伊河经嵩县、伊川,穿伊阙入洛阳,东向至偃师后与洛河汇流。著名的世界文化遗产"洛阳龙门石窟"就座落在伊阙两岸崖壁之上。洛河、伊河是洛阳的母亲河,其流域发现了大量的远古人类的遗存,因而"伊洛文明"被西方的一些历史学家赞誉为"东方的两河文明",成为河洛文化的重要组成部分。

　　由黄河、洛河形成的"河洛"地域,其概念有狭义广义之分。"狭义的河洛地区,当指黄河、洛河夹角内以嵩山、洛阳为中心的四邻地区,其范围大致相当于今天的洛阳市及与其周边接壤的部分地区。广义的河洛地区,即从文化圈的角度来看,其范围则较大,应包括西至豫陕交界,南达颍水、汝河,东至开封、淮泗,北到黄河之北以至晋南地区。"[②]从这个意义上说,河洛地区涵盖了包括河南省在

---

①　《说文解字》:"河,出敦煌塞外昆仑山。发原注海。"《庄子》:"秋水时至,百川灌河。泾流之大,两涘渚崖之间不辨牛马。于是焉,河伯欣然自喜,以天下之美尽在己。顺流而东行,至于北海。"

②　杨海中《图说河洛文化》。河南人民出版社,2007年12月,第11页。

内的中原地区,河洛文化也就是中原的历史文化。

春秋时期河洛地区地图(截取于谭其骧主编《中国历史地图集》)

河洛地区是中华民族的发源地,是中华民族最早跨入人类文明门槛的地区,产生于这一地区的"河洛文化"是中华民族的源头文化。

第一节　古老的河洛

称河洛地区"古老",主要指它拥有久远灿烂的人类文明。

河南历史悠久,文化厚重。出生于浙江的徐光春同志,2004 年 12 月至 2009 年 11 月曾任中共河南省委书记 5 年。他说:作为一个文化情结深厚、长期从事文化工作的老兵,来河南工作后,中原古老而神奇的历史文化像磁石一般吸引着我。在河南的五个春秋里,随着对河南历史文化更全面、更系统、更深入的了解,我逐渐形成了"一部河南史半部中国史"的认识。河南作为中华民族和中华文明的重要发祥地,五千年中华文明史中有三千年是全国的政治、经济、文化中心,河南历史曾是中国历史的主流和浓缩,不仅影响和推动着中国历史的发展进程,而且在今天乃至将来仍然具有巨大的价值。他说:从早期的猿人到早期的智人,再到现代人的演进和形成,都在中原大地上留下了深深的足印,是人类演变的一个缩影;从将野生植物培育成农作物到将野生动物驯化成家畜,与人类文明密切相关的动植物品种大多最早在中原地区选育成功;从母系氏族到父系氏族,再到奴隶社会、封建社会,中原地区最早跨入先进社会形态的大门。可以说,中华文明的历史有多远,河南历史就有多远。①

一、天下之中与"中国"

中国人的地理方位意识很浓,天地、四面、八方的观念十分鲜明。据《尚书·禹贡》所载,夏时即将天下划分为九州:冀、兖、青、徐、扬、荆、豫、雍。豫之地域范围相当于今河南全境以及皖西、苏北部份,居九州之中。

1."尚中"

早在6500年前,中华先祖便认为宇宙是"天圆地方",这一思想的萌芽和雏形不仅有文献记载,也被考古发现所证实。"1978年来的考古发现如濮阳西水坡蚌壳龙虎图、含山凌家滩玉版玉鹰,以及良渚文化中常见的玉琮等,无不表明天圆地方、天道左旋等是上古人类社会生活中生发的一种源远流长并对后世影响深远的观念。"②与此同时,伴随而来还产生了一种朴素的"尚中"意识,在四方之中,"中"不仅意味着位居中央,而且意味着高贵与权力:居"中"则可制四方,统辖天下。"尚中"作为一种世界观和思想方法,深刻地反映了中华先人对自己所处特定场域的自然界和社会的认识与思考,从而形成了有别于其他民族与文化的独特思维方式和认知模式。

"尚中"观念从萌芽到成熟虽然经历了漫长的过程,但至西周初年,其内涵已十分清晰,其标志性的里程碑是周公营洛。周公通过测影,知洛为天下之中。《史记·周本纪》载:"成王在丰,使召公复营洛邑,如武王之意。周公复卜审视,卒营筑,居九鼎焉。曰:此天下之中,四方入贡道里均。作《召诰》《洛诰》。"《尚书·召诰》简略记述了营洛之事,其中说:"王来绍上帝,自服于土中。""土中"即天下之中。在《尚书》中,"土中"也是对应周之勃兴地"西土"而言的。③ 司马迁

---

① 徐光春《一部河南史半部中国史》,大象出版社,2009年11月。

② 郑杭生　胡翼鹏《天道左旋,天圆地方:社会运行的溯源和依据》,《浙江师范大学学报》(社科版),2007年第3期。

③ 《尚书》中多处谈到"小邦周"战胜"大邑商"时,以"西土"指周原。如《泰誓中》中的"西土有众,咸听朕言"。《泰誓下》:"我西土君子,天有显道,厥类惟彰。"《牧誓》:"西土之人","弗迓克奔,以役西土。"《大诰》:"有大艰于西土,西土人亦不静。"《康诰》:"明德慎罚,……以修我西土。"《酒诰》:"我西土棐徂,……今克受殷之命。"《康王之诰》:"皇天改大邦殷之命,惟周文武诞受羑若,克恤西土。"

对周人的这一思想很是理解,在《史记·封禅书》中说:"昔三代之居,皆在河洛之间,故以嵩高为中岳,而四岳各如其方。"洛阳在嵩山之侧,居天下之中,远方四围有东西南北四岳拱立。《史记·货殖列传》说:"昔唐人都河东,殷人都河内,周人都河南。夫三河在天下之中,若鼎足,王者所更居也,建国各数千百岁。"为了较全面地说明"居中"在政治、经济、军事诸方面的优越性,他还在《史记·刘敬列传》中说:"成王即位,周公之属傅相焉,乃营成周洛邑,以此为天之中也,诸侯四方纳贡职,道里均矣。"司马迁两次提到"道里均",可见交通便利对巩固国家政权的重要性,因为这不仅利于天子对四方的巡视、征伐与管控,也有利于四方的朝觐与进贡。《逸周书·作雒》对周公营洛也有记载:"周公、召公内弭父兄,外抚诸侯。……周公敬念于后,曰:'予畏周室克追,俾中天下。'及将致政,乃作大邑成周于土中,城方千七百二十丈,郛方七十里。南系于洛水,北因于郏山,以为天下之大凑。制郊甸,方六百里,国西土,为方千里。"周公从巩固周之政权出发,营建了东都洛邑,使其成为了天下大都会。同时,为了加强洛邑与西土(即歧周)的联系,在方千里区域还设立了必要的行政建置。

在社会发展的进程中,虽然道路、河渠的修浚不断加强,车辆、马匹不断增多,交通状况不断改善,但帝都要处于"天下之中"的观念却根深蒂固。西汉末年王莽窃政,虽仍都于长安,但却感到长安偏西,欲迁都洛阳。[1] 这一思想对后世产生了深刻的影响,如东汉初年,汉章帝为了使儒家思想进一步神学化,于建初四年(79)亲自主持洛阳白虎观会议,将儒学与谶纬之学相揉合并定为一尊。会议成果由班固总其成,编纂为《白虎通义》,颁行天下。《白虎通义》卷三《京师》条有曰:"京师者,何谓也? 千里之邑号也。京,大也;师,众也。天子所居,故以大众言之,明诸侯,法日月之径千里。"还强调指出京师必立于天地之中的原因:"王者必即土中者何? 所以均教道,平往来,使善易以闻,为恶易以闻,明

---

① 关于王莽欲迁都洛阳一事,见《汉书·王莽传中》。始建国四年(12):"莽至明堂,授诸侯茅土。下书曰:'……昔周二后受命,故有东都、西都之居。予之受命,盖亦如之。其以洛阳为新室东都,常安为新室西都。邦畿连体,各有采任。'"王莽的这一决定引起了长安百姓的不安:"是时,长安民间闻莽欲都洛阳,不肯缮治室宅,或颇彻之。莽曰:'玄龙石文曰:定帝德,国洛阳。符命著明,敢不钦奉! 以始建国八年,岁缠星纪,在洛之都。其缮修常安之者,勿令坏败。敢有犯者,辄以名闻,请其罪。'"天凤元年(14),王莽决定七年后迁都。"莽曰:'……以天凤七年,岁在大梁,苍龙庚辰,行巡狩之礼。厥明年,岁在实沈,苍龙辛巳,即土之中洛阳之都。'乃遣太傅平晏、大司空王邑之洛阳,营相宅兆,图起宗庙、社稷、郊兆云。"

当惧慎，损于善恶。《尚书》曰：'王来绍上帝，自服于土中。'圣人承天而制作。《尚书》曰：'公不敢不敬天之休来相宅。'"①基于这一认识，班固在《汉书·地理志下》提到洛阳时，特意指出："昔周公营洛邑，以为在于土中，诸侯蕃屏四方，故立京师。"

正是由于洛阳位"天下之中"，历代统治者均看好洛阳，或定都于此，或迁都于此。②

地利上的"天下之中"，在实践中强化了人们对其"王化"政治作用的认识，使其从空间意义上升为伦理高度。《周礼·地官司徒》说："惟王建国，辨方正位，体国经野，设官分职，以为民极。"其中大司徒负责用日圭测量日影，"日至之景尺有五寸，谓之地中。天地之所合也，四时之所交也，风雨之所会也，阴阳之所和也。然则百物阜安，乃建王国焉，制其畿方千里而封树之。"这里，"天下之中"不再是一个单纯的地理空间概念，而是一种政治文化思想，对王权及国家具有了特殊的意义。这种思想上的超越，在无形中升华出了许多人文内涵，不仅成了立国建都政治取向中的一个准则，也成为了中国古代文明的一项重要内容。

2. 中国

成王、周公东迁的重要原因是为了巩固对天下的统治，洛邑居天下之中，地利之优便成了作为都城首选的重要因素。对此，时人认识也是非常明白，1965年出土于陕西宝鸡的《何尊铭文》有明确的记述：

> 唯王初壅宅于成周，复稟王礼福自天，在四月丙戌。王诰宗小子于京室，曰：昔在尔考公氏，克逨文王，肆文王受兹因（命）。唯武王既克大邑商，则廷告于天，曰："余其宅兹中国，自兹乂民。呜呼！尔有虽小子无识，视于公氏，有勋于天，彻命。敬享哉！"唯王恭德裕天，训我不敏。王咸诰何，赐贝卅朋，用作口（庚）公宝尊彝，唯王五祀。

---

① 《白虎通义》所引《尚书》句，分别见于《尚书》中的《召诰》和《洛诰》。

② 历史上自夏朝始，先后以洛阳为都者还有商（尸乡沟）、西周（成周）、东周（王城）、东汉（汉魏故城）、曹魏（汉魏故城）、西晋（汉魏故城）、北魏（汉魏故城）、隋东都（隋唐故城）、唐东都（隋唐故城）、后梁西都（隋唐故城）、后唐东都（隋唐故城）、后晋西京（隋唐故城）。计十三朝2070年。

何氏追随文王武王,有功受封,铸尊纪念约在周成王五年。这表明,早在3000多年前,周人即认为洛邑为周王朝疆域之中心,故称之为"中国"。

称洛阳或河洛地区为"中国"的记载还见诸《诗经》。如《大雅·民劳》:"民亦劳止,汔可小康。惠此中国,经绥四方。""民亦劳止,汔可小休。惠此中国,以为民逑。""民亦劳止,汔可小愒。惠此中国,俾民忧泄。""民亦劳止,汔可小安,惠此中国,国无有残。"又如《小雅·六月序》:"小雅尽废,则四夷交侵,中国微矣!"这表明,"中国"的概念周时已很盛行,甚至可以说成了常用词语,以至各类演唱及歌舞时也随口而来。周时有"夷夏"之论,这里的"中国"指诸夏族居住地域。这一习俗得到了司马迁的承认,故在《史记·武帝本纪》中说:"天下名山八,而三在蛮夷,五在中国。"

不过,上文中的"中国",实质上都是一个地理方位的的概念,指国土之中央,并无国家名称之义。"中国"一词具有疆域意义出现在《尚书·梓材》中:"先王既勤用明德,……皇天既付中国民越厥疆土于先王,……惟王子子孙孙永保民。"

历史上的北魏是由鲜卑族建立的政权,初都于盛乐(今内蒙古和林格尔),12年后南迁至平城(今山西大同)。北魏统一了北方,终觉大同偏于一隅,不够"正统"。太和十四年(490),孝文帝召群臣据"五德"之说讨论魏之统绪。中书监高闾提出,历代"居尊据极,允应明命者,莫不以中原为正统,神州为帝宅",因而"中原正次之实"应予高度重视。① 因当时群臣意见尚不一致,迁都一事暂未提起。实践表明,继续都于大同不利于政权的巩固与强大,便于太和十八年(494)迁都于洛阳。此后,北魏便以"中国"自居,而称南朝为"岛夷"。② 至北周时,武帝宇文邕保定五年(565),还改当时位于洛阳西的汉函谷关城为通洛防,

---

① 《魏书》卷一〇八《礼志一》。《魏书》,中华书局,1974年1月。

② 有趣的是,当时汉族建立的南朝虽然远离了中原,但仍以"中国"自居,称北朝为"索虏",称北魏为"魏虏",并在南方侨置郡县,以示故园难忘,并时时表示要克复神州。参见《资治通鉴·魏文帝黄初二年论》:"宋魏以降,南北分治,各有国史,互相排黜,南谓北为索虏,北谓南为岛夷。"

置中州郡(下辖新安等县),派大将贺若敦为刺史,镇函谷。[①] 鉴于上述史实,后世称以洛阳为中心的河南为"中州",称中华民族整个国家为"中国"。

二、厚重的远古文明

河洛地区具有厚重的人类文明。这里所说的"文明",并非单指踏入"文明门槛"之后的文明,也包含着人类的起源与发展。

1. 中原古人类

人类起源于何处,中国现代人来自何方? 国际学术界对此有很大的分歧,"非洲起源说"与"多地区起源论"是其代表。西方的人类学家认为,中国境内的远古人类在最后冰期的寒冷气候阶段已经灭绝,现代中国人是在距今 4 - 5 万年前后由起源于非洲的现代人类分别从南北两路进入亚洲东部的中国境内之后裔。中国的人类学及考古学专家对"非洲说"持强烈异议,认为中国人类并非来自非洲,而是一个完整的进化体系,这就是中国发现了以"巫山人"(200 万年前)、"元谋人"(170 万年"、"蓝田人"(100 万年前)、"北京人"(50 万年前)、许昌人(10 万年前)为代表的远古人类等。

河南境内"南召猿人"、"栾川人"、"许昌人"的发现,充分证明,早在几十万年以前,河洛地区就有了人类的生存与发展。

(1)南召猿人

1978 年 9 月,考古工作者在河南南召县云阳镇杏花山发现一批古脊椎动物化石和一枚古人类牙齿化石。10 月,中国科学院古脊椎动物与古人类研究所组队对这一化石点进行了发掘,又发现了剑齿虎、剑齿象、肿骨鹿等古脊椎动物化石 20 余种。经世界著名古人类学家字吴汝康先生等专家根据伴生物化石及地层等综合分析,确认化石牙齿为早期人类的右下第二前臼齿,其古人类与"北京

---

① 《周书·武帝纪上》:保定五年(565),"冬十月辛亥,改函谷新城为通洛防。"《周书·贺若敦传》:"保定二年,拜工部中大夫。……五年,除中州刺史,镇函谷。"《周书》,中华书局,1971 年 11 月。唐李吉甫《元和郡县图志》卷五"新安县":"本汉旧县,属弘农郡。晋改属河南郡,后魏属新安郡。周武帝保定三年(563)省新安郡,又于今县置中州。"清顾祖禹《读史方舆纪要·河南(三)》(卷四十八)"函谷新关"条:在(新安)县东二里。汉元鼎三年,楼船将军杨仆数有战功,耻为关外人,上书乞以家财东徙关,武帝为徙于此。三国魏正始元年,关废。周主邕保定五年,以函谷关城为通洛防,置中州,镇函谷。"

猿人"所处时代大体相当,距今约五、六十万年。专家们一致同意把此古人类命名为"南召猿人"。

"南召猿人"是我国继北京猿人、蓝田猿人、元谋猿人之后又一重要发现,它填补了中原地区古人类分布的空白,对研究人类的起源、分布与发展,对古代气侯的变化以及中原地区第四纪地质和生物研究提供了资料与依据。①

(2)栾川人

2012年9月,考古工作者在河南西部栾川县伊河南岸孙家洞发现了6颗古人类牙齿化石,这是河南境内第一次发掘的直立人(猿人)化石,当年10月,专家们对这些牙齿化石进行了鉴定,认定为地球历史上的中更新世(对应于考古学上的旧石器朝代)直立人牙齿化石,与北京周口店遗址所属年代相同,并将这一古人类被定为"栾川人"。专家们认为,由于"北京人"的测年为73—50万年,"栾川人"的测年可能不晚于此。这再一次表明,中原地区50万年以前就有古人类存在。② 2013年3月9日,国家文物局、中国考古学会等有关方面宣布,"河南栾川孙家洞旧石器遗址"被评为2012年度中国"十大考古新发现"(排序为第一)。"专家评点"指出:国内旧石器时代考古发掘中,集古人类化石、动物化石和石制品于一体的洞穴遗址极为少见。中更新世是探索直立人演化及现代人起源等古人类重要理论问题的关键时期。孙家洞遗址出土的中更新时期古人类化石对于近年来国际古人类学界直立人演化和现代人起源的研究有着重要的作用,也为研究古人类的个体发育及系统演化问题提供了化石依据。③

(3)许昌人

2005—2008年,考古工作者对位于河南中部的许昌县灵井镇古人类遗址进行了多次发掘,2007年12月17日,发现了一块人类头盖骨化石,经测定,距今8—10万年的。④

2. 郑州老奶奶庙旧石器遗址

2004年以来,河南考古工作者在嵩山东麓一带发现数百处旧石器遗址。有

---

① 未化《南召县发现猿人牙齿化石》,《河南文博通讯》1979年第2期。
② 李运海《河南首次考古出土猿人化石揭秘栾川人之谜》,《河南日报》2013年3月18日。
③ 《2012年度中国"十大考古新发现"揭晓》,《京华时报》2013年4月10。
④ 李占扬《河南许昌灵井"许昌人"遗址考古发现与探索》,《华夏考古》2009年第3期。

鉴于此,2011 年春秋,河南与北京大学考古工作者在位于嵩山余脉的东向延伸地带的郑州市二七区侯寨乡老奶奶庙附近进行了考古挖掘。这次开挖,发现了以灰烬堆积为中心的居住遗迹以及数量众多的石制品与动物化石遗存。其中发现的石制品有 3000 多件,种类包括石核、石片、断块及各类工具等,发现用火遗址 21 处。动物骨骼 12000 余件,包括数量较多的较完整的下颌骨、肢骨、牙齿等,其中下颌骨与牙齿等来自食草类动物马、牛、鹿、羊与猪头骨的骨骼比例要远远高于其他部位。多数动物骨骼的石化程度较深。令人瞩目的现象是,一些骨头残片上有比较清楚的打击修理痕迹,个别还可见到明确的使用磨痕。这些迹象显示,该遗址的居民除了使用石制品以外,还大量使用骨质工具。距今 3—5 万年的嵩山东麓旧石器时期遗存的发现,填补了过去中原地区以及东亚大陆这一阶段旧石器文化发现的空白,也确切证明了有关晚更新世的中国与东亚地区的古人类在最后冰期寒冷气候中灭绝的认识并不符合历史实际。郑州老奶奶庙旧石器时代遗址的新发现与"许昌人"一脉相承,这些出自中原地区的新发现与中国及东亚现代人起源于非洲的论断明显相悖,很清楚地展示了我国境内更新世人类发展的连续性特点,为研究现代人类及其行为在东亚地区的出现与发展提供了一个非常重要的新视角。[1] 2012 年 4 月 13 日,"2011 年度全国十大考古新发现"在北京揭晓,河南郑州老奶奶庙旧石器时代遗址暨嵩山东南麓旧石器地点群,被列"十大考古新发现"榜首。[2]

3. 相衔如环的远古文化

甲骨文的发现、解读与研究,破译了中国历史上的疑古迷雾;一个多世纪的大量考古发现,以无可辩驳的事实表明,中华文明的历史有多远,河南历史就有多远,河洛地区有着厚重的古代文明。

众所周知,世界有四大古代文明发源地,这就是通常人们所说的公元前 3500 年非洲尼罗河流域的古埃及文明,公元前 3500 年两河(幼发拉底河与底格里斯河)流域的古巴比伦文明、公元前 2500 年恒河、印度河流域的古印度文明以及公元前 2500 年黄河流域的中华文明。

---

[1]　王幼平郝红星《四万年前中原人类生活的实证——郑州老奶奶庙遗址的考古发现》,《大众考古》2015 年第 10 期。

[2]　栾姗《郑州老奶奶庙遗址入选全国十大考古新发现》,《河南日报》2012 年 4 月 14 日。

　　四大古代文明光辉灿烂,但由于地理的、气候的以及政治的、经济的等多种原因,古埃及、古巴比伦、古印度三大文明都中断了,只有中华文明相衔如环,一直发展到今天。

　　(1)裴李岗文化

　　1978—1979 年,中国考古工作者在河南新郑县(今新郑市)城西北 8 公里的裴李岗村的考古发掘中,发现了黄河中游地区的新石器文化,出土的大量生产工具、生活器具及半地穴式房屋表明,早在 8000 年前,汉族先民已在这里定居,从事原始农业、养殖及手工业生产活动。这一发现,使仰韶文化以前新石器时代早期的历史得以证实。裴李岗文化遗址出土了制作精致鞋底状的四足石磨盘、石磨棒、带有锯齿刃的石镰、石斧、石锄、舌状形石铲及各种刮削器、弹丸、骨簇、石矛、石球,同时出土的还有泥质三足钵、半月形红陶双耳壶、纺轮、骨针等。① 发现的粟碳化颗粒、枣核、动物肢骨表明,先民在从事农业生产的同时,还栽种果树,饲养猪、狗等家畜,并辅以渔猎。

　　裴李岗文化中稷的碳化颗粒的发现,再一次向世人说明,粟起源于黄河流域;各种精致的生产工具则证明中国的农业革命最早在这里发生,已进入锄耕阶段,与同时期的磁山文化、老官台文化相比,处于领先地位。

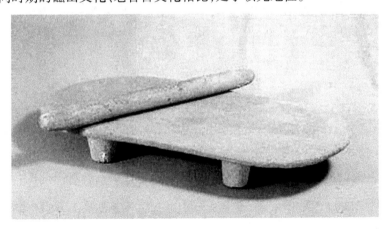

---

① 石磨盘和磨棒主要用于谷物脱壳。磨盘有四足,高 3—6 厘米,一般长 70—100 厘米,宽 20—30 厘米;磨棒一般长 30—40 厘米,直径 6 厘米左右。

乳钉纹红陶鼎

红陶折肩环底双耳壶

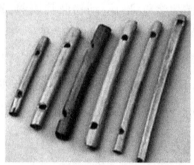

贾湖骨笛

1984—1987 年，考古工作者淮河流域的沙汝河上游的舞阳县北舞渡镇的贾湖村进行了考古发掘，之后又多次发掘，发现了属于裴李岗文化的新石器早期文化遗存。这里不仅出土了大量的石器、陶器、骨器，还发现了至今仍可吹奏的具有七个音阶的 8000 年前的骨笛、用于卜筮的龟甲及契刻符号、具有原始形态的栽培粳稻及 9000 年前的酿酒，在学术界引起极大反响。有鉴于此，考古学界将其称作贾湖文化。

裴李岗文化属于中原地区新石器时代，是中华先民在黄河中下游地区创造的古老文化之一，是华夏文明的重要来源。裴李岗文化遗存在河南已发现了 150 余处，极大地丰富了人们对我国原始社会时期文化的认识，为研究我国农业、陶器、纺织、建筑、文字的起源与发展，以及对音乐史、原始数学、原始宗教习俗的研究等,都提供了重要的实物资料,也为仰韶文化找到了渊源。[①]

透视裴李岗文化遗存,可以极为清晰地看到裴李岗的先人们8000年前一幅幅鲜活的生活图景。

农事生产

春日载阳,男人们用石斧、石锛开辟荒地,用石锄、石铲对土壤进行耕作,播下黍稷和稻谷。当庄稼成熟时,人们用石镰将作物收获到家,经过晒晾后储藏在专用窖穴之中。为了吃上可口黍饭,家庭主妇将粟放在石磨盘用石磨棒加以碾轧,脱壳后成为黄腾腾的小米。人们不仅学会饲养了猪、狗、鹿、鸡,牛、羊,还在田头或住房四周栽植枣、核桃等果树,农闲时到河里或水塘中捕捞鱼虾,用弹丸、石矛和石球猎取野物。

石器生产

在族长的安排下,部落里修建面积很大的石器加工场和手工作坊。男人们经过挑选,将从山上采回的石块根据其形状和大小加以分类,然后打造成不同的生产工具,如石斧、石锄、石铲、石镰、石磨盘、石磨棒、石球、石矛、石钻、纺锤。工具中有刃处要保持其锋利,根据工具的不同,匠人们设计了平刃、弧刃和舌刃;手持部位或平面部位要平滑,因而还需要进行打磨。石铲是最常用的耕地工具,有长条形扁体和有肩石铲两种。石铲刃有弧刃、长刃之分,其中最典型的是两端刃和舌状石铲。前者呈椭圆形长条体,腰略内凹,两端磨刃,形状颇似鞋底;舌状石铲有双肩,柄部窄小,刃部宽,呈舌状。鞋底形石铲是裴李岗文化中最代表性典型器物之一。

陶器生产

裴李岗是我国制陶业的最重要的起源地。这里的陶窑为横穴式,窑堂呈圆形,火道在下,形制规整,窑壁留有五个半圆形孔眼,便于烧作时通风。由出土器物之精美可以推测,当时可能已出现专业的制陶匠人。人们在陶坊粉土和泥,泥

---

① 杨育彬《河南考古五十年回眸》,《华夏考古》1999年第3期。

质分夹沙和细泥两类,前者多为制造炊具之用,后者用以制作饮食器具。陶色以红居多,灰色较少。陶器加工时除极小型用手捏制而成外,稍大一些则均采用泥条盘筑法,制作成形状各异、大小不一的鼎、盆、钵、罐、碗、壶、勺、杯、盘,有的上面还刻划一些花纹,如篦点纹、弧线篦点纹、划纹、乳钉纹、压印点纹等。晾干后送窑穴烧制。陶鼎、陶罐、陶壶是裴李岗文化中最有代表性的三种陶器,前两种主要用作炊具,后者为盛水器。由于制作工艺水平较高,造型多样、器形实用,使用方便,为他处所罕见,因而倍受专家重视。

房屋建筑

裴李岗人的房屋大多是半地穴式建筑,这样,既可防止过高易受损害,又具有冬暖夏凉的特点。房屋一般座北面南,呈圆、椭圆和方形三种,其中以圆形居多。房屋以单间为主,也有少量的连间。为了美观实用,四周壁体直而光滑,一些房基地面还用灰白色土加以铺垫,平整而坚硬。人们依据所建房屋的形状和大小,用石斧、石凿对木料进行加工,在地表以上建构木架,其然后用禾杆和茅草覆苫,以避风雨。为了储藏保管好粮食,人们还在地势稍高处修建了专门的窖穴,是我国最早的半地下粮仓。

其他行业

据出土器物可知,裴李岗时期的生产活动还有木业,除建构房屋外,还要制作一些石器如石斧、石铲、石镰的木柄,打猎用的弓箭等。女人们用纺轮把麻捻成线,之后编织成衣物、鱼网或绳索。有的人还会制作骨针、骨镞、骨珠等。

日常生活

为了提高人的素质,人们除满足一般的生存需要之外,已有了对美的较高追求。如在陶器上刻划图形,讲求圆弧及线条的流畅,形制的对称与平衡,器具的造型与光泽。陶羊、陶猪及陶制人头的出现,说明陶塑艺术已有长足的发展。女人们为使自己更美丽,在发髻上插上漂亮的骨簪和骨笄,有的还佩戴用精致的绿松石珠、穿孔骨珠制成的项链。遇到重大的事宜,人们用龟甲壳装上小石子进行卜筮,还把要事和趣事用契刻符号记在陶器上或龟甲壳上。每至节日或祭祀活动,人们一边饮酒礼拜,一边轻歌曼舞,一些喜爱音乐的人或击石为节,或吹起骨笛。

丧葬礼俗

在裴李山岗先人的思想意识中,人死如生,不过是到了另一世界,因而对丧葬很是重视。裴李岗人生前多是单人单间居住,故而死后也多为单人葬,头南脚北,仰身向上。为了死者生活方便,挑生前最主要的生产、生活用品如石铲、石斧、石镰、石磨盘、磨棒以及陶鼎、罐、壶、钵、碗、勺、杯和粮食等作为随葬品。女性还放一些绿松石、骨珠等装饰品。由于当时还处于母系社会,女性地位较高,女性的随葬品一般多于男性。

(2)仰韶文化

中国考古学的第一页是在仰韶揭开的。

仰韶为河南省西部渑池县北9公里的一个小山村。1921年10月,经中国政府同意,瑞典地质学家安特生由中国学者袁复礼、陈德广等5人协助,在仰韶村开展地质与考古调查。2个月中,他们在17个采点上不仅发现了许多灰坑、墓穴、石器、骨器,还发现了彩绘陶器。1923年,安特生将其研究成果向世人宣布,确认仰韶遗址为新石器时代文化遗址,并将其命名为"仰韶文化"。1950年至1980年,中国考古工作者又在这里进行了30万平方米的挖掘调查,获得了大量的石器及彩陶器等。之后,考古工作者在洛阳西郊王湾、陕县庙底沟、郑州大河村发现了类似的文化遗存,如房基、墓葬、石斧等各种石器,骨镞等各种骨器,鼎釜甑钵等各种陶器。经测定,仰韶文化距今7000—5000年。

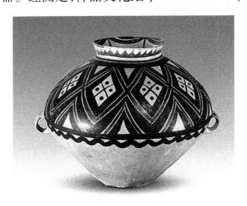

仰韶文化彩陶

庙底沟彩陶

大河村彩陶双连壶

仰韶文化的发现意义重大,它不仅第一次证实了中国史前社会有着非常发达的新石器时代,同时表明,中原地区在龙山文化之前有一个仰韶文化序列,二者内容不同,但有着密切的承袭关系。仰韶文化对河南龙山文化产生了极大影响,它是史前传说的基础和源头,是中华文明曙光的前夜,李学勤先生说:"经黄河中游区域为中心的仰韶文化,对实现统一中国文化做出了最早的重大贡献。"①

(3)具茨山与黄帝文化

战国思想家庄子在《庄子·徐无鬼》中记述了黄帝到具茨山寻访神人大隗

---

①　李学勤《河洛文化研究的重要意义》,《光明日报》2004 年 8 月 24 日。

的故事,①书中的具茨山就是位于今河南省新郑、新密、禹州三市交界处的具茨山。此外,《庄子·在宥篇》还有黄帝见广成子的记载:黄帝十九年,见广成子于崆峒山。崆峒山东西走向,位于今禹州城西北 20 公里处的浅井与苌庄两乡交界处。成书于先秦时期的《世本》说:"黄帝居轩辕之丘,娶于西陵氏之子,谓之嫘祖。"正是有了上述这样的记载以及《五帝德》《帝氏姓》,西汉司马迁才在《史记·五帝本纪》中说:"黄帝居轩辕之丘,而娶于西陵之女,是为嫘祖。"轩辕为何?晋皇甫谧《帝王世纪》称:黄帝"受国于有熊,居轩辕之丘,故因以名,又以为号。有熊,今河南新郑是也。"北魏地理学家郦道元经过实地考察,在《水经注》中也记述了此事:"大騩即具茨山也。黄帝登具茨山,升于洪堤上,受神芝图于华盖童子,即是山也。"②《五帝本纪》还说:"黄帝举风后、力牧、常先、大鸿以治民。"风后是伏羲氏后代,生活在具茨河上游,力牧就是黄帝问道的牧马童子,大鸿则是原本聚居于今禹州鸠山乡大鸿寨山原始部落的首领。也就是说,四位贤人除常先外,都与禹州古原始部落有关。除此之外,还有许多典籍和方志也都有黄帝与具茨山或新郑的记载。

　　虽然新郑为黄帝故里有很多记载,但学界仍意见不一,认为传说毕竟是传说,尚需要更多的真凭实据。

　　2000 年以来,在具茨山 600 平方公里的范围内发现新石器时代岩画 3000多幅,这不仅使很多专家学者震惊,同时也感到喜悦和期待,纷纷前往考察。

　　具茨山岩刻岩画以凹穴刻划为主,以研磨法呈坑状杯形制作于岩石表面,图案形状各异,大小不一,横剖面大抵锅底形。此外,还有一些契刻符号。

　　我国第四纪孢粉分析和环境考古专家、中华文明探源工程专家组长、中国科学院地质研究所研究员周昆叔先生通过现场考察和对具茨山杂色黄土、褐红色古土壤、褐色古土壤、新近黄土和耕土五类堆积层的分析指出:褐红色古土壤层形成在距今 8000—4000 年之间,其含裴李岗文化、仰韶文化和龙山文化。具茨山的一些岩刻符号地点被 16 厘米褐红色土壤埋在下面,由此可判断埋藏这层土

---

①　黄帝将见大隗乎具茨之山。……至于襄城之野,七圣皆迷,无所问涂。适遇牧马童子,问涂焉。曰:"若知具茨之山乎?"曰:"然。""若知大隗之所存乎?"曰:"然。"黄帝曰:"异哉小童!非徒知具茨之山,又知大隗之所存。请问为天下。"……小童曰:"夫为天下者,亦奚以异乎牧马者哉?亦去其害马者而已矣。"黄帝再拜稽首,称天师而退。
②　《水经注》卷二二《潩水》条。郦道元著陈桥驿校证《水经注校证》,中华书局,2007 年 10 月。

壤形成当在4000年之前。① 岩刻岩画距今在4000年前,与传说中的黄帝时期正相契合,这无疑对人们认识黄帝文具有一定的佐证作用。

类似河图洛书的岩刻

类似河图洛书的岩刻

鸟衔谷穗的岩刻

_____

① 梁建辉《新郑市组织专家考察具茨山神秘岩刻符号,环境考古证明具茨山"天书"刻于4000年前》,《大河报》2008年12月1日。

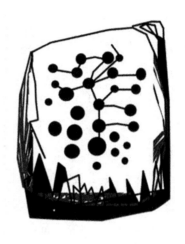

类惟天象星宿的岩刻

具茨山岩画的发现意义重大，"这个发现打破了学术界关于中原地区没有岩画的传统认识；重要的是通过这些岩画，我国边远地区早期石器时代文化的内涵与性质，有可能与中原文化统一起来；更重要的是具茨山的沟槽和凹穴图案有可能将我国岩画的最早年代上溯到旧石器时代"。[1] 2013 年 11 月 2 日，"具茨山与中华文明学术研讨会"在京举行，著名历史学家、清华大学教授李学勤、北京大学考古文博学院教授李伯谦分别以《具茨山与上古历史研究的方法论问题》《黄帝时代：从原始社会向国家社会转型的一个重要时期》作了专题发言。[2] 李学勤先生在发言指出："二十四史是以《史记》为首的，《史记》是以《五帝本纪》为首的，《五帝本纪》是以黄帝为首的。以黄帝作为我们正史的开始，这一点不是偶然的，而是反映了我们祖先以来传统的文化理念，肯定了中华文明的开端和作为人文初祖的黄帝的历史地位。而黄帝的历史传说，从来都是和具茨山和新郑结合在一起的。""新郑和具茨山和黄帝的历史传说是有密不可分的关系，这点对我们探讨中国文明起源和早期的发展，有很重要的启示意义，对我们理解具茨山岩画以及有关的考古遗址，它的历史背景和历史地位也有重要的参考价值。"李伯谦先生认为，在我国五千年发展过程当中，黄帝时代确实是一个非常

① 汤惠生：《凹穴岩画的分期与断代》，《考古与文物》2004 年第 6 期。

② 常钦《具茨山与中华文明学术研讨会在京举行》，光明网 2013 年 11 月 5 日。

非常重要的时代。据《史记·周本纪》记载可知,早在商代末年、西周初年,黄帝的传说就存在。他指出:对黄帝记述的状况,与考古学兴起以后对石器时代的表述是可以对应的。就是说,仰韶文化后期的庙底沟类型到龙山文化早期,4500～5300 年前,中间大概 800 多年,这一段基本上是可以对应的。从考古学上看,它呈现的面貌和文献记载黄帝时期的状况,基本是一致的;考古发现呈现出的社会状况和文献记述的黄帝时代是基本契合的。①

关于契刻符号,由于其中有些具有象形文字的特征,一些专家与甲骨文进行比对后认为,这很可能是我国早期文字的雏形。

由于新郑、新密、禹州等地黄帝的传说见诸许多历史典籍,当地又有很多地名、山名、水名与黄帝相关,加之长 20 公里、宽 15 公里范围内具茨山岩刻、岩画的发现,不少专家认为,中原是名副其实的黄帝文富集区,深入探讨黄帝文化的内涵与成因,意义重大而深远。

(4)王城岗等河南龙山文化

在考古学文化序列上,仰韶文化之后是龙山文化。

1928 年春,清华大学学生吴金鼎在山东省历山县龙山镇城子崖(今属山东章丘县)发现了举世闻名的城子崖遗址。1930—1931 年,在李济先生的主持下,对城子崖遗址进行了发掘,出土了大量的文物,其中最为引人注目的是工艺精美、造型独特的各种黑陶。专家们将其命名为"龙山文化。龙山文化为新石器时代晚期的一类文化遗存,经碳 14 检测,其年代为公元前 2500 年至公元前 2000年。龙山文化时期,农业、畜牧业较仰韶文化时期有了很大进步,生产工具品种增多,也更加先进,尤其快轮制陶技术已普遍使用,城市出现。从出土文物可知,这一时期已有较多的占筮活动,占卜出现了宗教性萌芽现象,社会形态已进入父系时代,已经有了私有财产。

若将龙山文化与历史学文化比照,龙山文化为夏代及商代早期文化。

河南有没有龙山文化? 夏文化在哪里?

《世本》载:"禹都阳城",司马迁对此十分认可,在《夏本纪》中说:"禹辞辟舜之子商均于阳城。"《史记集解》说阳城就是颍川(今河南登封市东南)。

---

① 《中国早期文明路线图——黄帝于具茨之山》,《光明日报》2014 年 1 月 7 日。

　　登封市东南告城镇有一个村子叫王城岗。为了寻找"夏墟",考古工作者在这里进行了大规模的考古钻探,终于在 1977 年发现两城并列的小城堡遗址,面积近 2 万平方米,在出土的陶片上发现了"阳城"、"阳城仓器"的陶文戳记。不久,又在小城之西发现了一座面积达 30 万平方米的大城,城墙、城壕、祭祀坑清晰可见,同时出土了白陶、礼器玉石琮、绿松石器、青铜器残片等。碳 14 数据和研究表明,王城岗文化遗存年代在公元前 22—20 世纪,属夏文化。王城岗遗址的发现意义重大。著名考古专家安金槐认为:"登封告成镇的王城岗龙山文化中晚期城址,可能是'禹都阳城'或'禹居阳城'的夏代阳城遗址。"①虽然这一结论尚待进一步证明,但它使学术界取得了一个共识:夏代的物质遗存应继续在河南龙山文化晚期和二里头文化中去觅寻。

　　除王城岗遗址外,河南还发现了 200 多处属于龙山文化的遗址。1977 年,考古工作者在河南永城县西南的王油坊村发现王油坊遗址,其年代在公元前2580—2140 年,即公元前 24—22 世纪。有专家推断,这可能是殷商先祖契部落活动的地带。1979 年,考古工作者在河南淮阳县发现了平粮台城址,距今 4600多年。淮阳古为陈地,相传为太昊建都之地,平粮台城址的发现,使人们对史载"陈为太昊之墟"、"炎帝神农初都陈"有了新的认识。1986 年,考古工作者在河南郾县城发现了郝家台城址,为龙山文化偏早阶段的文化遗存。此外还有辉县孟庄城址、临汝煤山遗址、淅川下王岗遗址、陕县三里桥遗址、鹿邑栾台遗址等。

　　由于河南发现的新石器晚期文化最早是 1931 年的安阳后冈遗存,故最初称"后冈二期文化",实际上属于龙山文化晚期类型。但因其遗存中的陶器不同于山东龙山文化中的黑陶,而以其表面饰以有绳纹与篮纹的灰色陶器为突出特征,著名考古专家安志敏先生 1956 年建议将其称为"河南龙山文化",此意见得到了学术界的赞同与认可。

　　(5)"夏墟"

　　虽然在先秦诸多典籍如《尚书》《诗经》《论语》《墨子》等中,曾有许多关于夏商的记述,但疑古学派因无物可证而以其为非。殷墟甲骨文的发现,王国维先

---

①　安金槐《试论登封王城岗龙山文化城址与夏代阳城》,《中国考古学会第四次年会论文集》,文物
　　出版社 1985 年。1—7 页。

生《殷卜辞中所见先公先王考》发表,以确凿的事实佐证了商王朝的存在。19世纪末20世纪初的这一空谷绝响,不仅使学术界感至非常震惊,更受到极大启发。于是,有没有象"殷墟"那样的"夏墟"存在,便成了考古界难以释怀的纠结。

先秦典籍关于夏王朝的记述,有的内容相当丰富,如《左传·宣公三年》:

> 楚子伐陆浑之戎,遂至于洛,观兵于周疆。定王使王孙满劳楚子。楚子问鼎之大小轻重焉。对曰:"在德不在鼎。昔夏之方有德也,远方图物,贡金九牧,铸鼎象物,百物而为之备,使民知神、奸。故民入川泽山林,不逢不若。螭魅罔两,莫能逢之,用能协于上下以承天休。桀有昏德,鼎迁于商,载祀六百。商纣暴虐,鼎迁于周。德之休明,虽小,重也。其奸回昏乱,虽大,轻也。天祚明德,有所底止。成王定鼎于郏鄏,卜世三十,卜年七百,天所命也。周德虽衰,天命未改,鼎之轻重,未可问也。"

鲁宣公三年(前606),楚庄王以伐陆浑戎为借口,企图问鼎中原,周定王派大夫王孙满予以警告。从王孙满的话中可知,夏时已铸九鼎,青铜器普遍使用,九鼎上所刻绘的事象,类似条规,使庶民百姓知道什么是善美,什么是邪恶。由于社会风尚醇朴,民间谐和,天下太平。

实际情况到底是什么样呢?

1959年春,71岁的著名考古学家徐旭生根据《国语·周语上》"伊洛竭而夏亡"的记载,决心到伊洛河流域寻找"夏墟"。

功夫不负有心人,他在偃师县翟镇的二里头村找到了!

1960年11月,中国科学院的考古工作者对二里头夏代遗址进行了第一次发掘,之后的发掘又进行了40多次,面积达约400万平方米。

二里头遗址面积巨大,长2500米,宽1500米,故而发现了大型的城址。城内有宫殿区、祭祀区,如一号宗庙遗址南北长100米,东西宽108米,建筑面积超过了10000平方米,这样大的宫殿建筑,在国内的考古发掘中还是第一次。城内发现的铸铜作坊面积也达10000平方米。此两项均堪称中国考古之最。

在出土的青铜器中,第一次发现了青铜礼器——爵,它表明夏人不仅会制造金属兵器,也已经会制作容器。其他青铜器包括礼器鼎、斝、盉及乐器铜铃;兵器

类有镞、戈、戚等;工具类有锥、凿、锛、钻、锯、镢等。此外,还出土了玉器绿松石
及大量的陶器、石器等。

二里头 1984 年出土的铜斝　　　　二里头 1984 年出土的铜爵

遗址中还发现有车辙印痕,这表明夏代已经会制造和使用车辆,同时从一个
侧面印证了《左传》、等古籍关于奚仲发明车之言不虚。[①]

二里头遗址位于伊洛之间,不仅与《国语》所记"伊洛竭而夏亡"相符,也与
《古本竹书纪年》所记"(禹)受舜禅即天子位。洛出龟书,是为《洪范》。三年丧
毕,都于阳城"以及"太康……元年癸未即帝位,居斟鄩;畋于洛表。羿入居斟
鄩。……帝仲康元年己丑,帝即位居斟鄩"相一致。鉴于"二里头文化的主体为
夏代遗存",不少专家判定,二里头遗址是夏王朝的都邑。至于属何朝代,尚须
进一步印证,但称其为"夏墟"、"华夏第一都"则已成为学界其识。

(6)偃师商城

1983 年,考古人员在距离二里头夏代遗址六公里尸乡沟村又发现了商代早
期的城址,之后十多年的发掘与研究表明,该城址距今 3600—3400 年。

---

①　奚仲为传说中禹的车正。有关其为车的发明者的记载很多,如《左传·定公元年》:"薛之皇祖奚
　　仲,居薛,以为夏车正。"《荀子·解蔽》:"倕作弓,浮游作矢,而羿精于射;奚仲作车,乘杜作乘马,
　　而造父精于御。"《世本·作篇》:"奚仲始作车。"《吕氏春秋·君守》:"奚仲作车,仓颉作书,后稷
　　作稼,皋陶作刑,昆吾作陶,夏鲧作城。"

偃师商城遗址出土的青铜器

尸乡沟商代城址南北长 1700 米,东西宽 1215 米,不仅出土了大量的石器、陶器、铜器、玉器、象牙器,还发现了大城、小城和宫城三重城垣。专家们认为,这是一座夏商时期布局和结构最清楚、保存最好的大型城址,小城与与大城南北处于一个中轴线上,为我国城市规划中第一个设计对称的实例。由于其距二里头夏城址仅六公里,很可能是汤灭夏后出于政治上的考虑而依旧都而建。由于它的地理位置、年代和文化性质与历史文献记载商建都于亳十分吻合,[①]称其为"商代第一都"是完全符合实际的。中国社会科学院研究员杜金鹏、王学荣参加了偃师商城的多次发掘,他们说:根据目前的考古资料,我们认为偃师商城是商汤灭夏之后创建于商初的都城。联系到古代文献和古代碑文、墓志中关于汤都西亳在偃师、其具体方位与偃师商城之地望大致符合,称其为西亳也无不可。[②]

偃师商城遗址发现意义重大,引起国际考古学界极大震撼,国外一些学者将其与十九世纪德国考古学家在小亚细亚发现特洛伊古城相提并论,联合国教科文组织将其列为 1983 年世界 17 件重大发现之一。

第二节 河洛文化:华夏文明的根文化

众所周知,地域文化受区位、民族、交通及政治的影响,具有鲜明的地域特性。河洛文化产生于河洛地区,区位与气候优势使这里的农业发达,因而河洛文

---

① 《汉书·地理志》"河南郡偃师县"下班固自注:尸乡,殷之所都。"《尚书·立政》载:周代设"三亳阪尹"。孔颖达疏引皇甫谧曰:"三处之地皆名亳。蒙为北亳,穀熟为南亳,偃师为西亳。"

② 关于偃师商城的发掘与研究,可参阅杜金鹏王学荣《偃师商城遗址研究》,科学出版社,2004 年 9 月。

化具有明显的地域印痕,即农耕文化的特性。但由于这里交通便利,长期为政治文化之中心,国家权力辐射四海,人口流动频繁与民族融合强于周边,精英荟萃,因而河洛文化又不同于一般地域文化而具有浓厚强烈的国家文化实质,从而成为了中华民族文化的主干和核心文化。"自夏代以来,河洛文化作为千年京都文化、王畿文化,一直是华夏文明的核心文化,集中着华夏文明的最高成就,主导着华夏文明的发展。河洛文化,华夏文明的源泉和主脉。如果我们把夏代以来的中华5000年文明史比拟为一部气势恢宏的交响乐,那么,河洛文化就是这部交响乐中的主旋律与灵魂。"①

如前所述,河洛文化的源头是史前文化。自成序列、相衔如环的裴李岗文化、仰韶文化、河南龙山文化及二里头文化,既具有连续性,又显示了其早期发展的阶段性。其中五帝时代,河洛文明的成果已是有口皆碑,因而流传下来了许多传说。黄帝经过征战,统一了黄河、长江流域,"治五气,设五量,抚万民,度四方"(《大戴礼记·五帝德》《孔子家语·五帝德》),使众多的异族部落及方国与中央政权建立了宾服的一统关系;颛顼进行了宗教改革,"绝地天通"(《国语·楚语》),使政教分离;帝喾"聪以知远,明以察微,仁而威,惠而信",万民得到育护(《孔子家语·五帝德》);尧、舜、禹敬天保民,因而天下大治。

史前文化的融合直接孕育了河洛文明,其最具代表性的成就与思想集中体现在《河图》《洛书》与《周易》之中

一、河图洛书

中国历史的古老传说让世人感叹不已。

现代科学家们说,地球是50亿年前形成的,之后过了10亿年,上出现了生物,又过了40亿年,人类出现。人类出现在距今500万年前,与地球的52亿年相比虽微不足道,但与"人生不满百"相比,实现是太遥远了!

一个有趣的现象是,人类有多古老,中国的传说就有多古老。因而仅就盘古开天地而言,中国人也就有500万年了。实际上,神话传说在一定意义上具有宗

---

① 韦娜叶万松《早期河洛文化述略》。《河洛文化论丛》第3辑,中州古籍出版社,2006年4月,第44页。

教的性质：它要解决终极问题，它要阐释一切人类不能明了的问题；同时，神秘色彩也使得各种传说更具神圣性、权威性与真理性。

河图洛书的出现从一个侧面说明河洛文化的悠远与深邃。

史籍关于河图、洛书的记载较多，最具权威且常被引用的是《尚书》《易经》《论语》和《礼记》。

《尚书·顾命》："赤刀、大训、弘璧、琬琰在西序，大玉、夷玉、天球、河图在东序。"孔安国传曰："河图，八卦。伏牺王天下，龙马出河，遂则其文以画八卦，谓之河图，及典谟皆历代传宝之。"《尚书·洪范》："天乃锡禹洪范九畴，彝伦攸叙。"孔安国传曰："天与禹洛出书，神龟负文而出，列於背，有数至于九。禹遂因而第之，以成九类，常道所以次叙。"

《易经·系辞上》："天生神物，圣人则之；天地变化，圣人效之；天垂象，见凶吉，圣人象之；河出图，洛出书，圣人则之。"这里所说"圣人则之"，主要指伏羲依河图画八卦，寓人事吉凶，大禹以洛书"洪范"为治世之纲。故孔安国为易经作传时指出："河图则八卦是也，洛书则九畴是也。"

《论语·子罕》："子曰：凤鸟不至，河不出图，事已矣夫！"古人认为，麒麟出现、凤凰来仪，黄河出图，是盛世之兆，否则便是末世。据《春秋公羊传》载：鲁哀公十四年，西狩获麟，孔子很是悲伤，认为再也不会看到祥瑞了，哀叹道："吾道穷矣！"

《礼记·礼运》："麟凤龟龙，谓之四灵。……天降膏露，地出醴泉，山出器车，河出马图，凤皇麒麟，皆在郊棷。"意谓天下至道是大同，人之至道是无私，只要人人讲仁德，天地山川皆会降祥瑞，献宝藏。

此外,《古本竹书纪年》也有尧禅舜、舜禅禹时河出图、洛出书的记载。①

关于河出图、洛出书的地点,一曰盟津(河南孟津会盟镇),今会盟镇雷河村有始建于晋永和四年(348)的龙马负图寺,以为纪念;一曰永宁(今河南洛宁)阳虚山玄扈洛汭之水,今洛宁县长水镇之西长水村外有禹王庙,有"洛出书处"石碑。

汉儒孔安国、刘安、郑玄等将河图洛书与天象、八卦相联系的阐释甚多,宋人在此基础又将其向前推进了一步,其中最值称道的贡献是陈抟以黑点白点绘出的两个图样:

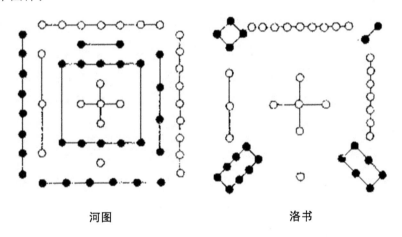

河图　　　　　　　　　　　　洛书

上图中左边以一至十的排列为河图,右边以一至九的排列为洛书。

河图模拟的是星象之图,由 1 到 10 的十个自然数组合构成,其中白点为奇

---

① 《竹书记年》关于河图洛书的记载有两则。(一)(尧)帝在位七十年……洪水既平,归功于舜,将以天下禅之,乃洁斋修坛场于河、洛,择良日,率舜等升首山,遵河渚。有五老游焉,盖五星之精也。相谓曰:"《河图》将来告帝以期,知我者重瞳黄姚。"五老因飞为流星,上入昴。二月辛丑昧明,礼备,至于日昃,荣光出河,休气四塞,白云起,回风摇,乃有龙马衔甲,赤文绿色,缘坛而上,吐《甲图》而去。甲似龟,背广九尺,其图以白玉为检,赤玉为柙,泥以黄金,约以青绳。检文曰:"闿色授帝舜。"言虞、夏当受天命。帝乃写其言,藏于东序。后二年二月仲辛,率群臣东沈璧于洛。礼毕,退俟,至于下昃,赤光起,元龟负书而出,背甲赤文成字,止于坛。其书言当禅舜。遂让舜。(二)五十年,(舜)帝陟。……帝崩,遂葬焉。……帝禹夏后氏,母曰修己,出行,见流星贯昴,梦接意感,既而吞神珠。修己背剖,而生禹于石纽。虎鼻大口,两耳参镂,首戴钩钤,胸有玉斗,足文履已,故名文命。长有圣德。长九尺九寸。梦自洗于河,取水饮之。又有白狐九尾之瑞。当尧之世,舜举之。禹观于河,有长人白面鱼身,出曰:"吾河精也。"呼禹曰:"文命治水。"言讫,授禹《河图》,言治水之事,乃退入于渊。禹治水既毕,天锡玄圭,以告成功。夏道将兴,草木畅茂,青龙止于郊,祝融之神降于崇山。乃受舜禅,即天子之位。洛出龟书,是为《洪范》。三年丧毕,都于阳城。

数,又称天数,代表阳;黑点为偶数,又称地数,代表阴。象为四方,上南下北,左东右西。点分两层,每个方位不论天数大或地数大,其差均为5。天数总和为25,地数总和为30,其差仍为5。

洛书模拟的是大地之图,由1到9的九个自然数组合构成,其中奇数排列在四方及中央,偶数排在四角。图中相对的四侧、四角及中央之数相加之和均为15。

河图洛书在中国思想史、科学史上影响深远。

1.《易》之源头

《周易·系辞上》曰:"河出图,洛出书,圣人则之。"由此可知,《易》源于河图'洛书。这里所言的"圣人则之",意谓圣人循其宏旨成就了一番事业:一指伏羲"则之"画八卦,二指大禹"则之"以洪范九畴为大法治理天下。伏羲怀着忧患之心,受河图洛书的启发,联系人世与宇宙发展,画出八卦,目的在于说明天地万物之变化,以化育黎庶。之后,文王又将八卦演为六十四卦,是为《周易》,孔子作易传,对《周易》予以高度评价:"夫易何为者也? 夫易开物成务,冒天下之道,如斯而已者也!"意为易能开启人的智慧,成就人的事业,并使人懂得万事万物之道理,从而趋吉避凶,自强不息,厚德载物,开物成务,修德广业。

2."五行"之源头

阴阳五行之说作为我国古代朴素的唯物论和自发的辩证法思想的一种反映,影响很广,汉代尤为流行,因而司马迁著《史记》时专为卜筮者作《日者列传》。其中专门提到汉武帝时的一件小事。汉武帝时有择日娶亲者,问于卜筮。五行先生首先发言,认为某日可以,之后除太一家认同外,堪舆、术数、丛辰、历术、天人家皆认为是凶日不吉,予以否决。武帝最后拍板:以五行家为准。①

五行最早见诸《尚书·洪范》,之后成为《周易》的内容之一。据《尚书·洪范》载,禹治水有功,"天乃锡禹洪范九畴,彝伦攸叙"。所谓九畴,就是五行、五事、八政、五祀、皇极、三德、稽疑、庶征、五福六极。何谓五行? 就是水、火、木、

---

① 《史记·日者列传》:(褚先生曰)臣为郎时,与太卜待诏为郎者同署,言曰:"孝武帝时,聚会占家问之,某日可取妇乎? 五行家曰可,堪舆家曰不可,建除家曰不吉,丛辰家曰大凶,历家曰小凶,天人家曰小吉,太一家曰大吉。辩讼不决,以状闻。制曰:'避诸死忌,以五行为主。'"人取于五行者也。

金、土。自然界中的五种物质,运行有序,相克相生,顺之者则吉,逆之者则凶。由于五行之说在汉代盛行,史学家班固《汉书》专辟《五行志》,并说《尚书》"洪范"是洛书的部分内容,并说其中的 65 个字就是原文。这一结论性的判断对后人产生了极大影响,"河图为五行之源"从此成了不疑之论。

相传,伏羲根据"河图"、"洛书"画出八卦,推演了太极、阴阳,在研究阴阳后,又用"反证"的方法提出了五行说。五行说认为世界是物质的,由木、火、土、金、水五种最基本的物质元素构成,同时在阴阳二气推动下发展和变化。木、火、土、金、水相生相克,处于不断变化之中。先秦典籍中提到五行的很多,如《左传·襄公二十七年》:"天生五材,民并用之",《左传·昭公二十五年》:"生其六气,用其五行";《国语》中也有记述,如《国语·鲁语》:"地之五行,所以生殖。"

历史上,作为一种朴素的哲学思想,五行说影响了很多领域和行业,尤其对天文学、气象学、化学、算学、医学、建筑学以及音乐影响最大。如人们用五行与人体对应,有五官、五脏之说,与食品对应有五味之说,与音乐对应有五音、五律之说,与空间对应有五方之说,与农业对应有五谷之说,等等。故而庞朴先生说:阴阳五行说"迷漫于意识的各个领域,深嵌到生活的一切方面。如果不明白阴阳五行图式,几乎就无法理解中国的文化。"[1]

3. 二进制数学模式之源头

河图洛书及周易是世界上最早用数学模型表示事物关系历史记忆,也是最早发现和使用二进位的数学模式。德国数学家戈特弗里德·威廉·凡·莱布尼茨(1646 – 1716)(Gottfried Wilhelm von Leibniz,是西方公认的二进制算术的研究者和发明者,他认为,中国古代八卦排列是数学中的二进位制。[2] 现代计算机设计原理即是采用二进位制,这是河图洛书及周易潜价值被后人应用的重要例证,遗憾的是,二进制源头诞生地的中国人却没有将其应用到推动生产力发展之

① 庞朴《稂莠集》。上海人民出版社 1988 年 3 月,第 355 页。
② 莱布尼茨自称1679 年前就发明了二进制算术,之后看到了八卦次序图,认为其中也有二进位。我国学者经过考查指出:早在1679 年之前,也就是他发明二进制最早时间之前,欧洲就有关于八卦图的书籍出版,而莱哥哥 1679 年之前也见过易图。1660 年学者斯比塞尔在荷兰出版了《中国文史评析》一书,书中记载了 I·Ging(易经)。斯比塞尔跟莱哥哥交往相当密切,而这本书是莱布尼茨为了解中国参考过的一本书。书中两个部分介绍了易经,介绍了龙马负图出河、伏羲得图做八卦以及太极阴阳八卦学说。见胡阳李长铎《莱布尼茨——二进制与伏羲八卦图考》,上海人民出版社,2006 年 8 月。

中。

4. 中国符号学之源头

历史上的一些文化成果,既有能够被人们明显认知、肯定的价值,也有一时不能够被人们认知的潜价值。河图洛书是用图象的视觉效果以及图象所表示的次序与数字关系来表达内涵的,它所传递出的信息量非常大。这些信息浓缩了中国古代文化的精华,反映着对客观世界规律性的认识。图象的形态是一种符号,而符号的排列又表现出一定的结构,直观有序的直观特征和储蓄意蕴具有神秘性和不确定性。河图洛书是中国符号学的源头,其在当代的科学价值就在于它比较典型地体现了结构主义和符号学的原理,所显示的不尽信息有待人们破译和解释。

作为原始文化发展奠基性的文献,河图洛书涉及到天文、气象、历法、数理等许多方面,反映了中国先民心灵思维的最高成就,是我国古代文化遗产中最具智慧的结晶。虽然古文献中多有记载,但其真实面貌究竟如何并未见实录,直到宋代陈抟画出图本,世人始睹其形。为此,对其是否存在,千百年来一直争论不休。令人欣慰与兴奋的是,1987 年 8 月,安徽考古工作者在含山县长岗乡凌家滩进行发掘,其中出土于 87M4 中的一件玉器让人眼前一亮。

这件玉器由三块玉板组成:龟壳、龟板和图板。龟背甲和和腹甲上钻有圆孔并刻有暗槽,似可用丝绦串绑连结,出土时刻有太阳纹图案的玉板被咬衔在龟壳与龟板之间(还有玉签)。玉板呈长方形,正面刻有两个同心圆,小圆内刻有方心八角星纹;大圆对着长方形的四角各刻有一圭形纹饰;两圆之间被平分为八等份,每等份雕刻一圭形纹饰。专家们认为,这是一件占卜器,纹饰与文献中关于河图洛书的记载相吻合,因而与《周易》的起源有联系。[①] 负责发掘的专家张敬国认为,《黄帝出军诀》中有"元龟衔符"、《尚书中候》有"元龟负书出"、《龙鱼河图》有"大龟负图"之记载,这件玉龟的上下腹甲夹着玉板,使历来最难令人置信元龟衔符"神话"得到了印证。凌家滩的玉龟、玉签和玉版是史前的占卜工具,它的出土是对古书中龟负洛书、玉龟衔符之说的一个实证,意义重大。[②]

---

① 张菁喻菲《安徽出土"河图洛书"古代实物,改写人类文明史?》,新华社 2001 年 8 月 8 日电讯,《人民日报海外版》2001 年 8 月 10 日。

② 李修松《试论凌家滩玉龙、玉鹰、玉龟、玉版的文化内涵》,《安徽大学学报》2001 年第 6 期。

经碳 14 年代测定,确认凌家滩遗址的年代为 5560±195 年。这就是说,这件玉器的制作当在 5000 年之前。

凌家滩出土的"玉龟衔符"玉器

二、《周易》

儒学典籍很多,最重要是六经。六经者,《诗经》《尚书》《礼记》《周易》《春秋》《乐记》之谓也。《周易》初最为卜筮之书,经过孔子的整理,①凸显其哲理之精深,广涉宇宙、自然与社会各个方面的知识与学术,也言及政治、思想与伦理道德,且主张"大一统",故秦火不毁。汉代儒学独尊,被奉为"六经之首",成为了士人必读之书。

《周易》对中国人的政治及思维方式影响至深,本书前章关于元典观念部分已有所论,此仅作概略之述以补之。

1. 中国辩证哲学之源头

贯穿《周易》的根本思想是通变,因而《周易》具有朴素的辩证唯物主义精神。它主张既要看到事物对立,如天、地,阴、阳,吉、凶,刚、柔,否、泰,又要看到二者的统一,统一的条件是矛盾的转化。如《周易》中的阴阳二卦,主要讲宇宙运行规律,即在阴阳的相互作用之下,乾、坤定位,化生万物;世间万千变化,都是基于乾坤开合、阴阳运化之结果。《周易》以辩证的哲学思维指出,任何事物都包含有主要矛盾和次要矛盾,尤其强调重视矛盾的特殊性,处理各种矛盾时要注意时间、空间等不同的条件及其复杂关系。它强调理论对实践的指导作用,同时

---

① 据《史记·孔子世家》记载,孔子晚年用了很大气力整理《周易》,但仍感到不够完善:"孔子晚而喜易,序彖、系、象、说卦、文言。读易,韦编三绝。曰:'假我数年,若是,我于易则彬彬矣。'"

也注意到了实践对认识发展的作用。《周易》提出了很多重要的观念,如"生生之谓易","易则变,变则通,通则久","一阴一阳谓之道","形而上者为之道,形而下者为之器",不仅都成为了中国哲学中的精辟命题,而且在哲学本体论中具于主干地位。《周易》将宇宙间万物的起源和终极都聚合在天的本体中,人都要以天为具体的精神依托。"天行健"也就是人内在的心象天一样生生不息。天可转化为道,天是观念性的,道就是天,是外在的天。器为用,是本体与作用的两个阶段,"君子厚德载物",即是天道的外用于改造社会的结果。

作为中国哲学思想的起源,《周易》在春秋时期影响了诸子百家,除儒家外,道、法、墨、名、杂以及纵横家、军事家,无不汲取其营养(尤其易理)以构建自己。如关于人与自然的关系,即人与天的关系,《周易》认为人是自然界的一部分,只有顺应规律,才能生存、繁衍与发展。儒家据此主张"天人合一",道家主张"人法天,天法道,道法自然",兵家主张天时、地利等。《周易》之所被称为"群经之首",政治因素之外,核心理念上的一致性才是根本。

2. 中国学术思想之源头

《四库全书总目提要》对《周易》评价极高,尤其指出了其在学术上的重要性:"易道广大,无所不包。旁及天文、地理、乐律、兵法、韵学、算术,以逮方外之炉火,皆可援《易》以为说,而好易者又援以入易,故易说至繁。"[①]由此可知,在中国文化发展的长河中,《周易》实为其源头活水。了解《周易》,不仅是认识诸子之说的基础,也是认识中国医学、建筑、艺术、美学等各种学术以及中华民族的道德操守、民俗风情之基础。

3. 中国涉世智慧之渊薮

宇宙间虽然万物层出无穷尽,但均有自己发生、发展的规律;人生在世,人与人、人与自然,人与社会的关系错综繁纷,但也有某些规律可循、可寻。卜筮与六十四卦的产生,说明早在新石器时代到青铜器时代,人们就希望通过直觉的智慧去探索未来,发现和掌握规律。伏羲"一画开天",创阴阳二爻并画出八卦,是集史前人类智慧的表现;周文王在此基础上推演出六十四卦,表明周人对研究预知、建立预知理论的方法论、方法学已有很多的积累,取得了突破性的成就。总

---

① 见《四库全书总目提要》之《经部·易类一》,中华书局,1997年。

结适用于事物及人际关系变化的一般性规律,需要形而上的思维,孔子对易理的诠译,使《周易》具有了哲学的高度,提高了人们对宇宙万物整体性及本质性的认识,从而使《周易》由占筮之书成为了反映宇宙本体论自然界万物本质的哲学元典之作。

《周易》除义理之深邃、系统以至玄奥之外,还蕴含着很多生活的智慧。占筮是《周易》的重要内容,实则只是周易思想表现的一部分。六十四卦是占卜的表现形式,既是数字的游戏,也是符号学的一种载体。就其实质来说,是对人生及生活的某种警诫或暗示。

《周易》给了人们哪些启示与智慧呢? 正如《四库全书总目提要》概括的那样,一言以蔽之:"《易》之为书,推天道以明人事者也。"其要有四端。

《周易》所蕴含的最大智慧是教人自强不息。

《周易》由卦、传等部分组成。以"乾"为卦之首,不仅表明其重要,同时也表明其有统领全局之意。乾指天,指太阳,其含义是健。故而"传"曰:"天行健,君子以自强不息。"乾卦意在鼓励世人懂得奋斗,努力进取,提高德行,建功立业;而要如此,处世就应象天一样劲健刚强,运行不止,永不停息。该卦还以龙作喻,不论在任何情况下——或在渊、或在天,或有悔、或无首——均应目标明确,意志不衰。坚持"元亨利贞"四德,"知进退存亡而不失其正"。这样,不仅"无咎",而且终会达"圣人"之境界!

历史表明,坚毅勇敢,面对困难或逆境毫不畏缩而奋发向前,不仅是我国人民最优秀的品质,也是民族的大智慧。成就一个人事业的因素很多,环境、机遇固然重要,但最终起决定作用的是个人的德、才、智,是个人奋斗不息。

如何始终不渝、毫不懈怠地坚持自强不息呢? 一要与时偕行。从八卦演为六十四卦可知,贯穿《周易》的基本思想是通变:"《易》,穷则变,变则通,通则久。"(《周易·系辞下》)这是宇宙间事物发展的规律。聪明的人就是能认识这个规律,懂得"变动不居……唯变所适"(《周易·系辞下》)的道理,懂得"凡益之道,与时偕行"(《周易·益卦·象》)①的道理,不与时俱进,就可能被边缘、被淘

---

① "与时偕行"在《周易》中多次出现,如《乾卦·文言》:"终日乾乾,与是偕行",《损卦·象》:"损益盈虚,与时偕行。"

汰,届时怨天尤人不仅无济于事,而且为时已晚。事业有成者之所以常常以"闻鸡起舞、机不可失、时不我待、只争朝夕"自励,盖因如此。二要居安思危。由于事物是不断变化的,因而《周易》又要人们时刻保持忧患意识,时刻警惕,居安思危。认为"知进而不知退,知存而不知亡,知得而不知丧"是很危险的;"知进退存亡而不失其正者,岂唯圣人乎!"(《周易·乾·文言》)那些深知能进则进,宜退则退,既有生存发展,又可能失败灭亡道理的人,才是真正的圣人呀! 三要崇德修业。孔子指出,《周易》以强烈的忧患意识①探索宇宙运行规律,其目的,就是为了让君子趋吉避凶,生活安定,事业有成。"君子终日乾乾,夕惕若,厉,无无咎。何谓也? 子曰:君子进德修业。"(《周易·乾·文言》)孔子认为,《易》所以教君子整日勤勉且时刻小心行事,就是为了使君子养成良好的敬业精神,以好的品德成就大业。"子曰:《易》其至矣乎! 夫《易》,圣人所以崇德而广业也。知崇礼卑,崇效天,卑法地。"(《周易·系辞上》)在孔子心目中,《周易》所阐发的道理可谓达到极至,非常完善与完美。《周易》是圣人要人们树立崇高道德、扩大与成就事业的。人要有崇高的智慧,谦恭的礼节。要获得崇高的智慧就要效法上天,要有谦恭的礼节则效大地。从中可知,《周易》提出的"进德修业"、"崇德广业",就是要人们有远大的志向,既有高尚的道德,又有干一番成功的事业。有德有业就能立于世,不仅有地位,因有益于社会而受到人们的重视与敬重。

三、《尚书》

《尚书》是我国最古的官方史书,是我国第一部有关政治历史文献的汇编,是了解三代及之前史迹最重要的典籍。由于该书保存了虞夏殷周时期丰富的政治文献,所涉思想观念具有原创性、革命性,内容丰富,内涵深邃,因而被历代政治家、思想家及历史学者高度重视,列为必读之经典。

人类跨入文明门槛尤其国家诞生之后,社会治理便成了统治者及思想家们不容回避和探讨不止的问题,它既包括政治观念、政治谋略、军事思想,又涉及到文化主张、社会管理等各个方面和层面。

《尚书》作为儒家经典,内容博大精深,是世人了解上古历史、风俗、政治思

---

① 《周易·系辞下》:"《易》之兴也,其于中古乎? 作《易》者,其有忧患乎?"

想、古代圣道王功道统学说及典章制度的最直接、最重要的文献,因而在我国政治、思想、学术史上具有无与伦比的崇高地位。

关于《尚书》的内涵及其历史地位,本书第五章第五节已有相当篇幅讨论,此处不再赘言,谨申述两点作为补充。

1. 中国治政思想之源头

政治经验的积累是驱动社会发展的重要力量。夏商周及三代之前在世人心目中是一个圣人迭出的时代,唐尧、虞舜、大禹、成汤、文王、武王及皋陶、伊尹、傅说、周公、召公、毕公有关治政的思想与实践被视为既完美又高尚,因而,其人及其主张均被视为理想的范式,不仅周秦时人们如此,两汉及其后仍延续不辍。

在周秦时代,卿士大夫议政,言必称《诗》《书》,以示言之有据,言之有故。以《左传》为例,引用或言及最多是《诗经》,凡 277 处;①其次就是《尚书》,达 71 次。②

不唯周秦如此,两汉也是如此。《尚书》作为中华民族原初历史记忆和政治文化基因的载体,集中体现了上古虞、夏、商、周统治者的政治观点、治政理念与施政法则,具有无可比拟的思想智慧,因而成为汉代帝王将相必读必遵的中华元典。在汉代,《尚书》是一部真正的实至名归的帝王之书,从皇帝、臣属到士君子,无不研习《尚书》,尊崇《尚书》,依《尚书》布政、施政。其中,《尚书》以民为本的天命观对汉代立政伦理、大一统观念对巩固两汉帝国多民族的国家统一、贤能治政法则对汉代治政伦理的影响最为突出。不仅如此,他们甚至以《尚书》决狱、以《禹贡》治河、以《洪范》察变等等,从而使"习尚"成为了一项专门学问——"《尚书》学"。③

"稽古鉴今"、"效法先王"是《尚书》中十分突出的治政理念,影响深远,以至宋代司马光历十九年之力著《资治通鉴》。这是因为,每一国家和民族的政治思维往往潜移默化地受到同一种"宏观文化氛围"或曰"范式"的"笼罩"、"支配"与影响。从而驱使他们在求索政治问题的宏观维度、深层逻辑与根本方法等方面,又常常存在着惊人的相同、相近、相通之处。无论在主观上还是客观上,

①　张林川周春健《〈左传〉引〈诗〉范围的界定》,《湖北大学学报(哲社版)》2004 年第 3 期。
②　马士远《周秦〈尚书〉学研究》,中华书局,2008 年 9 月。
③　马士远《〈尚书〉学与汉代政治伦理》,《中国社会科学报》2016 年 3 月 15 日。

一切民族或国家都需要某种特定的社会——政治范式。政治范式是一个国家政治的深层结构,它在政治制度、意识形态变迁中保持相对稳定,从而延续了特定的政治文化传统。在中国,先王观念有普遍和强大的社会基础,无论是儒墨道法诸家学说,还是普通百姓的世俗心态,都有强烈的先王观念色彩。崇拜与忠于先王的意识是贯穿中国传统思想的主旋律。法先王将理想政治的目光投向三代,甚至传说时代的圣君贤相身上。它从建立统一国家的意识形态的需要,发展为现实政治的神话,成为社会中的普遍信仰和具有重大意义的权威范式。这一文化权威甚至凌驾于政治权威之上。① 正是由于此,历代政治家、思想家,无不据此中国传统政治的特点,从《尚书》中寻求传统社会普遍认同的权威治道范式。

　　2. 中国史学思想之源头

　　自汉代起,作为经学重典,《尚书》在士子心目中有着崇高的地位。至唐代,史学大家刘知几从史的角度赋于《尚书》新的意义,从而使《尚书》的史学地位陡升。当代文献学家张舜徽对此予以高度评价:"《书》与《春秋》,自来列诸六艺,视为垂世立教之书。昔人纵亦目为史之大原,抑未有取与《史》、《汉》并论者。下侪汉人诸作,等量齐观,则自知几始。俾学者不囿于经史之分部,而有以窥见著作之本,推廓治史之规,刘氏之功,又不可泯矣。"②

　　高度评价《尚书》史学价值者当为清代章学诚。章学诚有一个著名的观点,即"六经皆史"。(章学诚《文史通义·易教上》)但与《周易》、《诗经》、《论语》等相比,作为"史",《尚书》无疑当推第一。《尚书》记述了虞、夏、商、周四代君臣的言论和事迹,自公元前 23 世纪到前七世纪,上下约 1500 余年,期间正是华夏民族作为一个文化共同体逐渐形成的重要时期,也是我国古代社会发展史上第一个重大的转型期。《尚书》不仅保存了这一重要时期许多珍贵的历史档案材料,具有很高的文献价值和历史价值,而且通过作者所反映的历史观也深深地影响了后世。

　　《尚书》中其带有政治色彩的史学思想也十分丰富,因而可以说,《尚书》不仅是中国史学的奠基之作,其思想也型塑了中国史学的基本面貌,其历史观也深

---

① 刘方玲《法先王与中国传统治道范式的构建》,《燕山大学学报(哲社版)》2007 年第 1 期。
② 《史学三书平议·史通平议卷一》。张舜徽《史学三书平议》,中华书局,1983 年 2 月。

深地影响了中国的政治学术文化。

其一,认识到人民是社会和国家的主体,初具了原始的社会进步发展观。《尚书》是我国"民本"思想之源,提出"民可近,不可下;民惟邦本,本固邦宁"(《尚书·五子之歌》),鲜明地表现出中国古代政治家、史学家的重民思想倾向,即已初步认识到民为国家之根基。周人强调人的作用,并以此改造了旧有的"天命观",认为"天聪明自我民聪明,天明威自我民明威",(《尚书·皋陶谟》)"天矜于民,民之所欲,天必从之",(《尚书·泰誓上》)"天视自我民视,天听自我民听",(《尚书·泰誓下》)"皇天无亲,唯德是辅;民心无常,唯惠怀之"。(《尚书·蔡仲之命》)鉴于这些精辟的认识,周人明确提出了"敬天"就是"敬德",就是"保民"之说。敬天保民思想的成熟,使"人"的地位上升,"天"(神)的观念淡化与地位相对下降,不仅构成了周代初期统治者治政思想的基础,也在很大程度上影响了我国古代治政思想发展的思路,因而意义深远。

其二,大一统国家观之滥觞。《尚书》历史思想影响突出的另一观念就是"大一统"。"大一统"是我国传统政治、思想、历史文化中的国家意识,影响广泛而深刻。所谓"大一统",指国家应统一于一个政权之下,不可各行其是,更不可分裂。"大一统"之词最早见于《公羊传·隐公元年》,"大一统"思想的确立在西汉,但"大一统"思想的起源则可追溯到三代,尤其至西周,这一思想的萌芽得到进一步发展,《尚书》则为其滥觞。

《尚书》所记史实表明,早在尧舜时代,黄河中下游地区由于文明程度高于四方而成为天下之中心。帝尧"克明俊德,以亲九族;九族既睦,平章百姓;百姓昭明,协和万邦,黎民于变时雍。"(《尚书·尧典》)"万邦"皆在尧帝统御之下,可见当时"天下"之大。舜时不仅巡狩四方,还"肇十有二州,封十有二山。……天下咸服",(《尚书·舜典》)政令一统。禹时治水成功,为加强管控,划天下为九州:冀、兖、青、徐、扬、荆、豫、梁、雍。(《尚书·禹贡》)九州之域,基本上包括了今辽河、海河、黄河、淮河、长江中下游流域的大部分地区。

殷商甲骨卜辞中已有"中商"、"大邑商","中土"、"土中"等词,四方诸侯被称作东土、南土、西土、北土,从一个侧面反映出当时已有一统天下之思想。至西周,这一萌芽期的一统思想更为明显,最典型的话语是《诗经·北山》中的"溥天之下,莫非王土;率土之滨,莫非王臣"。《尚书》中的"万邦"、"天下"、"四海"就是这一思想的反映。①《禹贡》除记载打破各诸侯国政治界限而依据山川自然分野将天下划为九州外,还依据各地不同民族居地的远近与特点确定了"五服"。即将王畿外围,以五百里为一区划,由近及远分为侯服、甸服、绥服、要服、荒服,合称"五服"。"弼成五服,至于五千",(《尚书·益稷》)地域之广,可想而知。《尚书·益稷》中禹称颂舜说:"俞哉,帝!光天之下,至于海隅苍生,万邦黎献,共惟帝臣。"此一颂辞,简直就是《诗经·北山》的再版,有异曲同工之妙。《尚书·禹贡》不仅关于五服之范围记述十分明白,"东渐于海,西被于流沙,朔、南暨声教,讫于四海",就连如何交纳贡赋也说得很清楚,真实地反映了中央王朝与各地的政治、经济关系。五服的划分,还涉及到民族问题,"夫先王之制,邦内甸服,邦外侯服,侯卫宾服,蛮、夷要服,戎、狄荒服"。(《国语·周语上》)从中可知,包括蛮夷戎狄,均为域内之民,民族平等思想已见端倪。

《尚书》的这些记述和史学思想,深邃而博厚,不仅直接影响了司马迁,也影响了其后历代政治家和思想家。故刘起釪先生无不感慨地说:《尚书》在历史上虽有篇目多少、版本今古、内容真伪之争,"然不论发生些什么变故,它总是随着二千多年封建王朝的历史发展,始终雄踞在意识形态的最高宝座上,成为历代帝王和封建士大夫必读必尊的政治与道德教科书,给了汉以后全部封建时代的政治和思想以巨大影响。"②真知灼见,一语中的。

第三节　河洛文化——引领社会发展的国家文化

我国是一个幅员广大,民族众多的国家,因此地域文化丰富多彩,姹紫嫣红,个性鲜明;但又由于我国长期处于大一统的局面,即使出现南北分治也仍保持着人员交往与文化交流,③因而各种地域文化又相互影响、相互渗透、相互借鉴、相互吸收与相互包容。

文化向来都是社会核心价值体系的重要组成部分,影响着人们政治倾向、理

① 刘正寅《"大一统"思想与中国古代疆域的形成》,《中国边疆史地研究》2010年2期。
② 刘起釪《尚书校释译论·前言》。顾颉刚刘起釪《尚书校释译论》,中华书局,2005年4月。
③ 历史表明,即使王朝国家南北分裂或势力割据,握权柄者也大都标榜自己为"正统"。三国、五代皆如此。

想信念、道德追求、思想情趣、精神面貌、心理素质和宗教信仰。河洛文化由于所处地域的特殊性——天下之中,长期为中国政治文化之中心;政治上的优越性——长期受到官方的认可、倡导与推动;内容的核心性——中国传统文化的核心与主干;内涵的元典性——传统文化的原创基本观念;人口迁移的输出性——中原汉人南播促生了客家文化,影响了赣闽粤文化和合文化等原因,使得河洛文化得以认同,提升为国家文化,成为了华夏文化的"根"与"魂"。

文化是一种历史性的存在,因而文化认同和国家认同问题都需要从历史的角度去考察,从一定时空社会发展及人的活动过程中去考察。河洛文化开启中国历史上多民族统一国家发展的新时代,同时由社会主导文化而成为国家文化。①

一、河洛文化:社会主导文化

中华民族的文化源头悠远无尽,但就其原初成型而言,则可追溯到伏羲与黄帝;就其成为较为系统的思想观念而言,其代表人物应是周公、老子和孔子。周公首倡宗法,并在封建中加以实践,创中华政治制度之范式;老子首倡道德,主张无为而治,无为化民,其后儒道法墨各承其绪;孔子将老子之"德"发展为"仁",为儒家文化奠定了基础。河洛文化将周、老、孔思想在中原加以融合,成为了多元文化中的主导文化,汉代以后地位进一步上升,一匡天下而成为了国家文化。

文化的多样性是由地域的不同和族群的众多决定的。三代之前,在中华大地上,不论史家称之为部落、方国或酋邦、邦国,实质上都是中华先民早期族群存在与生活的不同形式的政治聚落。随着这些政治聚落的不断繁荣与发展,随之也就孕育出了不同的群族文化,如夏文化、殷文化、周文化以及夷文化、羌文化、楚文化、巴文化、百越文化、夜郎文化等。期间,由于夏、商、周的强大并成为部落盟主以至建立为国家,于是,夏文化、殷文化、周文化就成了众多族群文化中的主导文化。由于主导文化代表着盟主或国家意志和利益,在政治上处于强势和核心地位,加之最高统治阶层的强力推行,因而具有最大的权威性,对其从属的族群文化有极强的引领作用和制约作用,以至于一些生命力弱小的族群文化渐渐

---

① 刘庆柱《河洛文化定位与功能的探索》,《中原文化研究》2015 年第 1 期。

被取代而湮灭无闻。春秋时期泰山之南泗水流域一带有许多小国,如邾、小邾、萧、郳、颛臾、牟、极、滕、薛等。其中虽有一时实力较强者(如邾)但大多为鲁国与齐国的附庸,后多为鲁、齐所灭,因而并没有形成单独的地域文化,而是融合在齐鲁主导文化之中了。

河洛地区由于长期是我国王朝帝都所在地,是国家的政治、经济、文化的中心,除产生于这一地域的文化被统治者确立为政治文化的核心之外,对汇集于河洛地区的各地族群(或地域)文化也进行了有效地整合,即汲取、融合、发展与淘汰,从而在不断创新中丰富和壮大自己。也就是说,在尊重各族群文化价值观念的基础上,将其汇入于河洛文化的价值观念和理想、道德的追求之中。

发展中的河洛文化被天下认同而成为社会主导文化的主要思想理念可加概括者甚伙,其荦荦大者如下:

1."天人合一"的宇宙观

如何认识人、人与社会、人与自然的关系,始终是认识论中的首要问题。"天人合一"最核心、最本质的思想就是主张人与自然的和谐统一;用之于社会治理,理想的社会形态是世界大同,人与人和谐共处,在求同存异中共同发展。人虽然仅是自然界的一个成员,但由于人是万物之灵,人在同自然的关系中无不处于主导地位;是尊重自然、善待自然,还是以我为中心掠夺自然,起决定作用的是人。

天人合一思想运用于政治,集中反映在《尚书》之中。《尚书》认为,夏伐有扈,殷商灭夏,周取代殷,都是天意在人世的反映。①《周易》所反映的早期先民仰观天文,俯察地理所产生的天道、人道、地道思想,不仅影响了孔孟、老庄及诸子,面且成为了中国传统文化架构的基础观念。质言之,作为一个哲学的命题,不论儒家或道家,也不论法家和墨家,在人与自然、人与社会的主张上虽各有不同,对天(道、神)赋于的含义与功能不一,但无不认为人与自然的"和谐"、人与人之间的"和谐",整个社会包括国与国之间的"和谐",是人类社会发展的最高境界与目标。

---

① 《尚书·甘誓》:"有扈氏侮五行,怠弃三正,天用剿绝其命,今予惟恭行天之罚。"《尚书·汤誓》:"有夏多罪,天命殛之。"《尚书·牧誓》:"商王受……暴虐于百姓……今予发恭行天之罚。"

2. 以民为本的社会观

"国家是文明社会的概括。"①国家的诞生标志着人类社会的发展从无序到有序。但人所共知,国家是阶级统治的机器,既要保护一部分人,又要压迫或剥夺一部分人。如何正确地使用国家机器造福于全民族,造福于全社会,至今还是人们争论不休的问题。然而在我国,对待这一问题,从夏王朝的建立,到封建社会结束,任何朝代都认为"民惟邦本",②治政旨在安民、保民、富民。就思想家而论,周公、管子、老子到孔子、墨子、孟子、庄子、荀子、韩非子皆以重民、重民生而自命;从最高统治者而论,从尧、舜、禹、汤、文、武到秦皇汉武、唐宗宋祖,从成吉思汗到康雍乾嘉,不论其政绩如何,也无不总是念念不忘庶民与民生。可以说,民本思想始终是中华民族政治治理思想的一条主线,在这思想的指导下形成了历代的治与乱。

3. 崇德修身的人生观

德治思想源于《尚书》。周人从天人观念出发,认为王权能否得到和能否巩固,关键在德,因而响亮地提出"皇天无亲,惟德是辅"(《尚书·蔡仲之命》),要求执政者必须做到"明德"(《尚书·康诰》《尚书·多方》)、"敬德"(《尚书·康诰》《尚书·梓材》《尚书·召诰》),认为只有如此才能得到庶民的拥护与支持。为做到有德,执政者就必须念念不忘"祖德"(《尚书·洛诰》),善于"稽我古人之德"(《尚书·召诰》),从而作到"祗勤于德"(《尚书·周官》)。

传统文化十分重视修身,认为具有了崇高的德行与才能,才有可能为国家、为黎民作出贡献;即使没有机会从政立功建业,也要独善其身,作一个于社会有益的人。因此,以儒家文化为代表的中国传统文化的人生目标是修身治国。《大学》所言诚意、正心、格物、致知、修身、齐家、治国、平天下的思想。这里,修身是手段,是前提,治国是指向,是最高目标;三千年来一直是志士仁人用世的基本原则。

修齐治平思想实源于《尚书》。这从《尚书·尧典》《尚书·皋陶谟》两篇即可以看出。《尚书·尧典》曰:"克明俊德,以亲九族。九族既睦,平章百姓。百

---

① 恩格斯《家庭私有制和国家的起源》。《马克思恩格斯选集》第4卷,人民出版社,1972年,第172页。

② 《尚书·五子之歌》:"皇祖有训:民可近,不可下。民惟邦本,本固邦宁。"

姓昭明,协和万邦,黎民于变时雍。"这是称赞帝尧之语。《尚书·皋陶谟》曰:
"慎厥身修思永,惇叙九族,庶明励翼,迩可远在兹。"这是皋陶称赞古圣人之语。
文中所说古之圣哲,由于自身品质高尚,因而得到族人的爱戴,进而得到天下的
拥护,这才成就了万邦大业。《大学》所言"诚意、正心、修身、齐家、治国、平天
下",正是春秋战国时期国君、卿、士、大夫们的道德追求。

在《尚书》的影响下,崇德修身在其他典籍如《周易》、《左传》、《论语》、《孟
子》、《礼记》、《大学》等书中也比比皆是,对帝王、卿、士大夫、君子如何修身处
世,阐释得极其详细入微。这种中国式的人文关怀,不仅渗透在专门教育之中,
也渗透于全社会,尤其最基础的社会细胞——家庭之中。正是由于这种人文关
怀覆盖了人的一生,产生了极大的向心力、正能量,才使得我们全民族具有了强
大的凝聚力。比如重德修身,《礼记》主张"慎独",[①]《周易》主张"自强不息"
(《周易·乾·象传》)和"厚德载物",(《周易·坤·象传》)孔子主张君子应有
"至德",(《论语·泰伯》)国家要作到"为政以德"。(《论语·为政》)由于"尚
德"的精神一以贯之,因而立身修德、为政以德已成为人们生活学习和治国理政
的根本指导思想。

4. 崇信尚义的伦理观

诚信思想的源头虽然久远,但从文字记载而言则首推《尚书》。《尚书》中并
无"诚信"一词,但"诚"字出现过两次,"信"字出现过7次,同时还有与诚信义同
的"允"、"孚"、"忱""谌"等词语,因而诚信作为道德规范,首现于《尚书》是毋庸
置疑的。[②]

《尚书》中"诚"出现两次。《舜典》记载舜每五年至各地巡狩一次:"五载一
巡守,群后四朝。敷奏以言,明诚以功,车服以庸。"全句意为舜通过到各地视
察,听取部落首领汇报,肯定优异者,用车马衣物加以奖励,以彰其功。此处的

---

① 《礼记·中庸》:"天命之谓性,率性之谓道,修道之谓教。道也者,不可须臾离也,可离非道也。
是故君子戒慎乎其所不睹,恐惧乎其所不闻。莫见乎隐,莫显乎微。故君子慎其独也。"据《人民
日报》2014 年 3 月 19 日报导,3 月 18 日,习近平在调研指导兰考县党的群众路线教育实践活动
时强调弘扬焦裕禄精神,推动教育实践活动取得实效。他在听取汇报后的讲话中对领导干部提
出了四条要求,其中第四条是要求领导干部"对一切腐蚀诱惑保持高度警惕,慎独慎初慎微,做
到防微杜渐。"

② 唐贤秋李秀芳《〈尚书〉中的诚信思想管窥》,《行政论坛》2003 年第 5 期,第 94 页。

"明""诚"二字,均具有道德之义,即以他们是否仁德、诚信、忠诚论功行赏。《太甲下》记载伊尹申诰太甲曰:"鬼神无常享,享于克诚"。意为对鬼神要虔诚,也即对上天和祖宗要诚信,认为这是为君的必守之道。

"信"字在《尚书》出现了7次:

有夏多罪,天命殛之。……尔无不信,朕不食言。尔不从誓言,予则孥戮汝,罔有攸赦。(《尚书·汤誓》)

今汝聒聒,起信险肤,予弗知乃所讼!(《尚书·盘庚上》)

今商王受惟妇言是用,……乃惟四方之多罪逋逃,是崇是长,是信是使。(《尚书·牧誓》)

周公曰:"呜呼!自殷王中宗及高宗及祖甲及我周文王,兹四人迪哲。……此厥不听,人乃或譸张为幻,曰小人怨汝詈汝,则信之……"(《尚书·无逸》)

天不可信,我道惟宁王德延,天不庸释于文王受命。(《尚书·君奭》)

昔君文武丕平,富不务咎,厎至齐信,用昭明于天下。(《尚书·康王之诰》)

民兴胥渐,泯泯棼棼,罔中于信,以覆诅盟。(《尚书·吕刑》)

上面所示《尚书》中"信"字,除了《盘庚上》篇之"信"应释为"伸"意外,其他六句中的"信"均为"相信"、"信任"和"诚信"之意。如《汤誓》"尔无不信,朕不食言",可译为"你们应相信我,我决不食言。《康王之诰》篇中"厎至齐信"是"诚信"之意。至于《吕刑》中的"罔中于信",清人人俞越认为"中"与"忠"通,"于"即"与"也,[①]也就是说,蚩尤等"罔忠与信"——不讲信用,尔虞我诈,因而遭到庶民百姓的反对。

《尚书》认为,诚信是一种美德,这种美德是先人传下来的,因为上古之人已经认识到德的伟大力量:"惟德动人,无远弗届。满招损,谦受益,时乃天道。"(《尚书·大禹谟》)

① 转引自陈戍国《尚书校注》,岳麓书社,2004年8月,第193页。

　　"德"能"动人",且为"天道",作为后继者,就必须继承这高尚的品质与美德。皋陶将其概括为"九德":"宽而栗,柔而立,愿而恭,乱而敬,扰而毅,直而温,简而廉,刚而塞,强而义。"(《尚书·皋陶谟》)。"九德"之说,从一定意义上反映了三代时王权中的自律精神,不言而喻,这是一种诚信的表现;商汤信守承诺的"不食言",实为这一精神之典范。

　　《尚书》也是我国最早使用"义"字的典籍。

　　　王懋昭大德,建中于民,以义制事,以礼制心,垂裕后昆。(《尚书·仲虺之诰》)

　　　无偏无陂,遵王之义。无有好作,遵王之道。无有作恶,遵王之路。无偏无党,王道荡荡。无党无偏,王道平平。无反无侧,王道正直。(《尚书·洪范》)

　　　用其义刑义杀,勿庸以次汝封。(《尚书·康诰》)

　　这里所举的"义",均具有道德上的含义,意为正义、正当。这可从前两句中与"义"对举的"礼"、"道"、"路"、"荡"、"平"、"直"看出。"义刑义杀"中的"义",是名词用作动词,即"合乎义"之意。

　　《尚书》中的"义"对后世影响极大,其最著名的继承者为孔子和孟子。孔子思想的核心是"仁",但他吸收并发展了《尚书》中的"义",认为"仁"的核心是爱人,义的核心是尊贤,礼则是对仁与义的具体规定。[①] 他还说:"君子喻于义,小人喻于利"(《论语·里仁》),"不义而富且贵,于我如浮云。"(《论语·述而》)。因此孔子得出结论,认为这是人生至道:"立人之道,曰仁曰义。"[②]孟子将"义"作为大丈夫精神,主张舍生而取义。"生亦我所欲也,义亦我所欲也;二者不可得兼,舍生而取义者也。生亦我所欲,所欲有甚于生者,故不为苟得也"(《孟子·告子上》)。

---

① 《中庸》:"哀公问政。子曰:'……仁者,人也,亲亲为大;义者宜也,尊贤为大。亲亲之杀,尊贤之等,礼所生焉。'"
② 《周易·说卦》:"昔者圣人之作《易》也,将以顺性命之理。是以:立天之道曰阴与阳,立地之道曰柔与刚,立人之道,曰仁与义。"

　　儒家认为,"至道"就是天下为公,讲信修睦。在这一伦理思想指导下,从宗法观念出发,设计出了不同的伦理框架,用以规范整个社会人与人的关系,其中包括君臣、父子、夫妇、兄弟、朋友等基本的人伦价值规范,虽然其中不免有很多落后的东西,但它以德代法,成为了封建社会赖以稳定的伦理基础,使许多优秀的传统值得肯定与弘扬。如讲信义,重然诺,重义轻利等。"义"和"信"作为传统文化的观念,一直是人们行为规范的重要组成部分。重义轻利,讲信修睦,就是严于修身。《大学》第十一章曰:"故君子先慎乎德,有德此有人,有人此有土,有土此有财,有财此有用。德者本也,财者末也。外本内末,争民施夺,是故财聚则民散,财散则民聚。财散则人心聚,财聚则人心散。"这就是说,当个人与他人、"义"与"利"发生冲突时,要有正确的价值选择——重义而轻利。由于重义轻利能使人际关系保持和谐,因而千百年来成了中国人民处理人与人、人与社会、国家与国家际关系的一条准则:以义为重,不因利损义。讲信义、重情义、扬正义、树道义,成为了人人信守"习惯法";邻里相亲、守望相助、崇德向善、见义前行蔚然成风,成为了城乡的道德习尚。

　　5. 知行合一的哲学观

　　说到"知行合一",学术界无不想到明代思想家王阳明《传习录》(卷一)中的一句话,即土阳明认为学习知识与付诸行动不是割裂的,而是完全一致的,"某今说个'知行合一',正是对病的药。"王守仁作为一个哲学家,从对朱熹思想的反思中提出"知行合一",实是对传统"格物知至"思想的正确延伸与发展。《大学》曰:"物格而后知至,知至而后意诚,意诚而后心正,心正而后身修,身修而后家齐,家齐而后国治,国治而后天下平。"意谓:人只有对万事万物有了认识、探究之后才能获得知识;只有获得知识后人的意念才能真诚;只有意念真诚后人的心思才能端正;只有心思端正后人才能修养好品性;只有品性修养好之后人才能管理好家庭和家族;只有管理好家庭和家族后,人才能治理好国家;只有治理好国家后,天下才能达到太平。《大学》用层层递进的论证方法,说明了知与行的关系。其实,最早论述知与行关系的是《尚书》"知易行艰"。《尚书》中有很多篇章都谈到了学习历史的重要,如"学于古训乃有获。事不师古,以克永世,匪说攸闻。"(《尚书·说命下》),又说"惟稽古崇德象贤,统承先王。"(《尚书·微子之命》)同时也强调,学习是为了用:"非知之艰,行之惟艰。王忱不艰,允协于先王成德。"(《尚书·说命下》)意谓知之较易,行之更难,但也更重要。正是有了这一传统,《礼记》才将学习分为四个层"博学之,审问之,慎思之,明辨之,笃行之。"将学落实在"笃行"上。王阳明从哲学的高度对这一传统加以提炼,"知行合一"既成为了一个哲学命题,也是对两千多年来中国知识分子学术品格的高度概括。明末清初,王夫之深入研究了中国史学的优良传统,认为治学必须有益于国事,知识分子做学问应以治事、救事为急务,并将其概括为"经世致用",反对虚浮夸饰等不切实际的空谈论,从而使格物穷理、知行合一、经世致用的学术思想得到进一步的光大与弘扬。2011年5月9日,身为中央书记处书记的习近平视察贵州大学,他在文化书院语重心长地嘱咐青年学子一定要发扬学以致用的优良传统。他说:"我们的一切学习都是为了学以致用,中华民族连绵不断的五千年文化,是我们的自豪所在,一定要发扬光大,使之成为推动中华民族伟大复兴的巨大动力。学习国学的目的,不是为了把他当成古董摆设,也不是食古不化、作茧自缚,而是要变成内心的源泉动力,做到格物穷理、知行合一、经世致用。"任何人只要能自觉地将知识"变成内心的源泉动力",他也就一定会更具文化自信,把生命的历程铺设在前进的道路上,更好地从事各种社会实践。

6. 大一统的国家观

中华民族在漫长的历史发展进程中,曾受过无数来自内部的矛盾与冲突和来自外部的挑战与威胁,如自然灾害、社会动荡、王朝更替、外部入侵等等,但中华民族却一次次战胜灾难,一次次渡过难关,使统一的多民族国家得以不断巩固和发展。究其内在原因,就在于中华民族产生和形成了为整个民族共同认可、普遍接受而富有强大生命力的优良传统。比如崇尚民族团结的优良传统。自古以来,中国先贤在对待民族、邦国的关系上,倡导以"协和万邦"即和平共处为邦交原则,以"天下大同"即共同社会理想为追求目标。在中华民族大家庭的形成过程中,各民族之间有矛盾冲突更有交流融合,在冲突和融合中关系越来越密切,成为民族关系的主流。从先秦到秦汉,经魏晋南北朝、隋唐五代到宋元明清,千百年的交流融合,使得各民族难分难解,终于形成56个民族共同组成的血脉相连、休戚与共、团结进步的中华民族大家庭。又比如维护国家统一的优良传统。历代中国人民维护国家统一的思想源远流长、根深蒂固。"大一统"的思想肇于《春秋公羊传》。春秋时期,孔子修订《春秋》,肯定了"大一统"思想。到了秦汉时期,"大一统"已成为当时政治思想领域中的主流。基于这种认识,各族人民都把维护国家统一看作天经地义、义不容辞的神圣使命与责任。尽管在一些历史时期也曾出现过分裂局面,但统一始终是主流。而且不论分裂的时间有多长、分裂的局面有多严重,最终都会重新走向统一。[①]

7. 知变求新的发展观

"通"和"变"是中国传统文化尤其传统哲学范畴中的两个重要的思想概念。通变观念虽然产生久远,但就文字表述而言,《周易》的"穷变通久"[②]可谓开先河之说,从此成为中国传统哲学的重要命题。

"通变",既指事物自身的变化与转化,也包括此一事物与彼一事物之间的联系、沟通、融合与各种影响;对人来说,它既指思维方式、逻辑判断,也包括行为方式。

中华民族在"通变"这一内涵丰富而深邃的思维方式的指导下,产生了许多新的思想与精神,如不懈不渝的探索精神,自强不息的奋发精神,日新再新的与时俱进精神,未雨绸缪的忧患意识,变幻莫测的谋略思想,穷达皆宜的智慧人生等。

二、河洛文化:国家文化

国家文化就是国家认同、推行并在域内流行的文化。国家文化的主要内容是国家的政治意志、经济诉求和意识形态。

1. 河洛文化成为国家文化之因

(1)政治与思想背景:百族融合、百家争鸣

任何一种文化和思想都是历史发展的产物,与一定的生产关系相联系,同时也是一定政治环境的产物,是对前人思想成果继承与创新的结果。

我国历史上的国家文化作为意识形态,真正的形成应在周王朝,定为一尊则在汉代。

---

① 习近平 2011 年 9 月 1 日在中央党校 2011 年秋季学期开学典礼上的讲话《领导干部要读点历史》,《党建研究》2011 年第 10 期。

② 《周易》中有许多处论述"通""变",如《系辞上》:"日新之谓盛德,生生之谓易……通变之谓事";"广大配天地,变通配四时";"一阖一辟谓之变,往来无穷谓之通";"化而裁之谓之变,推而行之谓之通";《系辞下》:"变通者,趋时者也";"穷则变,变则通,通则久"。

国家文化最大的特点是具有强烈的政治性,它首先是为统治阶级服务的,同时也要使大多数臣民百姓所接受。这是一个大浪淘沙的过程。夏文化、殷文化经过一千多年生成与发展方蕴育出了周文化,用孔子的话来说就是不断"损益"的过程和结果。① 周王朝是一个开放创新的王朝,其对夷狄蛮戎苗实行团结融合政策,从而使"溥天之下,莫非王土,率土之滨,莫非王臣"(《诗经·北山》),也使中原汉人与夷、蛮、戎、狄的"夏夷"之变得以完成,夏文化居于了主流地位。齐鲁文化的形成就是这样。齐鲁大地古为夷地,后为商朝的势力范围,从广义上说这里的百姓均可称为殷商之民。史载,太公封齐,周公封鲁。如何治理齐、鲁,周王室的方针非常明确:"启以商政,疆以周索。"(《左传·定公四年》)这里,"政"、"索"均有制度、条法之含义。齐鲁的执政者长期生活在河洛地区,他们到齐鲁之后,在政策基本上是照搬周朝,同时"变其俗,革其礼",从而使齐鲁大地成了当时东西方文化的交汇、融合之地。

大规模的分封造成了春秋时期的列国鼎立,在诸国中,晋、楚、齐、鲁、郑、卫、魏、曹、蔡、陈、宋、吴、越等为其佼佼者。在兼并、争霸称雄中,诸多的政治家、思想家、军事家以至游侠烈士各述其志,各抒其怀,文化上出现了一个百花齐放、百家争鸣的繁荣局面。② 周公、管子、老子、孔子、墨子、庄子、韩非子以及苏秦、张仪等的出现,各种学说标新立异且在中原交汇(如孔子专程到洛阳向老子问礼),使中原文明达到一个空前的高度,与同一时期的古希腊文明、两河文明和古印度文明相映辉。

由此可知,周代国家文化的形成,既是大一统的产物,也是在继承、汇融、扬弃各地域文化基础上创新的产物。

由此可知,周代国家文化的形成,既是大一统的产物,也是强势诸侯割据的产物,更是在对前人继承的基础上创新的产物。

(2)地域与经济环境:天下帝都、经济繁荣

经济环境是文化发展与繁荣的基础,地域环境则是文化差异的重要原因。

---

① 《论语·为政》载:孔子的学生子张问礼仪的形成,孔子曰:"殷因于夏礼,所损益,可知也;周因于殷礼,所损益,可知也。"
② 诸子百家是对春秋、战国包括秦汉时期各种学术派别的总称。班固《汉书·艺文志》记录有名有姓者189人(家),其中影响较大、形成学派者为法家、道家、墨家、儒家、阴阳家、名家、杂家、农家、小说家、纵横家、兵家、医家。

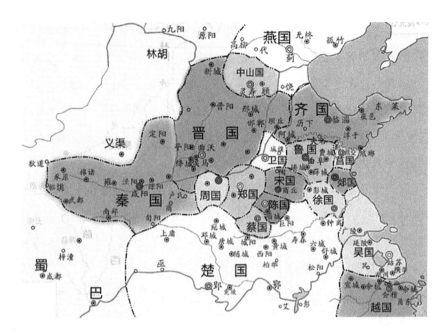

春秋战国诸侯国（下载于网络）

河洛地区气候适宜,土地肥沃,是我国农业最早发达的地域,加之这里地处"天下之中",交通便利,人口众多,因而自三代起,很多王朝均定都于此。充裕的物质条件是河洛地区不仅宜于人居,人民生活安定,也促进了城市的繁荣,从而带动了文化的繁荣。我国有八大古都,中原有其四。其中,洛阳为十三朝古长达1300多年。地利上的政治中心优势,大大增强了河洛文化的向心力,也使河洛文化得以成为主流文化的重要原因。周公在洛阳"制礼作乐",把传统的河洛文化规范化、法制化,从而奠定了河洛文化作为官方文化的基础。其后历代统治无不效法周公,用行政的手段将王朝文化推向全国,把河洛文化作为官方文化用制度安排的方式加以固化,要求朝野奉行,成为巩固政权和加强国家管理的支撑。

（3）社会与文化环境:经文化、科举制

河洛文化虽然有自己的地域品格,但其最突出的风格则是其明显的政治化顷向和强烈的社会责任感,因而注重"经世致用"。这一先天性的特点,是由农业的自然经济决定的。这是因为,在自足自给的农业封建社会,国家要维持强大的一统政局,最好的选择就是保证政治上、思想上的君主集权制,而反映河洛文化的各种典籍,无不具有这一明显的政治烙印。正是由于此,汉魏之时将一些重要的典籍称之为"经",如《易》《书》《礼》《乐》《诗》《春秋》等,使其成为了人们修身齐家治国平天下必读之书。河洛文化中的这种"经"文化特点,是其他地域文化所没有的。由于"经"的地位极高,便自然长期处于"正统"、主流的地位,这也是其他地域文化所没有的。我国封建社会中期,又将"经"定作科举取士的唯一教材,从而使河洛文化的国家文化地位得到了空前的巩固,更加国家化。这也是其他地域文化所没有的。①

国家文化的形成是一个极其漫长的过程与极其浩繁的工程。在传统的中华民族国家文化中,已融入了各地域、各民族各个不同时期的文化。国家文化与地域文化既有差异也有重叠,重叠度越大,认同度也有越高。与其他地域文化相比,河洛文化与国家文化的重叠度可能最高最大,正是从这个意义,我们说河洛文化也就是历史上的国家文化。

2. 多元一体的国家文化

文化是一个国家软实力的体现,也是一个国家发展过程的产物。当今世界上的一些超级大国,如美国,虽开国的历史并不悠久,但之所以傲倨于世,一是经济军事实力强大,二是形成了强势的文化力量。美国以反映垄断资产阶级利益的思想文化为主导,到处推行霸权主义的"美国精神"和打造"美国梦"。美国之所以形成这样的核心文化,与其通过殖民战争立国、"主导"世界称霸的历史有关。中国文化有五千之历史,是多民族、多地域文化融合的产物,因而体现着自强不息、以德治政、以民为本、四海之内皆兄弟等多元一体的和合包容精神。

(1)不同民族文化的融合

我国是一个多民族组成的国家,其中汉族占总人口的90%以上。汉民族人口之所以如此之多,也是民族融合的结果。众所周知,上古之时,华夏大地上有无数大大小小的"部落",其中势力最大的部落集团有三,即华夏、东夷与苗蛮。②华夏集团主要是由活动在中原地区的炎帝、黄帝部落经过无数的共处与战争之后形成的,故后世又称华夏民族为炎黄子孙。华夏民族是一个富于开拓的民族,其形成后,又从黄河中下游地区向周边扩散,以致遍于四海。三代时,华夏族在

---

① 杨海中《河洛文化主流地位的成因》,《光明日报》2004 年 11 月 23 日。
② 参见徐旭生《中国古史的传说时代》,文物出版社,1985 年。

中原建立政权,并以地处"天下之中"自居,包括主要诸侯在内的"诸夏",因政治、文化及血缘有内在的密切关系而称远离中原的四方的部落为夷。《尚书》载,禹治水之后,由于中原农业经济迅速发展,"无怠无荒,四夷来王"。(《尚书·大禹谟》)所谓四夷,具体来讲就是"东曰夷、西曰戎、南曰蛮、北曰狄"。(《礼记·王制》)

需要指出的是,夏王朝作为中华民族的第一个国家形态,其"国家"的概念并非后世封建王朝之地域国家,其并无统一的疆土与政令,夏只是众多部落或邦国推举的"共主",因其势力强大(其中包括武力与文化)而使诸多部落臣服。《竹书纪年》载,夏王朝到第九代槐时,国力仍相当强大,槐即位的第三年,九夷来朝。所谓"九夷",实际上就是九个部落,具体而言就是畎夷、于夷、方夷、黄夷、白夷、赤夷、玄夷、风夷、阳夷。因此,《国语·鲁语下》也有类同的说法:"昔武王克商,通道于九夷百蛮,使各以其方贿来贡,使无忘职业。"显然,这里的"九夷"又有了新意,与"百蛮"连用,"九"与"百"已不是一个具体的数量词了,而是广义上的概念,即"多"。由此可知,三代之夷、狄、戎、蛮并非今天意义上的"民族"之意,而更多的是部落或族群之义。因此可知,周代"诸夏"称四方部落为"夷",主要指其文化落后,如孔子曾说:"夷狄之有君,不如诸夏之亡也。"(《论语·八佾》)但这也给其后留下了蔑视或卑视的空间,如孟子就说:"吾闻用夏变夷者,未闻变于夷者也。"(《孟子·滕文公上》)虽然如此,但《公羊传》在解释《春秋》大义时,则提出了"内其国而外诸夏,内诸夏而外夷狄","不以中国从夷狄"(《公羊传·成公十五年》)之说,意为以周王室为中心,外围的诸侯国为"诸夏";向外扩展,以王室和诸夏为中心,四围则是夷狄;中原文化先进,四夷应向中国看齐。由此可知,《春秋公羊传》是从文化上而不从种族上区分"夷"、"夏"的,这一思想是进步的,对于促进民族间的友好交流和共同进步有极为深远的意义。

春秋时期,诸子及各诸侯国士大夫的"夏夷之辨"及"夏夷之变",反映了中华民族融合及形成的历史过程。"夏夷之辨"的提出,是周代礼乐制度"尊尊亲亲"的产物,因而重视血缘关系。以此为准,诸夏的组成主要是夏、商、姬、姜四大族;以姓氏论,则是姒、子、姬、姜姓氏族中继承了华夏文明的国家,如周王室和鲁、晋、郑、卫、韩、魏、燕、虞、虢等姬姓国;齐、申、吕、许等姜姓国,以及徐、黄、郯、江、赵、秦等嬴姓国和子姓的宋国。随着周文化的发达与浸润,四周许多国家接受了周王朝的礼乐制度且移风易俗,文化渐与中原趋同,因面"诸夏"迅速膨胀。这时,"夏夷之辨"已不再强调以种族或地域为标准,而是用文化的尺度即周之礼乐为标准加以区分。如楚国自称蛮夷,[①]但其后向中原靠拢,以周之礼乐要,文明日进,中原诸侯便与之会盟,不再以蛮夷视之。相反,郑国原为姬姓之国,因与周天子离心离德,行为不合义礼,于是被视为夷狄。

夷、夏可互相转化的观念是由汉代公羊学大师董仲舒明确提出的。韩愈则认为这一思想源于孔子,他说:"孔子之作《春秋》也,诸侯用夷礼则夷之,进于中国则中国之。"(《原道》)董仲舒在阐释"内诸夏而外夷狄"时说,《春秋》是以"亲近来远"之义来辨别夷夏关系的这一说法源于孔子,《论语·季氏》云:"孔子曰:'远人不服,则修文德以来之。'"故而董仲舒说:"亲近以来远未有不先近而致远者。故内其国而外诸夏,内诸夏而外夷狄,言自近者始。"(《春秋繁露·王道》)这是因为,王道的教化向来都是由近而远、由亲而疏、由夏而夷的。董仲舒还从哲学的高度指出,"王道"力量甚大,可以化育人心,促使夷狄转化。他说:"《春秋》无达辞,从变从义,而一以奉天。"(《春秋繁露·精华》)他还说:"《春秋》之常辞也,不予夷狄而予中国为礼。至邲之战,偏然反之,何也? 曰:《春秋》无通辞,从变而移。今晋变而为夷狄,楚变而为君子,故移其辞以从其事。夫庄王之舍郑,有可贵之美,晋人不知其善而欲击之。所救已解如挑与之战,此无善善之心而轻救民之意也,是以贱之。而不使得与贤者为礼。"(《春秋繁露·竹林》)也就是说,对待事物,要以发展、变化的眼光视之,要认识到"从变而移"是规律;无论夷,也无论夏,当其不遵王道、违背礼义时,可"夷狄之",晋国无善善之心,故被视为夷狄;反之,楚虽地处荆蛮,但其有可贵之美,则"中国之"。《春秋繁露·竹林》还以郑国为例作了进一步的说明:"《春秋》曰:'郑伐许。'奚恶于郑而夷狄之也? 曰:卫侯速卒郑师侵之,是伐丧也。郑与诸侯盟于蜀,以盟而归,诸侯于是伐许,是叛盟也。伐丧无义,叛盟无信,无信无义,故大恶之。"郑国虽为华夏

---

① 春秋之时,中原国家称楚为蛮夷,如《国语·晋语》云:"昔成王盟诸侯于歧阳",因"楚为荆蛮"而"故不与盟"。《孟子·滕文公》称楚人为"南蛮,鴃舌之人",《诗经·商颂》曰:"维汝荆夷,居国南乡。"不仅如此,楚人也自卑地称自己为"蛮夷",如《史记·楚世家》载,楚武王伐随时云:"我蛮夷也,今诸侯皆为叛,相侵或相杀,我人敝甲,欲观中国之政。"楚文王亦言:"我蛮夷也,不与中国之号谥。"

之国,但却背弃王道,行事无信无义,斥之为夷狄理所当然。同理,对那些向慕王道与中原礼义文化的夷狄之国,理应加以肯定而以"中国之"。董仲舒的这一思想是一贯的,总体上说,都是属于"大一统"观念的。

历史表明,"夷"与"夏"可以互变,二者之间并不存在不可逾越的鸿沟这一看法是符合民族融合这一实际的。经过从远古到夏、商、周三代历史的发展中原地区的居民形成了华夏族,华夏族与少数民族通过相互交往,相互融合,最早在河洛地区形成了中华民族,同时形成了多元一体的中华民族文化。

(2)不同学派与流派文化的融合

中华民族文化是历史上不同学派、不同流派的各种文化融合的产物,同时也吸收许多域外的先进文化。

中国传统文化以儒家文化为主流,融道、释、法、农、名、杂等百家之长而成为华夏文化,从而形成了一种胸襟开阔、理智、博大的包容精神。简言之,中国的政治、经济、文化思想中儒家色彩浓重,兼有法墨二家;哲学思想中则儒道并重兼有名家、释家;文化领域尤其是艺术人生方面,道家及释家的特色比较鲜明。

儒家讲以德治国,慎独修身,以民为本,讲家国情怀,讲浩然正气,讲和而不同;道家讲智慧人生,道法自然;法家讲社会秩序,以法为绳;释家讲与人为善,清净养神,有容乃大。儒、道、法、释在政治主张、社会关怀、终极目标、彼岸途径等方面有很多理念头是矛盾的,冲突的,甚至是尖锐对立的。但经过千百年的碰撞、交流中,各自都明白了世界本是繁纷多元的道理,懂得了五彩缤纷、万紫千红胜于一花独放;各自都学会了相互尊重、取长补短,懂得了求同存异、齐头发展有利于社会进步;懂得了不同国家、民族的思想文化各有千秋,只有姹紫嫣红之别,而无高低优劣之分;每个国家、每个民族不分强弱、不分大小,其思想文化都应该得到承认和尊重。[①]

需要指出的是,在中华文化融合的历史过程中,作为国家意识形态的文化融合尤其值得称道。

众所周知,儒家思想是官方思想与民间思想结合的产物,它成为国家的主导

---

① 习近平在《纪念孔子诞辰2565周年国际学术研讨会暨国际儒学联合会第五届会员大会开幕式的讲话》,《人民日报》2014年9月25日。

意识形态之过程可以简单地用"周公→孔子→董仲舒→国家→民间"的图式来表示。因为从一定意义上说儒家思想来自民间,因而它所涉及的内容及其观念也都是社会与大众能够了解、实践和接受的东西,统治者接受儒家思想并加以改造,赋予一定的新内容后将其确立为国家的意识形态,但在形态上,却以百姓习以为常的态式出现,从而"使百姓日用而不知,"[1]这是千百年来统治者教化百姓留下来的宝贵以验,应予以总结。这一经验之所以宝贵,是因为它通过不同的有效方式和手段,将不同的思想和诉求在保持各自特点的前提下,融合而构成了一个新的有机而完整的体系,在尊重各民族、各阶层多元价值观念和信仰追求的基础上,坚持了有利于统治阶级利益的基本观念,并使其在意识形态中处于主导地位。

实践证明,在不同学派和流派文化的融合过程中,官方的整合是不可或缺的,整合的方式是值得研究的;整合后的文化,不论其内容和形态,越是能体现各学派和流派的基本认知,各方认知的覆盖面越宽,就越具生命力。国家主席习近平对这一历史经验高度评价,2014年5月4日他在北京大学纪念"五四"青年节的讲话中就自豪地说:"我们生而为中国人,最根本的是我们有中国人独特的精神世界,有百姓日用而不觉的价值观。"[2]

(3)不同地域文化的融合

在历史上,河洛文化作为先进文化,强烈地影响了周边的地域文化并辐射到更远的地域。影响向来都是双向的,区域以外的文化也强烈地影响了河洛文化。河洛文化在吸纳、消化、变易区域以外文化中得到了发展和壮大,之后又影响了它们,从而逐渐演化为国家文化。也就是说,河洛文化作为国家文化,是融合不同地域文化的产物。

地域文化是不同的地域自然地理环境中,由于政治的、经济的以及社会结构和发展水平不同、民俗风情习惯不同所孕育出的不同特质、各具风情的文化,是

---

[1]　语出《周易·系辞上》:"一阴一阳之谓道。继之者善也,成之者性也。仁者见之谓之仁,知者见之谓之知。百姓日用而不知,故君子之道鲜矣。"在老子看来,天地人融合为一的"道"是很高妙的,不能只是君子知其理,也应让百姓不仅知其然,也应知其所以然。由于现实很复杂,百姓深知者并不多,但由于"道"已渗透到了百姓生活之中,不深解却也不妨碍大众信行,因为百姓可以根据自己的经验,从不同的角度和侧面理解与接受,即仁者见仁,智者见智。

[2]　《习近平在北京大学师生座谈会上的讲话》,《人民日报》2014年5月5日。

中华大地不同区域物质文明和精神文明的总和。我国地域文化丰富,就今日各地所称而言,可谓遍于寰中。如关东文化、陇右文化、三秦文化、三晋文化、燕赵文化、齐鲁文化、徽文化、吴越文化、闽南文化、岭南文化、巴蜀文化、夜郎文化、藏文化、湖湘文化、荆楚文化,等等。但仅就"地域"所形成的文化圈而言,所有的地域文化都是与周边文化相交叉而没有截然"地域"界线的,故而又有草原文化、黄河流域文化和长江流域文化之说。为便于讨论,这里不全部使用专有的地域文化称谓,而采用广义的称谓,即"北方"、"南方"、"西方"等称之。

河洛文化与周边和地域文化的融合是广泛的,涉及到政治、经济、社会的各个领域。"一滴水可见大千世界",这里仅以艺术文化中的音乐与饮食文化中的食品为例简要说明之。

首先,让我们看一下中原与西域音乐的交流与融合。

汉代丝绸之路的开通,中原与西域的交流从此畅通无阻。中原的冶铁、造纸及凿井等技很快就传入西域,丝织品、瓷器等日用品也源源不断地西输;西域的毛皮、汗血马、胡桃、葡萄、石榴、苜蓿等也流入中原。与汉语、汉字、汉典书籍、中原乐舞传入西域此同时,西域的音乐、舞蹈、雕塑、魔术等文化也受到了中原的欢迎与接受。

"西域"一词首见《汉书·西域传上》:"西域以孝武时始通,本三十六国,其后稍分至五十余,皆在匈奴之西,乌孙之南。"但《汉书》之前,司马迁已在《史记·大宛列传》中对西域的情况曾作过简明的介绍。大宛,中亚古国,位于帕米尔高原的西麓,今中亚的乌兹别克费尔干纳盆地一带。《大宛列传》以张骞出使为主线,以大宛为中心,介绍了西域主要国家乌孙、康居、奄蔡、大月氏、安息、条支、大夏的地理方位、人口、物产及生活习俗等,文中还提及了一些较小的国家如黎轩、郁成、身毒、盐泽、楼兰、姑师、仑头、苏薤诸国。文中不仅记述了张骞出使西域的过程,也记述西域与中原的具体交往。其中谈到了乌孙国时说:

乌孙以千匹马聘汉女,汉遣宗室女江都翁主往妻乌孙,乌孙王昆莫以为右夫人。

关于汉室与乌孙通婚一事,《汉书·西域传下》有较为详细的记载:

　　乌孙国,大昆弥治赤谷城,去长安八千九百里。……国多马,富人至四五千匹。……武帝即位,令骞资金币往。……骞既致赐,谕指(旨)曰:"乌孙能东居故地,则汉遣公主为夫人,结为昆弟,共距(拒)匈奴,不足破也。"……(乌孙)乃发使送骞,因献马数十匹报谢。其使见汉人众富厚,归其国,其国后乃益重汉。……使使献马,愿得尚汉公主,为昆弟。天子问群臣,议许,曰:"必先内(纳)聘,然后遣女。"乌孙以马千匹聘。汉元封中,遣江都王建女细君为公主,以妻焉。赐乘舆服御物,为备官属宦官侍御数百人,赠送甚盛。乌孙昆莫以为右夫人。

　　史载,汉武帝元封元年(前110),乌孙王猎骄靡遣使以良马千匹为聘向汉求婚,元封三年(前110),汉以江都王建之女远嫁乌孙。王建之女名细君,在汉时称为"细君公主",此后便被称"乌孙公主"。细君出嫁,汉庭"赠送甚盛",其中就包括一批乐工和乐器。对此,晋傅玄《琵琶赋序》曾有具体的描述。傅玄在考证古《琵琶曲》为何人所作时说:"《世本》不载作者。闻之故老云:汉遣公主嫁昆弥,念其行道思慕,使工人知音者,裁筝、筑、箜篌之属,作马上之乐。"①由此可知,细君公主嫁往西域时,不仅带去了乐工及演艺人员,也带去了一批乐器,包括新创制的琵琶。细君公主多才多艺,善书画、音乐及诗歌。她因不懂乌孙语言,曾一度感到远离中原的苦闷,作《黄鹄歌》倾诉之:

　　　　吾家嫁吾兮天一方,远托异国兮乌孙王。
　　　　穹庐为室兮毡为墙,以肉为食兮酪为浆。
　　　　居常土思兮心内伤,愿为黄鹄兮归故乡。

　　据说《黄鹄歌》传到长安后,汉武帝看到后潸然下泪,立即遣使探望并带去了中原的帷帐锦绣等物。乌孙公主也深知和亲之重要,尽其所能为汉乌友好而生活,经常在宫中接待乌孙客人,并将从中原带去的钱币等物赠送他们,还建议

————————————

① 参见黄翔鹏《乐问》,中央音乐学院出版社,2000年7月,第141—143页,第172页。

国王建造宫室,使国都不再随意迁动。老国王过世后,他又按照汉武帝"从其国俗,欲与乌孙共灭胡"旨意下嫁新国王,①但终因体弱,在生下女儿后不久,因染病不治而逝。细君公主把青春献给了西域,因而受到乌孙人的爱戴,今新疆昭苏县西部夏特大峡谷谷口、特克斯河畔有其墓在。此墓规制宏大,高约 10 米,底径 40 米,充分彰显了草原上的人们对她诚挚的敬仰与怀念之忱。

位于新疆昭苏县境内乌孙公主墓

《汉书·西域传下》还记述了继细君公主之后,汉遣楚王刘戊之孙女"解忧公主"下嫁乌孙王之事。解忧公主在乌孙生三男两女:

> 生三男两女:长男曰元贵靡,次曰万年,为莎车王,次曰大乐,为左大将;长女弟史为龟兹王绛宾妻;小女素光为若呼翎侯妻。……
>
> 时乌孙公主遣女(弟史)来至京师学鼓琴,汉遣侍郎乐奉送主女,过龟兹。龟兹前遣人至乌孙求公主女,未还。会女过龟兹,龟兹王留不遣,复使使报公主,主许之。后公主上书,愿令女比宗室入朝,而龟兹王绛宾亦爱其夫人,上书言得尚汉外孙为昆弟,愿与公主女俱入朝。元康元年,遂来朝贺。王及夫人皆赐印绶。夫人号称公主,赐以车骑旗鼓,歌吹数十人,绮绣杂缯琦珍凡数千万。留且一年,厚赠送之。后数来朝贺,乐汉衣服制度,归其国,治宫室,作徼道周卫,出入传呼,撞钟鼓,如汉家仪。外国胡人皆曰:"驴非

---

① 此语及《黄鹄歌》等皆见《汉书·乌孙传》。

驴,马非马,若龟兹王,所谓骡也。"绛宾死,其子丞德自谓汉外孙,成、哀帝
时往来尤数,汉遇之亦甚亲密。

从所记可知,乌孙、龟兹各国皆"乐汉衣服制度",因而对汉王朝所赠"车骑
旗鼓,歌吹数十人,绮绣杂缯琦珍"高兴异常。不仅如此,从中原西归后,一改其
游牧之习,"治宫室,作徼道周卫,出入传呼,撞钟鼓,如汉家仪"。在学习中原音
乐歌舞时,他们虽然力图"如汉家仪",但毕竟原乡文化基因根柢深厚,在传习中
很自然地加入了民族的元素,因而以新面目出现,"驴非驴,马非马"之讥,其实
正是中原音乐歌舞对西域音乐歌舞影响的生动写照。

在中原乐舞西传的同时,大量西域的音乐舞蹈也开始在中原传播并成长。

从汉到北魏,是我国音乐歌舞受西域影响的重要时期。著名历史学家翦伯
赞先生认为,汉初是中原音乐歌舞发展的一个关键时期。他说:"武帝时代,是
汉代音乐与歌舞的转捩点。正因为这一时代是汉代政治经济的转捩点,自此以
后,迄于东汉之末,西域之道畅通,西域的乐曲,不断地传入中原,于是在中原地
区古典的音乐中,注入了新的声律,从而又改变了中国古典歌舞的场面。"①在无
数个西域音乐、舞蹈东传中,《摩诃兜勒》乐曲十分有名,影响很大,因而《史记》
《汉书》中均有所记。但《摩诃兜勒》是何时进入中原的,众说纷纭。中国音乐学
院教授、曾任中国音乐史学会会长的冯文慈先生说:"到东汉末的灵帝时期前
后,来自西域的胡风盛行一时,高湖再起,胡服、胡板、胡舞、胡笛、胡空侯(箜篌
之一种)等等,深入洛阳的帝王贵胄的钟爱。如果假设《摩诃兜勒》是在这一时
期或其后传入并发展,可能性是比较大的。"②冯先生所言汉灵帝喜爱胡乐是有
据的,《后汉书·五行志》曰:"灵帝好胡服、胡帐、胡床、胡坐、胡板、胡箜篌、胡
笛、胡舞,京都贵戚皆竞为之。"汉时,洛阳盛行胡乐胡舞,不仅史书有载,文学作
品也有吟咏。班固《东都赋》曾对宫廷依王制演奏音乐、表演歌舞的宏大场面予
以描绘:

---

① 翦伯赞《秦汉史》,北京大学出版社,1983年5月,第554页。
② 冯文慈《中外音乐交流史》,湖南教育出版社,1998年7月,第33页。

尔乃食举《雍》彻,太师奏乐,陈金石,布丝竹,钟鼓铿鍧,管弦烨煜。抗
五声,极六律,歌九功,舞八佾,《韶》《武》备,泰古华。四夷间奏,德广所及,
僸侏兜离,罔不具集。万乐备,百礼暨,皇欢浃,群臣醉,降烟煴,调元气,然
后撞钟告罢,百寮遂退。

　　赋中写到了域外乐舞在宫廷表演的情况:"四夷间奏,德广所及,僸侏兜离,
罔不具集。""四夷"就包括西域各国。唐代李善及门人曾注《文选》,在解释"僸
侏兜离"时引《孝经钩命诀》曰:"东夷之乐曰休,南夷之乐曰任,西夷之乐曰林
离,北夷之乐曰僸。"从中可知,东汉宫廷中不仅有"四夷"之曲,而且"罔不具
集",可见非常完备,数量、种类之多,可想而知。

　　西晋之后,由于"狄夷"入主中原,北部及西部大批侨民进入中原,他们不仅
从事贸易、手工业生产,很多人也兼事乐舞。因而这一时期也是中原音乐歌舞融
合西域音乐歌舞而得到发展的重要时期。北魏孝文帝迁都洛阳之后,大刀阔斧
推行改革,穿汉服,习汉语,用汉姓,互通婚等,民族文化融合方面的史实很多、很
多,其中也包括音乐。秦汉史专家张广达说:"早在北魏时期,居住在洛阳的西
域侨民有万家以上,其中很多人充当了传播西域音乐舞蹈艺术的使者角色。"他
指出:"北齐(550—577)盛行的音乐皆是胡乐。据《隋书·音乐志》记载,北齐后
主高纬(565—576)'唯赏胡戎乐,耽爱无已。于是繁手淫声,争新哀怨。故曹妙
达、安未弱、安马驹之徒,至有封王开府者'。史称后主竟因耽于胡乐而亡国,这
虽是夸大之辞,但亦可见齐后主对西域音乐迷恋之深。"①

　　除了中原政权与狄戎诸国和亲外,也有西域狄戎与中原政权和亲者,北周武
帝宇文邕娶突厥公主即一典型之例。突厥木杆可汗俟斤之女有姿色,善歌舞,宇
文邕闻而慕之,派使者持厚礼前往聘之。当时突厥在今准噶尔盆地一带,实力雄
厚,也欲结好北周图强,于是便同意突、周结亲之事。俟斤可汗深知女儿酷爱音
乐,送亲时招募了一支由龟兹、疏勒、安国、康国等地三百人的西域乐舞人员陪
嫁,同时也携带了许多西域乐器,如五弦琵琶、竖箜篌、哈甫、羯鼓等。周武帝天

①　张广达《论隋唐时期中原与西域文化交流的几个特点》,《北京大学学报(哲社版)》1985 年第 4
期第 4 页。

和三年(568),"三月癸卯,皇后阿史那氏至自突厥。甲辰,大赦天下"。"后至,高祖行迎亲之礼。后有姿貌,善容止,高祖深敬焉"。① 北周与突厥汗国的交好,促进了中原与西域音乐的融合与发展,为中国音乐史谱写了新的篇章。

中原与西域的音乐歌舞交流经过八百多年的发展,到唐玄宗已盛极一时,许多西域的乐曲、乐器不仅在宫廷使用,也流行于民间。这不仅在《隋书·音乐志》《旧唐书·音乐志》《新唐书·礼乐志》以及《通典》《唐会要》《唐六典》中有大量的记载,如《隋书·音乐志》载:"今曲项琵琶、竖头箜篌之徒,并出自西域,非华夏之乐器",而且在文艺作品如诗歌、壁画、石刻等中也有大量反映。现仅以《全唐诗》中所咏最有名的几个曲舞为例简要说明之。

晚唐诗人郑嵎《津阳门诗》,津阳门为华清宫外阙,作者借一老人之口,追忆玄宗时事。其中写宫中歌舞盛况时曰:

蓬莱池上望秋月,无云万里悬清辉。上皇夜半月中去,三十六宫愁不归。

月中秘乐天半间,丁珰玉石和埙篪。宸聪听览未终曲,却到人间迷是非。

千秋御节在八月,会同万国朝华夷。花萼楼南大合乐,八音九奏鸾来仪。

都卢寻橦诚龌龊,公孙剑伎方神奇。马知舞彻下床榻,人惜曲终更羽衣。

《津阳门诗》作者自注达 32 条之多。② 在"却到人间迷是非"下注曰:"叶法善引上入月宫,时秋已深,上苦凄冷,不能久留,归。于天半尚闻仙乐。及上归,且记忆其半,遂于笛中写之。会西凉都督杨敬述进《婆罗门曲》,与其声调相符,遂以月中所闻为之散序,用敬述所进曲作腔,而名《霓裳羽衣法曲》。"由此可知,《霓裳羽衣法曲》的底本为从"西凉"所进的《婆罗门曲》,是典型的西域情调。

---

① 《北史》本纪第十(帝)、列传第二(后),《周书》本纪第五(帝)、列传第一(后)均有所记且文字相同。
② 该诗及自注见《全唐诗》卷五六七。

诗中有"千秋御节在八月,会同万国朝华夷"句,郑嵎自注云:"上始以诞圣日为千秋节,每大酺会,必于勤政殿楼下使华夷纵观,有公孙大娘舞剑,当时号雄妙。又设连榻,令马舞其上,马衣纨绮而被铃铎,骧首奋鬣,举趾翘尾,变态动容,皆中音律。又令宫妓梳九骑仙髻,衣孔雀翠衣,佩七宝璎珞,为《霓裳羽衣》之类。曲终,珠翠可扫。"从中可知,在盛大豪华的演出中,不仅"华夷纵观"——观众中有许外国使节、嘉宾,而且节目中也有许多西域歌舞。诗中说"公孙剑会方神奇",自注中说"有公孙大娘舞剑,当时号雄妙"。这个"公孙大娘",就是一个既精汉舞、又善胡舞者。杜甫《观公孙大娘弟子舞剑器行·并序》曰:"大历二年(767)十月十九日,夔府别驾元持宅见临颍李十二娘舞《剑器》,壮其蔚跂,问其所师,曰:'余公孙大娘弟子也。'开元三载(715),余尚童稚,记于郾城观公孙氏,舞《剑器》《浑脱》,浏漓顿挫,独出冠时,自高头宜春梨园二伎坊内人洎外供奉,晓是舞者,圣文神武皇帝初,公孙一人而已。"该序文有两点值得注意,一是李十二娘为临颍人,杜甫观其师公孙大娘舞是在郾城。临颍、郾城均为古县,地处河南中部,两县城相距不足30公里。二是杜甫两次观舞相距半个世纪。这从一个侧面表明,西域音乐舞蹈在河洛地区的影响既广泛又深远。

杜甫所说《浑脱》原名《泼寒胡戏》,出自波斯,由龟兹传入中原。唐代武则天及中宗时十分流行,宫廷中亦有舞者。由于该舞初入中原时保持着原始状态,戏谑成份较浓,而且"裸体跳足","腾逐喧噪",被认为"亵比齐优",有伤"盛德"及风化,很多大臣如吕元泰、张说、韩朝宗等认为,宫廷演出甚是不雅,纷纷谏议禁止。中宗无奈,同意宫廷不再上演。此舞终于开元元年(713)正式禁在宫廷演出。杜甫说"圣文神武皇帝初"公孙大娘舞《浑脱》天下第一,"圣文神武皇帝"就是唐玄宗,杜甫开元三年(715)在郾城见其演出,可知该舞甚受社会欢迎,宫廷禁止而民间照常演出。此舞20年后又予开禁,对此,史亦有所记。据《新唐书·礼乐志》载,各类胡乐及舞蹈传入中原后,依中原礼制,尚不能在宫廷正式演出,直到开元二十四年(736)方允许正式演出,天宝十三年,唐玄宗"诏道调法曲与胡新声合作",胡汉之曲始得同台演出,结束了长期以来"蕃汉未尝杂奏"

的局面。① "安史之乱"前夕，由于玄宗的喜爱，加之胡人安禄山得宠，故一时胡乐胡舞充斥宫掖。故晚唐诗人白居易、元稹等，将玄宗崇尚胡乐胡舞视为不祥之兆，认为是造成国家动乱的重要原因。白居易《胡旋女》诗："胡旋女，出康居，徒劳东来万里余。中原自有胡旋者，斗妙争能尔不如。天宝季年时欲变，臣妾人人学圜转。中有太真外禄山，二人最道能胡旋。梨花园中册作妃，金鸡障下养为儿。禄山胡旋迷君眼，兵过黄河疑未反。"②元稹《和李校书新题乐府十二首》中也有一首名《胡旋女》，云："天宝欲末胡欲乱，胡人献女能胡旋。旋得明王不觉迷，妖胡奄到长生殿。胡旋之义世莫知，胡旋之容我能传。……翠华南幸万里桥，玄宗始悟坤维转。寄言旋目与旋心，有国有家当共谴。"③大历年间，唐朝国力衰退，在朝野总结历史教训时，"胡人误国"之声一时甚嚣。这也影响了后人对这一问题的认识。后晋刘昫等撰《旧唐书》曰："开元来……太常乐尚胡曲，贵人御馔，尽供胡食，士女皆竟衣胡服，故有范阳羯胡之乱，兆于好尚远矣。"结论对否不论，但也从一个侧面说明，唐时中原音乐与西域音乐的交流已达到全面融合的程度。④

需要稍加说明的是《胡旋舞》。

胡旋女（素描）

胡旋图

---

① 元稹有《和李校书新题乐府十二首》，其《立部伎》言及西域歌舞盛行宫廷："胡部新声锦筵坐，中庭以振高音播。……宋沇尝传天宝季，法曲胡音忽相和。"其自注曰："太常丞宋沇传汉中王旧说云：玄宗虽雅好度曲，然而未尝使蕃汉杂奏。天宝十三载（754），始诏道调法曲与胡部新声合作，识者异之。明年禄山叛。"宋沇为开元名相宋璟之孙，善音律，德宗时任太常丞，主管朝廷礼乐。见冀勤点校《元稹集》，中华书局，1982年8月，第284页。
② 朱金城《白居易集笺校》卷三，上海古籍出版社，1988年12月，第1册，第162页。
③ 冀勤点校《元稹集》，中华书局，1982年8月，第286页。
④ 《旧唐书·舆服志》（卷四九，志二五），中华书局，1975年5月，第1958页。

胡旋舞出自康居国。康居国为汉时西域三十六国之一,东与大宛、乌孙为邻,约在今巴尔喀什湖与咸海之间,唐时称其为康国。居民多为吉尔吉斯及哈萨克族,人皆善歌舞。唐王朝与康国联系密切,曾在西域康国设置康居都督府。"开元初,(康国)贡锁子铠、水精杯、玛瑙瓶、鸵鸟卵及越诺侏儒、胡旋女子。"(《新唐书·西域传》)由于该舞旋转如风,节奏急促,羯鼓胡琴之声极其响亮,与汉人传统的轻歌曼舞与筝、磬、钟之舒缓悠扬截然不同。唐玄宗最初并不欣赏这种表演。白居易《胡旋女》中有所描写:

　　胡旋女,胡旋女,心应弦,手应鼓。弦鼓一声两袖举,回雪飘飘转蓬舞。左旋右转不知疲,千匝万周无已时。人间物类无可比,奔车轮缓旋风迟。

来自异国的舞者表演非常卖力,也很尽情,但玄宗很不感兴趣:

　　曲终再拜谢天子,天子为之微启齿。胡旋女,出康居,徒劳东来万里余。中原自有胡旋者,斗妙争能尔不如。

尽管玄宗认为"斗妙争能尔不如"汉之歌舞,然而由于杨玉环年轻,喜欢节奏明快且有刺激性的旋律,不仅天天观看,而且请人教习,加之安禄山善舞,玄宗也很快地转变了态度(前面提到郑嵎言玄宗亲制《霓裳》、白居易在《长恨歌》中称杨玉环善舞《霓裳》亦可证),于是,《胡旋舞》很快就风靡市井宫廷。这也说明,文化形态只要大众喜闻乐见,就一定会有市场,其发展也就一定具有生命力。

其次,让我们看一下南北方饮食文化交流与融合。

我国是一个幅员广大的多民族国家,因而地域饮食文化具有明显的地域性、民族性和相对的稳定性。但随着社会的发展与政治、经济及人员的交流与往来,互通有无,彼此融合的现象也随之而来,尤其是政治、经济、文化中心之都市,更是显而易见。

这里之所以选择"南"、"北"方饮食文化融合为例,是因为南北方由于纬度不同而气候差异巨大,不仅农作物类不同,稻、粟有别,而且野生动植物、江河湖海可食用之物也不同。但由于政治、经济、军事影响的波及、人员的往来及人口的迁徙,中原饮食文化在保持原有特色、不断向各地辐射的同时,也在不断接受和融合各地的饮食文化。

著名考古学家徐苹芳先生认为:"汉代在中国饮食文化史上是一个重要时代,较以前代有很大的发展。"他引用了西汉桓宽《盐铁论·散不足论》加以说明。桓宽在文中将古今人们在吃、住、穿、行等许多方面加以比较,指出:古人简约,今人奢侈;古人俭朴,今人华靡。就饮食而言也是如此,尤其两点,古今迥异。一是"古者谷物菜果,不时不食,鸟兽鱼鳖,不中杀不食。故缴网不入于泽,杂毛不取。今富者逐驱歼罔置,掩捕麛鷇,耽酒沈酒,铺百川。……"不仅如此,即使四时节令、宾婚相召,也都是一般的豆羹白饭,根本就没有无故烹杀、燔炙满案者;今则为了吃好,无所不用其极。二是"古者,不粥饪,不市食。及其后,则有屠沽,沽酒市脯鱼盐而已。今熟食遍列,肴施成市,作业堕怠,食必趣时。……"古人饮食在家,不买吃的,即是到市场上,也不过是打点酒、买点油盐而已。今人则不然,大街小巷到处是食品商店,且种类繁多,即使是普通百姓,也赶时髦,吃最时尚的东西。徐先生指出:"桓宽抨击的是汉代的奢侈,感叹不如古时之俭朴。但从另一个角度则可以看出汉代饮食文化之发展的情形。"①

由于南北物产与习惯差异较大,饮食文化的交流也需要一个从认识差异、缩小差异,以至适应的过程。

中原饮食文化与南方饮食文化的差异存在社会的各个层面,达官贵人层面有之,山野百姓也有之。北魏杨衒之《洛阳伽蓝记》有两段记载发生在官僚贵族圈中的趣事很是典型。

> 孝义里东即是洛阳小市。北有车骑将军张景仁宅。景仁,会稽山阴人也。景明年初,从萧宝夤归化,拜羽林监,赐宅城南归正里,民间号为吴人坊,南来投化者多居其内。近伊洛二水,任其习御。里三千余家,自立巷市,所卖口味,多是水族,时人谓为鱼鳖市也。景仁住此以为耻,遂徙居孝义里焉。
>
> 时朝廷方欲招怀荒服,待吴儿甚厚,襄裳渡于江者,皆居不次之位。景

---

① 徐苹芳《中国饮食文化的地域性及其融合》,《传统文化与现代化》1996年第1期,第69页。

仁无汗马之劳,高官通显。永安二年,萧衍遣主书陈庆之送北海入洛阳,僭帝位。庆之为侍中。景仁在南之日,与庆之有旧,遂设酒引邀庆之过宅,司农卿萧彪、尚书右丞张嵩并在其坐。彪亦是南人,唯有中大夫杨元慎、给事中大夫王〈日旬〉是中原士族。庆之因醉谓萧、张等曰:"魏朝甚盛,犹曰五胡。正朔相承,当在江左,秦皇玉玺,今在梁朝。"元慎正色曰:"江左假息,僻居一隅。地多湿蛰,攒育虫蚁,疆土瘴疠,蛙黾共穴,人鸟同群。短发之君,无杼首之貌;文身之民,禀蕞陋之质。浮于三江,棹于五湖。礼乐所不沾,宪章弗能革。虽复秦余汉罪,杂以华音,复闽、楚难言,不可改变。虽立君臣,上慢下暴。是以刘劭杀父于前,休龙淫母于后,见逆人伦,禽兽不异。加以山阴请婿卖夫,朋淫于家,不顾讥笑。卿沐其遗风,未沾礼化,所谓阳翟之民,不知瘿之为丑。我魏膺箓受图,定鼎嵩洛,五山为镇,四海为家。移风易俗之典,与五帝而并迹;礼乐宪章之盛,凌百王而独高。宜卿鱼鳖之徒,慕义来朝,饮我池水,啄我稻粱;何为不逊,以至於此?"庆之等见元慎清词雅句,纵横奔发,杜口流汗,合声不言。于后数日,庆之遇病,心上急痛,访人解治。元慎自云"能解",庆之遂凭元慎。元慎即口含水噀庆之曰:"吴人之鬼,住居建康,小作冠帽,短制衣裳。自呼阿侬,语则阿傍。菰稗为饭,茗饮作浆,呷啜莼羹,嘖嗽蟹黄,手把豆蔻,口嚼槟榔。乍至中土,思忆本乡。急手速去,还尔丹阳。若其寒门之鬼,□头犹俏,网鱼漉鳖,在河之洲。咀嚼菱藕,捃拾鸡头,蛙羹蚌臛,以为膳羞。布袍芒履,倒骑水牛,沅、湘、江、汉,鼓棹遨游。随波溯浪,噉喝沈浮,白芒起舞,扬波发讴。急手速去,还尔扬州。"庆之伏枕曰:"杨君见辱深矣。"自此后,吴儿更不敢解语。北海寻伏诛。其庆之还奔萧衍,用为司州刺史,钦重北人,特异于常。朱异怪复问之。曰:"自晋、宋以来,号洛阳为荒土,此中谓长江以北,尽是夷狄。昨至洛阳,始知衣冠士族,并在中原。礼仪富盛,人物殷阜,目所不识,口不能传。所谓帝京翼翼,四方之则。如登泰山者卑培塿,涉江海者小湘、沅。北人安可不重?"庆之因此羽仪服式,悉如魏法。江表士庶,竞相模楷,褒衣博带,被及秣陵。①

南朝梁之大臣陈庆之第一次进洛阳时，不明何为正统，不晓中华礼制，无意中出言不逊，毁谤魏人，遭到原籍为弘农人的杨元慎严正训斥。其生病时，杨元慎借机又将其痛骂，其内容也主要是说南方文化落后，不知礼仪，其中包括饮食的简陋腥膻："菰稗为饭，茗饮作浆"、"咀嚼菱藕，捃拾鸡头，蛙羹蚌臛，以为膳羞"。陈庆之倒也知趣，接受了杨元慎的意见，回到南方后一改故往，重视中原文化，向人宣传"衣冠士族，并在中原"，自此以后"羽仪服式，悉如魏法。"他的言形对中原文化的传播影响很大："江表士庶，竞相模楷，褒衣博带，被及秣陵。"陈庆之后来为梁之大将，在北上灭魏克洛时立下大功，《梁书》有其列传。

就是这座"礼仪富盛，人物殷阜，目所不识，口不能传"的都城洛阳，在许多南人初到之时并不适应，其中一个重要原因是南北饮食之差别。关于这点，《洛阳伽蓝记》中也有记述：

> 劝学里东有延贤里，里内有正觉寺，尚书令王肃所立也。肃字公懿，琅琊人也。伪齐雍州刺史奂之子也。赡学多通，才辞美茂，为齐秘书丞。太和十八年，背逆归顺。时高祖新营洛邑，多所造制，肃博识旧事，大有裨益。高祖甚重之，常呼王生。延贤之名，因肃立之。肃在江南之日，聘谢氏女为妻。及至京师，复尚公主。其后谢氏入道为尼，亦来奔肃。见肃尚主，谢作五言诗以赠之。其诗曰："本为箔上蚕，今作机上丝。得路逐胜去，颇忆缠绵时。"公主代肃答谢云："针是贯线物，目中恒任丝。得帛缝新去，何能衲故时。"肃甚有愧谢之色，遂造正觉寺以憩之。肃忆父非理受祸，常有子胥报楚之意。卑身素服，不听乐，时人以此称之。
>
> 肃初入国，不食羊肉及酪浆等物，常饭鲫鱼羹，渴饮茗汁。京师士子，道肃一饮一斗，号为"漏卮"。经数年已后，肃与高祖殿会，食羊肉酪粥甚多。高祖怪之，谓肃曰："卿中国之味也。羊肉何如鱼羹？茗饮何如酪浆？"肃对

---

① 《洛阳伽蓝记》卷二《城东·孝义里》。周祖谟《洛阳伽蓝记校释》，中华书局，1987年10月，第103—104页。

曰："羊者是陆产之最,鱼者乃水族之长。所好不同,并各称珍。以味言之,甚是优劣。羊比齐、鲁大邦,鱼比邾、莒小国。唯茗不中,与酪作奴。"高祖大笑,因举酒曰:"三三横,两两纵,谁能辨之赐金锺。"御史中尉李彪曰:"沽酒老姬瓮注瓨,屠儿割肉与秤同。"尚书右丞甄琛曰:"吴人浮水自云工,妓儿掷绳在虚空。"彭城王勰曰:"臣始解此字是习字。"高祖即以金锺赐彪。朝廷服彪聪明有智,甄琛和之亦速。彭城王谓肃曰:"卿不重齐鲁大邦,而爱邾莒小国。"肃对曰:"乡曲所美,不得不好。"彭城王重谓曰:"卿明日顾我,为卿设邾莒之食,亦有酪奴。"因此复号茗饮为酪奴。时给事中刘缟慕肃之风,专习茗饮,彭城王谓缟曰:"卿不慕王侯八珍,好苍头水厄。海上有逐臭之夫,里内有学颦之妇,以卿言之,即是也。"其彭城王家有吴奴,以此言戏之。自是朝贵宴会,虽设茗饮,皆耻不复食,唯江表残民远来降者好之。后萧衍子西丰侯萧正德归降时,元义欲为之设茗,先问:"卿于水厄多少?"正德不晓义意,答曰:"下官生于水乡,而立身以来,未遭阳侯之难。"元义与举坐之客皆笑焉。[1]

王肃长期在江南生活,初至洛阳时不喝奶酪,不食羊肉,仍如南方一样"常饭鲫鱼羹,渴饮茗汁",经数年之后方才适应。但因其饮茶量大,同僚戏称为"水厄"。魏孝明帝孝昌元年(525),南朝梁武帝萧衍养子萧正德曾一度投奔北魏,时握大权的元义询问其是否饮茶时以"水厄"代之,以至引起哄堂大笑。由此可见南北饮食文化交流与融合需要有个过程。

饮食文化南北大面积的融合在宋代。

宋代是我国封建王朝继唐之后经济实力最雄厚的时期。有人说宋代"积贫积弱",因而屡遭金人之侮。这一说法是很片面。宋廷屡受金人要挟的主要原因是政治、军事路线错误,不是经济问题。美国历史学家墨菲尔说,宋朝是中国历史上最令人激动的年代,他在《亚洲史》一书说,宋朝"完全称得上是当时世界上最大,生产力最高和最发达的国家"。(转引自李国文《李国文说宋》,中华书

---

[1] 《洛阳伽蓝记》卷三《城南·劝学里》。周祖谟《洛阳伽蓝记校释》,中华书局,1987年10月,第122—123页。

局 2012 年 1 月）北宋时汴京人口超过了 150 万，是世界有名的大都市，因而城市繁荣，商业、饮食业十分兴盛。北宋亡政，宗室南迁，临安（杭州）于是得到了很快发展。林升的讽喻诗《题临安壁》从一个侧面表明杭州十分繁荣："山外青山楼外楼，西湖歌舞几时休。暖风熏得游人醉，直把杭州作汴州！"杭州的繁荣胜过了开封，加之南方气候、山水、特产优于北方，昏聩的南宋小朝廷"醉"而不醒，这才"直把杭州作汴州！"

将汴州与杭州的饮食文化加以比较，不仅可以看到中原饮食文化对南方饮食的影响，也可以看到北饮食文化受到南方的影响而发生的变化。在这方面，宋人孟元老之《东京梦华录》、吴自牧之《梦粱录》、周密之《武林旧事》等为人们提供了极具说服力的事实。①

北宋开封人孟元老在"靖康之变"后寓居杭州，于南宋绍兴十七年（1147）撰《东京梦华录》，追忆当年汴京之繁华，其中用了相当多的篇幅记述了开封饮食业的发展盛况。该书卷三有"马行街铺席"条云：

> 坊巷院落，纵横万数，莫知纪极。处处拥门，各有茶坊酒店，勾肆饮食。市井经纪之家，往往只于市店旋置饮食，不置家蔬。北食则矾楼前李四家、段家𤎩物、石逢巴子。南食则寺桥金家、九曲子周家最为屈指。夜市直至三更尽，才五更又复开张。如要闹去处，通晓不绝。寻常四梢远静去处，夜市亦有𤎩酸賺、猪胰、胡饼、和菜饼、雏儿、野狐肉、果木翘羹、灌肠、香糖果子之类。冬月虽大风雪阴雨，亦有夜市；（茱刂）子、姜豉、抹脏、红丝水晶脍、煎肝脏、蛤蜊、螃蟹、胡桃、泽州汤、奇豆、鹅梨、石榴、查子、榅桲、糍糕、团子.盐豉汤之类.至三更方有提瓶卖茶者.盖都人公私荣干.夜深方归也。

卷四"食店"条云：

> 大凡食店，大者谓之"分茶，则有头羹、石髓羹、白肉、胡饼、软羊、大小

---

① 孟元老吴自牧耐得翁西湖老人周密《东京梦华录》《梦粱录》《都城纪胜》《西湖老人繁胜录》《武林旧事》。中国商业出版社 1982 年 3 月。本节引文凡出于以上五书者，只注书名、章节，不一一注明出版社。

骨角、炙鰯腰子、石肚羹、入炉羊罨、生软手麸、桐皮麺、姜渗刀、回刀、冷淘蕛子、寄炉麺饭之类,吃全、饶虀头羹。更有川饭店,即有插肉麺、大澳麺、大小抹肉淘、煎澳肉、杂煎事件、生熟烧饭。更有南食店,鱼兜子、桐皮熟脍麸、煎鱼饭。

卷三"寺东门街巷"条云:

> 寺东门大街,皆是幞头、腰带、书籍、冠朵铺席、丁家素茶;寺南即录事巷妓馆,绣巷皆师姑绣作居住;北即小甜水巷,巷内南食店甚盛,妓馆亦多。

这里所说"寺",即大相国寺,是当时汴京最繁华的地段之一,各色游人很多,为适应需求,故"南食店甚盛"。

北方最主要的代表食品是面食,尤其以做饼和各种面条为最。汴京当时饼店最多,《东京梦华录》卷一"潘楼东街巷"条云:

> 得胜桥郑家油饼店,动二十余炉,直南抵太庙街;高阳正店,夜市尤盛。

卷四"饼店"条云:

> 凡饼店有油饼店,有胡饼店。若油饼店,即卖蒸饼、糖饼、装合、引盘之类。胡饼店即卖门油、菊花、宽焦、侧厚、油碢、髓饼、新样满麻,每案用三五人捍剂卓花入炉。自五更卓案之声,远近相闻。唯武成王庙前海州张家、皇建院前郑家最盛,每家有五十余炉。

《东京梦华录》也写了促成夜市繁华的另一因素,即娱乐业的发达。卷一"东角楼街巷"条云:

> 东去则徐家瓠羹店,街南桑家瓦子,近北则中瓦,次里瓦。其中大小勾栏五十余座。内中瓦子莲花棚、牡丹棚;里瓦子夜叉棚、象棚最大,可容数千

人。自丁先现、王团子、张七圣辈,后来可有人于此作场。瓦中多有货药、卖卦、喝故衣、探搏、饮食、剃剪纸画、令曲之类,终日居此,不觉抵暮。

汴京勾栏瓦子之盛,从一个侧面表明市民阶层已经形成,而市民文化中"吃喝玩乐"是重要的内容,故而对促进饮食业的繁盛作用很大。然而,汴京繁荣的根本原因还在于它是帝都,是当时全国的物流、人流中心。《东京梦华录》"序"对此有所概括:

> 举目则青楼画阁,绣户珠帘。雕车竞驻于天街,宝马争驰于御路,金翠耀目,罗绮飘香。新声巧笑于柳陌花衢,按管调弦于茶坊酒肆。八荒争凑,万国咸通。集四海之珍奇,皆归市易;会寰区之异味,悉在庖厨。花光满路,何限春游;箫鼓喧空,几家夜宴。伎巧则惊人耳目,侈奢则长人精神。

《东京梦华录》极写汴京夜市之繁华,商铺之稠,食品种类之多,风味之殊,同时指出,由于它是国际大都市,因而才出现了"八荒争凑,万国咸通"的盛况,"会寰区之异味,悉在庖厨",才得以使店铺中有北食、南食和川食。南食和川食能够成为汴京的时尚饮食,充分反映了京城之特点:融天下为一。这也从一个侧面印证了著名历史学家陈寅恪之感慨:"华夏民族的文化,历数千年之演进,造极于宋赵之世",是不争的事实。[①]

让我们再看一下宋室南迁以后的临安。"靖康之变"后,中原士民工商在一片慌乱中南迁,从商丘到建业,从建业至杭州。北方人的到来,尤其汴京人的到来,不仅带来了京师的衣冠制度,也带来了京师的商业,包括食品与食店。对此,吴自牧《梦粱录》有详明的记载。

吴自牧为南宋遗老,原籍杭州人,南宋灭亡后效孟元老《东京梦华录》撰《梦粱录》。该书追忆当年临安作为帝都的繁盛景况,记述了政治、经济、文化、世俗等方方面面旧事,涉及到郊庙、宫殿、寺观、学校、山川、市肆、物产、户口、风俗、百

---

① 陈寅恪《邓广铭〈宋史职官制考〉序》,《金明馆丛稿二编》,上海古籍出版社,1980 年 10 月,第 245 页。

工、杂戏和人物。该书20卷,第16卷为饮食食品专章,分"茶肆"、"酒肆"、"分茶酒店"、"面食店"、"荤素从食店(诸色点心事件附)"、"米铺"、"肉铺"、"鲞铺"八个条目,真实地记录了临安的饮食文化。

"分茶酒店"条云:

> 杭城食店,多是效学京师人,开张亦效御厨体式,贵官家品件。

杭人是如何效学汴人的呢? 首先是装饰门面,以招揽顾客。

> 汴京熟食店,张挂名画,所以勾引观者,留连食客。今杭城茶肆亦如之,插四时花,挂名人画,装点店面。

"酒肆"条云:

> 中瓦子前武林园,向是三元楼康、沈家在此开沽,店门首彩画欢门,设红绿杈子,绯绿帘幕,贴金红纱栀子灯,装饰厅院廊庑,花木森茂,酒座潇洒。
> ……
> 酒肆门首排设杈子及栀子灯等,盖因五代时郭高祖游幸汴京,茶楼酒肆俱如此装饰,故至今店家仿效成俗也。

至于各各酒肆食店所卖食品,更是琳琅满目,仅"分茶酒店"条就列举了335种。这些食品,除汴京有名的各种"饼"、"汤"之外,大部分是南食。

"面食店"条列举的"面食名件"有22种:"猪羊生面、丝鸡面、三鲜面、鱼桐皮面、盐煎面、笋泼肉面、炒鸡面、大面、子料浇虾面、汁米子、诸色造羹、糊羹、三鲜棋子、虾棋子、虾鱼棋子、丝鸡棋子、七宝棋子、抹肉、银丝冷淘、笋燥齑淘、丝鸡淘、耍鱼面。"同时还有各类食品的专卖店:"更有专卖诸色羹汤、川饭,并诸煎肉鱼下饭。"何以会如此呢? 原因很简单:"杭人侈甚",因而需要花样翻新,"百端呼索取覆,或热,或冷,或温,或绝冷,精浇烧,呼客随意索唤。"

除高档面食外,不少面食店也卖普通面食,供市民百姓享用。"面食条"云:

有店舍专卖荤面,如大菏、大燠子、料浇虾、丝鸡、三鲜等荤,并卖馄饨。亦有专卖菜面、熟齑笋肉淘面,此不堪尊重,非君子待客之处也。……素面如大片铺羊面、三鲜面、炒鳝面、卷鱼面、笋泼刀、笋辣面、乳齑淘、笋齑淘、笋菜淘面、七宝棋子、百花棋子等面,皆精细乳麸,笋粉素食。

又有专卖家常饭食,如擗肉羹、骨头羹、蹄子清羹、鱼辣羹、鸡羹、耍鱼辣羹、猪大骨清羹、杂合羹、南北羹、兼卖蝴蝶面、煎肉、大麸虾等蝴蝶面,及有煎肉、煎肝、冻鱼、冻鲞、冻肉、煎鸭子、煎鲚鱼、醋鲞等下饭。

更有专卖血脏面、齑肉菜面、笋淘面、素骨头面、麸笋素羹饭。又有卖菜羹饭店,兼卖煎豆腐、煎鱼、煎鲞、烧菜、煎茄子,此等店肆乃下等人求食粗饱,往而市之矣。

吴自牧所记各类食品与孟元老所记有一点明显不同,即他没有刻意区分何为北食,何为南食。何以如此呢? 他在"面食店"条开头曰:

向者汴京开南食面店,川饭分茶,以备江南往来士夫,谓其不便北食故耳。南渡以来,几二百余年,则水土既惯,饮食混淆,无南北之分矣。

很清楚:南北饮食文化的融合使然。由于融合时日已久,"无南北之分矣"!

在南北饮食文化融合过程中,北人南渡后逐渐适应南方生活,与南渡的一些专门从事厨艺者将北方食品引进南方有关,他们为南迁的北方士人在新环境下生活提供了一个适应的过渡津梁。周密《武林旧事》中提到了一位卖鱼羹者即为代表。

周密原籍山东历城人,曾任临安府、两浙转运司幕职及义乌县知县。宋亡不仕,寓杭州,抱遗民之痛著《武林旧事》等。该书卷六有"诸市"、"瓦子勾栏"、"酒楼"、"歌馆"、"赁物"、"作坊"、"骄民"、"游手"、"市食"、"果子"、"菜蔬"、"粥"、"鲊鲌"、"凉水"、"糕"、"蒸作从食"、"诸色酒名"、"小经纪他处所无者"诸条,其中相当一部分记述的是饮食文化方面的资料。该书卷七为"乾淳奉亲",记述了宋孝宗赵昚奉太上皇宋高宗赵构的逸闻趣事。其中有淳熙六年

(1179)三月十六日与太上、太后游西湖珍珠园事:

> 太上命尽买湖中龟鱼放生,并喧唤在湖卖买等人。内侍用小彩旗招引,各有支赐。时有卖鱼羹人宋五嫂对御自称:"东京人氏,随驾到此。"太上特宣上船起居,念其年老,赐金钱十文、银钱一百文、绢十匹,仍令后苑供应泛索。

年愈七十的太上皇听说宋五嫂是 52 年前"靖康之变"南渡"随驾到此",很是感慨,见其年迈而仍在"卖鱼羹",便给予了恩赐。

宋五嫂之所以引起宋高宗的同情原因可能有二:一是见北方南渡旧人已成老妪,心生恻隐之心。其二,"宋五嫂"也可能是汴京一家有名气的鱼羹店之名,高宗在汴时即已知道,今见故都旧人南渡后如此艰辛,同病相怜,式微之感油然而生。

"宋五嫂"之店汴京实有之,后迁临安。北宋人袁褧及其儿子袁颐所撰的《枫窗小牍》中有所记:

> 旧京工伎固多奇妙,即烹煮架案,亦复擅名,如王楼梅花包子、曹婆肉饼、薛家羊饭、梅家鹅鸭、曹家从食、徐家瓠羹、郑家油饼、王家乳酪、段家熝物、不逢巴子南食之类,皆声称于时。若南迁湖上鱼羹宋五嫂、羊肉李七儿、奶房王家、血肚羹宋小巴之类,皆当行不数者。宋五嫂余家苍头嫂也,每过湖上时,进肆慰谈,亦它乡寒故也,悲夫![1]

临安作为南宋首都,也是当时有名的国际大都市,人口超过了百万。《梦粱录》"米铺"条云:

> 杭州人烟稠密,城内外不下数十万户,百十万口,每日街市食米,除府第、官舍、宅舍、富室,及诸司有该俸人外,细民所食,每日城内外不下一二千

---

[1]　[宋]袁褧周煇著《枫窗小牍清波杂志》,上海古籍出版社,2012 年 12 月。

余石,皆需之铺家。

总之,人民的流动与交往是促进经济繁荣的基础,经济的发展也必然促进文化的交流与融合。汴京、临安作为两宋之都,人口均愈百万,加之大运河这一南北交通大动脉的畅通,中国饮文化的融合在宋代达到了一个高峰,也是理情中的必然。

第四节　河洛文化对地域文化影响举隅

河洛文化作为中国传统文化的核心文并成为国家文化的一个重要原因,除其被王朝尊为正统文化之外,与其在全国的大面积传播有着密切的关系。而就其传播途径与影响而言,中央官员的外任,国家军事力量的戍边,中原人口的外迁、中原籍人士在外地为宦等,都是重要原因。

一、河洛文化与齐鲁文化

河洛文化是中国传统文化的主干和源头。齐鲁文化在中国政治思想发展史上具有重要地位,在一个相当长的时期内,它是影响我国封建社会发展的核心文化。早期齐鲁文化的代表思想主要是儒家,其次是兵家;其最具代表性的人物是孔子、孙子。三代时期河洛文化的代表人物是周公、老子和吕尚。他们的思想在政治、文化、军事等方面影响了当时的齐鲁社会,影响了齐鲁文化的代表人物孔子等。孔子倡周礼而儒学兴;道学东进而稷下学派兴;兵学治国而齐霸业兴。

1. 周文化的代表人物

河洛文化在周王朝时期的代表人物为周公、吕尚、老子,他们在政治、文化、军事等方面的巨大建树,不仅主导了周文化,也极大地影响了周边文化,其中对齐鲁文化影响尤其显著。

(1)政治周公

周公既是政治家,又是思想家,中国传统的治国思想以及必要的国家职官构架,早在三千年前就在他领导下基本形成。

第一,确立了以"敬天""明德"为基本内容的政治教化思想。

天和人的关系,一直是中国政治史、思想史上的一个根本问题。在古人那里,"天意"就是宇宙发展的规律,人、社会、国家,只有符合天意才能存在和发展。"天"的观念在远古时期已经出现,至三代时更加明确。郭沫若认为:"殷时代是已经有至上神的观念的,起初称为'帝',后来称为'上帝',大约在殷周之际的时候又称为'天'。"①周公的高明之处就在于,他能及时地抓住这一根本并将其用于现实社会,赋于其一定人文的价值,用于国家治理。在论及夏王朝灭亡时,周人就明确地说:"有夏多罪,天命殛之"(《尚书·汤誓》)。这就是说,夏的暴政违反了"天",所以一定亡。在论及文王为什么会得天下时则又说:"穆穆文王,于缉熙敬止,假哉天命,有商子孙"(《诗经·大雅·文王》)。这就是说,文王顺天承命,代表了天意,他是理所当然的天子。周人的这些看法,源自周公。周公把"天"用于政治,表明天命观已基本成形。

周公的"明德"思想,在《尚书》的《大诰》《洛诰》《多方》和《多士》中都有明确的反映。周人不仅用天命解释周取代殷出于必然,还用"德"来说明"小邦周"战胜"大邑商"的原因。周公曾多次在不同的场所说:"自成汤至于帝乙,罔不明德恤祀"(《多士》),"惟乃丕显考文王,克明德慎罚"(《康诰》),"乃惟成汤,克以尔多方,简代夏作民主。慎厥丽,乃劝;厥民刑,用劝。以至于帝乙,罔不明德慎罚,亦克用功"(《多方》)。为什么反复强调以"明德"治天下?这表明,早在3000年前,周公就知道打天下和治理天下的方法是不同的,前者重在军事,后者重在政治和思想。这一点正如王国维在《殷周制度论》中指出的那样:"《康诰》以下九篇,周之经纶天下之道胥在焉,其书皆以民为言。《召诰》一篇言之尤为反复详尽,曰命,曰天,曰民,曰德,四者一以贯之。"②周公倡导仁爱,反对欺诈,是以德治国的首倡者,"德"是其治国理念的核心。

第二,确立了以宗法为核心的国家政治制度。

周公一改夏、商时部落联盟而又相对独立的政治制度,用了很大气力推行以宗法为核心的分封制。这是一大发明。史载,太公和周公分别被封于齐、鲁之后,两人有一次对话。"太公曰:'何以治鲁?'周公曰:'尊尊而亲亲。'"(《汉书

---

① 《郭沫若全集》(历史卷一),人民出版社,1982 年 9 月第 324 页。

② 《王国维文集》第四卷,中国文史出版社,1997 年 5 月,第 54 页。

·地理志》)所谓"尊尊亲亲",就是把大量的姬姓子弟及亲属分封到各地为诸侯,诸侯们又将他们的亲属分封为卿大夫,这就形成了以血缘关系为联系纽带的官宦网络、以宗法关系为基础的利益集团。其结果,正如荀子所说,周室疆土上虽方国林立,但大都在一姓手中:"周公兼制天下,立七十一国,姬姓独居五十三"(《荀子·儒效》)。这一"封建亲戚,以蕃屏周"的政治制度,对巩固周的统治起到了决定性的作用。

第三,确立了以"礼""乐"为核心的社会规范。

为了维护统治秩序,除了政治制度规范之外,还必须有社会成员认可的社会行为规范。周公完成分封之后,及时总结夏、商统治时的经验教训,制礼作乐。清代学者孙诒让认为,《周礼》"爱术官政,以垂成宪,有周一代之典,炳然大备",是"经世大法"(《周礼正义序》)。周公所制之礼,不仅仅是指专事祭祀或庆典的礼仪,而是包括刑法政教、朝章国典在内的典章制度。因为礼的作用首先是在政治方面,其次是在社会成员之间:"礼,经国家,定社稷,序民人,利后嗣也。"(《左传·隐公十一年》)"礼,所以守其国,行其政令,无失其民也"(《左传·昭公五年》)。在儒家那里,礼对伦理秩序的道德性规范,不亚于法家以法对社会生活秩序强制性规范的作用,"礼之于正国也,犹衡之于轻重也,绳墨之于曲直也,规矩之于方圆也"。(《礼记·经解》)

与此同时,周公还损益殷制,修订了管理国家的各种典章制度。据《周礼》记载:大宗伯掌邦礼,以吉礼事邦国,以凶礼哀邦国,以宾礼亲邦国,以军礼同邦国,以嘉礼亲万民。大司诗教掌六诗,大司乐掌乐舞,太卜掌三易(连山、归藏、周易)。还以天官冢宰、地官司徒、春官宗伯、夏官司马、秋官司寇、冬官司空分掌邦政。同时,还修订颁行了治典、教典、礼典、政典、刑典、事典等六种典制。

乐也是礼的内容之一,是配合礼的。乐的作用主要在于宣传,在于教化,用乐舞称颂统治者和歌颂社会,通过乐舞的感染和潜移默化,从而制造维护周天子统治的社会舆论。"移风易俗,莫善于乐;安上治民,莫善于礼"(《礼记·乐记》),重视文化对人的教化的作用,周人为后世作出了示范。

(2)文化老子

老子是中国哲学思想的第一位奠基人。老子长期生活在洛邑,曾担任过周守藏室柱下史,接触过大量的周朝典册,不言而喻,其中就有许多周公亲自制定的政治、文化及法制方面的典籍。老子的《道德经》是我国历史上第一部最具思辨色彩的哲学著作,同时也是以后道家学派的经典。老子学说在思想和哲学层面上的原创性,在当时已达到巅峰程度,对以后的儒、墨、法、名等学派都产生了深远的影响。如关于宇宙、天地万物本原的论述,关于人与天、地、道关系的论述,关于自然无为的论述,关于理想社会的论述,关于人的修养的论述等,都是一些带有根本性的命题,以至今人们还讨论不已。孔子对老子的尊崇与向往,就足以说明老子文化的精深与博大,老子文化在当时的影响。

(3)军事吕尚

吕尚又称姜尚,曾在殷商为官,后投奔西伯姬昌。吕尚多学有谋略,深得西伯信任。西伯死后,吕尚被西伯之子武王姬发尊为"师尚父",掌管政治、军事之权。经过精心的政治、军事准备,在吕尚的建议下,武王公开打起伐纣之义旗,受到了大多诸侯的拥护。八百诸侯盟津会师,表示拥戴武王。吕尚慎时度势,在他的周密部署和果断指挥下,以战车三百乘、精兵三千,配以诸侯援军四万余众,发动了有名的牧野之战,击败殷军七十多万,一举推翻了殷商王朝。

吕尚的军事策略思想在《尚书·牧誓》及传为吕尚所著的《六韬》等文献中均有记载。撮其要:其一,在军事战略方面,非常重视战争的性质,认为正义的战争一定会战胜非正义的战争,人心的向背在军事上有重要意义。《六韬》的第一篇为《文韬》,对收揽人心的重要性有很精到的论述。他很重视伐纣前的动员工作,以此统一联合大军的思想,使联军树立了必胜的信心。同时,也用阵前宣传的方法瓦解纣王军心,从而使大量前线商军倒戈。其二,在战术上他成功地运用了各个击破的方法,注意集中较强的兵力夺取局部的胜利,从而积小胜为大胜,即以局部的"全胜"来赢得大局的全胜,在战略上达到以少胜多的目的。其三,在战术上重视速决和速胜。其四,重视战车重武器的使用。牧野之战,三百辆战车方阵协同步兵发起排山倒海似的猛烈攻击,以强力快速摧毁敌军有生力量,这在我国战史上还是第一次。周人对这种战术感到十分自豪,以此为题材的流行歌曲曾传唱一时:"牧野洋洋,檀车煌煌,驷𬴂彭彭。维师尚父,时维鹰扬。"(《诗经·大雅·大明》)其五,重视地形地势的运用。《六韬》中有《虎韬》《豹韬》两章,专门对此进行了论述。其六,重视指挥艺术的灵活运用。吕尚强调斗智,是最早提出兵不厌诈者:"兵者,诡道也。"为此要做到:"外乱而内整","内精而外钝"。(《兵道》)其七,军事翦除与政治怀柔相结合。吕尚很重视"文伐",就是利用收买、离间、女色、打入内部等方式使敌方涣散、瓦解,失去战斗力。在吕尚的指挥下,武王在占领朝歌后,团结诸侯盟军迅速扩大战果,很快便征服了各地的殷属方国,奠定了"小邦周"一统天下的基础。

吕尚是中国兵学思想的奠基者,同时又是兵学思想的实践者。在其后的数百年中,虽然有七国之争,秦汉之争,汉胡之争,涌现出不少兵家和良将,但就军事思想而言,无出其右者,因而司迁说:"后世之言兵及周之阴权,皆宗太公参为本谋。"(《史记·太公世家》)

2. 早期的齐鲁文化

文化在中国政治思想发展史上具有重要地位,在一个相当长的时期内,它是影响我国封建社会发展的核心文化。齐鲁文化的代表思想主要是儒家,其次是兵家;其最光辉的代表人物是孔子和孟子,其次是吕尚和孙子。

(1)孔子倡周礼而儒学兴

孔子是儒学的奠基人。孔子之所以能建立儒学,这和他能够不断地学习、吸收春秋时期各学派的思想观念,不断地补充和更新自己的理论和理念是分不开的。

孔子一生自强不息,不耻下问。他一生中最为推崇的有两个人:周公和老子。

孔子崇拜周公。

孔子生于鲁襄公二十二年(前551),少年时家境贫寒,但他"十有五而志于学"(《论语·为政》),且学习非常努力,"十室之邑,必有忠信如丘者焉,不如丘之好学也"。(《论语·公冶长》)孔子早年习礼,之后便以学习研究礼乐为主,并主张以礼乐治国。他一生向往文、武、周公之治,目睹"礼崩乐坏"的现实,决心以恢复周礼为己任。孔子神往周公,经常梦见周公,即使"昼寝"也不可免。他深知周礼的完备、神圣:"殷因于夏礼,所损益可知也;周因于殷礼,所损益可知也。其或继周者,虽百世可知也!"他称颂周礼说:"周鉴于二代,郁郁乎文哉!吾从周。"(《论语·八佾》)一生信誓旦旦:"吾学《周礼》,今用之,吾从周。"

孔子是一位政治思想家,他学礼是有创造性的。孔子一生最大的贡献,也是最大的的追求,就是把周礼演进而发展成为"仁"学。"一日克己复礼,天下归仁焉"。(《论语·颜渊》)孔子提出仁学思想具有里程碑的意义在于建立了儒学的理论体系,至此,儒术才成为了学派,"儒家"才真正成为了儒家;至此,儒学才使人们的思想得到升华,认识到了自己的精神本性,认识到了自身人格的追求目标。

孔子说:"人而不仁,如礼何? 人而不仁,如乐何?"(《论语·八佾》),强调礼、乐的内在伦理感情和道德自觉。那么,什么是"仁"呢? 孔子说:"能行五者于天下,为仁矣。"(《论语·阳货》)"五者"即恭、宽、信、敏、惠。在这里,"仁"涵盖了全部的社会伦理秩序、道德规范以及典章制度。

如何治理社会,孔子将"礼"与"刑"进行比较后说:"导之以政,齐之以刑,民免而无耻;导之以德,齐之以礼,有耻且格。"(《论语·为政》)不难看出,孔子认为,礼的真正内涵,就是伦理的道德情感,它优于法,或者说,在治国中,它要先于法。这一思想,源于周公。

孔子崇拜老子。

鲁国是周公之子伯禽的封地,伯禽带去了许多周文化并致力推行周文化。孔子生于陬(今山东曲阜),青少年时期受到良好的周礼教育,所以十分崇拜周礼。但当时的曲阜毕竟只是一个诸侯小国的中心,煌煌的礼乐在千里之外的周的首都——洛邑,而不是在曲阜。礼虽是周公所创,但要见到周公已是不可能的事了。孔子决心到洛邑向大学问家老子请教古礼。

到洛邑问礼于老子可以一举多得,一是老子是周礼的最好传人,理应求教;二是可以目睹洛邑的宏丽与先王的一些遗制和遗迹;三是可以亲身体会周天子礼乐典章制度的伟大。经过一番准备,鲁昭公二十四年(前518),孔子不远千里来到了心仪已久的洛邑。在洛邑,孔子向老子问礼,向苌弘问乐,同时参观瞻仰了周室殿阁、明堂、太庙、祭坛,感受到了"先王之遗制"的伟大、盛隆,对周的典章、制度、官制、礼仪以及淳朴的洛邑民风社情有了更深入的了解。《孔子家语》专门有一《观周》篇,细腻、生动的描绘了孔子观览明堂、太庙时的情景:"孔徘徊望之。谓从者曰:吾今乃知周公之圣与周所王也!"最令他终生不能忘怀的还是问礼于老子。他观览了周守藏室的各种典籍,听了老子一番教诲之后,感动得五体投地。他万般感慨地对其弟子们说:"鸟,吾知其能飞;鱼,吾知其能游;兽,吾知其能走。走者可以为网,游者可以为纶,飞者可以为缯。至于龙,吾不能知其乘风云而上天。吾今日见老子,其犹龙邪!"(《史记·老子韩非列传)孔子喻老子为龙,老子在孔子心中的地位、形象是何等的崇高与神圣则不言自明!

孔子尊崇老子,一是他认为周公之后老子对周礼的了解最为完备,要问礼,最好的选择莫过于向老子学习。二是他崇信老子"道"之高妙和欣赏老子"天人相通"的思想。崔大华先生说:"老子哲学把人放在中心地位,就人在宇宙中的地位、人的存在、人的本质、人的价值等关涉人生的根本问题进行探索,而这也奠定在天人合一的关系之上。"①仔细地研究《论语》,就不难发现,孔子不仅主张以人为本,而且不少说法与老子也有很多有趣的相似之处。如孔子说,他"五十而知天命"、"七十而从心所欲不逾矩"(《论语·为政》),这是和体悟老子哲学大有关系的。老子认为人是有欲望的,而基本的欲望是应得到满足的,因此必须"甘其食,美其服,安其居,乐其俗"(《老子》第80章),孔子认为自己就是"食不厌精,脍不厌细"(《论语·乡党》)。孔子对老子继承、吸收、升华与扬弃,在《论语》中多有体现,此毋须费词。

孔子之学,初始于鲁,尚不系统,更不成熟,经过中原的游历与问礼,尤其是大量吸收周礼与老子之学,旁及各种有益成分,才逐渐成为自成一统的儒学体系。河洛文化对孔子影响至深至巨,在中国学术思想史上是公认的事实。李学勤先生指出"孔子思想和儒学虽然融会三代文化精蕴,但直接源流则当归之于周、鲁文化。孔子主要是在周文化与鲁文化的背景下开创儒家学派的。"②

(2)道学东进而稷下学派兴

稷下学派是战国中后期在齐国首都临淄兴起的一个学术群体,在中国思想史上有重要地位。稷下学派的兴起主要原因有二:一是受到当时统治者的大力支持,尤其是与齐桓公、齐威王、齐宣公的提倡和支持是分不开的。齐桓公三代一方面不断扩建稷下学宫,为学术繁荣提供了很好的物质条件和环境,另一方面,他们实行了比较宽松的文化政策,为学术发展提供了较好的政治环境。二是受河洛地区"经"文化和百家争鸣学风的影响。《史记》《汉书》载,稷下学士约千人,成就较大者七十六人。在稷下学人中,其成就显著者,无不是精研儒、道、

---

① 崔大华《道家与中国文化精神》,河南人民出版社,2003年12月,第13页。
② 《〈鲁文化史〉序》。杨朝明《鲁文化史》,齐鲁书社,2001年8月。

墨、名、法、阴阳家等学说且多有个人发明者。稷下学派最大的特点就是学者们并不属某一家一派,而是形成了学派群体。但就其思想倾向而言,道家的成分较为浓厚。例如管仲,他是稷下学派的集大成者,他既有名家主张,也有农家主张,更是一位深谙治国的政治家,他提出的"尊王攘夷"主张深得齐桓公赞赏,并成就了齐国的霸业。但就《管子》中的许多篇目而言,如《枢言》《白心》《心术》《内业》等,原始道家的思想十分突出。如:"凡道,无根无基,无叶无荣。万物以生,万物以成,命之曰道。"(《内业》)"道也者,动不见其形,施不见其德,万物皆以得,然莫知其极。"(《心术上》)这些论述,与《老子》都是直接相通的。其他稷下人物,如彭蒙、田骈、接子、季真、环渊,也都是道家学派,即使具有法家思想的慎到,其著述中很大一部分也是论述"道"的。虽然稷下道家的认识不完全是认知《老子》,之间很有些差异,但从总体上说,都是与老子心心相通的。

(3)兵学治国而齐霸业兴

周灭殷后,为了巩固自己的统治地位,除了实行军事控制和政治怀柔外,在组织上采取了大量分封,将周室贵胄和大臣派到各处战略要地为王。齐、鲁地位显要,首先分封给了太公和周公。周公由于有摄政重任,由其子伯禽就任于鲁。齐、鲁两国的执政者长期生活在河洛地区,其思想、生活、生产和习俗无不带着河洛文化的烙印,他们到了齐鲁之后,在政治、经济、文化诸方面,基本上是照搬了周的旧制,只是在策略上有所不同。齐、鲁大地成了东西文化的交汇之地、融合之地。河洛文化与当地土著文化的结合,形成了真正意义的齐鲁文化。

太公、伯禽受封齐、鲁时,周室给他们明确规定的治国方略是"启以商政,疆以周索"(《左传·定公四年》),但在执行中却并不一样。《史记·鲁周公世家》有一段很生动的记载。太公到任后五个月即返周述职,周公问其如何治理时,太公回答说:"吾简其君臣礼,从其俗也。"伯禽却是三年后才返周述职,"周公曰:'何迟也?'伯禽曰:'变其俗,革其礼,丧三年然后除之,故迟。'"从中可以看出,齐、鲁两国的治国目标是不大一样的。鲁国侧重于发扬河洛文化中的"文"的方面的成果,齐国则着眼更长远些,审时度势,以"兵"强国。其结果是,没有多长时候,两个原来各方不足百里小国,齐国很快发展到方二千多里,是鲁国的四倍。齐桓公之所以称霸,原因是多方面的,但和他上承吕尚思想,"兵""文"并用,且重在以兵战提高综合国力,屡战屡胜是分不开的。

在齐国,受吕尚兵学思想影响较大的是孙武、孙膑和司马穰苴。

孙武的先人并不姓孙,因有战功被齐景公赐为孙姓。孙武对人类的最大贡献是写下了一部不朽《孙子兵法》,提出了"知己知彼,百战不殆"指挥原则。孙武为总结前人的军事经验,曾深入阅读了夏、商、周的许多典籍,《六韬》《尚书》《易经》更是其必读之书。孙子虽未在齐国出仕,但1972年4月在临沂银雀山汉墓出土了竹简《孙子兵法》,它说明,孙子兵法在齐鲁大地的影响是巨大的,在齐国以"兵"强国中,是发挥了重要作用的。

孙膑是孙武的后人,相传直接受业于鬼谷子。孙武以其多谋善断受到了齐威王的赏识,拜为军师,在齐国军队建设和推行霸业中发挥了重要作用。银雀山汉墓在出土《孙子兵法》的同时,也出土了孙膑兵法竹简,这也有力的说明,兵学思想在齐鲁的影响是很大的。

司马穰苴为齐人,深通兵学,曾任齐国司马,景公时奉命收复失地与燕作战,大败燕军。其兵学思想在齐威王时被整理后收入《司马法》中。

在经济发展的同时,齐国重视兵学,坚持以军事强国,这是齐国能在诸国纷争中成其霸业的根本原因。

(4)鲁尚周礼而周礼存

礼乐文化是支撑周王朝大厦的重要柱石,一方面它以宗法制度为中心建构了国家的政治体制,"礼乐征伐自天子出"(《论语·季氏》),维护了国家的统一;另一方面,以礼乐作为人的思想与和行为规范,有利于提高人的素质,保证社会的有序运行。因而孔子认为西周是最理想的社会,谓之"大同",因此,他一生最高的理想就是"克己复礼"。(《论语·颜渊》)然而,孔子最不愿意看到的"天下无道,则礼乐征伐自诸侯出"现象终于出现了,连一贯以遵奉周礼自诩的鲁国,也出现了诸侯享用天子八佾之舞的丑闻,他虽然怒斥:"八佾舞于庭,是可忍也,孰不可忍也!"但终因无力挽回社会颓势而无可奈何地哀叹:"甚矣,吾衰也!久矣,吾不复梦见周公!"(《论语·述而》)

尽管如此,与齐国、宋国等国相比,鲁国是受河洛文化影响是大的国家,是继承、保存周礼最好的诸侯国,故时有"周礼尽在鲁"之誉。

周王朝实行分封制后,长期在河洛地区生活的周公之子伯禽到所封鲁地之后,三年中未曾回京述职,以全力推行周礼"革其俗"。由于上下夙夜匪懈,从而使鲁国成为了诸侯国中推行周礼最力、保存周礼最完整、在庶民百姓中影响最持久的国家。史载,鲁昭公二年(前540)春天,晋国使者韩宣子到鲁国朝聘,目睹鲁礼之盛,赞口不绝,慨叹:"周礼尽在鲁矣!"①

在周王朝的诸侯国中,鲁国乃姬姓"宗邦",由于首任为周公,是成王嫡亲,因而鲁国是位居第一的"望国"。由于周公的地位和影响超过了所有被分封之人,因而周公受封时待遇也最高。《左传》中就有关于周公与其弟康分封时所得之物不同的详细记载:

> 昔武王克商,成王定之,选建明德,以蕃屏周。故周公相王室,以尹天下,于周为睦。分鲁公以大路,大旂,夏后氏之璜,封父之繁弱,殷民六族:条氏、徐氏、萧氏、索氏、长勺氏、尾勺氏。使帅其宗氏,辑其分族,将其类丑,以法则周公,用即命于周。是使之职事于鲁,以昭周公之明德。分之土田陪敦,祝、宗、卜、史,备物、典策,官司、彝器。因商奄之民,命以伯禽,而封于少皞之虚。分康叔以大路、少帛、綪茷、旃旌、大吕,殷民七族,陶氏、施氏、繁氏、锜氏、樊氏、饥氏、终葵氏;封畛土略,自武父以南,及圃田之北境,取于有阎之土,以共王职。(《左传·定公四年》)

从记载可知,周公除得到土地、人口之外,还得到了"祝、宗、卜、史、备物、典策、官司、彝器"等物,其中的"史、典策",就是关于礼、乐等文献。这极可能是应周公之请而特别给予的,因为周公有自己的打算,目的就是将周王朝的典章制度在自己所封的国度全面贯彻、执行,使其后的执政者能动"以法则周公",以确保周王室大业的稳固与久长。鉴于鲁国与周王室的这一特殊关系,鲁国也最忠诚于周王室。清高士奇在《左传纪事本末》卷一《王朝交鲁》中对此作评语曰:"周

---

① 《左传·昭公二年》:"二年春,晋侯使韩宣子来聘,且告为政而来见,礼也。观书于大史氏,见《易》《象》与《鲁春秋》,曰:'周礼尽在鲁矣。吾乃今知周公之德,与周之所以王也。'公享之。"有论者对"周礼尽在鲁"持有不同看法,认为韩宣子之叹,"皆与春秋时期鲁国的现实之礼无涉。故而'周礼在鲁'之论成立的条件需要作以下二元界定:一是指春秋之时鲁国对记载周礼的前朝典籍妥善保存的情况,其实质是'礼书在鲁';二是指春秋之后礼学在鲁国的兴起情况,其实质是'礼学在鲁'。若此,'周礼在鲁'可矣。"见毕经纬《论"周礼在鲁"的二元界定》,《殷都学刊》2011年第4期。

之最亲莫如鲁,而鲁所宜翼戴者莫如周。"

鲁国除初封时受赐较他国丰厚外,还享有一定的特权。周时礼制规定,天子、诸侯享用礼乐的差别很大,但对鲁有些例外。《礼记·明堂位》载:"凡四代之器、服、官,鲁兼用之。是故,鲁王礼也,天下传之久矣。"很多国家还借口鲁国为执周礼之楷模,"礼乐、刑法、政俗未尝相变",提出向鲁国学习,不断前往拜访、观光、取经:"天下以为有道之国,是故,天下资礼乐焉。""即使到后期,鲁国势力已衰,不少诸侯国如滕、薛、曹、邾、杞仍心向鲁国,皆勤赘,修朝礼,即使远在方域之外的谷、邓等国也不惮仆仆,至鲁来朝。小国亲鲁,皆因鲁乃周礼所在。"①

鲁国实行周礼在诸侯中影响最大的事件莫过于曾躲过一劫。

公元前661年,鲁庄公去世,由于庆父握有实权,于是鲁闵公即位。第二年,庆父又杀闵公自立,鲁国陷于内乱。齐桓公见外甥闵公被杀,欲攻鲁国,于是先派大夫仲孙湫以省难为名前往了解情况。

> 仲孙归曰:"不去庆父,鲁难未已。"(桓)公曰:"若之何而去之?"对曰:"难不已,将自毙,君其待之。"公曰:"鲁可取乎?"对曰"不可。犹秉周礼。周礼,所以本也。臣闻之,国将亡,本必先颠,而后枝叶从之。鲁不弃周礼,未可动也。君其务宁鲁难而亲之。亲有礼,因重固,间携贰,覆口乱,霸主之器也。"(《左传·闵公二年》)

仲孙湫在向齐桓汇报时,虽然也认为"庆父不死,鲁难未已",但在仲孙湫看来,由于鲁国长期实行周礼,大夫及百姓均明于事理,他们一定会"秉周礼",自己处理好本国的事情的;齐国若此时用兵,不仅会被戴上一个"干涉别国内政"的帽子,难以得到诸侯国的支持,也会引起鲁国人的反感,从而不利于事情向好的方面转化。仲孙湫坚信"多行不义必自毙",庆父一定不会有好下场。果不其然,不久,在国人的压力下,庆父畏罪潜逃他国,之后在被引渡递解鲁国途中自杀,鲁国恢复了正常的政治秩序。从"鲁不弃周礼,未可动也"可知,文化的影

① 周淑强《鲁国文化与周礼》,《走向世界》1999年第1期。

响、精神力量是巨大的,是一种强大的软实力,它不仅对内可以调节矛盾,还可以防止矛盾的激化,以恰当的方法妥善解决矛盾;同时,对外也具有一定的慑服之力,使外来势力不敢轻举妄动。

毋庸讳言,周礼在鲁人日常生活的实行,也带来了不小的负面影响,人们思想保守,重农轻商,国家的经济与军事力量难以提高等。公元前249年楚灭鲁,但从保存周礼这一视角而论,河洛文化在鲁国的传播,伯禽推行周礼,功不可没。周礼在鲁国盛行与普及,正史上是有记载的。如《汉书》就认为,鲁国之所以诞生子孔子,也是周礼哺育的结果,之后薪火相传,包括子夏的许多弟子,不少人"为王者师"。以至"天下并争于战国,儒术既黜焉,然齐鲁之间学者犹弗废"。秦火焚书坑儒,遭到天下人的反对,"陈涉之王也,鲁诸儒持孔氏礼器往归之",其中包括孔子的后人孔鲋。鲁国虽然不存了,但周礼仍被人们遵奉,"及高皇帝诛项籍,引兵围鲁,鲁中传诸儒尚讲颂习礼,弦歌之音不绝。"对此,班固感慨万分:"岂非圣人遗化好学之国哉?"①

河洛文化虽然先于齐鲁文化,但齐鲁文化影响十分深远,尤其是儒文化,在长达二千多年中一直处于正统的地位。20世纪90年代以来,齐鲁文化的研究远比河洛文化研究深入得多,广泛得多。正如李学勤先生在《〈鲁文化史〉序》中指出的那样,在近些年的地域文化研究中,"给人们的印象是,中原以外的地区历史文化的研究发展较快,一一成为专门之学,而中原地区的历史文化却较显冷漠。这或许是自古学界的注意力从来集中于中原地带的偏向的一种纠正吧。不过,夏、商、周三代王朝的政治文化中心都位于中原,中原地区的特殊重要,究竟是不容忽略的。"②这里试将河洛文化与早期齐鲁文化作一些局部的粗浅比较,意在探讨河洛文化对周边地域文化的影响。影响是双向,此处不过有所侧重而已。

二、河洛文化与闽南文化

闽南文化是大陆性文化与海洋性文化相结合的产物。早期的闽南文化是百

---

① 《汉书·儒林传》,中华书局,1999年,第2664—2665页。
② 《〈鲁文化史〉序》。杨朝明《鲁文化史》,齐鲁书社,2001年8月。

越文化中的一个分支,真正以"文化"面貌自立于地域文化之林,当在唐代。

研究唐诗的人发现,在《全唐诗》中,初唐、盛唐、中唐之诗,闽地作者阙如。何以如此呢? 原因并不复杂,主要是当时七闽之地多属蛮荒,生产力相当落后,文化多为沙漠,尤其闽南地区,农业尚未完全脱离刀耕火种,从未见过耕牛,七闽远离中原政治、文化中心,文化互动尚未肇启,正史无及,民间也属一片空白。唐高宗之后,中原与福建联系增多,七闽之地得到了较大的开发。

在河洛文化南播闽地并在其生根、成长中,河南固始人起到了重要作用,其中陈元光、王审知影响巨大和久远。

1. 陈元光创建漳州

(1)河洛文化哺育了陈元光

唐高宗显庆二年(657),陈元光生于光州固始。

陈元光先祖是东汉颍川郡陈孟琏,其任固始相时,因喜固始山川秀美,民风淳朴,便移家于此,死后葬固始浮光山下,子孙也因家焉。陈元光祖父陈克耕因佐唐高祖有功,官拜玉钤卫翊府中郎将,其父陈政官为归德将军。陈元光自幼秉承诗书传家之道,恪守攻文习武之训,奋发向上,高宗乾封三年(668),十二岁的他便参加了光州乡试,并领乡试第一。

陈元光出身于武功累世的簪缨之家,其祖母魏敬为隋中书令魏潜之女,颇有文才韬略,元光受其影响最深,故"报效国家、敬德爱民"以及"文治武功立身家,为政以德安天下"的思想十分突出。

高宗之前是太宗。太宗李世民是马上得天下之后又偃武修文的一代英主,曾开创了光耀史册的"贞观之治"。他在总结得天下、治天下成败经验教训时说:"朕所好者,唯尧舜周孔之道。以为如鸟有翼,如鱼有水,失之则死,不可暂无耳!"(《资治通鉴·唐纪八》)并要求大臣以此美教化,正民风。对待边远地区及民族问题上,他主张恩威并重,要"绥之以德","使穷发之地尽为编户",成为化内之民。(《资治通鉴·唐纪十四》)陈元光十分崇敬唐太宗,对高宗承续父业,一仍旧制多次在诗中赞颂。

垂拱四年(688)二月,武则天在洛阳拆除乾元殿,之后修建了气势恢宏的明堂。十二月,令群臣拜洛水,受"天授圣图"。时陈元光在闽南,遥闻此事,认为乃盛世之举,遂作赋二首,盛赞朝廷皇德。《圣作睹物赋》称颂武后是天降圣人,给万民带来了福祉。"物有时而盛,圣有数而兴。故宣尼感怀于凤隐,而先民叹寿于河清。匪时伤之未遇,乃愤业之难成。我后(按:后,指则天皇后)重光,乾符一德。多士庆千载之会,万姓饱难名之泽。"在《四灵为畜赋》中,他引用三皇五帝时天降祥瑞以比附武后圣明:"鲁邦麟获,周歧凤落,舜河龙出,禹洛龟逢。各一符应,何斯荐钟。"鲁国哀公时有麒麟出现,周王朝之兴有凤集岐山之兆,伏羲时龙马从黄河中负图而至,伏羲据此画八卦,大禹治水有功,神龟从洛水而出,天赐洪范九畴。

陈元光用河图洛书之典称颂最高统治者,说明他对河洛文化相当熟悉。由此可知,陈元光的青年时代,从治国安邦到修身养德,沐浴的都是河洛之风。[①]

(2)平定"蛮獠啸乱"

唐高宗总章二年(669),福建南部土著人中发生了"蛮獠啸乱",虽然对当地危害严重,但因远离长安,且为"蛮獠",朝廷当局并没有如临大敌之感,兴师动众,因仅任命光州固始人陈政为朝议大夫兼岭南行军总管前往镇抚。陈政"刚果敢为,而谋猷克慎"(《云霄县志》),率府兵3600人,将吏123人,来到了七闽百粤交界之地。起初,土著人对唐官兵和北方人十分抵触,负隅顽抗,致使陈政剿抚难以凑效。陈政之母魏氏是一位极富智慧且有胆略的女性,闻讯又率中原58姓数千军校前往支援。在其母子安抚与感召之下,屯驻云霄的朝廷军队很快就与周边土著人打成了一片。官兵一方面给他们送去生产工具,一方面向他们传授先进的耕作技术,使当地的生产得到了发展。由是唐政府的威望在闽南得到了很大提高。

陈元光随陈政军入闽南时年仅12岁,10年后陈政病逝任上,21岁的陈元光奉诏袭职。刚上任就遇广东崖山蛮寇陈谦陷潮州,元光即刻率轻骑前往,并一举讨平。

陈元光深知,自己作为一个靖边将军,平寇守土,义不容辞。他心目中的英雄就是汉代的飞将军李广、伏波将军马援,为国建功是自己天职,"马皮远裹伏波骨,铜柱高标交趾惊"。他早已过惯了"河腹冰坚防虏骑,边陲雨冻弊征鞍"艰

---

①　徐伯鸿《〈龙湖集〉编年注析》,光明日报出版社,2004年12月。本文所引皇帝诏书、陈元光上表及诗作等资料,均出自该书。特此说明,以下不一一标注。

苦的戍守生活,经历了"剑戟百磨岩石裂,骓骝群饮泽泉干"的磨难。尽管征战艰辛,但他从不懈怠,祖母魏氏、母亲司空氏的教诲常响在耳边:"司空淑人频劝谕,英雄义死无求生。"因此,他与将士们都保持着昂扬向上的精神风貌,"士友同仇裒共敝,丈夫努力加餐饭";十年征战瞬间即过,虽然"星移物换鬓花白",但将士们仍高歌"征夫马健不离鞍"。他们坚信自己是正义之师,无敌之师,"义重同胞堪搏虎,身轻战甲不号寒",最终将取得胜利,"歌啸未残胡虏却,东南取道夕长安"。(《候夜行师七唱》)

在军事指挥上,陈元光是一个出色的谋略家。他不仅熟悉古代兵书,更注意灵活运用。他很崇敬秦末楚汉之争时刘邦的谋士张良、大将陈平。他要求自己"奇计绳陈美"(《落成会咏二首》),"筹运访张陈"。(《和王采访重九见》)

他最擅长哪些战术呢?主要有四。一是集中优势兵力打歼灭战,如"六月张貔貅,万弓发羊豕"(《旋师之什》),"三军歌按堵,万骑驰鸣镖"。(《修文语土民》)二是运用战阵消灭有生力量,如"獠草避阵云",敌人闻风丧胆。三是偷袭奇袭,攻其不备,如"衔枚袭虏献俘囚","阴隙戎潜起宿鸦"。(《候夜行师七唱》五、四)四是火攻,如"一火空巢窝,群凶相籍死"(《旋师之什》),"火烈消穷北,呈祥应岁东。"(《平獠宴喜》)

陈元光聪慧异常,足谋多智,励精图治,深孚众望,足迹所至,民咸从之。在平抚闽南之乱的过程中,他分析了闽南动乱不靖的原因,认为有二;一是地处偏远边陲,朝庭政令鞭长莫及。当时福建及粤北统辖于一府,驻地在今之福州,闽南粤北远在千里之外,加之高山江河阻隔,民事军事,当局基本上是无人问津。二是缺乏王化。为使闽南安稳和有大的发展,陈元光上疏请求在闽南增设建置。垂拱二年686),唐政府准奏,在闽南设漳州府并任命元光为首任刺史。由于陈元光恩威兼用,"蛮獠啸乱"得以平息。

(3)以德治漳

历史上封建王朝以德治政治的思想源于周公,《尚书》和《周易》中最经典的表述就是"明德慎罚"和"崇德广业"。之后孔、孟加以阐释,汉代以后则更加完备和自成体系。

陈元光在闽南以德为政,其重要表现一是重视化育土著,采取各种举措教民以德;二是生息保民,重视各业生产,用力开发本土。以下诸端尤为突出:

第一，化育土著，教民以德。

唐时虽有突厥、吐蕃侵扰和边民之乱，但唐王朝除了平抚之外，也多给予礼遇和泽惠，并不滥杀无辜。对闽地蛮獠啸乱，朝廷在诏令陈政予以平抚时，也明确指出"圣王之御天下也，一视同仁"，只要不作乱，就视为良民。

在陈元光父子两代17年的努力下，至垂拱元年（685）冬剿灭潮州陈谦和闽南苗自成、雷万兴之后，漳州一带战事终于暂时结束。为了从根本上使闽南治安稳定，社会发展，陈元光于第二年上表朝廷，请求增设漳州建制。他在《请建州县表》中深刻分析了闽南当时的形势，指出，此处落后的根本原因在于管理废弛，学校不兴，故而使得土著居民"暴横为尚"。如果对那些大错不犯、小错不断的老百姓动不动绳之以刑，那一定是为渊驱鱼，为丛驱雀，"诛之则不可胜诛，徙之则难以屡徙"。如果那样，朝廷则必更加被动："倘欲生全，几致刑措"。他认为，"其本则在创州县，其要则在兴庠序。盖伦理谨，则风俗自尔渐孚；治理彰，则民心自知感激"。他很自信地说，只要设立州县，加以化育，时间不会很久，闽南必然会出现一派繁荣景象："秦越百家，愈无罅隙；畿荒一德，更有何殊！"

在朝廷批准漳州建制后，陈元光在兴庠序、施教化中下了很大气力，并采取了许多有效措施。

其一，他教导人们要遵守基本的人伦纲常关系。

为此，他曾亲自写了两篇《恩义操》，其一曰：

> 天尊地卑他君臣，乾男坤女生男孙。
> 怀恩抱义成人伦，入有双亲出有君。
> 行义显亲亲以尊，隆恩敦君君以仁。
> 君行亲尊恩义纯，双全忠孝参乾坤。
> 春秋乱贼纷然起，仲尼一笔扶人纪。

在这首歌里，陈元光讲了人的地位有尊卑的道理。在家分老幼，在外分群臣。人要正确对待家和国：对父母要讲"孝"，对国家要讲"忠"。人只有懂得了感"恩"、知道了行"义"，才能做一个好人，进而才当一个忠孝双全的人。

在第二首歌里，他写道：向日葵知道向太阳，乌鸦长大后知道反哺母亲，"禄养生成忘恩义,不如鸡犬司门晨"——如果人不懂恩义,岂不是连动物都不如了吗!

今天看来,我们可以说陈元光在宣扬封建的三纲五常道德,但退一步思考就会明白,陈元光是在自觉地履行自己的义务,贯彻"中央"的精神。任何社会都必须有自己的伦理道德和社会规范,当时不可能有今天这样先进的文化和民主性思想。再退一步说,这也并不是教人以愚昧,而是教人明白自己的角色,明白自己的责任,明白自己的义务。另外,这样做也是从实际出发的。据陈元光《请建州县表》,当时一些土著人连父女、母子、兄妹之间不能通婚这样一些最基本的人伦、道德知识都不具备:"所习者暴横为尚,甚者母子聚麀,妹兄结发",故施教有必要从"如何做人"开始,教人明白基本的伦理。陈元光施教,抓住了人,抓住了人心,可谓抓住了根本。

陈元光还写有《忠烈操》,教导男子知道忠于国家,教导女妇知道忠于家庭。歌中说,"国有君王家有夫","三纲五常与命俱";人的一生应"英英烈烈他虑无,舍生取义终不渝"。只要男忠女烈,"千古芳名耀青史"。

其二,他教导人们要抛弃蛮俗,归化文明,树淳朴民风。

腊祭是北方村社居民一种古老的祭拜天地仪式,感谢天地赐福予人,使风调雨顺,五谷丰登,同时祈拜来年之福祉。腊祭时不仅举行各种仪式,还有乐鼓相伴,也是一种群众性的娱乐活动。腊祭常常请地方官来主持或参与,故而也是一次官民接触,相互致礼以洽融关系,有利社会和谐的活动。

古时闽南畲人无年终腊祭之习。陈元光深知淳朴民风,不仅要兴庠序,还须从移风易俗抓起,从老百姓喜闻乐见的形式入手。因而在他大力倡导和推行下,中原早已成习的一些祭天地、拜祖先的民间活动,也逐渐在闽南兴起,如腊祭和春祭。

在一次腊祭活动中,他不仅通过熟悉河洛风情的河南人教畲人如何奠酒,如何行礼,如何吹奏龙笛,如何升阶舞拜,还亲自纠正一些人的动作细节,使其合乎音乐的节拍。大家看到这位长官毫无架子,都争着向他请教,从而使活动的场面和气氛异常热烈、亲和。

陈元光是一位富于创造精神的人,在传播河洛教化时,他不死搬硬套,而是根据实际情况变通而行。如北方的土祀,主要是祭拜土地之神,以保稼穑。考虑到南方是水乡,河泽塘堰与百姓关系密切,于是,他在倡导祭土地之神时,增加了祭龙祈雨以求稔年的内容,配以当地乐舞,因而受到了老百姓的欢迎。

教民祀神祭祖活动产生的化民效果给陈元光留下了深刻印象,他夜不能寐,援笔而写下了《教民祭腊》和《祀后土》两诗。他希望纯朴的乡民能得到诸神的庇佑,带来福祉无限:"祈禳称世世,民社两无违","龙湖配天长,万叶复千亿"。

经过六、七年的努力,闽南发生了很大变化,朝廷的法度得以行使:"地极绥安镇,天随使节存";民风趋向淳朴:"民风移丑陋,土俗转酝醇";社会秩序安定,到处充满生机:"湖心涵万象,湖口合千春";百姓安居乐业:"野服迎旌佩","磊落野人群"。(《题龙湖五首》)

第二,生息保民,开发本土。

《尚书·武成》:"王来自商,至于丰,乃偃武修文,归马于华山之阳,放牛于桃林之野。"后世常以"休牛放马"一词称颂天下的太平景象,也常常以此称颂"偃武修文"是合乎古制的美德。

经过十七年的平抚,闽南战事方息,陈元光非常珍惜这来之不易的成果,他一方面将功德归于皇家圣明,"帝德符三极,皇风振四夷"(《晚春旌漳会酌》),"偃武休众士,锡命自皇朝"(《修文语土民》),从此偃武修文;一方面也向往治下能呈现一番"成周放牛马,林野任逍遥"的繁荣景象(同上)。

在发展经济方面,陈元光采取了如下一些措拖。

其一,辟荒垦植,安置流民。

隋唐时闽南、粤东北地区从行政区划上属泉州、潮州统辖,但由于这带居民多为蛮獠,洞穴而居,不事生产,出没无常,"所事者搜狩为生,所习者暴横为尚",国家势力实际上是鞭长莫及。这些流民为了生存,经常聚众结伙掠袭劫夺当地汉人,以至形成唐初大面积的啸乱。"人无恒产,则无恒心"。针对这种情况,陈元光组织兵士与流民辟荒垦植,将能耕之地依户分给流民,并帮助他们以林木架房构屋,实行定居。

有了土地的流民在北方汉人的帮助下,很快学会了使用铁器和耕牛,掌握了耕作及栽培技术,过上了有保证的安定生活,初步实现了朝廷《敕建州县诏》提出的"夷群虏之薮为太平之区"的目标。

其二,兴修水利,发展生产。

漳州一带水利资源十分丰富,但由于缺乏设施,流失也很严重。陈元光军士中有许多在北方曾从事过农田水利建设的人,他们在屯田的过程中,利用北方的经验,或修塘,或建陂,蓄水备用。陈元光总结了他们的经验之后,就在土著民中加以推广,因山势而宜,阻沟壑以蓄水;依地势而宜,修堰坝成梯田。这样,不仅一年可以两次种稻,而且以陂塘之水养鸭养鱼,大大增加了山民的收入。几年光景,泉漳一带成了物阜民丰的鱼米之乡。生产的发展,反过来又极大地巩固了地方的稳定,到陈元光之子的时候,漳州已成了稻粟盈仓,"千里内外无桴鼓之声"的首善之区。(《福建通志·人物志·陈元光》)

其三,通商惠工,发展贸易。

闽南原土著民生产落后,生活方式单一,渔猎之外,基本上没有商业贸易。陈元光军士中的许多北方人不仅善于农业生产,同时也是多面手的能工巧匠。他们既耕作又织染,既稻菽又桑麻,既懂铁木制造,又会烧陶制瓷,既能榨油熬糖,又会炒茶烧洒。在北方汉人的影响和传授之下,土著人很快也学会了制造各种生产工具、生活用品及各种日用消费品。

随着生产的发展,经济的繁荣,物产的丰富,在陈元光大力鼓励下,当地农、工、猎、渔及屯田兵士都开始从事商贸活动,各种小集市在漳州地区很快就发展了起来。漳州治所的商贸活动更是繁荣,像北方那种"日午击鼓开市,日息鸣锣打烊"的店铺,大街小巷,栉比麟次。漳州由此渐成商业重镇。

陈元光死后,其子孙绍继箕裘,仍被朝廷任为刺史之职,长期在漳州理政经营,从而保持了政局的稳定。

陈元光祖孙父子南征漳潮,平抚啸乱并首创漳州建制,繁荣了闽南经济,融合了民族关系,传播了河洛文化,维护了国家统一,功莫大焉,德莫大焉,善莫大焉。漳泉人深深怀念陈元光泽被世人之恩,尊其为"开漳圣王",各地建祠膜拜纪念。南宋时,最高统治者为达到王化天下之目的,又以官方名义加封陈元光为"灵著顺应昭烈广济王",明清两季朝廷又有加封,陈元光从此由人而神,供奉"开漳圣王"成为了闽南的重要民间信仰。如今,不仅福建云霄威惠庙供奉陈元光圣尊,还以"陈元光"命名了街道、中学、小学;台湾各地的开漳圣王庙有三百余座,信众500多万;东南亚各地也有开漳圣庙,新加坡还成立了"国际开漳文化促进会";而在陈元光的家乡———河南固始县,陈集村现也有保存完好的

"陈将军祠",距县城 25 公里的大安山(浮光山)有"大山奶奶庙",供奉的是陈元光的祖魏敬老夫人。陈元光对豫闽文化贡献之大,影响之深远,由此可见。

2. 王审知建立闽国

唐朝末年,由于政治昏昧、灾荒连年,从而造成社会千疮百孔,民不聊生,由是,烽火四起,爆发了黄巢、王仙芝等农民起义。

(1)立足泉州

在农民义军中,有一支由寿州屠户王绪以及河南光州固始人王潮、王审知领导的队伍。这支主要由光州、蔡州(今河南汝南县)、寿州(今安徽寿县)人组成 5000 多人队伍为了避免损失,不仅不与官军交锋,而且带领着一部分逃难的老百姓渡江南走,寻找发展空间。在兵力很弱的江南,义军所到之处,无人能敌,故而很快就穿过淮南进入赣地,沿江州(今九江)、洪州(今南昌)、虔州(今赣州)南下,之后攻陷了汀州、漳州。

屠夫出身的王绪心胸狭窄,不仅不能充分发挥将士之积极性,随着军队的扩大和人才的增多,反而忌贤妒能,疑神疑鬼,听信术士之言,"见将卒有勇略逾己及气质魁岸者皆杀之"(《资治通鉴》唐纪七十二),其中包括自己的妹夫、一路逢山开路的行军前锋刘行全。军中将士见状,"众皆自危,曰:行全,亲也,且军锋之冠,犹不免,况吾属乎!"在危争关头,王潮受到众人的一致推戴。于是,王氏兄弟立即将王绪囚禁,并率军向军事重地泉州进发。王绪见大势已去,乘人不备而自杀。

王氏兄弟接管统率义军大权后,总结黄巢、王绪失败之教训,迅速调整了行动策略,决定以泉州一带为根据地,壮大力量,然后再图发展。

一是扩编军队,提高有生力量。具体措施是先由王潮带领少数精壮骨干,立即返回光州,通过亲朋招募乡勇以增加兵员。同时由王审知负责军队整顿与训练,于光启二年(886)秋在沙县光坑村(今永安县青水乡龙吴村光坑自然村)建立了训练营地。

二是以泉州为根据地屯驻,尽量减少盲目流动,暂不与强大的地方割据势力争锋,以保存实力,在扩大兵员的同时广积粮草,打牢根基,以求得更大的生存空间与回旋余地。

由于纪律严明,这支军队得到了当地庶民百姓的支持。光启二年(885)夏,王潮带领部分光州军士从漳潮沿江北上到沙县时,当地的老百姓纷纷前来投奔,要求加入这支部队,他们带来了宰杀的牛羊、米酒进行慰问,并表示愿意作前导,一起攻打泉州。虽然当时泉州太守廖彦若有一定实力,但失去人心的他毕竟成了强弩之末,光启三年(886)八月,义军最终占领了泉州。

三是宣布不和唐王朝中央政权对立,争取得到朝廷的承认,如能勤王即可前往。攻占泉州后,王潮派专员将往福州向福建观察使陈岩致礼,并表示自己只是为民除害,泉州的一切事宜愿服从陈岩。陈岩见王潮尊崇唐制,治理有方,又受到百姓拥护,就上表朝廷,同意任命王潮为泉州刺史。

(2)开发泉州

为了建立比较巩固的根据地,王潮兄弟同心协力,全盘规划,以求实效。

首先是修建了子城。泉州在唐末已比较繁荣,开元年间的城围已达17.2里。为确保根据地的巩固,王潮入城后除加固了原有城墙外,又在城内修了内城。这样,泉州城实际是城中有城。因此,当地人称原来的外城为罗城,内城为子城。子城以南街为中轴,南北走向,略呈长方形。子城于天祐三年(906)建成,围长约7里。今泉州承天寺西侧有"开闽三王祠",内有开闽三王文物保管处,藏有一方王潮墓志铭一通,其记载曾提到修子城:王潮"干戈荡析之余,独能兴义学、创子城,罢役宽征,保境安民。泉人德之,塑公像,立祠奉祀崇阳门楼。"

修缮开元寺。三王进驻泉州后,王潮等人眷属临时安排在开元寺居住,没多久,王审邽的长子王延彬就出生在寺中。据黄滔所撰《泉州开元寺佛殿碑记》载,王潮、王审邽对此十分高兴,认为这是上天对王家的庇佑,王潮亲自用镙金笺缮写了经书,乾宁四年(897),时任检校工部尚书、泉州刺史的王审邽,割俸三千缗,对佛殿、钟楼、经楼进行了重修,并增塑佛像四尊。

其次是招纳贤才。三王在南安县唐安乡设"修文里",意为"偃武修文",并建有营地房舍,称"招贤院",专门接待从各地前来投奔的文人学士。招贤院前后存在了30多年,直到王延彬时还不断有人前来,在东南一带影响很大,故至今泉州市西郊潘山还有村子名招贤村、招贤桥。南安旧县志上还有招贤亭、招贤碑的记载。清吴任臣《十国春秋》卷九十四《武肃王审邽传》载:"中原乱,公卿多来依闽,审邽遣子延彬作招贤院礼之,振赋以财。如唐右省常侍李洵、翰林承旨制诰兵部侍郎朝韩偓、中书舍人王涤、右补阙崔道融、大司农王标、吏部郎中夏侯淑、司勋员外郎王拯、刑部员外郎杨承休、弘文馆直学士杨赞图、王倜、集贤殿校理归传懿及郑璘、郑戬等,皆赖以免祸。"他们的到来,不仅使闽地在政治上得到一批精英,更大地好处是带来了先进的河洛文化——传统的礼仪、道德、文学等。

王审知设立了"百工院",专门引进和安排一些在农业种植、铁木制造、农产加工等方面有一技之长的人,让他们在推广中原地区先进的耕作技术及手工业生产技能方面发挥作用,从而促进了闽地的农业、林果茶业、手工业、商业贸易业的发展。

其三是兴修水利,发展农业。为保证粮食生产,兴修水利成了三王及其后人在泉州历年都十分重视的一个问题。南安九溪十八坝就是在王审知的直接过问下兴修的大型水利工程。该工程位于原南安县高田凌陂七里,

其四是开发港口,发展航运。三王入闽后,看到闽地山高河深,与内陆平原交通便利的情况迥异,加之西部、北部与吴、吴越相邻,与中原沟通受阻,而泉州港地区港口贸易有一定的历史,且航线相当发达,于是就大力发展海上交通。为便于商业活动,泉州还专辟一贸易街区,不仅有土产品、海产品,还有很多丝绸、珠宝和海外商人带来的珍品,在这里经商的人均得厚利,成了富商,于是人称该街为聚宝街。聚宝街开街 1100 多年而至今名字未改,就是人们对当年三王治闽功德的最好纪念。泉州的海上贸易,也带动了福州港门的开发,之后又新辟了连江黄崎港。闽地海上贸易最兴盛时,海船北抵渤海、新罗、日本,南达南洋群岛、印度、波斯及阿拉伯等地。船队将大量的丝绸、陶瓷、茶叶、铁器和铜制品出口展异国,进口则多为珠宝、香料、琉璃、象牙、海味等。泉州在宋元时期成为东方商贸第一大港,与三王入闽为其奠定的坚实基础是分不开的。

(3)扩建福州

王潮在泉州和善政得到了福建观察使陈岩的认可与称赞。大顺二年(891)十二月,陈岩病重,欲将其职交会王潮并派员召王潮立即到福州商议军政后事。不料尚未成行,陈岩病情突然加重而逝。陈岩的妻弟范晖时任护闽都将,早就想取陈岩而代之,于是立即自称观察使留后,夺取了福州军事大权。范晖为人骄横,不恤军士,动辄施以军棍,上下极其怨愤。陈岩死后,其部必纷纷投奔了王潮,并劝王潮攻打福州。

王潮取得福州后,汀州刺史钟全慕立即表示"举籍听命",完全接受王潮的

指挥。时建州刺史熊博尚在犹豫,其部属徐归范见其不识时务,缚而杀之,并向王潮表示,建州完全听命于福州。泉州、漳州本是王潮的根据地,王潮于是"尽有五州之地"。

之后,王潮以福州留后的身份,向唐王朝报告了闽地的形势。景福二年(893)九月得到认可,"戊戌,以泉州刺史王潮为福建观察使",王审知为副使,王审邽为泉州刺史。乾宁三年(896),"九月,庚辰,升福建为威武军,以观察使王潮为节度使"。①

王氏兄弟头脑清醒,为巩固福建,增加实力,经多方运筹帷幄,实施了一系列有利于闽地发展策略和举措。

其一,确立策略,保境安民。

王潮治闽之策,司马光曾予以总结,将其概括为:"闽地略定。潮遣僚佐巡州县,劝农桑,定租税,交好邻道,保境息民。闽人安之。"(《资治通鉴》卷二五九唐纪七十五)"劝农桑"就是以农业为中心,大力发展生产。"定租税"就是实行惠民政策,减轻百姓负担,以利休养生息。"交好邻道"就是实行友好的睦邻外交政策,以保证闽地境内安定,有一个集中精力发展生产、发展文化教育事业的良好环境。

"保境安民"最初是对军队提出的要求,强调军队全面负责闽地的安全。据史籍记载,王潮入闽后实行民族平等政策,对闽地的蛮獠及土著居民,实施优抚与化育之策,帮助其发展生产,提高生活。对以武力聚啸势力,则采取剿绥并举之策。乾宁元年(894),"是岁,黄连洞蛮二万围汀州,福建观察使王潮遣其将李承勋将万人击之。蛮解去,承勋追击之,至浆水口,破之。"(《资治通鉴》卷二五九唐纪七十五)。随着全闽形势的稳定,"保境安民"便成了治理闽地的根本宗旨。

其二,扩建福州,巩固七闽。

福州城虽远在西汉时就开始营建,但直至西晋太康年间,仍只是一个小城堡,方仅过百丈。唐时进行了较大规模地扩建,但城郭也仍不出屏山南麓。经过王潮的重新规划后,天复二年(902),将屏山、于山和乌石山全部列入城区,"筑

---

① 《资治通鉴》卷二六〇唐纪七十六。《资治通鉴》,中华书局,2009 年 5 月。

福州外罗城四十里",福州"三山"之号由此而始。天祐二年(906),又"筑南北夹城谓之南北月城,合大城而为三,周二十六里,四千八百丈。大城之门八,北月城之门二,南月城之门二。复塑北方沙门天王以镇之。"并命黄滔撰文勒石以记(《十国春秋》卷九十《闽太祖世家》)。黄滔《灵山塑北方沙门天王碑》既称颂了王审知高瞻远瞩的筑城指导思想,也详细记载了城之规模。"公之筑城也,恢守地养民之本,陛暂劳永逸之策。其名举一而生三,法阳数也。""基凿于地有十五尺,杵土胎石而上。上高二十尺,厚十有七尺。甃以砖,凡一千五百万片。上架以屋,其屋曰廊。其大城之廊也,一千八百有十间。自廊凸而出之为敌楼,楼之屋者二十有三。又角立楼六,其二者复层焉,皆栏杆钩联参差焕赫。"这样,整个福州城的设计就十分合理:罗城在外围,相当于廓城;包括三山在内的大城相当于王城,在其南北各筑一座夹城,又大大增强了大城的防御能力。

今天人们所说的"闽都文化",所看到的福州城"三山两塔"、"三坊七巷"的基本格局,就是在1100多年前奠定的,其中,闽王功绩之大,是不言而喻的。

福州城的扩建与发展,进一步确立了其在七闽中的政治、军事和经济中心的地位,对福建全境形势的稳定起到了关键性的作用。

其三,笼络人才,任人唯贤。

王潮和王审知都很重视人才问题,尤其是王审知,由于他为人简约,好礼下士,一些中原士人也不远千里前来相投。《新五代史·闽世家》载:"王翔,唐相溥之子;杨沂,唐相涉从弟;徐寅,唐时知名进士,皆依审知仕宦。又建学四门,以教闽士之秀者。"王审知对投奔者都委以实职重任,如让徐寅为节度使的重要佐官掌书记,负责奏牍文书。唐末莆田才子黄滔历场屋15年始进士及第,光化二年(899)任四门博士,光化三年归闽。当年三月,王审邽官加左仆射,滔作《贺清源仆射新命》诗以纪。光化四年(天复元年),黄滔以监察御史行里充王审知推官。推官是节度使重要僚属,掌推勘刑狱诉讼。黄滔十分感激王审知对自己的礼遇之恩,因而对闽王忠心耿耿,参与了许多要务。天复二年(902),王审知在福州筑南北夹城,谓之南北月城,又复塑北方毗沙天王以镇之,命黄滔撰文纪其事,滔作《灵山塑北方沙门天王碑》。秋天又为王审知代撰了祭母文——《祭钱塘秦国夫人》一文。天复四年(904)四月,唐遣右拾遗翁承赞第二次来闽,加封王审知为检校太保,封琅琊王,黄滔作诗贺而记之。天祐四年(907)秋七月,王审知铸 1.6 丈金铜大佛,第二年正月设二十万人斋无遮大会,黄滔撰《丈六金身碑》以赞之,其中说明文人归闽之因:"安莫安于闽越,诚莫诚于我公。"(《全唐文》卷八二五)此外,黄滔还以中原王朝为正朔、尚节俭、减赋役、开港路、兴学校等方面对王审知提出过许多恳切谏议。黄滔作为文士中有影响的人物,王审知待其礼遇有加,此举对笼络更多的知识分子产生了很好的凝聚作用。故《闽书》卷二〇五对此事评论道:"中州名士避地于闽者,若李洵、韩偓、王涤、崔道融、王标、夏侯淑、王拯、杨承休、杨赞图、王倜、归传懿辈,悉主于滔。"上述一批文化人熟知儒家典籍和唐朝典章制度,对中原文化的传播起到了重要作用。

在使用人才上王潮有一个特点,那就是不仅任人唯贤,而且能做到一视同仁。王潮在闽主政期间,吸收既往统治者的教训,遵照前贤先哲之训戒,以德为政,任人唯贤,不论河洛人、闽地人,不分亲疏,唯才是举。同时强调以法治政,不分贵贱,严明赏罚,一视同仁。"威武节度使王潮弟审知,为观察副使,有过,潮犹加捶挞,审知无怨色"。(《资治通鉴》卷二六一唐纪七十七)。

尤值得称道的是,在挑选接班人方面,王潮高瞻远瞩,以大局为重,毫无私心,断然弃绝了嫡传的短视做法,坚持让具有统帅才能的王审知担当重任。乾宁四年(897)十一月,王潮患病不起。在此关头,他首先想到的不是儿子,而是王审知。"潮寝疾,舍其子延兴、延虹、延丰、延休,命审知知军府事。十二月丁未,潮薨。审知以让其兄泉州刺史审邽,审邽以审知有功,辞不受。审知自称福建留后,表于朝廷"(《资治通鉴》卷二六一唐纪七十七)。王潮的这一决策,不仅保证了王审知的顺利接任,更保证了闽地的长期稳定与发展。

王潮之举得到了唐廷的认可,光化元年(898),"三月,己丑,以王审知充威武留后。""九月,癸卯,以威武留后王审知为节度使"。(同上)

在使用人才上王审知有一个特点,那就是不仅任人唯贤,而且尤其注意发挥"以闽治闽"的作用。王审知的精明之处在于,他深知:虽然中原文化人文深厚,传统悠久,但作为一个封建割据的地域政权,若大量重用地方精英,不仅中原文化能得到更快传播,而且在巩固政权方面能最大限度地减少阻力。于是,他在许多职官上,果断而大胆地启用闽人,委以重任。在他任用的福建人才群中,最值得一提的是陈、黄、徐、翁四人。黄即黄滔,徐即徐寅,前已有述。陈指莆田人陈峤,翁为福唐(今福清)人翁承赞。翁承赞字文尧,唐昭宗乾宁三年(896)进士,官至右拾遗、户部员外郎,后梁时为谏议大夫,唐、梁时曾两次奉敕入闽册封王审知为闽王。翁承赞回闽后,王审知先以其为盐铁副使,主管经济钱财粮,后又擢为相。史称翁承赞最大的功绩在"拓学四门,以教闽士之秀者"(《十国春秋》卷九十五翁承赞传),由此可知他在传播河洛文化精神方面的重要作用。

其四,兴学育人,建寺礼佛。

《十国春秋》卷九十说王审知抓教育从幼儿起,之后送入国庠,进行中级教育:"常以学校之设,是为教化之源,乃令诱掖童蒙,兴行敬让,幼已佩于师训,长皆置于国庠。俊造相望,廉秀物盛。"不仅如此,王审知还很重视在普及的基础上的提高,当翁承赞建议在福州"建四门学"时,他立即采纳,并聘黄滔等人为"四门博士",充任教师。与此同时,他责成有司划拨专门经费到庠序以保证师生膳食之需。在他的鼓励和带动下,各地也纷纷兴学教士。据于兢《琅琊忠懿王德政碑》载,由于王审知主政后在闽"广设庠序",狠抓"学校之设是教化之源"这一根本,从而使社会风气发生了很大变化:"一年而足食足兵,再岁而知礼知义。方隅之内,仰止攸同。曩以运属艰虞,人罹昏垫,农夫释耒,工女下机。公既统藩垣,励精为理,强者抑而弱者抚,老者安而少者怀。使之以时,齐之以礼,故得污莱尽辟,鸡犬相闻,时和年丰,家给人足"。(《全唐文》卷八四一)

除兴学之外,在文化建设上,三王尤其王审知,对佛教十分热衷,建立了不少佛寺,因而《福建通志》在谈到这方面时称"寺观这盛,几遍闽中,实自审知启之"。佛教在唐时几盛几衰:武则天崇寺佞佛,是有洛阳龙门石窟之繁昌;武宗会昌灭佛,是有毁寺杀僧之举。福州鼓山涌泉寺,为国内著名佛教盛地,但遭会昌之灾后成了废墟。王审知到福州后,很快加以重建,并以神晏国师为主持,很快恢复了当年盛繁气象,最多时僧众超过千人。今天,涌泉寺方丈堂前还有两株苏铁树,相传一为开山祖师神晏所植,一株为王审知所植,虽愈千载,尚开花结实。

莆田市城南有凤凰山麓有广化寺,创建于南朝陈永定二年(558),唐景云二年(711),寺院主持志彦高僧曾应睿宗李旦之诏进宫讲《四分律》,受帝赞赏,赐号"聪明禅师",赐寺名"灵岩寺",并命大书法家柳公权为之书额。会昌五年(845)武宗灭佛时勒令僧尼还俗。宣宗即位(847)后有所恢复,后又被飓风所损。王审知任节度使后,于天祐二年(905)进行了修缮,并令人写经5000卷入寺收藏。时任监察御史里行的黄滔撰写了《莆山灵岩寺碑铭》，以纪其盛。

其五，传河洛之俗，兴河洛之风。

从陈政、陈元光开漳到三王开闽，随之南下的中原人在带来河洛正统文化即以儒家文化为主的传统文化的同时，也带来了深深地打着农耕文化烙印的中原民间文化，如民间习俗、民间戏曲、民间工艺等，其在提高闽地百姓文化素质、活跃大众文化生活方面，发挥了积极的作用。从中原传入的习俗、戏曲、工艺等由于吸收、融合了闽地民间文化的精华，因而至今还有着旺盛的生命力，如南音、木偶戏等。

南音。南音又称南乐、南管、南曲、锦曲、弦管等，源于古歌谣，兴于唐宋，盛于明清。王潮、王审知兄弟入闽，带来了大量的河洛文化、中原音乐，其中包括唐大曲。大批中原士人进入福建，对传播中原文化及音乐方面发挥了重要作用，唐大曲在泉州得到了推广与普及。在王审知等人的推动下中原音乐与闽南音乐相互渗透与融合，从而孕育出别具一格的泉州南音。泉州南音由谱、指、曲三大部分组成，其中谱就是唐大曲的遗存。王审知对南音的传播很重视，他对南音的指谱、曲词、起落、和唱、执乐、坐位等都很精通，从而进行了规范，并制定了规矩和细则。由于王审知喜好佛教，在南音向寺院传播的过程中，也起到了一定的推动作用。

泉州提线木偶戏。泉州提线木偶戏又叫泉州傀儡戏，古称"悬丝傀儡"，闽南民间俗称"嘉礼"，又叫线戏。傀儡戏起源于秦汉时期，三王入闽时传入泉州。宋代戏曲兴盛，傀儡戏在闽南流传更为广泛，至明代已脱离了杂技式"弄傀儡"表演形式，除少数演出为片断故事外，大多都能搬演规模宏大的历史戏了。

梨园戏。梨园戏又叫南管戏，源于泉州地区。由于梨园戏之曲为南方语系之音乐，传入台湾后，凡以南管（南音、南乐、弦管）所演唱之戏曲，均被称作南管戏。从西晋"永嘉之乱"到唐初总章年间陈政带领一批中原人入漳，唐末王潮、王审知率中原父老入闽，中原文化大量传入闽南泉漳一带。经王审知兄弟的推动，闽南戏吸收了唐代大曲的精华，又结合当地音乐加以改造，遂逐渐形成了有特色的南管戏。南管戏因是由宋代泉州古乐融合民间歌舞发展而成，其戏文又沿用唐代遗制，故而称为"梨园戏"。

其六，发展农业，通商外贸。

发展农业生产是治闽长策,王审知利用在泉州的经验,经常派官员到各地巡视,其主要职责是"劝课农桑"。同时继续兴修水利,如福州西湖,重浚后水量增大,由原来的周围20里增加到40里,闽县、侯官两县灌溉面积由此增加了许多。另外,对福清、莆田等地的海堤、海塘也进行了有效的整修,使农田减少了损失。其他关于农业生产的事例,现存于福州忠懿王庙中的《琅琊王德政碑》还有不少记载。

此外,王审知还非常重视茶叶的生产。当时茶叶的生产地主要在建州(今建瓯),当地吉苑里有位茶农叫张延晖,经营着凤凰山30多里地的茶园,他有一手烘制茶叶的特殊方法,经他加工后的茶叶口味浓香而清冽。他生产的茶叶曾作为上等贡礼晋献中原皇帝和重要外交使节。后来,他将茶园献给了闽国,闽国因号此处为"北苑御茶园",他被封为"阁门使"。由于张延晖制茶技艺高超,死后被茶农奉为"茶神",与"茶圣"陆羽齐名,在凤凰山敕建"张阁门使庙"以祀。

王审知非常重视海上贸易。从中原到东南沿海,王审知的经历使他认识到海上贸易对福建生存的重要性。因此他在利用泉州、福州港的同时,又开发了黄崎港。

福州作为港口,五代时已十分发达。王审知充分利用福州港作为货物集散地的优势,在福州专门设立了榷货务,由随三王南下的固始人张睦为主管。《福建省通志》在《名宦》中曾为张睦立传,其中说张在主政期间,海上贸易十分兴隆,为闽地增加了许多收:"招蛮夷商贾,敛不加暴,国用日以富饶。"后人为纪念张睦,在福州建庙以祀——清人林枫《榕城考古略》便有"东街有榷货庙,祀闽少师梁国公张睦"的记载。

但福州港也有它的局限。南宋年间曾在福州任职的梁克家在《三山记》卷六《江潮》中对福州港口描写道:"循州境东出,涨海万里,潮退日长,昼夜至如符契。道闽安而上,江面澄阔……轻舟朝发,乃一夕可至。南望交广,北睨淮浙,杳若一尘,乘风轻柁,顾不过三数(天)。"

由此可知,福州港最大的功能是向南贸易,可直达交趾、两广。福建尚缺乏一个向北通商的港口。为了扩大海上交通,王审知需要修建一个向北航行的中继港。经考察,黄崎港是首选目标。

《新五代史·闽世家》记载了闽王开发黄崎港的情况:"招来海中蛮夷商贾。

海上黄崎,波涛为阻。一夕风雨雷电震击,开以为港,闽人以为审知德政所致,号
为甘棠港。"《新五代史》的这一说法,实来自五代人孙光宪的《北梦琐言》卷七:
"福建道从海口黄碕岸横石巉峭,常为舟楫之患。……乾宁中(闽王)梦金甲神,
自称吴安王,许助开凿。及觉,话于宾僚。因命判官刘山甫躬往设祭,具述所梦
之事。三奠未终,海内灵怪具见。山甫乃憩于僧院,凭高观之。风雷暴兴,见一
物,非鱼非龙,鳞黄赤鬣。凡三日,风雷止,霁,已别开一港,甚便行旅,当时录奏,
(唐昭宗)赐号甘棠港。"两书所记黄崎港口的建造虽有些迷信色彩,但明白无误
地记述了开港的原因和时间,却是真实可信的。

黄崎港,今名白马港,在福州北福安县三沙湾内,距福州 300 余里。黄崎港
是湾中之港,有很好的避风条件,是"循岸梯航"理想的中继港。因此,黄崎港的
修建,不仅对扩大与朝鲜、日本及东南亚各国的贸易有重要作用,同时也从海上
沟通了与中原五代王朝的联系,便于将海外物品贩于北方,大大缩短了中外市场
的距离,从而使闽地从中获取了极大的好处。

据史载,黄崎港的启用,直接扩大了福州与北方和海外的海路,"蛮舶"直抵
福州城下,新罗及东南亚的佛齐、占城等国商使来往不绝。福州中外商贾云集,
"人烟绣错,舟楫云排,两岸酒市歌楼,箫管从柳阴榕叶中出",繁华无比。(陈寿
祺《重纂福建通志》卷二十《津梁》)在甘棠港,各地之舶船往来如织,"虽画鹢争
驰,而长鲸弭浪,远近闻而异之"。(《王审知德政碑》)甘棠港成了闽东商业贸易
之中心,为福州四大镇之一。

由于发展海上商贸是王审知治闽的重大举措,因而《琅琊王德政碑》也不惮
费辞加以记载和称颂,如说:"(审知)公则尽去繁苛,纵其交易。关讯廛市,匪绝
往来。衡麓舟鲛,皆除守御,故得填郊溢郭,击毂摩肩,竞敦廉让之风,骤睹乐康
之俗。闽越之境,江海通津,帆樯荡漾以随波,篙楫崩腾而激水。"从上面记述可
知,当时对外开放的政策相当宽松:一是任商人往来交易,废除繁琐的审批手续,
不加限制和干预——"尽去繁苛,纵其交易";二虽有关隘,但不检查盘问——
"关讯廛市,匪绝往来"。因此,货物多得无处可放——"填郊溢郭";商家人山人
海——"击毂摩肩";人际关系十分融洽——"竞敦廉让"。总之,对外贸易十分
繁盛。

与此同时,福建的商人也学会了建造大船,并成批地扬帆出海。黄滔在《贾

客》诗中有这样的描写："大舟有深利,沧海无浅波。利深波也深,君意竟如何?"（《全五代诗》卷八十四）可见当时不少商人为了巨大利润,还是选择了冒险出海,以"海商为业"这条有诱惑力的征途。

其七,铸造铅币,经济独立。

唐朝之前,由于闽地经济欠发达,加之技术欠缺,所用货币均从外地输入。直到唐武宗会昌五年(845),依唐中央政府规定,闽地才开始铸造圆形方孔"开元通宝"铜钱,背后另铸一"福"字,以示铸局之名。

王审知治闽后,随着经济的繁荣,铜币已不敷流通。据《十国纪年·闽史》和《十国春秋》卷九十《闽太祖世家》载,后梁贞明元年(915),王审知下令在汀州宁化县设立铅场,之后将原料运到福州,并于第二年开始铸造面值1文、10文的两种铅质"开元通宝"小平钱,与铜钱一起使用。王审知铸造的铅质开元钱是我国历史上最早的官铸流通铅钱,为以后制造新币积累了经验。随着技术的提高,还铸了"开元通宝"铜质小平钱。至后梁龙德二年(922),又铸造了相当粗重的"开元通宝"大铁钱。由于三种钱均为闽地所铸,故币之背面均上有"闽"下有月以示区别。为使铜、铅、铁三种货币同时流通使用,当局制定了三种钱的兑换比值,使用时依比价而论,大大便利了商贸活动。铸造钱币,且使不同质材的货币同时在市场上流通,这不仅活跃了市场,而且也上使闽地经济具有了一定的独立性。这是王审知政权在闽地经济发展史上的一大创举与建树。

(4)建立闽国

唐王朝任命王审知为威武军节度使后又封其为琅邪郡王。朱温代唐后,于后梁开平三年(909)封王审知为闽王,都闽侯(即长乐,今福州市),是为闽国之始。

在五代十国纷争中,闽国是一个实力并不强大的割据势力,但之所以能够长期稳定,除了大力发展经济和文化之外,与王审知励精图治、实行正确务实的对外政策是分不开的。

在王审知的治国理政策略中,居于核心地位的有两条,其一是始终奉中原政权为正朔,注意与周边吴国、吴越国等保持友好,这就为福建的发展赢得了相对安定的发展环境与空间。其二是头脑清醒,为政以德,因而为时人和后人称道不绝。

其一,坚持"大一统",奉中原王朝为正朔。

王审知虽然在对外方面是一个独立的国家,但在政治体制上,他坚持"大一统"的理念,秉承王潮既定方针,始终坚持奉中原王朝为正朔,从而保证了闽地的稳定与发展。

初奉唐政权为正朔。

唐自安史之乱后,渐次走向衰弱,割据势力日盛,很多地方政权视中央政权如草介,拒不交赋纳贡。于兢所撰《琅琊忠懿王德政碑》曾记述了当时的严重情况:"虽甸服之近,江汉之中,或遇阻艰,亦绝输赋。"(《全唐文》卷八四一)相比之下,王审知自得到唐政府承认后,则始终恭敬如一。最典型是昭宗天复元年(901)冬,朝廷内大臣与宦官发生冲突,朱全忠应宰相韩胤之邀,从开封出兵长安"护驾",大太监韩全海则挟持昭宗逃到凤翔节度使李茂贞处,朱全忠又以救驾为名,率军7万将凤翔团团围住。围城日久,城中食尽,冻饿而死者不计其数。即使在这样的危险情况下,王审知所派威武军的使者还冒着生命危险到凤翔见驾奉贡,唐昭宗由是得到极大的安慰,不久就特别予以褒奖,赐闽王武库戟12枝列于私门。

再奉后梁政权为正朔。

天祐四年(907)四月,宣武军节度使朱全忠废唐哀帝自立,国号梁,改元开平,以汴梁为都。为给闽地发展创造安定环境,早在唐亡之前王审知就十分关注政局动向,未雨绸缪,与朱全忠有所联系。朱全忠篡唐引起各地不满,闽地一些人也想趁机独立,王审知的侄子王延嗣也极力反对事梁,认为"义不帝秦,此其时也"。(《十国春秋》卷九十四《王延嗣传》)另有一些人也劝王审知可暂不接受梁的分封,观望以待。王审知力排众议,说明独立的危害,他斩钉截铁地表明自己的立场:"我宁为开门节度使,不作闭门天子也。"(《十国春秋》卷九十《闽一·太祖世家》)之后立即派人北上开封朝见梁太祖朱全忠,称藩臣,上贡礼,使用梁之年号。

朱全忠很高兴,后梁开平元年(907)五月,"己卯,加清海节度使刘隐、威武节度使王审知兼侍中"。(《资治通鉴》卷二六六《后梁纪》一)

"梁太祖加拜审知中书令,封闽王,升福州为大都督府。是时,杨行密据有江淮,审知岁遣使泛海,自登、莱朝贡于梁。使者入海,覆溺者十三四"。(《新五代史·闽世家》)如上所述,由于吴国的阻隔,当时陆上交通不畅,向梁贡物须绕道海上,从山东登陆西进。即使绕道朝觐贡物有那么大的风险,但王审知从未停止过。史载,开平二年(908)九月,"福州贡玳瑁、琉璃、犀象器,并珍玩、香药、奇品、海味,色类良多,价累千万"。(《旧五代史》卷四《太祖纪》四)由是,后梁也很支持福建,开平三年(909)四月,"福建节度使王审知封闽王"(同上),并派大臣翁承赞专门赴福州主持加封大典仪式。

后又奉后唐为正朔。

后唐灭梁后,王审知继续北上,奉后唐为正朔。同光二年(924)二月,王审知派人前往朝贺贡物,并称藩臣。在使者晋见唐庄宗李存勖时,李存勖突然说道:"徐寅无恙呼? 归语尔主:父母之仇,不共戴天。寅指斥先帝,尔国何以容之?"原来,徐寅为乾宁元年(894)进士,梁开平元年(907)再中进士,且为第一名。徐寅在开封时,曾写《游大梁赋》献给梁太祖朱温,中有"一眼匈奴,望英威而胆落"之句,讥讽军阀李克用。当时李克用为朱温部将,后二人不和,故而徐寅敢于在梁太祖面前讽刺李存勖父亲李克用,说他是"眇一目"的贼人。使者回来后立即向王审知作了报告,说李存勖要"算后账了"。王审知分析道,"如此,则上直欲杀徐寅尔!"徐寅需要保护,但后唐的指示还不能违抗,于是,王审知采用了罢免之策,"今但不用可矣"。(《旧五代史·王审知传》引《五代史补》)。后唐见王审知很诚恳恭顺,同光二年(924)五月,"丙午,以福建节度使、闽王王审知依前检校太师、守中书令、福建节度使",(《旧五代史》卷三十二《唐庄公纪》六)信任如旧。

实践证明这种作法是正确的,其最大、最直接的功效就是"保境安民"。自后梁开平三年(909)起,王审知受封为闽王,福州升格为大都督府。这时,王审知身为闽王,是名副其实的既握实权、又有实力的地方割据势力,可以自行任命职官。但王审之不那样做,对中原王朝来说,他仍以藩臣自称,依旧使用中原年号,岁岁纳贡。反之,如果闽王称帝,就会立即丧失去受到中原政权庇护的理由,给早就虎视眈眈的南唐、吴越、南汉等用兵的口实。在北方动乱不已的情况下,福建的经济文化能够保持发展,称雄一方,实与王审知奉中原为正朔的开明政策是分不开的。故而《十国春秋》作者赞叹不已:"据有闽疆,宾贤礼士,衣冠怀之,抑亦开国之雄欤! 乃卒之臣服中原,息兵养民,大指与吴越略同,岂非度量有过人者远哉！"(《十国春秋》卷九十《闽一·太祖世家》)所言极是。王审知死后，其子王延翰不知天高地厚而独立称帝，不仅政治腐败，实力日衰，而且为日后王氏嫡亲争夺帝位相互残杀、内乱不止埋下了祸根。至王延曦为闽王时，虽又使人到大梁要求以敌国礼相见，但终遭拒绝，闽国与中原王朝关系完全破裂，孤立无援。王延政立国，内乱更炽，最终导致了政权被南唐灭亡的结局。两种方略相较，泾渭分明，显而易见。

其二，治政以德，传承河洛之风。

为了长远发展，王审知继任威武节度使之后，鉴于"君子之泽，五世而斩"的历史教训，曾多次与下属讨论继往开来的问题。他要求属僚牢记"生于忧患，死于安乐"之古训，以德治政，传承中原文明。他多次语重心长地对重要官员和自己的孩子说，创业难，守业更难，要守成，就必须更加克勤克慎。

一次，他穿的裤子破了，有人给他送来一套新衣，但被他谢绝。他让仆人把酒库中洗过的旧袋子来，缝补之后继续穿。一次，一位从南方出使回来的下属给他带了一件瓶状琉璃制工艺品，透剔晶莹，精致好玩。他看了一番后，突然将其掷于石柱，摔成碎片。之后笑着对众人说：玩物丧志啊！喜欢奇异，必然会导致奢靡。我之所以摔碎它，就是要告诉大家，一定要防微杜渐。王审知节俭并非作秀，实乃坚持"俭能兴国"之先贤之训，因而能做到一生如此。"王虽遽一方，府舍卑陋，未尝葺居。恒常蹑麻屦，宽刑薄赋。公私富贵，境内以安"。(《十国春秋》卷90《闽太祖世家》)。

遗憾的是，其子孙却对此良苦用心全然无知，承位之后，一个比一个荒淫奢靡。"君子之泽，二世即斩"的悲剧周期律无情地在闽国得到了验证。因而，旧史官对王审知的克勤克俭的作法评价很高，认为这也是闽地能雄立东南的重要原因。《旧五代史·王审知传》写道："审知起自垅亩，以至富贵，每以节俭自处，选任良吏，省刑惜费，轻徭薄赋，与民休息，三十年间，一境晏然。"信也夫。

三、河洛文化与客家文化

在我国，历史上的人口迁徙、民族融合是促进社会发展，生产进步、文化传播的一个强大的推动力。历史上由于中原汉人的几次大规模南迁，不仅促生了赣闽粤交界的广大地域客家民系的生成与汉民族文化的发展。

1. 河洛人的南播

史载,从汉代末年开始,由于战争、动乱和灾荒等原因,中原汉人不断向南方播迁,较大规模的就有七、八次之多。最有影响的有四次:西晋的"永嘉之乱",唐代的"安史之乱"和黄巢举义,北宋的"靖康之变"以及明末至清的郑成功和清廷收复台湾。

西周时期,我国西北方的少数民族就已崛起,被中原王朝称为狄、戎。周平王为避戎人之扰,加之洛阳居"天下之中",有利政权的巩固,决定迁都洛邑。西北部游牧民族的强大,使其开始向中原寻求发展的空间。草原文化哺育出的强悍民族在西晋时首开入主河洛之先河。晋永嘉五年(311),匈奴人刘曜率精兵攻入洛阳并俘获晋怀帝,中原士人仓皇南逃。《晋书·慕容廆载记》称:"自永嘉丧乱,百姓流亡,中原萧条,千里无烟,饥寒流陨,相继沟壑。"《晋书·王导传》也说:"洛京倾覆,中州仕女避乱江左者十六七。"据史家推算,此次中原人南下者大约有 80 万到 100 万人。

唐代玄宗末年的安史之乱,使北方大片的良田和城镇化为焦土,当时从中原逃亡到南方的士庶百姓无计其数。诗人李白目睹山河破碎,遍地疮痍,在《永王东巡歌》中将其说成又一次的永嘉之乱:"三川北虏乱如麻,四海南奔似永嘉。"

北人两次南播,使得江南人口得以膨胀,尤其福建,更是人口激增。漳、汀、泉、福、建五州最为典型。据《元和郡县图志》(卷三十六)记载,唐元和年间,上述五地人口户数分别为 1343、2618、35571、19455 和 15410 户。据《太平寰宇记》(卷一百)所记,至宋太平兴国年间,分别增长至 24007、24007、76581、94475 和 90492 户。从中可以看出,最高增长 17.7 倍,最少增长 2.1 倍,平均增长 7.9 倍。

2. 客家先民的河洛之思

狄夷交侵,中原板荡,南迁中原一部分在淮、江浙一带留居,一部分人后来又继续南迁。客家民系形成在明代中后期,故学界称早期南迁的部分中原人及客家民系形成之前在赣闽粤交界的部分南迁中原人为客家先民。南迁客家先民虽身在江东,但心在河洛,故国之思绵绵不断。于是,在南方出现了两种有趣的现象。

一是民间以北方故地之名命新驻地之名。如到闽南的中原人把所在地的两条河分别起名为"晋江"和"洛阳江",称在洛阳江上所修建之桥为洛阳桥。宋代书法家、闽南仙游人蔡襄写有《洛阳桥记》，明崇祯十三年（1640）重修时郡守孙朝让所写重修记称："迄今遵海而居，横江而渡者，悠然有小河洛之思焉。"

二是官方侨置州郡。偏安于东南的东晋以及其后南朝的统治者，为使聚族而居的南迁北方士人稳定生活，准许他们保持原籍贯，在其辖区内用北方地名设置侨州、郡、县。这样，一方面可以安置北方士族，使他们在有限的范围内保持其封建特权。一方面借以缓和南北士族经济与政治上的矛盾。东晋初，侨州、郡、县均沿用北方原地名，《晋书·地理志》载："永嘉之际，豫州沦于石氏。元帝渡江，于春谷县侨立襄阳郡及繁昌县。成帝又侨立豫州于江淮之间，居芜湖。""后以弘农人流寓于寻阳者，侨立弘农郡。"

河洛之思实是文化之思，是对中原故国故园的乡音、乡貌、乡情之眷恋。东晋王朝的建立，一切典章制度无不是西晋的翻版，即如生产、生活、饮食、起居、婚丧、交往也一如旧制。但南方毕竟是南方，除了自然山川之异外，语言之差异更使人们的交流受到了极大的限制。如何"王化"、如何"固本"，是摆在仍带有莫名自高情绪的王公、门阀、士人面前的一个十分现实问题。侨置州郡只能使他们自我封闭，主动接触才是明智之举。大臣王导就力主北人学习吴语，南迁士族必须与江南士族联合相处。在其推动下，清醒后的东晋统治集团开始了兴学校，倡儒学，履仁爱，奖诚孝，号召有志之士立身敬业，勤于国事，戮力王室。在王导等人带领下，河洛文化之精蕴在东晋及其后南朝得到了继承与弘扬。尽管如此，但根在中原已成了客家人割不断、理还乱的悠悠情思，故至今在台湾、在东亚客家居住之地，还有许多山名、水名、地名与中原的一些名字一模一样。[①] 血浓于水的河洛文化，成了永远连结中原与台湾及世界各地华人、华侨的纽带。

3. 客家民系与客家文化

大批中原汉人的南迁，在中国南方形成了一个特殊群体——客家民系。寓居于赣南、闽西、粤东北的客家人从河洛地区带来了先进的农业、手工业技术和悠久而深厚的文化传统，如语言、习俗、宗亲、教育、伦理、礼仪等等，有的已历千载而至今沿袭如初。明末清初流向台湾的汉人大多是闽、粤沿海一带人，但移民

---

① 据洛阳炎黄文化研究会刘彦副会长统计，目前，福建省除泉州市惠安县有洛阳镇、晋江之的桥叫洛阳桥外，叫洛阳村的，福建还有 3 个，台湾有 1 个。刘彦卿《天下"洛阳"知多少》，《洛阳日报》2015 年 8 月 27 日。

中之大部分是由原河洛地区南迁的客家人。一项调查表明,闽南、台湾汉人中陈、林、黄、郑四大姓占总人口的一半以上,故有"陈林半天下,郑黄排满街"之谚语流行。而且在这些大姓的族谱上,都明白无误地标明其祖先为河洛人。客家人来自中原,不言而喻,也包括今河南周边个别地区,但主要是河南,因而国学大师章太炎在《客方言序》中非常肯定地说:"客家大抵来自河南。"

河洛文化在闽、赣、粤等客家人聚集的地方生根和传播,由于客家民系的形成历时跨度较长,且居住辽阔,又与各地土著民族杂处,因而客家文化的核心虽然仍是河洛文化,但也形成了鲜明的"客家文化"特色。客家文化除保留和弘扬了河洛文化的根性特质外,在融合当地优秀文化中,也不断地在演绎着、发展着、创造着。由于客家人四海创业,很注意与周围的人与环境和谐共处,因而团结友邻、共生共进的意识相当强烈;由于客家人经常置身于异质文化的氛围中,因而很善于以宽博的人文关怀之胸襟推己及人、求同存异,和而不同;由于客家人遍及世界各地和多处于我国东南沿海,因而尤具以大陆文化与海洋文化相结合的远大视野,能平和善处人类文明冲突等。客家文化和客家人这种新的特点和精神,有力地推动着中华文化和新一代客家人走向世界大舞台。要之,所谓客家文化,就是以汉民族传统文化为主体,融合了古越族和畲族、瑶族等少数民族文化而形成的一种新文化,是从河洛文化母体中衍生出来的一种亚文化,其核心、精髓和根柢,还是河洛文化,如尊崇先祖,讲究郡望,重教尚礼、坚忍不拔、刻苦勤奋等。① 客家人后来又到了台湾以及东南亚、欧美等世界各地,但他们无时不心系中原。至今有许多台湾人和侨居异国的客家人还自称为"河洛郎",念念不忘"根在河洛",不少有志之士怀着赤子之心,回到故乡的热土寻根问祖,投资兴业。

4. 客家方言与中原音韵

客家人根在河洛,客家文化是河洛文化的亚文化。客家文化中保存了大量的河洛文化因子,如道德观念、民间信仰、节庆习俗等,其或等同或相异无几。其中,最有说服力的是方方中的中原音韵与词汇。

众所周知,宋元时期中原音韵通行全国,即如同今日之"普通话"或"国语",

---

① 罗勇　邹春生《河洛文化与客家文化述论》,河南人民出版社,2014年10月。

人员公共交往,写诗作词以中原音韵为准。元人周德清为宋代理学家周敦颐六世裔,入元不仕,精心研究北曲声韵而著《中原音韵》。他在该书《自序》中说:"欲作乐府,必正言语,俗正言语,必宗中原之音。"该书收集了当时流行的北曲杂剧中用作韵脚的词语 5000 多个,将声韵规范为 19 个韵部。

元代时的社会话语依北方官话为主,保留着魏晋风貌、唐韵宋音。但由于中原战乱和民族融合,中原音韵早已不存,要寻其踪迹,除查阅古籍外,现存的"活化石"就是客家方言。需要指出的是:客家话虽然产生在粤、闽地区,但与粤闽方言却没有太多的关系,而在语音、词汇等方面与中州音韵相同、相通。这一现像引起了音韵学大师章太炎的注意,他在《客方言·序》一书中分析了原因:"广东称客籍者,以嘉应诸县为宗……大抵本之河南,其声音亦与岭北相似。"[1]这说明,语言的变异是很困难的,客家人的主体是中原汉人及其后裔,因而在异地形成的新方言也顽强地习传和保留了中原音韵,它的基础既是河南土音话语,也是北方官话。

中国移民史表明,元代以后,北方大规模的南迁移民现象基本没有发生,赣、闽迁粤之人也渐次减少(这期间有代表性的移民活动在北方主要是"大槐树现象",南方则是"湖广填川"),闽、赣、粤经过民族融合后的族群生活长期处于稳定状态。由于没有不同区域人员大规模的流动,从整体性上来讲,族群中发生语言变迁的因素也就不存在了,或者说大大减少了,这样,客家先民及后人原已形成的方言也就相对稳定了下来,经过调整、改造和完善,最后终于得到统一与定型。

明代中期以后,虽然客家话在闽赣粤地区基本定型,但随着客家人西进至川桂等地,客家话也仍有些调整和完善,但由于这次客人西进的规模较大和时间相对集中,总体来说客家话并无发生多大的变化,而是以梅州系为代表,更加纯正与统一。到清末,客家方言不仅已经完全定型而且已经被社会所广泛承认,为学者所研究。黄遵宪《人境庐诗草》(卷九)《己亥杂诗》之二十四在咏赞客家时,就明确地使用了"方言"一词:"筚路桃弧展转迁,南来远过一千年。方言足证中

---

① 陈修《〈客方言〉点校》,华南理工大学出版社,2009 年 6 月,第 1 页。

原韵,礼俗犹留三代前。"①

　　由于客家方言与粤语不同,不少清代南方编纂的志书已设"方言"栏目专门加以记述,如温仲和所纂《嘉应州志》卷七即有《方言》之目。该志除说嘉应、潮州、惠州所属十数县土音皆可通之外,还明确指出其特点:"嘉应之话,多隋唐以前古音。"②在此之前,宋人陈一新《瞻学田碑》也曾谈到赣闽粤交界地区客家语言其"风声气息颇类中州",罗香林先生在《客家研究导论》曾加以引用。客家方言与河洛文化关系之密,由此可见。

---

① 黄遵宪著　钱仲联笺《人境庐诗草笺注》,(上海)古典文学出版社,1957 年 9 月,第 289 页。
② 温仲和《嘉应州志》清刻本已收入《广东历代方志集成》潮州府部(三六),岭南美术出版社,2006年。